Sinz/Hiebert/Wegener

Verbraucherinsolvenz

RWS-Skript 335

Verbraucherinsolvenz

und Insolvenz von Kleinunternehmern

3. Auflage

2014

von

RA FAInsR Dipl.-Kfm. Prof. Dr. Ralf Sinz, Köln

RA Dr. Olaf Hiebert, Köln

RA FAInsR Dr. Dirk Wegener, MBL, Köln

RWS Verlag Kommunikationsforum GmbH · Köln

Die Deutsche Nationalbibliothek verzeichnet diese Publikation in der Deutschen Nationalbibliografie; detaillierte bibliografische Daten sind im Internet über http://dnb.d-nb.de abrufbar.

© 2014 RWS Verlag Kommunikationsforum GmbH
Postfach 27 01 25, 50508 Köln
E-Mail: info@rws-verlag.de, Internet: http://www.rws-verlag.de

Alle Rechte vorbehalten. Ohne ausdrückliche Genehmigung des Verlages ist es auch nicht gestattet, das Werk oder Teile daraus in irgendeiner Form (durch Fotokopie, Mikrofilm oder ein anderes Verfahren) zu vervielfältigen.

Satz und Datenverarbeitung: SEUME Publishing Services GmbH, Erfurt
Druck und Verarbeitung: Hundt Druck GmbH, Köln

Vorwort

Die 3. Auflage dieses Werkes erscheint zu einem Zeitpunkt, in dem die umfassendsten Änderungen auf dem Gebiet der Insolvenz natürlicher Personen seit Inkrafttreten der Insolvenzordnung durch das Gesetz zur Verkürzung des Restschuldbefreiungsverfahrens und der Stärkung der Gläubigerrechte durch die Gesetzgebungsorgane nach langjähriger Diskussion beschlossen wurden. Neben der praxisorientierten und systematischen Darstellung der Verbraucherinsolvenz und Insolvenz von Kleinunternehmern unter Berücksichtigung aktueller Probleme und Rechtsprechung, haben die Autoren die – überwiegend zum 1.7.2014 – in Kraft tretenden Änderungen bereits berücksichtigt. Den am Insolvenzverfahren Beteiligten wird die Möglichkeit eröffnet, sich in leicht verständlicher Weise einerseits über die aktuelle Rechtsprechung zu der bisherigen Rechtslage zu informieren, andererseits aber auch auf die künftige Rechtslage vorzubereiten und die Veränderungen anhand einer systematischen Darstellung rechtzeitig zur Kenntnis zu nehmen. Jeder Berater wird sich unweigerlich mit der Frage auseinanderzusetzen haben, ob sein Mandant bessersteht, wenn er die Eröffnung des Insolvenzverfahrens erst nach dem 1.7.2014 beantragt.

Während das Insolvenzplanverfahren auch künftig nur in der Unternehmensinsolvenz von tragender Bedeutung sein wird, ist die Insolvenzanfechtung fortan in allen Verfahrensarten von erheblicher Bedeutung, sodass die Vorauflage entsprechend erweitert und ein Schwerpunkt auf die in der Praxis der Privatinsolvenz häufig vorkommenden Anfechtungstatbestände gelegt wurde. Rechtsprechung und Literatur befinden sich auf dem Stand August 2013. Die nach der Reform geänderten Vorschriften sind entsprechend gekennzeichnet.

Köln, im Oktober 2013
Prof. Dr. Ralf Sinz
Dr. Olaf Hiebert
Dr. Dirk Wegener

Inhaltsverzeichnis

                                                                                Rn. Seite

Vorwort V

Literaturverzeichnis XV

Einführung 1

A. Abgrenzung Verbraucher-/Regelinsolvenzverfahren 41 13

I. Persönlicher Anwendungsbereich des Verbraucherinsolvenzverfahrens 41 13
   1. Verbraucher 44 13
   2. Aktive Kleinunternehmer 47 14
   3. Ehemalige Kleinunternehmer 55 16
       a) Überschaubarkeit der Vermögensverhältnisse 56 17
       b) Keine Forderung aus einem Arbeitsverhältnis 60 17
   4. Abgrenzungszeitpunkt 61 18
   5. Verfahrensrecht 64 20

II. Unterschiede zwischen Regel- und Verbraucherinsolvenzverfahren 71 21

B. Außergerichtlicher Schuldenbereinigungsversuch 77 27

I. Allgemeines 77 27

II. Verfahrensgang 89 29

III. Inhalt des außergerichtlichen Schuldenbereinigungsplans 93 30

IV. Zustimmung aller Gläubiger 101 32

V. Wirkung des Plans 109 34

VI. Kein Vollstreckungsschutz 110 34

VII. Scheitern der außergerichtlichen Einigung 113 34

VIII. Beratungshilfe für den außergerichtlichen Schuldenbereinigungsversuch 115 34

C. Insolvenzeröffnungsverfahren 119 37

I. Eigenantrag gem. § 13 Abs. 1 Satz 1 InsO 120 37

II. Fremdantrag gem. § 14 InsO 124 38

Inhaltsverzeichnis

Rn. Seite

III. Die besonderen Zulässigkeitsvoraussetzungen eines Insolvenzantrages im Verbraucherinsolvenzverfahren nach § 305 InsO 137 41
   1. Allgemeines 137 41
   2. Gerichtliches Schuldenbereinigungsverfahren 153 45
      a) Allgemeines 153 45
      b) Ablauf des gerichtlichen Schuldenbereinigungsverfahrens 167 47

IV. Stundung der Verfahrenskosten (§§ 4a–4d InsO) 211 55
   1. Voraussetzungen für eine Stundung 215 56
   2. Wirkung, Umfang und Dauer der Stundung 230 59
   3. Beiordnung eines Rechtsanwaltes 240 61

V. Antragsabweisung, -rücknahme und -erledigung 249 63

VI. Vorläufiger Insolvenzverwalter 254 64

D. **Eröffnetes Insolvenzverfahren** 260 67

I. Der Insolvenzverwalter (bei Anträgen vor dem 1.7.2014: Treuhänder) im Verbraucherinsolvenzverfahren 263 70
   1. Einführung 263 70
   2. Bestellung des Insolvenzverwalters 265 71
      a) Allgemeines 266 71
      b) Anforderungen an die Person des Insolvenzverwalters – Abwahl und Niederlegung sowie Entlassung aus dem Amt 275 73
   3. Rechtsstellung des Insolvenzverwalters 283 75
   4. Rechte und Pflichten des Insolvenzverwalters 286 75
      a) Inbesitznahme von Unterlagen 288 76
      b) Sicherung der Masse 293 77
      c) Inventarverzeichnis 298 78
      d) Gläubigerverzeichnis (§ 152 InsO) und Insolvenztabelle (§ 175 InsO) 299 78
      e) Vermögensübersicht (§ 153 InsO) 301 79
   5. Berichterstattung für die erste Gläubigerversammlung 304 79
   6. Tabellenführung (§ 175 InsO) 305 79
      a) Vorprüfungs- und Zurückweisungsrecht des Verwalters (§ 175 InsO) 306 80
      b) Forderungsprüfung und -feststellung 311 81
   7. Behandlung von vorsätzlichen unerlaubten Handlungen in der Tabelle 336 87
      a) Feststellungsklage 343 91
      b) Frist zur Klagerhebung, Teilnahme an der Verteilung der Insolvenzmasse 363 94
   8. Haftung des Insolvenzverwalters (§§ 60, 61 InsO) 368 95
   9. Vergütung des Insolvenzverwalters 375 96

			Rn.	Seite

II. Abwicklung von Verträgen ... 388 99
   1. Allgemeines ... 388 99
      Exkurs: Private Krankenversicherung ... 391 100
   2. Mietverträge ... 402 103
   3. Vertragsverhältnisse mit Geldinstituten und bargeldloser Zahlungsverkehr ... 407 104

III. Verwertung der Insolvenzmasse und Insolvenzanfechtung ... 437 113
   1. Einführung ... 437 113
   2. Verwertung der Insolvenzmasse ... 439 114
     a) Einführung ... 439 114
     b) Verwertung unbelasteter Gegenstände ... 440 114
     c) Verwertung mit Absonderungsrechten belasteter Gegenstände und abgetretener Forderungen ... 442 114
        aa) Verwertung unbeweglicher Gegenstände ... 449 116
        bb) Verwertung beweglicher Sachen ... 460 118
        cc) Verwertung von Forderungen (§ 166 Abs. 2 ff. InsO) ... 483 122
        dd) Ersatzabsonderung gem. § 48 InsO analog ... 494 124
   3. Insolvenzanfechtung ... 498 125
     a) Einführung ... 498 125
     b) Rechtshandlung (§ 129 InsO) ... 511 127
     c) Kongruente Deckung (§ 130 InsO) ... 522 130
        aa) § 130 Abs. 1 Nr. 1 InsO ... 524 131
        bb) § 130 Abs. 1 Nr. 2 InsO ... 528 132
        cc) § 130 Abs. 2 InsO ... 529 132
        dd) § 130 Abs. 3 i. V. m. § 138 InsO ... 533 133
        ee) Bargeschäft (§ 142 InsO) ... 535 134
     d) Inkongruente Deckung (§ 131 InsO) ... 548 137
        aa) § 131 Abs. 1 Nr. 1 InsO ... 551 138
        bb) § 131 Abs. 1 Nr. 2 InsO ... 552 138
        cc) Zwangsvollstreckung im Dreimonatszeitraum ... 554 139
        dd) Verrechnungen auf einem debitorischen Girokonto ... 562 140
        ee) § 131 Abs. 1 Nr. 3 InsO ... 573 144
     e) Nachteilige Rechtsgeschäfte (§ 132 InsO) ... 575 145
     f) Vorsätzliche Benachteiligung (§ 133 InsO) ... 578 146
        aa) Grundtatbestand (Abs. 1) ... 579 146
        bb) Entgeltliche Verträge mit nahestehenden Personen (Abs. 2) ... 593 149
     g) Unentgeltliche Leistungen (§ 134 InsO) ... 595 150
     h) Gesellschafterleistungen (§ 135 InsO) ... 599 150
     i) Rechtsfolgen der Anfechtung (§ 143) InsO ... 600 151
     j) Zeitpunkt der Vornahme einer Rechtshandlung (§ 140 InsO) ... 604 151

		Rn.	Seite
k) Gesamtrechtsnachfolge (§ 145 InsO)		610	153
l) Verjährung (§ 146 InsO)		611	153
m) Fristberechnung gem. § 139 InsO		613	153

4. Verwertung des „Arbeitseinkommens" und sonstiger Einkünfte (Pfändungsschutzvorschriften) ... 620 ... 155
   - a) Allgemeines ... 620 ... 155
   - b) Pfändungsschutz von Altersvorsorgemodellen & Lebensversicherungen in der Insolvenz ... 630 ... 156
   - c) Definition und Ermittlung des pfändbaren Anteils des Arbeitseinkommens ... 647 ... 159
   - d) Berücksichtigung unterhaltsberechtigter Personen ... 665 ... 163
   - e) Rechtsbehelfe des Schuldners ... 688 ... 168
   - f) Pfändung und Abtretung gem. § 114 InsO a. F. ... 690 ... 168
   - g) Wahl der Lohnsteuerklasse und Steuererstattungsansprüche ... 693 ... 169
   - h) verschleiertes Arbeitseinkommen ... 708 ... 172
   - i) Sozialleistungen ... 711 ... 173
   - j) Rechtsmittel ... 721 ... 175
5. Fahrzeug des Schuldners ... 726 ... 176
6. Steuerliche Pflichten ... 745 ... 180
   - a) Erklärungspflichten ... 747 ... 181
   - b) Abführungspflichten ... 760 ... 183
7. Berichtswesen ... 782 ... 189
8. Schlusstermin, Schlussverteilung ... 785 ... 194
9. Vollstreckungsschutz in Insolvenz- und Restschuldbefreiungsverfahren ... 790 ... 196

IV. Besonderheiten bei selbstständiger Tätigkeit des Schuldners ... 799 ... 197
1. Bestimmung der Insolvenzmasse ... 803 ... 198
   - a) Massefreie Gegenstände und Rechte ... 805 ... 199
   - b) Massezugehörigkeit des Unternehmens und der Firma ... 809 ... 200
   - c) Praxis des Freiberuflers ... 814 ... 201
   - d) Honoraransprüche, insbesondere des Kassenarztes ... 821 ... 202
   - e) Unpfändbarkeit nach § 811 Abs. 1 Nr. 5 ZPO ... 830 ... 204
     - aa) Persönlicher Anwendungsbereich ... 835 ... 206
     - bb) Sachlicher Anwendungsbereich ... 840 ... 206
     - cc) Fortführungswille ... 848 ... 208
     - dd) Sicherungsübereignung ... 853 ... 208
2. Neuerwerb nach § 35 InsO ... 863 ... 211
   - a) Ansprüche der Neugläubiger gegenüber dem Schuldner ... 869 ... 212
   - b) Abgrenzung zur Massesurrogation ... 877 ... 214

	Rn.	Seite
3. Weiterführung des Geschäftsbetriebes	878	215
a) Fortführbarkeit des Gewerbebetriebs und der Praxis des Freiberuflers	879	215
b) Fortführung im Rahmen der Insolvenzverwaltung (§ 35 Abs. 2 Satz 1 Alt. 1 InsO)	891	218
c) Vereinbarung zwischen Insolvenzverwalter und Schuldner	905	222
d) Fortführung durch den Schuldner außerhalb des Insolvenzverfahrens (§ 35 Abs. 2 Satz 1 Alt. 2 InsO) – Freigabe der selbstständigen Tätigkeit	914	225
aa) „Freigabeerklärung" des Verwalters	916	226
bb) Freigabe von Gegenständen	937	235
4. Eigenverwaltung gem. § 270 ff. InsO	939	235
5. Insolvenzplan	942	236
E. Restschuldbefreiungsverfahren	951	239
I. Konzeption des Restschuldbefreiungsverfahrens	952	239
II. Anwendungsbereich und Zuständigkeit	958	241
III. Verfahrensvoraussetzungen	961	242
1. Antrag auf Restschuldbefreiung	961	242
a) Insolvenzverfahren aufgrund Schuldnerantrages	971	243
b) Insolvenzverfahren aufgrund Gläubigerantrages	978	245
2. Abtretungserklärung	983	245
a) Abgetretene Forderungen	984	245
b) Laufzeit der Abtretungserklärung	993	249
IV. Der Treuhänder im Restschuldbefreiungsverfahren	995	251
V. Entscheidung über die Ankündigung oder Versagung der Restschuldbefreiung vor Beginn der Wohlverhaltensperiode	1009	256
1. Ankündigung der Restschuldbefreiung oder Versagung	1009	256
2. Gründe zur Versagung der Restschuldbefreiung im eröffneten Verfahren (§ 290 InsO)	1023	261
a) Insolvenzstraftat (§ 290 Abs. 1 Nr. 1 InsO)	1027	262
b) Unrichtige oder unvollständige Angaben (§ 290 Abs. 1 Nr. 2 InsO)	1033	263
c) Wiederholter Restschuldbefreiungsantrag (§ 290 Abs. 1 Nr. 3 InsO a. F.)	1047	265
d) Verschwenderischer Lebensstil (§ 290 Abs. 1 Nr. 4 InsO)	1051	266
e) Verletzung von Auskunfts- und Mitwirkungspflichten (§ 290 Abs. 1 Nr. 5 InsO)	1067	268

	Rn.	Seite
f) Unrichtige oder unvollständige Verzeichnisse (§ 290 Abs. 1 Nr. 6 InsO a. F.)	1083	272
g) Verstoß gegen die Erwerbsobliegenheit des § 287b InsO n. F. (§ 290 Abs. 1 Nr. 7 InsO n. F.)	1092	275
h) Nichterfüllung der gerichtlichen Zahlungsauflage (§ 314 Abs. 3 Satz 2 InsO a. F.)	1095	276
3. Formelle Voraussetzungen	1098	276
a) Gläubigerantrag	1098	276
b) Glaubhaftmachung	1111	278
4. Versagungsverfahren nach § 290 InsO	1118	279

VI. Obliegenheiten des Schuldners nach Aufhebung des Insolvenzverfahrens ... 1123 281
1. Unselbstständige Erwerbstätigkeit (§ 295 Abs. 1 Nr. 1 InsO) ... 1130 283
   a) Systematik der Vorschrift ... 1130 283
   b) Obliegenheiten des erwerbstätigen Schuldners ... 1135 283
   c) Obliegenheiten des erwerbslosen Schuldners ... 1142 284
2. Selbstständige Erwerbstätigkeit (§ 295 Abs. 2 InsO) 1150 286
3. Weitere Obliegenheiten (§ 295 Abs. 1 Nr. 2–4 InsO) ... 1155 287
4. Konsequenzen einer Obliegenheitsverletzung – Verstoß gegen § 295 InsO ... 1167 290

VII. Vorzeitige Versagung der Restschuldbefreiung vor Ablauf des Abtretungszeitraumes gem. §§ 296, 299 InsO ... 1168 290
1. Obliegenheitsverletzungen gemäß § 295 InsO ... 1170 291
   a) Versagungsgrund ... 1173 291
   b) Beeinträchtigung der Befriedigung ... 1176 292
   c) Heilung der Obliegenheitsverletzung ... 1181 294
   d) Verschulden ... 1183 294
   e) Formelle Voraussetzungen ... 1187 295
      aa) Gläubigerantrag ... 1187 295
      bb) Glaubhaftmachung ... 1203 298
2. Obliegenheitsverletzung nach § 296 Abs. 2 Satz 2, 3 InsO ... 1211 300
3. Insolvenzstraftaten (§ 297 InsO) ... 1217 301
4. Mangelnde Deckung der Treuhändervergütung (§ 298) ... 1226 302
5. Wirkungen der vorzeitigen Versagung (§ 299 InsO) ... 1246 306

VIII. Entscheidung über die Erteilung der Restschuldbefreiung ... 1248 307
1. Versagung der Restschuldbefreiung ... 1249 307
2. Erteilung der Restschuldbefreiung ... 1256 308

IX. Vorzeitige Erteilung der Restschuldbefreiung vor Ablauf der Wohlverhaltensperiode gem. § 300 InsO n. F. ... 1258 309

	Rn.	Seite
X. Wirkungen der Restschuldbefreiung (§ 301 InsO)	1271	312
1. Umfang der Restschuldbefreiung, § 302 InsO	1272	313
2. Auswirkungen der Restschuldbefreiung auf die betroffenen Gläubiger und die Restschuld	1292	317
XI. Widerruf der Restschuldbefreiung	1298	318
XII. Schuldnerverzeichnis und Schufa	1305	319
F. Tod des Schuldners	1309	321
Anhang		323
Stichwortverzeichnis		371

Literaturverzeichnis

Monographien, Handbücher, Kommentare

Ahrens/Gehrlein/Ringstmeier
Fachanwalts-Kommentar Insolvenzrecht, 2012
(zit.: A/G/R/*Bearbeiter*)

Baumbach/Lauterbach/Albers/Hartmann
Zivilprozessordnung (ZPO), Kommentar, 71. Aufl., 2013

Braun
Insolvenzordnung (InsO), Kommentar, 5. Aufl., 2012
(zit.: Braun/*Bearbeiter*, InsO)

Gottwald
Insolvenzrechts-Handbuch, 4. Aufl., 2010
(zit.: Gottwald/*Bearbeiter*)

Haarmeyer/Wutzke/Förster
Handbuch zur Insolvenzordnung, 4. Aufl., 2013
(zit.: *Haarmeyer/Wutzke/Förster*, Handbuch)

Häsemeyer
Insolvenzrecht, 4. Aufl., 2007

Hess
Kommentar zur Insolvenzordnung, 3. Aufl., 2007

Keller
Vergütung und Kosten in Insolvenzverfahren, 3. Aufl., 2010

Klein
AO, Kommentar zur Abgabenordnung, 11. Aufl., 2012
(zit.: Klein/*Bearbeiter*)

Kölner Schrift
zur Insolvenzordnung, hrsg. vom Arbeitskreis für Insolvenz- und Schiedsgerichtswesen, 3. Aufl., 2009
(zit.: *Bearbeiter*, in: Kölner Schrift)

Kothe/Ahrens/Grote/Busch
Verfahrenskostenstundung, Restschuldbefreiung und Verbraucherinsolvenzverfahren, Kommentar, 6. Aufl., 2012

Kreft (Hrsg.)
Heidelberger Kommentar zur Insolvenzordnung, 6. Aufl., 2011
(zit.: HK-*Bearbeiter*, InsO)

Kübler/Prütting/Bork (Hrsg.)
Insolvenzordnung, Loseblatt-Kommentar, Stand: Stand 8/2013
(zit.: Kübler/Prütting/Bork/*Bearbeiter*, InsO)

Kummer/Schäfer/Wagner
Insolvenzanfechtung, Fallgruppenkommentar, 2012

Mohrbutter/Ringstmeier (Hrsg.)
Handbuch der Insolvenzverwaltung, 8. Aufl., 2007
(zit.: Mohrbutter/Ringstmeier/*Bearbeiter*)

Münchener Kommentar
zur Insolvenzordnung, hrsg. von Kirchhof/Lwowski/Stürner,
Bd. 1: Einleitung, § 1–102, InsVV, 3. Aufl., 2013
Bd. 2: § 103–269, 2. Aufl., 2008,
Bd. 3: §§ 270–335, Internationales Insolvenzrecht, Insolvenzsteuerrecht, 3. Aufl., 2013
(zit.: MünchKomm-*Bearbeiter*, InsO)

Musielak
ZPO, Kommentar zur Zivilprozessordnung, 10. Aufl., 2013
(zit.: Musielak/*Bearbeiter*)

Nerlich/Römermann (Hrsg.)
Insolvenzordnung, Kommentar, 24. Aufl., Loseblattsammlung, Stand 8/2012
(zit.: Nerlich/Römermann/*Bearbeiter*, InsO)

Palandt
Bürgerliches Gesetzbuch (BGB), Kommentar, 72. Aufl., 2013
(zit.: Palandt/*Bearbeiter*, BGB)

Roth
Insolvenzsteuererrecht, 2011

Roth/Pfeuffer
Praxishandbuch für Nachlassinsolvenzverfahren, 2009

Schmidt (Hrsg.)
Hamburger Kommentar zum Insolvenzrecht, 4. Aufl., 2012
(zit.: HambKomm-*Bearbeiter*, InsO)

Schmidt, Karsten
Insolvenzordnung, Kommentar, 18. Aufl., 2013
(zit.: K. Schmidt-*Bearbeiter*)

Sinz/Wegener/Hefermehl
Verbraucherinsolvenz, 1. Aufl., 2004

Sinz/Hiebert
Unternehmensinsolvenz, Ein systematischer Leitfaden für die Praxis, 3. Aufl., 2013

Uhlenbruck (Hrsg.)
Insolvenzordnung (InsO), Kommentar, 13. Aufl., 2010
(zit.: Uhlenbruck/*Bearbeiter*, InsO)

Wimmer (Hrsg.)
Frankfurter Kommentar zur Insolvenzordnung, 7. Aufl., 2013
(zit.: FK-*Bearbeiter*, InsO)

Zöller (Hrsg.)
Zivilprozessordnung (ZPO), Kommentar, 30. Aufl., 2014
(zit.: Zöller/*Bearbeiter*, ZPO)

Aufsätze

Andres
Messbarkeit der Qualität der Verwaltertätigkeit aus der Sicht eines Insolvenzverwalters, NZI 2008, 522

Ahrens
Was soll's, NZI 2013, Heft 11, V

Arens
Steuerforderungen im Zusammenhang mit dem Neuerwerb nach Neuregelung des § 35 InsO, DStR 2010, 446

Bast/Becker
Abschied von § 114 III InsO – ungewollte Folgen für die Lohnpfändung durch den Entwurf eines Gesetzes zur Verkürzung des Restschuldbefreiungsverfahrens und zur Stärkung der Gläubigerrechte (BT-Drucks. 17/11268)?, NZI Aktuell, NZI 2013, V

Beck
Insolvenz von Anwälten und Notaren – grundrechtskonforme Gefahrenabwehr oder Pflege vordemokratischer Standesdünkel?, ZVI 2013, 81

Beck
EU-Kommission gibt Reform des Insolvenzrechts neuen Schub, ZVI 2013, 250

Beck
Insolvenz in England – Insolvenztourismus und „Mittelpunkt der hauptsächlichen Interessen" als Abgrenzung zwischen legitimen und illegitimem forum shopping, ZVI 2011, 355

Beck/Dumnow
Ordre public und Schuldnerflucht nach England, ZVI 2012, 433

Becker, Axel
Die Zustimmung des Finanzamts zu außergerichtlichen Schuldenbereinigungsplänen, ZVI 2002, 100

Berger
Die unternehmerische Tätigkeit des Insolvenzschuldners im Rahmen der Haftungserklärung nach § 35 Abs. 2 InsO, ZInsO 2008, 1101

Bitter
Das neue Pfändungsschutzkonto (P-Konto) – eine Zwischenbilanz, ZIP 2011, 149

Bork
Anmerkung zu einer Entscheidung des Gemeinsamen Senats der obersten Gerichtshöfe des Bundes (Beschl. v. 27.9.2010, GmS-OBG 1/09 in ZIP 2010, 2418) – Zur Zuständigkeit der Arbeitsgerichte für die Lohnanfechtung, EWiR 2010, 765

Bork
Die Unabhängigkeit des Insolvenzverwalters – ein hohes Gut, ZIP 2006, 58

Busch
Die private Krankenversicherung in der Insolvenz – Rechtsprechungsübersicht ZVI 2013, 303

Busch/Winkens
Verpflichtung zur Abgabe von Steuererklärungen, Veranlagungswahlrecht und eigenhändige Unterschrift des Insolvenzverwalters bzw. Treuhänders, ZInsO 2009, 2173

Büttner
Erteilung der Restschuldbefreiung für Erben?, ZInsO 2013, 588

Casse
Neue Überlegungen zum Giro- und P-Konto im Insolvenzverfahren, ZInsO 2012, 1402

du Carrois
Aktuelle Probleme beim P-Konto in der Insolvenz des Schuldners, ZInsO 2010, 2276

Eisner
Der isolierte Widerspruch des Schuldners gegen eine Forderung aus unerlaubter Handlung, NZI 2003, 480

Flitsch
Lebensversicherungsverträge und Altersvorsorge als Teil der Insolvenzmasse, ZVI 2007, 161

Frind
Kann Verwaltererfolg gemessen werden? NZI 2008, 518

Frind
Praxisprobleme des reformierten Privatinsolvenzverfahrens – Zur praktischen Umsetzung von „Eingangsentscheidung" und Verkürzung der Restschuldbefreiungserteilungszeit, ZInsO 2013, 144

Frind
Zwischenruf: Reformstau an der Dauerbaustelle InsO, ZInsO 2010, 511

Frind
Verwalterauswahl: Ermessen des Insolvenzrichters im Mittelpunkt, ZInsO 2009, 1638

Fuchs
Verbraucherinsolvenzverfahren und Restschuldbefreiung, in: Kölner Schrift zur InsO, 2. Aufl., 2000, S. 1769

Ganter/Brünink
Insolvenz und Umsatzsteuer aus zivilrechtlicher Sicht, NZI 2006, 257

Germ
Zwingend erforderliches Qualitätsmanagement in der Insolvenzverwaltung, NZI 2009, 359

v. Gleichenstein
Die Altersvorsorge Selbstständiger in der Insolvenz, ZVI 2004, 149

Goslar
Annullierung englischer Insolvenzeröffnungsentscheidungen nach sec. 282 Insolvency Act (UK), NZI 2012, 912

Graeber
Auswirkung der Entscheidung des BVerfG zur Vorauswahl des Insolvenzverwalters auf die Insolvenzgerichte NZI 2004, 546

Graf-Schlicker/Remmert
Das neue Insolvenzrecht auf dem Prüfstand. Zum Zwischenbericht der Bund-Länder-Arbeitsgruppe „Insolvenzrecht", ZInsO 2000, 321

Grote
Reform der Restschuldbefreiung zum 1.7.2014 – die 25 wichtigsten Änderungen, InsbürO 2013, 207

Grote
Zur Abführungspflicht des Selbstständigen gem. § 295 Abs. 2 InsO in der Wohlverhaltensperiode, ZInsO 2004, 1105

Grote
Keine Versagung der Restschuldbefreiung nach § 290 InsO ohne Antrag eines Gläubigers im Schlusstermin, ZInsO 2003, 416

Grote/Pape
Das Ende der Diskussion? Die wichtigsten Neuregelungen zur Restschuldbefreiung, ZInsO 2013, 1433

Günther
Das Pfändungsschutzkonto in der Insolvenz des Bankkunden, ZInsO 2013, 859

Haarmeyer
Die „Freigabe" selbstständiger Tätigkeit des Schuldners und die Erklärungspflichten des Insolvenzverwalters, ZInsO 2007, 696

Haarmeyer
Der Erfolg der Insolvenzabwicklung als Maßstab für Auswahl und Bestellung des Unternehmensinsolvenzverwalters, ZInsO 2005, 337

Hackenberg
Steuererstattungsanspruch in der Verbraucherinsolvenz, InsbürO 2005, 444

Harder
Insolvenzplan für alle? – Die Reform der außergerichtlichen und gerichtlichen Schuldenbereinigung, NZI 2013, 71

Harder
Die Obliegenheit des selbstständigen Schuldners gemäß § 295 II InsO, NZI 2013, 521

Harder
Verfahrenskostenstundung versus Vorschusspflicht des Ehegatten – Eine rechtliche Bestandsaufnahme, VIA 2013, 17

Hattwig
Ungewissheit für Schuldner deliktischer Forderungen – Überlegungen zu § 184 InsO, ZInsO 2004, 636

Hattwig
Gewerbeausübung im Insolvenzverfahren natürlicher Personen, ZInsO 2003, 646

Heinze
Wann kann der Treuhänder bei aufgehobener Kostenstundung einen Versagungsantrag nach § 298 InsO stellen? ZVI 2011, 18

Henkel
Wohin mit Geschäftsführern und Gesellschaftern? ZVI 2013, 329

Hergenröder/Homann
Die Reform der Verbraucherentschuldung: Plädoyer für eine Neuorientierung, ZVI 2013, 12

Hergenröder/Homann
Die Reform der Verbraucherentschuldung: Der nächste untaugliche Versuch, ZVI 2013, 91

Hess/Röpke
Die Insolvenz der kammerabhängigen freien Berufsangehörigen, NZI 2003, 233

Hess/Weis
Die Insolvenzmasse nach der Insolvenzordnung, InVo 1998, 273

Heyer
Verfahrenskostenstundung – wofür wir sie brauchen und benutzen, ZVI 2012, 130

Heyer
Der Insolvenzplan im Verbraucherinsolvenzverfahren – gut gemeint, aber schlecht gemacht, ZVI 2012, 321

Heyn
Standardabwicklung einer Verbraucherinsolvenz – Teil 1, InsbürO 2009, 3

Hingerl
System der Restschuldbefreiung bei natürlichen Personen, ZInsO 2013, 21

Hofmeister/Schilz
Stärkung der außergerichtlichen Einigung – wirklich gut oder nur gut gemeint, ZVI 2012, 134

Holzer
Erklärungen des Insolvenzverwalters bei Ausübung einer selbstständigen Erwerbstätigkeit des Schuldners, ZVI 2007, 289

Huber
Kein Rechtsweg für Insolvenzanfechtungsklagen gegen Sozialversicherungsträger zum Sozialgericht, ZInsO 2011, 519

I. Pape/G. Pape
Entwicklung der Rechtsprechung zum Verbraucherinsolvenz- und Restschuldbefreiungsverfahren in den Jahren 2011 und 2012 Teil 1, ZInsO 2013, 265

Jacoby
Auswahlermessen auch im Insolvenzverwalter-Vorauswahlverfahren ZIP 2009, 2081

Jürgens
Über die Qualität der Insolvenzverwaltung, ZInsO 2008, 888

Kahlert/Mordhorst
Ist schlichtes Dulden einer selbständigen Tätigkeit des Schuldners ein Verwalten der Insolvenzmasse im Sinne des InsO § 55 Abs. 1 Nr. 1?, ZIP 2009, 2210

Kayser
Die Insolvenzanfechtung nach § 134 InsO – Ausweitung der Anfechtbarkeit von Drittleistungen?, WM 2007, 1

Keller
Die Gewährung von Unterhalt im Insolvenzverfahren, in Verbraucherinsolvenz und Restschuldbefreiung, NZI 2007, 316

Kemperdick
Anfechtung der Umwandlung einer Lebensversicherung, ZInsO 2012, 2193

Kirchhof
Von Denkmälern und Dauerbaustellen, ZInsO 2008, 395

Kluth
Die freiberufliche Praxis „als solche" in der Insolvenz – „viel Lärm um nichts"?, NJW 2002, 186

Knees
Das Girokonto im Verbraucherinsolvenz- und Restschuldbefreiungsverfahren, ZVI 2002, 89

Koark
Restschuldbefreiung: Sozial ungerechte Quote ohne vernünftiges Wirtschaftsergebnis für das Entschuldungsverfahren als „Gegenleistung" für Verhaltensänderungen tauschen?, ZInsO 2013, 64

Kocher
Entschuldung jetzt auch für mittellose Schuldner? Zur Teilreform des Insolvenzverfahrens durch das InsOÄndG, DZWIR 2002, 45

König
Rechtsprechungsübersicht zur Prozesskostenhilfe in Verbraucherinsolvenzverfahren, NJW 2000, 2487

Kreft
Der Rechtsweg für Insolvenzanfechtungsklagen, ZIP 2013, 241

Krüger
Das P-Konto und das Monatsanfangsproblem, ZVI 2010, 458

Krüger/Wigand
Der Rechtsweg für Anfechtungsklagen des Insolvenzverwalters, ZInsO 2011, 1441

Kück
Erfolgsmessung im Insolvenzverfahren, ZInsO 2007, 637

Kuleisa
Der insolvente Nachlass – Die Haftung der Erben und die Befugnisse des Testamentsvollstreckers, ZVI 2013, 173

Kupka/Schmittmann
Freigabe einer selbstständigen Tätigkeit und Übertragung der Betriebs- und Geschäftsausstattung nach § 35 Abs. 2 InsO n. F., InsbürO 2007, 386

Küpper/Heinze
Zu den Risiken und Nebenwirkungen der Abführungspflicht aus selbstständiger Tätigkeit des Insolvenzschuldners, ZInsO 2009, 1785

Lange
Lebensversicherung und Insolvenz, ZVI 2012, 403

Laroche
Behandlung von Sozialleistungen in der Insolvenz, VIA 2013, 57, 58 Ziff. 2

Leithaus
Rettet das Anfechtungsrecht!, NZI 2011, Nr. 9, V–VI

Linse
Ertragsteuerliche Behandlung von Sanierungsgewinnen. Kritische Anmerkung zum BMF-Schreiben vom 27.3.2003, BStBl 2003 I, S. 240, ZInsO 2003, 934

Lissner
Fehlende Deckung der Mindestvergütung – praktische Umsetzungsprobleme bei der Versagung der Restschuldbefreiung nach § 298 InsO, ZInsO 2013, 163

Mäusezahl
Freigabe der Selbständigkeit nach dem InsOVereinfG, InsbürO 2007, 152

May
Wo Du nicht bist, das ist das Glück – Die Konkurswanderungen entbehrlich machen, ZInsO 2012, 165

Nobbe
Lastschriften in der Insolvenz des Schuldners – Vorhang zu, alle Fragen offen?, ZIP 2012, 1937

Nummer-Krautgasser/Anzenberger
Verbraucherinsolvenz in Österreich: Rechtslage und Reformbestrebungen, ZInsO 2012, 2359

Obermüller
Das Pfändungsschutzkonto in der Insolvenz des Kontoinhabers, InsbürO 2013, 180

Obermüller/Kuder
SEPA-Lastschriften in der Insolvenz nach dem neuen Recht der Zahlungsdienste, ZIP 2010, 349

Onusseit
Umsatzsteuer aufgrund einer unternehmerischen Tätigkeit des Schuldners nach Eröffnung des Insolvenzverfahrens, ZInsO 2010, 1482

Pape, Gerhard
Die neue Rechtsprechung des BGH zu § 295 Abs. 2 InsO, InsbürO 2013, 299

Pape, Gerhard
Vorzeitige Erteilung der Restschuldbefreiung bei fehlenden Forderungsanmeldungen, NZI 2004, 1

Pape, Gerhard
Zum Fortgang der Arbeiten auf der Dauerbaustelle InsO, ZInsO 2011, 1

Pape, Gerhard
Entwurf eines Gesetzes zur Änderung der Insolvenzordnung – Erste Anmerkung zum Diskussionsentwurf des Bundesministeriums der Justiz, ZInsO 2003, 389

Pape, Gerhard
Unzulässigkeit von Neugläubigerklagen gegen den Schuldner? Anmerkung zu LG Lüneburg, Urt. v. 9.7.2002 – 5 O 232/01 (ZInsO 2002, 941), ZInsO 2002, 917

Pape, Gerhard
Aktuelle Entwicklungen im Verbraucherinsolvenzverfahren und Erfahrungen mit den Neuerungen des InsO-Änderungsgesetzes 2001, ZVI 2002, 225

Pape, Irmtraud
Referentenentwurf eines Gesetzes zur Änderung der InsO – Anmerkungen zu den geplanten Neuregelungen, NZI 2004, 601

Paulus
Ein Kaleidoskop aus der Geschichte des Insolvenzrechts, JZ 2009, 1148

Pribe,
Bankrott in Britain, ZInsO 2012, 2074

Ries
Kraftfahrzeugsteuer als Masseverbindlichkeit auch bei Freigabeerklärung, NZI 2010, 498

Ries
Anmerkung zum Urteil des GmS-OBG vom 27.09.2010 (GmS-OBG 1/09, ZInsO 2010, 2400) – Zur Rückgewähr des verdienten Arbeitsentgelts nach § 143 Abs. 1 InsO, ZInsO 2010, 2382

Ritter
Die neue 25 % – Quote zur Verkürzung der Restschuldbefreiungsphase – geht die Reform ins Leere?, ZVI 2013, 135

Runkel
Neuerwerb in der Insolvenz, in: Festschrift Uhlenbruck, 2000, S. 315

Sämisch
Fiskalische Begehrlichkeiten: Insolvenzforderung oder Masseverbindlichkeit?, ZInsO 2010, 934

Sander
zur (Un-)Anwendbarkeit von § 114 InsO auf Honorare von Kassenärzten, ZInsO 2003, 1129

Sauer
Erhöhung des Pfändungsfreibetrages nach § 850k Abs. 4 ZPO ohne vorausgehende Pfändung des Kontos, ZVI 2012, 365

Schäferhoff
Probleme bei der gerichtlichen Zustimmungsersetzung nach § 309 InsO, ZInsO 2001, 687

Schäferhoff
Die Vorschusspflicht des Ehegatten im Stundungsverfahren, ZVI 2004, 80

Schmidt-Räntsch
Das neue Verbraucherinsolvenzverfahren, MDR 1994, 321

Schmittmann
Die verpasste Chance zur Kodifizierung eines Insolvenzsteuerrechts, StuB 2012, 109

Schönen
Verbraucherinsolvenzrecht im internationalen Vergleich unter besonderer Berücksichtigung der Vorschriften zur Restschuldbefreiung (Teil II), ZVI 2010, 81

Schönen
Verbraucherinsolvenzrecht im internationalen Vergleich unter besonderer Berücksichtigung der Vorschriften zur Restschuldbefreiung (Teil I), ZVI 2009, 229

Senger/Finke
Dauerschuldverhältnisse unter besonderer Beachtung der Privaten Krankenversicherung, ZInsO 2012, 997

Sesemann
Erwerbsobliegenheit angestellter und selbstständiger Schuldner in der Wohlverhaltensphase, ZVI 2011, 289

Siebert
Dreijährige Sperrfrist für Eigenantrag nach Abweisung eines Gläubigerantrages mangels Masse?, VIA 2013, 46

Sinz/Hiebert
Verwertung der Betriebs- und Geschäftsausstattung eines selbstständig tätigen Insolvenzschuldners – zur Reichweite des § 811 Nr. 5 ZPO, ZInsO 2012, 63

Smid/Wehdeking
Arbeitseinkommen des Schuldners und die Rechtszuständigkeit des Insolvenzverwalters bzw. Treuhänders in dem über das Vermögen natürlicher Personen eröffneten Insolvenzverfahren, InVo 2000, 293

Staufenbiel/Karlstedt
Der Liquiditätsplan im Insolvenzverfahren, ZInsO 2010, 2059

Stiller
Wirkung der Negativerklärung gem. § 35 Abs. 2 Satz 1 InsO auf bei Insolvenzeröffnung bestehende Arbeitsverhältnisse, ZInsO 2010, 1374

Sudergat
Das Pfändungsschutzkonto in der Insolvenz, ZVI 2013, 169

Tetzlaff
Zur Anwendung von ZPO § 811 Abs. 1 Nr. 5 im Insolvenzverfahren, EWiR 2003, 1151

Tetzlaff
Rechtliche Probleme in der Insolvenz des Selbstständigen, ZInsO 2005, 393

Tetzlaff
Das Erbenglück des insolventen Schuldners, ZVI 2003, 309

Tetzlaff
Entstehung von Masseverbindlichkeiten durch das Handeln des Schuldners in der Insolvenz der natürlichen Person? Haftungsrisiken für Verwalter bei fortgesetzter Ausübung einer selbständigen Tätigkeit durch den Schuldner, ZVI 2002, 309

Trendelburg
Die Abführung eines angemessenen Betrages durch Selbständige gem. § 295 Abs. 2 InsO, ZInsO 2000, 437

Uhlenbruck
Zur Vorauswahl und Bestellung des Insolvenzverwalters, NZI 2006, 489

Uhlenbruck
Die Firma als Teil der Insolvenzmasse, ZIP 2000, 401

Uhlenbruck/Mönning
Listing, Delisting und Bestellung von Insolvenzverwaltern, ZIP 2008, 157

Vallender
Rechtliche und tatsächliche Probleme bei der Abwicklung der Arztpraxis in der Insolvenz, NZI 2003, 530

Vallender
Die Vorschusspflicht des Ehegatten im Stundungsverfahren, ZVI 2003, 505

Vallender/Laroche
13 Jahre sind genug – Plädoyer für die Abschaffung des (eigenständigen) Verbraucherinsolvenzverfahrens, VIA 2012, 9

Voigt/Gerke
Die insolvenzfreie selbständige Arbeit. Ein Beitrag zur Anwendung der Pfändungsverbote, des Neuerwerbs und der Erfüllung von Verträgen bei selbständigen natürlichen Personen, ZInsO 2002, 1054

Wegener/Köke
Der Bestand der Forderungszession niedergelassener Ärzte in der Insolvenz, ZVI 2003, 382

Werner
Zivilrechtliche Neuerungen im Recht der Lastschrift – insbesondere im Einziehungsermächtigungsverfahren, BKR 2012, 221

Wischemeyer
Freigabe einer selbstständigen Tätigkeit nach § 35 Abs. 2 InsO – Praxisfragen und Lösungswege, ZInsO 2009, 2121

Wischemeyer/Schur
Zur Reichweite der Freigabeerklärung des Insolvenzverwalters nach § 35 Abs. 2 InsO bei bereits ausgeübter selbstständiger Tätigkeit des Schuldners, ZInsO 2007, 1240

Wollmann
Der Ansparvorgang des § 851c Abs. 2 ZPO – zugleich eine vergleichende Betrachtung des Pfändungsschutzes von Altersvorsorgeprodukten, ZInsO 2013, 902

Wollmann
Insolvenzanfechtung der Umwandlung gem. § 167 VVG?, ZInsO 2012, 2061

Wollweber/Hennig
Fortführung des Anfechtungsprozesses nach Planaufhebung – Zum Begriff des „anhängigen Rechtsstreits" i. S. d. § 259 Abs. 3 InsO, ZInsO 2013, 49

Zimmermann
Problemanzeige: Kontoführungsentgelt für Pfändungsschutzkonten, ZVI 2011, 37

Zipperer
Die Insolvenz des freigegeben selbstständigen Gemeinschuldners, ZVI 2007, 541

Einführung

Mit der zum 1.1.1999 in Kraft getretenen Insolvenzordnung hat der Gesetzgeber natürlichen Personen den Weg zu einer vollständigen Entschuldung eröffnet. § 1 Satz 2 InsO nennt die Möglichkeit des redlichen Schuldners, sich – auch gegen den Willen seiner Gläubiger – von den ihn treffenden Verbindlichkeiten zu befreien, als eines der **Ziele** des Insolvenzverfahrens. Auf den ersten Blick mag es ungerecht erscheinen, in die verfassungsrechtlich geschützten Rechte der Gläubiger einzugreifen, die immerhin eine berechtigte Forderung gegen den Schuldner haben und sich auf den Grundsatz pacta sunt servanda berufen können. Der erhebliche Eingriff in die Eigentumsrechte der Gläubiger bedarf einer Rechtfertigung, zumindest einer tragenden Begründung. Für die Möglichkeit einer Entschuldung sprechen zunächst einmal **soziale Gründe**. Ein Leben „an der Pfändungsgrenze" stellt häufig eine erhebliche psychosoziale Belastung dar. Die Aussicht, möglicherweise den Rest des eigenen Lebens Vollstreckungsmaßnahmen der Gläubiger ausgesetzt zu sein ohne Hoffnung, die Verbindlichkeiten jemals zurückführen zu können, erweist sich als *„moderner Schuldenturm"*.

1

Uhlenbruck/*Pape*, InsO, § 1 Rn. 15;
Uhlenbruck/*Vallender*, InsO, Vor § 286 Rn. 7 ff.

Die Verschuldung von Privatpersonen ist auch in Deutschland ein großes Problem. Im Jahr 2012 waren 6,6 Mio. Menschen in Deutschland überschuldet, was einem Anteil von 9,65 % aller erwachsenen Deutschen über 18 Jahren entspricht.

2

Pressemitteilung der Creditreform Wirtschaftsforschung
v. 8.11.2012, abgedruckt in ZInsO 2012, Kurznachrichten.

Neben sozialen Aspekten sind aber auch **volkswirtschaftliche Argumente** zu nennen. Ein Schuldner, der an der Pfändungsfreigrenze lebt, kann nicht mehr in vollem Umfang am Wirtschaftsleben teilnehmen. Er fällt als Konsument fort, was die – in Deutschland ohnehin vergleichsweise schwache – Binnenkaufkraft weiter schwächt. Auch wird ein Schuldner eher geneigt sein, einer illegalen Beschäftigung („Schwarzarbeit") nachzugehen, als zu akzeptieren, „ein Leben lang" für seine Gläubiger zu arbeiten ohne die Perspektive eines Ausgleichs sämtlicher Verbindlichkeiten zu haben. Neben dem Schaden für Fiskus und Sozialversicherung wird der Schuldner in die Illegalität „getrieben".

3

Ferner ist auch in Deutschland ein zunehmender Mentalitätswechsel spürbar. Galt in Deutschland die Insolvenz lange als „bürgerlicher Tod des Kaufmanns", das unternehmerische Scheitern als Ausdruck eines ethisch verwerflichen schuldhaften Versagens des Unternehmers, so hat sich in den letzten Jahren die Erkenntnis durchgesetzt, dass Chance und Risiko ein Geschwisterpaar sind, und sich **unternehmerisches Risiko** eben auch verwirklichen kann, wobei das Scheitern des Unternehmers, der sich nicht einer die Haftung beschränkenden Rechtsform bedient, auf interne oder externe Ursachen zurück-

4

zuführen sein kann. Wer weiß, dass er bei Verwirklichung des unternehmerischen Risikos die Chance auf einen wirtschaftlichen Neubeginn, einen „Fresh Start" hat, wird eher geneigt sein, ein Unternehmen zu gründen und etwas, nämlich sein Vermögen, zu riskieren. Zwar handelt der Unternehmer in erster Linie mit Gewinnerzielungsabsicht, doch ist wohl unbestritten, dass im Zuge einer erfolgreichen Unternehmensgründung auch die Allgemeinheit von der Wertschöpfung profitiert, sei es auch nur in Form von Arbeitsplätzen oder Steuern. Unter dieser Prämisse ist eine gewisse Risikobereitschaft wünschenswert.

5 Einmal gescheiterten Unternehmern wird zusätzlich die Möglichkeit eingeräumt, sich erneut wirtschaftlich zu betätigen, ohne einer fortdauernden Zwangsvollstreckung durch seine Gläubiger ausgesetzt zu sein. Die Wahl einer die persönliche Haftung beschränkenden Rechtsform (z. B. einer GmbH) bietet dem Unternehmensgründer im Fall des unternehmerischen Scheiterns nur eingeschränkt Schutz vor dem Zugriff der Gläubiger auf sein Vermögen. Zwar wurden die Hürden (nämlich die Aufbringung des Stammkapitals) durch die Einführung der Unternehmergesellschaft („Mini-GmbH") gesenkt. Allerdings kann sich die persönliche Haftung des Geschäftsführers einer GmbH oder UG verwirklichen. Von den Trägern der Sozialversicherungen und dem Fiskus wird er regelmäßig in Anspruch genommen (siehe nur §§ 34, 69, 191 AO). Im Fall von Zahlungsunfähigkeit oder Überschuldung der Gesellschaft droht die persönliche Inanspruchnahme des Geschäftsführers durch den Insolvenzverwalter in vielfältiger Weise.

Sinz/Hiebert, Unternehmensinsolvenz, S. 188 Rn. 730 ff.

6 Allzu oft folgt der Insolvenz der Gesellschaft diejenige des Geschäftsführers, der bei durch den Inhaber geführten Unternehmen die Funktion des Alleingesellschafter-Geschäftsführers wahrnimmt.

7 Berücksichtigt man die sozialen und wirtschaftspolitischen Argumente so ist der Eingriff in die Rechte der Gläubiger grundsätzlich gerechtfertigt. Sämtliche Vorlagen der Fachgerichte an das **Bundesverfassungsgericht** und entsprechende Verfassungsbeschwerden blieben bislang – zu Recht – erfolglos.

AG München, Vorlagebeschl. v. 30.8.2002 – 1506 IN 953/02, ZVI 2002, 330;
AG München, Vorlagebeschl. v. 20.11.2002 – 1502 IN 1944/00, ZVI 2003, 39;
AG München, Beschl. v. 3.1.2003 – 1503 IK 1359/02, ZVI 2003, 84;
AG München, Vorlagebeschl. v. 9.6.2004 – 1507 IN 39/02, ZVI 2003, 546 ff.,
BVerfG, Beschl. v. 3.2.2003 – 1 BvL 11/02, 1 BvL 12/02, 1 BvL 13/02, 1 BvL 16/02, 1 BvL 17/02, ZVI 2003, 79;
BVerfG, Beschl. v. 14.1.2004 – 1 BvL 8/03, ZVI 2004, 126;
BVerfG, Beschl. v. 7.7.2004 – 1 BvL 3/04, n. v.

Einführung

Bei der Lösung des Spannungsverhältnisses zwischen dem Interesse des Gläubigers an der Durchsetzung seiner Forderung und demjenigen des Schuldners an einer Entschuldung muss auch ins Gewicht fallen, dass es letztlich der Gläubiger selbst in der Hand hat, ob er den Schuldner kreditiert. Im Rahmen einer gesamtgesellschaftlichen Debatte sollte vertieft die Frage erörtert werden, ob es sinnvoll ist, Haushaltsgeräte und nahezu jedwede Art von Konsumgütern ohne hinreichende Besicherung im Wege einer Fremdfinanzierung zu erwerben. In der Verantwortung sind zunächst einmal die privaten Haushalte, also jeder Einzelne, der Verbindlichkeiten eingeht. Andererseits gäbe es ohne die Finanzierungsentscheidung des Kreditgebers keinen Kreditnehmer. Bei einer kritischen Betrachtung wird man daher zu der Überzeugung gelangen, dass nicht unerhebliche Teile der Bevölkerung schlicht über ihre Verhältnisse leben und dies – so scheint es – von den Gläubigern in Kauf genommen wird.

Der Gesetzgeber hat die Verantwortung von Gläubiger und Schuldner erkannt und mit der Insolvenzordnung versucht, einen angemessenen Interessenausgleich zu schaffen. So soll nur der „redliche" Schuldner in den Genuss der „Rechtswohltat"

– BGH, Beschl. 19.5.2011 – IX ZB 274/10, ZInsO 2011, 1319 f.
= ZVI 2011, 389 ff. Rn. 13, „Rechtswohltat";
Kritik: „Anspruch statt Rechtswohltat": *Hergenröder/Homann*,
ZVI 2013, 129, 132 f. –

einer Entschuldung gelangen. Dem Interessenausgleich und der Einzelfallgerechtigkeit geschuldet, ist mit der Insolvenzordnung ein kompliziertes Regelwerk entstanden, das – nicht nur im Bereich der Privatinsolvenz – während der vergangenen 13 Jahre seit in Kraft treten des Gesetzes mehrfach in erheblichem Umfang modifiziert wurde. Von der „Dauerbaustelle Insolvenzordnung" ist seit jeher die Rede.

Pape, ZInsO 2011, 1 ff.;
Frind, ZInsO 2010, 511 f.;
Kirchhof, ZInsO 2008, 395.

Sehr früh erkannte man, dass mit der Einführung der Insolvenzordnung das Problem des Zugangs mittelloser Schuldner zu dem einer Restschuldbefreiung zwingend vorausgehenden Insolvenzverfahren ungelöst blieb.

BGH, Beschl. v. 16.3.2000 – IX ZB 2/00, ZIP 2000, 755
mit abl. Anm. *Pape*.

Dem Handlungsbedarf kam der Gesetzgeber durch das am 1.12.2001 in Kraft getretene Gesetz zur Änderung der Insolvenzordnung und anderer Gesetze vom 26.10.2001 (**InsOÄndG 2001**) nach, insbesondere durch die

- Stundungsregelung in den §§ 4a ff. InsO in Anlehnung an die Prozesskostenhilfevorschriften,

- Ersetzung des Kündigungsrechts des Verwalters durch die Enthaftungserklärung (§ 109 Abs. 1 Satz 2 InsO),

- Verkürzung des insolvenzfesten Abtretungszeitraums für Lohnabtretungen von drei auf zwei Jahre (§ 114 Abs. 1 InsO),

- neue Definition des persönlichen Anwendungsbereich des Verbraucherinsolvenzverfahrens in § 304 InsO,

- Fiktion des Scheiterns der außergerichtlichen Schuldenbereinigung bei Zwangsvollstreckungsmaßnahmen des Gläubigers (§ 305a InsO),

- nur noch fakultative Ausgestaltung des gerichtlichen Schuldenbereinigungsversuchs in § 306 Abs. 1 Satz 3 InsO,

- Verkürzung der Laufzeit der Abtretungserklärung von sieben Jahren (ggf. fünf Jahren) ab Mitwirkung des Insolvenzverfahrens auf sechs Jahre nach der Insolvenzeröffnung (§ 287 Abs. 2 Satz 1 InsO),

- Abschaffung der Zulassungsbeschwerde zum OLG und Einführung der zulassungsfreien Rechtsbeschwerde zum BGH in § 7 InsO (durch das zum 1.1.2002 in Kraft getretene Gesetz zur Reform des Zivilprozesses)

12 Neben der Diskussion um die Angemessenheit der Vergütung von Insolvenzverwalter und Treuhänder wurden mit dem **InsOÄndG 2005**

– abgedruckt in: ZInsO 2004, 1016 = NZI 2004, 549 –

für den Bereich der Privatinsolvenz gewichtige Änderungen diskutiert. Der Entwurf sah u. a. die Einführung der Versagung der Restschuldbefreiung von Amts wegen und auf Antrag des Verwalters/Treuhänders, einen Verzicht auf die Durchführung des außergerichtlichen Einigungsversuchs bei offensichtlicher Aussichtslosigkeit, die Erweiterung des § 302 InsO um den Ausnahmetatbestand des vorsätzlich pflichtwidrig nicht gewährten Unterhalts sowie eine „Notfrist" für die Anmeldung von Forderungen vor. Nur wenige Vorschläge sind später Gesetz geworden.

13 Das zum 1.7.2007 in Kraft getretene Gesetz zur Vereinfachung des Insolvenzverfahrens (**InsOÄndG 2007**) schaffte demgegenüber wesentliche Neuerungen:

- Möglichkeit des schriftlichen Verfahrens auch für Regelinsolvenzen (§ 5 Abs. 2 InsO),

- Veröffentlichung im Internet (http://www.insolvenzbekanntmachungen.de) unter weitgehendem Verzicht auf Bekanntmachungen in Printmedien (§ 9 InsO),

- Anordnung von Sicherungsmaßnahmen auch gegenüber Aus- und Absonderungsgläubigern (§ 21 Abs. 2 Nr. 5 InsO),

- Regelung der Freigabe der selbstständigen Tätigkeit natürlicher Personen (§ 35 Abs. 2 InsO),

- Verkürzung der Kündigungsfrist für Miet- und Pachtverhältnisse auf drei Monate (§ 109 InsO),
- Ermöglichung der Betriebsveräußerung vor dem Berichtstermin (§ 158 InsO),
- Zustimmungsfiktion in gläubigerlosen Versammlungen (§ 160 InsO),
- befristete Verfolgungsobliegenheit des Schuldners im Falle des Bestreitens titulierter Forderungen (§ 184 Abs. 2 InsO).

Der **Entwurf eines Gesetzes zur Entschuldung mittelloser Personen und** 14 **zur Änderung des Verbraucherinsolvenzverfahrens** vom 22.8.2007 sah vor, in masselosen Verfahren auf die Eröffnung und dadurch auch auf die Einsetzung eines Treuhänders zu verzichten (§§ 289a, 289b InsO-E), wodurch sich ein Großteil der entstehenden Kosten hätte einsparen lassen. Die Stundungsregelung der §§ 4a ff. InsO sollte wieder abgeschafft und stattdessen der Schuldner zu Finanzierungsbeiträgen (13,00 € mtl.) herangezogen werden. Eine Umsetzung der Reformbestrebungen erfolgte jedoch nicht mehr.

Der von der Bundesregierung initiierte **Entwurf eines Gesetzes zur Verkür-** 15 **zung des Restschuldbefreiungsverfahrens und zur Stärkung der Gläubigerrechte** vom 31.10.2012

– BT-Drucks. 17/11268 –

wurde nach – erheblichen – Änderungen durch den Rechtsauschuss des Deutschen Bundestages

– Beschlussempfehlung und Bericht des Rechtsausschusses v. 15.5.2013, BT-Drucks. 17/13535 –

am 16.5.2013 in dritter Lesung beschlossen und am 18.7.2013 im Bundesgesetzblatt verkündet. Die Neuregelungen gelten überwiegend für Verfahren, die **ab dem 1.7.2014 neu beantragt** werden (Art. 103h EGInsO) und sehen folgende Änderungen vor (zur tabellarischen Zusammenfassung siehe Rn. 72):

Die Versagung der Restschuldbefreiung von Amts wegen wird es weiterhin 16 nicht geben. Die Rechtsprechung hat lediglich ein „kleines Versagungsrecht" von Amts wegen im Rahmen der Prüfung, ob dem Schuldner die Verfahrenskosten zu stunden sind, geschaffen.

BGH, Beschl. v. 13.9.2012 – IX ZB 191/11, NZI 2012, 852 ff. = ZVI 2012, 369 ff. Rn. 6 f.
Hierzu sehr ausführlich: *Heyer*, ZVI 2012, 130 ff. unter Bezugnahme auf BGH, 7.10.2010 – IX ZB 259/09, NZI 2010, 948 f. = ZVI 2011, 212 f.

Die vergleichsweise lange Dauer bis zur tatsächlichen Erlangung der Rest- 17 schuldbefreiung hatte vor allem bei ehemalig Selbstständigen zu einem zunehmenden Insolvenztourismus geführt. Nach diesseitiger Einschätzung wird dieser Trend auch die nächsten Jahre anhalten, da der Schwellenwert für die vorzeitige Erlangung der Restschuldbefreiung (35 % plus Kosten) für die meisten Schuldner entweder gar nicht erreichbar oder schlicht unattraktiv ist.

Berücksichtigt man, dass innerhalb der **Europäischen Union** das Prinzip der Freizügigkeit gilt und die Rechtsordnungen der Nationalstaaten miteinander konkurrieren, so verwundert es nicht, wenn neben Gesellschaften auch Privatleute auf die Idee kommen, ihren Sitz zu verlegen und die Rechtsordnung eines anderen Unionsstaates für sich nutzbar zu machen. Dies ist im Fall der tatsächlichen Sitzverlegung legal und darf keine Beanstandung erfahren, wenn man die Idee der Europäischen Union ernst nimmt. Nach der Rechtsprechung des Europäischen Gerichtshofs ist für die Bestimmung der örtlichen Zuständigkeit maßgeblich, wo der Schuldner im Zeitpunkt der Stellung des Insolvenzantrages den Mittelpunkt seiner hauptsächlichen Interessen hat (**COMI** – Center of Mains Interests).

> EuGH, Urt. v. 17.1.2006 – C-1/04, ZIP 2006, 188 f.
> = ZVI 2006, 108 f.

18 Nicht legal ist es hingegen, sich die Anwendung ausländischen Rechts zu erschleichen. Diese Entwicklung wird unter den Bezeichnungen „**Insolvenztourismus**" und „**Forum-Shopping**" diskutiert und ist in der Praxis ein Problem der örtlichen Zuständigkeit.

> *May*, ZInsO 2012, 165 ff.;
> *Paulus*, JZ 2009, 1148;
> Zur Verbraucherinsolvenz im internationalen Vergleich ausführlich: *Schönen*, ZVI 2009, 229 ff. (Teil I) und ZVI 2010, 81 ff. (Teil II).

19 Um die Fälle des *Insolvenztourismus*, mit anderen Worten der Zuständigkeitserschleichung, in den Griff zu bekommen, gehen deutsche Gerichte in Missbrauchsfällen – völlig zu Recht – vermehrt dazu über, Entscheidungen ausländischer Insolvenzgerichte wegen Verstoßes gegen die deutsche öffentliche Ordnung (Ordre Public) gemäß Art. 26 EuInsVO als unbeachtlich zu behandeln, die im Ausland erlangte Restschuldbefreiung in Deutschland also nicht anzuerkennen mit der Folge, dass Gläubiger ihre Forderungen titulieren und weiter vollstrecken können.

> LG Köln, Urt. v. 14.10.2011 – 82 O 15/08, ZIP 2011, 2119 ff.
> = ZInsO 2012, 1379 ff. Rn. 78;
> Beispielsfall: AG Göttingen, Beschl. v. 10.12.2012 – 74 IN 28/12, ZInsO 2013, 305 ff. = ZVI 2013, 107 f.;
> **ablehnend** aber: OLG Nürnberg, Beschl. v. 15.12.2011 – 1 U 2/11, ZIP 2012, 241 ff. = ZVI 2012, 103 ff. Rn. 11;
> *Beck*, ZVI 2011, 355 ff. *Beck/Dunmow*, ZVI 2012, 433 ff.;
> zur Möglichkeit der Annullierung von englischen Eröffnungsbeschlüssen ausführlich: *Goslar* NZI 2012, 912.

20 Ein Verstoß gegen die deutsche öffentliche Ordnung soll schon dann vorliegen, wenn das ausländische Insolvenzgericht trotz seit Jahren bekannter Missbräuche keine Plausibilitätsprüfung der Angaben des Schuldners im Hinblick auf die eigene Zuständigkeit vornimmt.

Einführung

AG Göttingen, Beschl. v. 10.12.2012 – 74 IN 28/12,
ZInsO 2013, 305 ff.

Aufgrund der geografischen Nähe, des vergleichsweise kurzen Zeitraums bis zum Eintritt der Entschuldung und eher vorhandenen Sprachkenntnissen in der Bevölkerung waren in der Vergangenheit vor allem die Rechtsordnungen Großbritanniens sowie Frankreichs (nur Elsass-Lothringen) für Schuldner attraktiv.   **21**

May, ZInsO 2012, 165 ff.

Im Unterschied zur deutschen Insolvenzordnung sind Schuldenbereinigungsversuche in **England & Wales** – von Ausnahmen abgesehen – freiwillig. Der Schuldner kann auch sofort die Eröffnung eines Insolvenzverfahrens (Bankruptcy) nach sec. 264 ff. Insolvency Act mit anschließender Restschuldbefreiung (Discharge) beantragen. Die **Restschuldbefreiung** tritt **nach Ablauf eines (!) Jahres** seit Verfahrensbeginn **automatisch** ein (sec. 279 (1) Insolvency Act). Das Insolvenzverfahren beginnt mit der Bankruptcy Order. Es wird ein Official Receiver (sec. 287 Insolvency Act) ernannt, der nach kurzer Zeit durch einen Trustee ersetzt oder selbst zum Trustee ernannt wird (sec. 292 Insolvency Act). Das gesamte Vermögen geht auf den Trustee über und wird für die Gläubigergemeinschaft verwertet. Ähnlich dem deutschen Recht werden dem Schuldner die Gegenstände des täglichen Bedarfs, höchstpersönliche Gegenstände und solche zur Ausübung des Berufs belassen (sec. 283, 306 Insolvency Act). Der Official Receiver untersucht, ob die Voraussetzungen des Verfahrens vorliegen und kann sogar vorzeitige Restschuldbefreiung (Discharge) verbunden mit einer Unbedenklichkeitserklärung beantragen (sec 279 (2) Insolvency Act).   **22**

Zur Insolvenz natürlicher Personen in England und Wales sehr
übersichtlich: *Pribe*, ZInsO 2012, 2074 ff.

Innerhalb der **Republik Frankreich** muss zwischen Elsass-Lothringen (genauer: Départements Bas-Rhin, Haut-Rhin und Moselle) und dem Rest des Landes unterschieden werden. Nur in Elsass-Lothringen können Verbraucher nach dem dortigen regionalen Recht die Restschuldbefreiung selbst beantragen und mit einer zeitnahen Entschuldung rechnen. Der „Wettbewerb der Rechtsordnungen" dürfte anhalten, da auch andere Mitgliedsstaaten die Reform ihrer Verfahren zur Entschuldung natürlicher Personen diskutieren.   **23**

Zu Reformbestrebungen in der Republik Österreich:
Nummer-Krautgasser/Anzenberger ZInsO 2012, 2359 ff.

Abzuwarten bleibt, ob die Vorschläge der EU-Kommission zur Reform der EUInsVO zu einer Vereinheitlichung der Entschuldung natürlicher Personen führen werden und, wie der Widerspruch zwischen den einzelnen Rechtstraditionen der Mitgliedsstaaten aufgelöst werden können.   **24**

Sehr ausführlich zu den aktuellen Reformbemühungen: *Beck*,
ZVI 2013, 250 ff.

25 Die deutsche Insolvenzordnung kennt **keine automatische Entschuldung**. Auch nach Beendigung des Insolvenzverfahrens besteht immer noch ein unbegrenztes Nachforderungsrecht des Gläubigers (§ 201 Abs. 1 InsO; früher: § 164 Abs. 1 KO). Soweit die Gläubiger im Rahmen des Insolvenzverfahrens nicht befriedigt werden („Insolvenzquote"), muss der Schuldner durch Beschluss des Insolvenzgerichts von seinen restlichen Schulden befreit werden („Restschuldbefreiung").

26 Der Gesetzentwurf der Bundesregierung zur Verkürzung des Restschuldbefreiungsverfahrens und zur Stärkung der Gläubigerrechte (RegE BT-Drucks. 17/11268) sah eine erhebliche Modifizierung der bisherigen Rechtslage vor. Die Verfahrensarten Regel- und Verbraucherinsolvenz sollten soweit angeglichen werden, dass teilweise

– Stellungnahme des Bundesrates zum RegE BT-Drucks. 17/11268 v. 31.10.2012 S. 57 ff.;
Vallender/Laroche, VIA Heft 2, 2012, 9 ff. –

für eine Abschaffung des besonderen Verbraucherinsolvenzverfahrens plädiert wurde. Der Entwurf wurde im Rahmen des Gesetzgebungsverfahrens deutlich „geschliffen", was zu teils erheblicher Kritik führte.

Ahrens, NZI 2013, V ff.

27 Das von Bundestag sodann verabschiedete Gesetz

– Gesetzesentwurf mit den Beschlüssen des Rechtsausschusses, BT-Drucks. 17/13535, vgl. Beilage 1 zu ZVI 5/2013; ZInsO 2013, 1122 ff. –

hat den Bundesrat ohne weitere Änderungen passiert und sieht gleichwohl einige gewichtige Änderungen zu der bisherigen Rechtslage vor.

Eine gute Übersicht liefert *Grote*, InsbürO 2013, 207 ff.

28 Zu den wichtigsten Änderungen gehört die **Verkürzung des Restschuldbefreiungsverfahrens** auf **drei Jahre** (bei Erreichen einer **Mindestquote** i. H. v. 35 % und Deckung der Verfahrenskosten) bzw. auf **fünf Jahre** (wenn nur die Verfahrenskosten gedeckt sind).

Kritik an der Höhe der Quote
Beck, ZVI 2013, 250 ff.;
Hingerl, ZInsO 2013, 21 ff.;
Koark, ZInsO 2013, 64 ff.;
Ritter, ZVI 2013, 135 ff.;
Hergenröder/Homann, ZVI 2013, 91, 94.

29 Die zügigere Entschuldung bei Erreichen einer Mindestquote und deren Höhe war inhaltlich sicherlich der bedeutendste Punkt der Reform und wurde kontrovers diskutiert, galt es doch die Interessen von Gläubigern und Schuldner zu einem angemessenen Ausgleich zu führen.

BeschlE BT-Drucks. 17/13535 zu § 300 Abs. 1 Satz 2 Nr. 2 InsO-E, abgedruckt z. B. in ZInsO 2013, 1122, 1138.
Ritter, ZVI 2013, 135 ff.

Einführung

Daneben ist vor allem die Möglichkeit der Durchführung eines **Insolvenz-** 30
planverfahrens auch im Verbraucherinsolvenzverfahren zu nennen. Der Treuhänder im Verbraucherinsolvenzverfahren wird durch einen Insolvenzverwalter ersetzt, der wie im Regelinsolvenzverfahren zur **Verwertung mit Absonderungsrechten belasteter Gegenstände** und zur Insolvenzanfechtung berechtigt ist.

Demgegenüber bleibt der zwingende **außergerichtliche Schuldenbereini-** 31
gungsversuch grundsätzlich erhalten, ebenso der fakultative gerichtliche Schuldenbereinigungsversuch. Dies führt dazu, dass er Zugang zu einer Entschuldung für den Rechtslaien weiter unnötig verkompliziert und der bisherige Formularzwang beibehalten wird.

Der ursprüngliche Gesetzesentwurf enthielt noch die Regelung, dass, wenn 32
eine außergerichtliche Einigung offensichtlich aussichtslos ist und dies von einer geeigneten Person oder Stelle i. S. d. § 305 Abs. 1 Nr. 1 InsO bescheinigt wird, ein außergerichtlicher Schuldenbereinigungsversuch *entbehrlich* ist. Zwar wären Schuldner auch bei dieser Regelung weiterhin gezwungen, eine solche Person (z. B. einen Rechtsanwalt) oder eine geeignete Stelle (Schuldnerberatung) aufzusuchen, was in der Regel aber mit nicht unerheblichen Kosten verbunden ist und damit für mittellose Personen unweigerlich eine Hemmschwelle darstellt. Die Kosten wären bei der offensichtlichen Aussichtslosigkeit allerdings geringer gewesen. Der Gesetzesentwurf hatte sogar eine Bestimmung vorgenommen, wann ein Versuch offensichtlich aussichtslos ist. Gemäß § 305 Abs. 1 Nr. 1 RegE sollte eine Einigung in der Regel offensichtlich aussichtslos sein, wenn die Gläubiger im Rahmen einer Schuldenbereinigung voraussichtlich nicht mehr als fünf Prozent ihrer Forderungen erhalten hätten oder der Schuldner 20 oder mehr Gläubiger hat. Dieses sinnvolle Instrument der Verfahrensvereinfachung und Entlastung der Schuldnerberatungen ist nicht Gesetz geworden; es bleibt bei der bisherigen Regelung. Zur Begründung wurde ausgeführt, ohne die außergerichtlich vorgenommene zeit- und kostenintensive Aufarbeitung der Unterlagen sei damit zu rechnen, dass im großen Umfang leichtfertig Bescheinigungen erstellt würden, was zu einer Belastung der Insolvenzgerichte führen würde, da die Aufbereitung im Rahmen der Antragsprüfung nachgeholt werden müsse.

BeschlE Rechtsausschuss BT-Drucks. 17/13535 zu Nr. 36 S. 40.

Die Praxis wird also weiterhin erleben, dass außergerichtliche Einigungsver- 33
suche unternommen werden müssen, **auch wenn** diese **völlig aussichtslos** sind, was die Entschuldung des Schuldners verzögern und ihn Geld kosten wird. Das Phänomen der „Nullpläne" bleibt weiter erhalten. Die Begründung des Rechtsausschusses überzeugt vor allem deshalb nicht, weil die Pflicht zur Durchführung eines außergerichtlichen Schuldenbereinigungsversuches nicht jeden Schuldner trifft (nur in IK-Verfahren), beeinflussbar ist und ein Stück weit vom Zufall abhängt. Die Alternative zur Beibehaltung dieser Obliegenheit wäre gewesen, ein übersichtliches Antragsformular zu schaffen, das den

Schuldner verpflichtet, im Rahmen des Insolvenzantrages sämtliche für das Gericht erforderlichen Angaben übersichtlich darzustellen, sodass eine Bestimmung der Antragsart durch das Gericht, erforderliche Zustellungen und dergleichen ohne Weiteres möglich sind. Auch darf eine „Arbeitsüberlastung" der staatlichen Gerichte in einem funktionierenden Rechtsstaat kein Grund dafür sein, die Entschuldung natürlicher Personen zu verzögern oder gänzlich zu verhindern.

34 Der ursprüngliche Gesetzesentwurf hatte noch eine weitere wesentliche Erleichterung vorgesehen, die ebenfalls nicht Gesetz geworden ist: Die Abschaffung des **gerichtlichen Schuldenbereinigungsverfahrens**, das sich dem außergerichtlichen Einigungsversuch anschließt. Auf die Empfehlung des Rechtsausschusses hin wurde diese Änderung aber nicht Gesetz.

35 Die **Entschuldung natürlicher Personen** in Deutschland weist eine andere **Struktur** auf, als dies Veröffentlichungen und Beiträge zum Insolvenzrecht häufig vermuten lassen. Im Kern beschränkt sich das Verfahren darauf, das gesamte pfändbare Vermögen des Schuldners im Rahmen eines Insolvenzverfahrens zu verwerteten und mit dem Erlös die Verfahrenskosten sowie dessen Verbindlichkeiten so weit wie möglich, nötigenfalls quotal, zu befriedigen. Maßgeblich für die Frage, was verwertet wird, also Teil der Insolvenzmasse ist, sind die Vorschriften über die Einzelzwangsvollstreckung der ZPO („Pfändbarkeit" als Oberbegriff); der Erlös wird an alle Gläubiger gemeinschaftlich verteilt. Die nicht befriedigten Verbindlichkeiten bleiben unberührt. Die Insolvenzgläubiger können nach Aufhebung des Insolvenzverfahrens ihre restlichen Forderungen gegen den Schuldner gemäß § 200 Abs. 1 InsO unbeschränkt geltend machen („Recht der unbeschränkten Nachforderung"). Nur wenn der Schuldner die Befreiung von den restlichen Verbindlichkeiten beantragt und diese Restschuldbefreiung von dem Insolvenzgericht durch Beschluss gemäß § 300 InsO erteilt wird, erfolgt eine vollständige Entschuldung. Die Einzelheiten hierzu sind in § 286 InsO durch die §§ 287 bis 300 InsO geregelt. Zusammengefasst wird dort bestimmt,

- dass der Schuldner seine pfändbaren Forderungen auf Bezüge aus einem Dienstverhältnis oder an deren Stelle tretende laufende Bezüge für die Zeit von sechs Jahren nach der Eröffnung des Insolvenzverfahrens an einen vom Gericht zu bestimmenden Gläubiger abtritt (§ 287 Abs. 2 InsO),

- dass der Schuldner während der Laufzeit dieser Abtretungserklärung in § 295 InsO genannte Obliegenheiten erfüllen muss,

- dass und wann die Erteilung der Restschuldbefreiung versagt wird, §§ 290, 295, 296 InsO,

- welche Forderungen von einer Restschuldbefreiung in jedem Fall ausgeschlossen sind, § 302 InsO.

36 Daneben sind vor allem verfahrensrechtliche Regelungen enthalten.

Einführung

Vereinfacht dargestellt muss der Schuldner den Gläubigern sein gesamtes 37
Vermögen im Rahmen des Insolvenzverfahrens und dann für einen weiteren
Zeitraum seine „pfändbaren" Bezüge zur Verfügung stellen sowie überdies
einige Obliegenheiten erfüllen, um die Rechtswohltat der Entschuldung aufgrund eines Gerichtsbeschlusses zu erlangen. So einfach die Grundstruktur
ist, umso komplizierter und differenzierter sind die Regelungen im Einzelnen.
Dies betrifft nicht nur die verfahrensrechtliche Seite, sondern auch die Pflichten des Schuldners vor, während und nach dem Insolvenzverfahren sowie die
Gründe für eine Versagung der Restschuldbefreiung oder deren Widerruf.
Die Differenzierung beginnt schon damit, dass der Gesetzgeber je nach Verschuldungsstruktur des Schuldners zwei Arten von Insolvenzverfahren, nämlich das Regelinsolvenz- und das Verbraucherinsolvenzverfahren als vereinfachtes Insolvenzverfahren vorsieht und von der Verfahrensart wiederum abhängig ist, welche Zulässigkeitsvoraussetzungen bestehen. Daher ist der erste
Schritt bei der Beratung eines Schuldners, die **richtige Verfahrensart** durch
Abgrenzung von Verbraucher- und Regelinsolvenzverfahren zu ermitteln.

Abgesehen von wenigen Ausnahmen treten alle wichtigen Änderungen erst 38
am 1.7.2014 in Kraft. Am Tag nach der Verkündung des Gesetzes treten nur
wenig bedeutsame Regelungen in Kraft, nämlich die Art. 1 Nr. 11 und 12,
Art. 5 Nr. 3 sowie Art. 8.

BeschlE BT-Drucks. 17/13535 Art. 9, ZInsO 2013, 1122, 1136.

Der Gesetzentwurf hatte noch vorgesehen, dass nahezu sämtliche Änderungen am ersten Tag des dritten auf die Verkündung folgenden Kalendermonats in Kraft treten. 39

Vgl. BeschlE BT-Drucks. 17/13535 Art. 9,
ZInsO 2013, 1122, 1136.

Die Beratungspraxis wird während der **Übergangszeit bis zum 1.7.2014** auch 40
zu berücksichtigen haben, dass einzelne Änderungen der jüngsten Reform
bereits am Tag nach der Verkündung des Gesetzes im Bundesgesetzblatt in
Kraft treten, während das Gesetz im Übrigen erst am 1.7.2014 in Kraft tritt.
Der Berater muss also die für seinen Mandanten günstigere Rechtslage ermitteln. Unter Rn. 72 ist eine Darstellung der Änderungen in den drei Zeiträumen zu finden. Die aktuelle Rechtsprechung zur bisherigen Rechtslage wird
ebenfalls dargestellt und die künftige Rechtslage in Bezug genommen.

A. Abgrenzung Verbraucher-/Regelinsolvenzverfahren

I. Persönlicher Anwendungsbereich des Verbraucherinsolvenzverfahrens

Ein Schwerpunkt des InsOÄndG 2001 war es, das Verbraucherinsolvenzverfahren von seinem persönlichen Anwendungsbereich auf die Fälle zu konzentrieren, in denen die Vorteile des Verfahrens zum Tragen kommen, etwaige Nachteile aber möglichst vermieden werden. 41

Allgem. Begr. RegE, BT-Drucks. 14/5680, S. 7.

Nach Inkrafttreten der Insolvenzordnung am 1.1.1999 hatte sich in der gerichtlichen Praxis gezeigt, dass Schwierigkeiten bei der Abgrenzung der sog. „Kleingewerbetreibenden" zu anderen Unternehmern auftraten, die dem Anwendungsbereich des Regelinsolvenzverfahrens unterfallen. § 304 InsO sah in seiner **bis zum 30.11.2001** geltenden Fassung vor, geringfügig selbstständig wirtschaftlich tätige Schuldner grundsätzlich den Verbrauchern gleichzustellen. Die Formulierung der *„geringfügigen selbstständigen wirtschaftlichen Tätigkeit"* in § 304 Abs. 1 InsO a. F. und in § 304 Abs. 2 InsO a. F. 42

– „Eine selbstständige wirtschaftliche Tätigkeit ist insbesondere dann geringfügig i. S. d. Absatzes 1, wenn sie nach Art oder Umfang einen in kaufmännischer Weise eingerichteten Geschäftsbetrieb nicht erfordert." –

erwies sich in der Praxis allerdings als unscharf und ausfüllungsbedürftig. Darüber hinaus hatte sich die Grundannahme, bei einer geringfügigen selbstständigen wirtschaftlichen Tätigkeit seien regelmäßig überschaubare Vermögensverhältnisse gegeben, als unzutreffend herausgestellt.

Graf-Schlicker/Remmert, ZInsO 2000, 321.

Die gesetzliche Systematik des § 304 InsO ist daher durch das InsOÄndG 2001 nachhaltig geändert worden. Für seit dem 1.12.2001 eröffnete Verfahren (Art. 103a EGInsO) ist die Gleichstellung von Verbrauchern und geringfügig selbstständig wirtschaftlich Tätigen abgeschafft. 43

1. Verbraucher

Der persönliche Anwendungsbereich der §§ 304 ff. InsO beschränkt sich nach der Neufassung des § 304 InsO auf eine **natürliche Person**, die „keine selbstständige wirtschaftliche Tätigkeit **ausübt** oder **ausgeübt hat**" (z. B. abhängig Beschäftigte, Beamte, Rentner, Hausfrauen etc.). Der Umfang des vorhandenen Vermögens spielt keine Rolle, d. h. für die Inanspruchnahme der Verbraucherinsolvenz ist es unerheblich, ob der Schuldner als natürliche Person vermögend ist oder nicht. Auch die Anzahl der Gläubiger ist in diesem Fall ohne Bedeutung. Entscheidend ist lediglich, dass der Schuldner keine selbstständige wirtschaftliche Tätigkeit im vorgenannten Sinne ausübt und die Eröffnungsgründe vorliegen. Selbst relativ vermögende Schuldner können 44 damit die Verbraucherinsolvenz in Anspruch nehmen, wenn sie die übrigen Voraussetzungen erfüllen.

45 Durch die Legaldefinition unterscheidet sich der Verbraucherbegriff zunächst von dem des § 13 BGB, der nur auf den **Zweck des einzelnen Rechtsgeschäftes** abstellt (ebenso §§ 241a, 312, 312b, 474, 481, 491, 505, 655a BGB), während § 304 InsO an die **wirtschaftliche Tätigkeit** des Schuldners im Allgemeinen anknüpft. Anders formuliert: Es kommt nicht auf die Rechtsnatur der Verbindlichkeiten an, sondern auf die generelle Erwerbstätigkeit des Schuldners.

46 Alle Gesellschaften, auch Gesellschaften ohne Rechtspersönlichkeit (BGB-Gesellschaft) sind vom Anwendungsbereich der Vorschriften ausgeschlossen.

HambKomm/*Streck*, InsO, § 304 Rn. 3.

2. Aktive Kleinunternehmer

47 Übt der Schuldner eine selbstständige Tätigkeit aus, unterfällt er stets dem Regelinsolvenzverfahren, unabhängig davon, ob seine Vermögensverhältnisse überschaubar sind –

BGH, Beschl. v. 14.11.2002 – IX ZB 152/02, NZI 2003, 105
= ZVI 202, 449 f. –,

allerdings mit der Möglichkeit, nach Maßgabe der §§ 286 ff. InsO Restschuldbefreiung zu erlangen. Der **Umfang** der wirtschaftlichen Tätigkeit ist **unerheblich**, da das Gesetz erfordert, dass der Schuldner gar „keine" selbstständige Tätigkeit ausübt.

48 Nur wenn die selbstständige Nebentätigkeit zusätzlich **neben einer abhängigen Beschäftigung** ausgeübt wird, muss sie einen *nennenswerten Umfang* erreichen und sich organisatorisch verfestigt haben; eine nur gelegentlich ausgeübte Tätigkeit, die sich nicht zu einer einheitlichen Organisation verdichtet hat, stellt nach Ansicht des BGH keine selbstständige Erwerbstätigkeit dar. Der BGH orientiert sich bei der Frage, wann ein nennenswerter Umfang erreicht ist, zutreffend und für die Praxis gut handhabbar an der **Bagatellgrenze** des § 3 Nr. 26 EStG und verneint diese Voraussetzungen daher bei jährlichen Nebeneinnahmen unter **2.100 €**.

BGH, Beschl. v. 24.3.2011 – IX ZB 80/11, ZIP 2011, 966 ff.
= ZVI 2011, 292 f. Rn. 7.

49 Die häufig anzutreffende Abgrenzung zum „Kleingewerbetreibenden" ist insoweit missverständlich, als eine *gewerbliche* Tätigkeit nicht vorausgesetzt wird. Im Sinne einer präzisen Begrifflichkeit sollte daher besser von dem „Kleinunternehmer" gesprochen werden, da die selbstständige wirtschaftliche Tätigkeit **auch** die der **Freiberufler** umfasst.

MünchKomm-*Ott*, InsO, § 304 Rn. 47.

I. Persönlicher Anwendungsbereich des Verbraucherinsolvenzverfahrens

Auch **Vorstandsmitglieder** von Aktiengesellschaften oder **Geschäftsführer einer GmbH** üben keine selbstständige wirtschaftliche Tätigkeit aus und fallen daher grundsätzlich in den Anwendungsbereich des Verbraucherinsolvenzverfahrens. 50

Zur Anwendung des Verbraucherinsolvenzverfahrens auf (Fremd-)Geschäftsführer und Gesellschafter ausführlich: *Henkel*, ZVI 2013, 329 ff.

Die Tätigkeit eines geschäftsführenden **Alleingesellschafters** einer GmbH ist dagegen i. S. d. § 304 InsO als selbstständige wirtschaftliche Tätigkeit anzusehen. Er wird zwar nicht unmittelbar im eigenen Namen, in eigener Verantwortung, für eigene Rechnung und auf eigenes Risiko tätig. Angesichts seiner Teilhabe am Erfolg oder Misserfolg der Gesellschaft ist er aber wirtschaftlich betrachtet wie bei einer Tätigkeit im eigenen Namen betroffen und fällt somit in den Anwendungsbereich des Regelinsolvenzverfahrens. 51

BGH, Beschl. v. 22.9.2005 – IX ZB 55/04, NZI 2005, 676
= ZVI 2005, 598 ff.;
AG Leipzig, Beschl. v. 29.1.2010 – 401 IK 2141/09, ZInsO 2011, 2241 ff.; AG Duisburg, Beschl. v. 8.8.2007 – 62 IN 181/07, ZIP 2007, 1963.

Hinzu tritt, dass geschäftsführende Alleingesellschafter gerade bei inhabergeführten klein- und mittelständischen Unternehmen die Finanzierung der Gesellschaft durch private Vermögenswerte umfangreich besichern, häufig auch durch Bürgschaften. Sie **tragen** – im Gegensatz zum Fremdgeschäftsführer – das **wirtschaftliche Risiko** „ihrer" Gesellschaft. Nach einer bekannten Redewendung folgt der Insolvenz der Gesellschaft daher oft diejenige des Gesellschafter-Geschäftsführers. 52

Fall:

Bauingenieur D war bis zum 31.12.2012 Fremdgeschäftsführer (also **kein** Gesellschafter) der Dachs-Construction GmbH. Ende 2012 hatte er einen schweren Unfall auf einer Baustelle erlitten und ist seitdem bis auf Weiteres berufsunfähig. D hat 20 Gläubiger. Die Summe der Verbindlichkeiten beträgt 135.000 €. Der Krankenkasse haftet D als ehemaliger Geschäftsführer der GmbH persönlich in Höhe von 28.000 € wegen nicht abgeführter Arbeitnehmeranteile zur Sozialversicherung.

Kann D ein Verbraucherinsolvenzverfahren beantragen?

Geschäftsführer ohne Gesellschafterstellung sind Arbeitnehmer und daher Verbraucher (BGH, Urt. v. 23.1.2003 – IX ZR 39/02, ZIP 2003, 485 ff. Rn. 25). Das Verbraucherinsolvenzverfahren ist die richtige Verfahrensart. Auf die Voraussetzungen des § 304 Abs. 1 Satz 2 InsO kommt es nicht an.

Ändert sich die Rechtslage, wenn D Gesellschafter mit einem Geschäftsanteil von mehr als 50 % wäre?

Dem geschäftsführenden **Alleingesellschafter** ist die selbstständige Tätigkeit der Kapitalgesellschaft zuzurechnen (BGH, Beschl. v. 22.9.2005 – IX ZB 55/04, ZIP 2005, 2070 ff. = ZInsO 2005, 1163, 1163 f, Rn. 15). Dies gilt auch für den geschäftsführenden **Mehrheitsgesellschafter** einer GmbH, wenn die

GmbH persönlich haftende Gesellschafterin einer GmbH & Co. KG ist (BGH, Beschl. v. 12.2.2009 – IX ZB 215/08, ZIP 2009, 626 f. Rn. 5; AG Duisburg ZIP 2007, 1963, 1964; Uhlenbruck/*Vallender*, InsO, § 304 Rn. 13). D war damit ehemals selbstständig tätig, sodass es auf die Voraussetzungen des § 304 Abs. 1 Satz 2 InsO ankommt.

Die Vermögensverhältnisse sind hier nicht mehr überschaubar, da D nicht „weniger als 20 Gläubiger" hat. Ferner ist die Forderung der Sozialkasse eine Forderung aus einem Arbeitsverhältnis (BGH, a. a. O.); daher ist das Regelinsolvenzverfahren die richtige Verfahrensart.

53 **Gesellschafter von Kapitalgesellschaften, Kommanditisten** und **stille Gesellschafter** unterfallen ebenfalls grundsätzlich dem Verbraucherinsolvenzverfahren, es sei denn, dass diese steuerlich als Mitunternehmer behandelt werden (dann Regelinsolvenzverfahren). Dagegen gelten **persönlich haftende Gesellschafter** einer OHG oder KG als Kaufleute, da sie als die eigentlichen Unternehmensträger anzusehen sind. Bei Gesellschaftern einer BGB-Gesellschaft hängt die Zuordnung zum Regel- oder Verbraucherinsolvenzverfahren davon ab, ob die BGB-Gesellschaft gewerbliche (oder freiberufliche) Zwecke verfolgt oder rein nicht gewerblich tätig ist; die Beteiligung an einer solchen Gesellschaft korrespondiert mit der Art ihrer Tätigkeit.

MünchKomm-*Ott*, InsO, § 304 Rn. 49 ff.

54 Die vorbezeichneten Differenzierungen machen deutlich, dass eine Abgrenzung im Einzelfall schwierig ist. Vor dem Hintergrund der künftig geringen Verfahrensunterschiede und der Bestellung eines Insolvenzverwalters in beiden Verfahrensarten, gibt es allerdings keinen sachlichen Grund, auf Geschäftsführer und Gesellschafter nicht die Vorschriften des Verbraucherinsolvenzverfahrens anzuwenden

– a. A. Henkel, ZVI 2013, 329, 330 ff. –,

zumal am ehesten bei diesen Personenkreisen außergerichtlicher und gerichtlicher Schuldenbereinigungsversuch Aussicht auf Erfolg haben. Sie werden eher über Vermögenswerte verfügen, die im Rahmen eines Planes zur Befriedigung der Gläubiger angeboten werden können, als abhängig Beschäftigte, bei denen allzu oft nur ein Nullplan vorgelegt werden kann. Die vermeintliche Komplexität der Verschuldungsstruktur ist kein überzeugendes Kriterium, da jede zum Insolvenzverwalter bestellte Person hiermit wird umzugehen wissen, vgl. § 56 InsO.

3. Ehemalige Kleinunternehmer

55 Auch ehemalige Kleinunternehmer sind **grundsätzlich** aus dem Anwendungsbereich des Verbraucherinsolvenzverfahrens ausgeschlossen (§ 304 Abs. 1 Satz 1 InsO), unterliegen also dem Anwendungsbereich des Regelsolvenzverfahrens. Eine Ausnahme von diesem Grundsatz macht § 304 Abs. 1 Satz 2 InsO nur für diejenigen Schuldner, deren Vermögensverhältnisse überschaubar sind und gegen die keine Forderungen aus Arbeitsverhältnissen bestehen.

I. Persönlicher Anwendungsbereich des Verbraucherinsolvenzverfahrens

a) Überschaubarkeit der Vermögensverhältnisse

Die Überschaubarkeit der Vermögensverhältnisse wird in § 304 Abs. 2 InsO dahingehend näher definiert, dass der Schuldner bei Antragstellung auf jeden Fall „**weniger als 20 Gläubiger**" haben muss. Überschaubar sind die Vermögensverhältnisse demnach bereits dann nicht mehr, wenn der Schuldner genau 20 Gläubiger hat. Der klare Gesetzeswortlaut ist keiner Auslegung zugänglich (strikte Rechtsfolge, kein Regelbeispiel). Andererseits können die Vermögensverhältnisse des Schuldners aber auch bei weniger als 20 Gläubigern **aus sonstigen Gründen nicht mehr überschaubar** sein mit der Folge, dass das Regelinsolvenzverfahren durchzuführen ist. 56

> AG Göttingen, Beschl. v. 17.1.2002 – 74 IN 8/02,
> ZInsO 2002, 147, 148;
> LG Göttingen, Beschl. v. 30.1.2002 – 10 T 7/02,
> ZInsO 2002, 244, 245.

Wenn der Schuldner weniger als 20 Gläubiger hat, ist entscheidend, ob die *Verschuldungsstruktur* nach ihrem Gesamterscheinungsbild den Verhältnissen eines Schuldners im Regelinsolvenzverfahren entspricht. 57

> BGH, Beschl. v. 22.9.2005 – IX ZB 55/04, NZI 2005, 676 ff.
> = ZVI 2005, 598 ff.;
> LG Göttingen, Beschl. v. 30.1.2002 – 10 T 7/02,
> ZInsO 2002, 244, 245;
> Kübler/Prütting/Bork/*Wenzel*, InsO, § 304 Rn. 18.

So können beispielsweise **Verbindlichkeiten in nicht unbeträchtlicher Höhe** oder **komplexe Anfechtungssachverhalte** auch schon bei weniger als 20 Gläubigern zur Anwendung des Regelinsolvenzverfahrens führen, da die Verschuldungsstruktur nicht der eines Schuldners in abhängiger Beschäftigung entspricht. 58

Allein die Tatsache, dass der Schuldner nicht in der Lage ist, in seinen eigenen Angelegenheiten Ordnung zu halten, ist allerdings kein Grund, unüberschaubare Vermögensverhältnisse anzunehmen. Die Frage, ob die Vermögensverhältnisse des Schuldners unüberschaubar sind, ist allein nach objektiven Gesichtspunkten zu bestimmen. 59

> BGH, Beschl. v. 24.7.2003 – IX ZA 12/03, NZI 2003, 647.

b) Keine Forderung aus einem Arbeitsverhältnis

Ferner darf keine offene Forderung aus einem Arbeitsverhältnis bestehen. Ehemalige (Klein-)Unternehmer sollen dem Verbraucherinsolvenzverfahren nur dann unterfallen, wenn die Arbeitsverhältnisse vollständig abgewickelt sind und aus ihnen keine Verbindlichkeiten des Schuldners mehr bestehen. Der gesetzliche Terminus „Verbindlichkeiten aus Arbeitsverhältnissen" ist daher **weit auszulegen**. Hierunter fallen (jedoch streitig): 60

- Forderungen der Arbeitnehmer (z. B. Lohnrückstände).

A. Abgrenzung Verbraucher-/Regelinsolvenzverfahren

- Soweit Ansprüche auf Arbeitsentgelt durch Zahlung von Insolvenzgeld auf die Bundesagentur für Arbeit übergegangen sind (§ 187 SGB III), BGH, Urt. v. 20.1.2011 – IX ZR 238/08, ZIP 2011, 578 f. = ZVI 2011, 224 f Rn. 12;

  die mit Arbeitsverhältnissen zusammenhängenden Forderungen der Sozialversicherung (rückständige Sozialversicherungsbeiträge).

  BGH, Beschl. v. 22.9.2005 – IX ZB 55/04, ZIP 2005, 2070 ff.
  = ZVI 2005, 598 ff. Rn. 23 (auch wenn der Anspruch aus vorsätzlich begangener unerlaubter Handlung resultiert);
  Uhlenbruck/*Vallender*, InsO, § 304 Rn. 23;
  a. A. ausdrücklich LG Berlin, Beschl. v. 29.6.2010 – 85 T 250/09, ZInsO 2010, 2343 f. Rn. 20; LG Köln, Beschl. v. 25.6.2002 – 19 T 70/02, ZVI 2002, 320; LG Dresden, Beschl. v. 30.10.2003 – 5 T 0020/03, 5 T 20/03, ZVI 2004, 19 ff. (zur unerlaubten Handlung).

- Die mit Arbeitsverhältnissen zusammenhängenden Forderungen der Finanzämter (rückständige Lohnsteuer).

  BGH, Beschl. v. 22.9.2005 – IX ZB 55/04, ZIP 2005, 2070 ff.
  ZVI 2005, 598 Rn. 23;
  a. A. LG Düsseldorf, Beschl. v. 22.7.2003 – 25 T 346/03, NZI 2004, 160;
  LG Köln, Beschl. v. 25.6.2002 – 19 T 70/02, ZVI 2002, 320.

- Beitragsforderungen von Berufsgenossenschaften, soweit sie auf der Beschäftigung von Arbeitnehmern – nicht aber dem Schuldner selbst (BGH, Beschl. v. 24.9.2009 – IX ZA 49/08, ZInsO 2009, 2216, Rn. 9 – beruhen.

  AG Hamburg, Beschl. v. 4.3.2003 – 68a IK 31/03, ZVI 2003, 168;
  a. A. LG Düsseldorf, Beschl. v. 16.5.2002 – 25 T 267/02, ZVI 2002, 325.

4. Abgrenzungszeitpunkt

61 Maßgeblicher Zeitpunkt für die Abgrenzung zwischen Regel- und Verbraucherinsolvenzverfahren ist gemäß § 304 Abs. 2 InsO grundsätzlich der Zeitpunkt des **Antrages** auf Eröffnung eines Insolvenzverfahrens.

K. Schmidt/*Stephan*, InsO, § 304 Rn. 11.

62 Allerdings können Änderungen der Verhältnisse noch bis zur Entscheidung über den Eröffnungsantrag Bedeutung erlangen, nämlich, wenn dadurch die Vermögensverhältnisse unüberschaubar werden. Dem steht der Wortlaut des § 304 Abs. 2 InsO nicht entgegen, da er sich nur zur Behandlung ehemalig Selbstständiger verhält, nicht aber den umgekehrten Fall regelt, dass der Schuldner noch bis zum Zeitpunkt der Eröffnung eine selbständige Tätigkeit aufnimmt

MünchKomm/*Ott/Vuia*, InsO, § 304 Rn. 62;
Uhlenbruck/*Vallender*, § 304 Rn. 35 ff.;
a. A. K. Schmidt/*Stephan*, InsO, § 304 Rn. 11;
HK/*Landfermann*, InsO, § 304 Rn. 8;

I. Persönlicher Anwendungsbereich des Verbraucherinsolvenzverfahrens

FK/*Kohte*, InsO, § 304 Rn. 34;
Pape, ZVI 2002, 225.

Zu berücksichtigen ist auch, dass ein sich Erschleichen der nicht zutreffenden Verfahrensart geeignet ist, die Erteilung der Restschuldbefreiung zu versagen (vgl. § 290 Abs. 1 Nr. 5, Nr. 6 InsO).

Übersicht zur Änderung der Verhältnisse:

Gläubigerzahl verringert sich nach Antragstellung auf unter 20 (IK-Verfahren)	irrelevant; bleibt IK-Verfahren
Gläubigerzahl verringert sich nach Antragstellung auf unter 20 im Verfahren über ehemalig Selbstständigen (IN-Verfahren)	Gericht muss darauf hinweisen, dass nun IK-Verfahren richtige Verfahrensart (sofern keine Forderungen aus Arbeitsverhältnissen bestehen); erfolgt keine Umstellung, ist Antrag als unzulässig zurückzuweisen
Gläubigerzahl erhöht sich nach Antragstellung auf mind. 20 (IK-Verfahren)	irrelevant, wenn Schuldner nie selbstständig war; bei ehemalig Selbstständigen: Wechsel der Verfahrensart nur, wenn nun Vermögensverhältnisse unüberschaubar; Hinweispflicht des Gerichts wie oben
Gläubigerzahl erhöht sich nach Antragstellung auf mind. 20 (IN-Verfahren)	irrelevant
Schuldner gibt Selbstständigkeit nach Antragstellung auf (IN-Verfahren)	irrelevant (arg. e. § 304 Abs. 2) bleibt IN-Verfahren (BGH, Beschl. v. 14.11.2002 – IX ZB 152/02, ZVI 2002, 449).
Schuldner macht sich nach Antragstellung selbstständig (IK-Verfahren)	nun IN-Verfahren richtige Verfahrensart, da Vermögensverhältnisse nicht mehr überschaubar
Änderung der Verhältnisse nach Insolvenzeröffnung	irrelevant (BGH, Beschl. v. 24.3.2011 – IX ZB 80/11, ZIP 2011, 966).

Für die **Einstellung der selbstständigen Tätigkeit** sind nicht formelle Kriterien wie z. B. die Gewerbeabmeldung entscheidend, sondern die tatsächlichen Verhältnisse. Zu diesen gehört auch die Entscheidung des Schuldners, nicht mehr selbstständig sein zu wollen. Maßgeblich ist, ob nach der Einstellung des Betriebes *Reorganisationsunfähigkeit* vorliegt.

A/G/R/*Henning*, InsO, § 304 Rn. 43;
FK-*Kothe*, InsO, § 304 Rn. 13.

A. Abgrenzung Verbraucher-/Regelinsolvenzverfahren

5. Verfahrensrecht

64 Regel- und Verbraucherinsolvenzverfahren sind zwei unterschiedlich strukturierte und sich gegenseitig ausschließende Verfahrensarten. Denn nach der Konzeption des Verbraucherinsolvenzverfahrens müssen die den §§ 304 ff. InsO unterfallenden natürlichen Personen das außergerichtliche und ggf. das gerichtliche Schuldenbereinigungsverfahren durchlaufen, bevor das Gericht über den Antrag auf Eröffnung des Verfahrens überhaupt entscheiden kann.

OLG Celle, Beschl. v. 28.2.2000 – 2 W 9/2000, 2 W 9/00,
ZIP 2000, 802, 803;
dazu EWiR 2000, 739 (*Wenzel*).

65 Ein Wahlrecht zwischen beiden Verfahrensarten steht dem Schuldner nicht zu. Das Insolvenzgericht ist **an die vom Schuldner beantragte Verfahrensart gebunden**; es darf aufgrund der strukturellen Unterschiede zwischen dem Regelinsolvenzverfahren und dem Verbraucherinsolvenzverfahren

– dazu BGH, Beschl. v. 20.2.2008 – IX ZB 62/08,
ZInsO 2008, 453, 455 = ZVI 2008, 183 ff. Rn. 16;
FK/*Kohte*, InsO, § 304 Rn. 48;
HambKomm/*Streck*, InsO, § 304 Rn. 9;
Kübler/Prütting/Bork/*Wenzel*, InsO, § 304 Rn. 6 –

das Verfahren nicht in einer anderen als der beantragten Verfahrensart eröffnen. Beantragt ein ehemals selbstständig tätiger Schuldner ausschließlich die Eröffnung im Verbraucherinsolvenzverfahren und ändert er seinen Antrag auch nach einem gerichtlichen Hinweis nicht, ist der Eröffnungsantrag als **„in der gewählten Verfahrensart unzulässig"** abzuweisen. Dadurch, dass das Insolvenzgericht von einer Überführung in das Regelinsolvenzverfahren absieht, wird der Schuldner nicht beschwert.

BGH, Beschl. v. 25.9.2008 – IX ZB 233/07, ZInsO 2008, 1324.

66 Das Gericht hat **von Amts wegen** zu prüfen, ob der Schuldner dem Regel- oder dem Verbraucherinsolvenzverfahren unterfällt.

LG Hamburg, Beschl. v. 11.10.2011 – 326 T 102/11
ZIP 2012, 288 ff. = ZVI 2012, 106 ff. Rn. 6.

67 Der **Schuldner** muss hierzu keine Angaben machen. Es genügt, wenn er vorträgt, er sei zahlungsunfähig bzw. es drohe Zahlungsunfähigkeit. Es setzt dann die Amtsermittlungspflicht des § 5 InsO ein. Auch ein **Gläubiger** als Antragsteller ist nicht verpflichtet zu prüfen, welche Verfahrensart einschlägig ist. Er hat im Fall eines Insolvenzantrages, der keine bestimmte Verfahrensart benennt, aber auf die Aufforderung des Gerichts hin zu erklären, ob er das Eröffnungsverfahren in der von dem Gericht als zutreffend erachteten Verfahrensart fortsetzen möchte.

LG Hamburg, Beschl. v. 11.10.2011 – 326 T 102/11
ZIP 2012, 288 ff. = ZVI 2012, 106 ff. Rn. 7.

II. Unterschiede zwischen Regel- und Verbraucherinsolvenzverfahren

Soweit ein auf Antrag des Schuldners eröffnetes Verbraucherinsolvenzverfahren in ein Regelinsolvenzverfahren übergeleitet wird, steht nur dem Schuldner das Rechtsmittel der sofortigen Beschwerde zur Verfügung; ein Gläubiger hat im Fall eines Eigenantrages kein Beschwerderecht. 68

BGH, Beschl. v. 25.4.2013, – IX ZB 179/10, ZVI 2013, 261.

Bei einem Gläubigerantrag wird das Gericht regelmäßig mit den Ermittlungen zum Vorliegen eines Insolvenzgrundes und zur Verfahrenskostendeckung auch die erforderlichen Ermittlungen zur richtigen Verfahrensart einleiten. Dies kann durch Einholung eines Sachverständigengutachtens geschehen. Steht fest, dass der Schuldner den Regeln über das Verbraucherinsolvenzverfahren unterfällt, ist ihm Gelegenheit zur Stellung eines Eigenantrags zu geben. 69

Uhlenbruck/*Vallender*, InsO, § 304 Rn. 29 ff.

Das Insolvenzgericht hat die Verfahrensauswahl nach pflichtgemäßem Ermessen zu treffen; im Zweifel ist auf das Regelinsolvenzverfahren zurückzugreifen. 70

BGH, Beschl. v. 12.2.2009 – IX ZB 215/08, ZIP 2009, 626 f.
Rn. 6;
LG Hamburg, Beschl. v. 15.1.2009 – 326 T 150/12,
ZIP 2013, 425 ff.

II. Unterschiede zwischen Regel- und Verbraucherinsolvenzverfahren

Das Gesetz zur Verkürzung des Restschuldbefreiungsverfahrens und zur Stärkung der Gläubigerrechte hat den **bisherigen dreistufigen Aufbau** des Verbraucherinsolvenzverfahrens – entgegen der ursprünglichen Fassung des Gesetzentwurfs – **beibehalten**. Die §§ 307 bis 310 sowie die §§ 311 bis 314 InsO a. F. des in den §§ 304 ff. InsO besonders geregelten Verbraucherinsolvenzverfahrens sollten ursprünglich aufgehoben werden. Die §§ 305, 306 InsO a. F. haben lediglich einige Modifizierungen erfahren. Die seit jeher für sämtliche Insolvenzverfahren über das Vermögen natürlicher Personen – unabhängig von der Verfahrensart – geltenden Vorschriften über die Erteilung der Restschuldbefreiung in den §§ 286 bis 303 InsO a. F. wurden allerdings erheblich verändert (hierzu Rn. 951). 71

Die wesentlichen **Gemeinsamkeiten und Unterschiede** der bisherigen Rechtslage, der Rechtslage nach Verkündung des Gesetzes bis zum 1.4.2013 sowie ab dem 1.4.2013 lassen sich in der nachfolgenden Übersicht darstellen. Der Eingang des Insolvenzantrages bei Gericht bestimmt, welche Regeln auf das Insolvenzverfahren anzuwenden sind. 72

	Rechtslage in Altverfahren (Antragstellung *vor* 1.7.2014)		Rechtslage in Neuverfahren (Antragstellung *ab* dem 1.7.2014)	
	Verbraucher-insolvenzverfahren	Regelinsolvenzverfahren	Verbraucher-Insolvenzverfahren	Regelinsolvenzverfahren
Außergerichtlicher Einigungsversuch	notwendig (§ 305 Abs. 1 Nr. 1 InsO)	nicht notwendig	notwendig (§ 305 Abs. 1 Nr. 1 InsO)	nicht notwendig
Vordruckzwang	ja (§ 305 Abs. 5 Satz 2 InsO)	formfrei	ja (§ 305 Abs. 5 Satz 2 InsO)	formfrei
Gutachten vor Eröffnung	Ausnahmefall	Regelfall (§ 5 InsO)	Ausnahmefall	Regelfall (§ 5 InsO)
Kostenstundung	möglich, auch SBV u. RSB (§§ 4a Abs. 1 Satz 1 und 2 InsO)	möglich (§§ 4a Abs. 1 Satz 1 InsO)	möglich, auch SBV u. RSB (§§ 4a Abs. 1 Satz 1 und 2 InsO)	möglich (§§ 4a Abs. 1 Satz 1 InsO)
Veröffentlichung	einmalig, auszugsweise (§ 312 Abs. 1 Satz 1 InsO)	vollständig, ggf. wiederholt (§ 9 Abs. 2 InsO)	einmalig, auszugsweise (§ 312 Abs. 1 Satz 1 InsO)	vollständig, ggf. wiederholt (§ 9 Abs. 2 InsO)
gerichtliches Schuldenbereinigungsverfahren	fakultativ (§ 306 Abs. 1 Satz 3 InsO)	nicht vorgesehen	fakultativ (§ 306 Abs. 1 Satz 3 InsO)	nicht vorgesehen
Rückschlagsperre	3 Monate (§ 312 Abs. 1 Satz 3) InsO	1 Monat (§ 88 InsO)	3 Monate (§ 88 Abs. 2 InsO n. F.)	1 Monat (§ 88 Abs. 1 InsO)

II. Unterschiede zwischen Regel- und Verbraucherinsolvenzverfahren

Anfechtung	durch Gläubiger (§ 313 Abs. 2 InsO)	durch Verwalter (§§ 129 ff. InsO)	durch Verwalter (§ 313 InsO a. F. ist aufgehoben)	durch Verwalter (§§ 129 ff. InsO)
Verwertungsrecht bei Absonderungsrechten	Gläubiger (§ 313 Abs. 3 InsO)	Verwalter (§ 166 Abs. 1 InsO)	Verwalter (§ 313 InsO a. F. ist aufgehoben)	Verwalter (§ 166 Abs. 1 InsO)
Eigenverwaltung	nicht möglich (§ 312 Abs. 3 InsO)	möglich (§§ 270 ff. InsO)	nicht möglich (§ 312 InsO a. F. ist zwar aufgehoben; aber § 270 Abs. 1 Satz 2 InsO n. F.)	möglich (§§ 270 ff. InsO)
Insolvenzplan	nicht möglich bis 1.7.2014. Danach möglich für Verfahren, die nach dem Inkrafttreten der Änderungen beantragt wurden (Art. 6 des Reformgesetzes; § 312 Abs. 3; vgl. Grote/Pape, ZInsO 2013, 1433)	möglich (§§ 217 ff. InsO)	möglich (§§ 217 ff. InsO; § 312 InsO a. F. ist aufgehoben)	möglich (§§ 217 ff. InsO)
Bezeichnung des Verwalters im Insolvenzverfahren	Treuhänder	Insolvenzverwalter	Insolvenzverwalter	Insolvenzverwalter

	Vorläufiger Treuhänder (gesetzlich nicht geregelt)	Vorläufiger Insolvenzverwalter	Vorläufiger Insolvenzverwalter	Vorläufiger Insolvenzverwalter
Vorläufige Insolvenzverwaltung im Antragsverfahren	Bruchteil der Vergütung an der Regelvergütung des Insolvenzverwalters zu bemessen, nicht an der des Treuhänders *AG Rosenheim ZInsO 2001, 218; AG Köln ZIP 2000, 418; Lorenz/Klanke, § 13 InsVV Rn. 35). § 63 Abs. 3 InsO n. F. gilt für Verfahren, die nach der *Verkündung* des Gesetzes beantragt werden, daher auch in Übergangszeit anzuwenden	Vergütung gemäß § 63 Abs. 3 InsO n. F. aus Gründen der Rechtssicherheit gesetzlich geregelt. Inhaltlich Übereinstimmung mit § 11 InsVV	(§ 63 Abs. 3 InsO n. F.)	(§ 63 Abs. 3 InsO n. F.)
Kosten	Vergütung Treuhänder – bis 15 % der Masse (§ 13 Abs. 1 Satz 1 InsVV) – Mindestvergütung 600 € zzgl. 6–15 Gl.: 150 € je angef. 5 Gl ab 16 Gl.: 100 € je angef. 5 Gl (§ 13 Abs. 1 Satz 2 InsVV)	Vergütung Insolvenzverwalter – bis 40 % der Masse (§ 2 Abs. 1 InsVV) – Mindestvergütung 1.000 € bzw. zzgl. 11–30 Gl.: 150 € je angef. 5 Gl ab 31 Gl.: 100 € je angef. 5 Gl (§ 2 Abs. 2 InsVV)	Vergütung Insolvenzverwalter – bis 15 % der Masse (§ 13 Abs. 1 Satz 1 InsVV) – Mindestvergütung 1.000 € zzgl. 6–15 Gl.: 150 € je angef. 5 Gl ab 16 Gl.: 100 € je angef. 5 Gl (§ 13 Abs. 1 Satz 2 InsVV)	Vergütung Insolvenzverwalter – bis 40 % der Masse (§ 2 Abs. 1 InsVV) – Mindestvergütung 1.000 € zzgl. 11–30 Gl.: 150 € je angef. 5 Gl ab 31 Gl.: 100 € je angef. 5 Gl (§ 2 Abs. 2 InsVV)

II. Unterschiede zwischen Regel- und Verbraucherinsolvenzverfahren

			Die Mindestvergütung beträgt gemäß § 13 InsVV n. F. lediglich 800 €, wenn die Unterlagen des Schuldners von einer geeigneten Person oder Stelle erstellt wurden.	
Treuhandperiode	6 Jahre ab Eröffnung (§§ 287 Abs. Satz 2, 304 Abs. 1 Satz 1 InsO)	6 Jahre ab Eröffnung (§ 287 Abs. 2 Satz 1 InsO n. F.)	6 Jahre ab Eröffnung (§ 287 Abs. 2 Satz 1 InsO n. F.)	6 Jahre ab Eröffnung (§ 287 Abs. 2 Satz 1 InsO n. F.)
Restschuldbefreiung	ja (§§ 301 Abs. 1, 304 Abs. 1 Satz 1 InsO)	ja (§ 301 Abs. 1 InsO)	ja (§ 300 Abs. 1 Nr. 1 InsO n. F.)	ja (§ 300 Abs. 1 Nr. 1 InsO n. F.)

73 Maßgeblich für die Frage, welche Rechtslage anzuwenden ist, ist grundsätzlich der **Zeitpunkt des Insolvenzantrages**. Es kommt darauf an, ob der Antrag auf Eröffnung des Insolvenzverfahrens vor oder ab dem 1.7.2014 bei Gericht eingegangen ist. Die Regelungen zum Insolvenzplanverfahren und zur Vergütung sollen nach ihrem Inkrafttreten am 1.7.2014 allerdings auch schon auf vor dem 1.7.2014 beantragte Insolvenzverfahren Anwendung finden.

Grote, InsbürO 2013, 207, 208.

74 Die verbliebenen Unterschiede, wie sie der ursprüngliche Gesetzesentwurf vorsah, hätten die Unterteilung in zwei Verfahrensarten und die damit einhergehenden Abgrenzungsschwierigkeiten kaum gerechtfertigt.

Vallender/Laroche, VIA Heft 2, 2012, 9 ff.

75 Aber auch in der verabschiedeten Form weist das Verbraucherinsolvenzverfahren nunmehr erhebliche Übereinstimmungen mit dem Regelinsolvenzverfahren auf. Hervorzuheben sind hierbei vor allem die Möglichkeit der Insolvenzanfechtung durch den Insolvenzverwalter im Verbraucherinsolvenzverfahren und die Übertragung der Verwertung von Gegenständen, die mit Absonderungsrechten belastet sind. Ob der Insolvenzplan im Rahmen der Verbraucherinsolvenz Bedeutung erlangen wird, bleibt abzuwarten.

76 Angesichts der Gemeinsamkeiten zwischen Regel- und Verbraucherinsolvenzverfahren legt dieses Buch den Schwerpunkt auf die Darstellung der typischen Probleme und Situationen der **Insolvenzverfahren natürlicher Personen unabhängig von der Verfahrensart**. Nur soweit das Verbraucherinsolvenzverfahren im Einzelfall besondere Regelungen trifft, werden diese behandelt.

B. Außergerichtlicher Schuldenbereinigungsversuch

I. Allgemeines

Vor einem jeden Insolvenzantrag steht in der Regel die Frage der Vermeidung eines Insolvenzverfahrens. Grund hierfür sind zum einen die Verfahrenskosten und die Sorge, das eigene „Schicksal" in fremde Hände zu geben, zum anderen die immer noch verbreitete Auffassung, die eine Insolvenz als Makel begreift.

In der Beratungspraxis ist mit dem Schuldner stets die Möglichkeit zu erörtern, eine **Entschuldung durch** einen **Vergleichsvertrag** mit sämtlichen, jedenfalls aber den maßgeblichen Gläubigern zu erreichen. Meistens bietet der Schuldner seinen Gläubigern einen Einmalbetrag oder die Zahlung eines bestimmten Betrages über einen längeren Zeitraum an, der quotal an die Gläubiger gezahlt wird. Die Gläubiger erklären ihrerseits den Verzicht auf einen Teil ihrer Forderung für den Fall, dass der Vertrag von dem Schuldner erfüllt wird. Dieser Vertrag für eine außergerichtliche Schuldenbereinigung wird in der Regel noch durch den Verzicht auf Vollstreckungsmaßnahmen flankiert. Ein solcher Quoten- und Erlassvergleich bietet dem Schuldner die Möglichkeit, ohne Insolvenzverfahren seine Verbindlichkeiten bereinigen zu können.

Die **Vorteile** der Gläubiger liegen in einer raschen zumindest teilweisen Realisierung einer ohnehin wertzuberichtigenden, wenn nicht gar wertlosen Forderung und der Möglichkeit, durch Mittel befriedigt zu werden, die nicht in die Haftungsmasse des Schuldners fallen. Hier sind z. B. solche Mittel zu nennen, die dem Schuldner zum Zwecke des Abschlusses des Vergleiches von Familienangehörigen, Freunden oder sonstigen Dritten überlassen werden. Es ist auch denkbar, dass der Schuldner nicht pfändbare Vermögensgegenstände anbietet oder unter Verzicht auf die Pfändungsregeln höhere Ratenzahlungen erbringt, als die Gläubiger durch Pfändung seines Einkommens erlangen könnten. Hinzu tritt, dass die Verfahrenskosten eines Insolvenzverfahrens für den Fall eines Vergleichs entfallen und auch dieser Betrag den Gläubigern zur Verteilung an die Gläubiger zur Verfügung steht.

Der große **Nachteil** für die Gläubiger liegt sicherlich darin, dass sie den Angaben des Schuldners „vertrauen" müssen und etwaige Vermögensverschiebungen nicht aufgedeckt werden; dies kann nur ein sorgfältig arbeitender Insolvenzverwalter, der die Vermögensverhältnisse des Schuldners in Gegenwart und Vergangenheit „durchleuchtet". Der Nachteil für den Schuldner liegt darin, dass er Familienmitglieder oder Freunde in Anspruch nehmen oder aber neue Verbindlichkeiten begründen muss, um den Vergleichsbetrag aufzubringen.

Während der Zugang zum **Regelinsolvenzverfahren** keinen außergerichtlichen Schuldenbereinigungsversuch voraussetzt, ist im **Verbraucherinsolvenzverfahren** die Obliegenheit des Schuldners, zunächst außergerichtlich eine güt-

B. Außergerichtlicher Schuldenbereinigungsversuch

liche Einigung über die Regulierung seiner Schulden mit den Gläubigern zu versuchen, weiterhin **Zulässigkeitsvoraussetzung** für den Antrag des Schuldners auf Eröffnung eines Insolvenzverfahrens, wie **§ 305 Abs. 1 Nr. 1** InsO zeigt. Über das Scheitern des Einigungsversuches ist eine Bescheinigung vorzulegen, die von einer geeigneten Person oder Stelle ausgestellt sein muss, um Gefälligkeitsgutachten auszuschließen. Die Bescheinigung muss auf Grundlage einer persönlichen Beratung und eingehender Prüfung der Einkommens- und Vermögensverhältnisse des Schuldners erfolgen.

82 Die außergerichtliche Einigung mit den Gläubigern über die Schuldenbereinigung muss auf der Grundlage eines Planes innerhalb der letzten **sechs Monate** vor dem Eröffnungsantrag erfolglos versucht worden sein (§ 305 Abs. 1 Nr. 1 InsO). Der Plan ist dem Insolvenzantrag beizufügen und die wesentlichen Gründe für sein Scheitern sind darzulegen (§ 305 Abs. 1 Nr. 1 InsO a. E.).

83 Das gerichtliche Verfahren ist **unzulässig**, solange der Schuldner den außergerichtlichen Schuldenbereinigungsversuch nicht unternommen hat (§ 305 Abs. 3 Satz 1 InsO). Legt der Schuldner die in § 305 Abs. 1 InsO geforderten Unterlagen nicht vor, so fordert ihn das Insolvenzgericht gemäß § 305 Abs. 3 Satz 1 InsO auf, das Fehlende unverzüglich zu ergänzen. Kommt der Schuldner dieser Aufforderung nicht binnen **eines Monats** nach, so gilt der Antrag gemäß § 305 Abs. 3 Satz 2 InsO als zurückgenommen (Rücknahmefiktion). Im Fall eines Fremdantrages beträgt die Frist **drei Monate**, § 305 Abs. 3 Satz 2 InsO.

84 Hat der Schuldner es versäumt, das Notwendige fristgerecht nachzuholen, führt der Eintritt der Rücknahmefiktion **nicht** zu einer **Sperrfrist**; der Schuldner kann schlicht einen neuen Insolvenzantrag stellen.

> LG Düsseldorf, Beschl. v. 7.3.2013 – 25 T 130/13,
> ZInsO 2013, 893 f. = ZVI 2013, 142 f. Rn. 4;
> LG Frankenthal, Beschl. v. 12.11.2012 – 1 T 139/12,
> ZInsO 2012, 2399 f = ZVI 2012, 451 f.;
> AG Köln, Beschl. v. 15.2.2013 – 72 IK 758/12, ZVI 2013, 344 ff.;
> juris Rn. 5 ff.;
> AG Hamburg, Beschl. v. 9.9.2011 – 68g IK 683/11,
> ZInsO 2011, 2048 f. Rn. 4 ff.;
> differenzierend nach Art des Mangels: AG Essen, Beschl.
> v. 28.3.2012 – 166 IK 64/12, ZInsO 2012, 850 ff. Rn. 5;
> **a. A.** AG Ludwigshafen, 28.6.2012 – 3f IK 253/12,
> ZInsO 2012, 1586 f.;
> AG Hamburg, Beschl. v. 9.11.2011 – 86c IK 891/11,
> ZInsO 2012, 195 f. = ZVI 2012, 62 f. Rn. 4.

85 Zu Form und Inhalt des Plans vergleiche sogleich Rn. 93 ff.

86 Der Gesetzgeber hat den Versuch einer außergerichtlichen Einigung als zwingende Zulässigkeitsvoraussetzung konzipiert, um eine übermäßige Belastung der Insolvenzgerichte durch Verbraucherinsolvenzverfahren zu verhindern. Er ging davon aus, dass die Möglichkeit der Restschuldbefreiung auch gegen den Willen der Gläubiger deren Einigungsbereitschaft erhöhen werde, da die

II. Verfahrensgang

außergerichtliche Schuldenbereinigung u. U. zu einem günstigeren Ergebnis führen kann als die gesetzliche Restschuldbefreiung.
> Beschlussempfehlung des Rechtsausschusses,
> BT-Drucks. 12/7302, S. 189.

In der Vergangenheit hat sich der außergerichtliche Einigungsversuch allzu häufig als reiner Formalismus herausgestellt, da viele Gläubiger in diesem Verfahrensstadium pauschal ablehnend reagieren. Die Erfolgsquote liegt etwa bei 5–10 %. **87**
> Näheres zur Datenlage *Kranzusch*, ZInsO 2012, 2169 ff.;
> *Hofmeister/Schilz*, ZVI 2012, 134 ff.

Ob der außergerichtliche Einigungsversuch künftig erfolgreicher sein wird, bleibt abzuwarten. **88**

II. Verfahrensgang

Der Schuldner muss eine geeignete Stelle oder Person (im Folgenden: Vertreter) aufsuchen und, entsprechend seiner wirtschaftlichen Situation, von dieser einen außergerichtlichen Schuldenbereinigungsplan aufstellen und an die einzelnen Gläubiger übermitteln lassen. Die Durchführung des außergerichtlichen Einigungsversuchs *durch den Schuldner selbst* genügt zur Erfüllung der Zulässigkeitsvoraussetzungen des § 305 InsO nicht. Die Gläubiger sollen sich zu dem Plan äußern, eine Verpflichtung hierzu besteht jedoch nicht. **Nur wenn alle Gläubiger zustimmen**, ist das Ziel der außergerichtlichen Einigung erreicht. Wie bei allen Vertragsverhandlungen besteht jedoch die Möglichkeit, die Bestimmungen des Plans nachzuverhandeln, um die Zustimmung aller Gläubiger zu erreichen. Der Schuldner kann sich auch damit zufrieden geben, nur mit einigen Gläubigern einen Vergleich auf Grundlage des Plans erreicht zu haben. Es steht ihm frei, einen Insolvenzantrag zu stellen oder hierauf zu verzichten. **89**

Ist die außergerichtliche Einigung erfolglos versucht worden, kann der Schuldner **innerhalb von sechs Monaten** den Antrag auf Eröffnung eines Verbraucherinsolvenzverfahrens stellen. *Maßgeblich* für die Fristberechnung ist dabei nicht, wann der Schuldner mit den Gläubigerverhandlungen begonnen hat, sondern der **Zeitpunkt der letzten Ablehnung** bzw. Zustimmung. Diese darf nach bisheriger Auffassung bei *keinem* Gläubiger länger als sechs Monate zurückliegen. **90**
> AG Köln, Beschl. v. 6.11.2006 – 71 IK 357/06, NZI 2007, 57.

Diese Ansicht überzeugt aber auch dann nicht, wenn man das Ziel der Regelung berücksichtigt, wonach eine gewisse Aktualität der Bemühungen des Schuldners sichergestellt werden soll. Richtigerweise ist daher auf den Zeitpunkt des Zugangs der Ablehnung des *letzten* Gläubigers abzustellen, mit dem verhandelt wird. **91**
> A/G/R/*Henning*, InsO, § 305 Rn. 22.

B. Außergerichtlicher Schuldenbereinigungsversuch

92 Dies gilt insbesondere dann, wenn die Bedingungen des Vergleichs mit einzelnen, zunächst ablehnenden Gläubigern nachverhandelt werden. Es liegt in der Natur der Sache, dass sich aussichtsreiche Verhandlungen um einen außergerichtlichen Vergleich hinziehen, soweit Verhandlungen *ernsthaft* betrieben werden. Auch im Fall einer zunächst ablehnenden Haltung zeigt die Praxis, dass Nachverhandlungen mit dem zunächst ablehnenden Gläubiger und Erläuterungen Sinn machen und zu einer Entschuldung ohne Inanspruchnahme des Insolvenzgerichts führen können.

III. Inhalt des außergerichtlichen Schuldenbereinigungsplans

93 Die Insolvenzordnung enthält keine Regelungen darüber, wie der außergerichtliche Schuldenbereinigungsplan auszusehen hat. Die Vorschriften über den gerichtlichen Schuldenbereinigungsplan werden als Leitfaden für den außergerichtlichen Einigungsversuch herangezogen. Auch der Gesetzgeber ging davon aus, dass diese Vorschriften als Vorlage dienen könnten.

> Bericht des Rechtsausschusses des Deutschen Bundestages,
> BT-Drucks. 12/7303, S. 272.

94 Unter praktischen Gesichtspunkten hat es sich auch angeboten, den außergerichtlichen Schuldenbereinigungsplan in gleicher Weise wie den gerichtlichen Schuldenbereinigungsplan zu gestalten, damit ersterer im Falle des Scheiterns ggf. modifiziert im gerichtlichen Schuldenbereinigungsverfahren verwandt werden kann. Soweit Gerichte

> – KG Berlin, Beschl. v. 17.6.2008 – 1 W 425/05, Rpfleger 2008,
> 647 ff. Rn. 6;
> AG Darmstadt, Beschl. v. 23.8.2012 – 3 UR II 1030/12,
> ZInsO 2012, 2261 ff. Rn. 10 –

die Auffassung vertreten, der Plan für den außergerichtlichen Einigungsversuch unterscheide sich hinsichtlich seines möglichen Inhalts nicht von dem gerichtlichen Schuldenbereinigungsplan gemäß § 305 Abs. 1 Nr. 4 InsO, wird verkannt, dass Schuldner und Gläubiger in den Grenzen der §§ 134, 138, 242 BGB nach dem Grundsatz der **Privatautonomie** völlig frei darin sind, was Inhalt ihres Vergleichsvertrages sein soll.

95 Über **Form und Inhalt** des Plans sowie die Art und Weise des außergerichtlichen Einigungsversuchs enthält das Gesetz seit jeher **keine Regelungen**. Die Gestaltung des Plans bleibt weitgehend der Privatautonomie überlassen. In formeller Hinsicht ist aber zumindest erforderlich, dass der Plan als Schuldenbereinigungsplan erkennbar ist. Es ist sachgerecht zu fordern, dass der außergerichtliche Schuldenbereinigungsplan jedenfalls eine zusammenfassende und am Ziel des Einigungsversuchs orientierte Darstellung des Gesamtkomplexes enthält, also mehr ist als ein bloßes Gläubigerverzeichnis.

> AG Darmstadt, Beschl. v. 23.8.2012 – 3 UR II 1030/12,
> ZInsO 2012, 2261 ff. = NZI 2012, 974 f. Rn. 12.

III. Inhalt des außergerichtlichen Schuldenbereinigungsplans

Soweit der Schuldner völlig mittellos ist, kann selbstverständlich auch ein sog. Nullplan vorgelegt werden.

OLG Stuttgart, Beschl. v. 28.3.2002 – 8 W 560/01, ZInsO 2002, 836 = ZVI 2002, 380 f.; OLG Köln, Beschl. v. 9.2.2001 – 2 W 19/01, ZIP 2001, 754 ff. = NZI 2001, 211 ff. Rn. 15; OLG Karlsruhe, Beschl. v. 20.12.1999 – 9 W 82/99, NZI 2000, 163 = NJW-RR 2000, 1216 f.; HambKomm/*Streck*, InsO § 305 Rn. 6; Uhlenbruck/*Vallender*, InsO, § 305 Rn. 122 m. w. N.; a. A. AG München, Beschl. v. 12.11.2008 – 1506 IK 1550/08, ZVI 2008, 474 ff.

96

Andernfalls würden Schuldner von der Möglichkeit der Entschuldung ausgeschlossen oder gezwungen, ihren Gläubigern Regulierungsangebote zu unterbreiten, von denen sie wissen, dass sie nicht einzuhalten sind. Nach § 1 Satz 2 InsO soll aber jedem redlichen Schuldner die Möglichkeit der Restschuldbefreiung eröffnet sein; auch den völlig Mittellosen. Zudem sieht das Gesetz keine Mindestquote vor.

97

Die Parteien können alle denkbaren Vereinbarungen treffen, z. B. Stundung, Zinsverzichte, Ratenzahlungen, quotenmäßige Befriedigung, Forderungsverzicht etc. Wichtig ist nur, dass der Plan sowohl die Gläubigerinteressen als auch die Vermögens-, Einkommens- und Familienverhältnisse des Schuldners berücksichtigt. Sinnvoll sind **Anpassungsklauseln** für den Fall, dass sich die wirtschaftlichen Grundlagen ändern, ebenso wie Regelungen für den **Verzugsfall**, da ein Wiederaufleben der Forderungen bei Verzug des Schuldners (anders als beim Insolvenzplan) nicht vorgesehen ist.

98

Praxistipp:

Es ist sinnvoll, die **Lebenssituation** und **Perspektiven** des Schuldners sowie die **Ursachen der wirtschaftlichen Schieflage** mit dem Gläubiger ausführlich zu erörtern, soweit der Schuldner mit diesem Blick in seine Privatsphäre einverstanden ist. Zahlungsunfähigkeit und Überschuldung können beispielsweise aufgrund krankheitsbedingter Erwerbsminderung oder -unfähigkeit unverschuldet eintreten. Hier gilt es, auf Seiten des Gläubigers um Verständnis zu werben. Ist der Gläubiger Unternehmer, wird er die Verwirklichung des unternehmerischen Risikos auf Seiten des Schuldners besser nachvollziehen können, wenn dieses erläutert wird. Die Bereitschaft, auf einen Teil der eigenen Forderung zu verzichten, ist größer, wenn der Gläubiger weiß, dass der Schuldner nicht durch seine private Lebensführung (insbesondere ein Leben über seine Verhältnisse), die eigene Zahlungsunfähigkeit schuldhaft herbeigeführt hat. Unabdingbar ist es auch aufzuzeigen, weshalb der Gläubiger bei einer Teilrealisierung seiner Forderung im Vergleich besser steht als im Fall der Eröffnung eines Insolvenzverfahrens. Ein gut strukturierter und inhaltlich gehaltvoller Plan bereitet dem Schuldnerberater & Rechtsanwalt die Grundlage für sich anschließende (fern-)mündliche Verhandlungen mit dem Gläubigern.

Der Schuldenbereinigungsplan setzt nach bisherigem Verständnis voraus, dass ein **zielgerichtetes Vorgehen** des Schuldners erkennbar wird, mit dem er versucht, eine umfassende – alle Gläubiger einschließende – Lösung seiner Schul-

99

B. Außergerichtlicher Schuldenbereinigungsversuch

denprobleme zu erreichen. Die sorgfältige Auflistung aller Gläubiger und Forderungen ist insbesondere deshalb für den Schuldner wichtig, weil die außergerichtliche Vereinbarung nur für die in den Plan einbezogenen Gläubiger gilt. **Vergessene Gläubiger** können auch weiterhin gegen den Schuldner vorgehen und damit letztlich die gesamte außergerichtliche Einigung mit den anderen Gläubigern zunichte machen.

100 Auf Aufforderung des Schuldners sind die Gläubiger verpflichtet, *auf ihre Kosten* dem Schuldner zur Vorbereitung des Forderungsverzeichnisses eine schriftliche Aufstellung ihrer Forderungen zu erteilen. Diese Aufstellung muss die Höhe der Forderung und deren Aufgliederung in Hauptforderung, Zinsen und Kosten enthalten (**§ 305 Abs. 2 Satz 2** InsO). Die Aufforderung des Schuldners muss allerdings einen Hinweis auf einen bereits bei Gericht eingereichten oder in naher Zukunft beabsichtigten Antrag auf Eröffnung eines Insolvenzverfahrens enthalten (§ 305 Abs. 2 Satz 3 InsO).

IV. Zustimmung aller Gläubiger

101 Dem außergerichtlichen Schuldenbereinigungsplan müssen alle Gläubiger zustimmen, wenn er zustande kommen soll. Denn die Bereitschaft des einzelnen Gläubigers zu einem (Teil-)Verzicht steht regelmäßig unter der aufschiebenden Bedingung, dass auch die anderen Gläubiger in gleicher Weise verzichten (Gesamtvergleich). Gläubiger, die dem Plan nicht zustimmen, handeln nicht rechtsmissbräuchlich. Fristen für eine Erklärung laufen nicht. Ein Schweigen des Gläubigers gilt entsprechend den allgemeinen Regeln des BGB nicht als Zustimmung.

102 Die Zustimmung kann durch das Gericht auch nicht ersetzt werden. Die Insolvenzordnung sieht in § 309 InsO nur für das gerichtliche Schuldenbereinigungsverfahren eine Zustimmungsersetzung vor. Nach Eröffnung des Insolvenzverfahrens steht zudem jedem Insolvenzschuldner, dessen Antrag nach Verkündung des Reformgesetzes beantragt wurde, ab dem 1.7.2014 die Möglichkeit **eines Insolvenzplans** offen. Der dies für Verbraucherinsolvenzverfahren bislang ausschließende § 312 Abs. 2 InsO a. F. ist aufgehoben.

Kritisch: *Harder*, NZI 2013, 71, 74 ff.

103 Zu den **Kriterien für die Zustimmung des Finanzamtes** bei außergerichtlichen Schuldenbereinigungsverfahren hat das Bundesministerium für Finanzen mit Schreiben betreffend die Kriterien für die Entscheidung über einen Antrag auf außergerichtliche Schuldenbereinigung (§ 305 Abs. 1 Nr. 1 InsO) vom 11.1.2002 Stellung genommen.

BMF-Schreiben v. 11.1.2002, BMF IV A 4 – S 0550 – 1/02, BStBl.
I S. 132, abgedruckt auch in ZVI 2002, 138.
Dieses BMF Schreiben wird im Rahmen des BMF-Schreibens v.
31.1.2013 (IV A 3 – S 0062/08/10007-15), dem Anwendungserlass zur Abgabenordnung AEAO bestätigt (S. 15),
abgedruckt z. B. in der Beilage 2 zu ZIP 8/2013.

IV. Zustimmung aller Gläubiger

Hiernach kommt eine Zustimmung des Finanzamtes **nur im Rahmen der geltenden abgabenrechtlichen Vorschriften** in Betracht. Das Finanzamt entscheidet bei Vorlage eines Schuldenbereinigungsplanes, der einen (Teil-)Verzicht und ggf. eine längerfristige Ratenzahlung vorsieht, damit letztlich auf der Grundlage der gesetzlichen Bestimmungen, die für einen Erlassantrag gemäß §§ 163, 227 AO bzw. einen Stundungs- oder Ratenzahlungsantrag gemäß §§ 222, 258 AO gelten. Der Grund hierfür liegt darin, dass es den Finanzbehörden grundsätzlich untersagt ist, vertragliche Vereinbarungen über Steuerschulden zu treffen, somit nur die gesetzlichen Vorschriften über den Verzicht auf Steueransprüche verbleiben. 104

Becker, ZVI 2002, 100, 101.

Das Schreiben des BMF schafft für den Schuldner **keine** eigene Rechtsgrundlage für einen Anspruch auf Erlass der Verbindlichkeiten, also der Zustimmung zu einem außergerichtlichen Schuldenbereinigungsplan. 105

FG München, Beschl. v. 26.10.2010 – 14 K 2094/09, juris Rn. 30.

Erforderlich ist, dass der Schuldner erlassbedürftig und erlasswürdig ist. 106

BFH, Urt. v. 29.4.1981 – IV R 23/78, BStBl II 1981, 726.

Da der Schuldner im Zweifel seine steuerlichen Pflichten aber bereits über einen längeren Zeitraum vernachlässigt haben wird, sollen im Rahmen eines außergerichtlichen Schuldenbereinigungsverfahrens weniger strenge Anforderungen als bei einem „normalen" Erlassantrag gestellt werden, weil andernfalls der Schuldner nie erlasswürdig wäre. 107

BMF-Schreiben v. 11.1.2002, ZVI 2002, 138, Nr. 5.

Bei der Erlassbedürftigkeit soll es darauf ankommen, **ob ein gerichtliches Schuldenbereinigungsverfahren oder** ein (Verbraucher- oder Regel-)**Insolvenzverfahren mit Restschuldbefreiung erfolgreich verlaufen würde**. Bei regelmäßigem Einkommen ist maßgeblich, ob alle Gläubiger gleichermaßen befriedigt werden. Ist kein Vermögen oder Einkommen vorhanden, akzeptiert das Finanzamt auch einen *Nullplan*. Ein Schuldner gilt als erlasswürdig, wenn ihm in einem späteren Verfahren die Restschuldbefreiung nicht versagt werden könnte (vgl. § 290 InsO). 108

Ausführlich: *Becker*, ZVI 2002, 100.

Praxistipp:

Gemäß Nr. 4 des o. g. BMF-Schreibens fordert das Finanzamt für die Prüfung, ob dem außergerichtlichen Schuldenbereinigungsplan zugestimmt wird, dass die gleichen Unterlagen wie bei einem gerichtlichen Schuldenbereinigungsplan vorgelegt werden, sodass es sich empfiehlt, entsprechende Angaben zu machen.

V. Wirkung des Plans

109 Der außergerichtliche Schuldenbereinigungsplan hat die Wirkung eines außergerichtlichen Vergleiches i. S. d. § 779 Abs. 1 BGB. Er stellt jedoch **keinen Vollstreckungstitel** dar (im Gegensatz zum gerichtlichen Schuldenbereinigungsplan). Erfüllt der Schuldner seine Verpflichtung nicht, ist der Gläubiger gezwungen, auf dem Rechtsweg einen Titel zu erwirken. Die **ursprünglichen Forderungen leben nicht wieder auf**, es sei denn, im Plan ist etwas anderes vereinbart (z. B. durch sog. Wiederauflebens- und Verfallklauseln).

VI. Kein Vollstreckungsschutz

110 Anders als im Insolvenzantragsverfahren, das durch einen Insolvenzantrag des Schuldners eingeleitet wird, kann das Insolvenzgericht während des außergerichtlichen Einigungsversuches noch keinen Schutz vor Maßnahmen der Einzelzwangsvollstreckung gemäß § 21 InsO gewähren, wie schon der Wortlaut des § 21 Abs. 1 Satz 1 InsO zeigt.

111 Auch das Vollstreckungsverbot des **§ 89 InsO gilt** ausweislich des Wortlauts der Norm während des außergerichtlichen Schuldenbereinigungsverfahrens **nicht**.

112 Eine gerichtliche einstweilige Einstellung einzelner Zwangsvollstreckungsmaßnahmen kommt **allenfalls** gemäß § 765a ZPO in Betracht.

> LG Itzehoe, Beschl. v. 27.11.2000 – 4 T 375/00, NZI 2001, 100;
> AG Elmshorn, Beschl. v. 4.2.2000 – 60 M 1961/98;
> NZI 2000, 329.

VII. Scheitern der außergerichtlichen Einigung

113 Die außergerichtliche Schuldenbereinigung ist bereits **gescheitert**, wenn sich auch nur **ein Gläubiger weigert**, dem aufgestellten Schuldenbereinigungsplan zuzustimmen. Erzielt der Schuldner nur mit einigen Gläubigern eine Einigung, steht es ihm frei, auf einen Insolvenzantrag zu verzichten. Mit der Weigerung eines Gläubigers ist aber die Zulässigkeitsvoraussetzung des erfolglosen Versuchs einer außergerichtlichen Einigung über die Schuldenbereinigung nach § 305 Abs. 1 Nr. 1 InsO erfüllt.

114 Zu beachten ist, dass der Versuch einer außergerichtlichen Einigung gemäß § 305a InsO als gescheitert gilt, wenn ein Gläubiger die Zwangsvollstreckung betreibt, *nachdem* die Verhandlungen über die außergerichtliche Schuldenbereinigung aufgenommen wurden.

VIII. Beratungshilfe für den außergerichtlichen Schuldenbereinigungsversuch

115 Grundsätzlich kann auch im Vorfeld eines Verbraucherinsolvenzverfahrens Beratungshilfe gewährt werden. Die Beauftragung eines Rechtsanwalts bei

VIII. Beratungshilfe für den außergerichtlichen Schuldenbereinigungsversuch

einem vorgerichtlichen Einigungsversuch ist hierbei der Tätigkeit einer anerkannten Schuldnerberatungsstelle gleichgestellt.

AG Schwerte, Beschl. v. 5.8.2004 – 3 II a 273/02, NZI 2004, 680.

Die Inanspruchnahme anwaltlicher Hilfe darf unter Verweisung auf die Tätigkeiten einer Schuldnerberatungsstelle insbesondere dann nicht verweigert werden, wenn über die die bloße Ausarbeitung eines außergerichtlichen Schuldenbereinigungsplans sowie des Ausfüllens des Formularantrags hinaus eine rechtliche Beratung erforderlich ist. 116

AG Kaiserslautern, Beschl. v. 20.6.2007 – 1 UR II 498/07,
ZInsO 2007, 840;
AG Stendal, Beschl. v. 15.9.2007 – 64 UR II (T) I 1367/06,
ZInsO 2007, 1283.

Beratungshilfe soll gemäß § 2 Abs. 4 InsO n. F. des Beratungshilfegesetzes aber regelmäßig nicht für eine über die Beratung hinausgehende Tätigkeit mit dem Ziel einer außergerichtlichen Einigung mit den Gläubigern über die Schuldenbereinigung auf Grundlage eines Plans gewährt werden, wenn die Einigung offensichtlich aussichtslos i. S. v. § 305 Abs. 1 Nr. 1 InsO ist. 117

In der **Praxis** war es in der Vergangenheit **nahezu unmöglich**, Beratungshilfe für ein außergerichtliches oder gerichtliches Schuldenbereinigungsverfahren zu erhalten. Die Schuldner werden regelmäßig auf die Schuldnerberatungen als eine andere zumutbare, vorrangig in Anspruch zu nehmende Hilfsmöglichkeit i. S. d. § 1 Abs. 1 Nr. 1 BerHG verwiesen und zwar selbst dann, wenn bei den in der Nähe ihres Wohnsitzes gelegenen von der öffentlichen Hand unterhaltenen anerkannten Beratungsstellen für den Regelfall mehrjährige (!) Bearbeitungs- und Wartezeiten für die Beratung bestehen. 118

BVerfG, Nichtannahmebeschluss v. 4.9.2006 – 1 BvR 1911/06,
ZInsO 2006, 1207 f. = ZVI 2006, 438 f. Rn. 8;
AG Darmstadt, Beschl. v. 10.8.2012 – 3 UR II 1155/12,
ZVI 2012, 393 ff. Rn. 25;
AG Weißenfels, Beschl. v. 24.1.2012 – 13 II 509/11,
n. v. zitiert nach juris;
AG Mannheim, Beschl. v. 23.12.2010 – 13 UR II 13/10,
ZInsO 348 f. Rn. 3.

C. Insolvenzeröffnungsverfahren

Scheitert eine außergerichtliche Schuldenbereinigung, wird das Insolvenzeröffnungsverfahren durch einen Insolvenzantrag des Schuldners (Eigenantrag) oder des Gläubigers (Fremdantrag) eingeleitet, § 13 InsO. Der Antrag ist Eröffnungsvoraussetzung (§ 13 Abs. 1 Satz 1 InsO); eine Eröffnung des Insolvenzverfahrens „von Amts wegen" ist **nicht** möglich. Die Anforderungen an den Eigenantrag sind in § 13 Abs. 2 InsO, diejenigen an den des Gläubigers in § 14 InsO geregelt. Im Fall des Verbraucherinsolvenzverfahrens gelten zusätzlich die **besonderen Zulässigkeitsvoraussetzungen des** § 305 InsO, siehe hierzu Rn. 137.   119

I. Eigenantrag gem. § 13 Abs. 1 Satz 1 InsO

Der Insolvenzantrag des Schuldners bedarf gemäß § 13 Abs. 1 Satz 1 InsO der Schriftform; es gelten die Grundsätze des Zivilprozesses, sodass auch eine Übermittlung per Telefax genügt. Bislang besteht im Regelinsolvenzverfahren **kein Formularzwang**. Durch das am 1.4.2012 in Kraft getretene ESUG wurde der Verordnungsgeber aber mit § 13 Abs. 3 ermächtigt, unterschiedliche Formulare für die maschinelle und nicht maschinelle Bearbeitung einzuführen; im Hinblick auf die Begründung des Regierungsentwurfs zum ESUG   120

– BT-Drucks. 17/5712, S. 23 –

wird die Einführung von Formularen erwartet.

A/G/R/*Kadenbach*, InsO, § 13 Rn. 33.

Der Schuldner kann sich bei derzeit bestehender Rechtslage noch darauf beschränken, seinem Antrag ein Verzeichnis der Gläubiger und Forderungen beizufügen, § 13 Abs. 1 Satz 2 InsO. Im Rahmen seiner gesetzlichen Auskunfts- und Mitwirkungspflicht nach § 97 InsO hat der Schuldner dem Insolvenzgericht sodann weitere Auskünfte zu erteilen; in der Praxis werden ihm hierzu standardisierte Anhörungsbögen übermittelt. Soweit der Schuldner einen **Geschäftsbetrieb** hat, der noch nicht eingestellt ist, stellt § 13 Abs. 1 Satz 4 InsO erhöhte Anforderungen an den Inhalt des Insolvenzantrages.   121

Der Antrag des Schuldners ist unzulässig, wenn er entgegen § 13 Abs. 1 Satz 2 InsO kein Verzeichnis der Gläubiger und ihrer Forderungen vorlegt; der Schuldner muss jedenfalls gebührende Anstrengungen unternehmen, um ein möglichst vollständiges Gläubigerverzeichnis aufzustellen.   122

AG Mönchengladbach, Urt. v. 4.10.2012 – 45 N 90/12,
ZIP 2013, 536.

Für das Verbraucherinsolvenzverfahren und sonstige Kleinverfahren i. S. d. § 304 InsO sind die besonderen Zulässigkeitsvoraussetzungen des § 305 InsO n. F. zu beachten (hierzu unter Rn. 137).   123

II. Fremdantrag gem. § 14 InsO

124 **Antragsberechtigt** sind nur solche Gläubiger, die einen zur Zeit der Entscheidung über den Eröffnungsantrag begründeten persönlichen Vermögensanspruch gegen den Schuldner haben.

BGH, Beschl. v. 30.6.2009 – IX ZA 21/09, NZG 2009, 984.

125 **Nicht antragsberechtigt** sind dagegen die aussonderungsberechtigten Gläubiger in Bezug auf ihre Sicherheiten; sie sind nämlich nicht auf die Durchsetzung ihrer Forderungen im Insolvenzverfahren beschränkt (§ 47 InsO). Die Insolvenzgläubiger können den Insolvenzantrag nicht auf „drohende Zahlungsunfähigkeit" stützen, was schon der Wortlaut des § 18 Abs. 1 InsO zeigt.

126 Der Insolvenzgläubiger muss ein **eigenes rechtliches Interesse** an der Eröffnung des Insolvenzverfahrens haben (§ 14 Abs. 1 InsO).

BGH, Beschl. v. 7.2.2008 – IX ZB 137/07, ZIP 2008, 565
= NZI 2008, 240 = ZVI 2008, 112;
dazu EWiR 2008, 369 *(Büttner)*.

127 Hierzu muss der Gläubiger in der Regel eine fällige, nicht gestundete und unbedingte Forderung gegen den Schuldner haben sowie einen Eröffnungsgrund glaubhaft machen.

BGH, Beschl. v. 29.6.2006 – IX ZB 245/05, ZIP 2006, 1452
= ZVI 2006, 334;
dazu EWiR 2006, 595 *(Frind)*.

128 Beruft sich der Schuldner auf die Einrede der Verjährung im Eröffnungsverfahren, so ist dies zu berücksichtigen.

BGH, Beschl. v. 29.3.2007 – IX ZB 141/06, ZIP 2007, 1226
= ZVI 2007, 302.

129 Das rechtliche Interesse an der Eröffnung des Insolvenzverfahrens kann fehlen; im Einzelnen:

- Mit dem Antrag werden insolvenzfremde Zwecke verfolgt. Beispielsweise wenn der Insolvenzantrag als **Druckantrag** genutzt wird, um einen zahlungsunwilligen, aber liquiden Schuldner zur Zahlung zu bewegen. Ausreichendes Indiz für ein solches rechtsmissbräuchliches Verhalten kann sein, dass der Gläubiger Teilzahlungen des Schuldners vereinnahmt und anschließend Erledigungsantrag stellt. Die Kosten des Verfahrens sind in diesem Fall dem antragstellenden Gläubiger aufzuerlegen.

BGH, Urt. v. 18.12.2003 – IX ZR 199/02, ZIP 2004, 319
= NJW 2004, 1385 = ZVI 2004, 98;
dazu EWiR 2004, 865 *(Homann)*.

Rechtsmissbräuchlich ist ein Insolvenzantrag auch dann, wenn durch die insolvenzspezifischen Kündigungsrechte ein unliebsamer Vertrag beendet werden soll.

BGH, Beschl. v. 21.6.2007 – IX ZB 51/06, NZI 2008, 121.

II. Fremdantrag gem. § 14 InsO

- Am rechtlichen Interesse mangelt es *nicht* allein deshalb, weil die Gläubigerforderung gering ist oder eine vorherige Einzelzwangsvollstreckung nicht versucht wurde.

  BGH, Beschl. v. 5.2.2004 – IX ZB 29/03, NZI 2004, 587, 589
  = ZIP 2004, 1466 = ZVI 2004, 408.

- Ein Rechtsschutzinteresse besteht nicht, wenn der Gläubiger über ausreichende **Sicherheiten** verfügt und seine Forderung auf einfachere, schnellere und zweckmäßigere Weise durchsetzen kann. So entfällt das Verwertungsrecht in Bezug auf Sicherheiten für absonderungsberechtigte Gläubiger erst nach Verfahrenseröffnung.

  BGH, Beschl. v. 29.11.2007 – IX ZB 12/07, ZIP 2008, 281
  = ZInsO 2008, 103 = ZVI 2008, 13;
  dazu EWiR 2008, 407 *(G. Hölzle)*.

- Nachrangige Insolvenzgläubiger haben ein Rechtsschutzinteresse, soweit es sich nicht um Fälle des § 39 Abs. 1 Nr. 1 und Nr. 2 InsO handelt.

- Ist bereits das Insolvenzverfahren über das Vermögen des Schuldners eröffnet, so fehlt es an dem Rechtsschutzinteresse für ein weiteres Insolvenzverfahren, weil bereits das gesamte dem Schuldner gehörende pfändbare Vermögen sowie der Neuerwerb dem Insolvenzbeschlag unterliegen.

  BGH, Beschl. v. 3.7.2008 – IX ZB 182/07, ZIP 2006, 1976
  = ZInsO 2008, 924;
  dazu EWiR 2009, 155 *(Sailer)*;
  BGH, Beschl. v. 18.5.2004 – IX ZB 189/03, NZI 2004, 444
  = ZVI 2004, 518;
  dazu EWiR 2004, 987 *(G. Hölzle)*.
  Ausnahme: nach Freigabe der selbstständigen Tätigkeit (§ 35 Abs. 2 InsO) ist ein zweites Insolvenzverfahren isoliert für Neuverbindlichkeiten auf Antrag eines Neugläubigers möglich:
  BGH, Beschl. v. 9.6.2011 – IX ZB 175/10, ZIP 2011, 1326
  = ZVI 2011, 448;
  dazu EWiR 2011, 751 *(Weiß/Rußwurm)*.

Der antragstellende Gläubiger muss die Forderung *und* den Insolvenzgrund glaubhaft machen. Mittel der Glaubhaftmachung sind präsente Beweismittel sowie die eidesstattliche Versicherung (§ 294 Abs. 1 ZPO). Die Forderung und der Eröffnungsgrund sind glaubhaft gemacht, wenn Tatsachen vorgetragen werden, aus denen sich die überwiegende Wahrscheinlichkeit für das Bestehen ergibt. Zur **Glaubhaftmachung der Forderung** gehört die Angabe der Forderung unter Vorlage entsprechender Nachweise wie Wechsel, Schuldscheine, Rechnungen und dergleichen. Die Glaubhaftmachung muss aber nicht notwendig durch Vorlage eines Titels und einer Bescheinigung über einen fruchtlosen Vollstreckungsversuch erfolgen. Ausreichend ist, dass der Antragsteller den Eröffnungsgrund auf andere Weise glaubhaft macht.

130

BGH, Beschl. v. 5.2.2004 – IX ZB 29/03, NZI 2004, 587, 589
= ZIP 2004, 1466 = ZVI 2004, 408.

C. Insolvenzeröffnungsverfahren

131 Die Zahlungsunfähigkeit des Schuldners kann sich auch aus dessen eigenem Schreiben ergeben, wenn dieses zum Zeitpunkt der Entscheidung des Insolvenzgerichts über den Eröffnungsantrag vorliegt.

BGH, Beschl. v. 23.10.2008 – IX ZB 7/08, WuM 2009, 144.

132 In der Praxis macht der Gläubiger in der Regel glaubhaft, dass der Schuldner zahlungsunfähig ist. Der Eintritt der Überschuldung ist für ihn als Außenstehenden nur sehr schwer glaubhaft zu machen. Konkret muss der Gläubiger darlegen, dass der Schuldner – überwiegend wahrscheinlich – außerstande ist, seine fälligen Verbindlichkeiten im Wesentlichen zu erfüllen. **Indizien** für das Vorliegen der Zahlungseinstellung, die eine widerlegbare Vermutung für das Vorliegen der Zahlungsunfähigkeit begründet, können sein:

- Einstellung des Geschäftsbetriebes,
- Erklärung der Zahlungseinstellung durch den Schuldner,
- Nichtzahlung der Löhne und Gehälter,
- Vorliegen mehrerer Haftbefehle zur Erzwingung der eidesstattlichen Versicherung,
- Vorlage einer Unpfändbarkeitsbescheinigung eines Gerichtsvollziehers, die nicht älter als sechs Monate sein sollte,
- Nichtzahlung von Sozialversicherungsbeiträgen oder Steuern,
- Häufung von Wechselprotesten,
- häufige Zwangsvollstreckungsmaßnahmen.

133 Die Glaubhaftmachung des Insolvenzgrundes unterliegt als Wertungsfrage der freien richterlichen Würdigung und kann deshalb in der Regel nicht mit der Rechtsbeschwerde angefochten werden. Soweit jedoch zu hohe Anforderungen an die Glaubhaftmachung gestellt werden, also ein Rechtsfehler gerügt wird, ist die Rechtsbeschwerde statthaft.

BGH, Beschl. v. 13.6.2006 – IX ZB 214/05, ZIP 2006, 1456
= NZI 2006, 590 = ZVI 2006, 503.

134 Die Glaubhaftmachung der Forderung ist nicht ausreichend, wenn die dem Antrag zugrunde liegende **Forderung** des Gläubigers **vom Schuldner bestritten** wird und diese Forderung allein den Eröffnungsgrund darstellen soll. In diesem Fall muss der Gläubiger für das Bestehen seiner Forderung den Vollbeweis erbringen. Kann der Gläubiger das Insolvenzgericht vom Bestehen der Forderung nicht überzeugen, ist die Glaubhaftmachung gescheitert und der Insolvenzantrag unzulässig.

BGH, Beschl. v. 29.6.2006 – IX ZB 245/05, NZI 2006, 588, 589
= ZIP 2006, 1452 = ZVI 2006, 334;
dazu EWiR 2006, 595 *(Frind)*;

III. Die besonderen Zulässigkeitsvoraussetzungen eines Insolvenzantrages

BGH, Beschl. v. 14.12.2005 – IX ZB 207/04, ZIP 2006, 247
= NZI 2006, 174 = ZVI 2006, 56.

Bestreitet der Schuldner eine bereits **titulierte Forderung** im Insolvenzantragsverfahren, kann er hiermit nicht gehört werden. Wie sich aus der Wertung des § 179 Abs. 2 InsO ergibt, muss der Schuldner seine Einwendungen gegen titulierte Forderungen oder gegen deren Vollstreckbarkeit in dem hierfür vorgesehenen Verfahren erheben. Das Insolvenzgericht ist insoweit nicht zuständig. 135

BGH, Beschl. v. 6.5.2010 – IX ZB 176/09, ZInsO 2010, 1091;
BGH, Beschl. v. 29.6.2006 – IX ZB 245/05, NZI 2006, 588, 590
= ZIP 2006, 1452 = ZVI 2006, 334.

Praxisrelevant ist dies vor allem bei Forderungen der Finanzbehörden. Der Schuldner muss die Aussetzung der Vollziehung des Steuerbescheides erreichen. Ein finanzgerichtliches Verfahren ist nicht ausreichend, um das Bestehen der Forderung zu verneinen. 136

BGH, Beschl. v. 6.5.2010 – IX ZB 176/09, ZInsO 2010, 1091.

III. Die besonderen Zulässigkeitsvoraussetzungen eines Insolvenzantrages im Verbraucherinsolvenzverfahren nach § 305 InsO

1. Allgemeines

Während § 13 InsO die Anforderungen an einen Eigenantrag des Schuldners sowohl im Regel- als auch im Verbraucherinsolvenzverfahren normiert, gelten die **besonderen Zulässigkeitsvoraussetzungen** des § 305 Abs. 1 InsO n. F. nur für die Verbraucherinsolvenzverfahren und „sonstigen Kleinverfahren" i. S. d. § 304 InsO (Verbraucherinsolvenzverfahren). Auch nach der Reform des Verbraucherinsolvenzverfahrens durch das Gesetz zur Verkürzung des Restschuldbefreiungsverfahrens und zur Stärkung der Gläubigerrechte normiert § 305 InsO n. F. besondere Zulässigkeitsvoraussetzungen; § 305 InsO n. F. ist lex specialis zu § 13 InsO. 137

A/G/R/*Henning*, InsO, § 305 Rn. 2.

Bei einem **Eigenantrag** hat der Schuldner vor Beginn des gerichtlichen Verfahrens grundsätzlich eine **außergerichtliche Schuldenbereinigung** (§ 305 Abs. 1 Nr. 1 InsO) zu versuchen (hierzu bereits unter Rn. 77 ff. und eine **Bescheinigung** hierüber vorzulegen. Zusammen mit dem Insolvenzantrag hat er ferner einen **Antrag auf** Erteilung der **Restschuldbefreiung** nach § 287 InsO oder die Erklärung vorzulegen, dass diese nicht beantragt wird (§ 305 Abs. 1 Nr. 2 InsO). Des Weiteren sind ein **Vermögensverzeichnis,** eine **Vermögensübersicht,** ein **Verzeichnis der Gläubiger** und ein **Verzeichnis der** gegen ihn gerichteten **Forderungen** vorzulegen sowie zu erklären, dass die enthaltenen Angaben richtig und vollständig sind (§ 305 Abs. 1 Nr. 3 InsO). 138

C. Insolvenzeröffnungsverfahren

139 Auf die Legaldefinition der Begriffe Vermögensverzeichnis und Vermögensübersicht in § 305 Abs. 1 Nr. 3 InsO kommt es in der Praxis nicht an. Denn im Unterschied zum Regelinsolvenzverfahren sieht § 305 Abs. 5 InsO i. V. m. der Verbraucherinsolvenzvordruckverordnung (VbrInsVV) vom 17.2.2002 (BGBl I, S. 703) seit dem 1.3.2002 einen strengen **Formularzwang** für Verbraucherinsolvenzverfahren i. S. d. § 304 InsO vor, der sämtliche der vorzulegenden Verzeichnisse und Erklärungen auf **amtlichen Vordrucken** standardisiert. Der Schuldner hat sich **zwingend** an die Vorgaben der Vordrucke zu halten und diese vollständig und sorgfältig auszufüllen. So sind eine zustellungsfähige Anschrift und nicht etwa ein Postfach zu bezeichnen. Forderungen sind nach Hauptforderung, Zinsen und Kosten so aufzuschlüsseln, wie der Vordruck dies bestimmt; nicht fällige Forderungen sind kenntlich zu machen.

140 Soweit der Schuldner die amtlichen Formulare nach § 305 Abs. 5 InsO **nicht vollständig** ausgefüllt abgegeben hat, fordert ihn das Insolvenzgericht gemäß § 305 Abs. 3 Satz 1 InsO n. F. auf, das Fehlende unverzüglich zu ergänzen.

141 § 305 Abs. 3 Satz 1 InsO n. F. präzisiert das Erfordernis, dem Insolvenzgericht vollständige Unterlagen vorzulegen. Es sollen die Angaben gefordert werden können, die *„in den amtlichen Formularen ausdrücklich genannt sind"*.

> RegE. Drucks. 17/11268 zu Nummer 35 (Änderung von
> § 305 Buchstabe b) InsO.

142 Die Begründung des Gesetzesentwurfs hebt ausdrücklich hervor, dass mit dieser Konkretisierung **überzogene Auflagenverfügungen** der Insolvenzgerichte – wie sie in der Praxis bislang vorgekommen seien – und damit einhergehende Verfahrensverzögerungen vermieden werden sollen.

143 Um dem Schuldner Restschuldbefreiung auch bei einem **Fremdantrag** zu ermöglichen, sieht § 306 InsO vor, dass das Insolvenzgericht dem Schuldner vor der Entscheidung über den Gläubigerantrag auf Eröffnung des Insolvenzverfahrens Gelegenheit zu geben hat, selbst einen Insolvenzantrag zu stellen, der dann mit dem Antrag auf Restschuldbefreiung verbunden werden kann *(Anschlussantrag des Schuldners)*. Stellt der Schuldner ebenfalls einen Insolvenzantrag, *ruht* der Antrag des Gläubigers während des Versuchs einer außergerichtlichen Einigung nach § 305 Abs. 1 Nr. 1 InsO, soweit diese **Zulässigkeitsvoraussetzung** ist. Der Wortlaut des § 306 InsO zeigt, dass der Schuldner im Fall des Anschlussantrages zwingend den Versuch zu unternehmen „hat".

144 **Besonders wichtig** ist, dass der Schuldner **rechtzeitig** den **Antrag** auf Erteilung der **Restschuldbefreiung** nebst **Abtretungserklärung** nach § 287 InsO vorlegt. Die rechtzeitige Vorlage der Abtretungserklärung stellt gemäß § 305 Abs. 1 Nr. 2 InsO eine besondere Verfahrensvoraussetzung für die Gewährung von Restschuldbefreiung dar. Da die Abtretungserklärung nach der Regelung des § **287 Abs. 2 Satz 1** InsO dem Antrag auf Restschuldbefreiung *beizufügen* ist, muss sie sowohl in einem Regelinsolvenzverfahren als auch in

III. Die besonderen Zulässigkeitsvoraussetzungen eines Insolvenzantrages

einem Verbraucherinsolvenzverfahren entweder *zusammen* mit dem Insolvenzantrag *oder gemäß* § 287 InsO *spätestens innerhalb von* einer gemäß § 4 InsO i. V. m. § 224 ZPO gesetzlich nicht verlängerbaren **Frist zwei Wochen** nach dem Hinweis des Insolvenzgerichtes gemäß § 20 Abs. 2 InsO vorgelegt werden. Soweit ein Gläubiger einen Antrag stellt (**Fremdantrag**), muss das Insolvenzgericht den Schuldner gemäß § 20 Abs. 2 InsO darauf hinweisen, dass er zur Erlangung der Restschuldbefreiung einen Eigenantrag und einen Antrag auf Erteilung der Restschuldbefreiung stellen kann. Das Gericht muss eine angemessene Frist setzen, deren Ablauf den Schuldner aber *nicht* von der Stellung der notwendigen Anträge ausschließt. Er kann die Anträge bis zur Eröffnung des Insolvenzverfahrens wirksam stellen; die Frist des § 287 Abs. 2 Satz 1 InsO greift in diesem Fall nicht.

> BGH, Beschl. v. 7.5.2009 – IX ZB 202/07, ZInsO 2009, 1171 ff.
> = ZVI 2009, 368 ff. Rn. 5 f.

Die Sanktionen bei nicht rechtzeitiger Vorlage sind für Regel- und Verbraucherinsolvenzverfahren nicht einheitlich geregelt. Für das Verbraucherinsolvenzverfahren gilt die **Rücknahmefiktion** des § 305 Abs. 3 Satz 2 InsO. 145

Wurde dem Schuldner im Rahmen eines bereits anhängigen Insolvenzeröffnungsverfahrens bereits einmal der Hinweis nach § 20 Abs. 2 InsO erteilt, ist ein weiterer Hinweis auf die Möglichkeit der Restschuldbefreiung nach einem sodann gestellten Eigenantrag entbehrlich. 146

> LG Aachen, Beschl. v. 30.12.2011 – 6 T 132/11,
> ZVI 2012, 105 Rn. 9 ff.

Zusammenfassung:

Regelinsolvenzverfahren

Eigenantrag	Frist von zwei Wochen nach dem Hinweis des Gerichts gemäß § 20 Abs. 2 InsO	Zweiwochenfrist gemäß § 4 InsO i. V. m. § 224 ZPO *nicht* verlängerbar.
		Fristversäumnis führt zur Unzulässigkeit des Antrages auf Erteilung der Restschuldbefreiung gemäß § 287 Abs. 1 Satz 2 InsO
Fremdantrag	„angemessene Frist" nach dem Hinweis des Gerichts gemäß § 20 Abs. 2 InsO; von dem Insolvenzgericht zu setzen	Frist ist *keine* Ausschlussfrist.
		Anträge können bis zur Eröffnung wirksam nachgeholt werden.

C. Insolvenzeröffnungsverfahren

Verbraucherinsolvenzverfahren

Eigenantrag	Frist von einem Monat gemäß § 305 Abs. 3 Satz 2 InsO	Nicht verlängerbar. Rücknahmefiktion
Fremdantrag	Frist von drei Monaten gemäß § 305 Abs. 3 Satz 3 InsO	Nicht verlängerbar. Rücknahmefiktion

> **Praxistipp:**
>
> Ist der Schuldner eine natürliche Person, sollte der Berater stets auf den „Dreiklang" von **Insolvenzantrag**, Antrag auf Erteilung der **Restschuldbefreiung** und – soweit die Verfahrenskosten aus seinem Vermögen nicht erbracht werden können – **Verfahrenskostenstundungsantrag** hinweisen. Ihm ist zu raten, alle drei Anträge gleichzeitig zu stellen. Seine Vermögensverhältnisse muss der Schuldner ohnehin offenlegen. Die erforderliche Abtretungserklärung nach § 287 Abs. 2 Satz 1 InsO ist dabei Teil des Antragskonvoluts.

147 Sowohl für den Insolvenzantrag als auch für den Antrag auf Erteilung der Restschuldbefreiung und Stundung der Verfahrenskosten muss ein **Rechtsschutzbedürfnis** bestehen. Ein Antrag auf Erteilung der Restschuldbefreiung und Stundung der Verfahrenskosten ist nach § 287 Abs. 1 Satz 1 InsO, § 4a InsO wegen fehlenden Rechtsschutzbedürfnisses unzulässig, wenn die Anträge innerhalb von drei Jahren nach rechtskräftiger Versagung der Restschuldbefreiung nach § 290 Abs. 1 Nr. 5 und Nr. 6 InsO oder nach Ablehnung der Stundung der Verfahrenskosten wegen Vorliegens dieser Versagungsgründe erneut gestellt werden („**dreijährige Sperrfrist**").

> BGH, Beschl., v. 9.3.2010 – IX ZA 7/10, NZI 2010, 445 ff.,
> ZInsO 2010, 783 = NZI 2010, 445 ff. Rn. 5 ff.,
> BGH, Beschl. v. 16.7.2009 – IX ZB 219/08, BGHZ 183, 13 ff.
> = ZVI 2009, 422 Rn. 8 ff.

148 Gleiches gilt für den Fall der rechtskräftigen Versagung der Restschuldbefreiung in einem früheren Verfahren wegen fehlender Deckung der Mindestvergütung des Teuhänders.

> BGH, Beschl. v. 7.5.2013 – IX ZB 51/12, MDR 2013, 1066 ff. Rn. 9.

149 Ebenso fehlt das Rechtsschutzbedürfnis, wenn der Schuldner im Fall eines Fremdantrages die notwendigen Anträge vor Eröffnung des Insolvenzverfahrens nicht stellt; auch hier greift die dreijährige Sperrfrist.

> BGH, Beschl. v. 11.2.2010 – IX ZA 45/09, NZI 2010, 263 ff.
> = ZVI 2010, 101 Rn. 7 f.

150 Nimmt der Schuldner nach Eröffnung des Insolvenzverfahrens seinen Antrag auf Erteilung der Restschuldbefreiung zurück, um eine Entscheidung des Insolvenzgerichts über einen Versagungsantrag zu verhindern, ist er mit einem erneuten Antrag auf Erteilung der Restschuldbefreiung ebenfalls für einen Zeitraum von drei Jahren ausgeschlossen.

> BGH, Urt. v. 6.10.2011 – IX ZB 114/11, NZI 2011, 948 ff.

III. Die besonderen Zulässigkeitsvoraussetzungen eines Insolvenzantrages

Zur Begründung seiner bisherigen Rechtsprechung verweist der IX. Senat darauf, er habe stets darauf abgestellt, dass die Versagungsgründe des § 290 Abs. 1 Nr. 5 und Nr. 6 InsO ihrer verfahrensfördernden Funktion beraubt würden, wenn Verstöße des unredlichen Schuldners gegen seine Auskunfts- oder Mitwirkungspflichten nach § 290 Abs. 1 Nr. 5 und Nr. 6 InsO nicht sanktioniert würden und ein solcher Schuldner – unter Umständen auf Kosten des Staates – sofort einen neuen Restschuldbefreiungs- und Kostenstundungsantrag stellen könnte. 151

BGH, Beschl. v. 22.11.2012 – IX ZB 194/11, ZVI 2013, 23 ff. Rn. 8.

Soweit aber Versagungsgründe, wie etwa § 290 Abs. 1 Nr. 2 InsO ohnehin eine Sperrfrist vorsehen, soll keine zusätzliche oder längere als die gesetzlich vorgesehene Frist gelten. 152

BGH, Beschl. v. 22.11.2012 – IX ZB 194/11, ZVI 2013, 23 ff. Rn. 8.

2. Gerichtliches Schuldenbereinigungsverfahren

a) Allgemeines

Nur das **Verbraucherinsolvenzverfahren** kennt als Fortsetzung des (gescheiterten) außergerichtlichen Einigungsversuches einen gerichtlichen Schuldenbereinigungsplan. Voraussetzung für die Einleitung dieser **zweiten Stufe** und damit des Insolvenzverfahrens ist das Vorliegen eines **zulässigen Insolvenzantrages** des Schuldners. 153

Unabhängig von der Frage, ob ein gerichtliches Schuldenbereinigungsverfahren Aussicht auf Erfolg hat, bestimmt § 305 Abs. 1 Nr. 4 InsO, dass der Schuldner, mit dem Insolvenzantrag oder unverzüglich danach einen Schuldenbereinigungsplan vorzulegen hat. Dieser *kann* nach dem Wortlaut des Gesetzes alle Regelungen enthalten, die unter Berücksichtigung der Gläubigerinteressen sowie der Vermögens-, Einkommens-, und Familienverhältnisse des Schuldners geeignet sind, zu einer angemessenen Schuldenbereinigung zu führen. In dem Plan *ist* aufzunehmen, ob und inwieweit Bürgschaften, Pfandrechte und andere Sicherheiten der Gläubiger von dem Plan berührt werden sollen. Die Vorlage des Plans ist eine besondere Zulässigkeitsvoraussetzung für den Insolvenzantrag des Schuldners. 154

Dieser Plan, den der Gesetzgeber als das Kernstück der vom Schuldner einzureichenden Unterlagen bezeichnet, unterscheidet sich von dem Plan im außergerichtlichen Einigungsverfahren nach § 305 Abs. 1 Nr. 1 InsO dadurch, dass er zwei bestimmte Kriterien erfüllen muss: 155

- § 305 Abs. 1 Nr. 4 InsO schreibt *zwingend* vor, dass in dem Plan aufzunehmen ist, ob und inwieweit **Bürgschaften, Pfandrechte und andere Sicherheiten** der Gläubiger vom Plan berührt werden sollen. Durch diesen Hinweis auf die Behandlung der Sicherheiten sollen Irrtümer der Beteiligten über die Wirkungen des Schuldenbereinigungsplanes vermieden werden.

- Da der Plan im Falle seiner Annahme (§ 308 Abs. 1 InsO) die **Wirkung eines Vergleiches** i. S. d. § 794 Abs. 1 Nr. 1 ZPO und damit **eines Titels** hat, müssen die Vereinbarungen hinreichend bestimmt sein.

156 Sofern der Plan des gescheiterten außergerichtlichen Einigungsverfahrens diesen Anforderungen genügt, kann er zugleich als Schuldenbereinigungsplan gemäß § 305 Abs. 1 Nr. 4 InsO fungieren und unverändert bei Gericht eingereicht werden.

Uhlenbruck/*Vallender*, InsO, § 305 Rn. 113.

157 Sinnvollerweise sollte der Schuldner jedoch die Hindernisse, die einer außergerichtlichen Einigung entgegenstanden, bei der Aufstellung des Planes berücksichtigen. Außerdem hätte ein Plan, der einen Gläubiger gegenüber der fiktiven Durchführung des gerichtlichen Verfahrens schlechter stellen würde, möglicherweise kein Chance, im Wege der Zustimmungsersetzung zum Erfolg zu kommen (§ 309 Abs. 1 Satz 2 Nr. 2 InsO).

158 Eine **materielle Prüfungskompetenz**, insbesondere im Hinblick darauf, ob der Plan zu einer „angemessenen Schuldenbereinigung" führt, steht dem Insolvenzgericht **nicht** zu.

BayObLG, Beschl. v. 30.9.1999 – 4Z BR 4/99, NZI 1999, 451;
OLG Köln, Beschl. v. 2.11.1999 – 2 W 137/99, NJW 2000, 223.

159 Absatz 3 weist dem Gericht nur eine Überprüfung der eingereichten Unterlagen auf Vollständigkeit zu, nicht aber eine qualitative Bewertung. Ein Schuldner, der schon einen antragsgerechten Plan im vorhergehenden Verfahren erstellt hat, spart damit viel Zeit und Arbeit.

160 In der Praxis haben sich drei Arten von Plänen durchgesetzt:

- Einmalzahlungen,
- feste Ratenzahlungen und
- Ratenzahlungen, deren Höhe sich an der jeweiligen Pfändbarkeit des Schuldners orientiert (sog. flexible Pläne).

161 Mehrheitliche Zustimmungen werden dabei insbesondere dann erzielt, wenn den Gläubigern Einmalzahlungen angeboten werden können, deren Höhe sich an den Zahlungen bemisst, die bei der Durchführung des Verbraucherinsolvenzverfahrens mit anschließender Restschuldbefreiung zu erwarten wären.

162 In der Literatur war die Frage ausgiebig diskutiert worden, inwieweit **Nullpläne**, die von einkommens- und vermögenslosen Schuldnern vorgelegt werden und keinerlei Zahlungen zur Tilgung an die Gläubiger vorsehen, als ausreichende Schuldenbereinigungspläne anzusehen sind und inwieweit bei solchen Plänen eine Zustimmungsersetzung ablehnender Gläubiger möglich ist. Zum

III. Die besonderen Zulässigkeitsvoraussetzungen eines Insolvenzantrages

Teil wurde zu dieser Frage die Auffassung vertreten, Nullpläne seien grundsätzlich abzuweisen.

AG Würzburg, Beschl. v. 1.2.1999 –2 IK 8/99, ZInsO 1999, 178; Kübler/Prütting/Bork/*Wenzel*, InsO, § 286 Rn. 78.

Eine andere Meinung hielt Nullpläne zwar für zulässig, eine Zustimmungsersetzung nach § 309 InsO bei Nullplänen aber nicht für möglich, während der überwiegende Teil der Literatur eine Schuldenbereinigung im Wege der richterlichen Zustimmungsersetzung auch bei Vorliegen von Nullplänen bejaht. 163

Fuchs, in: Kölner Schrift, S. 1679, 1698; Kothe/*Ahrens*/Grote/Busch, § 309 Rn. 32.

Nach der mittlerweile einhelligen Rechtsprechung der Oberlandesgerichte, die in der Literatur breite Zustimmung gefunden hat und die Nullpläne sowohl für zulässig als auch für zustimmungsfähig erachtet, dürfte diese Streitfrage geklärt sein. 164

BayObLG, Beschl. v. 30.9.1999 – 4Z BR 4/99, NJW 2000, 221;
OLG Köln, Beschl. v. 2.11.1999 – 2 W 137/99, ZIP 1999, 1929;
OLG Frankfurt/M., Beschl. v. 9.3.2000 – 26 W 162/99, NZI 2000, 473; OLG Karlsruhe, Beschl. v. 20.12.1999 – 9 W 82/99, NZI 2000, 163.

Der **Inhalt** des Schuldenbereinigungsplanes unterliegt vollständig der Privatautonomie. Die Beteiligten sind bei der Gestaltung des Schuldenbereinigungsplanes frei und können jede rechtlich zulässige Regelung aufnehmen. Hierzu gehören nicht nur Vereinbarungen über die Modalitäten der Schuldentilgung, sondern auch ihr teilweiser oder vollständiger Erlass. Der Schuldner ist daher befugt, seinen Gläubigern zur Lösung seiner finanziellen Schwierigkeiten einen vollständigen vertraglichen Schuldenerlass anzubieten. 165

Auch der Gesetzgeber hat in Kenntnis der Streitfrage im InsOÄndG 2001 keine Klarstellung mehr für notwendig erachtet. Für Nullpläne gelten daher keine anderen Regeln als für andere Planvorschläge des Schuldners. 166

b) Ablauf des gerichtlichen Schuldenbereinigungsverfahrens

Die Durchführung des gerichtlichen Schuldenbereinigungsverfahrens ist nicht zwingend (**fakultativ**), sondern liegt im Ermessen des Insolvenzgerichts. Es trifft eine Prognoseentscheidung hinsichtlich der Frage, ob das Scheitern des gerichtlichen Schuldenbereinigungsverfahrens wahrscheinlicher ist als dessen Erfolg. 167

AG Duisburg, Beschl. v. 22.9.2011 – 64 IK 268/11, NZI 2011, 863 f. = ZVI 2011, 413 f. Rn. 8 f.;
HambKomm/*Streck*, InsO, § 306 Rn. 4.

Ist der – verpflichtende – außergerichtliche Schuldenbereinigungsversuch gescheitert, wird das Gericht nur dann Anlass für eine positive Prognoseent- 168 scheidung haben, wenn der dem Gericht vorgelegte Plan im Verhältnis zu dem außergerichtlichen Plan zu einer Verbesserung für die Insolvenzgläubiger führt oder aber die Möglichkeit besteht, die Zustimmung einzelner Gläubiger nach § 309 InsO zu ersetzen (hierzu sogleich unter Rn. 178 ff.).

169 Sieht das Gericht von der Durchführung des Schuldenbereinigungsverfahrens ab, hat es die Fortsetzung des Verfahrens über den Eröffnungsantrag durch Beschluss anzuordnen und über die Eröffnung des (vereinfachten) Insolvenzverfahrens zu entscheiden. Der Beschluss des Insolvenzgerichtes nach § 306 Abs. 1 Satz 3 InsO ist **nicht anfechtbar**. Das Insolvenzgericht entscheidet nach freiem, nicht nachprüfbarem Ermessen.

LG Berlin, Beschl. v. 21.1.2003 – 86 T 2/03, ZInsO 2003, 188.

170 Die Prognoseentscheidung des Gerichts kann lediglich mit einer Anhörungsrüge nach § 321a ZPO angefochten werden.

AG Duisburg, Beschl. v. 22.9.2011 – 64 IK 268/11, NZI 2011, 863 f. = ZVI 2011, 413 f. Rn. 3 f.

171 Entscheidet sich das Gericht für die Durchführung des gerichtlichen Schuldenbereinigungsverfahrens, stellt es den vom Schuldner genannten Gläubigern die Vermögensübersicht und den Schuldenbereinigungsplan förmlich zu. Die förmliche Zustimmung hat der Gesetzgeber vorgesehen, da ein **Schweigen des Gläubigers** auf die zugestellten Unterlagen **als Zustimmung** zum Schuldenbereinigungsplan **gilt**, § 307 Abs. 2 Satz 1 InsO.

172 Das Gericht fordert die Gläubiger auf, binnen einer Notfrist von einem Monat zu den Verzeichnissen und dem Schuldenbereinigungsplan Stellung zu nehmen, wobei ausdrücklich auf die Rechtsfolgen ihres Schweigens oder ihres verspäteten oder unvollständigen Vorbringens hingewiesen wird (§ 307 Abs. 1 Satz 1 InsO). Der Gläubiger hat die Angaben über seine Forderungen in dem Forderungsverzeichnis zu überprüfen und ggf. zu ergänzen. Unterlässt er die Ergänzung innerhalb der gesetzten Frist, **erlischt die Forderung**, soweit sie vor Ablauf der Frist entstanden war (§ 308 Abs. 3 Satz 2 InsO).

173 **Widerspricht ein Gläubiger** dem Schuldenbereinigungsplan oder einem der vom Schuldner gemäß § 305 Abs. 1 Nr. 3 InsO erstellten Verzeichnis, so hat das Gericht dem Schuldner Gelegenheit zu geben, seinen Plan zu ändern oder zu ergänzen (§ 307 Abs. 3 Satz 1 InsO). Der Schuldner behält die Planinitiative; ihm wird damit die Möglichkeit eröffnet, seinen Plan sinnvoll zu ändern, wenn dieser in seiner ursprünglichen Fassung keine Mehrheit gefunden hat. Das Gericht bestimmt dazu eine Frist; es hat aber keine Möglichkeit, den Schuldner dazu zu zwingen, Änderungen oder Ergänzungen am Plan vorzunehmen.

Kothe/Ahrens/Grote/Busch, § 307 Rn. 11;
Nerlich/Römermann/Römermann, InsO, § 307 Rn. 14.

III. Die besonderen Zulässigkeitsvoraussetzungen eines Insolvenzantrages

Der Schuldner erhält diese Gelegenheit nur, wenn dies dem Gericht aufgrund der Stellungnahme eines Gläubigers erforderlich oder sinnvoll erscheint. Das Gericht hat insoweit einen **Ermessensspielraum**. Ein Anspruch des Schuldners auf Änderung des Plans besteht nicht. 174

Uhlenbruck/*Vallender*, InsO, § 307 Rn. 66 ff.

Wenn Gläubiger dem Schuldenbereinigungsplan nur unter bestimmten Bedingungen zustimmen, besteht allerdings eine Verpflichtung des Gerichtes, dem Schuldner Gelegenheit zur Planergänzung nach § 307 Abs. 3 Satz 1 InsO zu geben. 175

OLG Karlsruhe, Beschl. v. 16.3.2000 – 9 W 1/00, NZI 2000, 375.

Der **überarbeitete Plan** ist grundsätzlich allen Gläubigern **erneut zuzustellen**, die sich wiederum erneut innerhalb der Monatsfrist zu äußern haben. 176

Ein Gläubiger, der dem Schuldenbereinigungsplan innerhalb der Frist zur Stellungnahme widersprochen hat, kann jedoch auch nach Ablauf der Frist noch nachträglich seine Zustimmung erklären. 177

BGH, Beschl. v. 12.1.2006 – IX ZB 140/04, ZVI 2006, 149.

Während der *außergerichtliche* Schuldenbereinigungsplan die Einigung mit allen Gläubigern voraussetzt, besteht im *gerichtlichen* Schuldenbereinigungsverfahren die Möglichkeit, Einwendungen einzelner Gläubiger durch eine **Zustimmung** des Gerichtes zu **ersetzen** (§ 309 InsO), um sicherzustellen, dass das Zustandekommen eines Schuldenbereinigungsplanes an der Obstruktion einzelner Kleingläubiger nicht scheitert. Auch die Zustimmung des *Finanzamtes* kann ersetzt werden. 178

OLG Köln, Beschl. v. 28.8.2000 – 2 W 37/00, NZI 2000, 596.

Bei der Frage, ob die Zustimmung einzelner Gläubiger ersetzt werden kann, hat das Gericht keine eigenen Untersuchungen anzustellen, sondern nur die schlüssig vorgetragenen und glaubhaft gemachten Tatschen zu berücksichtigen. 179

OLG Celle, Beschl. v. 28.3.2001 – 2 W 38/01, ZInsO 2001, 374;
OLG Köln, Beschl. v. 9.2.2001 – 2 W 19/01, ZInsO 2001, 230;
OLG Dresden, Beschl. v. 24.7.2000 – 7 W 1072/00, ZInsO 2001, 805.

Eine Zustimmungsersetzung kommt nach § 309 Abs. 1 Satz 1 InsO *in der Regel* unter **zwei Voraussetzungen** in Betracht: 180

- ein entsprechender **Antrag** des Schuldners oder eines Gläubigers liegt vor,
- mehr als die Hälfte der vom Schuldner benannten Gläubiger haben dem Plan zugestimmt, wobei nicht nur eine ausdrücklich erklärte, sondern auch die gemäß § 307 Abs. 2 Satz 1 InsO fingierte Zustimmung ausreicht,

OLG Köln, Beschl. v. 1.12.2000 – 2 W 202/00,
ZIP 2000, 2312, 2314;

C. Insolvenzeröffnungsverfahren

und

die Summe der Ansprüche dieser zustimmenden Gläubiger beträgt mehr als die Hälfte der vom Schuldner aufgeführten Ansprüche (**Kopf- und Summenmehrheit**).

181 Die **Kopfmehrheit** beurteilt sich nach der Zahl der Gläubigerrechte. Auch ein Gläubiger mit mehreren Forderungen – das gilt ebenso für ein *Inkassobüro*, das sich mehrere Forderungen hat abtreten lassen – hat *nur eine Stimme*.

> OLG Köln, Beschl. v. 1.12.2000 – 2 W 202/00, ZInsO 2001, 85.

182 Es muss eine Kopfmehrheit von über 50 % dem Plan zugestimmt haben.

> OLG Köln, Beschl. v. 1.12.2000 – 2 W 202/00,
> ZIP 2000, 2312, 2314;
> *Schäferhoff*, ZInsO 2001, 687, 688.

183 Für die Ermittlung der **Summenmehrheit** kommt es allein auf die vom Schuldner im Plan genannten Forderungen an. Es muss eine Summenmehrheit von über 50 % dem Plan zugestimmt haben.

> LG Berlin, Beschl. v. 31.5.2000 – 86 T 287/00, ZInsO 2000, 404;
> AG Köln, Beschl. v. 27.8.1999 – 73 IK 15/99, ZIP 2000, 83, 85;
> dazu EWiR 2000, 347 *(Schmitz/Steffen)*;
> AG Regensburg, Beschl. v. 16.8.2000 – 2 IK 345/99,
> ZInsO 2000, 516, 517.

184 Ausnahmsweise erfolgt keine Zustimmungsersetzung durch das Gericht, wenn die Voraussetzungen des § 309 Abs. 1 Satz 2 Nr. 1 (ggf. i. V. m. Abs. 3) oder Nr. 2 InsO vorliegen. § 309 Abs. 1 Satz 2 InsO ist als Ausnahmevorschrift eng auszulegen. Die dort genannten Ausschlussgründe sind abschließend. Eine Erweiterung des Negativkataloges ist nicht zulässig.

> LG Memmingen, Beschl. v. 7.3.2000 – 4 T 329/00,
> NZI 2000, 233, 234; LG Bonn, Beschl. v. 24.1.2000 –
> 2 T 44/99, ZInsO 2000, 341.

185 Die Zustimmung eines Gläubigers zu dem vom Schuldner vorgelegten Fast-Nullplan darf durch das Insolvenzgericht nicht ersetzt werden, wenn der widersprechende Gläubiger Tatsachen glaubhaft macht, aus denen sich ernsthafte Zweifel ergeben, ob eine vom Schuldner angegebene Forderung besteht oder sich auf einen höheren oder niedrigeren Betrag richtet als angegeben, und vom Ausgang des Streits abhängt, ob die Kopf- und Summenmehrheit der zustimmenden Gläubiger erreicht wird.

> BGH, Beschl. v. 21.10.2004 – IX ZB 427/02, ZInsO 2004, 1311.

186 Eine Zustimmungsersetzung ist nach § 309 Abs. 1 Satz 2 Nr. 1 InsO ausgeschlossen, wenn der widersprechende Gläubiger im Verhältnis zu den übrigen Gläubigern **nicht angemessen beteiligt** ist. Es handelt sich hierbei um eine Ausprägung des Grundsatzes der Gleichbehandlung aller Gläubiger.

> *Kohte/Ahrens/Grote/Busch*, § 309 Rn. 11;
> Uhlenbruck/*Vallender*, InsO, § 309 Rn. 38.

III. Die besonderen Zulässigkeitsvoraussetzungen eines Insolvenzantrages

Bei der Frage der Gleichbehandlung werden allerdings nur die Gläubiger be- 187
rücksichtigt, die der Schuldner im Plan auch benannt hat.

> BayObLG, Beschl. v. 2.8.2001 – 4Z BR 11/01, ZInsO 2001, 849.

Es findet jedoch keine allgemeine Angemessenheitsprüfung etwa daraufhin 188
statt, ob die angebotenen Zahlungen der Leistungsfähigkeit des Schuldners
entsprechen, sondern es kommt lediglich auf das *Verhältnis des widersprechenden Gläubigers zu den übrigen Gläubigern* an. Dieser darf gegen seinen
Willen nicht weniger erhalten als andere rechtlich gleichgestellte Gläubiger.
Eine Ungleichbehandlung ist nur dann zulässig, wenn ein sachlicher Grund
hierfür besteht bzw. die Gläubiger nicht in der gleichen rechtlichen Position
sind (z. B. gesicherter und ungesicherter Gläubiger).

Die Regelung des § 309 Abs. 1 Satz 2 Nr. 1 InsO verlangt aber nicht eine ab- 189
solute Gleichbehandlung der Gläubiger. Sie lässt vielmehr einen gewissen
Spielraum für Gerechtigkeitsüberlegungen außerhalb mathematisch genauer
Anteilsberechnung zu und ermöglicht geringfügige Abweichungen, wenn die
Verteilung im Übrigen ausgewogen ist.

> OLG Köln, Beschl. v. 29.8.2001 – 2 W 105/01,
> ZInsO 2001, 807, 808;
> OLG Frankfurt/M., Beschl. v. 9.3.2000 – 26 W 162/99,
> ZInsO 2000, 288;
> *Schmidt-Räntsch*, MDR 1994, 321, 325.

Für die Bewertung der zu tolerierenden Ungleichbehandlung gibt es keine 190
festen Grenzwerte, die Toleranzgrenze richtet sich nach den Umständen des
Einzelfalles. In der Rechtsprechung werden jedenfalls Ungleichbehandlungen,
die nur geringfügige Minderzahlungen für den Gläubiger ausmachen, als unerheblich angesehen.

> OLG Celle, Beschl. v. 28.3.2001 –
> 2 W 38/01, ZInsO 2001, 374   50,00 DM.
> AG Hamburg, Beschl. v. 25.2.2000 –
> 68d IK 36/99, NZI 2000, 283   100,00 DM.
> AG Göttingen, Beschl. v. 26.9.2000 –
> 74 IK 25/00, DZWIR 2000, 526   51,13 €.
> AG Göttingen, Beschl. v. 26.9.2000 –
> 74 IK 25/00, DZWIR 2000, 526 Quotenabweichung bis zu 0,5 %.

Aus den gleichen Erwägungen ist es auch zulässig, für Kleinstgläubiger eine 191
vollständige Befriedigung und für die übrigen Gläubiger nur eine Quote vorzusehen.

Eine Ungleichbehandlung liegt auch dann nicht vor, wenn einzelne Gläubiger 192
Einmalzahlungen und andere Gläubiger Ratenzahlungen erhalten.

> OLG Celle, Beschl. v. 28.3.2001 – 2 W 38/01, ZInsO 2001, 374.

Eine Zustimmungsersetzung kann ausnahmsweise gemäß § 309 Abs. 1 Satz 2 193
Nr. 2 InsO auch dann nicht erfolgen, wenn der widersprechende Gläubiger
durch den Schuldenbereinigungsplan voraussichtlich **schlechter gestellt** wird,

als er bei Durchführung des Verfahrens und Erteilung von Restschuldbefreiung stünde.

194 Beruft sich ein beteiligter Gläubiger auf eine wirtschaftliche Schlechterstellung, hat er konkrete Tatsachen darzulegen und glaubhaft zu machen, die den Schluss darauf zulassen, dass er bei einer vollständigen Verfahrensdurchführung einen höheren Betrag erhielte als im Schuldenbereinigungsplan vorgesehen.

OLG Dresden, Beschl. v. 24.7.2000 – 7 W 1072/00,
ZInsO 2001, 805; OLG Köln, Beschl. v. 9.2.2001 –
2 W 19/01, ZInsO 2001, 230, 231;
LG Berlin, Beschl. v. 31.5.20000 – 86 T 287/00,
ZInsO 2000, 404, 405.

195 Eine wirtschaftliche Schlechterstellung durch einen Schuldenbereinigungsplan ist nur dann gemäß § 309 Abs. 2 ausreichend glaubhaft gemacht, wenn eine **konkrete Gegenüberstellung** der Berechnungen bezüglich beider Fallvarianten vorgelegt wird.

AG Kleve, Beschl. v. 20.12.2002 – 34 IK 33/02, ZVI 2003, 27 f.

196 Die Regelung wirft vor allem rechnerische Probleme auf. Zu ermitteln ist zunächst, welche Leistungen der Gläubiger insgesamt nach dem Schuldenbereinigungsplan erhält. Dieser Betrag ist dann der Summe aus dem anteiligen Liquidationserlös und den Beträgen, die der betreffende Gläubiger während der Wohlverhaltensperiode erhält, gegenüberzustellen und auf Abweichungen hin zu überprüfen (**fiktive Vergleichsrechnung**).

OLG Frankfurt/M., Beschl. v. 9.3.2000 – 26 W 162/99,
ZInsO 2000, 288; LG Berlin, Beschl. v. 31.5.2000 –
86 T 287/00, ZInsO 2000, 404, 405.

197 Problematisch ist oftmals, inwieweit die Aufnahme von ergänzenden **Klauseln** in den Plan notwendig ist. Das Gesetz verlangt solche zwar nicht explizit,

OLG Frankfurt/M., Beschl. v. 9.3.2000 – 26 W 162/99,
ZInsO 2000, 288;
Schäferhoff, ZInsO 2001, 687, 690,

fehlen sie, kann dies jedoch eine wirtschaftliche Schlechterstellung i. S. d. § 309 Abs. 1 Satz 2 Nr. 2 InsO gegenüber dem gerichtlichen Verfahren begründen.

198 Ein Plan, der keine Regelung darüber enthält, dass die Gläubigeransprüche wieder aufleben, wenn durch das Verschulden des Schuldners Gründe eintreten, die zu einer Versagung der Restschuldbefreiung führen (**Verfall- oder Wiederauflebensklausel**), benachteiligt die widersprechenden Gläubiger, da im gerichtlichen Verfahren das Recht der Gläubiger auf freie Nachforderung bei Versagung der Restschuldbefreiung gemäß § 299 InsO wieder auflebt. Eine Ersetzung der verweigerten Zustimmung nach § 309 Abs. 1 Satz 2 Nr. 2 InsO scheidet bei Fehlen einer solchen Klausel aus.

LG Memmingen, Beschl. v. 7.3.2000 – 4 T 329/00,
NZI 2000, 233;

III. Die besonderen Zulässigkeitsvoraussetzungen eines Insolvenzantrages

LG Lübeck, Beschl. v. 14.11.2001 – 7 T 500/01, ZVI 2002, 10;
a. A. LG Dortmund, Beschl. v. 11.10.2001 – 9 T 703/01,
ZVI 2002, 32;
Kothe/Ahrens/Grote/Busch, § 309 Rn. 23a.

Das Fehlen einer sog. Verfall- oder Wiederauflebensklausel ist aber dann unschädlich, wenn der Schuldenbereinigungsplan den Gläubigern ein Kündigungsrecht für den Eintritt des Verzuges gewährt, **199**

AG Köln, Beschl. v. 31.10.2001 – 71 IK 42/01, NZI 2002, 116,

es sei denn, der Plan enthält eine zusätzliche Regelung, nach der die Forderung je nach bisherigem Verhalten des Schuldners als erlassen gilt (25 % Erlass bei ordnungsgemäßer Erfüllung während eines Viertels der Gesamtlaufzeit).

LG Göttingen, Beschl. v. 24.7.2000 – 10 T 61/00, NZI 2000, 487.

Eine Schlechterstellung liegt weiterhin vor, wenn der Schuldner bei vorzeitigem Scheitern des Plans für jedes Jahr der Planerfüllung einen Teilerlass auf die Gesamtforderung erhält (**Teilerlassklausel**), denn im gerichtlichen Verfahren tritt ein Teilerlass bei einer Obliegenheitsverletzung des Schuldners ebenfalls nicht ein. **200**

LG Münster, Beschl. v. 22.2.2001 – 5 T 1161/00, InVo 2001, 324.

Das Fehlen von **Anpassungsklauseln** stellt eine Benachteiligung dar, wenn gesicherte und konkrete Anhaltspunkte für eine wahrscheinlich eintretende signifikante Änderung der Einkommensverhältnisse des Schuldners vorhanden sind. **201**

OLG Frankfurt/M., Beschl. v. 9.3.2000 – 26 W 162/99,
ZInsO 2000, 288; ähnlich AG Göttingen, Beschl. v. 16.8.2000 –
74 IK 96/99, ZInsO 2000, 628.

Enthält ein Plan eine Klausel, nach der nur Einkommenssteigerungen von über 10 % den Gläubigern zugute kommen, liegt darin eine Schlechterstellung, wenn der Mehrbetrag pfändbar wäre, da der Schuldner im gerichtlichen Verfahren seine gesamten pfändbaren Bezüge an den Treuhänder abführen muss. **202**

LG Göttingen, Beschl. v. 8.1.2001 – 10 T 2/01,
ZInsO 2001, 325, 326.

Auch das Fehlen von **Besserungsklauseln in einem Null-Plan** benachteiligt die widersprechenden Gläubiger; erforderlich ist ein „flexibler Null-Plan". **203**

AG Göttingen, Beschl. v. 16.8.2000 – 74 IK 96/99,
ZInsO 2000, 628.

Vor der Entscheidung über die Ersetzung seiner Einwendungen durch die Zustimmung des Gerichtes ist der widersprechende Gläubiger gemäß § 309 Abs. 2 Satz 1 InsO zu hören. Der Gläubiger hat dann die Gründe, die einer Ersetzung seiner Einwendungen entgegenstehen, **glaubhaft zu machen** (§ 309 Abs. 2 Satz 2 InsO). Die Ersetzung der Einwendungen eines Gläubigers durch eine Zustimmung erfolgt durch einen **Beschluss** des Insolvenzgerichtes (§ 309 **204**

Abs. 2 Satz 3 InsO). Gegen den Beschluss ist das Rechtsmittel der **sofortigen Beschwerde** gegeben (§ 309 Abs. 2 Satz 3 InsO).

205 Das Gericht stellt das Zustandekommen des Planes durch **Beschluss** fest, wenn dieser

- angenommen ist, weil alle benannten Gläubiger zugestimmt haben,
- als angenommen gilt, weil kein Gläubiger Einwendungen erhoben hat (§ 308 Abs. 1 Satz 1 InsO),
- als angenommen gilt, weil die Gläubiger mit den erforderlichen Mehrheiten zugestimmt haben und das Gericht zuvor durch rechtskräftigen Beschluss die Einwendungen ablehnender Gläubiger durch eine Zustimmung ersetzt hat (§§ 308 Abs. 1 Satz 1, 309 InsO).

206 Der Beschluss hat nur deklaratorischen Charakter und ist daher **nicht anfechtbar**.

> BayObLG, Beschl. v. 11.12.2000 – 4Z BR 21/00,
> ZIP 2001, 204, 206;
> dazu EWiR 2001, 681 *(Fuchs)*;
> AG Hamburg, Beschl. v. 20.6.2000 – 68a IK 25/00,
> NZI 2000, 446.

207 Der zustande gekommene Schuldenbereinigungsplan in Verbindung mit dem gerichtlichen Beschluss gemäß § 308 Abs. 1 Satz 1 InsO ist hinsichtlich seiner Rechtswirkungen einem gerichtlichen Vergleich gleichgestellt (§ 308 Abs. 1 Satz 2 InsO). Inhaltlich handelt es sich bei dem angenommenen Schuldenbereinigungsplan um einen Vertrag eigener Art über die Stundung oder den Erlass von Forderungen. Die vom Plan erfassten Forderungen und Sicherheiten der Gläubiger werden durch den Plan materiell-rechtlich umgestaltet. Sie bestehen nur noch nach Maßgabe des Plans. Den **Vollstreckungstitel** bildet der Feststellungsbeschluss des Insolvenzgerichtes in Verbindung mit einer vollstreckbaren Ausfertigung des Auszuges aus dem Schuldenbereinigungsplan.

208 Der Antrag auf Eröffnung eines Insolvenzverfahrens und auf Durchführung der Restschuldbefreiung gilt mit Zustandekommen des Schuldenbereinigungsplanes und entsprechender Feststellung des Gerichtes durch Beschluss als zurückgenommen (§ 308 Abs. 2 InsO).

209 Im Forderungsverzeichnis und im Schuldenbereinigungsplan **nicht aufgeführte Gläubiger** werden von den Wirkungen eines bestätigten Schuldenbereinigungsplanes nicht erfasst; sie können ihre Forderungen weiterhin nach § 308 Abs. 3 Satz 1 InsO gegen den Schuldner geltend machen.

210 Die **Unterschiede zwischen außergerichtlichem und gerichtlichem Schuldenbereinigungsverfahren** lassen sich wie folgt gegenüberstellen:

IV. Stundung der Verfahrenskosten (§§ 4a–4d InsO)

	außergerichtliches Schuldenbereinigungsverfahren	gerichtliches Schuldenbereinigungsverfahren
Verfahrensvoraussetzung	Pflicht (§ 305 Abs. 1 Nr. 1 InsO)	fakultativ (§ 306 Abs. 1 Satz 3 InsO)
Schweigen des Gläubigers	= Ablehnung	= Zustimmung (§ 308 Abs. 1 Satz 1 InsO)
ein Gläubiger lehnt Plan ab	außerger. SBV gescheitert	Zustimmungsersetzung auf Antrag möglich, Kopf- und Summenmehrheit maßgeblich (§ 309 Abs. 1 InsO)
Inhalt des Plans	beliebig, solange zielgerichtetes Vorgehen	Schlechterstellungsverbot (§ 309 Abs. 1 Nr. 2 InsO)
Zwangsvollstreckung	kein Vollstreckungsschutz, nur § 765a ZPO möglich Scheitern des außerger. SBV (§ 305a InsO)	Vollstreckungsschuz (§ 21 Abs. 2 Nr. 3 InsO)
angenommener Plan	kein Titel (nur § 779 Abs. 1 BGB); Gläubiger muss klagen, wenn Schuldner Plan nicht erfüllt	Titel (§ 308 Abs. 1 Satz 2 InsO)
Forderung in Gläubigerverzeichnis nicht enthalten	keine RSB	keine RSB; Gläubiger kann Erfüllung verlangen (§ 308 Abs. 3 InsO); im eröffneten Verfahren gelten §§ 301 Abs. 1 Satz 2, 290 Abs. 1 Nr. 6 InsO

IV. Stundung der Verfahrenskosten (§§ 4a–4d InsO)

Die Möglichkeit der Verfahrenskostenstundung ist für die **Entschuldung völlig mittelloser Personen**, insbesondere Verbraucher, von erheblicher Bedeutung. Die Aufbringung der Verfahrenskosten war bis zum Inkrafttreten des § 4a InsO durch das InsOÄndG 2001 eine der Hauptbarrieren für die Erlangung der Restschuldbefreiung. Soweit die Verfahrenskosten nicht gedeckt waren und sich niemand fand, der einen Verfahrenskostenvorschuss leisten wollte, musste die Eröffnung des Insolvenzverfahrens gemäß § 26 InsO mangels Masse abgelehnt werden. Bis zur Lösung der Problematik durch den Gesetzgeber wurde diskutiert, ob die Vorschriften der zivilprozessualen Prozesskostenhilfe auf die verschiedenen Verfahrensstadien anzuwenden waren, was von den Gerichten indes überwiegend verneint wurde.

211

Vgl. Rechtsprechungsübersicht von *König*, NJW 2000, 2487 ff.

212 Der faktische Ausschluss völlig mittelloser Personen von der Möglichkeit der Restschuldbefreiung lief offenkundig dem in § 1 Satz 2 InsO normierten Ziel des Gesetzgebers zuwider, dem redlichen Schuldner Gelegenheit zu geben, sich von seinen restlichen Verbindlichkeiten befreien zu können. Denn die finanzielle Leistungsfähigkeit oder das Geschick, die Verfahrenskosten durch Dritte finanzieren zu lassen, sind für die Redlichkeit eines Schuldners ohne Bedeutung.

213 Vor diesem Hintergrund und der Befürchtung, dass die Einführung einer allgemeinen Prozesskostenhilfe die staatlichen Mittel überfordert hätte, hat der Gesetzgeber sehr zeitnah nach Inkrafttreten der Insolvenzordnung durch das InsOÄndG 2001 den § 4a InsO eingeführt: § 4a Abs. 1 Satz 1 InsO sieht die Möglichkeit einer Stundung der Verfahrenskosten für alle Personen vor, die eine Restschuldbefreiung nach den §§ 286 ff. InsO erlangen können. Die Stundungsregelung gilt daher sowohl für das **Regelinsolvenzverfahren** als auch für das **Verbraucherinsolvenzverfahren** und umfasst alle zur Erreichung der Restschuldbefreiung zwingend erforderlichen Kosten, unter Umständen auch erforderliche Steuerberatungskosten. Konsequenz der Stundung ist, dass in den relevanten Fällen die Verfahrenseröffnung nicht mehr wegen mangelnder Kostendeckung gemäß § 26 Abs. 1 Satz 2 InsO abgelehnt, das Verfahren nach § 207 Abs. 1 Satz 2 InsO eingestellt oder die Restschuldbefreiung nach § 298 InsO abgelehnt werden kann.

214 Gegen die Bewilligung oder Ablehnung der Stundung gibt es das Rechtsmittel der **sofortigen Beschwerde** (§ 4d InsO).

1. Voraussetzungen für eine Stundung

215 Erforderlich ist zunächst ein **Antrag** des Schuldners. Antragsberechtigt sind nur natürliche Personen, also nicht eine BGB-Gesellschaft oder OHG. Für den Stundungsantrag besteht kein Formularzwang. § 117 ZPO findet keine entsprechende Anwendung.

BGH, Beschl. v. 4.7.2002 – IX ZB 221/02, NJW 2002, 2793;
BGH, Beschl. v. 24.7.2003 – IX ZB 539/02, ZVI 2003, 405.

216 Weitere Voraussetzung für die Gewährung der Kostenstundung ist, dass das (auch während des Verfahrens erlangte, § 35 InsO) **Vermögen** des Schuldners voraussichtlich **nicht ausreichen wird**, um die Kosten des Verfahrens zu decken. Da auch der Neuerwerb gemäß § 35 InsO zur Insolvenzmasse zählt, muss das Gericht vor Gewährung einer Stundung prüfen, ob das in diesem Zeitraum vom Schuldner zu erlangende pfändbare Einkommen voraussichtlich zur Deckung der Verfahrenskosten ausreichen wird. Maßgeblich sind insoweit die Pfändungsgrenzen für Arbeitseinkommen gemäß § 850c ZPO.

Uhlenbruck/*Uhlenbruck*, InsO, § 4a Rn. 4.

217 Die Masseprognose gemäß § 26 InsO muss zu dem Ergebnis führen, dass der Schuldner außerstande ist, die Gerichtskosten, die Auslagen des Verfahrens

IV. Stundung der Verfahrenskosten (§§ 4a–4d InsO)

sowie die Vergütung des Insolvenzverwalters zu tragen. Dem Schuldner ist allerdings schon dann Verfahrenskostenstundung zu bewilligen, wenn sein Vermögen nicht ausreicht, um die Verfahrenskosten – für den Verfahrensabschnitt, über den jeweils zu entscheiden ist – **in einem Betrag** zu leisten. Es hat sich mittlerweile die Erkenntnis durchgesetzt und in der ständigen Rechtsprechung des Bundesgerichtshofs manifestiert, dass Ratenzahlungen nicht angebracht sind, weil das vorhandene Vermögen des Schuldners ohnehin in die Insolvenzmasse fällt und es deshalb keinen Sinn macht, dem Schuldner die Verpflichtung aufzuerlegen, Raten zu zahlen, die im Zweifel nur aus dem pfändbaren Einkommen geleistet werden können.

BGH, Beschl. v. 20.10.2011 – IX ZB 128/11, VuR 2012, 158 ff.
= NJW-Spezial 2012, 53 Rn. 8 m. w. N.

Der **Ehegatte** ist hinsichtlich der Kosten des Insolvenzverfahrens analog § 1360a ZPO **vorschusspflichtig**. Besteht ein Kostenvorschussanspruch gegen den Ehegatten, kann der Schuldner grundsätzlich keine Verfahrenskostenstundung in Anspruch nehmen. 218

BGH, Beschl. v. 25.1.2007 – IX ZB 6/06, NZI 2007, 298;
BGH, Beschl. v. 24.7.2003 – IX ZB 539/02, ZVI 2003, 405;
LG Duisburg, Beschl. v. 28.9.2012 – 7 T 130/12,
ZInsO 2013, 1532 f. Rn. 5;
AG Koblenz, Beschl. v. 3.4.2003 – 21 IN 28/03, NZI 2003, 509;
dazu auch *Schäferhoff*, ZVI 2004, 80 f.; *Vallender*, ZVI 2003, 505.

Ein Vorschussanspruch gegen den leistungsfähigen Ehegatten ist aber dann **nicht** gegeben, **wenn** die Verschuldung im Wesentlichen auf vorehelichen Verbindlichkeiten beruht, nicht mit der gemeinsamen Lebensführung in Zusammenhang steht und der Schuldner seine Verbindlichkeiten nicht zum Aufbau oder zur Sicherung der wirtschaftlichen Existenz eingegangen ist. 219

BGH, Beschl. v. 24.7.2003 – IX ZB 539/02, ZVI 2003, 405;
a. A. LG Duisburg, Beschl. v. 28.9.2012 – 7 T 130/12,
vgl. auch *Harder* VIA 2013, 17.

Ein Vorschussanspruch scheidet weiterhin aus, wenn der Ehegatte selbst nicht leistungsfähig ist, nur Ratenzahlungen erbringen könnte oder der Schuldner aus nachvollziehbaren Gründen keine Kenntnis über die Leistungsfähigkeit des potenziell unterhaltspflichtigen Ehegatten hat, da ihm die Durchsetzung eines familienrechtlichen Auskunftsanspruchs nicht zumutbar ist. 220

LG Duisburg, Beschl. v. 29.7.2011 – 7 T 97/11,
NZI 2011, 949 Rn. 4;
AG Dresden, Beschl. v. 18.9.2007 – 531 IK 1781/07,
ZVI 2008, 120.

Kinder des Schuldners sind nicht vorschusspflichtig. 221

LG Duisburg, Beschl. v. 1.9.2003 – 7 T 180/03, NZI 2003, 616
= ZVI 2004, 40 ff.

C. Insolvenzeröffnungsverfahren

222 Der Schuldner hat in seinem Stundungsantrag die für die Prüfung der Verfahrenskostendeckung erforderlichen Tatsachen **darzulegen und zu belegen**, indem er seine persönlichen und wirtschaftlichen Verhältnisse umfassend offenlegt und durch entsprechende Belege glaubhaft macht. Hierzu zählen auch die Angaben zu einer etwaigen Kostenvorschusspflicht des (getrennt lebenden) Ehegatten. Zur Prüfung der Kostenvorschusspflicht hat der Schuldner folgende Angaben zu machen:

- Mitteilung des Familienstandes.
- Zeitpunkt der Eheschließung.
- Angaben über die persönlichen und wirtschaftlichen Verhältnisse des Ehegatten, insbesondere zur Höhe des Einkommens.
- Ursprung der Verbindlichkeiten, die zur Insolvenz geführt haben.

223 Für die Begründung des Stundungsantrags kann die Bezugnahme auf ein zeitnah erstelltes Gutachten genügen, in welchem ein Sachverständiger ermittelt hat, der Schuldner verfüge über kein die Kosten des Verfahrens deckendes Vermögen.

BGH, Beschl. v. 4.11.2004 – IX ZB 70/03, ZInsO 2004, 1307.

224 Sind die Angaben des Schuldners zur Vorschusspflicht nicht ausreichend, hat das Gericht ihn aufzufordern, die Darlegung und Nachweise innerhalb angemessener Frist zu ergänzen.

BGH, Beschl. v. 27.1.2005 – IX ZB 270/03, NZI 2005, 273;
BGH, Beschl. v. 24.7.2003 – IX ZB 539/02, ZVI 2003, 405.

225 Legt der Schuldner bei der Erklärung über seine persönlichen und wirtschaftlichen Verhältnisse eine aktuelle Lohnabrechnung zum Nachweis des tatsächlichen derzeitigen Einkommens seines Ehegatten trotz Aufforderung nicht vor, ist ihm die Verfahrenskostenstundung zu versagen.

LG Bochum, Beschl. v. 3.2.2003 – 10 T 112/02, ZVI 2003, 130.

226 Der **Amtsermittlungsgrundsatz** des § 5 InsO ist durch die Sondervorschriften der §§ 4a–4d InsO **eingeschränkt**.

LG Bochum, Beschl. v. 3.2.2003 – 10 T 112/02, ZVI 2003, 130.

227 Gemäß § 4a Abs. 1 Satz 3 InsO n. F. hat der Schuldner dem Antrag eine **Erklärung** beizufügen, **ob** ein Versagungsgrund des § 290 Abs. 1 Nr. 1 InsO vorliegt, also der Schuldner in den letzten fünf Jahren vor dem Antrag auf Eröffnung des Insolvenzverfahrens oder nach diesem Antrag wegen einer Straftat nach den §§ 283 bis 283c des StGB rechtskräftig zu einer Geldstrafe von mehr als 90 Tagessätzen oder einer Freiheitsstrafe von mehr als drei Monaten verurteilt worden ist. Obwohl das Gesetz auch vor der jüngsten Reform ausdrücklich nur die Versagungsgründe des § 290 Abs. 1 Nr. 1 und 3 InsO nannte, wurde zum Teil die Verfahrenskostenstundung bereits dann

IV. Stundung der Verfahrenskosten (§§ 4a–4d InsO)

versagt, wenn die Restschuldbefreiung überwiegend unerreichbar schien (z. B. wenn 95 % der Gesamtverbindlichkeiten ausgenommene Forderungen i. S. d. § 302 InsO darstellen).

AG Siegen, Beschl. v. 24.9.2002 – 25 IN 203/01, ZInsO 2003, 478.

Den Versuchen des LG und AG München, Stundungsversagungsfälle zu entwickeln, die das Gesetz nicht vorsieht, 228

LG München, Beschl. v. 21.2.2003 – 14 T 2121/03, ZVI 2003, 301; LG München, Beschl. v. 26.9.2003 – 14 T 13149/03, ZVI 2003, 544; AG München, Beschl. v. 16.1.2003 – 1502 IN 1870/02, ZVI 2003, 369; AG München, Beschl. v. 20.5.2003 – 1506 IN 748/02, ZVI 2003, 292; AG München, Beschl. v. 18.7.2003 – 1506 IN 549/03, ZVI 2003, 481,

hat der BGH in seiner Entscheidung vom 16.12.2004 eine Absage erteilt. Seitdem steht fest, dass im Stadium der Verfahrenskostenhilfe grundsätzlich nur die Versagungsgründe des § 290 Abs. 1 Nr. 1 und 3 InsO bzw. nunmehr § 290 Abs. 1 Nr. 1 InsO n. F. zu berücksichtigen sind. Die übrigen Versagungsgründe des § 290 Abs. 1 InsO führen nur dann zur Versagung der Stundung nach § 4a Abs. 1 Nr. 1 und 3 InsO, wenn sie in diesem Verfahrensstadium zweifelsfrei gegeben sind. So etwa, wenn der Schuldner dies einräumt oder weil diese zweifelsfrei und offensichtlich vorliegen. Tatsachen, die entweder im Zeitpunkt der Antragstellung noch nicht vorliegen können oder erfahrungsgemäß streitig sind und eingehende Recherchen mit schwierigen Abgrenzungsfragen erfordern, sind grundsätzlich nicht in diesem Verfahrensstadium zu berücksichtigen.

BGH, Beschl. v. 15.11.2007 – IX ZB 74/07, ZInsO 2008, 111; BGH, Beschl. v. 16.12.2004 – IX ZB 72/03, NZI 2005, 232.

Die Stundung der Kosten des Insolvenzverfahrens kann dem Schuldner entgegen den Entscheidungen unterinstanzlicher Gerichte, 229

LG Duisburg, Beschl. v. 24.6.2004 – 7 T 161/04, NZI 2005, 48; AG Leipzig, Beschl. v. 23.10.2006 – 401 IN 1281/06, InVo 2007, 64,

nicht unter Rückgriff auf die von der Rechtsprechung zur Prozesskostenhilfe entwickelten Grundsätze zur herbeigeführten Vermögenslosigkeit versagt werden. Der Schuldner ist grundsätzlich nicht verpflichtet, Rücklagen für die zu erwartenden Kosten eines Insolvenzverfahrens über sein Vermögen zu bilden.

BGH, Beschl. v. 21.9.2006 – IX ZB 24/06, ZVI 2006, 511.

2. Wirkung, Umfang und Dauer der Stundung

Die Verfahrenskostenstundung bewirkt, dass die Gerichtskosten, die Vergütung für Sachverständige, für den Insolvenzverwalter und den Treuhänder 230 im Restschuldbefreiungsverfahren zunächst nicht erhoben werden. Neu und in gewisser Weise systemwidrig ist, dass sowohl der vorläufige Insolvenzverwalter, der im eröffneten Verfahren bestellte Insolvenzverwalter sowie die Mitglieder des Gläubigerausschusses einen **sekundären Vergütungsanspruch gegen die Staatskasse** haben (§§ 63 Abs. 2, 73 Abs. 2, 298 Abs. 1 Satz 2 InsO). Dieser Anspruch greift, wenn die Masse zur Tilgung der Kosten nicht ausreicht. *Außerhalb der Stundungsfälle* besteht dagegen *keine staatliche Ausfallhaftung* für die Vergütung des vorläufigen Insolvenzverwalters, wenn ein Eigenantrag des Schuldners mangels Masse abgewiesen wird.

BGH, Beschl. v. 7.2.2013 – IX ZB 75/12, ZVI 2013, 207 Rn. 13;
BGH, Beschl. v. 22.1.2004 – IX ZB 123/03, ZIP 2004, 571, 572 f.
= ZVI 2004, 200 = NZI 2004, 245 ff.

231 Der sekundäre Vergütungsanspruch des Verwalters oder Treuhänders gegen die Staatskasse setzt aber voraus, dass die Verfahrenskostenstundung für den jeweiligen Verfahrensabschnitt tatsächlich gewährt worden ist. Außerhalb einer Stundung besteht keine Subsidiärhaftung der Staatskasse.

BGH, Beschl. v. 7.2.2013 – IX ZB 75/12, ZVI 2013, 207 Rn. 14.

232 Im Fall der tatsächlichen Gewährung der Stundung beleibt der Anspruch gegen die Staatskasse auch dann bestehen, wenn die Stundung später aufgehoben wird, soweit Tätigkeiten vor der Aufhebung ausgeführt wurden.

BGH, Beschl. v. 7.2.2013 – IX ZB 75/12, ZVI 2013, 207 Rn. 15.

233 Nach § 4a Abs. 3 Satz 2 InsO n. F. erfolgt die Stundung **für jeden Verfahrensabschnitt gesondert**, also für das eröffnete Regel- bzw. Verbraucherinsolvenzverfahren sowie das Restschuldbefreiungsverfahren.

234 Die Vergütung und Auslagen des (vorläufigen) Insolvenzverwalters sind bei unzureichender Masse in Höhe der Mindestvergütung gegenüber der Staatskasse festzusetzen.

BGH, Beschl. v. 7.2.2013 – IX ZB 245/11, ZVI 2013, 204 ff. Rn. 15.

235 Obwohl die Stundung zunächst bis zur Erteilung der Restschuldbefreiung wirkt, sollen die Kosten möglichst schon vorher erbracht werden. Die gestundeten Gerichtsgebühren und Auslagen sind gemäß § 53 InsO im eröffneten Verfahren aus der Verteilung der Bezüge, die durch die Abtretung erlangt werden, *vorrangig* zu bedienen, also auch bei einer Verteilung nach § 209 InsO (bei der Befriedigung der Massegläubiger). Nach § 292 Abs. 1 Satz 2 InsO erfolgen bei der Verteilung durch den Treuhänder im Restschuldbefreiungsverfahren **erst dann Zahlungen an die Insolvenzgläubiger, wenn die gestundeten Verfahrenskosten berichtigt sind.**

Uhlenbruck/*Uhlenbruck*, InsO, § 4a Rn. 12;
Kocher, DZWIR 2002, 45, 47.

236 Nach bewilligter Verfahrenskostenstundung kann das Insolvenzgericht die Stundung gemäß § 4c Nr. 2 InsO aufheben, wenn von Anfang an die persön-

IV. Stundung der Verfahrenskosten (§§ 4a–4d InsO)

lichen oder wirtschaftlichen Voraussetzungen für die Stundung nicht vorgelegen haben. Abzustellen ist hierbei auf den Zeitpunkt der letzten Tatsachenentscheidung über die Stundung.

BGH, Beschl. v. 25.10.2007 – IX ZB 14/07,
ZInsO 2007, 1278, Rn. 8.

Die Stundung **endet** nach § 4a Abs. 1 Satz 1 InsO mit Erteilung der Restschuldbefreiung, da der Schuldner sodann wieder über den pfändbaren Anteil seines Einkommens verfügen kann. Der Schuldner hat die gestundeten Beträge an die Staatskasse zu zahlen. Die Verfahrenskosten selbst werden von der Restschuldbefreiung nicht erfasst. 237

Ist der Schuldner zur Zahlung nicht in der Lage, sieht § **4b** InsO für die Rückzahlung der gestundeten Beträge eine **zweite Stundungsstufe** vor, die sich am Vorbild der Prozesskostenhilfe orientiert und zu einer weiteren Stundung oder einer Ratenzahlung bis zu 48 Monaten führen kann. 238

Diskutiert wird, ob dem Schuldner die Stundung zu versagen ist, wenn ein beträchtlicher Teil der Verbindlichkeiten solche aus vorsätzlich begangener unerlaubter Handlungen sind, die von einer Restschuldbefreiung ausgenommen sind, der Schuldner eine weitgehende Restschuldbefreiung also nicht erlangen kann. Im konkreten Fall des Landgerichts Düsseldorf wurde der Anteil auf 45 % der Gesamtverschuldung beziffert und eine Stundung versagt. 239

LG Düsseldorf, Beschl. v. 5.10.2012 – 25 T 466/12,
ZInsO 2012, 2305.

3. Beiordnung eines Rechtsanwaltes

Wird die Stundung bewilligt, kann der Schuldner beantragen, dass ihm ein Rechtsanwalt beigeordnet wird, § 4a Abs. 2 InsO. Die Beiordnung eines Rechtsanwaltes gemäß § 4a Abs. 2 InsO ist grundsätzlich auch schon für das Eröffnungsverfahren möglich. 240

LG Bochum, Beschl. v. 30.12.2002 – 10 T 33/02, ZVI 2003, 23.

Die Beiordnung setzt zunächst die Stundung der Verfahrenskosten voraus. Für das Stundungsverfahren selbst kann der Schuldner grundsätzlich nicht die Beiordnung eines Rechtsanwaltes verlangen. Dem Schuldner kann allenfalls zur Vorbereitung des Eigenantrags Beratungshilfe gewährt werden. 241

BGH, Beschl. v. 17.1.2008 – IX ZB 184/06, VuR 2008, 154.

Eine Beiordnung soll **nur in** eng begrenzten **Ausnahmefällen** vorgenommen werden, wenn die Vertretung durch einen Rechtsanwalt trotz der dem Gericht obliegenden Fürsorge, etwa aufgrund der Schwierigkeit der Sach- und Rechtslage, erforderlich erscheint. 242

OLG Bremen, Beschl. v. 8.5.2007 – 2 W 27/07,
OLGR Bremen 2007, 493;
LG Düsseldorf, Beschl. v. 2.9.2002 – 25 T 324/02, NZI 2003, 41;

LG Göttingen, Beschl. v. 14.1.2003 – 10 T 71/02, NZI 2003, 454;
LG Leipzig, Beschl. v. 28.5.2003 – 12 T 2601/03, ZVI 2003, 474.

243 Unter welchen Voraussetzungen dies der Fall ist, hängt maßgebend von den besonderen Umständen, namentlich der Person des Schuldners, dem Umfang der Insolvenzsache, den Schwierigkeiten der Sach- und Rechtslage sowie den Fürsorgemöglichkeiten des zuständigen Insolvenzgerichts ab und ist einer Verallgemeinerung nur begrenzt zugänglich.

BGH, Beschl. v. 5.12.2002 – IX ZA 20/02, ZVI 2003, 226;
Uhlenbruck/*Uhlenbruck*, InsO, § 4a Rn. 11.

244 Allein die Tatsache, dass Gläubiger anwaltlich vertreten sind, macht eine Beiordnung nicht notwendig.

BGH, Beschl. v. 18.12.2002 – IX ZA 22/02, ZVI 2003, 225.

245 Für die Einlegung eines **Widerspruchs gegen eine Forderungsanmeldung aus vorsätzlich begangener unerlaubter Handlung** gemäß § 175 Abs. 2 InsO kommt die Beiordnung eines Rechtsanwaltes *nicht* in Betracht, weil sich der Schuldner im Insolvenzverfahren auf die bloße Einlegung eines Widerspruchs beschränken kann. Eine endgültige Klärung der Frage, ob die Forderung aus unerlaubter Handlung stammt, findet im Insolvenzverfahren nicht statt. Der Gläubiger muss vielmehr bei Widerspruch des Schuldners Feststellungsklage erheben. In einem etwaigen Klageverfahren kommt dann für den Schuldner die Bewilligung von Prozesskostenhilfe in Betracht.

BGH, Beschl. v. 18.9.2003 – IX ZB 44/03, ZInsO 2003, 1044;
AG Göttingen, Beschl. v. 17.2.2003 – 74 IK 153/01,
ZVI 2003, 132.

246 Auch fehlende Deutschkenntnisse allein rechtfertigen die Beiordnung eines Rechtsanwaltes nicht.

BGH, Beschl. v. 18.12.2002 – IX ZA 22/02, ZVI 2003, 225;
LG Bochum, Beschl. v. 6.8.2004 – 10 T 50/04 (n. v.);
LG Bochum, Beschl. v. 30.12.2002 – 10 T 33/02, ZVI 2003, 23;
vgl. auch BVerfG, Nichtannahmebeschl. v. 18.3.2003 –
1 BvR 329/03, ZVI 2003, 223.

247 Ohne Hinzutreten besonderer Schwierigkeiten stellen zehn Gläubiger und eine voraussichtliche Aussichtslosigkeit des gerichtlichen Schuldenbereinigungsplanes ebenfalls noch keine Umstände dar, die die Beiordnung eines Rechtsanwaltes geboten erscheinen ließe.

AG Köln, Beschl. v. 19 3.2003 – 71 IN 189/02, ZVI 2003, 222.

248 Auch die Tatsache, dass zur Vorbereitung des Insolvenzantrages Gläubiger ermittelt und angeschrieben werden müssen, begründet nicht die Notwendigkeit der Beiordnung eines Rechtsanwaltes, weil es insoweit an einer rechtlichen oder tatsächlichen Schwierigkeit fehlt.

LG Göttingen, Beschl. v. 14.1.2003 – 10 T 71/02, ZVI 2003, 226.

V. Antragsabweisung, -rücknahme und -erledigung

Befriedigt der Schuldner vor der Entscheidung über die Verfahrenseröffnung den antragstellenden Gläubiger, so wird sein Antrag auf Durchführung eines Insolvenzverfahrens unzulässig. 249

LG Aachen, Beschl. v. 2.4.2003 – 3 T 115/03, ZIP 2003, 1264.

Sowohl der Schuldner als auch der Gläubiger können den Insolvenzantrag bis zum Wirksamwerden des Eröffnungsbeschlusses zurücknehmen. 250

OLG Celle, Beschl. v. 2.3.2000 – 2 W 15/00, ZIP 2000, 673;
dazu EWiR 2000, 499 *(Frind)*.

Nimmt der Antragsteller den Insolvenzantrag zurück, treffen ihn die Kosten nach den §§ 4, 269 Abs. 3 Satz 2 ZPO. Dies gilt auch dann, wenn der antragstellende Gläubiger den Antrag zurücknimmt, weil der Schuldner die Forderung bezahlt hat. 251

AG Köln, Beschl. v. 21.3.2003 – 71 IN 126/01,
ZIP 2003, 1213 = ZVI 2003, 361.

Der Gläubiger sollte in diesem Fall den Insolvenzantrag für **erledigt erklären**, da dann im Regelfall dem Schuldner die Kosten des Eröffnungsverfahrens auferlegt werden. 252

Der Insolvenzantrag kann von einem Gläubiger jedoch nicht teilweise zurückgenommen und teilweise für erledigt erklärt werden. Maßgeblich ist bei einer solchen Erklärung alleine § 269 Abs. 3 ZPO. Nimmt der Gläubiger nach Antragstellung noch **Teilzahlungen** des Schuldners entgegen, so begründet dies regelmäßig die Vermutung, dass der Insolvenzantrag rechtsmissbräuchlich zur Ausübung von Druck auf den Schuldner gestellt worden ist. Die Kosten des Eröffnungsverfahrens und die Kosten der vorläufigen Insolvenzverwaltung sind in einem solchen Fall vom Gläubiger zu tragen. 253

AG Hamburg, Beschl. v. 17.9.2007 – 67c IN 242/07,
ZInsO 2007, 1167;
AG Duisburg, Beschl. v. 18.11.2002 – 62 IN 171/02,
ZVI 2003, 75.

Checkliste:

Prüfung der Vollständigkeit der Unterlagen bei Eigenantrag im Verbraucherinsolvenzverfahren

1. Antrag auf Eröffnung des Insolvenzverfahrens
2. Bescheinigung über das Scheitern einer außergerichtlichen Einigung mit den Gläubigern über die Schuldenbereinigung
   – auf der Grundlage eines Plans
   – innerhalb von sechs Monaten vor dem Eröffnungsantrag
   – ausgestellt von einer geeigneten Stelle
3. Antrag auf Restschuldbefreiung oder Erklärung, dass Restschuldbefreiung nicht beantragt wird
   – wenn RSB beantragt: Lohn-/Gehaltsabtretung

4. Verzeichnis des vorhandenen Vermögens und des Einkommens
   – Vermögensverzeichnis
   – Vermögensübersicht
5. Gläubigerverzeichnis
6. Forderungsverzeichnis
7. Versicherung der Vollständigkeit und Richtigkeit der Angaben in den Verzeichnissen zu Ziff. 4–6
8. Schuldenbereinigungsplan
   – Erklärung darüber, ob und inwieweit der Plan Bürgschaften, Pfandrechte und andere Sicherheiten der Gläubiger berührt
9. Ggf.: Antrag auf Zustimmungsersetzung

VI. Vorläufiger Insolvenzverwalter

254 Nach Abschaffung des Treuhänders im eröffneten vereinfachten Insolvenzverfahren durch Streichung des § 312 InsO a. F. wird auch in Verbraucherinsolvenzverfahren ein *Insolvenzverwalter* bestellt, der die gleichen Rechte und Pflichten wie ein Insolvenzverwalter im Regelinsolvenzverfahren hat, soweit die Eröffnung des Insolvenzverfahrens ab dem 1.7.2014 beantragt wird. Insoweit ist es folgerichtig, wenn jenseits der früheren Diskussion um die Möglichkeit der Bestellung eines vorläufigen Treuhänders und dessen Vergütung nach der Reform ein **vorläufiger Insolvenzverwalter** bestellt werden kann. Systematisch ergibt sich dies schon aus § 304 Abs. 1 Satz 1 InsO, der die §§ 21 ff. InsO für anwendbar erklärt sowie der Tatsache, dass die §§ 304 ff. InsO hinsichtlich der Sicherungsmaßnahmen im Insolvenzantragsverfahren keine Regelung enthalten. Die Bestellung eines **vorläufigen Sachwalters** gemäß §§ 270a, 270b InsO ist – trotz der Streichung des § 312 InsO a. F. – aufgrund der ausdrücklichen Nichtanwendbarkeit der Vorschriften über die Eigenverwaltung gemäß § 270 Abs. 1 Satz 2 InsO n. F. – im Verbraucherinsolvenzverfahren auch für ab dem 1.7.2014 beantragte Verfahren **nicht** möglich.

255 Während in der **Unternehmensinsolvenz** die Bestellung eines vorläufigen Insolvenzverwalters – vor allem bei laufendem Geschäftsbetrieb – die Regel ist und zumindest nach Inkrafttreten der Änderungen durch das Gesetz zur weiteren Erleichterung der Sanierung von Unternehmen (ESUG, BGBl I S. 258) am 1.3.2012 die Eigenverwaltung eine größere Rolle spielen wird, wurde in **Verbraucherinsolvenzverfahren und sonstigen Kleinverfahren** in aller Regel kein vorläufiger Treuhänder bestellt. Es steht auch nicht zu erwarten, dass künftig vermehrt vorläufige Insolvenzverwalter bestellt werden, da meist das erforderliche Sicherungsbedürfnis nicht besteht. In vielen Fällen wird es zudem ausreichen, die Zwangsvollstreckung gemäß § 21 Abs. 2 Satz 1 Nr. 3 InsO zu untersagen oder einstweilen einzustellen.

256 Vereinfacht gesagt ist eine vorläufige Insolvenzverwaltung anzuordnen, wenn Vermögenswerte des Schuldner zu sichern sind. Das Insolvenzgericht hat alle Maßnahmen zu treffen, die erforderlich erscheinen, um bis zur Entscheidung über den Eröffnungsantrag eine den Gläubigern nachteilige Ver-

VI. Vorläufiger Insolvenzverwalter

änderung in der Vermögenslage des Schuldners zu verhindern (§ 21 InsO). Dabei ist der Grundsatz der Verhältnismäßigkeit zwingend zu beachten. § 21 InsO zählt die wichtigsten Mittel der Massesicherung beispielhaft auf. Der Maßnahmenkatalog ist nicht abschließend.

Voraussetzung für die Anordnung von Sicherungsmaßnahmen ist, dass das 257 Gericht die **Zulässigkeit des Insolvenzantrags** bejaht hat. Von dieser Voraussetzung geht das Gesetz stillschweigend aus. Bei zweifelhaftem Gerichtsstand können berechtigte Sicherungsinteressen der Insolvenzgläubiger es aber gebieten, Sicherungsmaßnahmen auch schon vor der Feststellung der Zulässigkeit des Insolvenzantrags zu treffen, wenn sich das Insolvenzgericht letzte Gewissheit erst im weiteren Verlauf des Verfahrens verschaffen kann.

> BGH, Beschl. v. 13.12.2007 – IX ZB 238/06, EWiR 2008, 181 *(Webel)*;
> BGH, Beschl. v. 22.3.2007 – IX ZB 164/06, ZIP 2007, 878
> = NZI 2007, 344;
> dazu EWiR 2007, 599 *(Pape)*.

Die Anordnung von Sicherungsmaßnahmen setzt die vorherige Anhörung des 258 Schuldners **nicht** voraus. Das Gesetz sieht dadurch den Überraschungseffekt gefährdet. Nur für die Anordnung der Haft ist die Anhörung zwingend vorgeschrieben (§ 21 Abs. 3 Satz 1 InsO).

> LG Göttingen, Beschl. v. 11.2.2003 – 10 T 24/03, ZIP 2003, 679
> = ZVI 2003, 160.

Zu den einzelnen Sicherungsmaßnahmen, der vorläufigen Insolvenzverwaltung 259 und der Arbeit des vorläufigen Insolvenzverwalters im Fall der Unternehmensinsolvenz wird auf die **ausführliche Darstellung**

> in: *Sinz/Hiebert*, Unternehmensinsolvenz, S. 39–75, Rn. 151–290

verwiesen, da die Maßnahmen einer erfolgreichen vorläufigen Insolvenzverwaltung rechtsformunabhängig sind, es mit anderen Worten also nicht darauf ankommt, ob eine juristische Person, wie etwa eine GmbH, oder eine natürliche Person oder ein Zusammenschluss mehrerer natürlicher Personen **Unternehmensträger** sind.

D. Eröffnetes Insolvenzverfahren

Wie in der Einführung dargestellt, sollte die ursprüngliche Streichung wesentlicher Teile der Regelungen des bisherigen Verbraucherinsolvenzverfahrens und sonstiger Kleinverfahren das Regel- und Verbraucherinsolvenzverfahren über das Vermögen einer natürlichen Person *inhaltlich* und verfahrenstechnisch angleichen. Die bestehen gebliebenen verfahrensrechtlichen Unterschiede betreffen im Wesentlichen das Insolvenzeröffnungsverfahren und wurden bereits ausführlich dargestellt. 260

Nach Eröffnung des Insolvenzverfahrens gab es inhaltlich bislang wenig Unterschiede; diese werden für Insolvenzverfahren, die ab dem 1.7.2013 beantragt werden, noch deutlich geringer sein; ihre Darstellung kann daher am Rande erfolgen. Im Mittelpunkt stehen in Abgrenzung zur *klassischen Unternehmensinsolvenz* die **inhaltlichen Besonderheiten** der Insolvenzverfahren über das *Vermögen natürlicher Personen*. Besonderheit und zugleich Ziel solcher Insolvenzverfahren ist die Erteilung der Restschuldbefreiung (§ 1 Satz 2 InsO). Die Entschuldung juristischer Personen erfolgt durch einen Insolvenzplan. 261

Hierzu *Sinz/Hiebert*, Unternehmensinsolvenz, S. 3 Rn. 9 ff.

Andernfalls wird die juristische Person nach Verwertung ihres Vermögens – was auch durch die Übertragung eines Unternehmens als Ganzem erfolgen kann (Übertragende Sanierung) – wegen Vermögenslosigkeit aus dem Handelsregister gelöscht und hört auf zu existieren. 262

Praxistipp:

Zu ergreifende Maßnahmen bei Eröffnung eines Insolvenzverfahrens:

1. Gerichtsakte vollständig kopieren und Ordner anlegen. Als Aktenplan sind zumindest folgende Rubriken notwendig:

Gerichtsakte

Insolvenzanderkonto (Kontoauszüge mit Belegen)

Korrespondenz mit Schuldner

Einkommensverhältnisse (Korrespondenz mit Arbeitgeber, Arbeitsagentur etc.)

Vermögensverhältnisse (Bausparvertrag, Lebensversicherung, Fahrzeug)

Finanzamt (allg. Korrespondenz, Steuererklärungen)

Massegläubiger (Vermieter, Versorgungsunternehmen etc.)

Insolvenztabelle

Das gerichtliche Anschreiben ist sorgfältig zu lesen, so banal dies auch klingt. Es sieht zwar wie ein Standardanschreiben aus, enthält aber häufig Einzelverfügungen, deren Erledigung oft übersehen wird und dann zu unnötigen Mahnungen des Gerichts führt.

D. Eröffnetes Insolvenzverfahren

Ferner empfiehlt es sich, einen verfahrensübergreifenden Sammelordner „Beschlüsse" anzulegen und dort sämtliche Eröffnungsbeschlüsse aus allen Verfahren (ggf. auch weitere, z. B. nach § 208 InsO) abzuheften.

2. Fristen notieren für:

Ablauf der Anmeldefrist

Einreichung Tabelle (Drittelfrist des § 175 Abs. 1 Satz 2 InsO; Vorfrist 1 Woche)

Einreichung Sachstandsbericht (Vorfrist 1 Woche)

(Berichts- und) Prüfungstermin

3. Anschreiben an Schuldner mit Liste der von ihm vorzulegenden Unterlagen; Vereinbarung eines Gesprächtermins zur Vorbereitung des Berichts. Soweit sich dies nicht bereits aus der Gerichtsakte ergibt, sind stets folgende Informationen einzuholen und etwaige Widerspüchlichkeiten zu klären:

Lebenslauf des Schuldners, Familienverhältnisse, Gründe für Insolvenz

frühere selbstständige Tätigkeit

aktuelle Einkommensverhältnisse (Lohnabrechnungen, Steuerklasse, Lohnabtretung, Pfändung, Abtretungsverbot in Arbeits- oder Tarifvertrag)

Einkommensverhältnisse der Familienmitglieder (Unterhaltspflichten, Nachweise über *tatsächliche* Gewährung)

Benötigte Unterlagen (soweit vorhanden):

Kontoauszüge der letzten zwei Jahre,

Arbeitsvertrag oder Bescheid der BfA/Arge,

Wohnungsmietvertrag, sonstige Miet- und Leasingverträge,

Lebensversicherungspolicen; Bausparverträge, Wertpapiere, etc.,

bei Kfz: Zulassungsbescheinigung Teil I und II, Kfz-Versicherung, letzter Kfz-Steuerbescheid.

Zu klärende Fragen:

Wurde in den letzten zwei Jahren Vermögen verschenkt oder in sonstiger Weise weggegeben?

Bestehen offene Lohnforderungen oder sonstige Ansprüche gegen Dritte?

Vollständigkeit der Gläubigerliste

Zwangsvollstreckungsmaßnahmen (§§ 88, 312 Abs. 1 Satz 3 InsO prüfen)

Aus- und Absonderungsrechte

4. Sicherung der Insolvenzmasse, Einrichtung eines Insolvenzanderkontos. Vorhandene Vermögenswerte sind auf dem Insolvenzanderkonto einzuziehen (aber § 313 Abs. 3 InsO a. F. beachten).

5. Zustellung des Eröffnungsbeschlusses an die Gläubiger spätestens innerhalb einer Woche ab Eröffnung mit der Aufforderung, ihre Forderungen bei dem Treuhänder anzumelden (§ 8 Abs. 3 InsO). Dem Schreiben sind beizufügen:

I. Der Insolvenzverwalter im Verbraucherinsolvenzverfahren

Fotokopie des Eröffnungsbeschlusses,

Anmeldeformular zweifach,

Merkblatt mit Ausfüllhinweisen,

Merkblatt mit Informationen zum Restschuldbefreiungsverfahren.

Der Zustellungsnachweis ist unverzüglich dem Gericht zu übersenden.

6. Erstellung eines Gläubigerverzeichnisses unter Beachtung des § 152 InsO.

7. Erstellung eines Verzeichnisses der einzelnen Gegenstände der Insolvenzmasse gemäß § 151 InsO.

8. Erstellung einer Vermögensübersicht gemäß § 153 InsO.

9. Anschreiben an Arbeitgeber des Schuldners mit Aufforderung zur Abführung des pfändbaren Betrages auf das Insolvenzanderkonto (Pflicht gemäß § 292 Abs. 1 Satz 1 InsO: „hat"). Ist der Schuldner arbeitslos, ist die Agentur für Arbeit anzuschreiben.

10. Überprüfung der Steuerklasse und der Kinderfreibeträge. Das Nettoeinkommen des Schuldners kann durch die Wahl der Steuerklasse beeinflusst werden. Der Treuhänder sollte daher darauf achten, ob der Schuldner eine ungünstige Steuerklasse gewählt hat. Im Übrigen kann in der Wahl einer für die Gläubiger ungünstigen Steuerklasse ein Verstoß gegen die Erwerbsobliegenheit gemäß § 295 Abs. 1 Nr. 1 InsO liegen (zu Einzelheiten siehe Rn. 694 ff.).

11. Anschreiben an die Bank des Schuldners mit der Bitte um Auskunft über etwaige Bankguthaben, Sparbücher oder andere Geldanlagen. Auch die Auflösung etwaiger Sparguthaben in den letzten zwölf Monaten vor Insolvenzantragstellung sollte abgefragt werden. Dies kann ggf. für den Versagungstatbestand des § 290 Abs. 1 Nr. 4 InsO von Bedeutung sein. Der Girovertrag des Schuldners mit der Bank erlischt gemäß § 116 InsO mit Insolvenzeröffnung. Der Schuldner wird in der Regel mit der Bank einen neuen Vertrag abschließen. Der Treuhänder sollte dann das Girokonto freigeben, damit der Schuldner über den pfändungsfreien Teil seines Arbeitseinkommens verfügen kann. Es empfiehlt sich auch, den Schuldner auf die Möglichkeit der Einrichtung eines Pfändungsschutzkontos (P-Konto vgl. Rn. 411 ff.) hinzuweisen.

12. Anschreiben an das zuständige Finanzamt mit dem Hinweis, dass etwaige Steuerguthaben auf das Insolvenzanderkonto zu überweisen sind.

13. Sollten Personen, denen der Schuldner Unterhalt schuldet, eigene Einkünfte haben, so ist vom Treuhänder gemäß § 36 Abs. 1 Satz 2 InsO i. V. m. § 850c Abs. 4 ZPO zu beantragen, dass diese Person bei der Berechnung des unpfändbaren Teils ganz oder teilweise unberücksichtigt bleibt. Zuständig ist das Insolvenzgericht (§ 36 Abs. 4 Satz 1 InsO).

14. Anschreiben an Versorgungsunternehmen (Strom, Wasser, Gas, Telefon) mit der Aufforderung zur Zwischenablesung bzw. -abrechnung. Zahlungsrückstände bis zur Eröffnung sind Insolvenzforderung (Ausnahme: § 55 Abs. 2 InsO), deren Ausgleich nicht zur Bedingung für den weiteren Leistungsbezug gemacht werden darf. Vielmehr sind vom Schuldner neue Verträge abzuschließen (neue Kunden-Nummer). Es besteht Kontrahierungszwang (§ 10 Abs. 1 EnWG, § 35 Abs. 1 TKG, § 5 Abs. 2 PflVersG), jedoch mit der Maßgabe, dass eine Sicherheitsleistung verlangt werden kann.

15. Lebt der Schuldner in einer Mietwohnung, so ist der Vermieter anzuschreiben und die Enthaftungserklärung nach § 109 Abs. 1 Satz 2 InsO abzugeben. Andernfalls besteht die Gefahr, dass der Schuldner mit der Miete in Rückstand gerät und dadurch Masseforderungen entstehen.

16. Sollte der Schuldner Eigentümer eines Grundstücks sein, so ist die Eröffnung des Verfahrens in das Grundbuch einzutragen. Sofern nicht bereits durch das Gericht veranlasst, ist der Antrag nach § 32 Abs. 2 Satz 2 InsO vom Treuhänder zu stellen. Ist das Grundstück mit Grundpfandrechten belastet, ist der Treuhänder wegen des bestehenden Absonderungsrechtes gemäß § 313 Abs. 3 InsO nicht zur Verwertung berechtigt.

17. Abmeldung von Kraftfahrzeugen, die auf den Namen des Schuldners zugelassen sind; erst die Veräußerungsanzeige beendet nach der Rechtsprechung des BFH die Pflicht zur Zahlung der Kfz-Steuer als Masseschuld. Etwaige Zahlungsüberschüsse an Kfz-Steuer und Versicherung sind nach Abmeldung auf das Insolvenzanderkonto anzufordern. Zu Einzelheiten siehe Rn. 734 ff.

18. Einreichung der Insolvenztabelle mit den Anmeldungen und Urkunden innerhalb der Drittelfrist des § 175 Abs. 1 InsO. Zur Berechnung der Frist ist der Zeitraum zwischen dem Ablauf der Anmeldefrist und dem Prüfungstermin in Tagen oder Wochen auszurechnen und durch drei zu teilen. Am letzten Tag des ersten Drittels läuft die Frist zur Vorlage der Insolvenztabelle ab.

19. Einreichung des ersten Berichts zur Gläubigerversammlung (IN-Verfahren) bzw. Sachstandsbericht (IK-Verfahren) spätestens eine Woche vor dem (Berichts- und) Prüfungstermin. Im Verbraucherinsolvenzverfahren findet keine Gläubigerversammlung, sondern nur ein Prüfungstermin statt. Die Insolvenzgerichte verlangen dennoch einen „Sachstandsbericht" (nicht: „Bericht zur ersten Gläubigerversammlung"), um einen Überblick über die Situation des Schuldners und dessen Vermögensverhältnisse zu erhalten.

Instruktiv auch die Checklisten und Muster von *Heyn*, InsbürO 2009, 3 ff.

I. Der Insolvenzverwalter (bei Anträgen vor dem 1.7.2014: Treuhänder) im Verbraucherinsolvenzverfahren

1. Einführung

263 Im Regelinsolvenzverfahren wird mit dem Eröffnungsbeschluss gemäß § 56 InsO für das Insolvenzverfahren zunächst ein Insolvenzverwalter bestellt. Erst nachdem der Schlusstermin abgehalten und keine Versagung der Restschuldbefreiung nach § 290 InsO ausgesprochen wurde, wird für das anschließende – selbstständige – Restschuldbefreiungsverfahren ein Treuhänder bestimmt. Der Treuhänder im Restschuldbefreiungsverfahren muss nicht zwangsläufig mit dem Insolvenzverwalter (bei Anträgen vor dem 1.7.2014: Treuhänder) des Insolvenzverfahrens identisch sein, auch wenn nach der Beschlussempfehlung des Rechtsausschusses zu § 357j InsO (= § 313 InsO a. F.) bei Kleininsolvenzen nur eine Person für die Wahrnehmung der Verwalter- und Treuhänderaufgaben bestellt werden soll. Dies führe zu einer Vereinfachung und kostengünstigeren Abwicklung des Verfahrens.

BT-Drucks. 12/7302, S. 193.

I. Der Insolvenzverwalter im Verbraucherinsolvenzverfahren

In Verbraucherinsolvenzverfahren, die **vor dem** 1.7.2014 beantragt werden, nimmt ein **Treuhänder** im Verbraucherinsolvenzverfahren (§ 313 InsO a. F.) die Aufgaben des Insolvenzverwalters wahr. In Zukunft wird auch im Verbraucherinsolvenzverfahren ein Insolvenzverwalter bestellt, dessen Rechte und Pflichten mit denen des Insolvenzverwalters im Regelinsolvenzverfahren identisch sind. Aus Gründen der Vereinfachung und mit Blick auf die künftige Regelung wird im Folgenden einheitlich von „Insolvenzverwalter" gesprochen. Nur soweit Unterschiede zu den Rechten und Pflichten des Treuhänders im Verbraucherinsolvenzverfahren bestehen, wird hierauf nachfolgend gesondert eingegangen. 264

2. Bestellung des Insolvenzverwalters

Mit der Eröffnung des Insolvenzverfahrens ernennt das Insolvenzgericht im Eröffnungsbeschluss den Insolvenzverwalter (§ 27 Abs. 1 Satz 1 InsO). Der Insolvenzverwalter erhält über seine Bestellung eine Urkunde, die sog. **Bestallungsurkunde**. Diese Urkunde hat er bei der Beendigung des Amtes zurückzugeben (§ 56 Abs. 2 InsO). 265

a) Allgemeines

Die Tätigkeit des Insolvenzverwalters stellt ein eigenes Berufsbild dar. 266

> BVerfG Beschl. v. 3.8.2004 – 1 BVR 135/00, 1 BvR 1086/01,
> ZInsO 2004, 913, 915 = ZIP 2004, 1649;
> dazu EWiR 2005, 437 *(Weiland)*.

Art. 12 GG ist weit auszulegen. Auch wenn die Tätigkeit des Insolvenzverwalters nicht als „klassischer Ausbildungsberuf" vermittelt wird, hat sich diese Tätigkeit gleichwohl als ein **eigener Beruf** verfestigt, der nicht zuletzt aufgrund der Bestellung des Insolvenzverwalters durch das Insolvenzgericht ein hohes Ansehen und Vertrauen genießt. Der Kreis der Interessenten, die diesen Beruf ausüben wollen, wird ständig größer, während die Anzahl der Insolvenzverfahren begrenzt ist. 267

Die Tätigkeit als Insolvenzverwalter erfordert für die Abwicklung von Unternehmensinsolvenzen eine kostenintensive Kanzleistruktur, insbesondere für die spezielle „Verwaltersoftware" und geschulte Insolvenzsachbearbeiter, deren Fähigkeiten über diejenigen der gewöhnlichen Rechtsanwaltsfachangestellten weit hinausreichen müssen. 268

Die Frage, welche **Kriterien für die Bestellung eines Insolvenzverwalters** herangezogen werden sollen und welche Personen überhaupt geeignet sind, ist in Literatur und Rechtsprechung – angesichts der wirtschaftlichen Bedeutung zu Recht – hoch umstritten. 269

> *Jacoby*, ZIP 2009, 2081;
> *Frind*, ZInsO 2009, 1638;
> *Uhlenbruck*, NZI 2006, 489;
> *Bork*, ZIP 2006, 58 f.;

Graf-Schlicker, in: Festschrift Greiner, 2005, S. 71;
Graeber, NZI 2004, 546 –

und hat zu zahlreichen Gerichtsentscheidungen geführt.

BVerfG, Beschl. v. 3.8.2009 – 1 BvR 369/08, ZIP 2009, 1722
= NZI 2009, 641;
BGH, Beschl. v. 19.12.2007 – IV AR 6/07, ZIP 2008, 515
= NZI 2008, 161 = ZVI 2008, 254;
dazu EWiR 2008, 371 *(Hess)*;
OLG Hamburg, Beschl. v. 21.9.2009 – 2 Va 4/09, NZI 2009, 853;
OLG Düsseldorf, Beschl. v. 15.8.2008 – I-3 VA 4/07, 3 VA 4/07,
ZIP 2008, 2129 = NZI 2008, 614;
dazu EWiR 2009, 55 *(Knof)*;
OLG Hamm, Beschl. v. 29.5.2008 – I-27 VA 7/07,
ZIP 2008, 1189;
OLG Bamberg, Beschl. v. 3.12.2007 – VA 11/07,
ZIP 2008, 82 = NZI 2008, 309;
OLG Schleswig, Beschl. v. 28.11.2006 – 12 VA 3/06,
ZIP 2007, 831;
AG Mannheim, Beschl. v. 7.12.2009 – AR 52/2009,
NZI 2010, 107.

270 § 56 Abs. 1 InsO bestimmt nur, dass zum Insolvenzverwalter eine für den jeweiligen Einzelfall geeignete, insbesondere geschäftskundige und von den Gläubigern und dem Schuldner unabhängige natürliche Person aus dem Kreis aller zur Übernahme von Insolvenzverwaltungen bereiten Personen ausgewählt werden soll. Diese gesetzlichen Vorgaben hat das Insolvenzgericht in die Praxis umzusetzen. Hierbei wird der Streit in erster Linie um die Aufnahme in die sog. **Vorauswahlliste** geführt. In der Praxis hat sich für die Bestellung des Insolvenzverwalters ein zweistufiges Verfahren etabliert. Die *erste Stufe* sieht die Aufnahme des Interessenten in die bei dem jeweiligen Insolvenzgericht geführte Vorauswahlliste vor; diese Auswahlentscheidung ist gerichtlich überprüfbar. Die konkrete Bestellung im Einzelfall stellt die *zweite Stufe* dar; hierauf besteht kein justiziabler Anspruch.

1. Stufe: Das Aufnahmeverfahren

271 Für die Aufnahme in die Vorauswahlliste ist eine Bewerbung erforderlich. Zahlreiche Insolvenzgerichte haben bereits Antragsformulare oder zum Teil 10-seitige Fragebögen für die Bestellung zum Insolvenzverwalter entwickelt. In einem Bewerbergespräch mit den Insolvenzrichter(inne)n werden nicht nur insolvenzrechtliche Kenntnisse geprüft, sondern auch die Organisationsstruktur der künftigen Verwalterkanzlei erfragt. Einige Gerichte halten eine „Erprobungsphase" (an Kleinverfahren) vor der endgültigen Aufnahme in die Vorauswahlliste für sinnvoll.

272 Ob eine Beschränkung der Vorauswahlliste („**Closed Shops**") aufgrund eines bestehenden Überangebotes an Bewerbern zulässig oder wünschenswert ist, wird in der Literatur und in den diversen Arbeitskreisen der Berufsverbände unterschiedlich beurteilt. Neben der Aufnahme ist auch die **Streichung** aus der Vorauswahlliste möglich, soweit der gelistete Interessent die Vorausset-

zungen für eine Bestellung zum Insolvenzverwalter nicht mehr erfüllt. In der Praxis wird von den Insolvenzrichter(Inne)n aber oft der Weg des geringsten Widerstandes gewählt, indem ein Bewerber durch Aufnahme in die Vorauswahlliste „beruhigt", aber über Jahre schlicht nicht bestellt wird („**kaltes Delisting**"). Die Aufnahme und Streichung aus der Vorauswahlliste, aber auch das kalte Delisting sind gerichtlich überprüfbar.

> BVerfG, Beschl. v. 3.8.2004 – 1 BvR 135/00 und 1086/01,
> ZIP 2004, 1649 = NZI 2004, 574 = ZVI 2004, 470;
> dazu EWiR 2005, 437 *(Weiland)*;
> OLG Düsseldorf, Beschl. v. 15.8.2008 – I-3 VA 4/07, 3 VA 4/07,
> ZIP 2008, 2129 = NZI 2008, 614.

Intensiv diskutiert wird ferner, wie schon im Rahmen der Aufnahme in die Vorauswahlliste die Qualität der Insolvenzverwaltung gesichert und überprüft werden kann. Von Ratings über diverse Qualitätssicherungssysteme und **Zertifizierungen** werden hier viele Vorschläge diskutiert. 273

> *Germ*, NZI 2009, 850;
> *Jürgens*, ZInsO 2008, 888;
> *Uhlenbruck/Mönning*, ZIP 2008, 157;
> *Andres*, NZI 2008, 522;
> *Frind*, NZI 2008, 518;
> *Kück*, ZInsO 2007, 637;
> *Haarmeyer*, ZInsO 2005, 337.

2. Stufe: Bestellung im Einzelfall

Den zweiten Schritt bildet die Bestellung des Bewerbers zum Insolvenzverwalter im konkreten Einzelfall. Der Insolvenzrichter hat hier ein **weites Auswahlermessen** (Ausnahme: § 56a Abs. 2 InsO), das lediglich dem allgemeinen Gleichbehandlungsgrundsatz unterliegt. 274

> BVerfG, Beschl. v. 23.5.2006 – 1 BvR 2530/04, ZIP 2006, 1335
> = NZI 2006, 453 = ZVI 2006, 340.

b) Anforderungen an die Person des Insolvenzverwalters – Abwahl und Niederlegung sowie Entlassung aus dem Amt

Der Insolvenzverwalter muss eine natürliche Person sein. Das Gesetz hat die Bestellung einer juristischen Person als Verwalter – wie im angelsächsischen Rechtskreis möglich – nicht zugelassen. Das Insolvenzgericht hat eine für den jeweiligen Einzelfall geeignete, insbesondere geschäftskundige und von den Gläubigern und Schuldnern unabhängige Person zu bestellen (§ 56 Abs. 1 Satz 1 InsO). Zu Insolvenzverwaltern werden daher fast ausschließlich Rechtsanwälte, Steuerberater oder Wirtschaftsprüfer ernannt. **Unabhängig** ist nur der Insolvenzverwalter, der nicht bereits im Vorfeld der Insolvenz eine Sanierungsberatung durchgeführt hat oder in anderer Weise für die Schuldnerin bzw. deren Gesellschafter tätig gewesen ist. 275

Bei der Auswahl des Insolvenzverwalters in der **Unternehmensinsolvenz** sind folgende **Kriterien** heranzuziehen: Fachliche Qualifikation, Kenntnisse 276

D. Eröffnetes Insolvenzverfahren

im Insolvenzrecht, der Betriebswirtschaft, des Steuerrechts, des Rechnungswesens, Organisationsstruktur, Hard- und Software, Qualifikation und Umfang des Mitarbeiterstabes, Branchenkenntnisse, Ortsnähe, Unabhängigkeit von der Insolvenzschuldnerin oder anderen Verfahrensbeteiligten, Erfahrung.

277 In der **Verbraucherinsolvenz** sind demgegenüber vor allem Kenntnisse im Insolvenz-, Vollstreckungs-, Miet- und Immobilienrecht sowie sehr häufig auch die Fähigkeit zu einem vertrauensvollen und einfühlsamen Umgang mit dem jeweiligen Schuldner von herausragender Bedeutung für eine erfolgreiche und effiziente Verfahrensabwicklung. Letzteres gilt vor allem dann, wenn der Schuldner ein Verbraucher und mit geschäftlichen Dingen wenig vertraut ist. Häufig bedarf er einer intensiven Betreuung auch in Fragen des (Einkommen-) steuer- und Sozialrechts. Der Insolvenzverwalter wird in der Praxis allzu oft – unfreiwillig – zum „Berater in allen Lebensfragen", ohne hierfür eine Vergütung zu erhalten. Das Gebot der Menschlichkeit und das Eigeninteresse an einem „reibungslosen" Verfahrensablauf werden den Insolvenzverwalter veranlassen, diese Aufgaben unentgeltlich mit zu erledigen. Er darf dabei allerdings nicht aus den Augen verlieren, dass er im Rahmen des Insolvenzverfahrens als Gesamtvollstreckungsverfahren in erster Linie im Interesse der Gläubigergemeinschaft handelt (§ 1 Satz 1 InsO), was die Wahrung einer gewissen Distanz erforderlich macht.

278 Die Bestellung als Insolvenzverwalter ist vorläufig. In der ersten Gläubigerversammlung können die Gläubiger den vom Gericht bestellten Verwalter abwählen und einen anderen Verwalter einsetzen (§§ 57, 59 InsO). Erforderlich ist eine **Summen- und Kopfmehrheit** (§ 57 Satz 2 InsO). Soweit das Insolvenzgericht das schriftliche Verfahren angeordnet hat und infolgedessen einen dem Berichtstermin entsprechenden Zeitpunkt bestimmt hat, ist das Gericht verpflichtet, auf Antrag eines Gläubigers die Wahl eines neuen Insolvenzverwalters auf schriftlichem Weg durchzuführen oder – was sinnvoller sein dürfte – in das regelmäßige Verfahren überzugehen.

> BGH, Beschl. v. 16.5.2013 – IX ZB 198/11,
> ZIP 2013, 1286 Rn. 12 = EWiR 2013, 519 *(Ahrens)*.

279 Der Antrag des Gläubigers ist an kein Quorum gebunden.

> BGH, Beschl. v. 16.5.2013 – IX ZB 198/11,
> ZIP 2013, 1286 Rn. 14 = EWiR 2013, 519 *(Ahrens)*.

280 Die Wahl eines anderen Insolvenzverwalters spielt in der Praxis der Verbraucherinsolvenz keine Rolle, was vor allem auf das mangelnde Interesse der Gläubiger an diesen Verfahren aber auch deren geringe wirtschaftliche Bedeutung zurückzuführen ist.

> Zu der Wahl eines anderen Insolvenzverwalters in Unternehmensinsolvenzverfahren vgl. *Sinz/Hiebert*, Unternehmensinsolvenz, S. 104 Rn. 391 ff.

I. Der Insolvenzverwalter im Verbraucherinsolvenzverfahren

Das Insolvenzgericht kann den Verwalter nur **aus wichtigem Grund entlassen**. Erforderlich ist eine schwere Pflichtverletzung, die dem Verwalter nachgewiesen werden muss. Der bloße Schein einer Pflichtwidrigkeit oder dergleichen ist nicht ausreichend. 281

> BGH, Beschl. v. 9.7.2009 – IX ZB 35/09, ZInsO 2009, 1491.

Der Verwalter kann sein Amt nicht selbst beenden, etwa durch Rücktritt. Er hat seine Entlassung durch das Insolvenzgericht zu beantragen (§ 59 Abs. 2 InsO). Die Entlassung des Verwalters auf eigenen Antrag setzt ebenfalls das Vorliegen eines wichtigen Grundes voraus. 282

3. Rechtsstellung des Insolvenzverwalters

Die rechtliche Stellung des Insolvenzverwalters nach der Insolvenzordnung ist – wie schon die Stellung des Konkursverwalters unter Geltung der Konkursordnung – umstritten. Es werden zahlreiche Theorien vertreten: 283

- Vertretertheorie,
- Organtheorie,
- Theorie des neutralen Handelns,
- modifizierte Organ- bzw. Vertretertheorie,
- Amtstheorie.

Für die Praxis ist dieser Theorienstreit ohne Belang, da die wesentlichen Rechte und Pflichten des Insolvenzverwalters bestimmt sind. Konsequenterweise beteiligt sich die Rechtsprechung kaum an der Diskussion, sondern folgt der schon vom Reichsgericht befürworteten Amtstheorie („**Partei kraft Amtes**"). 284

> BGH, Beschl. v. 27.10.1983 – I ARZ 334/83, NJW 1984, 739.
> Darstellung des Theorienstreits: MünchKomm-InsO/Ott/Vuia, § 80 Rn. 26 ff.

Auch wenn der Gesetzgeber und die Rechtsprechung die Pflichten des Insolvenzverwalters beständig erweitern, ist stets das in § 1 Satz 1 InsO normierte Ziel des Insolvenzverfahrens im Blick zu behalten, nämlich die gemeinschaftliche und bestmögliche Befriedigung der Insolvenzgläubiger. Der Insolvenzverwalter hat als Verwalter einer fremden Vermögensmasse stets im Interesse der Gläubigergemeinschaft zu handeln und seine Entscheidungen daran zu orientieren. 285

4. Rechte und Pflichten des Insolvenzverwalters

Der Insolvenzverwalter ist die zentrale Figur des Insolvenzverfahrens, was vor allem bei unternehmerischer Tätigkeit des Schuldners deutlich wird. Er ist Inhaber eines (privaten) Amtes und erlangt mit Eröffnung des Insolvenzverfahrens die **Verwaltungs- und Verfügungsbefugnis** über das schuldneri- 286

D. Eröffnetes Insolvenzverfahren

sche Vermögen (§ 80 InsO), soweit dieses dem Insolvenzbeschlag unterliegt (Insolvenzmasse). Gemäß § 35 Abs. 1 fällt grundsätzlich das gesamte Vermögen des Schuldners, das ihm im Zeitpunkt der Verfahrenseröffnung gehört oder das er während des Verfahrens erlangt (Neuvermögen), in die Insolvenzmasse. Nicht dazu gehören nur Gegenstände, die nicht der Zwangsvollstreckung unterliegen (§ 36 Abs. 1 Satz 1 InsO). § 36 Abs. 4 InsO weist die Zuständigkeit für die Entscheidung, ob ein Gegenstand der Zwangsvollstreckung unterliegt, dem Insolvenzgericht zu.

> LG Göttingen, Beschl. v. 7.3.2013 – 10 T 18/13, ZVI 2013, 159 f.

287 Die Verfügungsmacht über die zur Insolvenzmasse gehörenden Gegenstände soll den Insolvenzverwalter in den Stand versetzen, die Gläubiger eines Schuldners gemäß den Zielen des Insolvenzverfahrens gemeinschaftlich zu befriedigen. Zu diesem Zweck hat er die Insolvenzmasse zu sichern, zu verwalten, zu verwerten und unter den Insolvenzgläubigern zu verteilen. Die Herausgabe beweglicher Sachen, die sich **im Besitz des Schuldners** befinden, kann der Verwalter aufgrund einer vollstreckbaren Ausfertigung des Eröffnungsbeschlusses im Wege der Zwangsvollstreckung durchsetzen, indem er den Gerichtsvollzieher mit der Wegnahme beauftragt (§ 148 Abs. 2 Satz 1 InsO).

a) Inbesitznahme von Unterlagen

288 Der Insolvenzverwalter hat nicht nur das Recht, die Unterlagen des Schuldners in Besitz zu nehmen. Er ist hierzu im Einzelfall auch verpflichtet. Ebenso muss er von Amts wegen die gesetzlichen Aufbewahrungsfristen beachten (§ 257 HGB, § 114 Abs. 1, 2 AO, § 14b Abs. 1 UStG, § 41 Abs. 1 EStG).

289 **Steuerberater** sind zur Herausgabe von Geschäftsunterlagen verpflichtet und können nach Insolvenzeröffnung kein Zurückbehaltungsrecht an den Unterlagen des Schuldners geltend machen.

> Weitere Einzelheiten: *Sinz/Hiebert*, Unternehmensinsolvenz, S. 106 Rn. 403.

290 In Verbraucherinsolvenzverfahren kann der Insolvenzverwalter auf die Herausgabe der Unterlagen angewiesen sein, da er während seiner Amtszeit grundsätzlich zur Erstellung und Abgabe der Steuererklärungen verpflichtet ist (§ 155 Abs. 1 Satz 1 InsO, § 34 Abs. 3 AO). Dies betrifft vor allem die Einkommensteuererklärung des Schuldners; im Wege des Lohnsteuerjahresausgleichs können nicht unwesentliche Beträge für die Insolvenzmasse generiert werden, siehe hierzu Rn. 745 ff.

291 Auch **Rechtsanwälte** des Schuldners haben die Handakten herauszugeben, ohne ein Zurückbehaltungsrecht hieran geltend machen zu können.

> OLG Hamburg, Beschl. v. 18.2.2005 – 12 W 3/04,
> ZInsO 2005, 550.

I. Der Insolvenzverwalter im Verbraucherinsolvenzverfahren

Für den Insolvenzverwalter sind solche Akten interessant, wenn er Ansprüche des Schuldners weiterverfolgen möchte. 292

b) Sicherung der Masse

Sofern in den meist masselosen Verbraucherinsolvenzverfahren überhaupt eine Insolvenzmasse vorhanden ist, hat der Insolvenzverwalter diese grundsätzlich in Besitz zu nehmen und zu sichern. Mit der Inbesitznahme durch Erlangen der tatsächlichen Gewalt (§ 854 BGB) wird der Verwalter selbst **unmittelbarer** Besitzer; ihm stehen daher die Rechte aus den §§ 985 ff., 1007 BGB zu. Die Begründung unmittelbaren Besitzes ist *nicht* zwingend erforderlich, wenn eine ordnungsgemäße Aufbewahrung durch den Schuldner sichergestellt ist. Gerade gebrauchte Gegenstände, deren Verwertung nur geringe Erlöse verspricht, sollte der Insolvenzverwalter, schon wegen der damit verbundenen Lagerkosten, die zulasten der Masse gehen würden, in der Wohnung des Schuldners belassen. 293

Ist der **Schuldner nicht freiwillig zur Herausgabe bereit**, kann der Insolvenzverwalter aufgrund einer vollstreckbaren Ausfertigung des Eröffnungsbeschlusses auch im Wege der Zwangsvollstreckung vorgehen. 294

Zur Sicherung der Masse kann der Verwalter die Gegenstände auch nach § 150 InsO siegeln lassen. Dies geschieht durch den Gerichtsvollzieher oder eine zur Vornahme von Siegelungen gesetzlich ermächtigte Person (z. B. Notar). Dabei wird das Siegel an den Sachen selbst oder an den sie beherbergenden Räumen und Behältnissen angebracht. Die Schlüssel zu den versiegelten Räumen und Behältnissen sind dem Insolvenzverwalter auszuhändigen. Über die Siegelung und spätere Entsiegelung hat der Gerichtsvollzieher ein Protokoll zu fertigen, das der Insolvenzverwalter auf der Geschäftsstelle des Insolvenzgerichts zur Einsicht der Beteiligten niederzulegen hat. Die Kosten der Siegelung und Entsiegelung sind sonstige Masseverbindlichkeiten i. S. v. § 55 Abs. 1 Nr. 1 InsO. 295

Ferner gehört es zu den Pflichten des Verwalters, zur Vermeidung eines Gutglaubenserwerbs von Grundstücken, Schiffen, Schiffsbauwerken und Luftfahrzeugen die Eintragung eines **Insolvenzsperrvermerks** bei dem zuständigen Grundbuchamt/Registergericht zu beantragen (§§ 32, 33 InsO). Der Insolvenzsperrvermerk ist nicht nur bei Miteigentum zu einem Bruchteil im Grundbuch einzutragen, sondern auch, wenn das Grundstück dem Schuldner in Gesamthandsgemeinschaft mit weiteren Berechtigten, etwa in Erbengemeinschaft oder Gesellschaft bürgerlichen Rechts, gehört. 296

> Praxistipp:
> Die Antragsberechtigung **des Insolvenzverwalters** ist durch Vorlage einer Ausfertigung (!) der Bestallungsurkunde (§ 56 InsO) und die Unrichtigkeit des Grundbuchs (§ 22 GBO) durch Vorlage des Eröffnungsbeschlusses nachzuweisen (§ 29 GBO).

D. Eröffnetes Insolvenzverfahren

> Das Ersuchen des Insolvenzgerichts muss die vorzunehmende Eintragung selbst enthalten; eine Bezugnahme auf eine Anlage genügt nicht der Form des § 29 Abs. 3 GBO (*Schöner/Stöber*, Grundbuchrecht, Rn. 201).

297 Besondere Aufmerksamkeit hat der Verwalter der Prüfung von **Versicherungsverträgen** des Schuldners zu widmen. Meist ist der Schuldner infolge seiner finanziellen Notlage mit der Zahlung seiner Prämien säumig und die Leistungspflicht der Versicherungsgesellschaft droht gemäß § 38 VVG zu entfallen. Für den Verwalter besteht die Gefahr einer persönlichen Haftung, wenn er nicht sofort die notwendigen Versicherungen aufrechterhält bzw. abschließt. Wichtige Versicherungen in Verbraucherinsolvenzverfahren sind Gebäude- und Kfz-Versicherung.

c) Inventarverzeichnis

298 Gemäß § 151 Abs. 1 Satz 1 InsO hat der Insolvenzverwalter ein Verzeichnis der einzelnen Gegenstände der Insolvenzmasse aufzustellen. Nach Satz 2 ist der Schuldner hierbei hinzuzuziehen, soweit dies zu keiner nachteiligen Verzögerung führt. Die Vermögensgegenstände sind zu bewerten (§ 151 Abs. 2 Satz 1 InsO); im Verbraucherinsolvenzverfahren ist allein der Liquidationswert maßgeblich und die Beauftragung eines externen Sachverständigen in der Regel nicht erforderlich. Die Kosten der Verwertung sind keine wertsenkenden Größen, sondern bei den Masseschulden (§ 55 InsO) zu erfassen.

d) Gläubigerverzeichnis (§ 152 InsO) und Insolvenztabelle (§ 175 InsO)

299 Gemäß § 152 InsO hat der Insolvenzverwalter ein Verzeichnis aller Gläubiger des Schuldners aufzustellen. Hierbei hat er auszuwerten:

- Unterlagen des Schuldners,
- sonstige Angaben des Schuldners,
- von Dritten geltend gemachte Forderungen,
- jede weitere Erkenntnisquelle.

300 Das **Verzeichnis** ist tabellarisch danach zu ordnen, ob es sich um Insolvenzgläubiger, nachrangige Insolvenzgläubiger oder Massegläubiger handelt. Ferner ist zu klären, ob ein Absonderungsrecht besteht oder aufgerechnet werden kann. Das Verzeichnis hat nur vorläufigen Charakter und wird im Laufe des Verfahrens von der Insolvenztabelle abgelöst. Die **Tabellenführung** (§ 175 InsO) steht eigenständig neben dem Gläubigerverzeichnis. Jeder einzelne Gläubiger des Schuldners ist zu registrieren, und zwar unter Angabe einer ladungsfähigen Anschrift – Postfach genügt als Anschrift nicht (!) – sowie unter Angabe von Schuldgrund und Höhe der nominellen Forderung.

e) Vermögensübersicht (§ 153 InsO)

Neben dem Gläubigerverzeichnis hat der Insolvenzverwalter das Vermögensverzeichnis gemäß § 153 InsO zu erstellen. Die Vermögensübersicht führt auf und stellt gegenüber: 301

- Die Gegenstände der Insolvenzmasse
- den Verbindlichkeiten des Schuldners
- auf den Zeitpunkt der Eröffnung des Insolvenzverfahrens.

Die Vermögensübersicht ähnelt damit einer **Bilanz** und wird in der Praxis auch so dargestellt. Im Rahmen des Insolvenzgutachtens wird diese Übersicht als Überschuldungsstatus bezeichnet, soweit es sich nicht um eine natürliche Person handelt. 302

Das Gläubiger-, das Masse- und das Vermögensverzeichnis sind gemäß § 154 InsO spätestens **eine Woche** vor dem Berichtstermin auf der Geschäftsstelle des Gerichts niederzulegen. Die an dem Insolvenzverfahren Beteiligten haben so die Möglichkeit, sich auf die Gläubigerversammlung vorzubereiten. 303

5. Berichterstattung für die erste Gläubigerversammlung

Grundlage für die Entscheidung der Gläubiger über den Fortgang des Verfahrens (§ 157 InsO) ist der Bericht des Insolvenzverwalters (§ 156 InsO). Der Bericht des Verwalters orientiert sich – entsprechend dem Grundsatz der Gläubigerautonomie – an den Informationsbedürfnissen der Gläubiger. In Verbraucherinsolvenzverfahren besteht in der Regel naturgemäß ein geringer Informationsbedarf, da die Entscheidung für die Fortführung oder Stilllegung eines Unternehmens und die Möglichkeit eines Insolvenzplans nicht zu treffen ist. In der Praxis wird der Berichtstermin daher meist schriftlich durchgeführt. Ob sich dies durch die Möglichkeit eines Insolvenzplanverfahrens auch im Verbraucherinsolvenzverfahren ändert, ist fraglich. Nach § 5 Abs. 2 InsO n. F. wird das **schriftliche Verfahren** in Verbraucherinsolvenzverfahren zur Regel gemacht. 304

6. Tabellenführung (§ 175 InsO)

Unverzüglich nach Eröffnung des Insolvenzverfahrens hat der Insolvenzverwalter alle ihm bekannten Gläubiger anzuschreiben und auf die Modalitäten der Forderungsanmeldung hinzuweisen. Da Verbindlichkeiten aus einer **vorsätzlich begangenen unerlaubten Handlung** gemäß § 302 Nr. 1 InsO von der Restschuldbefreiung nicht berührt werden, haben in Insolvenzverfahren über das Vermögen natürlicher Personen die Gläubiger die entsprechenden Forderungen unter Angabe dieses Rechtsgrundes gemäß § 174 Abs. 2 InsO anzumelden, was vom Insolvenzverwalter entsprechend zu vermerken ist. Das Insolvenzgericht hat den Schuldner gemäß § 175 Abs. 2 InsO 305

D. Eröffnetes Insolvenzverfahren

ausdrücklich über die Folgen des § 302 Nr. 1 InsO und die Möglichkeit eines Widerspruchs zu unterrichten.

a) Vorprüfungs- und Zurückweisungsrecht des Verwalters (§ 175 InsO)

306 Die bei dem Verwalter eingegangenen Anmeldungen hat dieser gemäß § 175 Satz 1 InsO in die Tabelle einzutragen. Seine Tätigkeit ist eine rein beurkundende. Es wäre jedoch wenig sinnvoll, wenn er verpflichtet wäre, jede noch so fehlerhafte Anmeldung zunächst in die Tabelle einzutragen, um sie später im Prüfungstermin zu bestreiten. Die besseren Gründe sprechen daher für ein Vorprüfungs- und Zurückweisungsrecht des Verwalters, allerdings **beschränkt auf rein formale Mängel**, nämlich ob die Mindestvoraussetzungen (insbesondere § 174 Abs. 2 InsO) erfüllt sind.

Zu weiteren Einzelheiten: Uhlenbruck/*Sinz*, InsO, § 175 Rn. 9 ff.

307 Es gehört zum Aufgabenbereich des Verwalters (analog zu § 139 ZPO), den Anmelder vorsorglich auf Mängel der Anmeldung hinzuweisen, da bei einer Zurückweisung im Prüfungstermin sich diese nicht stets sofort beheben lassen. Diese Hinweispflicht des Verwalters betrifft aber nur *offensichtliche* Mängel einer Anmeldung; einen Anspruch auf sorgfältige Überprüfung auf formelle Fehler hat der Gläubiger dabei nicht.

OLG Stuttgart, Beschl. v. 29.4.2008 – 10 W 21/08, ZIP 2008, 1781 = ZVI 2008, 336;
dazu EWiR 2008, 695 *(J.-S. Schröder)*.

308 In allen anderen Fällen ist der Verwalter verpflichtet, alle „als Insolvenzforderung" angemeldeten Forderungen in die Tabelle einzutragen, selbst wenn es sich um nachrangige Forderungen i. S. v. § 39 InsO handelt. Die Anmeldung muss jedoch zumindest **schlüssig** sein; unschlüssige Anmeldungen sind nichtig und daher nicht in die Tabelle aufzunehmen.

BGH, Urt. v. 22.1.2009 – IX ZR 3/08, ZIP 2009, 483 Rn. 10;
LG Waldshut-Tiengen, Beschl. v. 26.1.2005 – 1 T 172/03, ZIP 2005, 499 = ZVI 2005, 217;
Uhlenbruck/*Sinz*, InsO, § 175 Rn. 11 ff.

309 Falls der **Verwalter zu Unrecht einen Eintrag verweigert**, ist dies für den Gläubiger unschädlich, da die Anmeldung auch ohne die Eintragung wirksam ist und das Gericht die Forderung ebenso zur Prüfung stellen muss wie Forderungen, die erst im Termin oder später angemeldet werden. Dem Gläubiger steht jedoch weder ein förmliches Rechtsmittel zu noch kann das Insolvenzgericht aus eigener Kompetenz die Forderung in die Tabelle aufnehmen. In Betracht kommt lediglich ein „Antrag" (Anregung) an das Gericht, nach §§ 58 Abs. 2, 59 Abs. 1 InsO im Aufsichtswege gegen den Verwalter einzuschreiten.

BGH, Urt. v. 27.4.1995 – IX ZR 102/94, ZIP 1995, 932;
dazu EWiR 1995, 887 *(Lüke)*;
Uhlenbruck/*Sinz*, InsO, § 175 Rn. 14.

I. Der Insolvenzverwalter im Verbraucherinsolvenzverfahren

Die Gestaltung der Tabelle ist vom Gesetz nicht vorgeschrieben. In der Praxis wird die Tabelle EDV-mäßig erstellt, bearbeitet und an das Insolvenzgericht übermittelt (§ 5 Abs. 3 InsO). Sie ist mit den Anmeldungsunterlagen innerhalb des ersten Drittels des Zeitraums, der zwischen dem Ablauf der Anmeldefrist und dem Prüfungstermin liegt, in der Geschäftsstelle des Insolvenzgerichts zur Einsicht der Beteiligten niederzulegen (§ 175 Abs. 2 InsO). 310

b) Forderungsprüfung und -feststellung

Der eigentlichen Prüfung geht eine **Vorprüfung des Gerichts** hinsichtlich der Zulässigkeit der Anmeldung voraus. Unzulässige Anmeldungen werden im Prüfungstermin nicht zur Erörterung gestellt. Durch die Hinweispflicht des Insolvenzgerichts (§ 4 InsO, § 139 ZPO) erhält der Gläubiger Gelegenheit, den Mangel bis zum Prüfungstermin zu beheben. 311

In der als „**Prüfungstermin**" bezeichneten besonderen Gläubigerversammlung werden die angemeldeten Forderungen geprüft (§ 176 InsO), wobei die Praxis sich auf die Erörterung der Forderungen beschränkt, die von dem Insolvenzverwalter, einem Gläubiger oder dem Schuldner „bestritten" werden (§ 176 Satz 2 InsO; die übrigen Forderungen werden nur pauschal aufgerufen. Der Gläubiger erhält über die Feststellung keine Nachricht (§ 179 Abs. 3 Satz 3 InsO). Beabsichtigen Verfahrensbeteiligte, einzelnen Forderungen zu widersprechen, sind diese oder sämtliche Forderungen einzeln aufzurufen sowie nach Grund und Höhe zu erörtern. 312

Geht eine verspätete Anmeldung noch vor dem allgemeinen Prüfungstermin ein, so wird sie in diesem geprüft, wenn weder der Verwalter noch ein Gläubiger dem widersprechen. Andernfalls muss das Gericht nach seinem Ermessen entweder einen besonderen Prüfungstermin bestimmen oder die **Prüfung im schriftlichen Verfahren** anordnen (§ 177 Abs. 2 InsO). Diese Verfahrensart ist speziell für verspätete Anmeldungen eingeführt worden, um das Gericht zu entlasten. 313

Nachträgliche Änderungen der Anmeldung (§ 177 Abs. 1 Satz 3 InsO) sind wie eine Neuanmeldung zu behandeln, wobei es sich um wesentliche Dinge handeln muss, wie z. B. die Angabe eines neuen Schuldgrundes oder die Beanspruchung eines höheren Betrages. 314

Einzelheiten bei: Uhlenbruck/*Sinz*, InsO, § 177 Rn. 12 ff.

Im Prüfungstermin findet **keine „materielle" Prüfung** der angemeldeten Forderungen statt. Geprüft wird nur, ob und von wem die Forderung bestritten wird, ob der Widerspruch ausgeräumt wird oder bestehen bleibt. Das ist das Prüfungsergebnis, das in der Tabelle vermerkt wird. 315

Die Eintragung in die Tabelle **wirkt** für die festgestellten Forderungen **wie ein rechtskräftiges Urteil** gegenüber dem Insolvenzverwalter und allen Insolvenzgläubigern (§ 178 Abs. 3 InsO). Mit der festgestellten Forderung nimmt der Gläubiger an der Erlösverteilung teil. Er kann auch nach Aufhebung des Ver- 316 fahrens die Zwangsvollstreckung hieraus betreiben, sofern nicht der Schuldner der Anmeldung widersprochen hat (§ 201 Abs. 2 Satz 1 InsO); nur insoweit hat § 184 InsO Relevanz. Im Hinblick auf die Titulierungsfunktion ist es besonders wichtig, dass der Gläubiger und dessen Vertreter ebenso genau bezeichnet werden wie im Rubrum eines Urteils und die Tabelle auch im Übrigen alle feststellungs- und verteilungsrelevanten Angaben enthält:

- Vollständiger Name und Anschrift des Gläubigers sowie das zuständige Vertretungsorgan (z. B. Geschäftsführer einer GmbH).
- Ggf. Name und Anschrift eines Bevollmächtigten.
- Anmeldedatum (für § 204 Abs. 1 Nr. 10 BGB).
- Hauptforderung, Kosten, Zinsen (für § 367 Abs. 1 BGB).
- Genaue Bezeichnung der Forderung (für §§ 177 Abs. 1, 181 InsO).

Die bloße **Bezeichnung** des angemeldeten Anspruchs **in der Tabelle** als „Forderung" genügt nicht. Der Streitgegenstand muss nämlich identifizierbar sein, um ein Austauschen des Rechtsgrundes zu vermeiden. Dies ist vor allem bei einer späteren Feststellungsklage relevant (§ 181 InsO).

> BGH, Urt. v 5.7.2007 – IX ZR 221/05, NZI 2007, 647 Rn. 12;
> Uhlenbruck/*Sinz*, InsO, § 181 Rn. 3 ff.

Bei sog. **Poolanmeldungen** übertragen Gläubiger ihre Forderungen auf einen Treuhänder, der die Forderungen zusammen zur Tabelle anmeldet. Im Fall von sog. **Sammelanmeldungen** werden mit einer Anmeldung mehrere Ansprüche zusammengefasst. Beide Formen der Anmeldung sind zulässig. Jede einzelne Forderung muss aber substantiiert werden und individualisierbar sein, damit Verwalter und weitere Beteiligte die Möglichkeit haben, einzelne Forderungen zu bestreiten.

> BGH, Urt. v. 22.1.2009 – IX ZR 3/08, ZIP 2009, 483 ff. Rn. 10 f.

Infolgedessen ist es nicht ausreichend, die einzelnen Forderungen nur zu addieren und lediglich den Gesamtbetrag unter Nennung der hieran Beteiligten Gläubiger anzugeben.

> OLG Thüringen, Urt. v. 20.3.2013 – 2 U 554/12,
> ZIP 2013, 1523 ff. Rn. 25.

Für die Praxis bedeutet dies beispielsweise, dass sich die Bundesagentur für Arbeit bei einer Anmeldung von Arbeitsentgeltansprüchen, die mit dem Antrag auf Insolvenzgeld auf sie übergegangen sind (§ 187 SGB III), nicht darauf beschränken kann, nur den Gesamtbetrag anzugeben. Gleiches gilt für Forderungsanmeldungen des PSVaG.

Meldet ein Gläubiger eine **Vielzahl von Einzelforderungen** an, sollten sämtliche Forderungen auf einem Tabellenblatt unter *einer* laufenden

I. Der Insolvenzverwalter im Verbraucherinsolvenzverfahren

Nummer erfasst werden. Soweit nicht sämtliche Forderungen anerkannt werden, sollte der Verwalter benennen, welche Teile bestritten wurden.

- Beizufügende Urkunden

  Der Verweis auf beigefügte Urkunden ist zulässig, soweit diese – wie etwa ein Urteil oder ein Schuldanerkenntnis – aus sich heraus verständlich sind. Es ist nicht erforderlich, die Urkunden im Original vorzulegen.

  BGH, Urt. v. 1.12.2005 – IX ZR 95/04, ZIP 2006, 192 ff.
  = NZI 2006, 173 f.

- Person des Bestreitenden (für § 179 Abs. 1 und Abs. 3 InsO; §§ 178 Abs. 1 Satz 2, 201 Abs. 2 Satz 1 InsO).

- Vorliegen eines vollstreckbaren Schuldtitels (für §§ 179 Abs. 2, 184 Abs. 2, 189 Abs. 1 InsO).

- Bestehen von Absonderungsrechten (für § 190 Abs. 1 InsO).

- **Bei natürlichen Personen** im Hinblick auf die Restschuldbefreiung sehr wichtig: Angabe dazu, ob die Forderung als unerlaubte Handlung angemeldet wird (für § 302 Nr. 1 InsO). Beabsichtigt ein Gläubiger die Forderung als **vorsätzliche unerlaubte Handlung** anmelden (wegen § 302 Nr. 1 InsO), so hat er auch die *Tatsachen* anzugeben, aus denen sich diese *schlüssig* ergeben soll (§ 174 Abs. 2 InsO); andernfalls wird sie nur als „normale" Forderungsanmeldung aufgenommen. Insbesondere gehört bei einer Anmeldung von nicht gezahlten Arbeitnehmerbeiträgen zur Sozialversicherung (§ 266a StGB) dazu auch der Vortrag, dass der Schuldner zum Zeitpunkt der Fälligkeit noch leistungsfähig war.

  AG Eschweiler, Urt. v. 11.12.2012 – 27 C 119/12, ZVI 2013, 237;
  AG Köln, Beschl. v. 25.10.2012 – 72 IK 479/11, ZVI 2013, 150.

Die **Bezeichnung des Gläubigers** muss dem Rubrum einer Klageschrift entsprechen, also mit Vornamen bzw. vollständiger Rechtsform und postalischer Anschrift erfolgen, damit der Auszug aus der Tabelle ggf. als Titel geeignet ist. 317

Beispiele:	
falsch:	richtig:
Gummi Grün Postfach 1704, 50670 Köln	Günter Lichtenberg handelnd unter der Fa. Gummi Grün Theaterstr. 71, 50670 Köln
Finanzamt Köln-Mitte	Land NRW, v. d. d. Vorsteher des FA Köln-Mitte
Arbeitsamt Köln	Bundesagentur für Arbeit v. d. d. Direktor der Arbeitsagentur Köln

D. Eröffnetes Insolvenzverfahren

318 Falls die **Forderungsanmeldung durch einen Rechtsanwalt** erfolgt, gilt dieser gemäß § 88 Abs. 2 ZPO, § 4 InsO bis zum Widerspruch des Insolvenzverwalters als bevollmächtigt. Allerdings ist auch ein Rechtsanwalt ohne Vorlage einer Vollmachtsurkunde – trotz § 88 ZPO – nicht zur Entgegennahme von Geld bevollmächtigt; dies ist bei der Ausschüttung zu beachten.

319 Die **Forderungsanmeldung durch ein Inkassounternehmen** ist ausdrücklich in § 174 Abs. 1 Satz 3 InsO geregelt. Zwar muss auch weiterhin eine Vollmacht vorgelegt werden, da eine Parallelregelung zu § 88 Abs. 2 ZPO fehlt. Sobald diese aber zur Akte gereicht ist, stehen dem Inkassobüro alle Rechte „nach diesem Abschnitt" zu, also auch zur Erhebung von Widersprüchen, Entgegennahme von Tabellenauszügen oder Zustellungen, aber auch zur Erhebung einer Feststellungsklage.

> Uhlenbruck/*Sinz*, InsO, § 174 Rn. 20;
> zur Rechtslage vor der Neuregelung v. 12.12.2007:
> OLG Dresden, Urt. v. 3.2.2004 – 14 U 1830/03,
> ZVI 2004, 29 ff.

320 Die vom Insolvenzgericht im Eröffnungsbeschluss festgelegte Anmeldefrist beträgt mindestens zwei Wochen und höchstens drei Monate, § 28 Abs. 1 Satz 2 InsO. Sie ist **keine Ausschlussfrist**, so dass nachträgliche Anmeldungen zulässig sind. Der verspätet anmeldende Gläubiger hat jedoch ggf. die Kosten eines besonderen Prüfungstermins zu tragen (15,00 €; Nr. 4140 KV), § 177 Abs. 1 Satz 2. InsO

321 Um zu vermeiden, dass Rechtspfleger und Verwalter für jede nachträglich eingegangene Forderungsanmeldung einen gesonderten Prüfungstermin wahrnehmen müssen, können Anmeldungen „gesammelt" und in größeren Zeitabständen bei Gericht eingereicht werden, sofern diese Handhabung nicht dazu führt, dass Rechte des Gläubigers verkürzt werden (z. B. zur Einreichung einer Feststellungsklage).

322 Erst die wirksame Anmeldung führt zu einer **Hemmung der Verjährung**, §§ 204 Abs. 1 Nr. 10, 209 BGB.

> dazu: MünchKomm-*Nowak*, InsO, § 174 Rn. 24.

323 Daher muss der Verwalter den genauen Tag des Eingangs auf der Anmeldung und im Tabellenblatt (Spalte 5 in der Tabelle) dokumentieren.

324 Häufig kommt es vor, dass Gläubiger eine zur Tabelle angemeldete Forderung **nachträglich erhöhen oder reduzieren**. In diesen Fällen ist zu differenzieren:

325 Erreicht die Erhöhung oder Reduzierung des Gläubigers den Insolvenzverwalter **vor** der Auslegung der Tabelle, so korrigiert der Verwalter in der Spalte 5 „angemeldeter Betrag" die Höhe der eingetragenen Forderung auf den korrekten Betrag und dokumentiert dies in der Spalte 10 „Bemerkungen" (z. B.: „Mit Schreiben vom […] reduziert der Gläubiger die angemeldete Forderung von [...] € um [...] € auf [...] €."). Denn dieser neue Betrag steht zur Prüfung.

Im Falle der Erhöhung, **nachdem** die Tabelle niedergelegt wurde, ist der Erhöhungsbetrag unter einer *neuen* laufenden Nummer einzutragen. Dagegen kann eine Forderungsreduzierung auch noch nach Niederlegung der Tabelle im Prüfungstermin in der Spalte 10 „Bemerkungen" ergänzt werden. Die Gegenmeinung, die für diesen Fall ein (teilweises) Bestreiten der Forderung für erforderlich hält, verkennt, dass im Prüfungstermin nur noch die reduzierte Forderung zur Prüfung ansteht. Wie im Klageverfahren eine (teilweise) Klagerücknahme noch in der mündlichen Verhandlung bzw. sogar bis zur Urteilsverkündung möglich ist und insoweit auch kein klageabweisendes (Teil-) Urteil ergeht, kann auch der Gläubiger im Insolvenzverfahren bis zum Wirksamwerden der Verwaltererklärung seine Forderung reduzieren. Was nicht gefordert wird, muss auch nicht bestritten werden. 326

In der Praxis enthalten Änderungen sowohl Forderungs*reduzierungen* als auch -*erhöhungen* (**Mischformen**). Häufig ist dies bei Forderungsanmeldungen von Finanzämtern und Krankenkassen der Fall. Hierbei ist jede Änderung separat zu behandeln. Die Auswirkung auf den Gesamtbetrag ist unerheblich und eine Saldierung nicht zulässig. Maßgeblich ist die Änderung der jeweiligen Teilforderung. 327

Der Insolvenzverwalter ist verpflichtet, auch für eine bereits zur Tabelle festgestellte Forderung noch **nachträglich angemeldete Tatsachen**, aus denen sich nach Einschätzung des Gläubigers ergibt, dass ihr eine vorsätzlich begangene **unerlaubte Handlung** des Schuldners zugrunde liegt, in die Tabelle (Spalte „Bemerkungen" der bereits geprüften Forderung) einzutragen und die Tabellenergänzung an das Insolvenzgericht weiterzuleiten. Weigert sich der Insolvenzverwalter, die nachträglich angemeldeten Tatsachen in die Tabelle aufzunehmen und ist die Insolvenztabelle deswegen lückenhaft, so kann der betroffene Gläubiger den Rechtsgrund seiner festgestellten Forderung nur außerhalb des Insolvenzverfahrens gegen den *Schuldner* im Klagewege geltend machen; eine Tabellenfeststellungsklage gegen den Insolvenzverwalter ist unzulässig. 328

BGH, Urt. v. 17.1.2008 – IX ZR 220/06, NZI 2008, 250 m. Anm.
Vallender, WuB VI A § 174 InsO 1.08 zu haftungsrechtlichen Folgen, wenn eine solche nachträgliche Eintragung unterbleibt;
Uhlenbruck/*Sinz*, InsO, § 177 Rn. 16.

Die Tabelle ist mit den Anmeldungsunterlagen „innerhalb des ersten Drittels des Zeitraums, der zwischen dem Ablauf der Anmeldefrist und dem Prüfungstermin liegt", in der Geschäftsstelle des Insolvenzgerichts zur Einsicht der Beteiligten niederzulegen, § 175 Abs. 1 Satz 2 InsO. Nach Möglichkeit sollte die Tabelle bereits *mit* den *Prüfungsergebnissen* eingereicht werden (nach dem Gesetz reicht die Niederlegung der Tabelle ohne Prüfungsergebnisse), um ein doppeltes Einlesen von Datenträgern den Servicestellen zu ersparen. 329

Dabei wünschen die meisten Insolvenzgerichte, dass auf titulierte Forderungen (wegen § 178 Abs. 2 Satz 3 InsO) oder solche, die als vorsätzliche unerlaubte Handlungen angemeldet wurden, besonders hingewiesen wird, damit der Schuldner noch rechtzeitig belehrt werden kann (§ 175 Abs. InsO 2) und sich eine Vertagung erübrigt.

> **Beispiel:**
>
> In dem Insolvenzverfahren [...]
> überreiche ich anliegend zur bereits elektronisch übermittelten Tabelle:
> - 1 Ordner mit Forderungsanmeldungen u. Tabellenblättern (lfd. Nr. 0/1 bis 0/16)
> - Tabellenblätter einzeln
> - Tabelle gemäß § 175 InsO (nach lfd. Nr.)
> - Tabelle in alphabetischer Reihenfolge.
>
> Als **vorsätzliche unerlaubte Handlung** wurden angemeldet:
>
> lfd. Nr. 5 und 14
>
> Rechtskräftig **tituliert** sind die Forderungen zu
>
> lfd. Nr. 1, 2, 3, 8, 9, 11 und 15 (Titel zu lfd. Nr. 3 liegt nicht im Original vor und wird nachgereicht)
>
> Dr. R.
> Insolvenzverwalter

330 Manche Gerichte begrüßen es, wenn zwei komplette Ausdrucke der Tabellenblätter zum Prüfungstermin eingereicht werden. Es kann dann ein Exemplar – ohne Kopieraufwand bei Gericht – an die Gläubiger verschickt werden.

331 Die elektronische **Übermittlung der Tabelle** an das Elektronische Gerichts- und Verwaltungspostfach (**EGVP**) wird von den Insolvenzgerichten immer mehr bevorzugt. Hierbei handelt es sich um eine Software, mit der Gerichte und Behörden mit den Verfahrensbeteiligten kommunizieren können. Dieser Form der Datenübermittlung wird eine besondere Sicherheit zugeschrieben.

332 Wird der Feststellung der Forderung von einem Gläubiger oder dem Insolvenzverwalter widersprochen, so wird auch der **Widerspruch** in der Tabelle (vom Gericht) vermerkt (§ 178 Abs. 2 InsO). Der Widerspruch gegen die Forderung muss in einem **Feststellungsprozess** beseitigt werden (siehe dazu Rn. 343 ff.).

333 Ein **vorläufiges Bestreiten** des Insolvenzverwalters ist als uneingeschränkter Widerspruch i. S. d. § 178 Abs. 1 InsO zu behandeln. Mit anderen Worten ist ein nur vorläufiges Bestreiten mit dem Ziel des Zeitgewinns nicht möglich.

> BGH, Urt. v. 9.2.2006 – IX ZB 160/04, ZIP 2006, 576 ff.
> = NZI 2006, 295 f.

334 Bestreiten mehrere Beteiligte eine Forderung (z. B. der Insolvenzverwalter und der Schuldner sowie ein konkurrierender Gläubiger) müssen sämtliche

der erhobenen Widersprüche beseitigt werden. Im Fall der nicht titulierten Forderung müsste daher gegen alle Bestreitenden die Forderungsfeststellungsklage erhoben werden.

Prüfung und Feststellung können auch **im schriftlichen Verfahren** erfolgen. 335
Die Einzelheiten hat der Gesetzgeber nicht geregelt. Jedenfalls ist eine ausreichende Beteiligung der Insolvenzgläubiger sicherzustellen. Dies erfordert es, eine Frist zur Erhebung von schriftlichen Widersprüchen zu setzen und zusammen mit der Anordnung des schriftlichen Verfahrens öffentlich bekannt zu machen. Die zu prüfende Forderung wird zur Einsicht der Beteiligten auf der Geschäftsstelle des Insolvenzgerichtes ausgelegt. Der entsprechende Tabellenauszug ist um Angaben zu ergänzen, aus denen hervorgeht, ob einzelne Beteiligte der Forderung bereits widersprochen haben. Nur so kann jeder Beteiligte entscheiden, ob ein eigener Widerspruch erforderlich ist oder zurückgenommen werden soll.

7. Behandlung von vorsätzlichen unerlaubten Handlungen in der Tabelle

Gemäß § 175 Abs. 1 Satz 2 InsO hat der Insolvenzverwalter jede angemel- 336
dete Forderung „mit den in § 174 Abs. 2 und 3 InsO genannten Angaben" in eine Tabelle einzutragen, also auch die Tatsache, dass eine Forderung als vorsätzliche unerlaubte Handlung angemeldet wurde. Die Auffassungen, **in welcher Spalte** der Tabelle dies zu erfolgen hat, sind jedoch recht kontrovers; zum Teil sogar innerhalb desselben Amtsgerichts.

Von manchen Rechtspflegern wird gefordert, in der Spalte 7 („Grund der For- 337
derung") einen entsprechenden Vermerk einzutragen. Dies ist nur gerechtfertigt, wenn der Anspruch sich *ausschließlich* aus unerlaubter Handlung ergibt (z. B. Schadensersatzanspruch wegen vorsätzlicher Körperverletzung). Liegt dagegen eine *Anspruchskonkurrenz* vor, so erscheint ein Vermerk in Spalte 7 (dafür HK-Preß/*Henningsmeier*, InsO, § 174 Rn. 19) problematisch, da sich das Prüfungsergebnis (in Spalte 8) naturgemäß auf die Spalten 6 und 7 bezieht. Somit könnte das Prüfungsergebnis „festgestellt" den falschen Eindruck erwecken, der Verwalter habe die Forderung auch ausdrücklich als vorsätzliche unerlaubte Handlung anerkennen wollen, obwohl er sich dazu weder erklären will noch hierzu befugt ist.

BGH, Urt. v. 12.6.2008 – IX ZR 100/07, NZI 2008, 569.

Einige Verwalter versuchen dem durch einen Zusatz entgegenzuwirken (z. B. 338
„Festgestellt, jedoch als vorsätzliche unerlaubte Handlung bestritten."). Eine solche Erklärung sieht die Insolvenzordnung jedoch nicht vor. Hinzu kommt, dass die Schnittstellen der Software bei den Amtsgerichten den individuell eingegebenen Text gar nicht einlesen, sondern das Prüfungsergebnis allein aus den reinen *Zahlen*angaben in der Maske „Prüfung" der Verwaltersoftware generieren, so dass auf den vom Gericht erstellten Tabellenblättern dieser Zusatz ohnehin nicht erscheint. Im Übrigen ist es auch gar nicht Aufgabe des Verwalters, im Rahmen der Forderungsprüfung darüber zu entscheiden, ob

D. Eröffnetes Insolvenzverfahren

tatsächlich eine vorsätzliche unerlaubte Handlung vorliegt oder nicht. Für das Schlussverzeichnis ist nur entscheidend, ob die Forderung als solche berechtigt ist und an der Schlussverteilung teilnimmt. Ob sie darüber hinaus *zusätzlich* als vorsätzliche unerlaubte Handlung anzusehen ist, betrifft nur das Rechtsverhältnis Schuldner – Gläubiger, nicht jedoch die Masse. Streitigkeiten sollen daher auch nur in diesem Rechtsverhältnis ausgetragen werden. Die Gläubigergesamtheit würde unnötig dem Kostenrisiko eines Masseprozesses ausgesetzt und der Abschluss des Verfahrens verzögert, wenn der betroffene Gläubiger wegen des „Bestreitens" gemäß § 179 Abs. 1 InsO Feststellungsklage gegen den Verwalter erheben könnte.

339 Die Eintragungen in der Tabelle haben **rein vollstreckungsrechtliche Bedeutung**, nämlich dem Gläubiger gegenüber dem Vollstreckungsorgan den Nachweis zu ermöglichen, dass er nicht von der Restschuldbefreiung betroffen ist und auch noch nach deren Erteilung die Forderung weiter vollstrecken kann (§§ 201 Abs. 2, 302 Nr. 1 InsO). Denn das Vollstreckungsorgan, dem der Schuldner den Beschluss über die Erteilung der Restschuldbefreiung vorlegt (§ 300 Abs. 1 InsO), kann in der Regel nicht prüfen, ob materiell der Ausnahmetatbestand des § 302 Nr. 1 InsO vorliegt und soll auch nicht erst die Insolvenzakte beiziehen müssen. Die Eintragung in der Tabelle beurkundet somit lediglich, dass der Gläubiger seine Forderung (zugleich) als vorsätzliche unerlaubte Handlung angemeldet und die sie begründenden Tatsachen dargelegt hat. Sowohl die Anmeldung als unerlaubte Handlung als auch der Widerspruch des Schuldners und seine etwaige Beseitigung sind daher stets und ausschließlich in der **Spalte 10 „Bemerkungen"** einzutragen.

Uhlenbruck/*Sinz*, InsO, § 175 Rn. 34;
Eisner, NZI 2003, 480, 485 (Fußn. 42).

Fall:

Gläubiger O, ein Versandhaus, meldet eine Forderung aus einer offenen Rechnung zur Tabelle an. Die Anmeldung erfolgt als schlichte Insolvenzforderung ohne die Angabe, dass S die Waren Mitte 2013 bestellt hatte, als er schon zahlungsunfähig war.

Wie hat der Verwalter die Anmeldung zur Tabelle aufzunehmen?

Da die Forderung nicht ausdrücklich als vorsätzliche unerlaubte Handlung angemeldet wurde (§ **302 Nr. 1 InsO**: „… unter Angabe dieses Rechtsgrundes nach § **174 Abs. 2** InsO angemeldet"), unterbleibt ein Vermerk in Spalte 10. In Spalte 7 wird nur der Forderungsgrund eingetragen:

„Warenlieferung gem. Rechnung vom […]"
(Exkurs: Ob ein Versagungsgrund i. S. v. § 290 Abs. 1 Nr. 6 InsO
vorliegt, hängt davon ab, ob die Unvollständigkeit des Gläubigerverzeichnisses zumindest grob fahrlässig war.)

Ändert sich die Rechtslage, wenn Gläubiger O die Forderung zwar als vorsätzliche unerlaubte Handlung („Betrug") anmeldet, aber Tatsachenvortrag hierzu fehlt?

I. Der Insolvenzverwalter im Verbraucherinsolvenzverfahren

Die fehlende Darlegung des Lebenssachverhaltes führt zur Zurückweisung der Anmeldung, sofern der Gläubiger auch auf entsprechenden Hinweis des Treuhänders seine Darlegung nicht ergänzt. Ein Vermerk in Spalte 10 unterbleibt, so dass § 301 Abs. 1 InsO anwendbar bleibt.

§ 174 Abs. 2 InsO verlangt einen **Tatsachenvortrag**, aus dem sich **schlüssig** die behauptete Rechtsfolge ergibt, bloße Rechtsausführungen genügen nicht; AG Köln, Beschl. v. 25.10.2012 – 72 IK 479/11, ZVI 2013, 150; AG Eschweiler, Urt. v. 11.12.2012 – 27 C 119/12, ZVI 2013, 237; ausführlich dazu Uhlenbruck/*Sinz*, InsO, § 174 Rn. 38 f.; ebenso Gottwald/*Eickmann*, § 63 Rn. 10; dafür spricht auch die Entscheidung BGH, Urt. v. 22.1.2009 – IX ZR 3/08, ZIP 2009, 483 Rn. 10.

Der Schuldner widerspricht nur der Anmeldung als unerlaubte Handlung, erkennt die Forderung aber als solche an.
Welche Eintragungen erfolgen in der Tabelle?

Der Schuldner kann seinen Widerspruch darauf beschränken, dass es sich um eine vorsätzliche unerlaubte Handlung handelt (BGH, Urt. v. 18.1.2007 – IX ZR 176/05, NZI 2007, 416 Rn. 10). Sofern kein schriftliches Verfahren (§ 177 InsO) angeordnet ist, erfordert ein wirksamer Widerspruch des Schuldners seine **persönliche Anwesenheit im Prüfungstermin** (oder die eines bevollmächtigten Vertreters). Ein nur schriftlich beim Insolvenzgericht eingereichter Widerspruch ist unbeachtlich.

Eintragungen gemäß § 178 Abs. 2 Satz 1 InsO in Spalte 10:

„Zugleich als vorsätzliche unerlaubte Handlung angemeldet (Bestellung unter Vortäuschen der Zahlungsfähigkeit). Im Prüfungstermin vom [...] hat der Schuldner dem widersprochen."

Gemäß § **175 Abs. 1 InsO** hat die Eintragung zur Tabelle „mit den in § 174 Abs. 2 und 3 InsO genannten Angaben" zu erfolgen, d. h. auch die **Tatsachen**, aus denen sich die vorsätzliche unerlaubte Handlung ergeben soll, sind aufzunehmen. Bleibt es bei der Eintragung des Widerspruchs bis zur Rechtskraft des Beschlusses über die Erteilung der Restschuldbefreiung (§ 300 Abs. 3 InsO), so ist der Gläubiger daran gehindert, seine Forderung nach Ablauf der Wohlverhaltensperiode durchzusetzen oder jetzt noch gemäß § 184 InsO gegen den Widerspruch des Schuldners zu klagen.

Gläubiger O will gegen den Schuldnerwiderspruch klagen. Wie lauten der Klageantrag (sog. *titelergänzende Feststellungsklage* **oder auch** *Attributsklage***) und die Eintragung in der Tabelle?**

Klageantrag (Argument: § 201 Abs. 2 Satz 2 InsO):

„*Es wird beantragt, den Widerspruch des Schuldners im Insolvenzverfahren AG [...], Az. [...]. gegen die Anmeldung der Forderung zu lfd. Nr. [...] als vorsätzliche unerlaubte Handlung für unbegründet zu erklären.*"

oder (so *Eisner*, NZI 2003, 480, 484):

„*Es wird beantragt festzustellen, dass die Forderung [...] aus dem Rechtsgrund der unerlaubten Handlung besteht.*"

D. Eröffnetes Insolvenzverfahren

> Eintragung in Spalte 10:
>
> „Mit rechtskräftigem Urteil des AG [...] vom [...], Az. [...], wurde der Widerspruch des Schuldners für unbegründet erklärt; die Forderung ist damit als vorsätzliche unerlaubte Handlung festgestellt."
>
> Es verbleibt damit beim **Grundsatz des § 201 Abs. 1 InsO**, wonach Gläubiger O aufgrund der Vorschrift des **§ 302 Nr. 1 InsO als Gegenausnahme zu § 301 Abs. 1 InsO** nach Aufhebung des Insolvenzverfahrens seine restliche Forderung gegen den Schuldner (wieder, **§ 294 Abs. 1 InsO**) unbeschränkt geltend machen kann.

340 Für die Fest- bzw. Attributsklage sind die **Zivilgerichte zuständig.**

> BVerwG, Beschl. v. 12.4.2013 – 9 B 37/12, ZVI 2013, 263 Rn. 7 (Gewerbesteuerhaftung als unerlaubte Handlung);
> BGH, Beschl. v. 2.12.2010 – IX ZB 271/09, ZInsO 2011, 44 f. = WM 2011, 142 f. Rn. 5 (Öffentlich-rechtliche Norm als Schutzgesetz).

341 Der Gläubiger kann auch noch während der Wohlverhaltensperiode Klage erheben oder einen anhängigen Prozess aufnehmen, um die Forderungseigenschaft als vorsätzlich begangene unerlaubte Handlung feststellen zu lassen. § 189 InsO findet keine Anwendung – auch nicht analog.

> BGH, Urt. v. 18.12.2008 – IX ZR 124/08, ZIP 2009, 389 Rn. 7, 9 ff.;
> OLG Stuttgart, Urt. v. 20.2.2008 – 10 U 3/08, ZInsO 2008, 981;
> OLG Naumburg, Urt. v. 21.2.2007 – 5 U 107/06, n. v.;
> Uhlenbruck/*Sinz*, InsO, § 184 Rn. 14;
> MünchKomm-*Schumacher*, InsO, § 184 Rn. 3;
> **a. A.** [§ 189 analog] FK-*Kießner*, InsO, § 184 Rn. 14;
> Braun/*Specovius*, InsO, § 184 Rn. 2;
> *Hattwig*, ZInsO 2004, 636 ff. (nur bis zur Ankündigung der RSB).

342 Nach wie vor ungeklärt ist jedoch, **bis wann spätestens eine Anmeldung** (bzw. Nachmeldung) **als unerlaubte Handlung erfolgen muss** oder eine titelergänzende Feststellungsklage zu erheben ist, um den Rechtswirkungen des § 301 Abs. 1 zu entgehen. Selbst eine Forderungsanmeldung, die so spät erfolgt, dass sie erst im Schlusstermin geprüft werden kann und daher nicht mehr in das Schlussverzeichnis aufgenommen wird, kann aus Sicht des Gläubigers dennoch Sinn machen, nämlich wenn es ihm nur darum geht, nicht von der Restschuldbefreiung betroffen zu sein, weil er bereits über einen vollstreckbaren Titel verfügt. Erst die Erteilung der Restschuldbefreiung würde die Rechte des Gläubigers endgültig beeinträchtigen. Dies rechtfertigt es, als spätesten Zeitpunkt für die Rechtsverfolgung durch den Gläubiger auf den **Ablauf der sechsjährigen Abtretungsfrist (§ 287 Abs. 2 Satz 1 InsO)** abzustellen. Bis zu diesem Zeitpunkt kann der Gläubiger sich noch gegen den Widerspruch des Schuldners gegen die Anmeldung der Forderung als vorsätzliche unerlaubte Handlung wenden. Ihm dieses Recht auch noch danach zuzugestehen,

> vgl. *Kohte/Ahrens/Grote*, § 302 Rn. 17 ff. InsO,

I. Der Insolvenzverwalter im Verbraucherinsolvenzverfahren

widerspräche dem schutzwürdigen Interesse des Schuldners nach Rechtssicherheit, nämlich endgültig zu wissen, ob die Forderung noch gegen ihn geltend gemacht werden kann oder nicht. Auch der Rechtsverkehr verlangt Rechtsklarheit über den Umfang der Restschuldbefreiung.

> BGH, Urt. v. 7.5.2013 – IX ZR 151/12 ZIP 2013, 1677 Rn. 12 für den spätesten Zeitpunkt der Anmeldung oder Nachmeldung;
> a. A. Uhlenbruck/*Sinz*, § 184 Rn. 14: bis zur Rechtskraft des Beschlusses über die (Versagung oder) Erteilung der Restschuldbefreiung (§ 300 Abs. 3).

a) Feststellungsklage

343 Widerspricht der Insolvenzverwalter oder ein anderer Insolvenzgläubiger einer Forderung, so kann der betroffene Insolvenzgläubiger den Widerspruch nur im Wege einer Feststellungsklage gegen den Bestreitenden beseitigen (§ 179 Abs. 1 InsO). Der Insolvenzverwalter gibt zur Erhebung einer Insolvenzfeststellungsklage auch dann Anlass, wenn er die angemeldete Forderung nur **vorläufig** bestreitet und auf Nachfrage des Gläubigers die Bestreitensgründe nicht unverzüglich mitteilt.

> BGH, Urt. v. 9.2.2006 – IX ZB 160/04, ZIP 2006, 576
> = NZI 2006, 295.

344 Die Kosten des Feststellungsprozesses trägt aber der Kläger, wenn er dem Insolvenzverwalter keine **angemessene Frist** zur Stellungnahme setzt.

> BGH, Beschl. v. 9.2.2006 – IX ZB 160/04, ZIP 2006, 576
> = NZI 2006, 295;
> FG Köln, Beschl. v. 17.3.2010 – 15 K 1867/09, n. v.

345 Erkennt der Insolvenzverwalter die Forderung nach Erhebung der Feststellungsklage an und erklären die Parteien den Rechtsstreit übereinstimmend für erledigt, so ist die Kostenentscheidung nach § 93 ZPO zu treffen.

> **Praxistipp:**
> Insbesondere wenn der Insolvenzverwalter die Forderung bestritten hat, weil Belege fehlen oder die Forderungsaufstellung nicht schlüssig ist, sollte der Gläubiger seine Anmeldung unbedingt nachbessern und abwarten, ob der Verwalter die Forderung nachträglich anerkennt, bevor er Klage erhebt. Sonst hat er die Kosten zu tragen, selbst wenn das Anerkenntnis erst im laufenden Verfahren erfolgt (BGH, Beschl. v. 9.2.2006 – IX ZB 160/04, ZIP 2006, 576).

346 War über die Forderung zum Zeitpunkt der Eröffnung des Insolvenzverfahrens ein **Rechtsstreit anhängig**, so ist die Feststellung durch Aufnahme des – nach § 240 ZPO unterbrochenen – Rechtsstreits zu betreiben (§ 180 Abs. 2 InsO). Der Antrag ist auf Feststellung zur Tabelle umzustellen.

347 **Zuständig** für die Feststellungsklage ist je nach Streitwert das Amts- oder Landgericht (§ 180 Abs. 1 InsO). Der Streitwert richtet sich – wie auch der Beschwerdewert – nicht nach dem Nennwert der festzustellenden Forderung, sondern nach der voraussichtlich auf sie entfallenden Insolvenzquote (§ 182 InsO). Ist ein anderer als der ordentliche Rechtsweg gegeben, so gelten die jeweiligen Verfahrensvorschriften. Die Feststellung von angemeldeten arbeitsrechtlichen, steuerlichen oder sozialrechtlichen Forderungen fällt damit in die Zuständigkeit der Arbeitsgerichte, Finanzgerichte oder Sozialgerichte (§ 185 InsO).

348 Mit der **rechtskräftigen Feststellung** ist der eingelegte Widerspruch ausgeräumt. Die rechtskräftige Entscheidung wirkt gegenüber dem Insolvenzverwalter und allen Insolvenzgläubigern, auch wenn sie an dem Rechtsstreit nicht beteiligt waren (§ 183 InsO). Der obsiegende Gläubiger muss allerdings selbst bei dem Insolvenzgericht die Berichtigung der Insolvenztabelle betreiben (§ 184 InsO); eine Korrektur von Amts wegen findet nicht statt.

349 War die Forderung sowohl von dem Insolvenzverwalter als auch einem Insolvenzgläubiger bestritten, so muss der Gläubiger gegen **beide** prozessieren und obsiegen.

BGH, Beschl. v. 6.3.2013 – III ZR 261/12, NZI 2013, 396 f.

350 Verliert er einen Prozess, so ist die Feststellung gescheitert (§ 178 Abs. 1 Satz 1 InsO). Mehrere Streitende bilden eine notwendige Streitgenossenschaft. Werden sie gemeinsam verklagt, so ist nur eine einheitliche Entscheidung möglich (§ 183 Abs. 1 i. V. m. § 62 ZPO).

351 Liegt der bestrittenen Forderung ein **vollstreckbarer Schuldtitel** zugrunde, so muss der *Bestreitende* den Widerspruch verfolgen (§ 179 Abs. 2 InsO). Dies bedeutet, dass die Forderung auch dann in das Verteilungsverzeichnis aufgenommen werden muss und hierauf eine Quote ausgeschüttet wird, wenn der Bestreitende seinen Widerspruch nicht durch eine Feststellungsklage weiter verfolgt.

352 Bei rein *insolvenzspezifischen Einwendungen* gegen die angemeldete und titulierte Forderung, die zu einem Widerspruch führen, gilt § 179 Abs. 2 InsO nicht. Damit trifft den Gläubiger die Betreibungslast. Insolvenzspezifische Einwendungen sind solche, die den Rang der Forderung, ihre Anmeldbarkeit und Anfechtbarkeit betreffen.

Einzelheiten bei Uhlenbruck/*Sinz*, § 179 Rn. 30 ff.

353 Die Feststellung einer Forderung „in Höhe des Ausfalls" oder „für den Ausfall" stellt weder ein Bestreiten noch einen Widerspruch dar. Der absonderungsberechtigte Gläubiger kann seine Forderung in voller Höhe anmelden, prüfen und feststellen lassen.

354 Da der **Widerspruch des Schuldners** weder die Feststellung der Forderung zur Insolvenztabelle noch die Teilnahme an der Schlussverteilung hindert (§ 178 Abs. 1 Satz 2 InsO), macht eine Feststellungsklage gemäß § 184 nur bei natürlichen Personen Sinn, wenn eine Versagung der Restschuldbefreiung zu erwarten ist oder es sich um eine Forderung aus vorsätzlich begange-

ner unerlaubter Handlung handelt, weil sonst der Widerspruch des Schuldners der nachinsolvenzlichen Zwangsvollstreckung aus dem Tabellenauszug entgegensteht (§ 201 Abs. 2 Satz 1 InsO).

BGH, Urt. v. 18.5.2006 – IX ZR 187/04, NZI 2006, 536; dazu EWiR 2006, 539 *(Ahrens)*.

Auch im Fall des Widerspruchs durch den Schuldner wird die Feststellungslast und damit das Prozessrisiko vom Gläubiger auf den Widersprechenden verlagert, § 182 Abs. 2 InsO. Die Verlagerung der Feststellungslast tritt bereits bei Vorliegen eines nur vorläufig vollstreckbaren Titels ein; auf dessen Rechtskraft oder Rechtskraftfähigkeit kommt es nicht an. Der Schuldner muss binnen der Monatsfrist des § 284 Abs. 2 Satz 1 InsO das Verteidigungsmittel wählen, dass ihm auch außerhalb des Insolvenzverfahrens zur Verfügung gestanden hätte. Gegen nicht rechtskräftige Titel ist folglich das statthafte Rechtsmittel und gegen rechtskräftige Titel eine Klage nach den §§ 767 ZPO, 578 ff. ZPO oder § 826 BGB zu wählen. Die Monatsfrist beginnt am Tag des Prüfungstermins bzw. im schriftlichen Verfahren der Ablauf der Ausschlussfrist, die das Gericht gemäß §§ 5 Abs. 2 Satz 1, 177 Abs. 1 Satz 2 InsO gesetzt hat. 355

Uhlenbruck/*Sinz*, § 184 Rn. 17.

Für den Fall, dass der Schuldner die Frist zur Widerspruchsverfolgung und Führung des Nachweises versäumt, bestimmt das Gesetz, dass der Widerspruch als nicht erhoben gilt, § 184 Abs. 2 Satz 2 InsO. Als Nachweis (§ 184 Abs. 2 Satz 4 InsO) für die fristgerechte Erhebung der Klage genügt es, dem Insolvenzgericht eine Kopie des bestimmenden Schriftsatzes mit dem Eingangsstempel des Prozessgerichtes im Original vorzulegen. Zwar lässt das Gesetz offen, wann der Nachweis über die Klageerhebung erbracht werden muss. Es spricht aber einiges dafür, dass auch der Nachweis innerhalb der Monatsfrist bei dem Insolvenzgericht eingehen muss. Zum einen wird so zügig Rechtsklarheit über die Wirkung des Widerspruchs geschaffen. Zum anderen entspricht es dem Willen des Gesetzgebers, eine ähnliche Regelung wie in § 878 Abs. 1 ZPO zu schaffen. 356

Vgl. BReg BR-Drucks. 549/06, S. 41.

Das Insolvenzgericht hat den Schuldner gemäß § 184 Abs. 2 Satz 3 InsO auf die Folgen einer Fristversäumung hinzuweisen. 357

Im Fall der **unerlaubten Handlung** ist in Bezug auf die Betreibungslast zu unterscheiden. Wird der Deliktsgrund bereits *aus dem Tenor* des vollstreckbaren Titels ersichtlich, trifft die Last den Schuldner. 358

Kahlert, ZInsO 2006, 409.

Wird der Deliktsgrund nur *aus den Entscheidungsgründen* ersichtlich, bleibt die Last bei dem Gläubiger, da die Entscheidungsgründe nicht in Rechtskraft erwachsen. 359

Uhlenbruck/*Sinz*, § 184 Rn. 20.

D. Eröffnetes Insolvenzverfahren

360 Der Gläubiger kann den Widerspruch des Schuldners im Wege einer titelergänzenden Feststellungsklage beseitigen.

BGH, Urt. v. 18.5.2006 – IX ZR 187/04, ZVI 2006, 311 f.

361 Der Schuldner kann Klarheit durch eine negative Feststellungsklage erlangen, soweit die Deliktseigenschaft sicht nicht aus dem Tenor ergibt und eine konkrete Feststellung fehlt.

OLG Celle, Beschl. v. 23.2.2009 – 7 W 2/09, ZVI 2009, 108 f.

362 Der **Vollstreckungsbescheid** bildet einen Ausnahmefall: Im Gegensatz zu einem (Versäumnis-)Urteil, gerichtlichen Vergleich, notariellem Schuldanerkenntnis oder Anerkenntnisurteil findet bei dem Erlass eines Vollstreckungsbescheides *keine* materielle Prüfung statt. Wird eine Forderung im Vollstreckungsbescheid als auf einer vorsätzlich begangenen unerlaubten Handlung beruhend tituliert, liegt die Betreibungslast im Fall des Widerspruchs des Schuldners gegen das Attribut unerlaubte Handlung daher weiter bei dem Gläubiger.

BGH, Urt. v. 18.5.2006 – IX ZR 187/04, ZVI 2006, 311 ff.

b) Frist zur Klagerhebung, Teilnahme an der Verteilung der Insolvenzmasse

363 Eine prozessuale Frist für die Erhebung der **Feststellungsklage** sieht das Gesetz nicht vor. Sie ist deshalb bis zum Abschluss des Insolvenzverfahrens zulässig.

364 Sobald der Verwalter eine Abschlags- oder Schlussverteilung vornehmen möchte, hat er ein **Verteilungsverzeichnis** aufzustellen (§ 188 Satz 1 InsO). Dieses wird auf der Geschäftsstelle zur Einsichtnahme der Beteiligten niedergelegt (§ 188 Satz 2 InsO). Das Insolvenzgericht macht auf Basis dieses Verzeichnisses die Summe der an der Verteilung teilnehmenden Insolvenzforderungen und die verfügbare Teilungsmasse öffentlich bekannt (§ 188 Satz 3 InsO). Bestrittene Insolvenzforderungen werden in dem Verteilungsverzeichnis nicht berücksichtigt (§ 189 InsO).

365 Der Gläubiger einer bestrittenen Insolvenzforderung hat deshalb, wenn er bei der Verteilung berücksichtigt werden will, nach § 189 Abs. 1 InsO spätestens innerhalb einer **Ausschlussfrist von zwei Wochen** nach der öffentlichen Bekanntmachung des Verteilungsverzeichnisses dem Insolvenzverwalter gegenüber nachzuweisen, dass und für welchen Betrag er Feststellungsklage erhoben hat. Erforderlich ist neben der Übersendung der Klageschrift der Nachweis darüber, dass die Klage bei dem Prozessgericht auch tatsächlich eingegangen ist.

BGH, Beschl. v. 13.9.2012 – IX ZB 143/11,
ZIP 2012, 2071 ff. Rn. 8

Der Nachweis kann in jeder zulässigen Art und Weise erfolgen; einer öffentlichen Urkunde bedarf es nicht. 366

BGH, Beschl. v. 13.9.2012 – IX ZB 143/11,
ZIP 2012, 2071 ff. Rn. 8.

Nur wenn dieser Nachweis geführt wird, hat der Verwalter den auf die Forderung entfallenden Anteil bei der Verteilung zum Zwecke der Sicherstellung zurückzubehalten (§ 189 Abs. 2 InsO). Wird der Nachweis nicht rechtzeitig geführt, bleibt die bestrittene Forderung bei der Verteilung unberücksichtigt (§ 189 Abs. 3 InsO). 367

8. Haftung des Insolvenzverwalters (§§ 60, 61 InsO)

Der Insolvenzverwalter ist nach § 60 InsO allen Beteiligten zum Schadensersatz verpflichtet, wenn er schuldhaft die Pflichten verletzt, die ihm „nach diesem Gesetz" obliegen, also nur bei **Verletzung insolvenzspezifischer Pflichten**, die sich unmittelbar aus der Insolvenzordnung ergeben müssen. Eine darüber hinausgehende Haftung kommt nur nach den allgemeinen zivilrechtlichen Normen in Betracht, etwa eine Haftung aus § 69 AO, § 823 BGB oder wegen Verschuldens bei Vertragsschluss. 368

Haftungsmaßstab ist die Sorgfalt eines ordentlichen und gewissenhaften Insolvenzverwalters. Dadurch wird zum Ausdruck gebracht, dass die Verwalterhaftung von den Zielen und Gegebenheiten des Insolvenzverfahrens abhängig ist, um so eine angemessene Haftungsbeschränkung zu erreichen. 369

BAG, Urt. v. 25.1.2007 – 6 AZR 559/06, ZIP 2007, 1169
= NZI 2007, 535.

Der Insolvenzverwalter ist berechtigt, insbesondere im Fall der Geschäftsfortführung, Hilfskräfte einzusetzen. Verwalter, die mit der Abwicklung größerer Insolvenzen befasst sind, unterhalten oftmals ein spezialisiertes Mitarbeiterteam, das ständig unter der Leitung und Verantwortung des Verwalters bei der Insolvenzabwicklung mitwirkt. § 60 Abs. 2 InsO enthält für den Insolvenzverwalter eine wesentliche **Haftungsprivilegierung**. Ein Verschulden seiner Erfüllungsgehilfen (§ 278 BGB) wird dem Verwalter nur zugerechnet, wenn er eigenes Personal einsetzt. Das Verschulden von *Personal des Schuldners* hat er ebenso wenig zu vertreten wie das von selbstständig tätigen Hilfskräften; in diesen Fällen haftet er nur, soweit ihn ein Auswahlverschulden trifft, er deren Überwachung nicht sachgerecht ausübt oder Entscheidungen von besonderer Bedeutung nicht selbst trifft. 370

Klassische Haftungskonstellationen sind: 371

- Missachtung von Aus- oder Absonderungsrechten.
- Unzureichende Sicherung der Masse, fehlender Versicherungsschutz.
- Übersehen von Anfechtungs- oder Haftungsansprüchen.

D. Eröffnetes Insolvenzverfahren

- Nichtbeenden einer erkennbar masseschmälernden Betriebsfortführung.
- Fehlende Trennung der Buchhaltung für das vorläufige und das eröffnete Insolvenzverfahren.
- Mangelhafte Buchführung und lückenhaftes Belegwesen.
- Unternehmensfortführung ohne Liquiditätsplan.
- Verjährenlassen von Ansprüchen.

> Zu Einzelheiten: Uhlenbruck/*Sinz*, InsO, § 60 Rn. 1 ff.

372 Aus dieser Aufstellung wird ersichtlich, dass das Haftungsrisiko des Insolvenzverwalters in **Verbraucherinsolvenzverfahren** sehr gering ist.

373 Die Haftung des Insolvenzverwalters bei der **Nichterfüllung von Masseverbindlichkeiten** wird in § 61 InsO spezialgesetzlich geregelt. Grundsätzlich ist der Insolvenzverwalter einem Massegläubiger zum Schadensersatz verpflichtet, wenn die durch eine Rechtshandlung *von ihm begründete* Masseverbindlichkeit aus der Insolvenzmasse nicht voll erfüllt werden kann; daher besteht keine Haftung bei oktroyierten Masseverbindlichkeiten, also solchen, die der Verwalter nicht abwenden kann. Ebenso scheidet eine Haftung mangels Verschuldens aus, wenn es zu unvorhersehbaren Zahlungsausfällen kommt.

> Zum Inhalt und Aufbau eines qualifizierten Liquiditätsplans:
> *Staufenbiel/Karlstedt*, ZInsO 2010, 2059.

374 Die **Verjährung** der Haftungsansprüche gegen den Insolvenzverwalter ist in § 62 InsO geregelt und orientiert sich an der regelmäßigen Verjährung des BGB. Spätestens tritt Verjährung nach Ablauf von drei Jahren nach Aufhebung bzw. Rechtskraft der Einstellung des Insolvenzverfahrens ein (§ 62 Satz 2 InsO).

9. Vergütung des Insolvenzverwalters

375 § 63 Abs. 1 Satz 1 InsO bestimmt, dass der Insolvenzverwalter einen Anspruch auf Vergütung für seine Geschäftsführung und auf Erstattung angemessener Auslagen hat. Die Vorschrift wird konkretisiert durch die Normen der insolvenzrechtlichen Vergütungsverordnung (**InsVV**). § 63 InsO und die Vorschriften der InsVV gelten auch für den Insolvenzverwalter im Verbraucherinsolvenzverfahren.

376 Eine Entnahme der Vergütung aus der Masse setzt eine *vorherige* Festsetzung durch das Insolvenzgericht voraus (§ 64 InsO). Grundlage der Vergütung des Insolvenzverwalters ist die **Teilungsmasse** bei *Beendigung* des Insolvenzverfahrens. Daher sind auch bis zur Schlussverteilung noch zu erwartende Einnahmen bei der Berechnung der Teilungsmasse zu berücksichtigen, wenn diese aus der Sicht des Verwalters eine feste Kalkulationsbasis haben und in die Schlussrechnung als Solleinnahmen eingestellt worden sind.

I. Der Insolvenzverwalter im Verbraucherinsolvenzverfahren

Die InsVV normiert in § 2 InsO eine wertabhängige **Staffelvergütung**, um extrem hohe Vergütungsfestsetzungen zu vermeiden. Der Insolvenzverwalter erhält 377

von den ersten 25.000 € der Insolvenzmasse		40 %
von dem Mehrbetrag bis zu	50.000 €	25 %
von dem Mehrbetrag bis zu	250.000 €	7 %
von dem Mehrbetrag bis zu	500.000 €	3 %
von dem Mehrbetrag bis zu	25.000.000 €	2 %
von dem Mehrbetrag bis zu	50.000.000 €	1 %
von dem darüber hinaus gehenden Betrag		0,5 %.

Damit der Insolvenzverwalter in **masselosen Verfahren** nicht ohne Vergütung arbeitet, setzt § 2 Abs. 2 Satz 1 InsVV die **Mindestvergütung** des Insolvenzverwalters auf **1.000 €** fest. Diese erhöht sich gemäß Satz 2, wenn mehr als 10, aber weniger als 31 Gläubiger eine Forderung angemeldet haben, um 150 € für je angefangene fünf Gläubiger; bei mehr als 30 Gläubigern um 100 € je angefangene fünf Gläubiger (Satz 3). Gemäß **§ 13 InsVV n. F.** ermäßigt sich die Mindestvergütung im **Verbraucherinsolvenzverfahren** auf 800 €, wenn die Unterlagen nach § 305 Abs. 1 Nr. 1 InsO von einer geeigneten Person oder Stelle erstellt worden sind. 378

> Zur Vergütung des Treuhänders im Verbraucherinsolvenzverfahren in den bis zum 1.7.2014 beantragten Insolvenzverfahren vgl. *Sinz/Wegener/Hefermehl, Verbraucherinsolvenz*, S. 132–136.

Nach § 1 Abs. 1 Satz 1 InsVV wird als Berechnungsgrundlage der Wert der Insolvenzmasse herangezogen, der sich aus der **Schlussrechnung** ergibt, wobei auch ein sicherer späterer Zuwachs berücksichtigt wird (z. B. Vorsteuererstattung aus der Verwaltervergütung. Dieser Wert setzt sich grundsätzlich aus den **Einnahmen** der Schlussrechnung (ohne Abzug der Masseverbindlichkeiten!) zusammen. Welche Einnahmen herauszurechnen sind oder nur modifiziert berücksichtigt werden können, bestimmt § 1 Abs. 2 InsVV. Sollte das Insolvenzverfahren nach der Bestätigung eines Insolvenzplanes aufgehoben oder durch Einstellung – z. B. mangels Masse – vorzeitig aufgehoben werden, so bestimmt Satz 2, dass der Schätzwert der Masse zur Zeit der Beendigung des Verfahrens maßgeblich ist. 379

Wichtigster Fall in der Praxis der **Unternehmensinsolvenz** ist § 1 Abs. 2 Nr. 4b InsVV. Nach dieser Vorschrift ist bei der Feststellung des Wertes der Masse nur der *Überschuss* aus einer **Betriebsfortführung** zu berücksichtigen. Daraus folgt, dass die aufgrund der Betriebsfortführung veranlassten Ausgaben herauszurechnen sind. 380

D. Eröffnetes Insolvenzverfahren

Hierzu *Sinz/Hiebert*, Unternehmensinsolvenz, S. 121 Rn. 469 mit Praxisbeispiel.

381 Ferner ist von Bedeutung, dass der Erlös von Gegenständen, die mit einem **Absonderungsrecht** belastet sind, nur mit dem Betrag in die Berechnung der Masse einfließt, der in der Masse verbleibt (§ 1 Abs. 2 Nr. 1 InsVV); im Übrigen sieht Satz 2 eine Deckelung vor auf maximal die Hälfte der Feststellungspauschale, die im Rahmen der Verwertung für die Insolvenzmasse realisiert wurde.

382 Die nach Maßgabe des § 1 Abs. 1 InsVV ermittelte Masse wird nach der Vornahme der in § 1 Abs. 2 InsVV bestimmten Abzüge bzw. Ergänzungen als **bereinigte Teilungsmasse** bezeichnet. Diese ist maßgeblich für die Berechnung des Regelsatzes nach § 2 InsVV. Sodann ist zu prüfen, ob die Regelvergütung nach § 2 InsVV durch **Zuschläge** zu erhöhen bzw. durch **Abschläge** zu senken ist; beides spielt in der Praxis der Verbraucherinsolvenz bislang keine nennenswerte Rolle. Dies könnte sich durch die Einführung des § 3 Abs. 2e) n. F. der insolvenzrechtlichen Vergütungsverordnung (InsVV) ändern. Danach ist ein Zurückbleiben hinter dem Regelsatz insbesondere gerechtfertigt, wenn die Vermögensverhältnisse des Schuldners überschaubar und die Zahl der Gläubiger oder die Höhe der Verbindlichkeiten gering sind. Für die Vielzahl der ohnehin masselosen Verbraucherinsolvenzverfahren, in denen meist nur die Mindestvergütung festgesetzt wird, bleibt diese Vorschrift allerdings ohne Bedeutung.

383 Die Vergütung des Insolvenzverwalters, dessen **Amt vorzeitig geendet** hat, ist regelmäßig in der Weise zu berechnen, dass der Regelsatz nach § 2 InsVV gemäß § 3 Abs. 2 Buchst. c) InsVV reduziert wird.

BGH, Beschl. v. 16.12.2004 – IX ZB 301/03, ZIP 2005, 180;
dazu EWiR 2005, 401 *(Rendels)*.

384 § 5 InsVV bestimmt, dass derjenige Insolvenzverwalter, der über **besondere Sachkunde** verfügt (Rechtsanwalt, Wirtschaftsprüfer, Steuerberater) nach Maßgabe des Rechtsanwaltsvergütungsgesetzes bzw. der entsprechenden Vorschriften Gebühren und Auslagen gesondert aus der Insolvenzmasse verlangen kann. Er hat jedoch in seinem Vergütungsantrag aufzuführen, für welche von ihm beauftragten Fachleute er das an diese entrichtete Entgelt aus der Masse entnommen hat, und das Insolvenzgericht ist berechtigt und verpflichtet zu prüfen, ob die Beauftragung Externer gerechtfertigt war. Auf eine Beteiligung des Verwalters oder naher Angehöriger an dem beauftragten Dienstleister ist ungefragt im Vergütungsantrag hinzuweisen.

BGH, Beschl. v. 11.11.2004 – IX ZB 48/04, ZIP 2005, 36
= ZVI 2005, 152 – RA;
dazu EWiR 2005, 833 *(Henssler/Deckenbrock)*;
BGH, Beschl. v. 3.3.2005 – IX ZB 261/03, ZVI 2005, 143 – StB;
BGH, Beschl. v. 23.3.2006 – IX ZB 130/03, ZIP 2006, 825 –
bei PKH.

II. Abwicklung von Verträgen

Daneben ordnet § 6 InsVV an, dass auch die Durchführung einer **Nachtrags-** 385
verteilung und die Überwachung der Erfüllung eines Insolvenzplans gesondert vergütet werden. Im Normalfall sind dies **25 %** der (auf der Basis der Nachtragsverteilungsmasse isoliert berechneten) Regelvergütung.

Der **Auslagenersatz** des Insolvenzverwalters ist in § 8 Abs. 3 InsVV geregelt. 386
Danach können Auslagen entweder in tatsächlich entstandener Höhe oder in Form einer Pauschale beansprucht werden. Der Insolvenzverwalter hat nach § 9 Satz 2 InsVV einen Anspruch auf einen angemessenen **Vorschuss**, da ihm nicht zugemutet wird, im Hinblick auf die eigenen Kosten für die Abwicklung des Verfahrens in Vorleistung zu gehen. Gegen die Ablehnung steht ihm die sofortige Beschwerde nach §§ 64 Abs. 3, 6 InsO zu.

Der Vergütungsfestsetzungsbeschluss ist dem Schuldner besonders zuzustel- 387
len (§ 64 Abs. 2 Satz 1 InsO). Daneben ist die öffentliche Bekanntmachung (ohne Betragsangabe) vorgesehen. Nach § 64 Abs. 3 Satz 1 ist jeder Gläubiger, der eine Forderung zur Tabelle angemeldet hat, grundsätzlich berechtigt, **sofortige Beschwerde** gegen die Festsetzung der Vergütung und Auslagen des Insolvenzverwalters zu erheben.

BGH, Beschl. v. 7.12.2006 – IX ZB 1/04, ZIP 2007, 647
= NZI 2007, 241 = ZVI 2007, 287.

II. Abwicklung von Verträgen

1. Allgemeines

Grundsätzlich hat die Eröffnung eines Insolvenzverfahrens keinen Einfluss 388
auf den Bestand von Vertragsverhältnissen. Lediglich die vom Schuldner erteilten Aufträge und Vollmachten sowie die Geschäftsbesorgungsverträge erlöschen gemäß den §§ 115–117 InsO mit Verfahrenseröffnung, da sie die alleinige Verwaltungs- und Verfügungsbefugnis des Insolvenzverwalters beeinträchtigen. Die wechselseitigen Ansprüche aus einem gegenseitigen Vertrag i. S. d. § 320 BGB verlieren mit Verfahrenseröffnung ihre Durchsetzbarkeit, soweit sie nicht auf die anteilige Gegenleistung für vor Verfahrenseröffnung erbrachte Leistungen gerichtet sind.

BGH, Urt. v. 25.4.2002 – IX ZR 313/99, ZIP 2002, 1093;
dazu EWiR 2003, 125 *(Tintelnot)*.

Die Erfüllungsansprüche aus **gegenseitigen, beiderseits noch nicht erfüll-** 389
ten Verträgen sind mit Verfahrenseröffnung *suspendiert*. Da eine Sanierung oder Liquidation ohne die Möglichkeiten, bestehende Vertragsverhältnisse zu beenden, effizient gar nicht möglich wäre, stellt die Insolvenzordnung dem Insolvenzverwalter zwei Instrumente zur Verfügung, mit der bestehende Vertragsverhältnisse beendet werden können: das Wahlrecht des Verwalters nach § 103 InsO und die Kündigung bestimmter Dauerschuldverhältnisse.

Grundsätzlich kann der Insolvenzverwalter nach § 103 InsO wählen, ob er den 390
Vertrag mit Mitteln der Masse erfüllen will oder nicht, soweit es sich um ein

Schuldverhältnis handelt, das nicht „insolvenzfrei" ist. Denn § 103 InsO ist bei sog. **insolvenzfreien Schuldverhältnissen nicht anwendbar.** Insolvenzfrei sind vor allem höchstpersönliche Ansprüche und solche Schuldverhältnisse, die in Bezug zu einem Gegenstand stehen, der nicht pfändbar ist.

Exkurs: Private Krankenversicherung

391 Zu den insolvenzfreien Schuldverhältnissen gehören **grundsätzlich** auch die in der Praxis immer noch wichtigen **privaten Krankenversicherungen** der Schuldner.

> OLG Frankfurt, Beschl. v. 28.5.2013 – 12 W 68/12,
> ZVI 2013, 310 ff. = juris Rn. 8;
> OLG Frankfurt, Urt. v. 24.4.2013 – 7 U 142/12,
> VersR 2013, 990 ff. = ZVI 2013, 312 ff.;
> LG Dortmund, Urt. v. 19.1.2012 – 2 O 449/12, RuS 2012, 249 f.;
> AG Kiel, Urt. v. 6.10.2011 – 115 C 242/11, NZI 2012, 30 f.
> = ZInsO 2012, 226 ff. Rn. 21;
> *Busch*, ZVI 2013, 303 ff.;
> *Senger/Finke*, ZInsO 2012, 997 ff.

392 **Anders** soll dies nach Meinung des OLG Frankfurt

> – OLG Frankfurt, Beschl. v. 28.5.2013 – 12 W 68/12,
> ZVI 2013, 310 ff. = juris Rn. 9 ff. –

aber sein, wenn die Schuldnerin sowohl gesetzlich (§ 193 Abs. 3 Satz 2 Nr. 1 VVG) als auch privat versichert ist (sog. *Doppelversicherung*). Die Einordnung der privaten Krankenversicherung als insolvenzfreies Vermögen des Schuldners und damit die Nichtanwendung des § 103 InsO werde im Wesentlichen damit begründet, dass die Pfändung von Ansprüchen des Schuldners als Versicherungsnehmer auf Erstattung der Kosten für künftige ärztliche Behandlungsmaßnahmen gegen einen Krankenversicherer aufgrund von Billigkeitserwägungen nach § 850b Abs. 2 ZPO grundsätzlich nicht in Betracht komme, weil dies den Zweck des Versicherungsvertrages gefährde. Dem Schuldner dürfe nicht die Möglichkeit abgeschnitten werden, ärztliche Behandlungen in der Gewissheit in Anspruch nehmen zu können, dass die Kosten dieser Inanspruchnahme von der Versicherung zum Ausgleich gebracht werden. Wenn der Erstattungsanspruch dem Schuldner zustehe, könne die Masse für die Zahlung der Prämien aber nicht herangezogen werden. Ziel des Gesetzgebers sei es gewesen, dass jede Person im Inland über eine Krankenversicherung verfüge. Für den Fall der Doppelversicherung bestehe daher keine Notwendigkeit, die Leistungen aus der privaten Krankenversicherung der Insolvenzmasse zu entziehen; infolgedessen unterliege das Versicherungsverhältnis insgesamt dem Insolvenzbeschlag und damit auch dem Wahlrecht nach § 103 InsO.

> OLG Frankfurt, Beschl. v. 28.5.2013 – 12 W 68/12,
> ZVI 2013, 310 ff. = juris Rn. 12.
> Vgl. auch BGH, Beschl. v. 4.7.2007 – VII ZB 68/06,
> ZVI 2007, 521 Rn. 13 f.

II. Abwicklung von Verträgen

Der Fall der Doppelversicherung ist eine Ausnahmekonstellation. Gemäß dem Grundsatz, dass dem Schuldner keine Leistungen entzogen werden sollen, die andernfalls der Sozialstaat in gleichem Umfang übernehmen müsste, ist eine Einzelfallabwägung erforderlich. 393

Busch, ZVI 2013, 303, 306.

Zu beachten ist hierbei, dass die Eröffnung des Insolvenzverfahrens **nicht** zu einer Zwangs-, Pflicht,- oder sonstigen Mitgliedschaft in einer gesetzlichen Krankenversicherung führt. Die Versicherungspflicht wird nur durch die Aufnahme einer abhängigen Beschäftigung oder den Erhalt von Sozialleistungen begründet. 394

Da das Versicherungsverhältnis grundsätzlich nicht dem Insolvenzbeschlag unterliegt, sind Ansprüche auf Zahlung von Versicherungsprämien für Zeiträume nach Eröffnung des Insolvenzverfahrens Neuverbindlichkeiten des Schuldners und nicht Insolvenzforderungen oder Masseverbindlichkeiten. 395

OLG Frankfurt, Urt. v. 24.4.2013 – 7 U 142/12,
VersR 2013, 990 ff. = ZVI 2013, 312 ff.

Im Fall des **Prämienverzuges** wird die private Krankenversicherung auf den sog. Basistarif umgestellt (§ 193 Abs. 6 VVG). Ferner wird die Versicherung gemäß § 193 Abs. 6 Satz 6 VVG ruhend gestellt. Während der Ruhenszeit haftet der Versicherer gemäß § 193 Abs. 6 Satz 6 VVG ausschließlich für Aufwendungen, die zur Behandlung akuter Erkrankungen und Schmerzzustände sowie bei Schwangerschaft und Mutterschaft erforderlich sind. **Nur** durch Befriedigung der Rückstände (Insolvenzforderungen) kann der Schuldner erreichen, dass die Ruhenszeit beendet wird; ein Wechsel in den vor der Ruhendstellung gültigen Tarif ist damit aber nicht verbunden. 396

OLG Celle, Beschl. v. 12.3.2013 – 8 W 13/13, ZInsO 2013, 990, 991 Rn. 10.

Die Ruhenszeit wird auch **nicht** durch die Wiederaufnahme der Zahlung der laufenden Prämien beendet. Der Schuldner kann sich daher nicht darauf beschränken, nur die nach Eröffnung des Insolvenzverfahrens fälligen Prämien zu zahlen und die Versicherungsgesellschaft im Übrigen auf die Anmeldung zur Insolvenztabelle zu verweisen. 397

OLG Celle, Beschl. v. 12.3.2013, a. a. O. Rn. 16 unter Bezugnahme auf § 12 Abs. 1a VAG und die versicherungsrechtliche Literatur.

Die Ruhenszeit endet auch **nicht** durch Eröffnung des Insolvenzverfahrens oder die Anmeldung der Prämienrückstände (Insolvenzforderungen) zur Insolvenztabelle. Die Ruhenszeit kann gemäß § 193 Abs. 6 Satz 5 VVG nur durch vollständige Zahlung sämtlicher Rückstände oder den Eintritt der Hilfebedürftigkeit i. S. d. SGB II oder SGB XII beendet werden. § 193 Abs. 6 Satz 5 InsO a. E. bestimmt, dass die Hilfebedürftigkeit auf Antrag des Berechtigten von dem zuständigen Träger nach dem SGB II oder XII zu bescheinigen ist. 398

D. Eröffnetes Insolvenzverfahren

OLG Celle, Beschl. v. 12.3.2013, a. a. O. Rn. 18.

399 Voraussetzung für das Erfüllungswahlrecht des Verwalters ist ferner, dass es sich um einen *gegenseitigen Vertrag* handelt, der bei Verfahrenseröffnung *von keiner Seite vollständig erfüllt* war. „Wählt" der Insolvenzverwalter **Nichterfüllung** (rechtlich handelt es sich um eine rein deklaratorische Erklärung), führt dies nicht zu einer Beendigung des Vertragsverhältnisses, sondern die offenen Erfüllungsansprüche bleiben – ungeachtet ihrer Suspendierung – zunächst bestehen. Wartet der Vertragspartner ab, kann er nach Beendigung des Verfahrens die restliche Vertragserfüllung wieder einfordern (Nachforderungsrecht des § 201 InsO), es sei denn, dem Schuldner wurde Restschuldbefreiung erteilt (§ 301 InsO). Nur wenn er – nach Nichterfüllungswahl durch den Insolvenzverwalter – Schadensersatz wegen Nichterfüllung zur Insolvenztabelle anmeldet, erlöschen die gegenseitigen Erfüllungsansprüche. **Wählt der Insolvenzverwalter Erfüllung** des Vertrages, erfährt der gegnerische Erfüllungsanspruch einen „Qualitätssprung" in der Weise, dass er von einer Insolvenzforderung zu einer *Masseforderung* aufgewertet wird. Der Vertragspartner kann aber nur insoweit eine Masseforderung geltend machen, als Leistung und darauf entfallende Gegenleistung noch ausstehen. Die Masse soll für die von ihr zu erbringende Leistung auch die ungeschmälerte Gegenleistung erhalten. Für vor Verfahrenseröffnung erbrachte Teilleistungen bleibt es hingegen bei den normalen insolvenzrechtlichen Regelungen, d. h. dem Vertragspartner steht insoweit nur eine Insolvenzforderung zu.

> **Beispiel:**
> Der Schuldner hat 100 Sack Zement (5,00 € pro Sack) für 500,00 € gekauft. Der Verkäufer hat vor Verfahrenseröffnung 20 Sack geliefert, aber den Kaufpreis hierfür noch nicht erhalten. Wählt der Insolvenzverwalter nach Eröffnung die Erfüllung des Vertrages, muss der Verkäufer noch die restlichen 80 Sack Zement liefern und erhält aus der Masse den Kaufpreis für 80 Sack in Höhe von 400,00 €. Nur insoweit standen Leistung und darauf entfallende Gegenleistung noch aus und nur insoweit wird die Kaufpreisforderung des Verkäufers zur Masseforderung aufgewertet. Wegen der vor Verfahrenseröffnung gelieferten 20 Sack Zement steht dem Verkäufer nur eine Insolvenzforderung in Höhe von 100,00 € zu, die er zur Tabelle anmelden kann.

400 Vom Gesetzgeber als besonders wichtig eingestufte Verträge sind vom Wahlrecht des Verwalters ausgenommen, nämlich Miet- oder Pachtverträge über Grundstücke und Räume sowie Dienstverträge, vor allem Arbeitsverträge. Anstelle des Wahlrechtes hat der Insolvenzverwalter ein einseitiges Kündigungsrecht (§§ 109, 113 InsO). Da solche Verträge nach Verfahrenseröffnung zunächst einmal fortbestehen, sind Ansprüche des Vertragspartners für Zeiträume nach Eröffnung automatisch *Masseverbindlichkeiten*.

401 Im Rahmen von Verbraucherinsolvenzverfahren ist vor allem die Abwicklung von Mietverhältnissen von besonderer Bedeutung; das Wahlrecht des Verwalters nach § 103 InsO besitzt kaum Relevanz.

II. Abwicklung von Verträgen

2. Mietverträge

In der Insolvenz natürlicher Personen sind regelmäßig Wohnraummietverträge abzuwickeln. Wegen Mietzinsrückständen aus der Zeit *vor* Insolvenzantragstellung kann der Vermieter nach dem Insolvenzantrag nicht kündigen (§ 112 InsO), auch nicht mit der Begründung, es sei eine Vermögensverschlechterung eingetreten. Die **Kündigungssperre** greift jedoch nicht mehr ein, wenn nach Insolvenzantragstellung erneut ein Rückstand von zwei Monatsmieten aufgelaufen ist; der Vermieter kann das Mietverhältnis dann gemäß § 543 Abs. 2 Nr. 3 BGB fristlos kündigen. Ebenso wenig findet § 112 InsO Anwendung, wenn die Kündigungserklärung des Vermieters dem Schuldner schon vor Insolvenzantragstellung zugegangen ist, weil in diesem Fall die Rechtsfolgen der Gestaltungserklärung schon eingetreten sind, bevor die Sperre Wirkung entfalten kann.

402

Nach Eröffnung des Insolvenzverfahrens ist der Mietzins grundsätzlich aus der Masse zu zahlen (§ 55 Abs. 1 Nr. 2 InsO). Der Insolvenzverwalter wird daher ein Interesse daran haben, dass die Masse nicht mehr für die laufenden Mietzinszahlungen aufkommen muss. Nach dem InsO-ÄndG kann der Insolvenzverwalter die Mietwohnung des Schuldners (die dieser selbst bewohnt) nicht mehr kündigen (z. B. um die Kaution zur Masse zu ziehen). An die Stelle des Kündigungsrechtes ist die Möglichkeit des Insolvenzverwalters getreten, zu erklären, dass der Vermieter *nach Ablauf der gesetzlichen Kündigungsfrist* seine Mietansprüche nicht mehr im Insolvenzverfahren geltend machen kann (sog. **Enthaftungserklärung nach § 109 Abs. 1 Satz 2 InsO**). Der Vermieter muss sich dann auch im laufenden Insolvenzverfahren direkt an den Schuldner halten; die Miete kann nach Wirksamwerden der Erklärung nur noch aus dem pfändungsfreien Vermögen gefordert werden. In der Praxis wird die Enthaftungserklärung nach § 109 Abs. 1 Satz 2 InsO häufig als „Freigabe" des Mietverhältnisses bezeichnet, was insoweit aber unpräzise ist.

403

Fall:

Der Schuldner ist alleiniger Mieter der Mietwohnung. Die Mieten für August und September 2013 hat er nicht gezahlt. Am 26.9.2013 hat er einen Antrag auf Eröffnung eines Insolvenzverfahrens gestellt. Am 20.10.2013 wird das vereinfachte Insolvenzverfahren eröffnet. Der Treuhänder gibt noch am selben Tag die Enthaftungserklärung gemäß § 109 Abs. 1 Satz 2 InsO mit Wirkung zum 31.1.2014 ab. Ende November 2013 droht der Vermieter dem Schuldner die außerordentliche Kündigung an, falls der Rückstand aus der Zeit vor Eröffnung nicht bis zum 15.12.2013 gezahlt werde. Da der Schuldner hierzu nicht in der Lage ist, kündigt der Vermieter. Die Miete für Oktober und November war ebenfalls rückständig. Die Dezembermiete hat der Schuldner gezahlt.

Ist die Kündigung zu Recht erfolgt? Wer haftet für die Miete ab Eröffnung?

D. Eröffnetes Insolvenzverfahren

Allein wegen des **Rückstandes vor Insolvenzantrag** hätte der Vermieter nicht kündigen können (§ 112 Abs. 1 Nr. 1 InsO). Die Miete für **Oktober und November** war aber ebenfalls rückständig. Da dieser Rückstand nach Insolvenzantrag einen neuen Kündigungsgrund darstellt, konnte der Vermieter gemäß § 543 Abs. 2 Nr. 3 a) BGB fristlos kündigen. Die Miete für **November** war aus der Masse zu zahlen. Man könnte daher darüber nachdenken, ob man auf den Novemberrückstand überhaupt eine fristlose Kündigung stützen kann, weil nicht der Mieter, sondern die Masse zur Mietzahlung verpflichtet war. Eine derartige Sicht findet aber im Gesetz keine Stütze.

Die Miete für den Zeitraum **20.10.2013 bis 31.10.2013** ist Insolvenzforderung (!), da sie bereits am 1.10.2013 i. S. v. § 38 „begründet" wurde (AG Berlin Tempelhof-Kreuzberg 2.2.2012 – 16 C 316/11, NZI 2013, 56) und nur für den Zeitraum **1.11.2013 bis 31.1.2014** Masseverbindlichkeit. Danach haftet der Schuldner persönlich mit seinem insolvenzfreien Vermögen.

Das örtliche Energieversorgungsunternehmen meldet eine Forderung für Stromlieferungen für den Zeitraum vom 10.7. bis 30.11.2013 an.

Ist die Forderung in die Tabelle aufzunehmen? Wie ist die Forderung zu behandeln?

Nach § 175 InsO hat der Treuhänder jede Forderung in die Tabelle so aufzunehmen, wie sie angemeldet wurde. Die Forderung ist daher einzutragen. Soweit es sich allerdings um eine Masseverbindlichkeit handelt, ist die Forderung zu bestreiten (hier: Verbrauch im Zeitraum vom 20.10.13 – 30.11.13).

404 Soweit es sich um ein gewerbliches Mietverhältnis handelt, beendet die Kündigung des Insolvenzverwalters das Mietverhältnis auch mit Wirkung für etwaige Mitmieter.

> BGH, Urt. v. 13.3.2013 – XII ZR 34/12, ZIP 2013, 835 ff.
> = ZVI 2013, 230 ff. Rn. 12, 18.

405 Handelt es sich bei der gemieteten Wohnung um eine **Genossenschaftswohnung**, so ist nach Einführung des § 67c GenG n. F. geklärt, dass Genossenschaftsanteile nicht verwertet werden dürfen, soweit sie das vierfache der Monatskaltmiete oder höchstens 2.000,00 € nicht übersteigen. Ist der Anteil höher, kann der überschießende Teil verwertet werden. Besteht die Möglichkeit, den Pflichtteil des Genossenschaftsmitgliedes zu reduzieren, kann diese genutzt werden.

406 Zu beachten ist schließlich, dass § 108 InsO nach seinem Wortlaut nur auf Mietverträge über *unbewegliche* Gegenstände Anwendung findet, nicht hingegen auf **Mietverträge über bewegliche Sachen**; für diese gilt § 103 InsO.

3. Vertragsverhältnisse mit Geldinstituten und bargeldloser Zahlungsverkehr

407 Mit *Eröffnung des Insolvenzverfahrens* erlischt der der Kontoführung zugrunde liegende **Girovertrag** gemäß §§ 115, 116 InsO, da es sich um einen auf Geschäftsbesorgung i. S. v. § 675 BGB gerichteten Dienstvertrag handelt. Ebenso erlischt das bezüglich der Kontoführung vereinbarte Kontokorrent.

II. Abwicklung von Verträgen

BGH, Urt. v. 10.6.1985 – III ZR 63/84, ZIP 1985, 1192;
dazu EWiR 1985, 767 (*Karsten Schmidt*);
FK-*Wegener*, InsO, § 116 Rn. 51.

Die Bank schließt das Girokonto des Schuldners nach Erlöschen des Girovertrages ab und führt einen *außerordentlichen Saldenabschluss* durch. Ein etwaiges Kontoabschluss-Guthaben unterfällt dem Insolvenzbeschlag und ist an die Insolvenzmasse auszuzahlen. Ein Debet-Saldo („Das Konto ist im Minus") zugunsten der Bank ist Insolvenzforderung. 408

Führt der Insolvenzverwalter das bisherige Konto des Schuldners ohne gesonderte Vereinbarung mit der Bank **weiter**, liegt darin der konkludente Abschluss eines Girovertrages zwischen dem Insolvenzverwalter und der Bank. Der Verwalter ist nicht berechtigt, für den Schuldner einen neuen Girovertrag abzuschließen. Der Schuldner verfügt daher nach Verfahrenseröffnung über kein eigenes Konto mehr, auf das beispielsweise der unpfändbare Teil seines Arbeitseinkommens überwiesen werden könnte. 409

Da der **Schuldner** trotz der Verfahrenseröffnung nicht in seiner Geschäftsfähigkeit eingeschränkt ist, **kann** er aber ungehindert **neue Giroverträge abschließen**. Zu beachten ist dabei jedoch, dass auch ein durch Zahlungseingänge auf dem neuen Girokonto entstehendes Guthaben vom Insolvenzbeschlag erfasst wird und damit zur Insolvenzmasse gehört (§ 35 InsO). Die Banken drängen häufig darauf, dass der Verwalter ein bestehendes Girokonto freigibt, damit der Schuldner dieses auf Guthabenbasis führen kann und die Bank dann keine pfändbaren Beträge abführen muss. Der Verwalter sollte sich aber wenigstens zur Kontrolle Zweitausfertigungen der Kontoauszüge schicken lassen. 410

Von elementarer Bedeutung für die Teilnahme des Schuldners am bargeldlosen Zahlungsverkehr sind das **Pfändungsschutzkonto (P-Konto)** nach § 850k ZPO und die Möglichkeit der Anordnung der Unpfändbarkeit von Kontoguthaben auf dem Pfändungsschutzkonto nach § 850l ZPO. Sowohl der Berater als auch der Insolvenzverwalter sollten den Schuldner auf diese vom Gesetzgeber zum 1.7.2010 geschaffene Möglichkeit der Zahlungsabwicklung hinweisen. Insbesondere kann die Umwandlung eines normalen Girokontos in ein P-Konto auch noch binnen vier Wochen nach Pfändung (hier: Insolvenzbeschlag) verlangt werden (§§ 835 Abs. 3, 850k Abs. 7 Satz 2 ZPO). Die wichtigsten Rechtsfolgen des P-Kontos sind: 411

- Es ist insolvenzfest und erlischt auch nicht mit Insolvenzeröffnung.

    LG Verden, Urt. v. 19.9.2013 – 4 S 3/13, ZIP 2013, 1954.

- **Lastschriftwiderruf ausgeschlossen** bei Zahlung aus P-Konto-Guthaben.

- **Sozialleistungen** sind 14 Tage (bisher: 7) vor Verrechnungen im Kontokorrent geschützt, d. h. auszuzahlen (§ 850k Abs. 6 ZPO); anders: Lohn und andere Gutschriften sofort und unbegrenzt verrechenbar.

D. Eröffnetes Insolvenzverfahren

- Verlängerung des Moratoriums von bisher zwei auf vier Wochen (§ 835 Abs. 3 ZPO); auf Antrag bei Vollstreckungsgericht Erneuerung möglich (Abs. 3 Satz 2).

- Aufhebung der Kontopfändung und Anordnung der Unpfändbarkeit für max. 12 Monate bei normalem Girokonto (§ 833a Abs. 2 ZPO); aber: seit 1.1.2012 Schuldnerschutz nur noch über P-Konto.

412 Die Einführung des Pfändungsschutzkontos hat ebenfalls zu zahlreichen Gerichtsentscheidungen und einer intensiven Diskussion in der Literatur über teils akademische aber auch praktische Fragen geführt. Umstritten ist vor allem, ob der Schuldner einen Anspruch auf Einrichtung eines Pfändungsschutzkontos auch gegenüber einem Geldinstitut hat, wenn er dort noch nicht Kunde ist, wie der Umfang des Pfändungsschutzes beim Übertrag von Restguthaben in den Folgemonat zu berechnen ist (sog. **Monatsanfangsproblematik**) sowie die Frage, ob Geldinstitute für die Einrichtung und das Führen dieser Konten höhere Entgelte verlangen dürfen. Ebenso ist umstritten, ob ein Pfändungsschutzkonto dem Insolvenzbeschlag unterliegt und erst durch den Insolvenzverwalter freigegeben werden muss, oder ob es möglicherweise sogar nach Maßgabe der §§ 118, 119 InsO mit Eröffnung des Insolvenzverfahrens erlischt.

> AG Verden, Urt. v. 14.2.2013 – 2 C 59/13, ZVI 2013, 196 f.;
> AG Nienburg, Urt. v. 24.1.2013 – 6 C 516/12, ZVI 2013, 198 f.;
> *Günther*, ZInsO 2013, 859 ff.;
> *Bitter*, ZIP 2011, 149 ff.;
> *Casse*, ZInsO 2012, 1402 ff.;
> *du Carrois*, ZInsO 2010, 2276 ff.;
> *Krüger*, ZVI 2010, 458 ff.;
> *Obermüller*, InsbürO 2013, 180 ff.;
> *Sauer*, ZVI 2012, 365 ff.;
> *Sudergat*, ZVI 2013, 169 ff.;
> *Zimmermann*, ZVI 2011, 37 ff.;
> vgl. auch *Sudergat*, Kontopfändung und P-Konto, 3. Aufl., 2013.

Fall (Monatsanfangsproblem):

A erhält zum Monatsende August eine laufende Geldleistung (Lohn oder Sozialleistung) auf sein gewöhnliches Girokonto. Diese steht noch in voller Höhe als Guthaben auf dem Konto, als unmittelbar zu Beginn des folgenden Monats (September) das Insolvenzverfahren über das Vermögen des A eröffnet wird. Auf Antrag des A wird das Konto in ein P-Konto umgewandelt.

Welcher Betrag ist für September an die Insolvenzmasse abzuführen?

Der P-Konto-Schutz wirkt zurück auf den Zeitpunkt der Insolvenzeröffnung, mithin auf Beginn September (§ 850k Abs. 1 Satz 3 ZPO). A kann sein August-Gehalt abheben oder davon Zahlungen tätigen.

Problem:

A erhält Ende September die nächste laufende Geldleistung (September-Gehalt oder Sozialleistung). Für diese ist der September-**Freibetrag bereits verbraucht** (nämlich für die August-Zahlung). Somit steht A Ende September

II. Abwicklung von Verträgen

kein Freibetrag mehr zur Verfügung. Das Guthaben ist **auch nicht** in den folgenden Monat Oktober **übertragbar**, da ein Übertrag nur stattfindet, wenn und soweit der Pfändungsfreibetrag des laufenden Monats nicht verbraucht ist (§ 850k Abs. 1 Satz 2 ZPO).

Lösungsansätze:

- Antrag nach § 765a ZPO wegen sittenwidriger Härte (BGH, Beschl. v. 14.7.2011 – VII ZB 85/10, ZInsO 2011, 2145 Rn. 20 ff.; LG Oldenburg, Beschl. v. 18.11.2010 – 6 T 758/10, ZVI 2011, 31; LG Essen 16.8.10 – 7 T 404/10, ZVI 2010, 350; AG Ludwigshafen 12.8.10 – 3bp M 893/10, ZVI 2010, 354; a. A. LG München I, Beschl. v. 7.12.2010 – 20 T 20790/10, ZVI 2011, 180; AG Leipzig 25.8.10 – 440 M 20050/10, ZVI 2010, 351).

- Antrag auf Grundsicherung nach §§ 7, 9 SGB II, wenn Bank schon ausgekehrt hat.

- Antrag auf Erneuerung/Perpetuierung des Moratoriums nach § 835 Abs. 3 Satz 2 ZPO *(Richter/Zimmermann*, ZVI 2010, 359)

- Antrag auf Freigabe des August-Guthabens nach § 850k Abs. 4 ZPO; Anrechnung auf (September-)Freibetrag entfällt dann (LG Berlin, Bechl. v. 30.9.2010 – 51 T 591/10, ZVI 2011, 97; AG SBV und ZAK, ZVI 2010, 361).

Rechtsunsicherheit, eine unzulängliche gesetzliche Regelung und akademische Streitereien dürfen in der Praxis nicht dazu führen, dass Schuldner – entgegen der Absicht des Gesetzgebers – vom bargeldlosen Zahlungsverkehr ausgeschlossen werden, weil Insolvenzverwalter und Geldinstitut sich über die wechselseitigen Pflichten nicht einig sind. Aufgrund der derzeit immer noch bestehenden Rechtsunsicherheit ist es sachgerecht, wenn der Insolvenzverwalter die in der Praxis von den Geldinstituten häufig verlangte deklaratorische Freigabe des Pfändungsschutzkontos erklärt, nachdem er sich von der Unpfändbarkeit des Kontoguthabens überzeugt hat. 413

Günther, ZInsO 2013, 859, 865.

Die **Gebühren** für ein **Pfändungsschutzkonto** dürfen nach der Rechtsprechung des Bundesgerichtshofs diejenigen für ein gewöhnliches Girokonto nicht übersteigen. 414

BGH, Urt. v. 16.7.2013 – XI ZR 260/12,
ZIP 2013, 1809 Rn. 20 ff.;
BGH, Urt. v. 13.11.2012 – XI ZR 500/11,
ZIP 2012, 2489 ff. Rn. 26 ff.

Das Guthaben des Pfändungsschutzkontos wird **unabhängig von der Herkunft der Einkünfte** (aus unselbstständiger oder selbstständiger Arbeit, Sozialleistungen, Steuererstattungen) geschützt. 415

Riedel, Lohnpfändung, § 79 Rn. 381.

Unpfändbar ist grundsätzlich der sog. **Sockelfreibetrag**, der dem unpfändbaren Grundbetrag des § 850c Abs. 1 Satz 1 ZPO i. H. v. derzeit 1.049,99 € entspricht. Der Sockelfreibetrag erhöht sich auf Antrag des Schuldners bei 416

D. Eröffnetes Insolvenzverfahren

Vorliegen der in § 850c ZPO genannten Voraussetzungen (z. B. zu berücksichtigende Unterhaltsberechtigte); diese muss er sich bescheinigen lassen. Gemäß § 850k Abs. 5 ZPO kommen für die Ausstellung der Bescheinigung der Arbeitgeber, die Familienkasse, Sozialleistungsträger oder eine geeignete Person oder Stelle i. S. d. § 305 Abs. 1 Nr. 1 in Betracht, z. B. auch der Insolvenzverwalter.

417 Soweit das Einkommen des Schuldners an der **Quelle** gepfändet wird, also im Insolvenzverfahren der Arbeitgeber des Schuldners den pfändbaren Betrag von Lohn/Gehalt des Schuldners einbehält und an den Insolvenzverwalter abführt, sollte der Insolvenzverwalter gegenüber dem kontoführenden Geldinstitut erklären, dass Guthaben, die sich aus Überweisungen des Arbeitgebers des Schuldners ergeben, nicht von dem Insolvenzbeschlag umfasst sind, weil die Bank sonst (auf der Basis des Sockelfreibetrages) vermeintlich pfändbare Beträge ermittelt und an den Insolvenzverwalter nochmals abführen will. In der Praxis empfiehlt sich daher eine „Freigabeerklärung", dass es sich um pfändungsfreies Vermögen handelt.

> **Fall (unzulässige Doppelpfändung):**
>
> S ist als Lagerist bei Arbeitgeber A angestellt. Er erhält eine Vergütung i. H. v 1.600,00 € netto (bereinigtes Nettoeinkommen). Da S keiner Person zum Unterhalt verpflichtet ist, sind von seinem Einkommen § 850c ZPO i. V. m der Pfändungstabelle demnach 388,47 € pfändbar, die dem Insolvenzbeschlag unterliegen. Der Arbeitgeber weist 388,47 € auf das Insolvenz-Anderkonto des Insolvenzverwalters I und den restlichen Betrag i. H. v. 1.211,53 € auf das Konto des S bei der B-Bank an. Diese hat Kenntnis von der Insolvenz des S und will nochmals 115,47 € auf das Insolvenzanderkonto abführen.
>
> **Zu Recht? Wie kann S dies vermeiden?**
>
> Nachdem der Anspruch des S gegen seinen Arbeitgeber auf Zahlung des Arbeitsentgeltes durch die Überweisung erloschen ist, hat S nunmehr einen Anspruch auf Auszahlung des Betrages gegen die B-Bank. § 850c ZPO will dem Schuldner nach der Zielrichtung des Pfändungsschutzes dasjenige belassen, was er zum Leben benötigt, sowie einen Motivationszuschuss. Es käme zu einer gesetzlich nicht vorgesehenen Doppelbelastung, wenn dieses bereits gepfändete Einkommen nach Umwandlung in einen Zahlungsanspruch gegen ein Geldinstitut nochmals gepfändet werden könnte, also etwa von dem Betrag i. H. v. 1.211,53 € nach Maßgabe der Pfändungstabelle weitere 115,47 € der Pfändung unterworfen würden und damit dem Insolvenzbeschlag unterlägen. S muss mit Hilfe der Musterbescheinigung nachweisen, dass es sich bei dem vom Arbeitgeber ausgekehrten Betrag bereits um das pfändungsfreie Einkommen handelt. Demnach ist von der Bank nichts abzuführen.
>
> Alternativ kann der Verwalter das P Konto (deklaratorisch) freigeben. Der Insolvenzverwalter hat die erforderlichen Erklärungen von Amts wegen abzugeben.
>
> *Riedel*, S. 81 Rn. 390 unter Hinweis auf die Grundsätze in BGH, Urt. v. 20.7.2010 – IX ZR 37/09, ZIP 2010, 1552.

II. Abwicklung von Verträgen

Mit rechtskräftiger **Aufhebung des Insolvenzverfahrens** (§ 200 Abs. 1 InsO), erhält der Schuldner die Verwaltungs- und Verfügungsbefugnis zurück. Ein Guthaben auf dem Girokonto unterliegt daher *während der Wohlverhaltensperiode* keinen insolvenzrechtlichen Verfügungsbeschränkungen mehr. Die Bank hat ab diesem Zeitpunkt keine insolvenzrechtlichen Besonderheiten mehr zu beachten. 418

Während des eröffneten Verfahrens sind etwaige Kontopfändungen nach § 89 InsO unzulässig. Während der Wohlverhaltensperiode ergibt sich die **Unzulässigkeit von Zwangsvollstreckungsmaßnahmen** aus § 294 Abs. 1 InsO. Das heißt, dass Kontenpfändungen grundsätzlich nicht erfolgen dürfen. In der Praxis kann es aber dennoch vorkommen, dass z. B. das Finanzamt eine Pfändung ausbringt, da dieses nicht auf die Mitwirkung des Vollstreckungsgerichtes angewiesen ist. In diesem Fall entsteht zwar kein wirksames Pfandrecht, die Pfändung bewirkt aber eine öffentlich-rechtliche Verstrickung. 419

Knees, ZVI 2002, 89, 98;
MünchKomm-*Breuer*, InsO, § 89 Rn. 33.

Der Schuldner muss sich daher um die Aufhebung der Verstrickung beim Vollstreckungsgericht bemühen oder den Pfändungsgläubiger veranlassen, auf seine Rechte aus der Pfändung zu verzichten. Vorher kann der Schuldner nicht über sein Konto verfügen. 420

Der **Lastschriftenwiderspruch** war in den vergangenen Jahren vor allem im Rahmen der Unternehmensinsolvenz 421

– hierzu *Sinz/Hiebert*, Unternehmensinsolvenz, S. 209 ff.
Rn. 803 ff. –

ein beliebtes Instrument zur Mehrung der Insolvenzmasse. Durch einen Lastschriftenwiderspruch konnten erhebliche Beträge für die Insolvenzmasse generiert werden. Ob und in welchem Umfang ein vorläufiger Insolvenzverwalter zur Erklärung eines Lastschriftwiderspruchs ermächtigt ist, war seit jeher – vor allem in Insolvenzverfahren über das Vermögen natürlicher Personen – heftig umstritten und Gegenstand zahlreicher Entscheidungen. Noch umstrittener war die Möglichkeit eines Lastschriftwiderspruchs im Rahmen eines Insolvenzverfahrens über das Vermögen *natürlicher Personen*, insbesondere im Verbraucherinsolvenzverfahren.

Während es im Rahmen der Unternehmensinsolvenz „nur" um Geld ging, traten bei der Insolvenz natürlicher Personen auch soziale Aspekte in den Vordergrund, die zu zahlreichen divergierenden Entscheidungen und einer intensiven Diskussion im Schrifttum führten. Umstritten zwischen dem IX. Senat („Insolvenzrechtssenat") und dem XI. Senat („Bankrechtssenat) des Bundesgerichtshofs war schon das rechtliche Verständnis des Einzugsermächtigungsverfahrens als eine Form des Lastschriftverfahrens. Der Streit setzte sich über die Frage fort, ob, zu welchem Zeitpunkt und zu welchen 422

D. Eröffnetes Insolvenzverfahren

Bedingungen auch ein schwacher vorläufiger Insolvenzverwalter, ein starker vorläufiger Insolvenzverwalter, der Insolvenzverwalter, der Treuhänder im Insolvenzverfahren und der Schuldner selbst einen Lastschriftenwiderspruch erklären können.

423 Mit den „Juli-Entscheidungen" des IX. Senats

– Urt. v. 20.7.2010 – IX ZR 37/09, ZIP 2010, 1552 –

und des XI. Senats des BGH

– Urt. v. 20.7.2010 – XI ZR 236/07, ZIP 2010, 1556 –

hat der Bundesgerichtshof Grundsatzentscheidungen zum Lastschriftenwiderspruch im Insolvenzverfahren getroffen und den Lastschriftenwiderspruch in Insolvenzverfahren natürlicher Personen **faktisch abgeschafft**. Nur in Ausnahmefällen wird ein Lastschriftenwiderspruch möglich sein.

424 Nach Auffassung des IX. Senats darf der (vorläufige) Insolvenzverwalter **keinen pauschalen Lastschriftenwiderspruch** erklären, sondern muss im Einzelfall prüfen, wie weit seine Rechtsmacht reicht.

BGH, Urt. v. 20.7.2010 – IX ZR 37/09, BGHZ 186, 242 ff.
= ZIP 2010, 1552 Rn. 23 f.

425 Der Senat führt weiter aus:

„Er muss vielmehr prüfen, ob das pfändungsfreie "Schonvermögen" des Schuldners betroffen ist. Ob dies der Fall ist, kann der Verwalter nach Einsichtnahme in das Schuldnerkonto auf Grund einer einfachen Rechenoperation relativ leicht feststellen. Die Ermittlung des Pfändungsfreibetrages ist jedem Insolvenzverwalter geläufig (vgl. § 36 Abs. 4 Satz 2 InsO). Wird er mit mehreren Kontobelastungen – seien es Lastschrift- oder sonstige Buchungen (Barabhebungen und Überweisungen) – konfrontiert, deren Summe den Freibetrag übersteigt, von denen aber nur die Lastschriftbuchungen rückgängig gemacht werden können, muss der Verwalter dem Schuldner Gelegenheit geben zu entscheiden, ob und ggf. welche Lastschriften aus dem "Schonvermögen" bedient sein sollen. Auch hier darf er nicht von sich aus schematisch allen Lastschriftbuchungen "widersprechen", das heißt die Genehmigung versagen."

426 Daneben stellt der Senat klar:

„Werden der Existenzsicherung dienende Einkünfte auf ein P-Konto gutgeschrieben, kann der Schuldner im Rahmen der Pfändungsfreigrenzen für Arbeitseinkommen die Geldgeschäfte des täglichen Lebens trotz der Pfändung vornehmen. In diesem Umfang sind Lastschriften selbstverständlich nur noch vom Schuldner, nicht mehr vom Insolvenzverwalter/Treuhänder zu genehmigen."

427 Hieraus folgt für das Insolvenzverfahren über das Vermögen natürlicher Personen:

- Ein Lastschriftenwiderspruch scheidet aus, wenn der Schuldner nur ein P-Konto führt und dort nur Gutschriften erfolgen, die auf pfändungsfreien Leistungen zurückzuführen sind (Beispiel: Der Schuldner erhält nur unpfändbare Sozialleistungen).

II. Abwicklung von Verträgen

- Ein Lastschriftenwiderspruch scheidet unabhängig von der Art des Kontos aus, soweit das pfändungsfreie Vermögen des Schuldners belastet wird, der Schuldner also vereinfacht gesagt eine Leistung aus seinem pfändungsfreien Vermögen erbringt; der BGH nennt dies „**Schonvermögen**".

- Will der Insolvenzverwalter einen Lastschriftenwiderspruch erklären, muss er zunächst das pfändungsfreie Vermögen des Schuldners ermitteln. **Übersteigen die Belastungsbuchungen das pfändungsfreie Vermögen**, muss der Verwalter _vor_ einem Lastschriftenwiderspruch dem _Schuldner_ Gelegenheit geben zu entscheiden, ob und ggf. welche Lastschriften aus dem Schonvermögen bedient sein sollen, ihm also die Entscheidung überlassen, hinsichtlich welcher Buchung der Lastschriftenwiderspruch erklärt wird.

Diese Rechtsprechung wird zu Recht kritisiert und führt in der Praxis dazu, dass ein Lastschriftenwiderspruch in den meisten Fällen ausscheidet. Gleichwohl muss sie von dem am Insolvenzverfahren Beteiligten beachtet werden, um eine persönliche Haftung auszuschließen. **428**

Der Bundesgerichtshof hat darüber hinaus für den Lastschriftenwiderspruch folgende Grundsätze entwickelt, die in Insolvenzverfahren über das Vermögen natürlicher Personen dann intensiver geprüft werden sollten, wenn diese unternehmerisch tätig und die vorstehenden „Hürden" genommen sind: **429**

Der vorläufige Insolvenzverwalter (auch der schwache) und der endgültige Insolvenzverwalter sind im unternehmerischen Geschäftsverkehr berechtigt, einen Lastschriftenwiderspruch **gegenüber** dem **kontoführenden Geldinstitut** des Schuldners zu erklären. **430**

> BGH, Urt. v. 3.4.2012 – XI ZR 39/11, ZIP 2012, 1018 m. Anm.
> _Hiebert_, EWiR 2012, 379 nebst z. N. zur Rechtsprechung;
> grundlegend: BGH, Urt. v. 4.11.2004 – IX ZR 22/03,
> NZI 2005, 99.

Liegt bereits eine **Genehmigung** der Lastschriftbuchungen vor, kommt es auf den Eintritt der Genehmigungsfiktion nach den AGB der Banken bzw. Sparkassen nicht mehr an. Ein gegen den Eintritt der Genehmigungsfiktion gerichteter Lastschriftenwiderspruch bleibt wirkungslos. Der Insolvenzverwalter kann die Korrektur der Buchung und die Auskehr eines Guthabens dann nicht verlangen. Die Frage, ob eine Lastschrift durch den Schuldner bereits genehmigt ist, soll nach dem objektiven Erklärungswert seines Verhaltens beurteilt werden. **431**

> BGH, Urt. v. 27.7.2011 – XI ZR 197/10, ZIP 2011, 1557,
> dazu EWiR 2011, 701 _(Dörrscheidt)_.

Für folgende **Fallgruppen** hat die Rechtsprechung die Voraussetzungen einer konkludenten Genehmigung als gegeben angesehen: **432**

- Lastschriftbuchungen mit **monatlich wiederkehrenden**, der Höhe nach im wesentlichen **gleichbleibenden Beträgen**, denen der Schuldner in der Vergangenheit über längere Zeit nicht widersprochen hat.

BGH, Urt. v. 25.1.2011 – XI ZR 171/09, ZIP 2011, 482
m. Anm. *Hiebert*, EWiR 2011, 221.

- Ausgleich der im unternehmerischen Geschäftsverkehr eingelösten Lastschriften durch konkrete, **nachträgliche Überweisungen** des Kontoinhabers.

BGH, a. a. O.

- **Vorherige Herstellung ausreichender Kontodeckung** für weitere Kontodispositonen in Kenntnis der Belastungsbuchungen.

BGH, Urt. v. 3.4.2012 – XI ZR 39/11, ZIP 2012, 1018
m. Anm. *Hiebert*, EWiR 2012, 379.

insbesondere wenn der Schuldner verpflichtet war, das Konto auf Guthabenbasis zu führen.

BGH, Urt. v. 25.10.2011 – XI ZR 368/09, ZIP 2011, 2398.

433 Die Frage, ob eine konkludente Genehmigung vorliegt und welche Belastungsbuchungen hiervon umfasst sind, muss stets einzelfallbezogen entschieden werden. Der Lastschriftenwiderspruch kann **pauschal** erklärt werden. Es ist aber auch möglich, einzelnen Lastschriftbuchungen **punktuell** zu widersprechen oder einzelne Lastschriftbuchungen von einem pauschalen Widerspruch auszunehmen. Der hierin liegende Verstoß gegen den Grundsatz der Gläubigergleichbehandlung ist in Einzelfällen gerechtfertigt.

BGH, Urt. v. 4.11.2004 – IX ZR 82/03, ZInsO 2005, 40, 42,
dazu EWiR 2005, 123 *(Streit/Schiermeyer)*.

434 Der Lastschriftenwiderspruch wird im Hinblick auf die BGH-Rechtsprechung nur hinsichtlich solcher Buchungen durchgreifen, die im Vergleich zu den Vormonaten dem Grund oder der Höhe nach untypisch sind, von denen das kontoführende Institut also nicht erwarten darf, sie würden genehmigt.

435 Folgende Lastschriftbuchungen sollten von einem Lastschriftenwiderspruch in jedem Fall **ausgenommen** werden:

- Lastschriftbuchungen, deren Genehmigung im Einzelfall zur Fortführung des Schuldnerunternehmens im Interesse der Gläubigergesamtheit erforderlich oder wenigstens zweckmäßig erscheint.

BGH, Urt. v. 4.11.2004 – IX ZR 82/03, ZInsO 2005, 40, 42.

- Bei einem **debitorischen Konto** steht durch den Lastschriftenwiderspruch kein auszuzahlendes Guthaben zu erwarten und kumulativ werden auch keine Sicherheiten der Insolvenzschuldnerin durch die Reduzierung des Debetsaldos frei (sog. Passivtausch).

BGH, Beschl. v. 1.10.2002 – IX ZR 125/02, ZIP 2002, 2184
sub III. 1;
dazu EWiR 2002, 1097 *(Bork)*.

Ungeklärt ist bislang die Frage, ob ein Lastschriftenwiderspruch auch im Rahmen des künftigen **SEPA-Lastschriftverfahrens** und eines an diesem Verfahren orientieren Einzugsermächtigungsverfahrens möglich ist. Der für das Bankrecht zuständige XI. Senat des BGH hat bereits in seinem Urteil vom 20.7.2010 436

– IX ZR 236/07, BGHZ 186, 269 ff. Rn. 18 –

erkennen lassen, dass er von der Insolvenzfestigkeit der SEPA-Lastschrift ausgeht. Bislang ist das Einzugsermächtigungsverfahren verbreitet.

Zur Neugestaltung des Lastschriftverfahrens:
Nobbe, ZIP 2012, 1937 ff.;
Werner, BKR 2012, 221 ff.;
Obermüller/Kuder, ZIP 2010, 349 ff.

III. Verwertung der Insolvenzmasse und Insolvenzanfechtung

1. Einführung

Anders als der Insolvenzverwalter war der Treuhänder im Verbraucherinsolvenzverfahren gemäß § 313 Abs. 2, Abs. 3 InsO a. F. grundsätzlich weder zur Insolvenzanfechtung noch zur Verwertung von Gegenständen berechtigt, an denen Pfand- oder andere Absonderungsrechte bestehen; beide Rechte standen primär den Gläubigern zu (§ 313 Abs. 2, 3 InsO a. F.). Das Gesetz verlagerte damit zentrale Aufgaben des Insolvenzverwalters im Regelinsolvenzverfahren von dem Treuhänder im Verbraucherinsolvenzverfahren auf die Gläubiger. Die Praxis hat allerdings gezeigt, dass von dem Anfechtungsrecht nur sehr selten Gebrauch gemacht wurde, da der Gläubiger – ist er nicht von der Gläubigerversammlung beauftragt – im Falle des Anfechtungsprozesses das Prozessrisiko und die Kosten alleine trägt, das Erlangte aber – nach Abzug seiner Kosten – an die Masse zu erstatten hat (§ 313 Abs. 2 Satz 4 InsO a. F.). § 313 Abs. 2 Satz 3 InsO a. F. sah nach dem InsOÄndG 2001 deshalb immerhin vor, dass die Gläubigerversammlung auch den Treuhänder mit der Anfechtung beauftragen konnte. Damit wollte der Gesetzgeber das Anfechtungsrecht stärken. Zweifel an der Effizienz dieser Vorschrift bestanden von Beginn an vor allem in den Fällen, in denen Gläubiger am Verfahren wenig Interesse zeigten, was gerade bei Verbraucherinsolvenzverfahren häufig zu beobachten war und ist. Zu Recht hat der Gesetzgeber nunmehr festgestellt, dass die Verlagerung von Anfechtungs- und Verwertungsrechten nicht den gewünschten Erfolg erzielt hat 437

– RegE BT-Drucks. 17/11268, zu Nummer 40 (Aufhebung der §§ 311 bis 314 InsO) –

und diese Regelung für Insolvenzverfahren, die **nach dem 1.7.2014 beantragt** werden, aufgehoben.

Damit heißt der Treuhänder im Verbraucherinsolvenzverfahren jetzt nicht nur Insolvenzverwalter, er nimmt auch die zentralen Aufgaben eines Insolvenz- 438

D. Eröffnetes Insolvenzverfahren

verwalters war, nämlich die vollumfängliche Verwertung der Insolvenzmasse und Rückgängigmachung von Vermögensverschiebungen mittels des Insolvenzanfechtungsrechts.

2. Verwertung der Insolvenzmasse

a) Einführung

439 § 159 InsO bestimmt, dass der Insolvenzverwalter nach dem Berichtstermin unverzüglich das zur Insolvenzmasse gehörende Vermögen zu verwerten hat, soweit die Gläubigerversammlung nichts anderes beschlossen hat. Hiervon werden seit Inkrafttreten des Gesetzes zur Verkürzung des Restschuldbefreiungsverfahrens und zur Stärkung der Gläubigerrechte sämtliche beweglichen und unbeweglichen Gegenstände erfasst, unabhängig davon, ob sie mit einem Absonderungsrecht belastet sind.

b) Verwertung unbelasteter Gegenstände

440 Bei der Veräußerung beweglicher Massegegenstände **an Verbraucher** hat der Insolvenzverwalter die zivilrechtlichen Mängelgewährleistungsvorschriften zu beachten. Sein Ziel muss es sein, die gesetzlichen Nachbesserungs- bzw. Nacherfüllungsansprüche weitgehend zu vermeiden, insbesondere bei der Veräußerung von Waren, an denen Absonderungsrechte geltend gemacht werden. Neben Haftungsausschlüssen bei gebrauchten Sachen empfiehlt sich vor allem die bevorzugte Veräußerung an Käufer, die keine Verbraucher sind. **Wettbewerbsrechtliche Schranken** für Sonderveranstaltungen außerhalb des regelmäßigen Geschäftsverkehrs sowie für die Durchführung von Räumungsverkäufen sind grundsätzlich auch vom Insolvenzverwalter zu beachten (§ 6 UWG). Etwaige Wertungswidersprüche zwischen Insolvenz- und Wettbewerbsrecht sind durch partielle Modifikationen einzelner Normelemente zu lösen, die die §§ 7 und 8 UWG an die atypische Situation des Insolvenzwarenverkaufs anpassen.

441 Steht der Schuldner in einem Arbeitsverhältnis, hat der Insolvenzverwalter den Arbeitgeber nach Eröffnung unverzüglich aufzufordern, den pfändbaren Anteil des **Arbeitseinkommens** des Schuldners auf ein von ihm eingerichtetes Insolvenzanderkonto zu zahlen (hierzu unter, Rn. 620 ff.).

c) Verwertung mit Absonderungsrechten belasteter Gegenstände und abgetretener Forderungen

442 Ein Absonderungsrecht gewährt einem Gläubiger – anders als das Aussonderungsrecht – **kein** Herausgaberecht an dem mit dem Absonderungsrecht belasteten Gegenstand. Der absonderungsberechtigte Gläubiger ist lediglich zur abgesonderten und im Vergleich zu den Insolvenzgläubigern vorrangigen Befriedigung aus dem Verwertungserlös berechtigt. Führt man sich dies vor Augen, so wird deutlich, weshalb auch die Verwertung von Gegenständen,

III. Verwertung der Insolvenzmasse und Insolvenzanfechtung

die mit Absonderungsrechten belastet sind, im Grundsatz durch den Insolvenzverwalter erfolgt (§§ 165, 166 InsO). Der Treuhänder im Insolvenzverfahren in den vor dem 1.7.2014 eröffneten Insolvenzverfahren ist nicht zur Verwertung von Gegenständen berechtigt, an denen Pfandrechte oder andere Absonderungsrechte bestehen, § 313 Abs. 3 InsO a. F. Gleiches gilt für sicherungshalber abgetretene Forderungen, in § 51 InsO werden Sicherungsnehmer den Pfandrechtsgläubigern (§ 50 InsO) gleichstellt.

Uhlenbruck/*Vallender*, InsO, § 313 Rn. 90a.

Wer über ein Absonderungsrecht verfügt, bestimmen die §§ 49–51 InsO. **Absonderungsberechtigt** sind Gläubiger, denen 443

- ein Grundpfandrecht an einer Immobilie zusteht (§ 49 InsO),

- ein **Pfandrecht** (rechtsgeschäftlich, durch Pfändung erlangt oder gesetzlich) an einem beweglichen Gegenstand der Insolvenzmasse zusteht (§ 50 Abs. 1 InsO),

- durch **Sicherungseigentum** oder **Sicherungszession** ein Recht übertragen wurde (§ 51 Nr. 1 InsO),

- ein Zurückbehaltungsrecht an einer Sache aufgrund einer Verwendung für diese zusteht (§ 51 Nr. 2 InsO),

- ein Zurückbehaltungsrecht nach dem HGB zusteht (§ 51 Nr. 3 InsO).

Absonderungsberechtigt sind außerdem Bund, Länder, Gemeinden und Gemeindeverbände, soweit ihnen zoll- und steuerpflichtige Sachen nach gesetzlichen Vorschriften als Sicherheit für öffentliche Abgaben dienen (§ 51 Nr. 4 InsO). 444

> **Praxistipp:**
>
> Oft wird übersehen, dass der **Hypothekenhaftungsverband** auch das *Zubehör* einer Immobilie erfasst (§ 1120 BGB) und dieses daher trotz fehlender Sicherungsübereignung keine freie Masse darstellt.

§ 49 InsO bestimmt, dass Gläubiger, die ein Absonderungsrecht an einer **unbeweglichen Sache** haben, nach Maßgabe des Gesetzes über die Zwangsversteigerung und die Zwangsverwaltung (**ZVG**) selbst zur Verwertung im Wege der abgesonderten Befriedigung berechtigt sind. Von dem Sicherungsrecht umfasst werden das Grundstück und grundstücksgleiche Rechte, wie z. B. ein Erbbaurecht oder Wohnungs- und Teileigentum sowie der „Haftungsverband der Hypothek" (§ 1120 BGB). 445

Nachdem der Insolvenzverwalter die Geschäftsunterlagen des Schuldners und Hinweise potentieller Sicherungsgläubiger auf das Bestehen von Absonderungsrechten geprüft hat, sollte er sodann stets prüfen, ob dieses Recht der Insolvenzanfechtung unterliegt oder aufgrund der Rückschlagsperre (§ 88 InsO) schon nicht wirksam erlangt wurde. Praxisrelevant sind vor allem Fälle, in denen 446

D. Eröffnetes Insolvenzverfahren

die Besicherung einer schon bestehenden Verbindlichkeit erfolgt (nachträgliche Besicherung), die Besicherung nach Eintritt der Krise des Schuldners oder gar im Vorfeld des Insolvenzantrages vorgenommen wird. Auch die Besicherung von Forderungen Verwandter oder Bekannter bieten Anlass für eine genaue Prüfung.

447 Die **Abtretung** von Forderungen erfolgt nach Maßgabe der §§ 398 ff. BGB. Wird dem Insolvenzverwalter bekannt, dass Forderungen im Wege der Einzel- oder Globalzession abgetreten sind, so sollte er eine Prüfung in zwei Schritten vornehmen. Im **ersten Schritt** stellt sich die Frage, ob die Abtretung nach dem BGB wirksam ist. Insbesondere Globalzessionen können im Hinblick auf die §§ 138, 307 BGB unwirksam sein. Im Fall der Mehrfachabtretung gilt das *Prioritätsprinzip*; einer wirksamen Abtretung nachfolgende Abtretungen derselben (auch künftiger) Forderungen sind unwirksam.

> Palandt/*Grüneberg*, BGB, § 398 Rn. 12;
> BGH, Urt. v. 14.7.2004 – XII ZR 257/01, NJW 2005, 1192;
> dazu EWiR 2005, 691 *(Mordhorst)*.

448 Im **zweiten Schritt** muss der Verwalter prüfen, ob die Abtretung nach der InsO anfechtbar ist.

aa) Verwertung unbeweglicher Gegenstände

449 § 165 InsO zeigt, dass sowohl der Absonderungsberechtigte als auch der Insolvenzverwalter die Zwangsvollstreckung in das unbewegliche Vermögen des Schuldners beantragen können. Die Zwangsvollstreckung erfolgt entweder im Wege der Zwangsverwaltung oder der Zwangsversteigerung. In der Praxis hat sich erwiesen, dass eine – im Gesetz nicht ausdrücklich erwähnte – freihändige Veräußerung des Grundbesitzes für die absonderungsberechtigten Grundpfandgläubiger und die Masse meist wirtschaftlich attraktiver ist. So rechnen Banken im Fall der Verwertung des Objektes im Wege der Zwangsversteigerung lediglich mit einem Erlös i. H. v. 60–70 % des Verkehrswertes. Auch ist das Zwangsversteigerungsverfahren im Vergleich zu einer freihändigen Veräußerung langwierig und mit erheblichen Kosten verbunden.

450 Die Zwangsverwaltung führt dauerhaft ebenfalls zu keiner wirtschaftlich zufriedenstellenden Lösung. Daher empfiehlt es sich für den Insolvenzverwalter, mit den Grundpfandgläubigern die Konditionen für eine freihändige Veräußerung zu verhandeln. Die Sicherungsgläubiger können mit einer höheren und vor allem zügigeren Befriedigung ihrer Forderungen durch den Insolvenzschuldner rechnen. Soweit der Verkehrswert höher als die Belastungen ist, steht sogar ein Übererlös für die Masse zu erwarten. Aber selbst wenn das Grundstück über seinen Verkehrswert belastet ist, kann für die Insolvenzmasse meist ein Betrag i. H. v. drei bis vier Prozent des Verkaufspreises vereinbart werden. Diese **Massebeteiligung** ist allerdings, da gesetzlich nicht vorgesehen (die §§ 170, 171 InsO gelten nur für bewegliche Sachen), **umsatzsteuerbar**.

III. Verwertung der Insolvenzmasse und Insolvenzanfechtung

BFH, Urt. v. 28.7.2011 – V R 28/09, ZIP 2011, 1923;
dazu EWiR 2011, 673 *(Mitlehner)*.

Es sollte darauf geachtet werden, die in §§ 10 ff. ZVG vorrangigen Gläubiger im Rahmen der zu treffenden Absprachen zu berücksichtigen. Der Insolvenzverwalter muss bei der Verwertung des Grundstücks beachten, dass diese der **Grunderwerbsteuer** unterliegt. Nach § 1 Abs. 1 Nr. 4 GrEStG ist der Meistbietende im Zwangsversteigerungsverfahren der Steuerschuldner. Wird der Grundbesitz freihändig veräußert, haften Veräußerer und Erwerber als Gesamtschuldner (§ 1 Abs. 1 Nr. 1 GrEStG). Der Insolvenzverwalter sollte aus diesem Grund darauf achten, dass sich der Käufer zur Zahlung der Grunderwerbsteuer vertraglich verpflichtet; diese Vereinbarung im Innenverhältnis führt zwar dazu, dass sich die Finanzbehörde in der Praxis zunächst an den Erwerber wendet, ändert aber nichts daran, dass die Masse als Gesamtschuldner haftet. 451

Die Grunderwerbsteuerpflicht führt grundsätzlich zu einer Befreiung von der **Umsatzsteuer** (§ 4 Nr. 9a GrEStG). Veräußert der Insolvenzverwalter das Grundstück an einen Unternehmer, kann er auf die Befreiung von der Umsatzsteuer verzichten („zur Umsatzsteuer optieren"), § 9 Abs. 1 UStG, um eine Berichtigung des Vorsteuerabzugs gemäß § 15a Abs. 1 Satz 2 UStG als Masseschuld zu vermeiden. Wird das Grundstück im Rahmen einer Veräußerung des Unternehmens als Ganzes verkauft, ist zu berücksichtigen, dass die Veräußerung dann nicht steuerbar ist (§ 1 Abs. 1a UStG). Der Erwerber ist Schuldner der Umsatzsteuer (§ 13b Abs. 1 Satz 1 Nr. 3, Abs. 2 UStG). Verwertet der Insolvenzverwalter **Zubehör**, so hat er die Umsatzsteuer zu vereinnahmen und abzuführen, da dieser Vorgang nicht von der Umsatzsteuerfreiheit nach § 4 Nr. 9a UStG erfasst wird. 452

Einigt sich der Insolvenzverwalter mit den Grundpfandgläubigern auf das Modell einer „**kalten Zwangsverwaltung**", so muss er für die vereinnahmten Verfahrenskostenbeiträge nach den §§ 170, 171 InsO ebenfalls Umsatzsteuer entrichten. 453

BFH, Urt. v. 28.7.2011 – V R 28/09, ZIP 2011, 1923;
FG Düsseldorf, Urt. v. 10.6.2009 – 5 K 3940/07 U,
ZInsO 2010, 434.

Umsatzsteuer muss der Insolvenzverwalter auch abführen, wenn er von einem absonderungsberechtigten Gläubiger mit der Verwertung des Grundbesitzes **beauftragt** wird. 454

BFH, Urt. v. 18.8.2005 – V R 31/04, ZIP 2005, 2119;
dazu EWiR 2005, 841 *(Spliedt/Schacht)*;
FG Düsseldorf, Urt. v. 10.6.2009 – 5 K 3940/07 U,
ZInsO 2010, 434.

Erklärt der Insolvenzverwalter die **Freigabe des Grundstücks** aus der Masse an den Insolvenzschuldner, so ist weder Grunderwerb- noch Umsatzsteuer abzuführen, da der Insolvenzverwalter weder eine Lieferung noch sonstige 455

117

Leistung an den Insolvenzschuldner erbringt. Der Schuldner erlangt lediglich die Verwaltungs- und Verfügungsbefugnis über das Grundstück zurück.

BFH, Urt. v. 12.5.1993 – XI R 49/90, ZIP 1993, 1247;
dazu EWiR 1993, 795 *(Braun)*.

456 Der Inhaber einer **öffentlichen Last** (z. B. § 12 GrStG) hat, anders als im Zwangsversteigerungsverfahren, **kein** Absonderungsrecht aus dem Erlös einer freihändigen Verwertung des Grundbesitzes.

BGH, Urt. v. 18.2.2010 – IX ZR 101/09, ZIP 2010, 994;
dazu EWiR 2010, 431 *(Büchler)*.

Praxistipp:
Zur Vermeidung einer Haftung hat der Verwalter darauf zu achten, dass die Verpflichtung zur Befriedigung von Grundsteuerrückständen aus der Zeit vor Insolvenzeröffnung ausdrücklich vereinbart wird, da er sie sonst nicht erfüllen darf (Insolvenzforderung), andererseits aber Lastenfreiheit schuldet.

457 Ebenso wenig verfügt der Eigentümer eines Grundstücks über ein Absonderungsrecht an einem Veräußerungserlös, den der Insolvenzverwalter durch den Verkauf eines Erbbaurechts des Schuldners erzielt.

BGH, Urt. v. 11.3.2010 – IX ZR 34/09, ZIP 2010, 791;
Meyer, NZI 2007, 487 zum **Erbbaurecht** in der Insolvenz.

458 Der Insolvenzverwalter ist gegenüber einem Zwangsverwalter zur Einräumung des Besitzes an Wohnungseigentum verpflichtet, wenn dem Schuldner der Gebrauch des selbst genutzten Wohnungseigentums weder von der Gläubigerversammlung noch dem Insolvenzverwalter gestattet wurde.

BGH, Urt. v. 25.4.2013 – IX ZR 30/11, ZIP 2013, 1189 ff.
= ZVI 2013, 308 ff., Rn. 11.

459 Anders betrachtet: Der Schuldner kann sich gegenüber einem Herausgabeverlangen des Zwangsverwalters darauf berufen, dass ihm Gläubigerversammlung oder Insolvenzverwalter die Wohnung zur unentgeltlichen Nutzung überlassen haben.

BGH, Urt. v. 25.4.2013 – IX ZR 30/11,
ZIP 2013, 1189 ff., Rn. 10.

bb) Verwertung beweglicher Sachen

460 Die Verwertung mit einem Absonderungsrecht belasteter beweglicher Gegenstände und Forderungen bestimmt sich im Einzelnen nach den §§ 166 ff. InsO. Die Verwertung des Gegenstandes durch den Insolvenzverwalter kommt nur in Betracht, wenn er **im Besitz** der Sache ist, da § 166 InsO den Besitz des Insolvenzverwalters als Tatbestandsmerkmal voraussetzt.

BGH, Urt. v. 16.11.2006 – IX ZR 135/05, ZIP 2006, 2390;
dazu EWiR 2007, 119 *(Bork)*.

III. Verwertung der Insolvenzmasse und Insolvenzanfechtung

Durch die Zuweisung des Verwertungsrechts an den Insolvenzverwalter entsteht zwischen diesem und dem absonderungsberechtigten Gläubiger ein gesetzliches Schuldverhältnis mit der Pflicht (aus den §§ 166 ff. InsO, § 241 Abs. 2 BGB), an der Verwertung durch den Insolvenzverwalter mitzuwirken, wenn diese ansonsten erschwert wäre. Im Falle eines sicherungsübereigneten Kfz hat der absonderungsberechtigte Gläubiger daher die **Zulassungsbescheinigung Teil II** an den Insolvenzverwalter herauszugeben. 461

OLG Stuttgart, Urt. v. 26.6.2012 – 6 U 45/12, ZIP 2012, 1519; n. rkr.; Revision beim BGH anhängig unter Az. IX ZR 161/12.

Ist der Insolvenzverwalter **nicht im Besitz** der Sache, bleibt es bei dem Verwertungsrecht des Gläubigers nach § 173 InsO, soweit die Besitzerlangung – auch die Besitzverschaffung ist eine Rechtshandlung – nicht angefochten werden kann. Dann obliegt es dem Verwalter, nur darauf zu achten, dass der Gläubiger einen etwaigen Mehrerlös an die Masse abführt. 462

Auch **mittelbarer Besitz** kann ausreichend sein. Insbesondere, wenn der Schuldner einem Dritten den Gegenstand aus betrieblichen Gründen entgeltlich überlassen hat 463

– BGH, Urt. v. 16.2.2006 – IX ZR 26/05, ZIP 2006, 814; dazu EWiR 2006, 471 *(Schmidt/Schirrmeister)* –

oder ein Dritter seinen unmittelbaren Besitz aufgrund eines Besitzmittlungsverhältnisses von dem Schuldner ableitet. So z. B. im Fall der Vermietung eines Gegenstandes oder wenn der Schuldner den unmittelbaren Besitz einem Werkunternehmer zum Zwecke der Reparatur einräumt. 464

Uhlenbruck/*Brinkmann*, InsO, § 166 Rn. 4;
MünchKomm-InsO/*Lwowski/Tetzlaff*, InsO, § 166 Rn. 15.

Nach dem Sinn und Zweck der §§ 21 Nr. 5, 166 Abs. 1 InsO besteht das Verwertungsrecht ganz grundsätzlich immer dann, wenn der Gegenstand dem Unternehmen als schutzwürdige wirtschaftliche Einheit, als *technisch-organisatorischer Verbund*, zugehörig ist. Der Begriff des Besitzes ist an Sinn und Zweck des § 166 Abs. 1 InsO orientiert, weit auszulegen. 465

Uhlenbruck/*Brinkmann*, InsO, § 166 Rn. 4.

Allein wenn der **Absonderungsberechtigte unmittelbarer Besitzer** ist, er also das stärkere Besitzrecht hat, scheidet ein Verwertungsrecht des Verwalters aus. 466

MünchKomm-InsO/*Lwowski/Tetzlaff*, § 166 Rn. 15.

Das Verwertungsrecht des Verwalters endet nicht, wenn der unmittelbare Besitzer seinen Besitzmittlungswillen allein auf Veranlassung des Absonderungsberechtigten aufgibt. 467

BGH, Urt. v. 16.11.2006 – IX ZR 135/05, ZIP 2006, 2390; dazu EWiR 2007, 119 *(Bork)*.

D. Eröffnetes Insolvenzverfahren

468 In der Insolvenz eines Leasinggebers erfasst das Verwertungsrecht des Verwalters auch die den Leasingnehmern überlassenen Gegenstände.

BGH, Urt. v. 16.2.2006 – IX ZR 26/05, ZIP 2006, 814.

469 **Mitbesitz** des Schuldners begründet ebenfalls ein Verwertungsrecht zugunsten des Verwalters. So z. B. wenn Rohstoffe bei Dritten eingelagert oder Fahrzeuge in gemieteten Garagen abgestellt sind. Anders liegt der Fall, wenn die Lagerung nach Maßgabe des Absonderungsberechtigten eingelagert wurde und der Lagerhalter dessen Weisung unterliegt.

MünchKomm-*Lwowski/Tetzlaff* InsO, § 166 Rn. 15b.

470 Ist der Insolvenzverwalter im Besitz der Sache, sollte er durch Wertgutachten, Einsicht in Rechnungen und Kaufverträge sowie Anfragen bei Dritten den Wert der Sache ermitteln. In welcher Höhe der Sicherungsgläubiger eine Forderung geltend macht, wird ihm schon aufgrund dessen Forderungsanmeldung oder im Rahmen der Geltendmachung des Sicherungsrechtes bekannt geworden sein. Die Rechte des Gläubigers werden durch die Auskunftsansprüche des § 167 InsO gewahrt.

> **Praxistipp:**
> Häufig „verstecken" Gläubiger die Geltendmachung von Sicherungsrechten in Forderungsanmeldungen. Die Tabellenabteilung des Verwalters sollte eingehende Anmeldungen daher zeitnah und sorgfältig auf Sicherungsrechte prüfen. Gläubigern ist zu empfehlen, Sicherungsrechte separat geltend zu machen.

471 Nach der Verwertung sind die Kostenbeiträge (§ 171 InsO) zugunsten der Masse aus dem erlangten **Brutto**kaufpreis zu ermitteln und an die Insolvenzmasse zu zahlen:

- Feststellungskostenpauschale i. H. v. 4 % (§ 171 Abs. 1 Satz 2 InsO).
- Verwertungskostenpauschale i. H. v. 5 % (§ 171 Abs. 2 Satz 1 InsO).

472 Zu beachten ist, dass nach der Rechtsprechung des BFH **auf die Verwertungskostenpauschale** (nicht auf die Feststellungspauschale) **Umsatzsteuer** anfällt.

BFH, Urt. v. 28.7.2011, ZInsO 2011, 1904 Rn. 26, 29.

473 Dem BFH ist entgegenzuhalten, dass auch die Verwertungspauschale kein Entgelt für eine Leistung des Schuldners, vertreten durch den Insolvenzverwalter, an den Sicherungsnehmer ist, sondern lediglich ein Abzugsposten bei der Berechnung des auszukehrenden Erlöses; hierfür spricht auch der Wortlaut des § 170 Abs. 1 InsO, „Aus dem verbleibenden Betrag").

K. Schmidt/*Sinz*, InsO, § 171 Rn. 30.

474 Zudem ist der Verwalter auch ohne Absonderungsrecht zur Verwertung von Gesetzes wegen verpflichtet, § 159 InsO; der Abzug der Kostenpauschale trägt nur dem Kostenverursachungsprinzip Rechnung.

III. Verwertung der Insolvenzmasse und Insolvenzanfechtung

Ferner steht die **Umsatzsteuer** auf den Verwertungserlös gemäß § 171 Abs. 2 Satz 3 InsO der Masse zu, soweit diese mit einer entsprechenden Umsatzsteuerschuld belastet wird. § 171 Abs. 2 Satz 2 InsO bestimmt für die Verwertungskosten, dass diese abweichend von der Pauschale höher oder niedriger angesetzt werden können, soweit diese tatsächlich und nachweisbar in entsprechender Höhe entstanden sind; eine Modifizierung der Feststellungskosten findet hingegen nicht statt. **475**

Bevor der Insolvenzverwalter das Sicherungsgut veräußert, muss er dem Sicherungsgläubiger mitteilen, auf welche Weise der Gegenstand veräußert werden soll (§ 168 Abs. 1 Satz 1 InsO). Nach Satz 2 hat der Insolvenzverwalter dem Gläubiger – einmalig – Gelegenheit zu geben, **476**

BGH, Beschl. v. 22.4.2010 – IX ZR 208/08, ZIP 2010, 1089
= ZInsO 2010, 1000 = ZVI 2010, 220,

binnen einer Woche auf eine andere, für den Gläubiger **günstigere Möglichkeit der Verwertung** hinzuweisen. Dabei sind alle Modalitäten (Erlös, Verwertungskosten, Verwertungsart, Beteiligte) zu nennen, um dem Ziel einer zügigen Abwicklung des Verfahrens Rechnung zu tragen. Nur wenn die vom Gläubiger benannte Alternativverwertung so konkret bezeichnet ist, dass der Verwalter sie ohne Weiteres annehmen kann, hat er dieses Angebot zu berücksichtigen.

Fall:

Der Insolvenzverwalter IV zeigt der Bank B an, dass er den ihr sicherungsübereigneten Lkw für 100.000 € zzgl. USt. verkaufen kann. B teilt daraufhin IV mit, dass sie selbst den Lkw an D für 98.000 € verkaufen könne.

Aus der maßgeblichen Sicht des Absonderungsgläubigers B ist die Verwertung an D günstiger, da in diesem Fall die 5 % Verwertungskostenpauschale (zzgl. USt.) nicht anfallen, also der Auskehrungsbetrag an sie um 7.080,50 € (5.950,00 € + 1.130,50 € USt.) weniger geschmälert wird, § 168 Abs. 3 Satz 2 InsO. Der Insolvenzverwalter kann zwar gleichwohl an "seinen" Käufer verkaufen (z. B. wenn er nur so eine Gesamtverwertung erzielen kann), muss B dann aber bei der Erlösauskehr so stellen, als hätte er an D verkauft, § 168 Abs. 2 InsO.

---

§ 168 Abs. 3 InsO räumt dem Gläubiger die Möglichkeit ein, den Gegenstand auch gegen Zahlung des von dem Insolvenzverwalter genannten Verkaufspreises selbst zu übernehmen; erzielt er dann – etwa im Wege der Weiterveräußerung – einen Übererlös, kann der Gläubiger diesen behalten, ohne dass eine Anrechnung auf die Insolvenzforderung erfolgt; denn er trägt auch das Verkaufsrisiko. **477**

BGH, Urt. v. 3.11.2005 – IX ZR 181/04, ZIP 2005, 2214.

Allerdings kann der absonderungsberechtigte Gläubiger einen für die Insolvenzforderung haftenden Bürgen nicht in voller Höhe in Anspruch nehmen, sondern muss sich im Verhältnis zum Bürgen den Übererlös entgegenhalten lassen. **478**

BGH, a. a. O.

479 Der **Hinweis** des Gläubigers auf eine bessere Verwertungsmöglichkeit nach § 168 Abs. 1 Satz 2 InsO ist eine empfangsbedürftige **Willenserklärung**, die den Bestimmungen der §§ 130 ff. BGB unterliegt. Der Hinweis muss dem Verwalter also rechtzeitig zugehen. Allerdings ist die Wochenfrist **keine Ausschlussfrist**. Ist der Gegenstand noch nicht verwertet, muss der Verwalter auch einem späteren Hinweis nachgehen, wozu er aber schon aufgrund der Verpflichtung zur bestmöglichen Befriedigung der Gläubigergemeinschaft verpflichtet ist. Wie § 168 Abs. 2 InsO zeigt, ist der Insolvenzverwalter aber nicht verpflichtet, das Angebot des Absonderungsberechtigten anzunehmen; er muss ihn nur so stellen, wie dieser stünde, wenn er das Angebot angenommen hätte.

480 § 169 InsO schützt den Gläubiger vor einer schuldhaften Verzögerung der Verwertung durch den Insolvenzverwalter, die in der Regel nach der ersten Gläubigerversammlung, dem Berichtstermin, zu erfolgen hat.

BGH, Urt. v. 17.7.2008 – IX ZR 132/07, ZIP 2008, 1539;
dazu EWiR 2009, 89 *(Gundlach/Frenzel)*.

481 Da der Insolvenzverwalter auch zur Nutzung des Gegenstandes für die Masse berechtigt ist, sieht § 172 **Abs.** 1 im Falle des Wertverlusts fortlaufende Ausgleichszahlungen vor, soweit der absonderungsberechtigte Gläubiger durch den Wertverlust des Sicherungsgutes beeinträchtigt wird. Soweit die Rechte des Gläubigers gewahrt werden, ist gemäß § 172 Abs. 2 InsO auch die Verbindung, Vermischung und Verarbeitung der Sache zulässig.

482 Gibt der Insolvenzverwalter den der Absonderung unterliegenden Gegenstand an den Absonderungsberechtigten heraus, kann er gleichwohl für die Masse die Feststellungspauschale i. H. v. 4 % zzgl. der an das Finanzamt abzuführenden Umsatzsteuer verlangen.

OLG Düsseldorf, Urt. v. 5.3.2010 – I-17 U 205/07,
ZInsO 2010, 770.

cc) Verwertung von Forderungen (§ 166 Abs. 2 ff. InsO)

483 Der Verwalter darf die Forderung, die ein Schuldner zur Sicherung eines Anspruchs abgetreten hat, gemäß § 166 Abs. 2 InsO einziehen oder in anderer Weise verwerten. Dies gilt sowohl für

- die **Einzelabtretung**,
- also auch die **Globalzession**, sowie
- den **verlängerten Eigentumsvorbehalt mit Vorausabtretungsklausel**.

484 Allein der Insolvenzverwalter ist zur Einziehung und Prozessführung ermächtigt; der Absonderungsberechtigte ist ausgeschlossen, auch wenn ihm im Sicherungsvertrag das Einziehungsrecht eingeräumt wird.

III. Verwertung der Insolvenzmasse und Insolvenzanfechtung

BGH, Urt. v. 23.4.2009 – IX ZR 65/08, ZIP 2009, 1075 ff.
= NJW 2009, 2304 ff. Rn. 10 ff.

Der Insolvenzverwalter muss die Forderungen einziehen und den Erlös nach 485
Abzug der Feststellungs- und Verwertungspauschale i. H. v. 9 % sowie der
Mehrwertsteuer, die er an das Finanzamt abzuführen hat, an den absonderungsberechtigten Sicherungsnehmer auskehren. Anstelle der Verwertung kann der Insolvenzverwalter die Forderung auch an den Schuldner freigeben, etwa wenn diese wertlos sind. Die Forderung scheidet dann aus der Masse aus (**echte Freigabe**). Möglich ist auch die **unechte Freigabe** gemäß § 170 Abs. 2 InsO. Die Forderung wird dem Absonderungsberechtigten überlassen. Dieser hat aus dem erzielten Verwertungserlös vorweg die Feststellungspauschale i. H. v. 4 % und die USt. an die Masse abzuführen.

Der Gläubiger kann gemäß § 82 InsO analog mit befreiender Wirkung gut- 486
gläubig an den Absonderungsberechtigten leisten, wenn er keine Kenntnis von der Eröffnung des Insolvenzverfahrens hat. Der Absonderungsberechtigte kann die Forderung auch weiterhin abtreten, da der Insolvenzverwalter nicht Inhaber der Forderung wird.

Zur Einziehung **verpfändeter** oder **gepfändeter Forderungen** ist der Insol- 487
venzverwalter gemäß dem klaren Wortlaut des § 166 Abs. 2 InsO grundsätzlich **nicht** ermächtigt. In der Praxis ist daher eine genaue Abgrenzung zwischen Abtretung und Pfändung sehr wichtig. Der Insolvenzverwalter kann sich von dem Absonderungsberechtigten aber zur Einziehung ermächtigen lassen.

BGH, Urt. v. 27.3.2008 – IX ZR 65/06, ZIP 2008, 929 f.
= NZI 2008, 370 f. Rn. 10.

Ist die **Pfandreife** noch **nicht** eingetreten, darf der Insolvenzverwalter die 488
ver- oder gepfändeten Forderungen zwar einziehen; er muss den Betrag aber hinterlegen, bis die gesicherte Forderung fällig wird.

BGH, Urt. v. 7.4.2005 – IX ZR 138/04, ZInsO 2005, 535 ff.
= NZI 2005, 384 f. Rn. 18 ff.

In entsprechender Anwendung des § 170 Abs. 1 Satz 1 InsO kann er die 489
Kosten der Feststellung und Verwertung einbehalten.

BGH, Urt. v. 7.4.2005 – IX ZR 138/04, ZInsO 2005, 535 ff.
= NZI 2005, 384 f. Rn. 22.

Wenn der Verwalter Forderungen einzieht, obschon er kein Verwertungs- 490
recht hat, begründet dies ein **Ersatzabsonderungsrecht** (siehe hierzu Rn. 494); der Verwalter muss den Erlös auskehren.

Die Verwertung der Forderung erfolgt durch die Einziehung des Betrages 491
oder den Verkauf der Forderung. Er kann die Forderung auch dem Absonderungsberechtigten zur Verwertung überlassen, § 170 Abs. 2 InsO.

Ist der Insolvenzverwalter zur Verwertung der Forderung ermächtigt und 492
nimmt er diese vor, kann er gemäß § 170 Abs. 1 Satz 1 Alt. 2 InsO sowohl

die **Feststellungs-** als auch **Verwertungskosten** und ggf. die **Umsatzsteuer** (§ 171 Abs. 2 Satz 3 InsO) für die Masse einbehalten. Der restliche Betrag ist an den Absonderungsberechtigten auszukehren. Nimmt er **keine** Verwertung vor, so kann er nur die Feststellungspauschale geltend machen. Ist er – wie bei ver- und gepfändeten Forderungen – nicht zur Verwertung berechtigt, nimmt er diese aber gleichwohl vor, besteht dennoch kein Anspruch auf Ersatz der Verwertungskosten.

493 Auch bei Forderungen werden die Feststellungs- und Verwertungskosten mit 4 % bzw. 5 % **pauschalisiert,** § 171 Abs. 1 Satz 2, Abs. 2 Satz 1 InsO.

> **Praxistipp:**
>
> Wenn der Insolvenzverwalter abgetretene streitige Forderungen geltend machen soll, kann es gerechtfertigt sein, einen Anteil für die Masse i. H. v. 25 bis 50 % der realisierten Forderung zu vereinbaren, da dem Aufwand der Rechtsverfolgung sonst kein ausreichender Ausgleich für die Masse gegenübersteht. Gelingt eine Vereinbarung nicht, sollte dem absonderungsberechtigten Gläubiger das Prozess- und Insolvenzrisiko überlassen werden.

dd) Ersatzabsonderung gem. § 48 InsO analog

494 Die Ersatz*absonderung* ist im Gegensatz zur Ersatz*aussonderung* nicht gesetzlich geregelt, sondern wird aus § 48 InsO im Analogieschluss abgeleitet. Hat der Schuldner vor Verfahrenseröffnung oder der Insolvenzverwalter nach diesem Zeitpunkt einen Gegenstand, an dem ein Absonderungsrecht bestand, **unberechtigt** veräußert, so kann der Absonderungsberechtigte das Recht auf die Gegenleistung beanspruchen oder, soweit diese bereits erbracht wurde, auf das **Entgelt** zugreifen, wenn dieses in der Masse **unterscheidbar** vorhanden ist. Mittels der Ersatzabsonderung können entsprechend § 48 InsO auch Zahlungen herausverlangt werden, die infolge einer unberechtigten Veräußerung vor Verfahrenseröffnung eingegangen sind. Voraussetzung ist, dass diese auf dem Konto des Schuldners aufgrund von Buchungsvorgängen unterscheidbar vorhanden und zur Masse gelangt sind.

495 Das Absonderungsrecht muss infolge der unbefugten Verwertung durch den Insolvenzschuldner, den starken vorläufigen Insolvenzverwalter oder den im eröffneten Insolvenzverfahren bestellten Insolvenzverwalter vereitelt worden sein.

> BGH, Urt. v. 4.12.2003 – IX ZR 222/02, ZIP 2004, 326;
> dazu EWiR 2004, 349 *(Pape)*.

496 Dies ist z. B. der Fall, wenn der Schuldner einen an ein Kreditinstitut sicherungsübereigneten Gegenstand, der sich in seinem Besitz befindet, wirksam an einen gutgläubigen Dritten übereignet.

> BGH, Urt. v. 15.11.1988 – IX ZR 11/88, ZIP 1989, 118;
> dazu EWiR 1989, 285 *(Gerhardt)*.

III. Verwertung der Insolvenzmasse und Insolvenzanfechtung

Scheitert die Ersatzabsonderung daran, dass sich die Gegenleistung nicht mehr oder **nicht unterscheidbar in der Masse** befindet, so besitzt der absonderungsberechtigte Gläubiger – wie bei der Ersatzaussonderung – einen Masseanspruch nach § 55 Abs. 1 Nr. 3 InsO, soweit durch die Vereitelung des Absonderungsrechtes eine **ungerechtfertigte Bereicherung** eingetreten ist. 497

Die Gegenleistung muss jedoch nach Verfahrenseröffnung in die Masse geflossen sein; eine vor diesem Zeitpunkt erbrachte Leistung kann keine Massebereicherung herbeiführen, da noch keine vorhanden ist.

3. Insolvenzanfechtung

a) Einführung

Viele spezifische Anfechtungssachverhalte der Unternehmensinsolvenz werden in der Praxis des Verbraucherinsolvenzverfahrens keine große Rolle spielen. 498

> Zur Anfechtung in der Unternehmensinsolvenz ausführlich:
> *Sinz/Hiebert*, Unternehmensinsolvenz, S. 211–239,
> Rn. 808–917.

Auch nennenswerte Vermögensverschiebungen sind bei völlig mittellosen Personen eher selten zu beobachten. Eine Anfechtung wird aber vor allem bei Zwangsvollstreckungsmaßnahmen und Ratenzahlungen aufgrund von Vollstreckungsdruck in Betracht kommen. 499

Vollstreckungsmaßnahmen in einem Zeitraum von **drei Monaten** vor dem Antrag oder nach diesem Antrag sind bereits gemäß § 88 Abs. 1, Abs. 2 (§ 312 Abs. 1 Satz 3 InsO a. F.) mit Eröffnung des Insolvenzverfahrens absolut unwirksam (sog. **Rückschlagsperre**), so dass es keiner Anfechtung mehr bedarf. Der Insolvenzverwalter kann von dem Gläubiger den Verzicht auf das bestehende Pfändungspfandrecht verlangen. Die Vollstreckungsmaßnahme ist zwar unwirksam; die öffentlich-rechtliche Verstrickung bleibt bis zur Aufhebung des Zwangsvollstreckungsaktes, z. B. einer Pfändung, aber bestehen. 500

Verzichtet der Gläubiger nicht, kann der Insolvenzverwalter die Vollstreckungsmaßnahme im Wege der Vollstreckungserinnerung (§ 766 Abs. 1 ZPO) für unzulässig erklären lassen. Die **Aufhebung** der konkreten Vollstreckungsmaßnahme erfolgt sodann durch das **jeweils zuständige Vollstreckungsorgan** (§§ 755 Nr. 1, 766, Satz 1 ZPO). So sind Pfändungs- und Überweisungsbeschlüsse durch den Rechtspfleger aufzuheben; ein bereits eingeleitetes Zwangsversteigerungsverfahren ist von Amts wegen aufzuheben und die durch eine einstweilige Verfügung erlangte Vormerkung zur Sicherung des Anspruchs auf Eintragung einer Sicherungshypothek zu löschen. Zu beachten ist, dass die Löschung einer von der Rückschlagsperre erfassten Sicherungshypothek der Bewilligung des Gläubiger oder eines den in § 29 Abs. 1 GBO genannten Anforderungen genügenden Unrichtigkeitsnachweises bedarf; die Bescheinigung eines Insolvenzgerichtes über den Zeitpunkt des Eingangs 501 des Insolvenzantrages – und damit die Möglichkeit der Fristberechnung – reicht nicht aus.

> BGH, Beschl. v. 12.7.2012 – V ZB 219/11, ZIP 2012, 1767 ff.
> = ZVI 2012, 419 ff. Rn. 16.

502 Hebt das **ursprünglich zuständige Vollstreckungsorgan** die Vollstreckungsmaßnahme entgegen seiner Amtspflicht weder von Amts wegen noch auf die Erinnerung des Verwalters hin auf, kann sich der Insolvenzverwalter mit dem Rechtsbehelf der Erinnerung **unmittelbar** an das **Insolvenzgericht** als besonderes Vollstreckungsgericht wenden. Dies gilt sowohl dann, wenn der Verwalter die Unzulässigkeit einer Zwangsvollstreckungsmaßnahme eines Insolvenzgläubigers gemäß § 89 Abs. 1 InsO geltend macht als auch in den Fällen, in denen er sich auf die Rückschlagsperre des § 88 InsO beruft. Die Zuständigkeitsregelung des § 89 Abs. 3 Satz 1 InsO wird aufgrund der größeren Sachnähe zu Recht analog auf die Rückschlagsperre des § 88 InsO angewendet.

> AG Duisburg, Beschl. v. 11.10.2011 – 62 IK 374/10,
> NZI 2011, 944 f. = ZVI 2012, 29 f. Rn. 5;
> HK/*Kayser*, InsO, § 88 Rn. 46, § 89 Rn. 34.

503 Ist der Gläubiger **durch** die **Zwangsvollstreckungsmaßnahme** bereits **befriedigt** worden, so kann der Insolvenzverwalter das aus dem Vermögen des Schuldners Erlangte nur noch gemäß § 143 Abs. 1 InsO i. V. m. mit einem Anfechtungstatbestand herausverlangen.

504 Die in den §§ 129–147 InsO normierte Insolvenzanfechtung ist das Schlüsselinstrument, um ungerechtfertigte Vermögensverschiebungen im Vorfeld der Eröffnung eines Insolvenzverfahrens rückgängig zu machen, weil sie den **Grundsatz der Gläubigergleichbehandlung** verletzen. Denn auch Einzelzwangsvollstreckungsmaßnahmen bis zu drei Monate vor dem Insolvenzantrag sind anfechtbar. Der Sieger eines Gläubigerwettlaufes wird damit den anderen Gläubigern gleichgestellt.

505 Systematisch stellen die §§ 129, 140 InsO die Grundnormen dar, wobei die §§ 130–137 InsO die einzelnen **Anfechtungstatbestände** konkretisieren. Die §§ 138–142 InsO enthalten besondere Bestimmungen und Definitionen, die auf alle Anfechtungstatbestände Anwendung finden. Die **Rechtsfolgen** der Anfechtung und insbesondere der Umfang des Rückgewähranspruchs sowie die Verjährung des Anspruchs werden in den §§ 143–147 InsO näher geregelt.

506 Die Anfechtung bezieht sich grundsätzlich auf Rechtshandlungen, die **vor der Eröffnung** des Insolvenzverfahrens vorgenommen worden sind und die Insolvenzgläubiger benachteiligen (§ 129 Abs. 1 InsO). Dabei steht eine die Gläubiger benachteiligende Unterlassung einer Rechtshandlung gleich (§ 129 Abs. 2 InsO).

III. Verwertung der Insolvenzmasse und Insolvenzanfechtung

Obwohl der Begriff „Anfechtung" dies nahelegen könnte, handelt es sich nicht um ein mit den §§ 119 ff., 142 BGB vergleichbares Gestaltungsrecht, dessen Ausübung den rückwirkenden Wegfall des Rechtsgrunds einer Verfügung zur Folge hätte (so die zur Konkursordnung teilweise vertretene dingliche Theorie). Die Insolvenzanfechtung wird von der herrschenden **schuldrechtlichen Theorie** vielmehr als ein gesetzliches Schuldverhältnis verstanden, kraft dessen ein schuldrechtlicher Anspruch auf Rückgewähr eines anfechtbar weggegebenen Vermögensgegenstandes besteht. 507

BGH, Urt. v. 5.2.1987 – IX ZR 161/85, ZIP 1987, 601;
dazu EWiR 1987, 427 *(Henckel)*;
Haas/Müller, ZIP 2003, 49 ff.

Grundsätzlich ist für Anfechtungsklagen der **Rechtsweg** zu den ordentlichen Gerichten (Amts- oder Landgericht) gegeben, da Anfechtungsansprüche bürgerlich-rechtlicher Natur i. S. d. § 13 GVG sind. Dies gilt auch dann, wenn der Anfechtungsgegner eine Finanzbehörde oder Krankenkasse ist. 508

BGH, Beschl. v. 24.3.2011 – IX ZB 36/09, ZIP 2011, 683;
dazu EWiR 2011, 281 *(Jacoby)*;
Huber, ZInsO 2011, 519.
Nach FG Münster, Beschl. v. 26.4.2012 – 14 K 3276/11 AO,
n. v. sollen bei Inzidententscheidungen über anfechtungsrechtliche Vorfragen diese vor dem ordentlichen Gericht zu klären und das Verfahren vor dem Finanzgericht bis dahin auszusetzen sein.

Eine **Ausnahme** nimmt die Rechtsprechung – zu Unrecht – jedoch an, wenn die Anfechtung eine Leistung aus einem Arbeitsverhältnis betrifft. 509

Gemeinsamer Senat der obersten Gerichtshöfe des Bundes,
Beschl. v. 27.9.2010 – GmS-OGB 1/09, ZIP 2010, 2418;
dazu EWiR 2010, 765 *(Bork)*.

Die dogmatische Begründung mit den besonderen Schutzbestimmungen des Arbeitsrechts überzeugt allerdings nicht, weshalb die Entscheidung auch im Schrifttum zu Recht überwiegend kritisiert zum Teil sogar für verfassungswidrig gehalten wird. 510

Kreft, ZIP 2013, 241 ff.;
Wollweber/Hennig, ZInsO 2013, 49 ff.;
Leithaus, NZI 2011, Nr. 9, V-VI;
Krüger/Wigand, ZInsO 2011, 1441;
Bork, EWiR 2010, 765;
Ries, ZInsO 2010, 2382 ff.

b) Rechtshandlung (§ 129 InsO)

§ 129 Abs. 1 InsO bestimmt, dass Rechtshandlungen, die vor der Eröffnung des Insolvenzverfahrens vorgenommen worden sind und die Insolvenzgläubiger benachteiligen, nach Maßgabe der §§ 130-146 InsO angefochten werden können. § 129 Abs. 2 InsO stellt Unterlassungen einer Rechtshandlung gleich. Diese Vorschrift normiert damit den Gegenstand der Anfechtung, die 511

D. Eröffnetes Insolvenzverfahren

Rechtshandlung, und als Voraussetzung eines jeden Anfechtungsanspruchs, d. h. als zusätzliche Tatbestandsvoraussetzung der folgenden Anfechtungstatbestände, dass die Rechtshandlung die Insolvenzgläubiger benachteiligt.

512 Der Begriff der **Rechtshandlung** ist denkbar **weit auszulegen**.

> Begr. RegE zu § 129;
> BGH, Urt. v. 9.7.2009 – IX ZR 86/08, ZIP 2009, 1674;
> BGH, Urt. v. 12.2.2004 – IX ZR 98/03, ZIP 2004, 620
> = ZInsO 2004, 342;
> dazu EWiR 2004, 1141 *(Beutler/Vogel)*;
> Uhlenbruck/*Hirte*, InsO, § 129 Rn. 62;
> vgl. auch BGH, Urt. v. 17.3.2011 – IX ZR 166/08, ZIP 2011, 824;
> dazu EWiR 2011, 431 *(Hofmann)*.

513 Rechtshandlung ist jedes Handeln, das eine rechtliche Wirkung auslöst. Vereinfacht dargestellt, ist eine Rechtshandlung jedes Geschäft, das zu einem Erwerb einer Gläubiger- oder Schuldnerstellung führt.

514 **Beispiele** für **Rechtshandlungen** sind:

- Willenserklärungen als Bestandteil von Verpflichtungs- oder Verfügungsgeschäften aller Art, z. B. die dingliche Einigung des Übereignungstatbestandes.

- Rechtsgeschäftsähnliche Handlungen, wie die Abtretungsanzeige, Fristsetzung, Mahnung und Genehmigung.

- Realakte und Verfügungen.

- Zahlungen mittels Überweisung, Lastschrift etc.

- Abtretung von Rechten und Forderungen.

- Vollstreckungshandlungen
  (Ausnahme: Zuschlag im Zwangsversteigerungsverfahren).

- Verbindung, Vermischung und Verarbeitung, so z. B. der Einbau von Gegenständen.

- Werthaltigmachen zur Sicherheit abgetretener Forderungen.

  > BGH, Urt. v. 26.6.2008 – IX ZR 144/05, ZIP 2008, 1435;
  > dazu EWiR 2008, 689 *(Eckardt)*;
  > BGH, Urt. v. 29.11.2007 – IX ZR 30/07, ZIP 2008, 183;
  > dazu EWiR 2008, 187 *(Ries)*.

- Einbringen einer Sache, die zu einem Vermieterpfandrecht führt.

- Prozesshandlungen, soweit ihnen eine materiell-rechtliche Wirkung zukommt.

- Vereinbarung eines Verzichts auf die Einrede der Verjährung.

  > OLG Dresden, Urt. v. 3.12.2009 – 8 U 305/09, ZInsO 2010, 596
  > = ZIP 2010, 747 (LS).

III. Verwertung der Insolvenzmasse und Insolvenzanfechtung

- Schaffung einer Aufrechnungslage.

  BGH, Urt. v. 24.6.2010 – IX ZR 97/09, NZI 2010, 903;
  BGH, Urt. v. 22.10.2009 – IX ZR 147/06, ZIP 2010, 90;
  BGH, Urt. v. 18.9.2008 – IX ZR 62/05, NZG 2008, 902.

- Handlungen des Schuldners oder Dritter (z. B. Aufrechnung durch das FA), die zum Entstehen einer (Umsatz-)Steuerschuld führen.

  BGH, Urt. v. 9.7.2009 – IX ZR 86/08, ZIP 2009, 1674
  – Brauen von Bier;
  BGH, Urt. v. 22.10.2009 – IX ZR 147/06, ZIP 2010, 90;
  entgegen BFH, Urt. v. 16.11.2004 – VII R 75/03,
  ZIP 2005, 628, 630 – Entstehung kraft Gesetzes;
  dazu EWiR 2005, 477 *(Onusseit)*;
  anders auch BFH, Urt. v. 24.11.2011 – V R 13/11, ZIP 2011, 2481
  – Steuerberechnung gem. §§ 16 ff. UStG;
  dazu EWiR 2012, 127 *(de Weerth)*.

Beispiele für ein **Unterlassen**, das nach § 129 Abs. 2 InsO einer Rechtshandlung gleichsteht, sind: 515

- Schweigen des Kaufmanns.

- Unterlassen der Erhebung von Einwendungen und Einreden.

- Unterlassen des Widerspruchs gegen einen Mahnbescheid.

- Unterlassen der Irrtumsanfechtung nach BGB.

- Nichtunterbrechen der Verjährungsfrist.

Wer die Rechtshandlung vorgenommen hat, ist unerheblich. In Betracht kommt 516 der Insolvenzschuldner, der Gläubiger oder ein Dritter. Nur in den Fällen, in denen das Gesetz ausdrücklich eine Rechtshandlung *„des Schuldners"* verlangt (wie in den §§ 132, 133 InsO), ist diese erforderlich.

Die **Gläubigerbenachteiligung** ist Grundvoraussetzung *jeder* Anfechtung; 517 sie ist gegeben, wenn die Befriedigung der Insolvenzgläubiger beeinträchtigt, d. h. vollständig vereitelt, vermindert erschwert oder aber verzögert wird.

BGH, Urt. v. 9.7.2009 – IX ZR 86/08, ZIP 2009, 1674.

Klassische **Beispiele** für eine Gläubigerbenachteiligung sind: 518

- Verminderung der Aktivmasse.

- Vermehrung der Passivmasse.

- Verschaffen einer Aufrechnungslage.

- Erschwerung des Zugriffs auf oder die Verwertung der Insolvenzmasse.

An einer Gläubigerbenachteiligung fehlt es nur dann, wenn auch ohne die betreffende Rechtshandlung die Insolvenzgläubiger keine höhere Quote erhiel- 519

D. Eröffnetes Insolvenzverfahren

ten oder der Insolvenzgläubiger die gleiche Befriedigung erlangt hätte. Daher ist **keine Gläubigerbenachteiligung** gegeben, wenn,

- Gegenstände weggegeben werden, die mindestens in Höhe ihres Wertes belastet sind (Klassiker: Ein Grundstück, auf dem die Grundschulden in Höhe des Verkehrswertes oder darüber valutieren),

- Gegenstände weggegeben werden, an denen ein Aussonderungsrecht besteht,

- unpfändbare Gegenstände weggegeben werden,

- der Schuldner eine gleichwertige Gegenleistung erhält, Bargeschäft (§ 142 InsO), siehe hierzu Rn. 535 ff.,

- es zu einem Austausch gleichwertiger Sicherheiten kommt.

520 Die Beispiele zeigen, dass es allein auf eine **wirtschaftliche Betrachtung** ankommt. Maßgeblicher Zeitpunkt für die Beurteilung der Gläubigerbenachteiligung ist, sofern das Gesetz nicht ausnahmsweise eine unmittelbare Benachteiligung fordert (z. B. § 133 Abs. 2 InsO), der Schluss der letzten mündlichen Verhandlung in der Tatsacheninstanz. Auf den Zeitpunkt der angefochtenen Rechtshandlung kommt es nicht an.

521 Auch die **Zahlung aus einer geduldeten Kontoüberziehung** benachteiligt die Gläubiger. Zwar besteht auf eine geduldete Überziehung kein Rechtsanspruch; es handelt sich um eine bloße Chance, die keinen pfändbaren Vermögenswert begründet. Dennoch handelt es sich nicht um einen reinen Gläubigertausch. Vielmehr ist der unmittelbar aus dem Vermögen der Bank herrührende Zahlungsfluss der Schuldnerin zuzurechnen, da eine solche Direktzahlung in anfechtungsrechtlicher Wertung grundsätzlich nicht anders behandelt werden kann als wenn Geldmittel, auf die ein Schuldner keinen Anspruch hatte, ihm durch ein neu gewährtes Darlehen zunächst überlassen und sodann zur Deckung von Verbindlichkeiten verwendet werden.

> BGH, Urt. v. 6.10.2009 – IX ZR 191/05, ZIP 2009, 2009;
> dazu EWiR 2009, 651 *(Bork)*
> unter Aufgabe von BGH, Urt. v. 11.1.2007 – IX ZR 31/05,
> ZIP 2007, 435.

c) Kongruente Deckung (§ 130 InsO)

522 Die amtliche Überschrift des in § 130 InsO geregelten Anfechtungstatbestands mit den Worten „kongruente Deckung" und die gleichfalls übliche Bezeichnung als Deckungsanfechtung sind nicht ohne Weiteres aus sich heraus verständlich. Die Abgrenzung zu § 131 InsO lässt sich am besten wie folgt vornehmen: Im Rahmen von § 130 InsO muss der Gläubiger – als Folge des Gleichbehandlungsgrundsatzes – eine Leistung zurückgewähren, die ihm *so zustand*, wie er sie erhalten hat, während er bei § 131 InsO eine Leistung erhalten hat, die ihm *so nicht zustand*. Kommen beide Normen in Betracht,

III. Verwertung der Insolvenzmasse und Insolvenzanfechtung

empfiehlt es sich, zuerst die Voraussetzungen des § 131 InsO zu prüfen, weil die Hürden für eine Anfechtung dort geringer sind.

Zur Abgrenzung zwischen kongruenter und inkongruenter Deckung vgl. Rn. 549 ff.

Nach § 130 Abs. 1 Satz 1 Nr. 1 und Nr. 2 InsO sind Rechtshandlungen anfechtbar, die einem Insolvenzgläubiger eine Sicherung oder Befriedigung gewährt oder ermöglicht haben. D. h. die Rechtshandlung hat einen schon bestehenden Anspruch eines Insolvenzgläubigers erfüllt oder dieser Anspruch wurde nachträglich besichert, ohne dass die Forderung erfüllt wurde. So kann ein Darlehen etwa an den Darlehensgeber zurückgezahlt werden (**Befriedigung**) oder dieses Darlehen – durch eine Bürgschaft, eine Grundschuld, Sicherungsübereignung, etc. – besichert werden (**Sicherung**). Beide Rechtshandlungen verbessern die Rechtsposition des Insolvenzgläubigers. Den übrigen Insolvenzgläubigern wird also entweder durch die Befriedigung ein Teil der Masse entzogen (etwa Buchgeld, das zur Verteilung an die Gläubigergemeinschaft nicht mehr zur Verfügung steht) oder ein Teil der Masse wird als Sicherheit so verwendet, dass das Sicherungsgut nicht mehr in vollem Umfang für die übrigen Insolvenzgläubiger verwertet werden kann. Die Befriedigung kann durch alle dem Zivilrecht bekannten Möglichkeiten der Erfüllung erfolgen, insbesondere auch durch Aufrechnung und Verrechnung. 523

aa) § 130 Abs. 1 Nr. 1 InsO

Nach § 130 Abs. 1 Nr. 1 InsO sind Rechtshandlungen anfechtbar, die in den letzten drei Monaten vor dem Antrag vorgenommen wurden, wenn der Schuldner zurzeit der Vornahme der Handlung bereits zahlungsunfähig war und der Gläubiger dies wusste. **Voraussetzungen** sind also: 524

- Rechtshandlung (§ 129 InsO).

- Gewährung oder Ermöglichung von Befriedigung oder Sicherung (§ 130 InsO) innerhalb der letzten drei Monate vor dem Insolvenzantrag (§ 130 Abs. 1 Nr. 1 InsO).

- Zahlungsunfähigkeit i. S. d. § 17 im Zeitpunkt der Vornahme der Rechtshandlung (§ 130 Abs. 1 Nr. 1 InsO).

- Kenntnis des Gläubigers von der Zahlungsunfähigkeit (§ 130 Abs. 1 Nr. 1 InsO) und

- Gläubigerbenachteiligung (§ 129 InsO).

Bei der Berechnung der **Drei-Monatsfrist** sind die §§ 139, 140 InsO heranzuziehen. 525

Dass der Gläubiger als Anfechtungsgegner **Kenntnis** von der **Zahlungsunfähigkeit** des Schuldners haben muss, ist sachgerecht, weil er selbst nur dasjenige erhält, was ihm zusteht (kongruente Deckung). Nicht schutzbedürftig 526

D. Eröffnetes Insolvenzverfahren

ist er deshalb nur, wenn er befriedigt wird oder eine Sicherheit erhält, obschon ihm die Zahlungsunfähigkeit des Schuldners in diesem Zeitpunkt bekannt war. Kenntnis bedeutet **positives Wissen**.

BGH, Urt. v. 27.3.2008 – IX ZR 98/07, ZIP 2008, 930.
Zur Zahlungsunfähigkeit im Anfechtungs- und Haftungsprozess: *Krüger/Wigand*, ZInsO 2011, 314.

527 Die Kenntnis von Vertretern wird dem Gläubiger zugerechnet, die rechtlichen Einzelheiten müssen ihm nicht bekannt sein. Kenntnis der drohenden Zahlungsunfähigkeit oder des Eintritts der Überschuldung genügt nicht, weil dies nicht zwingend zur Zahlungsunfähigkeit führen muss.

bb) § 130 Abs. 1 Nr. 2 InsO

528 § 130 Abs. 1 Nr. 2 InsO erweitert den Anfechtungszeitraum auf Rechtshandlungen, die nach dem Eröffnungsantrag (aber vor Eröffnung) vorgenommen wurden. Modifiziert wird das Erfordernis der Kenntnis. Ausreichend ist die Kenntnis der Zahlungsunfähigkeit wie in Nr. 1, aber auch die Kenntnis von dem Insolvenzantrag.

cc) § 130 Abs. 2 InsO

529 § 130 Abs. 2 InsO bestimmt für die beiden Anfechtungstatbestände des Abs. 1, dass der Kenntnis der Zahlungsunfähigkeit (Nr. 1 und Nr. 2) oder des Eröffnungsantrags (Nr. 2) die Kenntnis von Umständen gleich steht, die *zwingend* auf die Zahlungsunfähigkeit oder den Eröffnungsantrag schließen lassen. Angesichts der Tatsache, dass die Beweislast für die Kenntnis des Gläubigers beim Insolvenzverwalter liegt, stellt § 130 Abs. 2 InsO eine große Erleichterung dar. Unerheblich ist, aus welcher Quelle diese Informationen stammen. Die (grob) fahrlässige Unkenntnis dieser Umstände schadet einem Gläubiger nicht. Insbesondere muss sich ein Gläubiger nicht informieren. Der Gläubiger muss nur die Umstände kennen; zieht er die falschen Schlüsse, unterliegt er also einer Fehlbewertung, so steht dies seiner Kenntnis nicht entgegen. Die Tatsachen, aus denen die subjektiven Tatbestandsvoraussetzungen gefolgert werden können, begründen keine widerlegliche Vermutung, sondern stellen nur mehr oder weniger gewichtige Beweisanzeichen dar.

530 Umstände, die bei institutionellen Gläubigern auf die Zahlungsunfähigkeit zwingend schließen lassen, sind:

- Kenntnis von zunehmenden Steuerrückständen und Verbindlichkeiten gegenüber Sozialversicherungsträgern.

    BGH, Urt. v. 1.7.2010 – IX ZR 70/08, ZInsO 2010, 1598 – KK;
    BGH, Urt. v. 9.1.2003 – IX ZR 175/02, ZIP 2003, 410 – FA;
    dazu EWiR 2003, 379 *(Hölzle)*.

- Kenntnis von ständigen und zunehmenden Lohn- und Gehaltsrückständen sowie Mieten.

BGH, Urt. v. 15.10.2009 – IX ZR 201/08, ZIP 2009, 2306;
dazu EWiR 2009, 779 *(Stiller)*;
anders aber bei Arbeitnehmern ohne Sonderwissen oder leitende
Funktion: BGH, Urt. v. 19.2.2009 – IX ZR 62/08, ZIP 2009, 526;
dazu EWiR 2009, 275 *(Bork)*;
BAG, Urt. v. 6.10.2011 – 6 AZR 585/10, ZInsO 2012, 271.

- Der Schuldner leistet nur auf Druck des Gläubigers, der etwa mit einer Klage, der Einzelzwangsvollstreckung einem Insolvenzantrag oder einer Strafanzeige droht.

BGH, Urt. v. 17.7.2003 – IX ZR 215/02, ZIP 2003, 1900.

Die notwendigen Informationen sind gewöhnlichen Insolvenzgläubigern 531
i. d. R. nicht so ohne Weiteres zugänglich. Allenfalls die externe Rechnungslegung steht zur Verfügung, soweit entsprechende Publizitätspflichten bestehen. Über das notwendige **Sonderwissen**, insbesondere die Einzelheiten der internen Rechnungslegung, verfügen aber

- Steuerberater, selbstständige Unternehmensberater und Sanierer,

- Personen, die im Unternehmen mit der Buchhaltung entsprechend befasst sind,

- sog. institutionelle Gläubiger wie Geldinstitute, Finanzbehörden, Krankenkassen.

BGH, Urt. v. 19.7.2001 – IX ZR 36/99, ZIP 2001, 1641, 1643;
dazu EWiR 2001, 959 *(Pape)*.

Bei **Großgläubigern** besteht die Besonderheit, dass die Zahlungsunfähigkeit 532
des Schuldners schon darin zum Ausdruck kommen kann, dass trotz mehrfacher Aufforderung zur Zahlung der Schuldner nicht leistet. Denn Zahlungsunfähigkeit liegt bereits vor, wenn der Schuldner von seinen fälligen Verbindlichkeiten nicht binnen drei Wochen wenigstens 90 % erfüllt. Weiß der Gläubiger also, dass seine Forderung gegen den Schuldner vergleichsweise hoch ist, der Schuldner in der Sache keine Einwendung gegen die Forderung hat und verfügt der Gläubiger über keine greifbare Grundlage für die Annahme, dass der Schuldner rechtzeitig über die notwendigen liquiden Mittel verfügen wird, sind ihm die Umstände, die auf die Zahlungsunfähigkeit schließen lassen, bekannt.

BGH, Urt. v. 25.9.1997 – IX ZR 231/96, ZIP 1987, 1926
= NJW 1998, 607;
dazu EWiR 1998, 121 *(Paulus)*;
MünchKomm-InsO-*Kirchhof*, § 130 Rn. 35.

dd) § 130 Abs. 3 i. V. m. § 138 InsO

§ 130 Abs. 3 InsO bestimmt, dass gegenüber Personen, die dem Insolvenz- 533
schuldner im Zeitpunkt der anfechtbaren Rechtshandlung nahestanden, die Kenntnis der Zahlungsunfähigkeit oder des Eröffnungsantrages **vermutet**

D. Eröffnetes Insolvenzverfahren

wird. Wer eine nahestehende Person im Sinne dieser Vorschrift ist, bestimmt § 138 InsO. **Nahestehend** sind solche Personenkreise, die in der Regel über bessere Informationsmöglichkeiten verfügen, nämlich:

- Nahe Angehörige, wie Ehegatten, Verwandte.
- Personen, die in einer häuslichen Gemeinschaft mit dem Schuldner leben oder in einer dienstvertraglichen Beziehung zu diesem stehen.
- Personen mit gesellschaftsrechtlicher Verbindung.
- Gesellschaftsrechtlich nahestehende Personen, wie Mitglieder der Vertretungs- oder Aufsichtsorgane, persönlich haftende Gesellschafter und Personen, die mit einem Viertel oder mehr am Kapital unmittelbar oder mittelbar beteiligt sind.

534 **Keine** nahestehende Person i. S. d. § 138 InsO sind nicht eheliche Lebenspartner.

BGH, Beschl. v. 17.3.2011 – IX ZA 3/11, ZIP 2011, 873.

ee) Bargeschäft (§ 142 InsO)

535 Wäre jedes kongruente Rechtsgeschäft anfechtbar, so würde ein in die Krise geratener Schuldner faktisch von der Teilnahme am Wirtschaftsleben ausgeschlossen. Denn jeder Vertragspartner des Schuldners müsste fürchten, dass er das von dem Schuldner Erlangte herausgeben muss, obschon er die vertraglich geschuldete Gegenleistung erbracht hat. Dieser Ausschluss hätte zur Folge, dass eine Sanierung des Schuldners unmöglich würde.

536 § 142 InsO privilegiert daher bestimmte Rechtsgeschäfte, die als Bargeschäfte bezeichnet werden. Ein **Bargeschäft** liegt vor, wenn der Schuldner in einem engen zeitlichen Zusammenhang mit seiner Leistung aufgrund einer Vereinbarung mit einem Dritten eine gleichwertige Gegenleistung erlangt hat.

BGH, Urt. v. 23.9.2010 – IX ZR 212/09, ZIP 2010, 2009;
dazu EWiR 2010, 825 *(Freudenberg)*;
BGH, Urt. v. 9.6.2005 – IX ZR 152/03, ZIP 2005, 1243;
dazu EWiR 2005, 829 *(Paulus)*.

537 Als Leistung oder Gegenleistung kommt – anders als der Begriff des Bargeschäfts es vermuten ließe – jede Leistung mit wirtschaftlichem Wert in Betracht.

538 **Voraussetzungen** für das Vorliegen eines Bargeschäfts sind:

- Verknüpfung von Leistung und Gegenleistung durch Parteivereinbarung,
- Gleichwertigkeit von Leistung und Gegenleistung,
- enger zeitlicher Zusammenhang von Leistung und Gegenleistung.

III. Verwertung der Insolvenzmasse und Insolvenzanfechtung

Während sich der Wert der ausgetauschten Leistungen mittels Verkehrswertgutachten objektiv feststellen lässt und die in die Masse fließende Gegenleistung auch höherwertiger als die Leistung des Schuldners sein darf, „steht und fällt" die Privilegierung des Bargeschäftes mit der Frage, ob die Leistungen in einem engen zeitlichen Zusammenhang ausgetauscht wurden. Das Erfordernis des **engen zeitlichen Zusammenhangs** zwischen Leistung und Gegenleistung folgt aus dem Wortlaut des § 142 InsO („unmittelbar"). Privilegiert wird nur der tatsächliche Leistungsaustausch. So wird vermieden, dass der Schuldner eine Gegenleistung erbringt, für die er schon vor einiger Zeit eine Leistung erhalten hat. Denn in diesem Fall erfüllt der Schuldner lediglich eine bereits bestehende Verbindlichkeit, ohne eine Leistung zu erhalten. Eine derartige Privilegierung von Altgläubigern ist aber nicht erforderlich, um die weitere Teilnahme des in die Krise geratenen Schuldners am Wirtschaftsleben sicherzustellen. 539

Die Annahme eines Bargeschäfts bei Rechtsanwälten und Steuerberatern setzt voraus, dass der **Leistungsaustausch binnen 30 Tagen** erfolgt. Es darf daher auch kein höherer Vorschuss als für die innerhalb von 30 Tagen zu erbringende Leistung gefordert werden, da andernfalls der Vorschuss in voller Höhe (und nicht nur in Höhe des darüber hinausgehenden Betrages) anfechtbar ist. 540

BGH, Urt. v. 6.12.2007 – IX ZR 113/06, ZIP 2008, 232 ff.
= NZI 2008, 173 ff.

Keine Bargeschäfte sind: 541

- **Jegliches Kreditieren** des Schuldners, nicht nur in Geld, sondern auch mittels Warenkredit.

  BGH, Urt. v. 9.11.2006 – IX ZR 133/05, ZIP 2007, 35;
  dazu EWiR 2007, 83 *(Neußner)*;
  BGH, Urt. v. 13.4.2006 – IX ZR 158/05, ZIP 2006, 1261;
  dazu EWiR 2007, 117 *(Pape)*.

- **Stundung** der Leistung.

  BGH, Urt. v. 19.12.2002 – IX ZR 377/99, ZIP 2003, 488;
  dazu EWiR 2003, 427 *(Gerhardt)*.

- **Stehenlassen** eines bereits **valutierten Darlehens**, weil dem Schuldner hierdurch kein Vermögenswert zufließt.

  BGH, Urt. v. 29.11.2007 – IX ZR 30/07, ZIP 2008, 183;
  dazu EWiR 2008, 187 *(Ries)*.

- Austausch von Sicherheiten im Rahmen einer – vor langer Zeit – vereinbarten Globalzession, weil der Schuldner für das Stellen dieser Sicherheit gerade keinen Gegenwert erhält.

  BGH, Urt. v. 29.11.2007 – IX ZR 30/07, ZIP 2008, 183;
  Uhlenbruck/*Hirte*, InsO, § 142 Rn. 13.

D. Eröffnetes Insolvenzverfahren

542 Ein enger zeitlicher Zusammenhang zwischen Leistung und Gegenleistung kann aber auch dann bestehen, wenn nicht Zug um Zug geleistet wird. Inwieweit eine zeitliche Verzögerung des Austauschs noch als **enger zeitlicher Zusammenhang** gewertet werden kann, bedarf einer Betrachtung des jeweiligen Einzelfalls. Maßgeblich sind die jeweils üblichen Zahlungsbräuche und eine wirtschaftliche Einheitsbetrachtung. Unerheblich ist die Reihenfolge des Leistungsaustauschs, also ob die Leistung oder die Gegenleistung zuerst erbracht wurde.

BGH, Urt. v. 29.5.2008 – IX ZR 42/07, ZIP 2008, 1241;
BGH, Urt. v. 13.4.2006 – IX ZR 158/05, ZIP 2006, 1261;
BGH, Urt. v. 19.12.2002 – IX ZR 377/99, ZIP 2003, 488;
dazu EWiR 2003, 427 *(Gerhardt)*;
BGH, Urt. v. 21.5.1980 – VIII ZR 40/79, ZIP 1980, 518.

543 So kann zwischen Lieferung, Rechnungsstellung und Scheckbegebung durchaus ein Zeitraum von ca. zwei Wochen liegen.

BGH, Urt. v. 21.5.1980 – VIII ZR 40/79, ZIP 1980, 518.

544 In der Praxis wird ein Zeitraum von **einer Woche** jedenfalls als ausreichend angesehen, um das Vorliegen eines engen zeitlichen Zusammenhangs zu bejahen.

BGH, Urt. v. 29.5.2008 – IX ZR 42/07, ZIP 2008, 1241.

545 Demgegenüber wird ein Zeitraum von **mehr als 30 Tagen** in der Regel als zu lang betrachtet.

BGH, Urt. v. 21.6.2007 – IX ZR 231/04, ZIP 2007, 1469
BGH, Beschl. v. 18.9.2008 – IX ZR 134/05, NZG 2008, 902
(RA-Honorar);
BGH, Urt. v. 6.12.2007 – IX ZR 113/06, ZIP 2008, 232;
dazu EWiR 2008, 409 *(Freudenberg)*;
BGH, Urt. v. 19.2.2009 – IX ZR 62/08, ZIP 2009, 526
(Arbeitnehmer);
dazu EWiR 2009, 275 *(Bork)*;
anders aber für die Nachzahlung von Lohnrückständen:
BAG, Urt. v. 6.10.2011 – 6 AZR 262/10, ZIP 2011, 2366:
3 Monate mit abl. Anm. *Huber*, EWiR 2011, 817;
BAG, Urt. v. 6.10.11 – 6 AZR 585/10, ZInsO 2012, 271.

546 Erfolgt die Zahlung im Wege des **Einzugsermächtigungsverfahrens** als Unterfall des Lastschriftverfahrens, so ist für die Beurteilung der Frage, ob ein enger zeitlicher Zusammenhang gegeben ist, bereits auf den Zeitpunkt des Lastschrift*einzugs* abzustellen.

BGH, Urt. v. 29.5.2008 – IX ZR 42/07, ZIP 2008, 1241.

547 Da im Fall der **inkongruenten Deckung** gerade kein Leistungsaustausch stattfindet, kommt das Bardeckungsprivileg allein im Rahmen der Anfechtung nach § 130 InsO in Betracht.

Uhlenbruck/*Hirte*, InsO, § 142 Rn. 4.

d) Inkongruente Deckung (§ 131 InsO)

Während § 130 InsO die Rückgängigmachung von Vermögensverschiebungen ermöglicht, auf die der Gläubiger einen Anspruch (kongruente Deckung) hatte, normiert § 131 InsO diejenigen Fälle, in denen der Gläubiger keinen Anspruch (inkongruente Deckung) auf *diese* konkrete Leistung oder Sicherheit hatte. Die Unterscheidung zwischen kongruenter und inkongruenter Deckung ist deshalb so wichtig, weil die Anfechtung nach § 131 InsO **keine Kenntnis** des Gläubigers von der Zahlungsunfähigkeit des Schuldners **voraussetzt**, was die Anfechtung nach dieser Vorschrift erheblich erleichtert. 548

Inkongruent ist eine Rechtshandlung, die einem Insolvenzgläubiger eine Sicherung oder Befriedigung gewährt oder ermöglicht, die er (überhaupt) nicht oder nicht in der Art oder nicht zu dieser Zeit beanspruchen konnte. Hierzu sind folgende Fallgruppen praxisrelevant: 549

- (überhaupt) „nicht":

  – kein Anspruch auf die Leistung/Sicherung,

  – verjährte Forderung,

  – Einwand der Sittenwidrigkeit,

  – Anfechtbarkeit (§§ 119, 123 BGB),

  – bedingte Forderung vor Bedingungseintritt.

- „nicht in der Art":

  – Leistungen an Erfüllung statt oder erfüllungshalber.

    BGH, Urt. v. 12.7.2007 – IX ZR 235/03, ZIP 2007, 2084:
    selbst wenn der Empfänger sich stattdessen durch Aufrechnung hätte befriedigen können;
    BGH, Urt. v. 29.9.2005 – IX ZR 184/04, ZIP 2005, 2025;
    dazu EWiR 2006, 151 *(Eisner)*.

  – Abtretung einer Sicherheit, aus der sich der Gläubiger an Stelle der ursprünglich vorgesehenen Leistung befriedigen soll.

  – **Zwangsvollstreckungsmaßnahmen** innerhalb des Drei-Monats-Zeitraums (außerhalb: kongruent), siehe Rn. 554.

  – Leistungen zur Abwendung von Zwangsvollstreckungsmaßnahmen, sog. **Druckzahlungen**.

    BGH, Urt. v. 7.3.2013 – IX ZR 216/12, ZVI 2013, 241
    = ZIP 2013, 838 f.

  – Erfüllung der Verbindlichkeit durch einen Dritten ohne entsprechende insolvenzfeste Vereinbarung.

    BGH, Urt. v. 10.5.2007 – IX ZR 146/05, ZIP 2007, 1162;
    dazu EWiR 2007, 471 *(Huber)*.

D. Eröffnetes Insolvenzverfahren

- Hingabe eines Kundenwechsels oder Kundenschecks statt Leistung in bar oder Buchgeld.

  BGH, Urt. v. 14.5.2009 – IX ZR 63/08, ZIP 2009, 1235; dazu EWiR 2009, 579 *(Keller)*.
  Die Bezahlung durch eigenen Scheck oder Überweisung (statt Barzahlung) sind verkehrsüblich und daher kongruent: BGH, Urt. v. 2.2.2006 – IX ZR 67/02, ZIP 2006, 578.

- „nicht zu der Zeit":

  - Zahlung auf eine noch nicht fällige Forderung.

    BGH, Urt. v. 9.6.2005 – IX ZR 152/03, ZIP 2005, 1243: Überweisung, die beim Gläubiger *früher als fünf Bankgeschäftstage* vor Fälligkeit eingeht; dazu EWiR 2005, 829 *(Paulus)*.

  - Verrechnungen im Bankkontokorrent, siehe Rn. 562.

550 In der Praxis sind auch für den Insolvenzverwalter im Verbraucherinsolvenzverfahren vor allem **zwei Hauptanwendungsfälle** der inkongruenten Deckung regelmäßig anzutreffen:

- Der Gläubiger erlangt eine Sicherung oder Befriedigung im Wege der **Zwangsvollstreckung** (siehe hierzu Rn. 554 ff.).

- Das Geldinstitut des Schuldners führt einen bestehenden, nicht gekündigten Kontokorrentkredit zurück, indem es Zahlungseingänge auf dem Geschäfts- oder Privatkonto des Insolvenzschuldners **verrechnet** (siehe hierzu Rn. 562 ff.).

aa) § 131 Abs. 1 Nr. 1 InsO

551 § 131 Abs. 1 Nr. 1 InsO ermöglicht die Anfechtung, wenn die Handlung **im letzten Monat vor dem Eröffnungsantrag** oder nach diesem (aber vor Insolvenzeröffnung) vorgenommen wurde. In diesen Fällen **bedarf es keiner weiteren Voraussetzungen**, insbesondere nicht der Zahlungsunfähigkeit des Schuldners und auch keiner Kenntnis des Gläubigers von der Zahlungsunfähigkeit.

bb) § 131 Abs. 1 Nr. 2 InsO

552 Erfolgte die Rechtshandlung innerhalb des **zweiten** oder **dritten Monats** vor dem Eröffnungsantrag fordert § 131 Abs. 1 Nr. 2 InsO als weitere Voraussetzung, dass der Schuldner zum Zeitpunkt der Vornahme der Rechtshandlung bereits **objektiv zahlungsunfähig** war. Im Vergleich zu § 131 Abs. 1 Nr. 1 InsO tritt als Kompensation für die Ausdehnung in zeitlicher Hinsicht das Merkmal der objektiv bestehenden Zahlungsunfähigkeit hinzu, deren Vorliegen im Streitfall von dem anfechtenden Insolvenzverwalter zu beweisen ist. Weiterer subjektiver Voraussetzungen bedarf es *nicht*.

III. Verwertung der Insolvenzmasse und Insolvenzanfechtung

Veranlasst der Gläubiger den Schuldner, den Insolvenzantrag bewusst hinauszuzögern, um eine Anfechtung der Zwangsvollstreckungsmaßnahme nach § 131 InsO zu vermeiden, kommt eine Haftung gegenüber der Masse nach §§ 826, 823 Abs. 2 BGB in Betracht. 553

> BGH, Urt. v. 10.2.2005 – IX ZR 211/02, ZIP 2005, 494
> sub II. 3. d);
> dazu EWiR 2005, 607 *(Eckardt)*.

cc) Zwangsvollstreckung im Dreimonatszeitraum

Leistungen und Zahlungen, die der Schuldner innerhalb der Drei-Monats-Frist des § 131 InsO auf hoheitlichen Zwang hin erbringt, insbesondere aufgrund einer **durchgeführten Zwangsvollstreckung**, sind stets inkongruent, 554

> BGH, Urt. v. 8.12.2005 – IX ZR 182/01, ZIP 2006, 290;
> AG Mannheim, Urt. v. 9.7.2010 – 3 C 587/09, n. v.,

während Vollstreckungsmaßnahmen *außerhalb* des Drei-Monats-Zeitraums als *kongruent* anzusehen sind. Denn der Gläubiger darf seine Rechtsposition mit Hilfe staatlicher Zwangsmittel durchsetzen.

> BGH, Urt. v. 27.5.2003 – IX ZR 169/02,
> ZIP 2003, 1506 Rn. 18, 21;
> dazu EWiR 2003, 1097 *(Hölzle)*.

Grund für diese Differenzierung ist: Sobald die materielle Insolvenz eingetreten ist, *verdrängt der in § 1 Satz 1 InsO normierte Gläubigergleichbehandlungsgrundsatz das Prioritätsprinzip des Einzelzwangsvollstreckungsverfahrens.* Hier wird deutlich, dass die Insolvenzordnung mit ihrem Grundsatz der Gleichbehandlung aller Gläubiger in wesentlichem Maße dem Rechtsfrieden dient, indem sie einen Wettlauf der Gläubiger („Windhundprinzip") vermeidet. 555

> Uhlenbruck/*Hirte*, InsO, § 131 Rn. 20 m. w. N. und Begründungsansätzen.

Anders verhält es sich bei Leistungen, die der Schuldner **nach gestelltem oder angedrohtem Insolvenzantrag** erbringt, diese sind *stets* – auch außerhalb des Dreimonatszeitraums – inkongruent, da das Insolvenzverfahren nicht der Befriedigung des einzelnen Gläubigers dient. 556

> BGH, Urt. v. 18.6.2009 – IX ZR 7/07, ZIP 2009, 1434
> = ZInsO 2009, 1394 Rn. 6;
> BGH, Urt. v. 8.12.2005 – IX ZR 182/01, ZIP 2006, 290 Rn. 21.

Ebenso ist eine Leistung oder Zahlung inkongruent, die der Schuldner im Hinblick auf eine **Androhung der Zwangsvollstreckung** erbringt, sofern der Vollstreckungsdruck noch im Dreimonatszeitraum fortwirkt. 557

> BAG, Beschl. v. 31.8.2010 – 3 ABR 139/09, ZIP 2011, 629;
> BGH, Urt. v. 17.6.2010 – IX ZR 134/09, ZInsO 2010, 1324;
> BGH, Urt. v. 10.12.2009 – ZR 128/08, ZIP 2010, 191;
> dazu EWiR 2010, 189 *(Huber)*;
> BGH, Urt. v. 8.12.2005 – IX ZR 182/01, ZIP 2006, 290;

anders bei Druck, der nicht in Drohung mit Zwangsvollstreckung oder Insolvenzantrag besteht: BGH, Beschl. v. 23.4.2009 – IX ZR 82/06, GWR 2009, 156.

558 Einer letzten konkreten Fristsetzung bedarf es nicht.

BGH, Urt. v. 20.1.2011 – IX ZR 8/10, ZIP 2011, 38; dazu EWiR 2011, 227 *(Henkel)*.

559 Dagegen erzeugt die bloße **Zustellung eines Vollstreckungsbescheides** noch keinen Vollstreckungsdruck, da sie noch nicht auf unmittelbar bevorstehende Vollstreckungsabsichten des Gläubigers schließen lässt. Gleiches gilt für öffentlich-rechtliche Bescheide oder bloße Mahnschreiben.

BGH, Urt. v. 7.12.6 – IX ZR 157/05, ZIP 2007, 136; dazu EWiR 2007, 245 *(Hoos)*.

> **Praxistipp:**
>
> Der Insolvenzverwalter sollte stets die Girokonten und etwaige Barkassen des Schuldners auf mögliche Pfändungen und Drittschuldnerzahlungen prüfen. Außerdem empfiehlt es sich, etwaige Mitarbeiter des Schuldners und diesen selbst mehrfach nach möglichen Druckzahlungen zu befragen. Nicht nur die Eingangspost, insbesondere der Rechnungseingang sollte auf mögliche „Drohschreiben" geprüft werden; auch Zahlungen an Finanzbehörden und Sozialversicherungsträger erfolgen häufig auf entsprechende Vollstreckungsankündigung. **Forderungsanmeldungen**, insbesondere die darin enthaltenen Forderungsaufstellungen, bieten oft weitere Hinweise auf Zahlungen im anfechtungsrelevanten Zeitraum „frei Haus".

560 Ob der Anspruch des Gläubigers zivilrechtlicher oder öffentlich-rechtlicher Natur ist, ist irrelevant. Die Regelung gilt auch für in dem relevanten Zeitraum zur Abwendung von Zwangsmaßnahmen gezahlte **Geldstrafen**; einen allgemeinen Vorrang des Strafvollstreckungsrechts vor dem Insolvenzrecht gibt es nicht.

BGH, Urt. v. 14.10.2010 – IX ZR 16/10, ZIP 2010, 2358.

561 Inkongruent ist auch die vom Schuldner durch Anweisung einer Zwischenperson erwirkte **mittelbare Zahlung** an einen seiner Gläubiger, wenn jener Gläubiger keinen Anspruch auf diese Art der Erfüllung hatte.

BGH, Urt. v. 8.12.2005 – IX ZR 182/01, ZIP 2006, 290.

dd) Verrechnungen auf einem debitorischen Girokonto

562 Die Anfechtbarkeit von **Verrechnungen auf einem debitorischen Girokonto** hängt entscheidend von zwei Voraussetzungen ab, nämlich ob es sich um eine kongruente oder inkongruente Deckung handelt und inwieweit ein Bargeschäft gegeben ist. Kongruent ist eine Verrechnung nur, wenn die kontoführende Bank die erlangte Deckung, also die Rückführung des Kredits, beanspruchen konnte. Ein solcher Rückzahlungsanspruch kann sich ergeben aus

- der Überschreitung der Kreditlinie
- nach einer Kündigung des Kredits.

III. Verwertung der Insolvenzmasse und Insolvenzanfechtung

In der Praxis kündigen die Banken und Sparkassen eingeräumte Kreditlinien in der Regel, sobald ihnen die mögliche Zahlungsunfähigkeit durch den Insolvenzgutachter oder vorläufigen Insolvenzverwalter zur Kenntnis gebracht wird. Diese schreiben die Geldinstitute sofort nach ihrer Beauftragung an, um das Geldinstitut „bösgläubig" zu machen, ihm also die Zahlungsunfähigkeit zur Kenntnis zu bringen. Der Vorteil liegt auf der Hand: Eine Anfechtung ist auch bei kongruenter Verrechnung nach § 130 InsO möglich, weil die für die Anfechtung einer kongruenten Rechtshandlung erforderliche Kenntnis nunmehr leicht nachgewiesen werden kann. 563

> **Praxistipp:**
>
> Der Insolvenzverwalter hat sorgfältig zu prüfen:
>
> - Wie hoch war die dem Schuldner eingeräumte Kreditlinie?
> - War der Kontokorrentkredit gekündigt?
> - Wurde der Kontokorrentkredit durch Zahlungen des Schuldners oder Dritter innerhalb des Drei-Monats-Zeitraums zurückgeführt?
> - Waren die verrechneten Forderungen an die Bank abgetreten?
>
> Denn Rückführungen des Sollsaldos *innerhalb* einer *ungekündigten* Kreditlinie sind als **inkongruente** Deckung gem. § 131 InsO anfechtbar.
>
> Rückführungen von Überziehungen *außerhalb* der Kreditlinie oder nach Ablauf der Kündigungsfrist sind nur als **kongruente** Deckung gem. § 130 InsO anfechtbar.

Zu beachten ist, dass der Insolvenzverwalter nicht die einzelnen eingegangen Zahlungen von dem Geldinstitut erstattet verlangen kann, sondern lediglich den **Differenzbetrag** zwischen den Einzahlungen und Auszahlungen im Anfechtungszeitraum. Dieser kann nicht beliebig vom Verwalter festgelegt werden kann, sondern ergibt sich aus der gewählten Anfechtungsnorm. Maßgeblich sind allein **Beginn** und **Ende** des Anfechtungszeitraums. Unerheblich ist, wie sich der Sollstand während des Anfechtungszeitraums (also zwischen Anfang und Ende) entwickelt hat; der höchste Saldo in diesem Zeitraum bleibt außer Betracht. 564

> Wurde die Kreditlinie nicht gekündigt, läuft bis zur Eröffnung ein einheitlicher Anfechtungszeitraum:
> BGH, Urt. v. 7.7.2011 – IX ZR 100/10, ZIP 2011, 1576;
> dazu EWiR 2011, 649 *(Würdinger)*;
> BGH, Urt. v. 14.10.2010 – IX ZR 160/08, ZIP 2010, 2460
> = ZInsO 2010, 2399;
> dazu EWiR 2011, 89 *(Hoffmann)*;
> BGH, Urt. v. 15.11.2007 – IX ZR 212/06, ZIP 2008, 235;
> dazu EWiR 2008, 629 *(Freudenberg)*;
> OLG Koblenz, Urt. v. 27.5.2010 – 2 U 907/09, ZIP 2010, 1615.

Denn wenn die Bank neben den Einzahlungen auch weiterhin Auszahlungen zulässt, den Kontoinhaber also den durch die eingegangenen Zahlungen eröffneten Liquiditätsspielraum nutzen lässt, indem sie den Kontokorrentkre- 565 dit erneut valutiert („**Offenhalten der Kreditlinie**"), so liegt insoweit ein der Anfechtung entzogenes Bargeschäft i. S. d. § 142 InsO vor (zum Bargeschäft siehe Rn. 535 ff.).

BGH, Urt. v. 15.11.2007 – IX ZR 212/06, ZIP 2008, 235.

566 Soweit aber innerhalb des Drei-Monats-Zeitraums die *Einzahlungen* die *fremdnützigen Auszahlungen übersteigen* (Saldo) hat die Bank den Kontoinhaber in diesem Umfang letztlich gerade nicht wieder über diese Eingänge verfügen lassen. Dies begründet die für eine Anfechtung nach § 131 InsO erforderliche Inkongruenz.

BGH, Urt. v. 15.11.2007 – IX ZR 212/06, ZIP 2008, 235.

567 Stehen den Einzahlungen *gar keine Auszahlungen* gegenüber, etwa weil der Schuldner den ungekündigten Kredit nicht weiter in Anspruch nimmt, so ist jede einzelne Einzahlung als inkongruente Deckung nach § 131 InsO anfechtbar.

BGH, Urt. v. 7.5.2009 – IX ZR 140/08, ZIP 2009, 1124; dazu EWiR 2009, 513 *(Hofmann/Würdinger)*.

Beispiel:

Der selbstständige Dachdeckermeister S erhielt von seiner Hausbank auf seinem Geschäftskonto einen Kontokorrentkredit i. H. v. 20.000 € eingeräumt. Am 25.9. (Eingang beim Amtsgericht) beantragte er die Eröffnung des Insolvenzverfahrens über sein Vermögen.

Insolvenzantrag: 25.9.: Kontostand – 5.000 €
Rückrechnung drei Monate: 25.6.: Kontostand – 15.000 €

Das Beispiel zeigt, dass per Saldo das Darlehen im Drei-Monats-Zeitraum um 10.000 € zurückgeführt wurde. Der Kredit war mangels Kündigung auch nicht fällig gestellt. Das heißt S hatte einen Anspruch darauf, das Darlehen in voller Höhe, also bis zu maximal 15.000 €, jederzeit in Anspruch nehmen zu können, um beispielsweise Lieferanten zu bezahlen. Tätigte er sukzessive Überweisungen i. H. v. 20.000 €, um Lieferanten zu bezahlen, gingen aber im gleichen Zeitraum sukzessive Zahlungen seiner Kunden i. H. v. 30.000 € auf dem Konto ein, so wäre es nicht interessengerecht, wenn die Bank 30.000 € erstatten müsste, da sie ja im gleichen Zeitraum auch Zahlungen i. H. v. 20.000 € zugelassen hat. Nur um die Differenz, d. h. in Höhe von 10.000 €, ist die Bank besser gestellt als andere Gläubiger, da sie keinen Anspruch auf Rückführung des Darlehens hatte. Ein Anspruch hätte nur bestanden, wenn die Bank das Darlehen bereits vor dem 25.6. gekündigt und zur Rückzahlung fällig gestellt hätte. Dann käme lediglich eine Anfechtung nach den erschwerten Voraussetzungen (insbesondere Kenntnis) des § 130 InsO in Betracht.

568 Soweit der Darlehensrückzahlungsanspruch der Bank allerdings **durch eine Globalzession** gesichert ist, benachteiligen die Verrechnungen auf einem debitorischen Konto die Insolvenzgläubiger nicht, selbst wenn die Abtretung noch nicht offengelegt oder die Verrechnung inkongruent war. Zwar erlischt mit dem Zahlungseingang die als Sicherheit dienende Forderung und die Bank hat die Gutschrift nach § 667 BGB an den Kunden herauszugeben. Gleich-

III. Verwertung der Insolvenzmasse und Insolvenzanfechtung

zeitig erwirbt sie jedoch z. B. gemäß Nr. 14 Abs. 1 Satz 2 AGB-Banken (bzw. den AGB in ihrer jeweils gültigen Form) ein Pfandrecht an dem neu entstehenden Herausgabeanspruch des Kunden gegen die Bank. Ein solcher *Austausch gleichwertiger Sicherheiten* wirkt nicht gläubigerbenachteiligend. Denn die Bank könnte auch noch nach Verfahrenseröffnung aus den sicherungshalber abgetretenen Forderungen abgesonderte Befriedigung verlangen.

BGH, Beschl. v. 17.1.2008 – IX ZR 134/07, DZWiR 2008, 253;
BGH, Urt. v. 1.10.2002 – IX ZR 360/99, ZIP 2002, 2182, 2183;
dazu EWiR 2003, 29 *(Huber)*.

Beispiel:

Dachdeckermeister S hatte in dem Vertrag über die Einräumung eines Kontokorrentkredites seine Forderungen aus Lieferung und Leistungen zur Besicherung des Kredites an die Bank abgetreten.

BGH, Urt. v. 2.6.2005 – IX ZR 181/03, ZIP 2005, 622;
dazu EWiR 2005, 899 *(Gundlach/Frenzel)*.

Eine Anfechtung wegen inkongruenter Deckung scheidet jedoch auch bei einem nicht gekündigten Kontokorrentkredit aus, wenn der Kontoinhaber und das kontoführende Geldinstitut die **Verrechnung** der gegenständlichen Gutschrift **ausdrücklich vereinbaren**. Denn dann begründet diese Vereinbarung einen Anspruch auf die Rückführung des Kontokorrentkredites in Höhe der Gutschrift. 569

BGH, Urt. v. 11.2.2010 – IX ZR 42/08, ZIP 2010, 588.

Praxistipp:

Der Insolvenzverwalter sollte aber sehr genau prüfen, wie und weshalb diese Verrechnungsvereinbarung zustande kam. Die Vereinbarung kann selbst der Anfechtung unterliegen. Kenntnis von der Zahlungsunfähigkeit (§ 130 InsO) oder gar die Vorsatzanfechtung (§ 133 InsO) sind denkbar.

Praxisrelevant ist – zumindest bei selbstständig tätigen Schuldner – auch die Anfechtung des **Werthaltigmachens einer** zur Sicherheit abgetretenen **Forderung**. Rechtshandlungen, die zur Werthaltigkeit einer bereits im Vorfeld zur Sicherheit abgetretenen Forderung führen, sind selbstständig anfechtbar; ihre rechtliche Wirkung liegt in der Beseitigung des Einwands aus § 320 BGB. 570

BGH, Urt. v. 29.11.2007 – IX ZR 165/05, ZIP 2008, 372;
dazu EWiR 2008, 505 *(Homann/Junghans)*.

Anfechtbar sind daher alle Erfüllungshandlungen des Schuldners, wie etwa die Herstellung eines Werkes, die Erbringung einer Dienstleistung oder die Übergabe der Kaufsache. Die Erfüllungshandlung entfaltet nicht nur Wirkung gegenüber dem Leistungsberechtigten, etwa dem Käufer, sondern zugleich erhält der Zessionar eine Wertauffüllung seiner – bis zum Zeitpunkt der Erfüllung häufig völlig wertlosen – Forderung. 571

D. Eröffnetes Insolvenzverfahren

> **Beispiel:**
> 10 Tage bevor S die Eröffnung eines Insolvenzverfahrens über sein Vermögen bei dem zuständigen Amtsgericht stellt, stellt er pflichtbewusst das Dach einer Lagerhalle seines Kunden, der K-GmbH, fertig. Der Kunde ist von der hervorragenden Arbeit begeistert und nimmt das Werk noch am gleichen Tag ab, sodass der Werklohn i. H. v. 25.000 € fällig wird. S hatte sämtliche Forderungen aus der Geschäftsbeziehung mit der K-GmbH, für die er seit Jahren bei verschiedenen Projekten tätig ist, bereits im Jahr 2000 zur Sicherung eines Darlehens i. H. v. 600.000 €, das derzeit i. H. v. 400.000 € valutiert, der Hausbank B abgetreten. Bis zur Fertigstellung des Daches und der Abnahme der Werkleistung ist die Kaufpreisforderung gegen die K-GmbH wertlos. Die K-GmbH zahlt auf das bei der Hausbank geführte Konto, sodass der Stand des Girokontos von + 2.000 € auf + 27.000 € steigt. Aufgrund ihres insolvenzfesten AGB-Pfandrechts verrechnet die Bank den ausstehenden Darlehensbetrag i. H. v. 400.000 € mit dem Guthaben auf dem Girokonto i. H. v. 27.000 €. Diese Verrechnung kann der Insolvenzverwalter mangels Gläubigerbenachteiligung nicht angreifen. Wohl aber kann er geltend machen, dass die abgetretene Kaufpreisforderung bis 10 Tage vor dem Insolvenzantrag wertlos war, das Werthaltigmachen nach § 130 Abs. 1 Satz 1 Nr. 1 InsO anfechten und so den Gutschriftsbetrag i. H. v. 27.000 € von der Hausbank herausverlangen.

572 Hat ein Gläubiger in eine dem Schuldner eröffnete **Kreditlinie gepfändet**, so entsteht ein Pfandrecht erst mit dem *Abruf* der Kreditmittel als Rechtshandlung des Schuldners (§ 140 Abs. 1 InsO).

> BGH, Urt. v. 9.6.2011 – IX ZR 179/08, ZIP 2011, 1324.

ee) § 131 Abs. 1 Nr. 3 InsO

573 § 131 Abs. 1 Nr. 3 InsO bezieht sich auf denselben Zeitraum wie § 131 Abs. 1 Nr. 2 InsO, also auf den zweiten und dritten Monat vor dem Eröffnungsantrag. Als zusätzliche Voraussetzung genügt (statt der Zahlungsunfähigkeit) die **Kenntnis** des Gläubigers **von einer Benachteiligung** der anderen Gläubiger. Dabei wird die Kenntnis von Umständen, die zwingend auf die Benachteiligung der übrigen Gläubiger schließen lassen, der Kenntnis von der Benachteiligung gleichgesetzt (§ 131 Abs. 2 Satz 1 InsO), was der Insolvenzverwalter ggf. zu beweisen hat. Diese Kenntnis hat der Gläubiger, der weiß, dass der Schuldner wegen seiner finanziell beengten Lage in absehbarer Zeit nicht mehr in der Lage ist, *sämtliche* Gläubiger zu befriedigen, wobei der Inkongruenz Indizwirkung zukommt.

> BGH, Urt. v. 18.12.2003 – IX ZR 199/02, ZIP 2004, 319
> = NJW 2004, 1385 = ZVI 2004, 98;
> dazu EWiR 2004, 865 *(Homann)*.

574 Zulasten **nahestehender Personen** i. S. v. § 138 InsO wird wiederum vermutet, dass diese Kenntnis von der Benachteiligung der übrigen Gläubiger hatten.

III. Verwertung der Insolvenzmasse und Insolvenzanfechtung

e) Nachteilige Rechtsgeschäfte (§ 132 InsO)

§ 132 Abs. 1 InsO stellt einen Auffangtatbestand für solche Rechtsgeschäfte 575
dar, die vom Schuldner „vorgenommen" wurden und keine Sicherung oder
Befriedigung eines Insolvenzgläubigers bewirken. Damit sind vornehmlich
„neue" schuldrechtliche Verpflichtungen gemeint, die zu einer **unmittelbaren**
Benachteiligung der Gläubiger führen wie zum Beispiel:

- Umwandlung der **Lebensversicherung** in eine Alterslebensversicherung
  (§ 851c ZPO), weil dadurch deren Rückkaufswert den Gläubigern entzogen wird.

  BGH, Beschl. v. 13.10.2011 – IX ZR 80/11, NZI 2011, 937.

  Die **Umwandlung von Lebensversicherungen** zur Herstellung des
  Pfändungsschutzes und damit der Insolvenzfreiheit ist – ebenso wie die
  Kündigung solcher Versicherungen und die Anfechtung der Übertragung
  des Bezugsrechts auf Dritte – in ihren unterschiedlichen Varianten Gegenstand zahlreicher Entscheidungen und einer Diskussion in der Literatur:

  BGH, Urt. v. 1.12.2011 – IX ZR 79/11 ZIP 2012, 34 ff. Rn. 29;
  OLG Stuttgart, Urt. v. 15.12.2011 – 7 U 184/11,
  NZI 2012, 281 ff. = ZVI 2012, 68 ff. Rn. 29 (ablehnend)
  KG Berlin, Urt. v. 15.11.2011 – 6 U 7/11,
  ZIP 2012, 379 ff. Rn. 22;
  OLG Sachsen-Anhalt, Urt. v. 8.12.2010 – 5 U 96/10,
  ZInsO 2011, 677 ff. Rn. 28 ff.;
  LG München I, Urt. v. 28.11.2012 – 26 O 8154/12,
  ZVI 2013, 160 ff. (ablehnend);
  AG Köln, Urt. v. 31.5.2012 – 130 C 25/12, ZIP 2012, 1976 f.
  = ZVI 2012, 385 f. Rn. 23;
  Kemperdick, ZInsO 2012, 2193 ff.;
  zusammenfassend: Wollmann ZInsO 2012, 2061 ff.

- „Erpresste" Befriedigung von Altforderungen als Voraussetzung für Belieferung bei Unternehmensfortführung.

  BGH, Urt. v. 13.3.2002 – IX ZR 64/02, ZIP 2003, 810;
  dazu EWiR 2003, 719 *(M. Huber)*.

Rechtshandlungen im Sinne eines rein tatsächlichen Tuns sind nicht erfasst. 576
Der Nachteil muss den späteren Insolvenzgläubigern *schon durch die Vornahme*
der Handlung entstanden sein, beispielsweise durch einen Kaufvertrag, in
dem der Schuldner eine Sache **unter Wert verkauft**. Erfasst wird insbesondere
der krisenbedingte Ausverkauf. Neben der Benachteiligung sind die Zahlungsunfähigkeit des Schuldners im Zeitpunkt des Rechtsgeschäfts und die
Kenntnis des Gläubigers von dieser erforderlich. In zeitlicher Hinsicht gilt
dieselbe Schranke wie bei der Deckungsanfechtung des § 130 Abs. 1 InsO.

§ 132 Abs. 2 InsO stellt Rechtshandlungen, die kein Rechtsgeschäft sind, eben 577
diesem gleich, soweit der Schuldner hierdurch ein Recht verliert oder nicht
mehr geltend machen kann oder durch die ein vermögensrechtlicher Anspruch gegen ihn erhalten oder durchsetzbar wird.

f) Vorsätzliche Benachteiligung (§ 133 InsO)

578 Neben den §§ 130, 131 InsO erlangt § 133 InsO eine zunehmende Praxisrelevanz. Die Vorschrift hat zwei Tatbestände, die aufeinander aufbauen.

aa) Grundtatbestand (Abs. 1)

579 Häufig wird übersehen, dass nur eine **Rechtshandlung des Schuldners** angefochten werden kann; er muss an der Handlung zumindest beteiligt gewesen sein. Daher kann im Unterschied zu den §§ 130, 131 InsO durch die Anfechtung nach § 133 InsO keine Zwangsvollstreckungsmaßnahme eines Gläubigers angefochten und eine hierauf beruhende Vermögensverschiebung rückgängig gemacht werden; denn es handelt nicht der Schuldner, sondern der vollstreckende Gläubiger. Leistet aber der Schuldner im Hinblick auf eine *drohende* oder auch nur *angekündigte* Zwangsvollstreckung oder beispielsweise auf die Drohung eines Gläubigers mit einem Insolvenzantrag hin, so liegt eine **Druckzahlung** vor, die gleichwohl aber eine (selbstbestimmte) Handlung des Schuldners darstellt und infolgedessen nach § 133 InsO angefochten werden kann.

> BGH, Beschl. v. 19.2.2009 – IX ZR 22/07, ZIP 2009, 728.

580 Nach der Rechtsprechung des BGH ist das Tatbestandsmerkmal der Rechtshandlung des Schuldners **weit auszulegen**. Entscheidend ist letztlich, dass der Schuldner *noch Handlungsoptionen* hat. Rechtshandlungen des Schuldners sind:

- Gezieltes Auffüllen des Kassenbestands durch den Schuldner in Erwartung eines Vollstreckungsversuchs des Gläubigers oder mit anschließender Überweisung.

  > BGH, Urt. v. 3.2.2011 – IX ZR 213/09, ZIP 2011, 531;
  > dazu EWiR 2011, 289 *(Huber)*;
  > BGH, Urt. v. 10.12.2009 – IX ZR 128/08, ZIP 2010, 191 Rn. 19;
  > dazu EWiR 2010, 189 *(Huber)*.

- Zahlung eines Debitors *auf Weisung* des Insolvenzschuldners.

  > BGH, Urt. v. 5.7.2007 – IX ZR 256/06, ZIP 2007, 1816;
  > dazu EWiR 2008, 149 *(Flitsch)*.

- Überweisung von einem nicht gepfändeten Konto, um die Pfändung auf einem *anderen* Konto zur Aufhebung zu bringen; denn auf dieses „freie" Konto hätte der Gläubiger nicht zugreifen können.

  > BGH, Beschl. v. 19.2.2009 – IX ZR 22/07, ZIP 2009, 728.

- Ausstellung eines Schecks und Übergabe an den sonst *erfolglos* pfändenden Gerichtsvollzieher, da das Vollstreckungsorgan auf einen ausgefüllten Scheck keinen Zugriff hätte.

  > BGH, Beschl. v. 19.2.2009 – IX ZR 22/07, ZIP 2009, 728.

III. Verwertung der Insolvenzmasse und Insolvenzanfechtung

- Ausstellung eines Schecks und Übergabe an den sonst *erfolgreich* pfändenden Gerichtsvollzieher, da Zugriff auf das Bankguthaben ohne die Mitwirkung des Schuldners nicht hätte erfolgen können.

    BGH, Urt. v. 14.6.2012 – IX ZR 145/09, ZIP 2012, 1422.

Keine Rechtshandlungen des Schuldners sind: 581

- Überweisung eines schon gepfändeten Geldbetrages.

- Zahlung aus der Barkasse, wenn der Vollstreckungsbeamte vor dem Schuldner steht und selbst sofort auf den Kassenbestand zugreifen kann.

    BGH, Urt. v. 8.12.2005 – IX ZR 182/01, ZIP 2006, 290.

Nicht geklärt hat der BGH allerdings, ob es eine Rolle spielt, dass kein Durchsuchungsbeschluss vorliegt und der Schuldner noch dem Gerichtsvollzieher den Zutritt hätte verweigern können. 582

Eine **mittelbare Benachteiligung** der Gläubiger **genügt**. 583

Zeitlich begrenzt ist die Anfechtung wegen einer vorsätzlichen Benachteiligung auf Handlungen in den letzten **zehn Jahren** vor dem Antrag auf Eröffnung des Insolvenzverfahrens oder nach diesem Antrag. Dieser im Vergleich zu den §§ 130, 131 InsO (Drei-Monats-Zeitraum) große Zeitraum macht die Vorschrift für den Insolvenzverwalter zu einem „scharfen Schwert". 584

Als Ausgleich für die zeitliche Ausweitung der Anfechtung setzt die Norm voraus, dass der Schuldner mit dem Vorsatz handelte, die (übrigen) Gläubiger zu benachteiligen und dass der Anfechtungsgegner positive Kenntnis von diesem Vorsatz des Schuldners hatte. Für den **Gläubigerbenachteiligungsvorsatz des Schuldners** genügt bedingter Vorsatz (dolus eventualis). 585

Dieser wird **vermutet, wenn** 586

- der Schuldner seine Zahlungsunfähigkeit oder auch nur drohende Zahlungsunfähigkeit kennt,

    BGH, Urt. v. 30.6.2011 – IX ZR 134/10, ZIP 2011, 1416;
    dazu EWiR 2011, 571 *(Henkel)*;
    zur Kritik an dieser weiten Auslegung vgl.
    Kummer/Schäfer/Wagner-*Schäfer*, Insolvenzanfechtung,
    § 133 Rn. F 27 ff.,

- eine **inkongruente Deckung** vorliegt (starkes Beweisanzeichen).

    BGH, Urt. v. 2.2.2006 – IX ZR 67/02, ZIP 2006, 578;
    BGH, Urt. v. 26.6.1997 – IX ZR 203/96, ZIP 1997, 1509;
    dazu EWiR 1997, 897 *(Huber)*.

Eine Anfechtung nach § 133 Abs. 1 InsO ist selbst dann nicht ausgeschlossen, wenn der Schuldner zum Zeitpunkt der angefochtenen Rechtshandlung noch gar keine Gläubiger hatte. 587

BGH, Urt. 13.8.2009 – IX ZR 159/06, ZIP 2009, 1966 Rn. 5;
dazu EWiR 2010, 25 *(Heublein)*.

588 Pfändet der Gläubiger in eine dem Schuldner eröffnete Kreditlinie, so entsteht ein Pfandrecht erst mit dem Abruf der Kreditmittel als Rechtshandlung des Schuldners (§ 140 Abs. 1 InsO). Für den Benachteiligungsvorsatz des Schuldners und die Kenntnis des Gläubigers hiervon ist daher auf diesen maßgeblichen Zeitpunkt abzustellen.

> BGH, Urt. v. 9.6.2011 – IX ZR 179/08, ZIP 2011, 1324
> = ZInsO 2011, 1350.

589 Bei der erforderlichen **Kenntnis des Anfechtungsgegners** von dem Gläubigerbenachteiligungsvorsatz des Schuldners handelt es sich ebenfalls um eine innere Tatsache, deren Vorliegen nur aus äußeren Umständen gefolgert werden kann. Dabei muss der Anfechtungsgegner selbst keinen Benachteiligungsvorsatz haben. Es genügt die Kenntnis von einem allgemeinen Benachteiligungsvorsatz des Schuldners, ohne dass Einzelheiten bekannt sein müssen.

> BGH, Urt. v. 29.11.2007 – IX ZR 121/06, ZIP 2008, 190;
> dazu EWiR 2008, 539 *(Göb)*.

590 Die Beweisführung wird zugunsten des Insolvenzverwalters vor allem durch § 133 Abs. 1 Satz 2 InsO erleichtert, wonach die Kenntnis des Anfechtungsgegners vom Benachteiligungsvorsatz des Schuldners **vermutet** wird, **wenn**

- der Anfechtungsgegner im Zeitpunkt der Rechtshandlung des Schuldners wusste, dass dessen Zahlungsunfähigkeit drohte oder bereits eingetreten war und dass die Handlung die Gläubiger benachteiligte;

> BGH, Urt. v. 8.10.2009 – IX ZR 173/07, ZIP 2009, 2253 Rn. 8;
> dazu EWiR 2010, 63 *(Koza)*;
> BGH, Urt. v. 13.8.2009 – IX ZR 159/06, ZIP 2009, 1966 Rn. 7;
> dazu EWiR 2010, 25 *(Heublein)*;

- der Anfechtungsgegner über **Sonderwissen** (Insiderkenntnisse) verfügt wie Geschäftsleiter, Geldinstitute, Berater und Sanierer, Steuerberater;

> zu differenzieren bei Arbeitnehmern:
> bejaht bei leitender Stellung oder Tätigkeit in Finanzbuchhaltung:
> BGH, Urt. v. 15.10.2009 – IX ZR 201/08, ZIP 2009, 2306;
> dazu EWiR 2009, 779 *(Stiller)*;
> a. A. BAG, Urt. v. 6.10.2011 – 6 AZR 732/10,
> ZInsO 2012, 834 Rn. 35 unter Berufung auf
> BGH, Urt. v. 19.2.2009 – IX ZR 62/08, ZIP 2009, 526;
> dazu EWiR 2009, 275 *(Bork)*;
> zur Abgrenzung bei selbstständigen und externen Helfern:
> BGH, Urt. v. 15.11.2012 – IX ZR 205/11,
> ZIP 2012, 2449 ff. Rn. 11, 13;

- der Insolvenzschuldner ein **Unternehmen** betreibt; es ist dann für den Anfechtungsgegner offensichtlich, dass die ihm gegenüber bestehenden fälligen Verbindlichkeiten nicht annähernd die einzigen sind und neben ihm weitere Gläubiger existieren;

III. Verwertung der Insolvenzmasse und Insolvenzanfechtung

BGH, Urt. v. 6.12.2012 – IX ZR 3/12, ZIP 2013, 228 ff. Rn. 45 ff.
BGH, Urt. v. 13.5.2004 – IX ZR 190/03, ZIP 2004, 1512;
dazu EWiR 2005, 85 *(Pape)*;

- der Schuldner gegenüber dem Anfechtungsgegner **Verbindlichkeiten** über einen **längeren Zeitraum nicht beglichen**, unter Umständen sogar nur Teilleistungen vorgenommen hat;

  BGH, Urt. v. 20.11.2008 – IX ZR 188/07, ZIP 2009, 189;
  dazu EWiR 2009, 213 *(Henkel)*;

- dem Anfechtungsgegner **Lastschriftrückgaben** und Scheckrückbelastungen bekannt sind;

  BGH, Urt. v. 1.7.2010 – IX ZR 70/08, ZInsO 2010, 1598;
  BGH, Urt. v. 4.10.2001 – IX ZR 81/99, ZIP 2001, 2097;
  dazu EWiR 2002, 209 *(Paulus)*;

- es **Ratenzahlungsvereinbarungen** und Stillhalteabkommen gibt, vor allem wenn die Raten nur unregelmäßig an den Anfechtungsgegner gezahlt wurden.

  BGH, Urt. v. 10.12.2009 – IX ZR 128/08, ZIP 2010, 191;
  dazu EWiR 2010, 189 *(Huber)*.

Kein ausreichendes Beweisanzeichen stellt es hingegen dar, wenn ein Bauhauptunternehmer seine Forderung gegen den Bauherrn an seinen Subunternehmer abtritt. 591

BGH, Urt. v. 18.11.2004 – IX ZR 299/00, ZIP 2005, 769;
dazu EWiR 2005, 763 *(Beutler/Vogel)*.

Der Anfechtungsgegner kann sich nicht auf die §§ 814, 817 Satz 2 BGB berufen, da die mit der Anfechtung verbundene Rückforderung des zugewendeten Gegenstandes im Interesse der Gläubigergemeinschaft erfolgt und nicht in dem des leistenden Insolvenzschuldners. 592

BGH, Beschl. v. 16.7.2009 – IX ZR 53/08, ZIP 2009, 2073.

bb) Entgeltliche Verträge mit nahestehenden Personen (Abs. 2)

Eine Sonderregelung für die Anfechtung entgeltlicher Verträge, die der Schuldner mit nahestehenden Personen (§ 138 InsO) schließt und die die Gläubiger unmittelbar benachteiligen, ist in § 133 Abs. 2 InsO enthalten. In diesen Fällen besteht eine Anfechtbarkeit für die Dauer von **zwei Jahren**, rückwirkend ab dem Eröffnungsantrag. 593

In subjektiver Hinsicht wird die **Kenntnis** der Benachteiligung der Insolvenzgläubiger **vermutet**. Diese Regelung fußt auf dem Gedanken, dass dem Schuldner nahestehende Personen in der Regel die wirtschaftlichen Schwierigkeiten des späteren Insolvenzschuldners kennen, seine Absichten leichter durchschauen und wegen der wirtschaftlichen und persönlichen Verbundenheit eher bereit sind, zum Nachteil der Gläubigergemeinschaft Verträge zu 594 schließen. Es handelt sich nicht um einen eigenen Anfechtungstatbestand. Abs. 2 führt lediglich zu einer **Umkehr der Beweislast** innerhalb des Zwei-Jahreszeitraums.

g) Unentgeltliche Leistungen (§ 134 InsO)

595 Im Gegensatz zu den übrigen Anfechtungstatbeständen dient § 134 InsO in erster Linie nicht der Durchsetzung des Gläubigergleichbehandlungsgrundsatzes. Vielmehr soll aus Gründen der Billigkeit derjenige, der etwas ohne Gegenleistung erhalten hat, dieses an den Insolvenzschuldner zurückgewähren, damit die Leistung für die Befriedigung der Gläubigergemeinschaft genutzt werden kann. Diese Norm orientiert sich an den §§ 528, 816 BGB und ist insofern konsequent, als dass der Empfänger einer unentgeltlichen Leistung im Falle der wirtschaftlichen Not des Leistenden nicht geschützt wird.

596 Unentgeltlichkeit der Leistungen liegt **im Zwei-Personen-Verhältnis** vor, wenn der *Schuldner* vereinbarungsgemäß keine vollwertige ausgleichende Gegenleistung erhält. Daher kann auch bei einem erheblichen Missverhältnis zwischen Leistung und Gegenleistung eine Unentgeltlichkeit im Sinne dieser Vorschrift gegeben sein.

597 Dagegen ist **im Drei-Personen-Verhältnis** nicht entscheidend, ob der Schuldner selbst für die von ihm erbrachte Leistung eine Gegenleistung oder einen Ausgleich erhalten hat (vereinbarte Unentgeltlichkeit). Es kommt vielmehr allein darauf an, dass der *Zuwendungsempfänger* seinerseits eine Gegenleistung zu erbringen hat, sei es auch an einen Dritten. Nur wenn der Zuwendungsempfänger nichts leisten muss, also *kein Vermögensopfer* zu erbringen hat, ist die für eine Anfechtung nach § 134 InsO erforderliche Unentgeltlichkeit gegeben.

> BGH, Urt. v. 6.12.2007 – IX ZR 113/06, ZIP 2008, 232
> = NJW 2008, 659 Rn. 14;
> dazu EWiR 2008, 409 *(Freudenberg)*;
> Kummer/Schäfer/Wagner-*Schäfer*, Insolvenzanfechtung,
> § 134 Rn. G 55 ff.;
> *Kayser*, WM 2007, 1.

598 Subjektive Voraussetzungen enthält § 134 InsO nicht. Beweist der Insolvenzverwalter die Unentgeltlichkeit der Leistung, tritt bezüglich des Nachweises des Zeitpunkts dieser Schenkung eine **Beweislastumkehr** ein. Der Anfechtungsgegner muss dann beweisen, dass die Schenkung früher als vier Jahre vor dem Antrag auf Eröffnung des Insolvenzverfahrens erfolgt ist.

h) Gesellschafterleistungen (§ 135 InsO)

599 § 135 InsO hat bei Insolvenzverfahren über das Vermögen von Personenhandelsgesellschaften und juristischen Personen eine große Bedeutung und wurde im Rahmen des MoMiG insgesamt neu gefasst. In Insolvenzverfahren über das Vermögen natürlicher Personen ist die Vorschrift meistens ohne Bedeutung.

III. Verwertung der Insolvenzmasse und Insolvenzanfechtung

Zu § 135 vgl. *Sinz/Hiebert*, Unternehmensinsolvenz, S. 236 Rn. 899 ff.

i) Rechtsfolgen der Anfechtung (§ 143) InsO

Der Anfechtungsanspruch gemäß § 143 Abs. 1 Satz 1 InsO ist auf **Rückgewähr** der anfechtbar erlangten Rechtsposition gerichtet. Soweit der Empfänger einer anfechtbaren Leistung diese zurückgewährt, lebt eine **nicht akzessorische Sicherheit** (wie z. B. die Abtretung einer Forderung) nach § 144 Abs. 1 InsO wieder auf. 600

Der Insolvenzverwalter kann den aus der Anfechtung folgenden Rückgewähranspruch auch dadurch verwerten, dass er ihn an einen Dritten abtritt. 601

BGH, Urt. v. 17.2.2011 – IX ZR 91/10, ZIP 2011, 1114;
dazu EWiR 2011, 433 *(Huber)*.

§ 143 Abs. 1 Satz 2 InsO verweist auf das **Bereicherungsrecht**. Nach Insolvenzrecht haftet der Anfechtungsgegner wegen des Verweises wie ein Bereicherungsschuldner, der den Mangel des Rechtsgrundes kennt (§§ 819 Abs. 4, 818 Abs. 4, 292 Abs. 1, 989, 990 BGB), also lediglich für *verschuldete* Unmöglichkeit. Schuldhaft nicht gezogene Nutzungen hat er gemäß §§ 819 Abs. 1, 818 Abs. 4, 292 Abs. 2, 987 BGB allerdings selbst dann zu ersetzen, wenn der Schuldner diese Nutzungen nicht gezogen hätte. 602

Auch der Fiskus hat (ersparte) Zinsen herauszugeben,
ohne dass es auf die steuerliche Ertragshoheit ankommt:
BGH, Urt. v. 24.5.2012 – IX ZR 125/11, ZIP 2012, 1299;
dazu EWiR 2012, 461 *(Schmittmann)*.

Im Falle des *gutgläubigen* Empfangs einer *unentgeltlichen* Leistung haftet der Anfechtungsgegner nach § 143 Abs. 2 InsO wie ein gutgläubiger Bereicherungsschuldner. 603

j) Zeitpunkt der Vornahme einer Rechtshandlung (§ 140 InsO)

Die Kenntnis des Anfechtungsgegners wird regelmäßig auf die „Zeit der Handlung" bezogen (§§ 130 Abs. 1, 131 Abs. 1 Nr. 3, 132 Abs. 1, 133 InsO). § 140 Abs. 1 InsO stellt klar, dass damit der Zeitpunkt gemeint ist, in dem die **rechtlichen Wirkungen** eintreten. 604

Die **Vorausabtretung** einer künftigen Forderung gilt somit erst als vorgenommen, wenn die Forderung entstanden ist. Entsprechend ist bei der **Pfändung** von Mietzinsansprüchen der *Beginn* des Monats, in dem die Leistungen ausgetauscht werden, maßgeblich. 605

BGH, Urt. v. 17.9.2009 – IX ZR 106/08, ZIP 2010, 38 Rn. 10;
dazu EWiR 2010, 191 *(Eckardt)*.

Besteht die Handlung darin, dass einem Insolvenzgläubiger eine Sicherung oder Befriedigung ermöglicht wird, kommt es darauf an, ob das „Ermöglichen" unmittelbar gläubigerbenachteiligende Wirkung hat. Dies ist z. B. bei einem 606

D. Eröffnetes Insolvenzverfahren

Anerkenntnis nach § 781 BGB der Fall (Verschaffung eines abstrakten Anspruchs und Umkehr der Beweislast), nicht dagegen bei einem prozessualen Anerkenntnis, da dort unmittelbare Wirkungen erst mit dem Anerkenntnis*urteil* eintreten (Umkehr der Betreibungslast, § 179 Abs. 2 InsO). Bei einer **Unterlassung** treten die Rechtswirkungen frühestens in dem Zeitpunkt ein, in dem die Rechtsfolgen der Unterlassung nicht mehr durch eine Handlung abgewendet werden können.

607 § 140 Abs. 2 InsO bestimmt, dass ein **Grundstückserwerb** anfechtungsfest ist, sobald die *Einigung bindend* geworden (§ 873 Abs. 2 BGB) und der *Eintragungsantrag* gestellt ist. Entsprechendes gilt, wenn ein Antrag auf Eintragung einer bewilligten Vormerkung gestellt ist. Da die Ausnahmevorschrift des Abs. 2 ausdrücklich nur für einen rechtsgeschäftlichen Erwerb gilt, verbleibt es bei einem Erwerb im Wege einer **Zwangsvollstreckung** bei dem Grundsatz des Abs. 1 (Rechtswirkung erst mit Eintragung).

608 § 140 Abs. 3 InsO knüpft für **bedingte und befristete Rechtshandlungen** an den Rechtsgedanken der §§ 161 Abs. 1 Satz 2, 163 BGB an, wonach ein solcher Erwerb auch vor Verfügungen des Insolvenzverwalters geschützt wird und deshalb ein insolvenzfestes Anwartschaftsrecht begründet.

609 Nach der Rechtsprechung des Bundesgerichtshofs gilt die Zuwendung einer Versicherungsleistung im Fall der **Lebensversicherung** bereits bei Einräumung eines unwiderruflichen Bezugsrechtes als vorgenommen, auch wenn die Versicherungsleistung im Erlebensfall dem Versicherungsnehmer zustehen soll und das Bezugsrecht des Ehegatten daran geknüpft ist, dass die Ehe mit dem Versicherten bei dessen Tod besteht.

BGH, Urt. v. 27.9.2012 – IX ZR 15/12, ZIP 2012, 2409 ff.
= ZInsO 2012, 2294 ff. Rn. 8.

Beispiel:

Dachdeckermeister S und F heiraten im Jahr 1998. S schließt zur Absicherung seiner Familie mit der A-Versicherung AG noch im selben Jahr einen Vertrag über eine Lebensversicherung, bei der er selbst Versicherungsnehmer ist und die Beiträge zu zahlen hat. Der Vertrag wird für eine Laufzeit von 30 Jahren geschlossen. Soweit S dann noch lebt („Erlebensfall"), soll ein vertraglich bestimmter Betrag (Beiträge + anteilige Erträge) an ihn ausgezahlt werden. Sollte S während der Laufzeit des Vertrages versterben („Versicherungsfall"), soll F die Versicherungsleistungen beziehen („Bezugsrecht"), d. h. ausgezahlt erhalten, allerdings nur, wenn die Ehe zwischen den Partnern bei Eintritt des Versicherungsfalls noch besteht. S stürzt im Jahr 2012 vom Dach und verstirbt. Die Versicherung zahlt an Ehefrau F die Versicherungssumme von 50.000,00 € aus. Über das Vermögen des Nachlasses wird noch im gleichen Jahr das Insolvenzverfahren eröffnet. Der Insolvenzverwalter ficht die Einräumung des Bezugsrechts und die Auszahlung nach § 134 InsO an und verlangt von F Herausgabe der 50.000,00 €. Zur Recht?

F hat die Versicherungsleistung zwar durch eine unentgeltliche Schenkung ihres verstorbenen Ehemanns i. S. d. § 134 InsO erhalten. Die Maßgebliche Rechtshandlung, die Einräumung des Bezugsrechts, erfolgte jedoch nicht innerhalb des Vier-Jahres-Zeitraums (§ 134 Abs. 1 InsO) vor dem Insolvenzantrag im

> Jahr 2013, sondern bereits im Jahr 1998; F kann die Versicherungsleistung behalten.

k) Gesamtrechtsnachfolge (§ 145 InsO)

§ 145 InsO stellt klar, dass Anfechtungsansprüche auch gegen die Erben oder einen anderen Gesamtrechtsnachfolger des Anfechtungsgegners geltend gemacht werden können. Sonderfälle sind in Abs. 2 geregelt. 610

l) Verjährung (§ 146 InsO)

§ 146 Abs. 1 InsO bestimmt, dass sich die Verjährung des Anfechtungsanspruchs nach den Regelungen über die **regelmäßige Verjährung** nach dem BGB richtet. 611

Allerdings kann der Insolvenzverwalter die Erfüllung einer Leistungspflicht, die auf einer anfechtbaren Handlung beruht, auch dann verweigern, wenn der Anfechtungsanspruch verjährt ist (§ 146 Abs. 2 InsO). 612

m) Fristberechnung gem. § 139 InsO

Sind **mehrere Anträge** gestellt, so ist für die Berechnung der Fristen in den §§ 88 und 130–136 InsO der **erste** zulässige und begründete Antrag maßgeblich, auch wenn das Verfahren aufgrund eines späteren Antrages eröffnet worden ist (§ 139 Abs. 2 Satz 1 InsO). 613

> LAG Niedersachsen, Urt. v. 14.2.2011 – 12 Sa 1227/10, NZI 2011, 297.

Voraussetzung ist, dass der erste Antrag noch zur Eröffnung des Verfahrens hätte führen können, es aber dazu wegen *prozessualer Überholung* nicht mehr gekommen ist, weil die Eröffnung zwischenzeitlich aufgrund eines weiteren Insolvenzantrages erfolgt ist. Einen solchen Fall hatte der BGH in seinem Urteil vom 2.4.2009 zu entscheiden. 614

> BGH, Urt. v. 2.4.2009 – IX ZR 145/08, ZIP 2009, 921 = ZVI 2009, 255 ff. Rn. 7, 10 f.

Dort hatte ein Gläubiger den Insolvenzantrag bei einem unzuständigen Gericht gestellt. Nach einem Hinweis beantragte der Gläubiger die Verweisung. Zwischenzeitlich wurde das Insolvenzverfahren aber bereits aufgrund eines anderen Antrages eröffnet. Maßgeblich für die Berechnung der Frist war der erste, bei dem unzuständigen Gericht gestellte Antrag. 615

Wird hingegen ein zunächst zulässiger und begründeter (früherer) Insolvenzantrag vor Insolvenzeröffnung **für erledigt erklärt oder zurückgenommen**, so findet § 139 Abs. 2 Satz 2 InsO *keine* Anwendung, da der erste Antrag im Zeitpunkt der Eröffnung keine Wirkung mehr hat. 616

> BGH Urt. v. 2.4.2009 – IX ZR 145/08, NZI 2009, 870 ff. = ZVI 2009, 255 f. Rn. 10 mit Hinweisen auf die bisherige

Rechtsprechung;
BGH, Urt. v. 8.12.2005 – IX ZR 182/01, ZIP 2006, 290.

617 In der Praxis betrifft dies vor allem solche Fälle, in denen der Gläubiger den Antrag für erledigt erklärt, nachdem der Schuldner die dem Insolvenzantrag zugrunde liegende Forderung zum Ausgleich gebracht hat. Die Abweisung, Erledigungserklärung oder Rücknahme führt zu einer Beendigung des Antragsverfahrens vor Eröffnung des Insolvenzverfahrens. In diesen Fällen kann der Antrag nicht mehr berücksichtigt werden, da er nicht mehr Grundlage einer Eröffnungsentscheidung sein kann.

618 Ein **rechtskräftig abgewiesener** Antrag wird nur berücksichtigt, wenn er *mangels Masse* abgewiesen wird (§ 139 Abs. 2 Satz 2 InsO). Eine Ausnahme gilt für die Fälle, in denen der Insolvenzgrund zwischenzeitlich behoben worden und später erneut eingetreten ist; der erste Antrag kann hier nicht für die Rückrechnung zugrunde gelegt werden.

BGH, Urt. v. 15.11.2007 – IX ZR 212/06, ZIP 2008, 235;
dazu EWiR 2008, 629 *(Freudenberg)*;
BGH, Urt. v. 14.10.1999 – IX ZR 142/98, ZIP 1999, 1977;
dazu EWiR 2000, 83 *(Eckardt)*.

Fall:

Das Insolvenzverfahren wurde aufgrund eines Eigenantrages des Schuldners vom 26.9.2013 am 20.10.2013 eröffnet. Es stellt sich heraus, dass das Finanzamt bereits am 30.5.2013 einen Antrag auf Eröffnung des Insolvenzverfahrens über das Vermögen des Schuldners gestellt hatte. Das Finanzamt erklärte den Insolvenzantrag aber kurze Zeit später für erledigt, weil der Schuldner den Rückstand durch Zahlung am 21.6.2013, also nach dem Insolvenzantrag des Finanzamtes, ausglich.

Kann der am 20.10.2013 bestellte Insolvenzverwalter Dr. R die Zahlungen des Schuldners anfechten und die Erstattung zur Masse verlangen?

Der Anspruch könnte allenfalls gemäß § 143 i. V. m. § 133 InsO bestehen. § 131 Abs. 1 Nr. 1 InsO scheidet als Anfechtungsgrundlage aus, da für die Fristberechnung gemäß § 139 Abs. 2 InsO ein für erledigt erklärter (ebenso wie ein rechtskräftig abgewiesener) Antrag seine Wirkung verliert (BGH, Urt. v. 2.4.2009 – IX ZR 145/08, ZIP 2009, 921 Rn. 10).

619 § 139 Abs. 2 InsO ist einschränkend auszulegen. Die Vorschrift gilt nur innerhalb derselben Insolvenz des Schuldners. Soweit eine *einheitliche* Insolvenz vorliegt, ist die Vorschrift grundsätzlich zeitlich unbeschränkt anzuwenden. Ist nach Abweisung eines Antrags mangels zureichender Masse (§ 26 InsO) der Insolvenzgrund behoben worden und später erneut eingetreten, kann der erste Antrag nicht mehr ausschlaggebend sein. Anträge, die anfangs zulässig und begründet waren, aber bis zur Entscheidung über die Eröffnung unbegründet wurden, können auch im Anwendungsbereich des § 139 Abs. 2 InsO nicht beachtet werden.

BGH, Versäumnisurt. v. 15.11.2007 – IX ZR 212/06,
ZIP 2008, 235 Rn. 11, 13;

anders wenn der Antrag im Zeitpunkt des Eröffnungsbeschlusses zulässig und begründet war und später wegen prozessualer Überholung für erledigt erklärt wurde:
BGH, Urt. v. 2.4.2009 – IX ZR 145/08, ZIP 2009, 921 Rn. 11.

4. Verwertung des „Arbeitseinkommens" und sonstiger Einkünfte (Pfändungsschutzvorschriften)

a) Allgemeines

In nicht wenigen Verbraucherinsolvenzverfahren stellen die pfändbaren Anteile des Arbeitseinkommens oder gleichgestellter Bezüge den **einzigen Massezufluss** dar. § 35 Abs. 1 InsO bestimmt, dass das Insolvenzverfahren auch das gesamte Vermögen des Schuldners erfasst, das er während des Verfahrens erlangt (sog. Neuerwerb). Damit unterliegen grundsätzlich **sämtliche Einkünfte** dem Insolvenzbeschlag, soweit nicht § 36 InsO etwas Gegenteiliges bestimmt. Für die Praxis ist insbesondere § 36 Abs. 1 Satz 1 InsO von erheblicher Bedeutung. Danach gehören Gegenstände, die nicht der Zwangsvollstreckung unterliegen, nicht zur Insolvenzmasse. Die Vorschrift verweist pauschal und in Satz 2 auf konkrete Vorschriften des Einzelzwangsvollstreckungsrechts. Auch soweit Vorschriften des Pfändungsschutzes nicht genannt werden, sind diese anwendbar. 620

BGH, Urt. v. 20.7.2010 – IX ZR 37/09, ZIP 2010, 1552 ff.

Ebenso sind Pfändungsbeschränkungen in anderen Gesetzen, wie z. B. § 377 Abs. 1 BGB, §§ 473, 1098 BGB, § 17 VVG zu beachten. 621

HK/*Keller*, InsO, § 36 Rn. 8.

Die Vorschriften zur Ermittlung des pfändbaren Arbeitseinkommens sowie des Pfändungsschutzes insgesamt sind in der ZPO vergleichsweise unübersichtlich normiert und sehr detailliert. So wird zwar eine höhere **Einzelfallgerechtigkeit** ermöglicht, die Berechnung des pfändbaren Einkommens aber ungleich erschwert. Hinzu tritt eine Vielzahl von Gerichtsentscheidungen zu wichtigen Einzelfragen. 622

Stets ist § 851 ZPO zu berücksichtigen, wonach *nicht übertragbare* Forderungen grundsätzlich auch nicht pfändbar sind. 623

Maßgeblich für die **Berechnung** des **pfändbaren Arbeitseinkommens** sind in der Praxis: 624

- § 850 ZPO „Pfändungsschutz für Arbeitseinkommen"
- § 850a ZPO „Unpfändbare Bezüge"
- § 850b ZPO „bedingt pfändbare Bezüge"
- § 850c ZPO „Pfändungsgrenzen für Arbeitseinkommen"
- § 850e ZPO „Berechnung des pfändbaren Einkommens"

D. Eröffnetes Insolvenzverfahren

625 Sodann sind in Ausnahmefällen von Bedeutung:
- § 850f ZPO „Änderung des unpfändbaren Betrages"
- § 850g ZPO „Änderung der Unpfändbarkeitsvoraussetzungen"
- § 850h ZPO „Verschleiertes Arbeitseinkommen"

626 Für **sonstige Einkünfte** ist der Pfändungsschutz nach **§ 850i ZPO** („Pfändungsschutz für sonstige Einkünfte") von Bedeutung. Diese Vorschrift erfasst nicht wiederkehrend zahlbare Vergütungen für persönlich geleistete Arbeiten oder Dienste oder sonstige Einkünfte, die kein Arbeitseinkommen sind. Gemäß § 850i Abs. 1 ZPO hat das Gericht dem Schuldner auf Antrag während eines angemessenen Zeitraums so viel zu belassen, als ihm nach freier Schätzung des Gerichts verbleiben würde, wenn sein Einkommen aus laufendem Arbeits- oder Dienstlohn bestünde.

> Beispiel Mietzinseinnahmen: LG Bonn, Beschl. v. 30.8.2012 –
> 6 T 140/12, ZInsO 2012, 2056 ff.

627 Der **Insolvenzverwalter** hat **§ 850i ZPO von Amts wegen zu berücksichtigen**. Eine entsprechende Information und Erörterung der Bedürftigkeit zwischen Schuldner und Verwalter ist Voraussetzung für eine Berücksichtigung. Würde man gleichwohl einen Antrag des Schuldners oder Verwalters bei Gericht fordern, wäre dies eine unnötige Förmelei und erhebliche Mehrbelastung der Gerichte.

628 Der in § 851b ZPO normierte Pfändungsschutz für **Miet- und Pachtzinsen** ist von Bedeutung, wenn der Schuldner Einkünfte aus Vermietung oder Verpachtung erzielt.

629 Die §§ 851c und 851d ZPO regeln den Pfändungsschutz von Leistungen im Zusammenhang mit der **Altersvorsorge** und **Altersrenten**.

> Ausführlich zum Pfändungsschutz von Altersvorsorgeprodukten
> und zur Thematik des § 851c Abs. 2 ZPO *Wollmann*,
> ZInsO 2013, 902 ff.

b) Pfändungsschutz von Altersvorsorgemodellen & Lebensversicherungen in der Insolvenz

630 Die Beiträge zur **gesetzlichen** Rentenversicherung werden vom Bruttolohn abgezogen und sind folglich schon deshalb nicht pfändbar, weil für die Höhe des pfändbaren Anteils des Arbeitseinkommens nach § 850c ZPO der Nettolohn zugrunde gelegt wird. Einmalzahlungen sind in der Regel nicht vorgesehen.

631 Die „private" Altersvorsorge ist auf unterschiedliche Weise möglich. Gesetzgeber und Versicherungswirtschaft haben zahlreiche Modelle entwickelt. Im Fall von Verträgen über eine **Riesterrente** („Riester-Verträge") ist das angesparte Kapital gemäß § 851 Abs. 1 ZPO unpfändbar, da für das Kapital das

III. Verwertung der Insolvenzmasse und Insolvenzanfechtung

Übetragungsverbot des § 97 EStG gilt. Der Pfändungsschutz gilt gemäß § 97 Satz 1 EStG für das nach § 10a EstG oder Abschn. XI EStG geförderte Altersvorsorgevermögen einschließlich seiner Erträge, die geförderten laufenden Altersvorsorgebeiträge sowie die staatliche Zulage.

Wollmann, ZInsO 2013, 902, 905.

Nach teilweise vertretener Ansicht besteht nur dann Pfändungsschutz, wenn der Schuldner die staatliche Förderung auch tatsächlich beantragt hat. **632**

AG München, Urt. v. 12.12.2011 – 273 C 8790/11.

Teilweise wird der Pfändungsschutz auch von der tatsächlichen Gewährung der beantragten Förderung abhängig gemacht. **633**

N/R/*Mönning*/*Zimmermann*, Stand August 2012 § 26 Rn. 29.

Es ist aber weder sachgerecht noch mit dem Ziel des Gesetzgebers, die gesetzliche Rente um eine private pfändungsgeschützte Altersvorsorge zu ergänzen, vereinbar, den Pfändungsschutz von der Beantragung der staatlichen Förderung oder gar der tatsächlichen Gewährung abhängig zu machen. **634**

Wollmann, ZInsO 2013, 902, 905.

Schon gar nicht kann es dem Willen des Gesetzgebers entsprechen, dass eine nach Eröffnung des Insolvenzverfahrens beantragte oder ausgezahlte Förderung – z. B. in Form einer Zulage – der Gläubigergemeinschaft zugute käme; die Förderung ist zweckgebunden. **635**

Wollmann, ZInsO 2013, 902, 905 mit weiteren Argumenten und einer rechtsmethodischen Auslegung der Vorschriften.

Bei der sog. **Rürup Rente** sind die Ansprüche aus dem Rürup-Vertrag gemäß § 10 Abs. 1 Nr. 2b EStG unter anderem nicht übertragbar und es besteht im Fall der Vertragskündigung kein Anspruch auf Auszahlung. In der Regel unterliegen solche Verträge nicht dem Insolvenzbeschlag. **636**

Einzelheiten bei *Wollmann*, ZInsO 2013, 902, 906 f.

Für die **betriebliche Altersvorsorge** ergibt sich der Pfändungsschutz aus dem Abtretungsverbot des § 2 Abs. 2 Satz 4 BetrAVG i. V. m. § 851 Abs. 1 ZPO. **637**

Für private **kapitalbildende Lebensversicherungen** besteht Pfändungsschutz, soweit § 851c ZPO dies anordnet. Die komplizierte gesetzliche Regelung macht stets eine Einzelfallprüfung erforderlich. **638**

Flitsch, ZVI 2007, 161, 165;
Lange, ZVI 2012, 403 ff.

§ 851c Abs. 1 ZPO regelt den Fall, dass der Schuldner bereits Bezüge aufgrund des Vertrages erhält. Diese sind dann wie Arbeitseinkommen pfändbar, § 851c Abs. 1 ZPO. § 851c Abs. 2 ZPO bestimmt, wann das während der Vertragslaufzeit angesammelte sog. Deckungskapital der Versicherung **639** geschützt ist. Der Schutz besteht, wenn sämtliche der folgenden Voraussetzungen erfüllt sind:

- Nr. 1: Die Versicherungsleistung wird in regelmäßigen Zeitabständen lebenslang und nicht vor Vollendung des 60. Lebensjahrs gewährt.

- Nr. 2: Über die Ansprüche aus dem Versicherungsvertrag darf der Versicherungsnehmer nicht verfügen.

- Nr. 3: Die Bestimmung von Dritten als Bezugsberechtigte ist ausgeschlossen, soweit es sich nicht um Hinterbliebene handelt.

- Nr. 4: Die Zahlung einer Kapitalleistung, ausgenommen für den Todesfall, wurde nicht vereinbart; es darf also keine Einmalzahlung für den Versicherungsnehmer, sondern nur die Gewährung regelmäßiger Bezüge (wie eine Rente) vereinbart sein (sog. Erlebensfall). Eine Ausnahme bildet nur der Todesfall. Dann ist die Auszahlung eines Einmalbetrages an die Hinterbliebenen zulässig.

Sind diese Voraussetzungen festgestellt, ist die Prüfung noch nicht beendet. Die gesetzliche Regelung sieht vor, dass der Versicherungsnehmer bei Vorliegen der Voraussetzungen jährlich einen nach seinem Lebensalter gestaffelten Betrag **unpfändbar ansammeln kann**, bis eine *Gesamt*summe i. H. v. 256.000,00 € erreicht ist. Der Gesetzgeber passt diesen Betrag regelmäßig an, sodass auch hier stets ein Blick in das Gesetz erforderlich ist. Übersteigt der Rückkaufwert diesen Betrag, sind drei Zehntel des überschießenden Betrages unpfändbar und unterliegen damit nicht dem Insolvenzbeschlag. Auch hier endet die Regelung noch nicht. Der Teil des Rückkaufswertes, der den dreifachen Wert des Betrages von 256.000,00 € übersteigt ist pfändbar.

640 Die jährlich vor der Pfändung geschützten Beträge sind wie folgt gestaffelt:

- Vom 18. Bis zum vollendeten 29. Lebensjahr   2.000,00 €
- Vom 30. bis zum vollendeten 39. Lebensjahr   4.000,00 €
- Vom 40. bis zum vollendeten 47. Lebensjahr   4.500,00 €
- Vom 48. bis zum vollendeten 53. Lebensjahr   6.000,00 €
- Vom 54. bis zum vollendeten 59 Lebensjahr   8.000,00 €
- Vom 60. bis zum vollendeten 67. Lebensjahr   9.000,00 €.

641 Ferner ist wichtig zu unterscheiden, dass § 851c ZPO keinen Pfändungsschutz für die Beiträge zum Aufbau des Deckungskapitals schafft. Geschützt werden nur bereits angesammelte Beträge und die „Ansammlung" weiterer Beträge aus dem pfändungsfreien Vermögen des Schuldners.

BGH, Beschl. v. 12.5.2011 – IX ZB 181/10, ZIP 2011, 1235 f.
= MDR 2011, 813 f. Rn. 6.

III. Verwertung der Insolvenzmasse und Insolvenzanfechtung

Mit anderen Worten muss der Schuldner die Versicherungsprämien **aus seinem pfändungsfreien Einkommen** aufbringen. Soweit er so verfährt, ist der so angesammelte Betrag nach Maßgabe der o. g. Staffel bis zum Höchstbetrag geschützt. 642

§ 167 VVG verschafft Versicherungsnehmern, deren Verträge die o. g. Voraussetzungen nicht erfüllen, die Möglichkeit, **bestehende Verträge** entsprechend **umzuwandeln**. Ob diese Umwandlung als Rechtshandlung des Schuldners nach den Vorschriften der Insolvenzanfechtung anfechtbar ist, wird in Rechtsprechung und Literatur unterschiedlich beurteilt (hierzu unter Rn. 575). 643

Soweit § 851c ZPO im konkreten Einzelfall keinen Pfändungsschutz gewährt, bleibt es bei dem Grundsatz des § 35 InsO, wonach das gesamte Vermögen des Schuldners dem Insolvenzbeschlag unterliegt. Der Insolvenzverwalter kann gemäß § 103 InsO wählen, ob er den Vertrag fortführt oder die Nichterfüllung wählt. Wählt er die Erfüllung des Vertrages, so schuldet die Masse die nach Eröffnung des Insolvenzverfahrens fällig werdenden Versicherungsprämien. Eine solche Verfahrensweise bietet sich aber nur in absoluten Ausnahmefällen an, etwa bei sehr alten Verträgen. In der Regel wählt der Insolvenzverwalter die Nichterfüllung des Vertrages *und* spricht die Kündigung 644

– zum Erfordernis der Kündigungserklärung: BGH, Urt. v. 1.12.2011 – IX ZR 79/11, ZIP 2012, 34 ff. = NZI 2012, 76 ff. Rn. 22 –

des Vertrages aus, um den **Rückkaufswert** zur Insolvenzmasse zu ziehen. Das Kündigungsrecht besteht selbst dann, wenn es im Versicherungsvertrag ausgeschlossen wird.

BGH, Urt. v. 1.12.2011 – IX ZR 79/11, ZIP 2012, 34 ff. = NZI 2012, 76 ff. Rn. 29.

Sogenannte **Risikolebensversicherungen** bilden kein Kapital, haben keinen für die Insolvenzmasse nutzbar zu machenden Rückkaufswert und sind kein Instrument der Altersvorsorge; sie sind von der kapitalbildenden Lebensversicherung abzugrenzen. 645

Die §§ 850k, 850l ZPO regeln den Pfändungsschutz für **Kontoguthaben** (siehe hierzu ausführlich Rn. 411 ff.). 646

c) Definition und Ermittlung des pfändbaren Anteils des Arbeitseinkommens

Gemäß § 850 Abs. 1 ZPO kann Arbeitseinkommen, das in Geld zahlbar ist, nur nach Maßgabe der §§ 850a bis 850i ZPO gepfändet werden. § 850 Abs. 2 ZPO **definiert** Dienst- und Versorgungsbezüge der Beamten, sonstige Vergütungen für Dienstleistungen aller Art, die die Erwerbstätigkeit des Schuldners vollständig oder zu einem wesentlichen Teil in Anspruch nehmen als **Arbeitseinkommen**. Nach § 850 Abs. 3 sind auch Renten und sonstige auf 647

159

D. Eröffnetes Insolvenzverfahren

Grund von Versicherungsverträgen gewährte Bezüge als Arbeitseinkommen zu behandeln. Im Anschluss an die gesetzliche Definition sind im Folgenden auch solche Bezüge gemeint, wenn der Begriff Arbeitseinkommen verwendet wird.

648 Auch beim Arbeitseinkommen gehört **nur** der **pfändbare Anteil** zur Insolvenzmasse; das pfändungsfreie Einkommen ist kein Bestandteil der Masse.

> LAG Düsseldorf, Urt. v. 26.1.2012 – 11 Sa 1004/11,
> NZI 2012, 446 ff. = ZInsO 2012, 1685 ff. Rn. 30; nicht
> rechtskräftig: BAG 10 AZR 323/12.

649 Zur Ermittlung des an den Insolvenzverwalter abzuführenden Teils des Arbeitseinkommens ist nach Maßgabe der Vorschriften über die Zwangsvollstreckung in Forderungen und andere Vermögensrechte (§§ 828 ff. ZPO) auch im Insolvenzverfahren in erster Linie der **Drittschuldner**, z. B. der Arbeitgeber, Dienstherr oder Leistungserbringer verpflichtet.

650 Gleichwohl gehört es zur **Pflicht** des **Insolvenzverwalters**, den Umfang des Insolvenzbeschlages und damit auch die Höhe des dem Insolvenzbeschlag unterliegenden Einkommens jedenfalls **als Kontrollinstanz** zu ermitteln. Angaben von Schuldner und Drittschuldner sollte er stets prüfen. Die hierfür erforderlichen Auskünfte hat der Schuldner gemäß § 97 Abs. 1 Satz 1 InsO zu erteilen. Auch bei zuviel abgeführten Beträgen kann sich eine Haftung des Insolvenzverwalters aus § 60 InsO gegenüber dem Schuldner ergeben (ggf. unter Berücksichtigung eines Mitverschuldens), da auch dieser zu den geschützten Beteiligten zählt.

651 Der Arbeitgeber muss bei der Ermittlung des pfändbaren Anteils grundsätzlich alle ihm bekannten Unterhaltsberechtigten berücksichtigen. Weiß der Arbeitgeber, dass der Schuldner **verheiratet** ist, muss er den Ehegatten als **unterhaltsberechtigte Person** berücksichtigen, auch wenn dieser über eigene Einkünfte verfügt. Dem Arbeitgeber steht es nicht zu, Art und Umfang der Unterhaltspflicht von sich aus zu beurteilen.

652 Der **Insolvenzverwalter** kann – wie der Gläubiger im Rahmen der Einzelzwangsvollstreckung – gemäß § 4 InsO i. V. m. **§ 850c Abs. 4 ZPO** beim Insolvenzgericht beantragen festzustellen, dass ein bestimmter **Unterhaltsberechtigter**, beispielsweise die Ehefrau, wegen eigenen Einkommens bei der Berechnung des unpfändbaren Anteils des Arbeitseinkommens ganz oder teilweise **unberücksichtigt** bleibt. Zu den „eigenen Einkünften" des Unterhaltsberechtigten, die dessen Berücksichtigung bei der Berechnung des unpfändbaren Teils des Arbeitseinkommens einschränken oder ausschließen können, zählen alle Einkünfte, auch der von anderen Unterhaltsverpflichteten gezahlte Barunterhalt. Funktionell zuständig ist der Rechtspfleger.

> BGH, Beschl. v. 7.5.2009 – IX ZB 211/08, ZIP 2009, 1071;
> AG Kaiserslautern, Beschl. v. 22.1.2003 – 1 IN 190/02,
> ZVI 2003, 180.

III. Verwertung der Insolvenzmasse und Insolvenzanfechtung

Wie bereits ausgeführt ist bei der Berechnung des pfändbaren Anteils am Arbeitseinkommen gemäß § 850c Abs. 1 ZPO und insbesondere bei der Anwendung des amtlichen Anhangs zu § 850c ZPO, der Pfändungstabelle, das **bereinigte Nettoeinkommen** maßgeblich. 653

Die **Berechnung** dieses Einkommens ist überwiegend in § 850e ZPO geregelt und bietet ebenfalls viel Konflikt- und Gestaltungs-, wenn nicht gar Manipulationspotential, sodass es nicht wundert, wenn auch zu der Berechnung des bereinigten Einkommens eine Vielzahl von Gerichtsentscheidungen ergangen ist, zumal der Gesetzgeber die Berechnung in einer Vielzahl von Vorschriften geregelt hat. 654

Das **bereinigte Nettoarbeitseinkommen** wird wie folgt berechnet: 655

Gesamtbruttoeinkommen

./. teilweise oder unter bestimmten Voraussetzungen **unpfändbare Bezüge**, häufig praxisrelevant:

- Vergütung von Mehrarbeit, sog. „Überstunden", § 850a Nr. 1 ZPO, (zur Hälfte)

- Urlaubsgeld, § 850a Nr. 2 ZPO („soweit der Rahmen des üblichen nicht überschritten wird")

- Aufwandsentschädigungen und Zulagen für eine auswärtige Beschäftigung oder Gefahren, § 850a Nr. 3 ZPO („soweit der Rahmen des üblichen nicht überschritten wird")

- Weihnachtsvergütungen, § 850a Nr. 4 ZPO (Hälfte des monatlichen Arbeitseinkommens, höchstens aber bis 500,00 €)

./. Steuern

./. Sozialversicherungsbeiträge

./. vermögenswirksame Leistungen (§§ 2, 10, 11, 13 VermBG)

= Bereinigtes Nettoarbeitseinkommen

Bei der Berechnung des pfändbaren Einkommens gilt die sog. **Nettomethode**. Die der Pfändung entzogenen Bezüge sind mit ihrem *Brutto*betrag vom Gesamteinkommen abzuziehen. Ein erneuter Abzug der darauf entfallenden Steuern und Abgaben findet nicht statt. 656

BAG, Urt. v. 17.4.2013 – 10 AZR 59/12, ArbRAktuell 2013, 420.

Voll pfändbar sind hingegen: 657

- Sonn- und Feiertagszuschläge
- Nachtzuschläge

D. Eröffnetes Insolvenzverfahren

658 In der Praxis wichtig sind noch folgende Bestimmungen:

659 Erhält der Schuldner Geld und **Naturalleistungen**, so sind diese vom Insolvenzverwalter „von Amts wegen" gemäß § 850e Nr. 3 ZPO zusammenzurechnen.

660 Der Anspruch eines **Strafgefangenen** auf Arbeitsentgelt ist grundsätzlich unpfändbar und unterfällt daher nicht dem Insolvenzbeschlag (§ 36 Abs. 1 InsO, § 851 Abs. 1 ZPO, § 399 BGB), ohne dass es einer Schutzanordnung des Vollstreckungs- oder Insolvenzgerichts bedarf. Denn der Anspruch des Strafgefangenen ist auf Gutschrift und nicht auf Barauszahlung gerichtet (z. B. § 49 Abs. 1 und 2, § 53 Abs. 3, § 63 Abs. 3 JVollzGB BW III). Durch die Gutschrift des Arbeitsentgelts auf dem Hausgeldkonto (drei Siebtel) und dem Eigengeldkonto (vier Siebtel) ist der Anspruch des Strafgefangenen gegen den Träger der Haftanstalt erloschen, § 362 Abs. 1 BGB analog. Nur der Anspruch auf Auszahlung des **Eigengeldes** (z. B. § 63 Abs. 2 JVollzGB BW III), das durch Gutschriften von Arbeitsentgelt gebildet wird, welches der arbeitspflichtige Strafgefangene für die Ausübung der ihm zugewiesenen Arbeit erhält, ist pfändbar, sofern das (z. B. nach § 52 Abs. 1 JVollzGB BW III) aus den Bezügen des Strafgefangenen zu bildende *Überbrückungsgeld* angespart ist. Die Pfändungsgrenzen der §§ 850c, 850f, 850k ZPO finden keine Anwendung.

BGH, Beschl. v. 20.6.2013 – IX ZB 50/12, ZInsO 2013, 1845.

661 **Mehrere Arbeitseinkommen** sind auf Antrag gemäß § 850e Nr. 2, Nr. 2a ZPO ebenso zusammenzurechnen wie Arbeitseinkommen und **Ansprüche auf laufende Leistungen** nach dem **Sozialgesetzbuch**, soweit diese Leistungen pfändbar sind.

662 Nach einem Beschluss des BGH vom 25.10.2012 werden **Arbeitslosengeld II** und Arbeitseinkommen **nicht zusammengerechnet**, wenn der Schuldner nur deshalb Arbeitslosengeld II erhält, weil sein Arbeitseinkommen bei anderen Personen berücksichtigt wird, die mit ihm in einer Bedarfsgemeinschaft leben.

BGH, Beschl. v. 25.10.2012 – IX ZB 263/11,
ZInsO 2013, 1274 ff.

663 Eine Zusammenrechnung kommt ebenfalls **nicht** in Betracht, wenn der Schuldner Krankengeld bezieht und eine Immobilie unentgeltlich nutzt.

BGH, Beschl. v. 7.3.2013 – IX ZB 85/12, ZVI 2013, 201 f.

664 Diese jüngere Entscheidung des BGH zeigt einmal mehr, dass in der Praxis – von den Standardfällen abgesehen – eine genaue Prüfung erforderlich ist, um den an die Insolvenzmasse abzuführenden Betrag zu ermitteln. Der Insolvenzverwalter wird nicht umhinkommen, die einschlägigen Rechtsvorschriften zu prüfen und im Lichte des Interessenausgleichs zwischen Gläubigergemeinschaft und Schuldner zu gewichten; hierzu ist es auch erforderlich,

III. Verwertung der Insolvenzmasse und Insolvenzanfechtung

stets die aktuelle Rechtsprechung einzubeziehen. Sehr empfehlenswert ist auch das

RWS-Skript 357 von *Ernst Riedel*, Lohnpfändung und Insolvenz.

d) Berücksichtigung unterhaltsberechtigter Personen

Umstritten ist, ab welcher Einkommensgrenze das Vollstreckungsgericht im Rahmen der Einzelzwangsvollstreckung gemäß § 850c Abs. 4 ZPO anordnen darf, dass ein **Unterhaltsberechtigter gänzlich unberücksichtigt** zu bleiben hat, sodass die nächst niedrigere Spalte der Pfändungstabelle zur Anwendung kommt. Es geht also vereinfacht gesagt um die Frage, wie viel ein potentiell Unterhaltsberechtigter verdienen „darf", damit er noch in voller Höhe als unterhaltsberechtigte Person bei dem Schuldner berücksichtigt werden kann. Der Gesetzgeber hat diese Frage bewusst nicht im Einzelnen geregelt. 665

BT-Drucks. 8/693 S. 48 f.

Derzeit ist gemäß dem amtlichen Anhang zu § 850c ZPO, der „Pfändungstabelle", ein Betrag i. H. v. **1.049,99 € pfändungsfrei**, soweit der Schuldner keiner Person zum Unterhalt verpflichtet ist. Darüber hinausgehende Beträge sind anteilig pfändbar und unterliegen folglich auch dem Insolvenzbeschlag. Nach der Systematik der gesetzlichen Regelung steigt erhöht sich der pfändungsfreie Betrag 666

- bei **einer** unterhaltsberechtigten Person auf **1.439,99 €**,
- bei **zwei** unterhaltsberechtigten Personen auf **1.659,99 €**,
- bei **drei** unterhaltsberechtigten Personen auf **1.879,99 €**,
- bei **vier** unterhaltsberechtigten Personen auf **2.099,99 €**,
- bei **fünf und mehr** unterhaltsberechtigten Personen auf **2.319,99 €**.

Der Mehrbetrag **über 3.203,67 €** ist stets voll pfändbar. 667

Da das bereinigte (!) Nettoeinkommen maßgeblich ist, wird ersichtlich, dass der Frage, wie viele unterhaltsberechtigte Personen zu berücksichtigen sind, in der insolvenzrechtlichen Praxis eine hohe Bedeutung zukommt. 668

Wenn der potentiell Unterhaltsberechtigte eigene Einkünfte hat, ist es vertretbar, eine Unterhaltsberechtigung abzulehnen, wenn diese Einkünfte ihrerseits den Pfändungsfreibetrag übersteigen. 669

LG Darmstadt, Beschl. v. 5.2.2002 – 5 T 82/02, ZVI 2002, 116.

Soweit den potentiell Unterhaltsberechtigten eigene Unterhaltspflichten treffen, er also selbst anderen zur Gewährung von Unterhalt verpflichtet ist, wäre der Pfändungsfreibetrag nach Maßgabe der vorgenannten Systematik zu erhöhen. 670

D. Eröffnetes Insolvenzverfahren

671 Andere orientieren sich am **sozialrechtlichen Regelbedarf** nach § 20 SGB II, §§ 27a ff. SGB XII (vormals: §§ 22, 23 BSHG) zuzüglich eines sog. Besserungszuschlages von 20 %.

LG Stuttgart, Beschl. v. 17.12.1999 – 10 T 384/99, InVo 2000, 138; AG Plettenberg, Beschl. v. 22.2.2002 – 2 M 331/01, ZVI 2002, 120.

672 Der IXa. Zivilsenat des Bundesgerichtshofs erachtet beide Berechnungsweisen als zu starr und damit ungeeignet. Der Gesetzeswortlaut des § 850c Abs. 4 ZPO verlange eine **Einzelfallentscheidung nach billigem Ermessen**, sodass jede schematisierende Betrachtungsweise ausscheide. Unter Würdigung aller Umstände des Einzelfalles müsse eine umfassende Abwägung der wirtschaftlichen Lage des Gläubigers mit der wirtschaftlichen und sozialen Lage des Schuldners sowie der von ihm unterhaltenen Angehörigen stattfinden.

BGH, Beschl. v. 21.12.2004 – IXa ZB 142/04, ZVI 2005, 194.

673 Diese Ansicht vertritt auch der VII. Zivilsenat des Bundesgerichtshofs; jede schematische Betrachtungsweise verbietet sich.

BGH, Beschl. v. 5.4.2005 – VII ZB 28/05, ZInsO 2005, 887 f. = ZVI 2005, 254 ff. Rn. 7.

674 Im Rahmen der Ermessensentscheidung ist zu fragen, ob die eigenen Einkünfte des potentiell Unterhaltsberechtigten, die ihm für seinen Lebensunterhalt zur Verfügung stehen, dergestalt zu berücksichtigen sind, dass dem Schuldner für den damit bereits gedeckten Bedarf des potentiell Unterhaltsberechtigten ein pfändbarer Einkommensbetrag nicht verbleiben muss.

BGH, Beschl. v. 5.4.2005 – VII ZB 28/05, ZInsO 2005, 887 f. = ZVI 2005, 254 ff. Rn. 9.

675 Bei der Frage ist nach Ansicht des Senats zu gewichten, dass die Einkünfte des potentiell Unterhaltsberechtigten nicht mittelbar zur Tilgung von Verbindlichkeiten des potentiell unterhaltsverpflichteten Schuldners dienen sollen, andererseits ein von einem Schuldner abhängiger Unterhaltsberechtigter gewisse Abstriche von seiner Lebensführung hinnehmen muss, wenn der Unterhaltsverpflichtete Verbindlichkeiten zu bedienen hat. Nach Auffassung des Senats soll bei der Ermessensentscheidung nach § 850c Abs. 4 ZPO zu gegenwärtigen sein, dass der Bedarf eines **im Haushalt des Schuldners lebenden** Unterhaltsberechtigten geringer ist, als derjenige eines einen eigenen Haushalt führenden Berechtigten. Um das Vollstreckungsverfahren nicht unpraktikabel werden zu lassen, sollen nach Meinung des Senats im Fall eines gemeinsamen Haushalts von Schuldner und Unterhaltsberechtigtem die sozialrechtlichen Regelungen zur Existenzsicherung und die diese gewährleistenden „Sätze" zuzüglich eines *Besserstellungszuschlages i. H. v. 30 bis 50 %* für eine Ermessensentscheidung herangezogen werden. Soweit der Unterhaltsberechtigte einen **eigenen Haushalt** führt, ist der Grundfreibetrag des § 850c

III. Verwertung der Insolvenzmasse und Insolvenzanfechtung

Abs. 1 Satz 1 ZPO ein geeigneter Ansatzpunkt für eine Ermessensentscheidung, da der Bedarf des Unterhaltsberechtigten in der Regel dem eines durchschnittlichen Schuldners entspricht.

BGH, Beschl. v. 5.4.2005 – VII ZB 28/05, ZInsO 2005, 887 f.
= ZVI 2005, 254 ff. Rn. 9.

In der Praxis hängt daher die Beantwortung der Frage, ob der potentiell Unterhaltsberechtigte zu berücksichtigen ist, im ersten Schrittt von der Weichenstellung ab: 676

Lebt der potentiell Unterhaltsberechtigte im Haushalt des Schuldners oder führt er einen eigenen Haushalt?

Nach Beantwortung dieser Frage wird im zweiten Schritt der **Bedarf** des potentiell Unterhaltberechtigten ermittelt: 677

Eigener Haushalt	Gemeinsamer Haushalt
Pfändungsfreibetrag gem. § 850 c ZPO: 1.049,99 €	Regelsatz gemäß § 20 Abs. 2 SGB II: 364,00 € (Stand: Oktober 2013)
Weitere Unterhaltspflichten des Unterhaltsberechtigten erhöhen den Grundfreibetrag gem. § 850c ZPO	Besserstellungszuschlag zwischen 30–50 %. Bei dem Mittelwert 40 % beträgt der Zuschlag 145,60 €. Insgesamt somit: 509,60 €
	Zuschlag für Anteil an der Gesamtbruttomiete
Bedarf: 1.049,99 € plus x	Bedarf: 509,60 € plus x

Der so errechnete Betrag ist nach den Umständen des jeweiligen Einzelfalls zu erhöhen oder zu senken. Der BGH hat allerdings auch klargestellt, dass „an die Überprüfung der Ermessensentscheidung keine überhöhten Anforderungen" gestellt werden dürfen, da das Vollstreckungsverfahren sonst entgegen dem Willen des Gesetzgebers unpraktikabel würde. 678

BGH, Beschl. v. 5.4.2005 – VII ZB 28/05, ZInsO 2005, 887 f.
= ZVI 2005, 254 ff. Rn. 9.

Es ist insoweit vertretbar, sich bei der Berechnung des Bedarfs grundsätzlich an den o. g. Beträgen zu orientieren, soweit keine Besonderheiten des Einzelfalls bekannt werden. 679

Mit Entscheidung vom 7.5.2009 hat der **IX. Senat** des Bundesgerichtshofs ausdrücklich betont, dass im Einzelfall eine Orientierung an den sozialrechtlichen Mindestsätzen zur Existenzsicherung in Betracht kommt, und zwar insbesondere dann, wenn der Unterhaltsberechtigte im Haushalt des Schuldners lebt. 680

BGH, Beschl. v. 7.5.2009 – IX ZB 211/08, NZI 2009, 443 f.
= ZVI 2009, 331 ff. Rn. 11.

681 Da einem Unterhaltsberechtigen mit eigenem Einkommen nicht zugemutet werden soll, am Existenzminimum zu leben, ist stets ein Zuschlag von 30 % geboten; höhere Zuschläge bedürfen der Rechtfertigung im Einzelfall (z. B. Mehrbedarf infolge überdurchschnittlicher Fahrtkosten zur Arbeit; erhöhter Bedarf durch notwendige Medikamente). Zugleich hat der IX. Senat die von dem VII. Zivilsenat

– BGH, Beschl. v. 5.4.2005 – VII ZB 28/05, ZInsO 2005, 887 ff.
= ZVI 2005, 254 ff. Rn. 8 ff. –

formulierten Grundsätze und *Leitlinien für verschiedene Sachverhalte* bestätigt.

BGH, Beschl. v. 7.5.2009 – IX ZB 211/08, NZI 2009, 443 f.
= ZVI 2009, 331 ff. Rn. 9.

682 Die aus der Einzelzwangsvollstreckung entwickelten Grundsätze und Leitlinien sind damit vollumfänglich auf das Insolvenz- als Gesamtvollstreckungsverfahren anwendbar.

683 Nach der Weichenstellung in einem ersten Schritt und der darauf folgenden Berechnung des Bedarfs des potentiell Unterhaltsberechtigten ist in einem dritten Schritt zu prüfen, inwieweit die Einkünfte des potentiell Unterhaltsberechtigten seinen Bedarf decken:

Liegen die eigenen Einkünfte des potentiell Unterhaltsberechtigten *über* dem ermittelten Betrag, ist es sachgerecht, ihn bei dem Schuldner *nicht* als unterhaltsberechtigte Person zu berücksichtigen, da er seinen Bedarf mit eigenen Einkünften decken kann. Liegen die eigenen Einkünfte *unter* dem ermittelten Betrag, könnte man den Unterhaltsberechtigten entweder ganz berücksichtigen, den Freibetrag gemäß dem amtlichen Anhang zu § 850c ZPO also von 1.049,99 € auf 1.439,99 € erhöhen oder den Unterhaltsberechtigten nur teilweise berücksichtigen. Eine **teilweise Berücksichtigung** ist bei einer teilweisen Deckung des Bedarfs offenkundig interessengerechter und wird folgerichtig auch von der Rechtsprechung praktiziert. Deckt der Unterhaltsberechtigte den ermittelten Bedarf mit seinen Einkünften beispielsweise zur Hälfte mit eigenen Einkünften, ist es sachgerecht ihn bei der Ermittlung des pfändbaren und damit dem Insolvenzbeschlag unterliegenden Arbeitseinkommens des Schuldners ebenfalls nur „zur Hälfte" zu berücksichtigen.

Beispiel:

Der Schuldner hat eine Anstellung gefunden und erhält ein bereinigtes monatliches Nettoeinkommen i. H. v. 1.300,00 €. Die Ehefrau des Schuldners kann ihren Bedarf zur Hälfte mit eigenen Einkünften aus Vermietung und Verpachtung decken. Nach dem amtlichen Anhang zu § 850c ZPO beträgt der pfändbare Anteil des Arbeitseinkommens bei einem Nettoeinkommen von monatlich 1.300,00 € und keiner zu berücksichtigenden unterhaltsberechtigten Person 178,47 €. Wäre eine Person zu berücksichtigen, wäre kein Anteil pfändbar. Bei einer Berücksichtigung der Ehefrau zu 50 % ist daher ein Betrag i. H. v. 89,24 € (178,47 €/2) an die Insolvenzmasse abzuführen.

III. Verwertung der Insolvenzmasse und Insolvenzanfechtung

Beträgt das Nettoeinkommen 1.600,00 € so wären 388,47 € bzw. 80,83 € bei Berücksichtig einer Person pfändbar. Die Differenz beträgt 307,64 € (388,47 € ./. 80,83 €). Die Hälfte *dieses* Betrages, also 153,82 € sind an die Masse abzuführen.

Praxistipp:

In der Praxis empfiehlt es sich für Insolvenzverwalter wie Schuldner gleichermaßen, eine Absprache über Zahl und Umfang der zu berücksichtigenden Personen sowie die Rahmenbedingungen schriftlich zu fixieren. So kann eine Inanspruchnahme des Gerichts und eine mögliche rechtliche Auseinandersetzung mit ungewissem Ausgang vermieden werden.

Kommt eine Einigung nicht zustande, ist der Insolvenzverwalter verpflichtet, eine Entscheidung des Insolvenzgerichts herbeizuführen und einen Antrag nach § 850c Abs. 4 ZPO zu stellen. **684**

Musterantrag nach § 850c Abs. 4 ZPO:

An das
Amtsgericht (Insolvenzgericht)

In dem Insolvenzverfahren
über das Vermögen des
Herrn Klaus von Habenicht

– [...] IK [...] –

wird beantragt

festzustellen, dass die Ehefrau des Schuldners bei der Berechnung des unpfändbaren Teils des Arbeitseinkommens unberücksichtigt bleibt.

Begründung:

Der Antrag stützt sich auf § 850c Abs. 4 ZPO i. V. m. § 36 Abs. 4 Satz 2 InsO.

Der Schuldner verfügt über ein monatliches Nettoeinkommen von 1.838,15 €, die Ehefrau des Schuldners über ein solches von 1.500,00 €.

Beweis: 1. Gehaltsabrechnung des Schuldners für Juli 2010
2. Gehaltsabrechnung der Frau Sarah Habenicht für Juli 2010

Da die Ehefrau über ein Einkommen verfügt, das einen angemessenen Unterhalt deckt, ist ihre zusätzliche Berücksichtigung im Rahmen des Pfändungsschutzes des Schuldners unbillig.

Dr. R.
Rechtsanwalt
als Treuhänder

Leistet der Schuldner nur einen **geringeren** tatsächlichen **Unterhalt** als er nach dem Gesetz zu leisten hätte, wird die unterhaltsberechtigte Person dennoch *in voller Höhe* bei der Berechnung des pfändbaren Einkommens berücksichtigt, da andernfalls (bei „Wegpfändung" der notwendigen Mittel) es dem Schuldner unmöglich würde, seiner Unterhaltspflicht nachzukommen. **685**

BGH, Urt. v. 3.11.2011 – IX ZR 46/11, NZI 2011, 979 Rn. 8 ff.

D. Eröffnetes Insolvenzverfahren

686 Ungeklärt bleibt aber noch, ob dies auch gilt, wenn der Schuldner entgegen seiner gesetzlichen Pflicht **gar keinen Unterhalt leistet**. Bisher wurde überwiegend im Schrifttum die Auffassung vertreten, dass der Unterhaltspflichtige in diesem Fall keinen Unterhalt i. S. v. § 850c ZPO „gewährt" mit der Folge, dass der Berechtigte unberücksichtigt bleibt.

> Baumbach/Lauterbach/Albers/*Hartmann*, ZPO, § 850c Rn. 6 m. w. N.;
> Musielak/*Becker*, ZPO, § 850c, Rn. 4 m. w. N.;
> Vorwerk/Wolf/*Riedel*, Beck'scher Online Kommentar ZPO, Stand 15.7.2013, § 850c Rn. 11;
> Zöller/*Stöber*, ZPO, § 850c, Rn. 5 m. w. N.

687 Nach dem Urteil des BGH vom 3.11.2011 wird sich diese Meinung wohl nicht mehr aufrechterhalten lassen.

e) Rechtsbehelfe des Schuldners

688 Ist der Schuldner mit der Berechnung des pfändbaren Anteils durch den Drittschuldner, z. B. seinen Arbeitgeber, nicht einverstanden, weil dieser etwa bei der Zusammenrechnung von Geld- und Naturalleistungen Letztere nach Auffassung des Schuldners zu hoch bewertet, so kann der Schuldner eine niedrigere Bewertung **nicht** durch eine beim Insolvenzgericht erhobene Feststellungsklage gegen den Insolvenzverwalter erreichen.

> BGH, Beschl. v. 13.12.2012 – IX ZB 7/12, NZI 2013, 98 Rn. 6.

689 Denn die Zusammenrechnung des in Geld zahlbaren Einkommens und der Naturalien obliegt nicht dem Vollstreckungs- oder Insolvenzgericht, sondern ausschließlich dem Drittschuldner; anders als im Fall der Zusammenrechnung nach § 850e Nr. 2 ZPO bedarf es keiner Anordnung durch ein Gericht.

> BGH, Beschl. v. 13.12.2012 – IX ZB 7/12, NZI 2013, 98 Rn. 6.

f) Pfändung und Abtretung gem. § 114 InsO a. F.

690 Hat der Schuldner seinen pfändbaren Einkommensanteil vor Insolvenzantragstellung **an einen Dritten rechtswirksam abgetreten** oder verpfändet, so gilt nach dem für vor dem 1.7.2014 beantragte Insolvenzverfahren § 114 Abs. 1 InsO a. F., dass die Abtretung oder Verpfändung auch nach Insolvenzeröffnung noch zwei Jahre wirksam bleibt, gerechnet ab dem der Verfahrenseröffnung folgenden Monat. Der pfändbare Anteil des Arbeitseinkommens fließt erst nach zwei Jahren an die Masse. Hat ein Gläubiger den pfändbaren Anteil am Arbeitseinkommen des Schuldners vor Insolvenzeröffnung **durch Pfändungs- und Überweisungsbeschluss gepfändet**, hängt die Wirksamkeitsdauer der Zwangsvollstreckungsmaßnahme vom Zeitpunkt der Verfahrenseröffnung ab. Ist die Eröffnung vor dem 15. des Monats erfolgt, bleibt die Pfändung gemäß § 114 Abs. 3 InsO a. F. nur für den laufenden Kalendermonat der Eröffnung wirksam, andernfalls auch für den auf die Eröffnung folgenden Monat.

III. Verwertung der Insolvenzmasse und Insolvenzanfechtung

Von § 114 Abs. 1 InsO a. F. erfasst werden auch Ansprüche aus einem Dienst- 691
verhältnis, das erst *nach* Insolvenzeröffnung eingegangen wurde; für die
Fristberechnung bleibt die Eröffnung des Insolvenzverfahrens maßgeblich.

BGH, Urt. v. 20.9.2012 – IX ZR 208/11, ZIP 2012, 2358 ff.
= ZVI 2013, 25 ff. Rn. 19.

Mit **Streichung des** § 114 InsO a. F. für Verfahren, die **ab dem 1.7.2014** er- 692
öffnet werden, stehen die pfändbaren Einkünfte des Schuldners ab Eröffnung
des Insolvenzverfahrens der Masse zu; etwaige Pfändungen oder Abtretungen sind unbeachtlich.

Kritik: *Bast/Becker*, NZI Aktuell, NZI 2013, V.

g) Wahl der Lohnsteuerklasse und Steuererstattungsansprüche

Die Lohnsteuer ist eine besondere Erhebungsform der Einkommensteuer, die 693
derjenige zu zahlen hat, der Einkünfte nach Maßgabe der Einkunftsarten des
Einkommensteuergesetzes erzielt. Die Einkommensteuer wird für einen Jahreszeitraum festgesetzt und erhoben. Die einbehaltene Lohnsteuer ist – wie
die Einkommensteuervorauszahlungen des Steuerschuldners – eine Vorauszahlung auf die künftige Einkommensteuerschuld. Die Höhe dieser Vorauszahlungen und infolgedessen eines möglichen Erstattungsanspruchs wegen zu
hoher Vorauszahlungen kann der Arbeitnehmer durch die Wahl der Steuerklasse beeinflussen, wobei allerdings nicht jede Lohnsteuerklasse wählbar ist.

Durch die **Wahl einer ungünstigen Steuerklasse** hat der Schuldner die Mög- 694
lichkeit, sein Nettoeinkommen und damit auch den pfändbaren Anteil seines
Arbeitseinkommens abzusenken. Der Insolvenzverwalter sollte daher die vom
Schuldner gewählte Steuerklasse überprüfen. Die Wahl der Steuerklassen I
und II ist regelmäßig unproblematisch. Hier bestehen keine Manipulationsmöglichkeiten. Lediglich bei den Steuerklassen IV, V und VI muss der Insolvenzverwalter genauer hinsehen. Bei Eheleuten ist die Steuerklasse IV für beide
der Regelfall (§ 38b Satz 2 Nr. 4 EStG). Die Wahl der Steuerklasse IV ist daher
grundsätzlich nicht zu beanstanden. Gleiches gilt, wenn es für die Wahl einer
Steuerklasse einen **sachlichen Grund** gibt.

BGH, Beschl. v. 5.3.2009 – IX ZB 2/07, NZI 2009, 236 ff.
= ZVI 2009, 264 ff. Rn. 2;
BGH, Beschl. v. 4.10.2005 – VII ZB 26/05, NZI 2006, 114 f.
= ZVI 2005, 587 f. Rn. 16;
LG Dortmund, Beschl. v. 23.3.2010 – 9 T 106/10,
NZI 2010, 581 f. Rn. 11.

Der Schuldner ist nicht verpflichtet, die Steuerklasse III zu wählen. Die *nach-* 695
insolvenzliche Wahl der Steuerklasse V ist dagegen missbräuchlich, wenn der
Schuldner nicht mehr verdient als der Ehepartner und es auch sonst keinen
sachlichen Grund für die außergewöhnliche Steuerklassenwahl gibt. Die
nachteilige Wahl einer Steuerklasse kann für den Schuldner zu einer Versagung der Restschuldbefreiung führen.

- BGH, Beschl. v. 5.3.2009 – IX ZB 2/07, NZI 2009, 236 ff.
= ZVI 2009, 264 ff. Rn. 2 –

und zum Widerruf der Verfahrenskostenstundung führen.

BGH, Beschl. v. 3.7.2008 – IX ZB 65/07, ZVI 2009, 13.

696 Da es keinen Anspruch darauf gibt, dass der Schuldner und sein Ehepartner eine andere als die gewählte Steuerklassenkombination wählen, hat der Insolvenzverwalter **bei missbräuchlicher Steuerklassenwahl** nur die Möglichkeit, beim Insolvenzgericht einen Beschluss **analog § 850h ZPO** zu erwirken. Er kann beantragen, dass der Schuldner bei der Berechnung des pfändbaren Anteils **so behandelt** wird, **als habe er Steuerklasse IV** gewählt.

BGH, Beschl. v. 4.10.2005 – VII ZB 26/05, NZI 2006, 114 f.
= ZVI 2005, 587 f. Rn. 13.

697 Einen entsprechenden Beschluss des Insolvenzgerichtes hat der Arbeitgeber zu beachten. Zuvor sollte der Schuldner aber zur Änderung der Steuerklasse aufgefordert werden.

698 Hat der Schuldner eine ungünstige Steuerklasse **schon vor der Eröffnung** des Insolvenzverfahrens gewählt, liegt ein missbräuchliches Verhalten des Schuldners nur dann vor, wenn er die Absicht hatte, seine Gläubiger zu benachteiligen. Ist dem Schuldner die Gläubigerbenachteiligungsabsicht nicht nachzuweisen, muss der Insolvenzverwalter die Wahl der Steuerklasse im Jahr der Insolvenzeröffnung hinnehmen. Zum **nächsten Jahreswechsel** kann er den Schuldner auffordern, die Steuerklasse zu wechseln.

BGH, Beschl. v. 4.10.2005 – VII ZB 26/05, ZVI 2005, 587.

699 Hat der Schuldner eine ungünstige Steuerklasse gewählt, erhält er aufgrund der höheren Steuervorauszahlung zunächst weniger ausgezahlt, so dass auch weniger an die Masse abzuführen ist. Der Schuldner verbindet damit meist die Hoffnung, dass ihm (oder seinem Ehegatten) die Steuererstattung nach Aufhebung des Insolvenzverfahrens zufließt. Denn während der Wohlverhaltensperiode unterliegt der Erstattungsanspruch nicht mehr dem Insolvenzbeschlag, sofern dieser nicht ausdrücklich unter den Vorbehalt der Nachtragsverteilung gestellt wurde.

BFH, Urt. v. 28.2.2012, Urt. v. 28.2.2012 – VII R 36/11, BStBl II
2012, 451 = ZVI 2012, 276 ff. Rn. 13 ff.

700 Der Erstattungsanspruch entsteht bei der Einkommensteuer mit Ablauf des Kalenderjahres. **Steuererstattungen für Kalenderjahre vor Insolvenzeröffnung,** die erst nach Verfahrenseröffnung festgesetzt werden, fallen in die Masse. Soweit hinsichtlich dieser Ansprüche die Nachtragsverteilung vorbehalten wurde, gilt dies auch noch während der Wohlverhaltensperiode. Das Finanzamt kann aber mit vorinsolvenzlich entstandenen Steuerforderungen aufrechnen (§§ 94, 95 InsO).

III. Verwertung der Insolvenzmasse und Insolvenzanfechtung

Endet der **Veranlagungszeitraum** (Kalenderjahr) **nach Eröffnung**, steht der 701
Steuererstattungsanspruch ebenfalls der Masse zu. Das Finanzamt kann daher grundsätzlich nicht aufrechnen (§ 96 Abs. 1 Nr. 1 InsO). Nach der Rechtsprechung des Bundesfinanzhofs muss das Jahr der Insolvenzeröffnung aber **aufgeteilt** werden, sodass eine Aufrechnung gegen den Erstattungsanspruch für den Teil des Jahres vor Verfahrenseröffnung möglich bleibt (§ 95 Abs. 1 Satz 3 InsO). Fällt das Ende des Veranlagungszeitraumes in die Wohlverhaltensperiode, steht der Steuererstattungsanspruch dem Schuldner zu. Dieser ist nicht von der Abtretung nach § 287 Abs. 2 InsO erfasst.

BGH, Beschl. v. 21.7.2005 – IX ZR 115/04, ZInsO 2005, 873.

Das Finanzamt kann gegen den Steuererstattungsanspruch des Schuldners 702
bis zur Anordnung der Nachtragsverteilung mit vorinsolvenzlich entstandenen Steuerforderungen aufrechnen.

BFH, Beschl. v. 21.11.2006 – VII ZR 1/06, ZVI 2007, 137;
a. A. Uhlenbruck/*Sinz*, InsO, 13. Aufl., 2010,
§ 96 Rn. 18 ff., 55 ff.

Zur Vermeidung einer solchen Aufrechnung sollte der Insolvenzverwalter 703
schon mit Einreichung des Schlussberichtes den *Vorbehalt* der Nachtragsverteilung beantragen, da in diesem Fall der Insolvenzbeschlag lückenlos fortbesteht.

BFH, Urt. v. 28.2.2012, Urt. v. 28.2.2012 – VII R 36/11,
BStBl II 2012, 451 = ZVI 2012, 276 ff. Rn. 13 ff.

Mit der Eröffnung des Insolvenzverfahrens geht das **Recht zur Wahl** zwi- 704
schen gemeinsamer und **getrennter Veranlagung** auf den Insolvenzverwalter über, da es sich nicht um ein höchstpersönliches, sondern ein Vermögensverwaltungsrecht handelt (vgl. § 80 Abs. 1 InsO).

BFH, Beschl. v. 22.3.2011 – III B 114/09,
ZIP 2011, 1162 ff. Rn. 12;
FG Mecklenburg-Vorpommern, Urt. v. 26.3.2009 – 2 K 409/07,
juris Rn. 27.

Dieser muss einer Zusammenveranlagung nur dann zustimmen, wenn der 705
Masse entweder keine Nachteile entstehen oder der Ehegatte zusagt, die Nachteile auszugleichen.

BGH, Urt. v. 24.5.2007 – IX ZR 8/06, ZVI 2008, 118 ff.
= ZInsO 2007, 656 ff. Rn. 9, 12.

Der Insolvenzverwalter kann die Zustimmung nicht davon abhängig machen, 706
dass der Ehegatte – unabhängig von eventuell eintretenden steuerlichen Nachteilen – einen Ausgleich für die Nutzung eines dem anderen Ehegatten zustehenden Verlustabzugs an die Insolvenzmasse leistet. Ebenso wenig kann der Insolvenzverwalter verlangen, dass sich der Ehegatte zur Auszahlung der erzielten Steuerersparnis verpflichtet.

BGH, Urt. v. 18.5.2011 – XII ZR 67/09,
ZIP 2011, 1527 Rn. 25 f.;
BGH, Urt. v. 18.11.2010 – IX ZR 240/07,
ZIP 2010, 2515 Rn. 14 f.;
a. A. LG Kleve, Urt. v. 13.6.2012 – 2 O 433/11,
ZVI 2012, 383 Rn. 17;
Berufung anhängig bei OLG Düsseldorf, Az. I-24 U 116/12.

707 In Einzelfällen kann ein Gestaltungsmissbrauch angenommen werden, z. B. wenn Wahlrechte aufgrund eines Gesamtplans zur Steuervermeidung mehrfach in sich widersprechender Weise ausgeübt werden.

FG Münster, Urt. v. 4.10.2012 – 6 K 3016/10 E,
EFG 2013, 97 ff. Rn. 35.

h) verschleiertes Arbeitseinkommen

708 Nicht selten präsentiert der Schuldner dem Insolvenzverwalter Gehaltsabrechnungen, die eine – gemessen an seiner Qualifikation – unverhältnismäßig geringe Vergütung unterhalb der Pfändungsfreigrenze ausweisen. Liegt verschleiertes Arbeitseinkommen vor, hat der Insolvenzverwalter die Möglichkeit, einen Antrag gemäß § 850h ZPO zu stellen. Die Vorschrift ermöglicht die Pfändung des verschleierten Arbeitseinkommens. Der Arbeitgeber schuldet dem Insolvenzverwalter dann eine angemessene Vergütung. Nach Ansicht des Bundesarbeitsgerichts wirkt der Eröffnungsbeschluss im Insolvenzverfahren wie ein Pfändungs- und Überweisungsbeschluss in der Einzelzwangsvollstreckung. Der Verwalter kann vom Arbeitgeber die Zahlung des pfändbaren Anteils der angemessenen Vergütung für den Zeitraum ab Eröffnung des Insolvenzverfahrens verlangen.

BAG, Urt. v. 12.3.2008 – 10 AZR 148/07, ZVI 2008, 401 ff.
= ZIP 2008, 979 ff. Rn. 18 ff.

709 Der Pfändungs- und Überweisungsbeschluss eines Gläubigers wird gemäß § 114 Abs. 3 InsO mit Wirkung ab Eröffnung durchbrochen und der Prioritätsgrundsatz der Einzelzwangsvollstreckung durch den Gläubigergleichbehandlungsgrundsatz abgelöst.

BAG, Urt. v. 16.5.2013 – 6 AZR 556/11, ZInsO 2013, 1357
= ZIP 2013, 1357 f. Rn. 40.

710 Der Insolvenzverwalter kann im Wege der modifizierten Freigabe erreichen, dass der Gläubiger das verschleierte Arbeitseinkommen einzieht und sich verpflichtet, dieses ab dem Zeitpunkt der Freigabe an die Insolvenzmasse abzuführen.

BAG, Urt. v. 16.5.2013 – 6 AZR 556/11, ZInsO 2013, 1357
= ZIP 2013, 1357 f. Rn. 49.

III. Verwertung der Insolvenzmasse und Insolvenzanfechtung

i) **Sozialleistungen**

Sozialleistungen und sonstige Leistungen staatlicher Stellen sind grundsätz- 711
lich wie Arbeitseinkommen pfändbar (§ 54 Abs. 4 SGB I) und unterliegen daher
auch dem Insolvenzbeschlag. In der Praxis ist zu beachten, dass der Pfändungsschutz für solche Leistungen **spezialgesetzlich** geregelt ist. Insbesondere ist **§ 54 SGB I** zu beachten:

§ 54 Pfändung

(1) Ansprüche auf Dienst- und Sachleistungen können nicht gepfändet werden.

(2) Ansprüche auf einmalige Geldleistungen können nur gepfändet werden, soweit nach den Umständen des Falles, insbesondere nach den Einkommens- und Vermögensverhältnissen des Leistungsberechtigten, der Art des beizutreibenden Anspruchs sowie der Höhe und der Zweckbestimmung der Geldleistung, die Pfändung der Billigkeit entspricht.

(3) Unpfändbar sind Ansprüche auf

1. Erziehungsgeld und vergleichbare Leistungen der Länder sowie Elterngeld bis zur Höhe der nach § 10 des Bundeselterngeld- und Elternzeitgesetzes anrechnungsfreien Beträge,

2. Mutterschaftsgeld nach § 13 Abs. 1 des Mutterschutzgesetzes, soweit das Mutterschaftsgeld nicht aus einer Teilzeitbeschäftigung während der Elternzeit herrührt, bis zur Höhe des Erziehungsgeldes nach § 5 Abs. 1 des Bundeserziehungsgeldgesetzes oder des Elterngeldes nach dem Bundeselterngeld- und Elternzeitgesetz, soweit es die anrechnungsfreien Beträge nach § 10 des Bundeselterngeld- und Elternzeitgesetzes nicht übersteigt,

2a. Wohngeld, soweit nicht die Pfändung wegen Ansprüchen erfolgt, die Gegenstand der §§ 9 und 10 des Wohngeldgesetzes sind,

3. Geldleistungen, die dafür bestimmt sind, den durch einen Körper- oder Gesundheitsschaden bedingten Mehraufwand auszugleichen.

(4) Im Übrigen können Ansprüche auf laufende Geldleistungen wie Arbeitseinkommen gepfändet werden.

(5) Ein Anspruch des Leistungsberechtigten auf Geldleistungen für Kinder (§ 48 Abs. 1 Satz 2) kann nur wegen gesetzlicher Unterhaltsansprüche eines Kindes, das bei der Festsetzung der Geldleistungen berücksichtigt wird, gepfändet werden. Für die Höhe des pfändbaren Betrages bei Kindergeld gilt:

1. Gehört das unterhaltsberechtigte Kind zum Kreis der Kinder, für die dem Leistungsberechtigten Kindergeld gezahlt wird, so ist eine Pfändung bis zu dem Betrag möglich, der bei gleichmäßiger Verteilung des Kindergeldes auf jedes dieser Kinder entfällt. Ist das Kindergeld durch die Berücksichtigung eines weiteren Kindes erhöht, für das einer dritten Person Kindergeld oder dieser oder dem Leistungsberechtigten eine andere Geldleistung für Kinder zusteht, so bleibt der Erhöhungsbetrag bei der Bestimmung des pfändbaren Betrages des Kindergeldes nach Satz 1 außer Betracht.

2. Der Erhöhungsbetrag (Nummer 1 Satz 2) ist zugunsten jedes bei der Festsetzung des Kindergeldes berücksichtigten unterhaltsberechtigten Kindes zu dem Anteil pfändbar, der sich bei gleichmäßiger Verteilung auf alle Kinder, die bei der Festsetzung des Kindergeldes zugunsten des Leistungsberechtigten berücksichtigt werden, ergibt.

(6) In den Fällen der Absätze 2, 4 und 5 gilt § 53 Abs. 6 entsprechend.

D. Eröffnetes Insolvenzverfahren

712 Der Bundesgerichtshof hat in mehreren Entscheidungen bestätigt, dass eine Pfändung nach Maßgabe der vorstehenden Regelung möglich ist und laufende Geldleistungen zur Sicherung des Lebensunterhalts nach dem SGB II (ALG II) gemäß § 54 Abs. 4 SGB I wie Arbeitseinkommen nach Maßgabe der §§ 850c ff. ZPO gepfändet werden können.

> BGH, Beschl. v. 25.10.2012 – VII ZB 31/12, ZVI 2012, 453 ff.
> Rn. 10 m. w. N.

713 Soweit § 54 Abs. 2 SGB I vorsieht, dass eine Pfändung nur möglich ist, soweit dies der Billigkeit entspricht, bedeutet dies für das Insolvenzverfahren, dass der Insolvenzverwalter im Einzelfall zu prüfen hat, ob die Leistung ganz oder teilweise dem Insolvenzbeschlag unterliegt; ggf. ist eine Entscheidung des Insolvenzgerichtes herbeizuführen. Unzutreffend ist es, solche Leistungen grundsätzlich dem insolvenzfreien Vermögen des Schuldners zuzuordnen, da dieser im Rahmen des Insolvenzverfahrens als Gesamtvollstreckung besser stünde als im Fall der Einzelzwangsvollstreckung.

> *Laroche*, VIA 2013, 57, 58 Ziff. 2.

714 Neben § 54 SGB I sind ferner spezialgesetzliche Pfändungsvorschriften zu beachten. Von großer praktischer Bedeutung ist § 17 Abs. 1 Satz 2 SGB XII, der bestimmt, dass der Anspruch auf **Sozialhilfe** nicht übertragen, ver- oder gepfändet werden kann.

715 Bezieht der Schuldner Leistungen zur Deckung seines Wohnbedarfs nach **§ 19 Abs. 1, § 22 SGB II**, die kein Wohngeld i. S. d. § 1 Abs. 1 WoGG sind, genießen diese keinen Pfändungsschutz und sind bei der Berechnung des pfändbaren Einkommens folglich zu berücksichtigen.

> BGH, Beschl. v. 25.10.2012 – VII ZB 31/12,
> ZVI 2012, 453 ff. Rn. 18 f.

716 Auch das Bundessozialgericht erkennt die gesetzlichen Wertungen der Regelungen über den Pfändungsschutz im SGB an. Zutreffend hat das Gericht entschieden, dass **Einkommen** des Schuldners, das zur Deckung seines Bedarfs **nach dem SGB II** nicht der Zwangsvollstreckung unterliegt, somit auch nicht Bestandteil der Insolvenzmasse sein kann.

> BSG, Urt. v. 16.10.2012 – B 14 AS 188/11 R, ZVI 2013, 244
> Rn. 13 (Anrechnung einer Heizkostenerstattung);
> so auch: BGH, Urt. v. 20.6.2013 – IX ZR 310/02,
> ZInsO 2013, 1408.

717 Ebenso ist ein Erstattungsanspruch des Mieters aus einer Betriebs- und Heizkostenabrechnung des Vermieters unpfändbar, wenn der Mieter **ALG II** bezieht und die Erstattung deshalb im Folgemonat die Leistungen der Agentur für Arbeit für Unterkunft und Heizung des Hilfeempfängers mindert (§ 22 Abs. 3 Satz 1 SGB II).

> BGH, Urt. v. 20.6.2013 – IX ZR 310/12, ZInsO 2013, 1408.

Dies ändert natürlich nichts daran, dass Sozialleistungen nach Maßgabe der 718
vorbezeichneten gesetzlichen Regelung *grundsätzlich* pfändbar sind. In der
Regel werden Sozialleistungen aber nicht so hoch bemessen sein, dass sie die
Pfändungsfreigrenze überschreiten. Bei Ansprüchen aus der Arbeitslosen-
versicherung (**ALG I**) – die auch keine Sozialleistungen sind – ist ein Überschreiten der Pfändungsfreigrenze hingegen schon wahrscheinlicher.

In der Praxis gibt es Fälle von sog. **Bedarfsgemeinschaften**, in denen ein 719
Schuldner Leistungen zur Grundsicherung nach SGB II oder SGB XII
(„Hartz 4") bezieht, obschon er über ein Einkommen verfügt, das oberhalb
der Pfändungsfreigrenze des § 851c ZPO liegt. Soweit der Schuldner mit
nicht unterhaltsberechtigten Personen (etwa einer Lebensgefährtin und fremden Kindern) eine Bedarfsgemeinschaft nach § 7 Abs. 3 SGB II bildet, wird
sein Einkommen bei der Berechnung der Hilfebedürftigkeit aller Mitglieder
der Gemeinschaft berücksichtigt, § 9 Abs. 2 SGB II. Infolgedessen bezieht
der Schuldner trotz eines sogar pfändbaren Einkommens Sozialleistungen,
was grundsätzlich dafür spricht, pfändbares Einkommen und Sozialleistungen
bei der Berechnung des pfändbaren Einkommens zu addieren. Dies würde aber
dem Grundsatz widersprechen, wonach eine Pfändung nicht zulasten öffentlicher Mittel erfolgen darf; das Einkommen ist bei wertender Betrachtung nicht
als solches des Schuldners zu behandeln, soweit es in dieser Konstellation auf
Sozialleistungen beruht.

Laroche, VIA 2013, 57, 59 Ziff. 5;
vgl. BGH, Urt. v. 20.6.2013 – IX ZR 310/12,
ZInsO 2013, 1408 Rn. 8.

Führt eine pfändbare Erstattung (z. B. Steuererstattung) zu einer Kürzung 720
der Grundsicherung nach Maßgabe der sozialrechtlichen Vorschriften, so ist
dies bei der Berechnung des pfändbaren Einkommens zu berücksichtigen.
Vereinfacht gesagt unterliegt damit stets solches Einkommen nicht dem Insolvenzbeschlag, das in einem **Bewilligungsbescheid** berücksichtigt wurde
oder auch nur berücksichtigungsfähig ist.

Laroche, VIA 2013, 57, 59 Ziff. 5.

j) **Rechtsmittel**

Gehen die Auffassungen darüber, in welchem *Umfang* etwas (z. B. Einkünfte) 721
dem Insolvenzbeschlag unterliegt, zwischen Schuldner und Insolvenzverwalter auseinander, so kann jeder von ihnen eine Entscheidung des Insolvenzgerichts gemäß **§ 36 Abs. 4 InsO** herbeiführen. Besteht Streit darüber, *ob* etwas
überhaupt dem Insolvenzbeschlag unterliegt, muss ein Rechtsstreit vor dem
Prozessgericht geführt werden.

BGH, Beschl. v. 11.5.2010 – IX ZB 268/09, ZInsO 2010, 1115 ff.
= ZVI 2010, 473 f. Rn. 2;
HambKomm/*Lüdtke*, InsO, § 36 Rn. 51.

D. Eröffnetes Insolvenzverfahren

722 Vollstreckungsschutzanträge nach § 765a ZPO und Entscheidungen nach § 850b ZPO sind während des Insolvenzverfahrens bei dem Insolvenzgericht zu stellen.

723 Gegen Entscheidungen des Insolvenzgerichts als besonderes Vollstreckungsgericht gemäß §§ 36 Abs. 4, 89 Abs. 3 InsO hat die Insolvenzordnung **keine Beschwerde** vorgesehen. Deshalb findet hiergegen auch eine **Rechtsbeschwerde** nach § 574 Abs. 1 Nr. 1 ZPO nur statt, wenn sie von dem Beschwerdegericht in dem angefochtenen Beschluss zugelassen worden ist. § 793 ZPO ist als speziellere Norm vorrangig gegenüber § 6 Abs. 1 InsO.

BGH, Beschl. v. 13.8.2013 – IX ZA 38/12, BeckRS 2013, 15232;
BGH, Beschl. v. 5.2.2004 – IX ZB 97/03,
ZIP 2004, 732 = ZVI 2004, 197;
BGH, Beschl. v. 5.4.2006 – IX ZB 169/04,
ZVI 2007, 78, 79.

724 Die Nichtzulassung der Rechtsbeschwerde (§ 574 Abs. 1 Satz 1 Nr. 2 ZPO) ist – im Gegensatz zur Regelung der Revision (§ 544 ZPO) – nicht anfechtbar.

BGH, Beschl. v. 10.1.2008 – IX ZB 109/07, WuM 2008, 113.

725 Hat das Prozessgericht über die Pfändbarkeit von *körperlichen* Gegenständen und damit über die Massezugehörigkeit entschieden, so richtet sich der Rechtsmittelzug nach den Rechtsbehelfen der ZPO.

5. Fahrzeug des Schuldners

726 Im Regelfall fällt auch das **im Eigentum des Schuldners** stehende Fahrzeug in die Insolvenzmasse und kann verwertet werden (§§ 35, 36 InsO). Hat das Fahrzeug jedoch nur noch einen geringen Wert, muss das Interesse des Schuldners an dem Erhalt des Fahrzeugs gegen die Interessen der Gläubiger an der Verwertung abgewogen werden (§ 36 Abs. 3 InsO). Benötigt der Schuldner das Fahrzeug, um seinen Arbeitsplatz zu erreichen (oder um seine freiberufliche bzw. gewerbliche Tätigkeit auszuüben), ist das Fahrzeug nach § 811 Abs. 1 Nr. 5 ZPO unpfändbar, vorausgesetzt, der Arbeitsplatz ist nicht oder nicht zumutbar mit öffentlichen Verkehrsmitteln zu erreichen. Was für den Schuldner im Einzelnen noch zumutbar ist, muss nach dem jeweiligen Einzelfall entschieden werden; feste Regeln gibt es nicht. Die Gerichte haben insoweit einen Beurteilungsspielraum. Grundsätzlich ist dem Schuldner die Benutzung öffentlicher Verkehrsmittel zumutbar. Er muss darlegen, warum dies ausnahmsweise nicht der Fall sein soll.

LG Detmold DGVZ 1996, 120.

727 Fahrtzeiten mit öffentlichen Verkehrsmitteln von drei bis vier Stunden sind dagegen unzumutbar.

LG Rottweil DGVZ 1993, 57.

III. Verwertung der Insolvenzmasse und Insolvenzanfechtung

Ferner ist ein Fahrzeug, das zwar nicht der Schuldner selbst, aber sein Ehegatte zur Fortsetzung einer Erwerbstätigkeit benötigt, ebenfalls gemäß § 811 Abs. 1 Nr. 5 ZPO unpfändbar und damit auch für den Insolvenzverwalter nicht verwertbar, weil § 811 Abs. 1 Nr. 5 ZPO auch den Unterhalt der Familie schützt. 728

> BGH, Beschl. v. 28.1.2010 – VII ZB 16/09, NJW-RR 2010, 642.

Das Fahrzeug eines außergewöhnlich gehbehinderten Schuldners unterliegt im Regelfall nicht der Pfändung, selbst wenn der Schuldner nicht erwerbstätig ist. 729

> BGH, Beschl. v. 16.6.2011 – VII ZB 12/09, ZInsO 2011, 1420 ff.
> = MDR 2011, 945 f. Rn. 8;
> BGH, Beschl. v. 19.3.2004 – IXa ZB 321/03, ZVI 2004, 237.

Steht das Fahrzeug **nicht im Eigentum des Schuldners**, kann es auch nicht verwertet werden. Zu berücksichtigen ist dabei, dass der Eigentümer nicht notwendigerweise der Halter und dieser nicht notwendigerweise der Versicherungsnehmer sein muss. In der Praxis kommt es immer wieder vor, dass der Schuldner behauptet, das auf ihn zugelassene Fahrzeug gehöre ihm gar nicht. In einer solchen Situation sollte der Insolvenzverwalter genau prüfen, ob die Angaben des Schuldners auch plausibel und nachvollziehbar sind. Kauf- und Finanzierungsverträge sowie die Person desjenigen, der den Kaufpreis gezahlt hat, sind entscheidende Indizien. 730

Ist das Fahrzeug über ein Darlehen finanziert und **zur Sicherheit** an die finanzierende Bank **übereignet**, steht der Bank aufgrund ihres Sicherungseigentums ein Absonderungsrecht nach § 51 Nr. 1 InsO zu; das Verwertungsrecht hat aber gemäß § 166 InsO der Insolvenzverwalter, sofern das Fahrzeug in seinem Besitz ist (vgl. hierzu Rn. 449). § 811 Abs. 1 Nr. 5 ZPO findet in diesem Fall keine Anwendung, weil in der Sicherungsübereignung ein zumindest konkludenter Verzicht auf den Vollstreckungsschutz liegt. Ein solcher Verzicht beschränkt sich aber in seinen Wirkungen *gegenüber diesem Gläubiger*. Diese Relativität eines etwaigen Verzichts des Schuldners auf den Pfändungsschutz hat unmittelbare Konsequenzen für die Reichweite des in § 36 Abs. 1 InsO festgelegten Insolvenzbeschlages. Hierfür genügt es nämlich nicht, dass ein Vermögensgegenstand nur für bestimmte Gläubiger pfändbar ist. Vielmehr fällt nur ein solcher Vermögensgegenstand in die Masse, der *für alle Gläubiger pfändbar* ist. 731

> OLG Köln, Beschl. v. 12.6.2006 – 2 U 45/06, ZVI 2006, 591 f.;
> a. A. AG Köln, Beschl. v. 15.4.2003 – 71 IN 25/02,
> ZVI 2003, 418 ff. = ZInsO 2003, 667 ff.

Hat der Schuldner das Fahrzeug **geleast**, steht dem Insolvenzverwalter nur das Wahlrecht nach § 103 InsO zur Verfügung. Wählt der Verwalter Erfüllung des Leasingvertrages müssen die noch offenen Leasingraten aus der Masse gezahlt werden; der Leasinggeber kann das Fahrzeug nicht aussondern, da der Schuldner ein Recht zum Besitz hat. Nach vollständiger Zahlung aller 732 vertraglich geschuldeten Zahlungen geht das Eigentum auf den Schuldner über mit der Folge, dass es der Insolvenzverwalter verwerten kann. Der Insolvenzverwalter wird aber nur dann Erfüllung wählen, wenn dadurch soviel zur Masse fließt, dass die Leasingraten kompensiert werden und noch ein Überschuss verbleibt. Dies ist z. B. vorstellbar, wenn der Schuldner den Pkw für seine berufliche Tätigkeit benötigt und dadurch Beträge zur Masse fließen, die die Leasingraten übersteigen und der Geldfluss ohne den Pkw ausbleiben würde. In der Regel werden diese Voraussetzungen aber nicht gegeben sein und der Insolvenzverwalter *Nichterfüllung* des Leasingvertrages wählen. Der Leasinggeber kann das Fahrzeug dann aussondern (§ 47 InsO) und seinen Schadensersatzanspruch wegen Nichterfüllung für den Ausfall zur Insolvenztabelle anmelden.

733 Bei der **Kraftfahrzeugsteuer** ist zwischen dem Entstehen der Kraftfahrzeugsteuer und der Kraftfahrzeugsteuer-Zahlungsschuld zu unterscheiden. Kraftfahrzeugsteuer entsteht durch das fortdauernde Halten von inländischen Fahrzeugen zum Verkehr auf öffentlichen Straßen; die Steuerpflicht beginnt mit der verkehrsrechtlichen Zulassung des betreffenden Fahrzeuges und dauert grundsätzlich bis zu dessen Abmeldung (§ 5 Abs. 1 Nr. 1 KraftStG). Die Kraftfahrzeugsteuer entsteht mithin tageweise.

BFH, Urt. v. 16.11.2004 – VII R 62/03, ZVI 2005, 134.

734 Dagegen entsteht die **Kraftfahrzeugsteuer-Zahlungsschuld** mit Beginn des jeweiligen Entrichtungszeitraums (§ 6 KraftStG) als gesetzlich vorgeschriebene Vorauszahlung für ein Jahr (§ 11 Abs. 1 KraftStG) auf eine noch nicht entstandene Steuer. Unterfällt das Fahrzeug des Schuldners dem Insolvenzbeschlag, ist die nach Eröffnung des Insolvenzverfahrens entstandene Kfz-Steuer nur dann eine Masseverbindlichkeit gemäß § 55 Abs. 1 Nr. 1 InsO, wenn das Fahrzeug Gegenstand der Insolvenzmasse ist, also dem Insolvenzbeschlag unterliegt; auf die Eigenschaft als Halter oder die Nutzung des Fahrzeuges für die Masse kommt es gerade nicht an.

BFH, Urt. v. 13.4.2011 – II R 49/09, BStBl II 2011, 944
= ZIP 2011, 1728 ff.; BFH, Gerichtsbescheid v. 13.4.2011 –
II R 49/09, BStBl II 2011, 944 = ZIP 2011, 1728 ff.

735 Ist das Fahrzeug dagegen der insolvenzfreien Sphäre zuzuordnen, etwa weil es **unpfändbar** ist, so stellt die nach Eröffnung begründete Steuerschuld eine Neuverbindlichkeit des Schuldners dar.

BFH, Urt. v. 13.4.2011 – II R 49/09, BStBl. II 2011, 944,
ZVI 2011, 420 ff. Rn. 16.

736 Unterliegt das Fahrzeug als Zubehör einer vor Eröffnung des Insolvenzverfahrens angeordneten **Zwangsverwaltung** der Beschlagnahme durch den Zwangsverwalter, so ist die Kfz-Steuerschuld ebenfalls keine Masseverbindlichkeit und daher nicht gegenüber dem Insolvenzverwalter, sondern dem Zwangsverwalter geltend zu machen.

III. Verwertung der Insolvenzmasse und Insolvenzanfechtung

BFH, Urt. v. 1.8.2012 – II R 28/11 BStBl. II 2013, 131 = ZIP 2012, 2306 ff. Rn. 13 ff.

Soweit das Fahrzeug **Teil der Insolvenzmasse** ist, muss die Kraftfahrzeugsteuerschuld auf die Tage vor und die Tage nach Eröffnung des Verfahrens und für die Tage nach Verfahrenseröffnung aufgeteilt, gegen den Verwalter neu festzusetzen und diesem gegenüber bekannt gegeben werden, auch wenn die Steuer vor Verfahrenseröffnung bereits für den gesamten Entrichtungszeitraum vom Schuldner gezahlt wurde. 737

FG Hessen, Urt. v. 10.5.2012 – 5 K 2391/11, juris Rn. 19.

Ob der Verwalter Kenntnis vom Fahrzeug und Besitz hieran hat, ist nach der Rechtsprechung des Bundesfinanzhofs unerheblich.

BFH, Urt. v. 29.8.2007 – IX R 4/07, NZI 2008.

Ist das Fahrzeug Teil der Insolvenzmasse, so wird die Steuerpflicht der Masse **erst durch die verkehrsrechtliche Abmeldung** (§ 27 Abs. 5 Satz 1 StVZO a. F.; § 13 Abs. 4 FZV n. F.) **beendet**. Welche Maßnahmen der Insolvenzverwalter bei Veräußerung des Fahrzeugs zu treffen hat, war in § 27 StVZO geregelt und wird nunmehr in § 13 Abs. 4 FZV n. F. beschrieben: 738

§ 13 Mitteilungspflichten bei Änderungen

(4) Tritt ein Wechsel in der Person des Halters ein, hat der bisherige Halter oder Eigentümer dies unverzüglich der Zulassungsbehörde zum Zweck der Berichtigung des Fahrzeugregisters mitzuteilen; die Mitteilung ist entbehrlich, wenn der Erwerber seiner Pflicht nach Satz 3 bereits nachgekommen ist. Die Mitteilung muss das Kennzeichen des Fahrzeugs, Namen, Vornamen und vollständige Anschrift des Erwerbers sowie dessen Bestätigung, dass die Zulassungsbescheinigung übergeben wurde, enthalten. Der Erwerber hat unverzüglich bei der für seinen Wohnsitz oder Sitz zuständigen Zulassungsbehörde unter Angabe der Halterdaten nach § 33 Absatz 1 Satz 1 Nummer 2 des Straßenverkehrsgesetzes und unter Vorlage des Versicherungsnachweises nach § 23 die Ausfertigung einer neuen Zulassungsbescheinigung und, sofern dem Fahrzeug bisher ein Kennzeichen von einer anderen Zulassungsbehörde zugeteilt war, die Zuteilung eines neuen Kennzeichens zu beantragen. Kommt der bisherige Halter oder Eigentümer seiner Mitteilungspflicht nicht nach oder wird das Fahrzeug nicht unverzüglich umgemeldet oder außer Betrieb gesetzt oder erweisen sich die mitgeteilten Daten des neuen Halters oder Eigentümers als nicht zutreffend, kann die Zulassungsbehörde die Zulassungsbescheinigung im Verkehrsblatt mit einer Frist von vier Wochen zur Vorlage bei ihr aufbieten. Mit erfolglosem Ablauf des Aufgebots endet die Zulassung des Fahrzeugs. Die Zulassungsbehörde teilt das Ende der Zulassung dem bisherigen Halter oder Eigentümer mit.

Eine **Freigabe** des **Fahrzeugs** aus der Masse sollte nach der bisherigen Rechtsprechung des IX. Senats des Bundesfinanzhofs nicht genügen, um die Kfz-Steuerpflicht der Masse zu beenden. 739

BFH, Urt. v. 16.10.2007 – IX R 29/07, ZIP 2008, 283.

Dies ist zumindest für die nach der Freigabe entstehende Steuerschuld nicht konsequent, weil die Freigabe eines Vermögensgegenstandes aus der Insol- 740 venzmasse den Insolvenzbeschlag beendet und der Schuldner die Verwaltungs- und Verfügungsbefugnis über den Gegenstand zurückerhält. Der Insolvenzverwalter ist zur Abmeldung des Fahrzeuges nach dem Zugang der Freigabeerklärung bei dem Schuldner gar nicht mehr berechtigt. Im Hinblick auf vorerwähnte jüngere Rechtsprechung des II. Senats des Bundesfinanzhofs kann die entgegenstehende Entscheidung des IX. Senats nicht mehr aufrechterhalten werden. Richtigerweise ist der Anknüpfungspunkt für die Qualität der Steuerschuld als Masse- oder Neuverbindlichkeit bzw. Insolvenzforderung, ob und für welchen Zeitraum der Gegenstand Teil der Insolvenzmasse ist.

741 Der II. Senat des BFH hat ausgeführt:

"Soweit die bisherige Rechtsprechung des BFH zur Beurteilung von Kraftfahrzeugsteuer als Masseverbindlichkeit den dargestellten Grundsätzen widerspricht, hält der Senat, der nach dem Geschäftsverteilungsplan für die Kraftfahrzeugsteuer allein zuständig ist, hieran nicht fest. Der Senat teilt insbesondere nicht die im BFH-Urteil vom 29. August 2007 IX R 4/07 (BFHE 218, 435, BStBl II 2010, 145) vertretene Auffassung, dass die Rechtsposition als Halter eines Kraftfahrzeugs zur Insolvenzmasse gehört."

BFH, Urt. v. 13.4.2011 – II R 49/09, BStBl II 2011, 944
= ZIP 2011, 1728 ff.

742 Es bleibt abzuwarten, ob die Finanzverwaltung die offenkundigen Grundsätze des Bundesfinanzhofes nunmehr anwendet oder ob eine Klarstellung des für die Kfz-Steuer zuständigen Senates dahingehend erforderlich ist, dass auch eine Freigabe des Fahrzeuges aus der Insolvenzmasse die Steuerschuld der Masse für den Zeitraum ab der Wirksamkeit der Freigabe entfallen lässt.

743 Soweit Vorauszahlungen für die Tage nach Verfahrenseröffnung der Masse zu erstatten sind, kann das Finanzamt nach Ansicht des BFH mit Insolvenzforderungen **aufrechnen**.

BFH, Urt. 16.11.2004 – VII R 62/03, ZIP 2005, 264;
a. A. Uhlenbruck/*Sinz*, InsO, § 96 Rn. 18 ff., 55 ff.

744 Auf keinen Fall darf vom Verwalter zur Vermeidung von Masseschulden gegenüber dem **Kfz-Versicherer** die Nichterfüllungswahl gemäß § 103 InsO erklärt werden, bevor das Fahrzeug abgemeldet ist oder eine neue Deckungszusage vorliegt. Denn sonst erlischt der Versicherungsschutz mit der Folge, dass das Straßenverkehrsamt sofort eine Zwangsstilllegung veranlasst und gegen den Verwalter (!) einen Bußgeldbescheid erlassen kann.

6. Steuerliche Pflichten

745 Steuer- und Insolvenzrecht sind nur unzureichend aufeinander abgestimmt,

Schmittmann, StuB 2012, 109,

was in der Praxis insbesondere hinsichtlich der Steuererklärungspflichten und der Qualifizierung von Forderungen des Fiskus als Insolvenz- oder Masse-

III. Verwertung der Insolvenzmasse und Insolvenzanfechtung

verbindlichkeiten sowie Aufrechnungsmöglichkeiten zu erheblichen Problemen und daher zu zahlreichen Gerichtsentscheidungen nebst einer vertieften Diskussion im Schrifttum geführt hat.

> Für die Praxis gut geeignet:
> *Kahlert/Rühland*, Sanierungs- und Insolvenzsteuerrecht;
> *Roth*, Insolvenzsteuerrecht.

Mit Schreiben vom 31.1.2013 – IV A3 – S 0062/08/10007-15 hat das Bundesministerium der Finanzen den **Anwendungserlass** zur **Abgabenordnung (AEAO)** 746

– Beilage 2 zu ZIP 8/2013 –

dahingehend geändert, dass der Erlass zu § 251 AO für die Finanzverwaltung verbindliche Verwaltungsanweisungen enthält. Hinsichtlich der steuerlichen Pflichten setzt die Verwaltungsanweisung die jüngere Rechtsprechung um.

a) Erklärungspflichten

Der Schuldner bleibt auch im Fall der Eröffnung eines Insolvenzverfahrens über sein Vermögen Steuer**pflichtiger**, die Steuerpflicht als solche geht *nicht* auf den Insolvenzverwalter über. 747

Der Insolvenzverwalter hat (nur) in Bezug auf die Insolvenzmasse die Pflicht zur handels- und steuerrechtlichen Rechnungslegung (§ 155 Abs. 1 Satz 2 InsO). Die Pflichten des Schuldners bleiben lt. Satz 1 ausdrücklich unberührt. Allgemein wird § 34 Abs. 3 AO als „Anspruchgrundlage" für die Verpflichtung zur Abgabe der Steuer**erklärung** durch den Insolvenzverwalter gesehen, da er Verwalter einer fremden Vermögensmasse ist. § 34 Abs. 3 AO bestimmt: 748

> *Steht eine Vermögensverwaltung anderen Personen als den Eigentümern des Vermögens oder deren gesetzlichen Vertretern zu, so haben die Vermögensverwalter die in Absatz 1 bezeichneten Pflichten, soweit ihre Verwaltung reicht.*

Hieraus wird deutlich, dass die Pflichten des Insolvenzverwalters nicht uferlos sein und nur soweit reichen können, wie die Insolvenzverwaltung reicht. Der Umfang der Insolvenzverwaltung wird durch die Insolvenzordnung bestimmt. Diese sieht im Kern ein Auseinanderfallen von Eigentum und Verwaltungs- und Verfügungsbefugnis über dieses Eigentum vor, soweit es dem Insolvenzbeschlag unterliegt (§§ 35, 36, 80 InsO); der Insolvenzverwalter wird zum Verwalter einer fremden Vermögensmasse im Interesse der Gläubigergemeinschaft – nicht mehr und nicht weniger. Es ist daher richtig, dass der Insolvenzverwalter zur Erstellung und Abgabe von Steuererklärungen verpflichtet ist, soweit seine Verwaltungs- und Verfügungsbefugnis reicht, zumal § 34 Abs. 3 AO den Fall der Vermögensverwaltung ausdrücklich regelt. Ebenso konsequent ist es, dem Insolvenzverwalter im Rahmen der Verwaltungsbefugnis die Ausübung der Gestaltungsmöglichkeiten des Steuerrechts zu übertragen. So gilt ein **Verzicht** des Insolvenzverwalters **auf die Kleinun-** 749 ternehmerregelung (§ 19 UStG) für das *gesamte* Unternehmen und erstreckt sich damit auch auf den Unternehmensteil, dessen Umsätze der Insolvenzschuldner nach Insolvenzeröffnung selbst zu versteuern hat.

BFH, Urt. v. 20.12.2012 – V R 23/11,
BStBl. II 2013, 334 Rn. 10 ff.

750 Ebenso muss er **auch** Steuererklärungen **für *vor* Eröffnung** des Insolvenzverfahrens **liegende Zeiträume** erstellen und abgeben.

BFH, Beschl. v. 19.11.2007 – VII B 104/07,
BFH/NV 2008, 334 f. Rn. 6 f.

751 Der Schuldner ist auf Verlangen des Insolvenzverwalters zur Vorlage der zur Erstellung der Steuererklärung notwendigen Unterlagen verpflichtet.

BGH, Beschl. v. 18.12.2008 – IX ZB 197/07,
ZInsO 2009, 300.

752 Die Rechtsprechung sieht den Insolvenzverwalter **selbst dann** zur Fertigung der Steuererklärungen als verpflichtet an, **wenn** die von ihm verwaltete **Masse** zur Beauftragung eines Steuerberaters *nicht* **ausreicht.**

BFH, Beschl. v. 19.11.2007 – VII B 104/07,
BFH/NV 2008, 334 f. Rn. 6 f.

753 Seine Aufwendungen für die Erstellung der Steuererklärung kann der Verwalter in Stundungsverfahren als Auslagen gegenüber der Staatskasse geltend machen, wenn er sich zuvor vergeblich darum bemüht hatte, dass er von der Steuererklärungspflicht entbunden wird (und statt dessen das FA die Besteuerungsgrundlage schätzt).

BGH, Beschl. v. 22.7.2004 – IX ZB 161/03,
ZInsO 2004, 970.

754 Erfüllt der Insolvenzverwalter seine steuerlichen Pflichten nicht, so kann er durch die Finanzverwaltung mit den Zwangsmitteln der AO sowie der Festsetzung von **Verspätungs- und Säumniszuschlägen** hierzu angehalten werden; auch eine persönliche Haftung kommt in Betracht. Jede Sanktion setzt aber ein **Verschulden** des Insolvenzverwalters voraus. In der Praxis kommt es häufig vor, dass der Insolvenzverwalter nicht die notwendigen Informationen vom Schuldner erhält. Das Finanzgericht Thüringen hat zutreffend klargestellt:

Die Festsetzung eines Verspätungszuschlags wegen Nichtabgabe einer Einkommensteuererklärung gegen den Insolvenzverwalter als gesetzlichen Vertreter ist nicht zulässig, wenn diesen kein Verschulden an der Nichtabgabe der Steuererklärung trifft, weil er mit der Erstellung und Vorbereitung der Steuererklärung einen Steuerberater beauftragt und der Steuerberater die für die Erstellung der Steuererklärung erforderlichen Unterlagen trotz mehrmaliger Aufforderung vom Insolvenzschuldner nicht ausgehändigt bekommen hatte.

FG Thüringen, Urt. v. 30.11.2011 – 3 K 581/09,
STE 2013, 56 f. Rn. 57, 60.

III. Verwertung der Insolvenzmasse und Insolvenzanfechtung

Der Insolvenzverwalter hat Steuererklärungen selbst dann abzugeben, wenn 755
mit steuerlichen Auswirkungen nicht zu rechnen ist; die Verpflichtung zur
Abgabe kann auch in diesem Fall mit **Zwangsmitteln** (z. B. Zwangsgeld)
durchgesetzt werden.

> BFH, Urt. v. 6.11.2012 – VII R 72/11, BStBl II n. n.
> = ZIP 2013, 83 f. = ZVI 2013, 148 f. Rn. 15, Pflicht zur Abgabe
> sog. Nullerklärungen;
> a. A. FG Tühringen, Urt. v. 1.9.2011 – 1 K 355/10,
> DStRE 2012, 704 f. = ZIP 2011, 2021 ff. Rn. 28 f.;
> kritisch: *Schmittmann*, StuB 2013, 67.

Die Haftungsgefahr sollte der Insolvenzverwalter nicht unterschätzen. Die 756
Inanspruchnahme des Insolvenzverwalters erfolgt durch Erlass eines **Haftungsbescheides** nach § 191 AO. § 69 AO soll hierbei den §§ 60 ff. InsO bei Nichterfüllung steuerlicher Pflichten durch den Insolvenzverwalter vorgehen.

> Verfügung der OFD Karlsruhe vom 1.6.2010 betreffend die
> Haftung des Insolvenzverwalters;
> zum Konkurrenzverhältnis von § 60 InsO zu § 60 AO:
> Uhlenbruck/*Sinz*, § 60 Rn. 61, 66.

Die Pflichtverletzung des Insolvenzverwalters muss für die unterbliebene oder 757
nicht rechtzeitige Festsetzung, die Nichterfüllung oder nicht rechtzeitige Erfüllung des Anspruchs aus dem Steuerschuldverhältnis aber **ursächlich** sein.
Ist zum Beispiel, unabhängig von der Pflichtverletzung des Insolvenzverwalters, nicht genügend Masse für die Erfüllung etwaiger Ansprüche des Fiskus
vorhanden, fehlt es an dieser Ursächlichkeit; der Insolvenzverwalter kann
nicht als Haftender in Anspruch genommen werden.

> BFH, Urt. v. 19.12.1995 – VIII R 53/95, ZIP 1996, 429;
> Verfügung der OFD Karlsruhe vom 1.6.2010 – S 0190 –
> betreffend die Haftung des Insolvenzverwalters.

Mit Aufhebung und Einstellung des Insolvenzverfahrens geht die Verwaltungs- 758
und Verfügungsbefugnis wieder auf den Schuldner über; und zwar für Zeiträume sowohl vor Eröffnung als auch während und nach Aufhebung des Insolvenzverfahrens. Denn die **Erklärungspflicht** des Insolvenzverwalters **endet**
für sämtliche Zeiträume **mit der Aufhebung des Insolvenzverfahrens**.

> *Busch/Winkens*, ZInsO 2009, 2173 ff.

Auch mit Einstellung des Insolvenzverfahrens mangels Masse (§ 207 InsO) 759
enden die Pflichten des Verwalters aus § 34 Abs. 3 AO.

> BFH/NV 96, 13;
> Klein/*Rüsken*, AO, § 69 Rn. 129a.

b) Abführungspflichten

Bei Verbraucherinsolvenzverfahren ist in der Regel nur die Einkommensteu- 760
ererklärung von besonderer Bedeutung. Die **Einkommensteuer** wird als Jahressteuer einheitlich für den gesamten Veranlagungszeitraum (Kalenderjahr)

festgesetzt. Wird das Insolvenzverfahren über das Vermögen des Schuldners – wie so häufig – während des laufenden Kalenderjahres eröffnet, stellt sich die Frage, ob und in welchem Umfang die Einkommensteuerschuld als **Insolvenzforderung** oder als **Masseverbindlichkeit** zu qualifizieren ist. Nach der Rechtsprechung des Bundesfinanzhofes und der Finanzgerichte

> – BFH, Urt. v. 11.11.1993 – XI R 73/92, BFH NV 1994, 477;
> BFH, Urt. v. 29.3.194 – IV R 271/83, BStBl II 1984, 602
> = BFHE 141, 2;
> FG Düsseldorf, Gerichtsbescheid v. 19.8.2011 – 11 K 4201/10 E, DStRE 2012, 996 ff. = ZIP 2011, 2070 ff. –

ist die einheitlich ermittelte Einkommensteuerschuld aufzuteilen. Die **Aufteilung** der Jahressteuerschuld erfolgt *nach dem Verhältnis der Teileinkünfte* zueinander. Auf den Zeitpunkt der Zu- und Abflüsse innerhalb des Veranlagungszeitraums kommt es ebenso wenig an wie auf die Erfolgswirksamkeit. Die Aufteilung der Steuerschuld erfolgt zeitanteilig auf die vor und nach Eröffnung des Insolvenzverfahrens liegenden Zeitabschnitte. Diese Aufteilungsmethode ist nach Ansicht des BFH auch in Ansehung der progressiven Steuerbelastung sachgerecht, weil zur Jahressteuerschuld ununterscheidbar alle Einkommensteile beigetragen hätten.

> BFH, Urt. v. 11.11.1993 – XI R 73/92, ZIP 1994, 1286;
> BFH, Urt. v. 29.3.1984 – IV R 271/83, BStBl II 1984, 602.

761 Die Aufteilung hat auch zur Folge, dass eine Zuordnung der Pausch- und Freibeträge nicht erfolgen muss, was aus Sicht des Insolvenzpraktikers sicherlich von Vorteil ist.

> **Beispiel:**
>
> Das Insolvenzverfahren über das Vermögen des Schuldners wird am 1.10.2013 eröffnet. In den Monaten Januar bis Dezember 2013 erzielt der Schuldner Einkünfte aus nicht selbstständiger Arbeit i. H. v. 1.900,00 € brutto im Monat. Die Einkommensteuerschuld ist für das gesamte Jahr 2013 einheitlich zu ermitteln und festzusetzen. 9/12 der Einkommensteuerschuld sind als Insolvenzforderung zu qualifizieren und zur Insolvenztabelle anzumelden; 3/12 der Steuerschuld sind als Masseverbindlichkeiten zu regulieren.
>
> Bei diesem Ergebnis bleibt es auch, wenn der Schuldner im Jahr 2013 lediglich in den Monaten Mai, Juni und Juli (also vor Eröffnung des Insolvenzverfahrens) Einkünfte aus Vermietung und Verpachtung i. H. v. 30.000,00 €, im Übrigen aber keinerlei Einkünfte erzielt. Auf den ersten Blick kann man zu der Auffassung gelangen, dass die auf die Einkünfte entfallende Einkommensteuerschuld in voller Höhe als Insolvenzforderung zu qualifizieren sei, weil sämtliche Einkünfte vor Eröffnung des Insolvenzverfahrens erzielt und dem Schuldner zugeflossen sind. Nach der Rechtsprechung des Bundesfinanzhofs und der Finanzgerichte bleibt es aber bei der zeitanteiligen Aufteilung, sodass 9/12 der Einkommensteuerschuld als Insolvenzforderung, aber immerhin 3/12 als Masseverbindlichkeit zu qualifizieren sind.

762 Diese finanzgerichtliche Rechtsprechung wird in der Literatur **kritisiert.**

III. Verwertung der Insolvenzmasse und Insolvenzanfechtung

Kahlert/Rühland, Sanierungs- und Insolvenzsteuerrecht,
S. 453 Rn. 2276 ff.;
Roth, Insolvenzsteuerrecht, Rn. 4179 ff. m. w. N.

Solange die Rechtsprechung ihre Auffassung nicht ändert oder der Gesetzgeber tätig wird, muss der Praktiker den genannten Aufteilungsmaßstab zwingend anwenden. 763

Während die Frage der Abgrenzung von Insolvenzforderungen für das Jahr der Eröffnung des Insolvenzverfahrens nach Maßgabe des o. g. Aufteilungsmaßstabes zu beantworten ist, geht es nach Eröffnung des Insolvenzverfahrens vor allem um die Frage, ob die Steuerschuld **Masseverbindlichkeit oder Neuverbindlichkeit** des Schuldners ist. 764

Die sich aus der Verwertung der Insolvenzmasse ergebende Einkommensteuerschuld ist durch einen auf den Zeitraum nach Insolvenzeröffnung beschränkten Einkommensteuerbescheid gegenüber dem Insolvenzverwalter festzusetzen. 765

BFH, Urt. v. 18.5.2010 – X R 60/08, BStBl. II 2011, 429
= ZIP 2010, 1612 ff. Rn. 35;
FG München, Urt. v. 21.7.2010 – 10 K 3005/07,
ZInsO 2011, 1311 f.

Die aus der Verwertung der *zur Insolvenzmasse gehörenden* Gegenstände führende Einkommensteuerschuld ist auch dann in voller Höhe eine **Masseverbindlichkeit**, wenn der Erlös an den Absonderungsberechtigten auszukehren ist und der zur Masse gelangende Erlös (Kostenpauschalen i. H. v. 9 %) nicht ausreicht, um die Steuerschuld zu begleichen. 766

BFH, Urt. v. 16.5.2013 – IV R 23/11, ZInsO 2013, 1536 ff.

Richtet sich die Einkommensteuer gegen das *insolvenzfreie* Vermögen, so ist die Steuerschuld durch einen Einkommensteuerbescheid als **Neuverbindlichkeit** gegen den Insolvenzschuldner festzusetzen. 767

FG München, Urt. v. 21.7.2010 – 10 K 3005/07,
ZInsO 2011, 1311 ff. Rn. 22 ff.

In der Praxis ist ein solcher Fall gegeben, wenn der Insolvenzverwalter eine **selbstständige Tätigkeit** des Schuldners aus der Masse **freigibt**; die Einkommensteuerschuld hinsichtlich der Einkünfte aus der selbstständigen Tätigkeit richtet sich dann gegen den Schuldner, da diese aufgrund der als Freigabe bezeichneten Negativerklärung nach § 35 Abs. 2 Satz 1 InsO nicht mehr dem Insolvenzbeschlag unterliegen. 768

FG München, Urt. v. 21.7.2010 – 10 K 3005/07,
ZInsO 2011, 1311 ff. Rn. 22 ff.

Soweit der Schuldner nach Maßgabe der steuerrechtlichen Vorschriften zur Abgabe einer Steuererklärung verpflichtet ist, trifft diese Verpflichtung nach Eröffnung des Insolvenzverfahrens den Insolvenzverwalter, §§ 34 Abs. 3, 149 Abs. 1 AO i. V. m. den jeweiligen Einzelsteuergesetzen. Dies gilt unabhängig 769

D. Eröffnetes Insolvenzverfahren

davon, ob die Erklärungpflicht für Zeiträume *vor* oder *nach* Eröffnung des Insolvenzverfahrens besteht und, ob die aus der Erklärung möglicherweise resultierende Steuerschuld als Insolvenzforderung, Masseverbindlichkeit oder gegen das insolvenzfreie Vermögen des Schuldners gerichtete Forderung zu qualifizieren ist. Der Schuldner selbst muss nach Eröffnung des Insolvenzverfahrens **keine** Steuererklärungen mehr erstellen, ist aber gemäß § 97 InsO gegenüber dem Insolvenzverwalter zur Mitwirkung verpflichtet.

Roth, Insolvenzsteuererrecht, S. 227, Rn. 3.175.

770 Auch wenn der Insolvenzverwalter stets der zur Erklärung verpflichtete ist, muss die Steuer gegen den Schuldner festgesetzt und bekannt gegeben werden, soweit die Steuerschuld keine Masseverbindlichkeit ist; so z. B. im Fall der vorbezeichneten Freigabe.

Roth, Insolvenzsteuererrecht, S. 237, Rn. 3.196.

771 Eine Masseverbindlichkeit ist gegenüber dem Insolvenzverwalter in seiner Eigenschaft als Insolvenzverwalter über das Vermögen des Schuldners festzusetzen und bekannt zu geben.

Roth, Insolvenzsteuererrecht, S. 236, Rn. 3.192.

772 Eine Insolvenzforderung darf nicht durch Bescheid festgesetzt werden. Diese ist als Insolvenzforderung zur Tabelle anzumelden, § 87 InsO. An Stelle eines Bescheides wird der Forderungsanmeldung eine bloße Steuerberechnung beigefügt.

773 **Führt der Insolvenzverwalter den Geschäftsbetrieb** des Schuldners **fort**, indem er nicht die Negativerklärung abgibt, sondern die durch den selbstständig tätigen Schuldner erzielten Einkünfte vereinnahmt und nur einen fiktiv ermittelten unpfändbaren Anteil an den Schuldner auskehrt, so ist die Einkommensteuer als eine in anderer Weise durch die Verwaltung, Verwertung und Verteilung der Insolvenzmasse begründete Masseverbindlichkeit (!) nach § 55 Abs. 1 Nr. 1 Halbs. 2 InsO zu qualifizieren und gegenüber dem Insolvenzverwalter festzusetzen.

FG München, Urt. v. 21.7.2010 – 10 K 3005/07,
ZInsO 2011, 1311 ff. Rn. 21 ff.;
FG Niedersachen, Urt. v. 1.10.2009 – 15 K 110/09,
DStRE 2010, 632 ff. = EFG 2010, 332 ff. Rn. 23, 30, 33 ff.;
FG Schleswig-Holstein, Urt. v. 24.2.2010 – 2 K 90/08,
ZInsO 2010, 819 ff. = EFG 2010, 883 ff. Rn. 29, 43, 45.

774 Für die Frage, **ob** eine Einkommensteuerschuld **Masseverbindlichkeit** ist, gilt grundsätzlich, dass die Anwendung von § 55 Abs. 1 Nr. 1 Halbs. 2 InsO ausgeschlossen ist, wenn keine Erträge zur Masse gezogen werden. Allerdings darf der Umkehrschluss, dass immer dann, *wenn Erträge zur Masse fließen*, die hierauf beruhende Einkommensteuerschuld eine Masseverbindlichkeit sei, nur dann gezogen werden, wenn das Einkommen unter Nutzung massezugehöriger Gegenstände erzielt wurde, z. B. weil der Insolvenzverwalter diese dem Schuldner zur Nutzung überlassen hat.

III. Verwertung der Insolvenzmasse und Insolvenzanfechtung

Merke:
Die Einkommensteuerschuld kann nur dann Masseschuld sein, wenn
1. Erträge zur Masse fließen

und

2. zu deren Erzielung massezugehörige Gegenstände genutzt werden.

Fließen Einkünfte aus der Nutzung von Massegegenständen der Masse zu, 775
so ist die Ertragsteuerschuld eine Masseverbindlichkeit. Erzielt die Masse *keine* Einkünfte, so entsteht nach Maßgabe der steuerrechtlichen Vorschriften keine Steuerschuld. Behält der Schuldner beispielsweise dem Insolvenzbeschlag unterliegende Beträge für sich, hat der Insolvenzverwalter zwar einen Anspruch auf Herausgabe der Beträge in Form einer Zahlung an die Masse. Kommt der Schuldner dem aber nicht nach, realisiert die Masse keinen Zufluss. Infolgedessen kann dann auch keine die Masse treffende Ertragsteuerschuld entstehen.

Gelangt z. B. **pfändbarer Arbeitslohn** des Insolvenzschuldners **als Neuer-** 776
werb zur Insolvenzmasse, liegt allein darin keine Verwaltung der Insolvenzmasse in anderer Weise i. S. d. § 55 Abs. 1 Nr. 1 InsO, da die Arbeitskraft des Schuldners nicht zur Insolvenzmasse gehört. Daher ist die auf die Lohneinkünfte zu zahlende Einkommensteuer keine Masseverbindlichkeit, sondern eine aus dem insolvenzfreien Vermögen zu begleichende Neuverbindlichkeit.

> BFH, Urt. v. 24.2.2011 – VI R 21/10, BStBl II 2011, 520 ff.
> = ZIP 2011, 873 ff. Rn. 12, 15 f.

Beispiel:
Über das Vermögen des bis dahin arbeitslosen Schuldners wurde am 1.5.2013 das Insolvenzverfahren eröffnet. Am 1.11.2013 beginnt er ein neues Arbeitsverhältnis als angestellter Dachdecker (Einkünfte aus nicht selbstständiger Tätigkeit). Der Arbeitgeber des Schuldners führt die Lohnsteuer an das Finanzamt ab, den nicht pfändbaren Anteil des Arbeitseinkommens an den Schuldner und kehrt den pfändbaren Anteil an den Insolvenzverwalter aus. Der Schuldner wird wie in der vom Insolvenzverwalter unter Mitwirkung des Schuldners gefertigten Steuererklärung veranlagt und der Einkommensteuerbescheid für 2013 mit einem Nachzahlungsbetrag i. H. v. 550,00 € ihm gegenüber bekannt gegeben, da er die Steuer schuldet. Denn diese ist keine Masseverbindlichkeit, sondern aus dem pfändungsfreien Vermögen des Schuldners zu zahlen.

Die Qualifizierung einer Einkommensteuerschuld als Masseverbindlichkeit 777
setzt nämlich eine *Verwaltungsmaßnahme des Insolvenzverwalters* in Bezug auf die Insolvenzmasse voraus; ein Unterlassen stellt nur dann ein Verwalten dar, wenn eine Amtspflicht zum Tätigwerden verletzt wurde. Die Arbeitstätigkeit des Schuldners als solche ist keine Verwaltungstätigkeit und ein Bezug zur Insolvenzmasse schon deshalb ausgeschlossen, weil die Arbeitskraft des Schuldners nicht zur Insolvenzmasse gehört. Wenn das pfändbare Arbeitseinkommen des Schuldners als Neuerwerb in die Masse fließt und diese

mehrt, liegt darin nicht zwingend eine Verwaltungshandlung. Eine Verwaltungsmaßnahme ist immer ausgeschlossen, wenn der Masse kein Ertrag zufließt; der Umkehrschluss ist indes nicht zulässig.

BFH, Urt. v. 24.2.2011 – VI R 21/10, BStBl II 2011, 520 ff.
= ZIP 2011, 873 ff. Rn. 10 ff.

778 Wenn in einem Veranlagungszeitraum (z. B. Einkommensteuer als Jahressteuer gemäß § 2 Abs. 7 Satz 1 EStG) die **Steuerschuld teilweise die Masse und teilweise das pfändungsfreie Vermögen betrifft**, ist der Insolvenzverwalter zur Abgabe einer Steuererklärung verpflichtet, die sämtliche – auch die pfändungsfreien – Einkünfte erfasst. Fraglich ist, ob die Festsetzung durch Steuerbescheid und dessen Bekanntgabe an den Insolvenzverwalter, den Schuldner oder (teilweise) an beide zu erfolgen hat. Die Steuerfestsetzung erfolgt gemäß § 155 Abs. 1 AO durch einen Bescheid, der den Charakter eines Verwaltungsaktes hat, § 118 AO. Mit dem Bescheid wird über das Bestehen oder Nichtbestehen eines Steueranspruchs nach den jeweiligen materiellen Steuergesetzen entschieden. Der Steuerbescheid muss die festgesetzte Steuer nach Art und Betrag ebenso bezeichnen wie denjenigen, der die Steuer schuldet.

Roth, Insolvenzsteuererrecht, S. 232, Rn. 3.185.

779 Es ist daher richtig, wenn die Steuer gegenüber demjenigen *festgesetzt* und *bekannt* gegeben wird, der sie schuldet. Und zwar auch dann, wenn beispielsweise nur der Insolvenzverwalter zur *Erklärung* der Steuer verpflichtet ist. Wird eine Steuerschuld, die keine Masseverbindlichkeit ist, gegenüber dem Insolvenzverwalter festgesetzt und der Bescheid ihm gegenüber bekannt gegeben, richtet sich der Bescheid an den falschen Adressaten und kann als rechtswidrig mit Einspruch und sodann Klage angefochten werden.

Roth, Insolvenzsteuererrecht, S. 232, Rn. 3.185.

780 Unter Berücksichtigung dieses Maßstabes ist es auch konsequent, dass in Fällen, in denen ein insolventer Freiberufler entgegen dem erklärten Willen des Insolvenzverwalters mit seinem unpfändbaren Praxisvermögen weiter praktiziert, die aus dieser Tätigkeit entstehenden Einkommensteuerschulden (Einkünfte aus selbstständiger Tätigkeit) nicht i. S. v. § 55 Abs. 1 Nr. 1 InsO „durch die Verwaltung, Verwertung und Verteilung der Insolvenzmasse begründet" werden und daher auch nicht als Masseverbindlichkeiten zu berücksichtigen sind.

FG Köln, Urt. v. 19.1.2011 – 7 K 3529/07,
ZVI 2011, 186 ff. Rn. 33 ff.

781 Auch die bloße **Duldung** der **freiberuflichen Tätigkeit** des Insolvenzschuldners durch den Insolvenzverwalter oder dessen **bloße Kenntnis** hiervon macht die Einkommensteuer, die aufgrund dieser Einkünfte entsteht, **nicht** zu einer Masseverbindlichkeit.

BFH, Urt. v. 18.9.2012 – VIII R 47/09 NV, juris Rn. 26.

III. Verwertung der Insolvenzmasse und Insolvenzanfechtung

7. Berichtswesen

Spätestens eine Woche vor dem Berichts- und Prüfungstermin (§ 29 InsO) ist vom Insolvenzverwalter ein Bericht vorzulegen, aus dem sich die persönlichen Verhältnisse des Schuldners, die Gründe der Insolvenz sowie seine derzeitigen Einkommens- und Vermögensverhältnisse ergeben. Der Bericht soll Aufschluss darüber geben, welche Insolvenzmasse zur Verwertung ansteht und wann die Gläubiger mit welcher voraussichtlichen Quote rechnen können. Obwohl § 312 Abs. 1 Satz 2 InsO a. F. in IK-Verfahren nur einen Prüfungstermin vorsieht, ist es auch in Altverfahren üblich, dass der Treuhänder einen entsprechenden Bericht zur Information des Gerichts einreicht. 782

Eine Arbeitserleichterung stellt es für das Gericht dar, wenn sich aus dem Anschreiben (oder leicht auffindbar im Bericht) das Insolvenz-Anderkonto ergibt (Name und Anschrift der Bank/Sparkasse, Konto.-Nr. und BLZ) und schon die Bankbestätigung über die Eröffnung des Kontos im Original mit übersandt wird; die Geschäftsstelle muss diese dann nicht mehr selbst einholen. Zusätzlich sollten die Berichte als E-Mail übermittelt werden, da diese häufig von Gläubigern (insbesondere Finanzamt, Krankenkassen, Banken) bei Gericht angefordert werden; die Weiterleitung per E-Mail ist für die Justiz schneller und kostengünstiger als die „alte Praxis" (Verfügung der Anfertigung von Kopien; ggf. Anforderung von Kosten; Postversand). Aus Sicherheitsgründen empfiehlt sich die Übersendung einer PDF-Datei (statt eines Word-Dokuments) via **EGVP**. Darüber hinaus reduziert es die Sachstandsanfragen beim Verwalter erheblich, wenn die Berichte auf seiner Homepage in einem Gläubigerinformationssystem (**GIS**) online gestellt werden und mittels des mit der Aufforderung zur Forderungsanmeldung an den Gläubiger übersandten individuellen Passwortes eingesehen und abgerufen werden können. 783

Beispiel für einen Bericht zur Gläubigerversammlung:

In dem Verbraucherinsolvenzverfahren
über das Vermögen des Herrn Klaus von Habenicht
– [...] IK [...] –

erstatte ich den folgenden

Bericht

zur Gläubigerversammlung am 30.9.2010:

I. Rechtliche Verhältnisse

Insolvenzantrag:	9.7.2010 (Bl. 2 GA)
Abtretungserklärung:	9.7.2010 (Bl. 4 GA)
Insolvenzeröffnung:	25.7.2010 (Bl. 67 GA)
Prüfungstermin:	30.9.2010 (Bl. 67 GA)
unerlaubte Handlungen:	Nr. 0/14

D. Eröffnetes Insolvenzverfahren

II. Wirtschaftliche Verhältnisse/Gründe der Insolvenz

Der Schuldner ist am 28.12.1963 in Suhl geboren, verheiratet und hat zwei Kinder. Er bewohnt seit 2007 eine 73 qm große Dreizimmerwohnung in der Ritterstr. 124, 50321 Brühl; der monatliche Mietzins beträgt 464,00 € (379,00 € zzgl. 85,00 € Nebenkostenvorauszahlung).

Nach einer kaufmännischen Ausbildung im VEB Transistor war der Schuldner zunächst 8 Jahre dort als Kalkulator in der Produktentwicklung beschäftigt, später als technischer Sachbearbeiter. Anfang 2002 zog er nach Brühl und gründete dort zusammen mit seinen Brüdern eine Handelsgesellschaft für Computer. Er war dort als Gesellschafter mit 24,9 % zusammen mit seinen Brüdern beteiligt (Stammkapital 50.000 €). Zunächst konnte der Umsatz von ursprünglich 450.000 € binnen 5 Jahren fast verdoppelt werden; die Gesellschaft hatte in florierenden Zeiten 31 Mitarbeiter. Gegenstand des Unternehmens war der Vertrieb von Trouble-Computern.

Ende 2009 kam es zu einer Rezession mit erheblichem Umsatzrückgang. Zusätzlich wirkte sich aus, dass die Geschäftsleitung von Trouble die Preise um 40 % senkte, was zur Folge hatte, dass der Lagerbestand i. H. v. 500 T € „über Nacht" ebenfalls 40 % an Wert verlor, während die Verbindlichkeiten unverändert fortbestanden. In der Folge musste die Gesellschaft am 6.1.2010 Insolvenzantrag stellen. Da der Schuldner sich gegenüber Banken, Leasinggesellschaften und Trouble persönlich verbürgt hatte, resultieren hieraus die heute bestehenden Verbindlichkeiten. Diese sind einschließlich Zinsen inzwischen auf rd. 300.000,00 € angewachsen.

III. Vermögensverhältnisse

Der Schuldner verfügt nur über eine normale Einrichtung, die gemäß § 811 ZPO, § 36 Abs. 1, Abs. 3 InsO nicht der Verwertung unterliegt. Das Konto des Schuldners befindet sich mit 151,55 € im Soll (Kontostand vom 19.8.2010).

Der Schuldner ist Eigentümer eines Pkw Ford Escort, amtl. Kennzeichen: [...], Baujahr 10/1997 mit einer Laufleistung von rund 189.000 km. Der Pkw wurde im April 2010 zwangsstillgelegt, da der Schuldner die fällige Hauptuntersuchung und die dazu erforderlichen Reparaturen nicht zahlen konnte. Aufgrund des Alters und der an dem Fahrzeug vorhandenen Mängel hat der Pkw allenfalls noch einen Marktwert i. H. v. 500,00 €. Der Schuldner ist bereit, das Fahrzeug für 700,00 € aus der Masse zu übernehmen. Einen entsprechenden Antrag gemäß § 314 InsO habe ich am 9.9.2010 gestellt. Ein Guthaben an überzahlten Kfz-Steuern oder Versicherungsbeiträgen besteht nicht.

Ferner läuft auf den Schuldner ein Bausparvertrag. Die Bausparkasse hat auf Anfrage einen aktuellen Rückkaufswert i. H. v. 1.106,73 € mitgeteilt. Ich habe den Vertrag zum nächstmöglichen Termin gekündigt.

Der Wert des pfändbaren Vermögens beträgt somit 1.806,73 €.

IV. Einkommensverhältnisse

Der Schuldner arbeitet derzeit bei der MultiNet GmbH, Kopernikusstr. 64, 50354 Hürth. Er ist dort seit 1.4.2010 beschäftigt und bezieht ein monatliches Gehalt i. H. v. 2.500,00 € (ohne Weihnachts- bzw. Urlaubgeld). Nach Abzug der Lohnsteuer sowie Sozialversicherung ergibt sich ein Netto-Einkommen i. H. v. 1.838,15 €. Hiervon sind aufgrund Lohnpfändung der NCC Leasing GmbH, Bismarckstr. 17–19, 50672 Köln monatlich 107,01 € abzuführen, so dass ein Betrag i. H. v. 1.731,14 € an den Schuldner zur Auszahlung gelangt. Mit Unwirksamwerden der Pfändung ab 1.9.2010 (§ 114 Abs. 3 Satz 2 InsO)

III. Verwertung der Insolvenzmasse und Insolvenzanfechtung

steht der Pfändungsbetrag den Gläubigern im Insolvenzverfahren zur Verfügung.
Die Ehefrau verfügt über ein eigenes mtl. Nettoeinkommen i. H. v. 1.500,00 €.
Weitere Einkünfte sind nicht vorhanden.
Der Schuldner war bei Eröffnung des Verfahrens gegenüber seiner Ehefrau und zwei Kindern unterhaltspflichtig. Auf Antrag des Treuhänders hat das Insolvenzgericht mit Beschluss vom 21.8.2010 entschieden, dass die Ehefrau bei der Berechnung des unpfändbaren Anteils des Einkommens unberücksichtigt bleibt (§ 850c Abs. 4 ZPO).

V. Bisherige Maßnahmen

Nach der Eröffnung des Insolvenzverfahrens habe ich ein Gläubigerverzeichnis gemäß § 152 InsO erstellt und bei dem Insolvenzgericht eingereicht. Die Summe der Verbindlichkeiten beläuft sich auf 295.736,75 €. Die vom Schuldner eingereichten Verzeichnisse nach § 305 Abs. 1 Nr. 3 InsO sind nach meinen Feststellungen im Wesentlichen vollständig und richtig. Im Gläubigerverzeichnis war lediglich anstelle des Gläubigers Nr. 4 (Omega GmbH) die Optiplex Inkasso GmbH in Frankfurt zu vermerken, da eine Inkassozession vorliegt. Diese Änderung ist in dem von mir bei Gericht eingereichten Gläubigerverzeichnis berücksichtigt.

Die Verwertung eines Bausparvertrages und des Pkws ist eingeleitet. Nachdem über den Antrag nach § 850c Abs. 4 ZPO entschieden ist, sind ab 1.9.2010 zumindest 107,01 € monatlich pfändbar.

VI. Insolvenzanderkonto

Das Insolvenz-Anderkonto wurde bei der [...] Bank, [...] mit der Konto-Nr. [...] (BLZ [...]) eingerichtet. Der aktuelle Kontostand beträgt 0,00 €.

VII. Voraussichtliches Ergebnis des Insolvenzverfahrens

Eine freie Masse ist noch nicht vorhanden. Die zur Durchführung des Insolvenzverfahrens erforderlichen Verfahrenskosten sind dem Schuldner nicht gestundet. Ein Abschluss des Verfahrens wird voraussichtlich Anfang nächsten Jahres möglich sein.

Die Gläubiger können mit einer Quote von voraussichtlich 1,6 % rechnen.

Dr. R.
Rechtsanwalt
als Treuhänder

Im Berichtstermin ordnet das Gericht an, dass innerhalb bestimmter Fristen (meist alle sechs Monate) **Zwischenberichte** zu erstatten sind. Die Berichtsfrist beginnt mit dem Tag des Berichtstermins. Kann ein Bericht nicht rechtzeitig eingereicht werden, so sollte eine kurze Nachricht mit Begründung an das Gericht gesandt werden unter Angabe des neuen Abgabetermins, *bevor* die Frist abgelaufen ist. Mahnungen des Gerichts sollten nicht erst handlungsauslösend sein, sondern verursachen unnötige zusätzliche Arbeit für die überlasteten Geschäftsstellen. Soweit die Berichtsfrist überschritten wird, beginnt die nächste Sechsmonatsfrist nicht etwa mit der verspäteten Abgabe des Zwischenberichts; vielmehr führt die verspätete Abgabe zur Verkürzung der nächsten Frist.

D. Eröffnetes Insolvenzverfahren

Beispiel für einen Schlussbericht:

In dem Verbraucherinsolvenzverfahren [...]
lege ich meinen

Schlussbericht
nebst
Schlussrechnung

vor. Auf den Bericht zur Gläubigerversammlung am 30.9.2010 nehme ich ergänzend Bezug.

I. Allgemeines

1. Verfahrensdaten

Am 9.7.2010 beantragte der Schuldner die Eröffnung des Insolvenzverfahrens gemäß § 305 InsO, nachdem sein außergerichtlicher Einigungsversuch gescheitert war.

Das Amtsgericht eröffnete mit Beschluss vom 25.7.2010 das Insolvenzverfahren und bestellte den Unterzeichner zum Treuhänder.

2. Persönliche Daten

Schuldner:	Klaus von Habenicht
Geburtsdatum, -ort:	28.12.1963, Suhl
derzeitige Wohnanschrift:	Ritterstr. 124, 50321 Brühl
Familienstand:	verheiratet
unterhaltsberechtigte Personen:	Tim, geb. 15.11.1999
	Jennifer, geb. 25.3.2002
Insolvenzeröffnung:	25.7.2010
Prüfungstermin:	30.9.2010

II. Wirtschaftliche Verhältnisse/Gründe der Insolvenz

... (wie Bericht zur GV am 30.9.2010 unter Ziff. II)

Der Schuldner arbeitet derzeit bei der MultiNet GmbH, Kopernikusstr. 64, 50354 Hürth. Er ist dort seit 1.4.2010 beschäftigt und bezieht ein monatliches Gehalt i. H. v. 2.500,00 € (ohne Weihnachts- bzw. Urlaubgeld). Nach Abzug der Lohnsteuer sowie Sozialversicherung ergibt sich ein Netto-Einkommen i. H. v. 1.838,15 €. Hiervon wurden zu Beginn des Insolvenzverfahrens durch Lohnpfändung an die NCC Leasing GmbH, Bismarckstr. 17–19, 50672 Köln monatlich 107,01 € abgeführt, so dass ein Betrag i. H. v. 1.731,14 € an den Schuldner zur Auszahlung gelangte. Mit Unwirksamwerden der Pfändung steht ab 1.9.2013 (§ 114 Abs. 3 Satz 2 InsO) der (erhöhte) Pfändungsbetrag den Gläubigern im Insolvenzverfahren zur Verfügung. Die Ehefrau verfügt über ein eigenes mtl. Nettoeinkommen i. H. v. 1.500,00 €.

Weitere Einkünfte sind nicht vorhanden.

III. Verfahrensabwicklung

1. Tilgungsleistungen

Auf Antrag des Treuhänders hat das Insolvenzgericht mit Beschluss vom 21.8.2010 entschieden, dass die Ehefrau bei der Berechnung des unpfändbaren Anteils des Einkommens unberücksichtigt bleibt (§ 850c Abs. 4 ZPO). Das pfändbare Einkommen des Schuldners beträgt daher derzeit 107,01 €, in man-

III. Verwertung der Insolvenzmasse und Insolvenzanfechtung

chen Monaten durch Überstunden auch mehr, und wird seit dem 1.9.2010 vom Arbeitgeber auf mein Anderkonto überwiesen.

2. Bausparguthaben

Entgegen einer früheren Auskunft betrug der aktuelle Rückkaufwert des Bausparvertrages lediglich 961,08 €, da der ursprüngliche Saldo von 1.106,73 € auf den Tag der regulären Kündigung (23.2.2011) berechnet war. Die Bausparkasse hat daher lediglich 961,08 € an mich überwiesen. Der Vertrag ist damit gänzlich verwertet.

3. Erlöse aus vereinfachter Verwertung der Insolvenzmasse

Gemäß Beschluss des Insolvenzgerichts vom 28.8.2010 war dem Schuldner aufgegeben worden, die Verwertung seines Pkws durch Zahlung von insgesamt 700,00 € auf mein Insolvenz-Anderkonto abzuwenden. Der Schuldner hat diesen Betrag fristgerecht gezahlt, so dass die vereinfachte Verwertung der Insolvenzmasse damit abgeschlossen ist.

4. Sonstige Vermögenswerte

Weitere Vermögenswerte und pfändbarer Besitz sind nicht vorhanden.

IV. Schlussrechnung

Es wird wie folgt Schlussrechnung gelegt:

1. Einnahmen:
   Pfändungsbeträge   1.926,18 €
   Ablösezahlung des Schuldners   700,00 €
   Auflösung Bausparvertrag   961,08 €
                                           3.587,26 €

2. Ausgaben:
                                0,00 €   0,00 €
3. Massebestand: 3.587,26 €

V. Festgestellte Insolvenzforderungen

Ausweislich des in der Anlage beigefügten Schlussverzeichnisses nehmen Insolvenzforderungen gemäß § 38 InsO i. H. v. 302.091,23 € an der Schlussverteilung teil.

VI. Ergebnis der Abwicklung

Wie in der Schlussrechnung aufgeführt, beläuft sich der derzeitige **Massebestand** auf **3.587,26 €**. Die weiteren Einnahmen bis zur Verfahrensbeendigung dürften noch rd. 321,00 € betragen (= Pfändungsbeträge für drei Monate). In Abzug zu bringen sind noch Gerichtskosten, die Treuhändervergütung sowie die Kosten der Veröffentlichung. Die Gläubiger können über den Zeitraum der Abtretungserklärung (§ 287 Abs. 2 InsO) mit einer **voraussichtlichen Quote** i. H. v. **1,6 %** rechnen.

Es wird nunmehr a n g e r e g t,

die Schlussrechnung zu genehmigen, Schlusstermin zu bestimmen und nach Abhaltung desselben das Verfahren aufzuheben.

Köln, den 25.3.2012

Dr. R.
als Treuhänder

8. Schlusstermin, Schlussverteilung

785 Sobald die Verwertung der Insolvenzmasse – mit Ausnahme des laufenden Einkommens – beendet ist, hat der Verwalter nach § 196 Abs. 1 InsO die Schlussverteilung vorzunehmen, also die gesamte, nach Vollzug etwaiger Abschlagsverteilungen noch verfügbare Teilungsmasse an die Insolvenzgläubiger auszuschütten. Dabei ist darauf zu achten, dass *zuvor*

- die Gerichtskosten abgerechnet und gezahlt,
- die Insolvenzverwaltervergütung festgesetzt und gezahlt
- sowie ggf. die Vorsteuer aus der Vergütung erstattet worden ist.

786 Die **Schlussverteilung bedarf** nach § 196 Abs. 2 InsO der **vorherigen Zustimmung des Insolvenzgerichtes**.

787 Erklärt das Gericht seine Zustimmung zur Schlussverteilung, hat es zugleich den Termin für eine abschließende Gläubigerversammlung, den Schlusstermin, zu bestimmen. Der **Schlusstermin** dient der Erörterung der Schlussrechnung des Insolvenzverwalters, der Erhebung von Einwendungen gegen das Schlussverzeichnis, der Entscheidung der Gläubiger über die nicht verwertbaren Gegenstände der Insolvenzmasse (§ 197 Abs. 1 InsO) sowie der Anhörung der Insolvenzgläubiger und des Insolvenzverwalters zu einem Antrag des Schuldners auf Restschuldbefreiung. Im Schlusstermin, also noch während des Insolvenzverfahrens, *entscheidet* das Insolvenzgericht auch *über den Antrag des Schuldners auf Restschuldbefreiung* durch Beschluss (§ 289 Abs. 1 Satz 2 InsO). Ein Muster des Protokolls über den Schlusstermin findet sich im Anhang.

788 Das Insolvenzgericht nimmt die Veröffentlichung nach § 188 InsO im Internet vor. Zu diesem Zweck übermittelt der Insolvenzverwalter den zu veröffentlichenden Text per E-Mail.

Beispiel für Veröffentlichung Schlussverteilung:

Amtsgericht Köln
– Abt. [...] –
50922 Köln

[...]@[...].de

    In dem Insolvenzverfahren über das Vermögen des Herrn
                  Klaus von Habenicht
                – [...] IK [...]. –

bitte ich, die Veröffentlichung der nachstehenden Erklärung im Internet zu vermitteln:

    „Bekanntmachung:
    In dem Insolvenzverfahren über das Vermögen des Herrn
    Klaus von Habenicht, Ritterstr. 124, 50321 Brühl,
    soll die Schlussverteilung stattfinden.

III. Verwertung der Insolvenzmasse und Insolvenzanfechtung

> Zu berücksichtigen sind:
> Zur Tabelle festgestellte Insolvenzforderungen 302.091,23 €
>
> Das Verzeichnis dieser Forderung ist auf der Geschäftsstelle des Amtsgerichts Köln unter dem Aktenzeichen [...] IK [...]. zur Einsichtnahme niedergelegt.
> Zur Verteilung steht ein Betrag i. H. v. 3.587,26 € abzüglich noch zu berichtigender Verfahrenskosten.
>
> Der Treuhänder"
>
> Dr. R.
> Rechtsanwalt
> als Treuhänder

Nach erfolgter Ausschüttung ist vom Insolvenzverwalter ein Abwicklungsbericht bei Gericht einzureichen.

> **Beispiel:**
>
>
>
> **In dem Insolvenzverfahren
> über das Vermögen des Herrn Klaus von Habenicht
> – [...] IK [...] –**
>
>
>
> füge ich das anliegende
>
> Ausschüttungsverzeichnis
>
> bei und erstatte folgenden **A u s s c h ü t t u n g s b e r i c h t**:
>
> I. Der **Massebestand laut Schlussbericht** vom 25.3.2012
>   betrug   3.587,26 €
>
> II. An **Einnahmen** wurden danach noch erzielt:
> 1. Lohnpfändung März 2012   107,01 €
> 2. Lohnpfändung April 2012   107,01 €
> 3. Lohnpfändung Mai 2012   107,01 €
> Summe   321,03 €
>
> III. An **Ausgaben** wurden danach getätigt:
> 1. Insolvenzverwaltervergütung   821,10 €
> 2. Gerichts- und Veröffentlichungskosten   448,00 €
> Summe   ./. 1.269,10 €
>
> IV. **Ausschüttungen an Gläubiger**
>   Quote (vorläufig): 0,87 %   ./. 2.639,19 €
>
> V. **Kontostand nach Schlussverteilung**   0,00 €
>
> Zum Nachweis der Ausschüttung und des Massebestandes füge ich die Kontoauszüge nebst Belegen seit dem Schlussbericht bei mit der Bitte um gelegentliche Rückgabe.
>
> Dr. R.
> Rechtsanwalt
> als Treuhänder

9. Vollstreckungsschutz in Insolvenz- und Restschuldbefreiungsverfahren

790 Im eröffneten Verfahren besteht Vollstreckungsschutz in dreifacher Hinsicht:

791 Nach § 89 InsO sind neue Zwangsvollstreckungsmaßnahmen einzelner *Insolvenzgläubiger* (§ 38 InsO) für die Dauer des Insolvenzverfahrens weder in die Insolvenzmasse noch in das sonstige Vermögen des Schuldners zulässig. Auch Vollstreckungen von *Neugläubigern* in die Insolvenzmasse sind unzulässig, wenn der Schuldner neue Verbindlichkeiten begründet. Neugläubiger können allenfalls in das „insolvenzfreie" Vermögen des Schuldners vollstrecken.

OLG Celle, Urt. v. 7.1.2003 – 16 U 156/02, NZI 2003, 201.

Praxistipp:

Vermögen, das nicht dem Insolvenzbeschlag unterliegt („insolvenzfrei") steht für den Neugläubiger vor allem dann zu erwarten, wenn der Insolvenzverwalter eine Negativerklärung nach § 35 Abs. 2 Satz 1 InsO abgegeben, die selbstständige Tätigkeit des Schuldners also aus der Insolvenzmasse „freigegeben" hat (BGH, Urt. v. 9.2.2012 – IX ZR 75/11, ZIP 2012, 533 ff. = ZVI 2012, 261ff. Rn. 28, 29). Neben der **Einzelzwangsvollstreckung** können Neugläubiger auch schon während des noch laufenden Insolvenzverfahrens die Eröffnung eines **Zweitinsolvenzverfahrens** beantragen (BGH, Beschl. v. 9.6.2011 – IX ZB 175/10, ZIP 2011, 1326 f. = ZVI 2011, 448 ff. Rn. 7 ff.; AG Göttingen, Beschl. v. 29.12.2011 – 74 IN 224/11, NZI 2012, 198 f. = ZVI 2012, 107 f.).

792 Nach § 88 InsO werden Vollstreckungen, die im letzten Monat vor Antragstellung ergangen sind, mit Verfahrenseröffnung automatisch unwirksam und das Pfändungspfandrecht ist nicht mehr zu bedienen, soweit die Zwangsvollstreckungsmaßnahmen noch nicht abgeschlossen waren (Rückschlagsperre). Lediglich die **öffentlich-rechtliche Verstrickung** bedarf einer besonderen Aufhebung. Wurde auf Antrag des Schuldners ein *Verbraucherinsolvenzverfahren* eröffnet, umfasst die Rückschlagsperre sogar den Zeitraum von **drei Monaten** vor Verfahrenseröffnung (§ 88 Abs. 2 InsO n. F., § 312 Abs. 1 Satz 3 InsO a. F.).

793 Ein Insolvenzgläubiger kann während des Insolvenzverfahrens von dem Schuldner **nicht** mehr die Abgabe der **eidesstattlichen Versicherung** (neu: Vermögensauskunft) verlangen, und zwar selbst dann nicht, wenn die Eröffnung des Insolvenzverfahrens erst nach Erhebung des Widerspruchs erfolgt ist.

BGH, Beschl. v. 17.4.2013 – IX ZB 300/11, ZInsO 2013, 984 f.

794 Nach § 114 **Abs. 3** InsO a. F. waren Lohn- und Sozialleistungspfändungen nur für den zur Zeit der Eröffnung des Verfahrens laufenden Kalendermonat wirksam. Ist die Eröffnung nach dem 15. des Monats erfolgt, waren die Pfändungen auch für den folgenden Kalendermonat wirksam.

795 Mit dem Gesetz zur Verkürzung des Restschuldbefreiungsverfahrens und zur Stärkung der Gläubigerrechte hat der Gesetzgeber § 114 InsO **ersatzlos**

aufgehoben. Die Streichung soll zur Verbreiterung der Insolvenzmasse beitragen und die Verteilungsgerechtigkeit des Insolvenzverfahrens erhöhen. RegEntw BT-Drucks. 17/11268 v. 31.10.2012, Begründung B. Besonderer Teil Zu Nummer 15 (Aufhebung von § 114).

Zudem erhofft sich der Gesetzgeber, durch die Streichung die Einigungsbereitschaft derjenigen Gläubiger zu erhöhen, die durch eine Abtretungserklärung bislang gesichert waren. Richtig ist, dass die Chancen des Schuldners steigen, die Verfahrenskosten selbst zu tragen und damit die Restschuldbefreiung bereits nach fünf statt sechs Jahren (§ 300 Abs. 1 Nr. 3 InsO n. F.) oder gar drei Jahren (§ 300 Abs. 1 Nr. 2 InsO n. F.) zu erhalten. Denn soweit der Schuldner ein pfändbares Einkommen erzielt, fließen nach Aufhebung des § 114 InsO auch die Beträge für die ersten 24 Monate der Abtretungserklärung in die Insolvenzmasse und nicht an einen einzelnen Gläubiger. Die Neuregelung ist begrüßenswert, da sie dem Grundsatz der Gläubigergleichbehandlung (§ 1 InsO) dient und damit einer Bevorzugung einzelner Gläubiger („Konkursvorrechte") wie z. B. des Fiskus (§ 55 Abs. 4 InsO) entgegentritt. 796

Nach Aufhebung des Insolvenzverfahrens besteht während der Laufzeit der Abtretungserklärung (**Wohlverhaltensperiode**, auch RSB-Phase genannt) Vollstreckungsschutz gegenüber Insolvenzgläubigern nach § 294 Abs. 1 InsO. *Aussonderungsberechtigte* Gläubiger, die gegen den Schuldner die Herausgabevollstreckung betreiben, sind von dem Verbot *nicht* betroffen. 797

LG Köln, Beschl. v. 14.8.2003 – 19 T 92/03, ZVI 2004, 53.

Erhebt der Schuldner nach Aufhebung des Insolvenzverfahrens während der Wohlverhaltensperiode Einwendungen gegen die Zulässigkeit einer Zwangsvollstreckung, ist das *Vollstreckungsgericht* und nicht das Insolvenzgericht zuständig. § 89 Abs. 3 InsO ist nicht entsprechend anwendbar. 798

LG Saarbrücken, Beschl. v. 18.4.2012 – 5 T 203/12,
ZVI 2013, 75 ff.;
LG Köln, Beschl. v. 14.8.2003 – 19 T 92/03, ZVI 2004, 53.

IV. Besonderheiten bei selbstständiger Tätigkeit des Schuldners

Insolvenzverfahren über das Vermögen natürlicher Personen können in gleicher Weise wie juristische Personen als **Unternehmensinsolvenz** abzuwickeln sein. Bestes Beispiel hierfür ist die Insolvenz der einzelkaufmännisch geführten Drogeriekette „Schlecker" im Jahr 2012. Einzige Besonderheit ist in diesen Fällen, dass das Insolvenzverfahren über das Vermögen des Einzelkaufmanns sich nicht nur auf das Unternehmen beschränkt, sondern auch das Privatvermögen mit umfasst und in die Verwertung mit einbezieht. Auch in diesem Verfahren steht am Ende die Möglichkeit der Restschuldbefreiung für die natürliche Person. In Privatinsolvenzverfahren solchen Ausmaßes sind neben den in diesem Buch dargestellten Grundsätzen und Besonderheiten der Insolvenzverfahren natürlicher Personen die Regelungen, Instrumente und Verfahrensweisen der Unternehmensinsolvenz vollumfänglich heranzu- 799

D. Eröffnetes Insolvenzverfahren

ziehen. Auf die einschlägigen Veröffentlichungen hierzu muss insoweit verwiesen werden.

z. B. *Sinz/Hiebert*, Unternehmensinsolvenz.

800 Von diesen Ausnahmefällen abgesehen kommt es in gewöhnlichen Insolvenzverfahren über das Vermögen einer natürlichen Person aber durchaus häufig vor, dass der Schuldner selbstständig tätig ist. Selbst in Verbraucherinsolvenzverfahren besteht die Möglichkeit, dass sich der Schuldner sogar noch **nach der Eröffnung des Insolvenzverfahrens selbstständig** macht. Da für die Beurteilung der Verfahrensart grundsätzlich die Verhältnisse im Zeitpunkt der Antragstellung maßgeblich sind (zu Einzelheiten siehe Rn. 61 ff.), ändert sich die Verfahrensart nicht mehr, wenn der Schuldner erst nach Eröffnung eine selbstständige Tätigkeit aufnimmt. Dies ist in der Praxis vor allem dann zu beobachten, wenn der Schuldner früher schon einmal selbstständig war oder aufgrund seines Alters keine Anstellung findet.

801 Eine „selbstständige" wirtschaftliche Tätigkeit liegt vor, wenn sie

- im eigenen Namen,
- in eigener Verantwortung,
- frei von Weisungen Dritter,
- für eigene Rechnung und
- auf eigenes Risiko

ausgeübt wird.

BGH, Beschl. v. 22.9.2005 – IX ZB 55/04, ZInsO 2005, 1163.

802 Wird die selbstständige Nebentätigkeit zusätzlich **neben einer abhängigen Beschäftigung** ausgeübt, muss sie einen *nennenswerten Umfang* erreichen und sich organisatorisch verfestigt haben; eine nur gelegentlich ausgeübte Tätigkeit, die sich nicht zu einer einheitlichen Organisation verdichtet hat, stellt nach Ansicht des BGH keine selbstständige Erwerbstätigkeit dar. Der BGH orientiert sich bei der Frage, wann ein nennenswerter Umfang erreicht ist, zutreffend und für die Praxis gut handhabbar an der **Bagatellgrenze** des § 3 Nr. 26 EStG und verneint diese Voraussetzungen daher bei jährlichen Nebeneinnahmen unter 2.100 €.

BGH, Beschl. v. 24.3.2011 – IX ZB 80/11, ZIP 2011, 966 ff.
= ZVI 2011, 292 f. Rn. 7.

1. Bestimmung der Insolvenzmasse

803 Die Eröffnung des Insolvenzverfahrens über das Vermögen einer natürlichen Person führt zur **Trennung** der Insolvenzmasse vom insolvenzfreien Vermögen des Schuldners. Bestandteil der Insolvenzmasse ist das gesamte pfändbare Vermögen, das dem Schuldner zur Zeit der Insolvenzeröffnung gehört und

IV. Besonderheiten bei selbstständiger Tätigkeit des Schuldners

das er während des Verfahrens erlangt (§§ 35 Abs. 1, 36 Abs. 1 InsO). Durch die Eröffnung des Insolvenzverfahrens verliert der Schuldner seine Verwaltungs- und Verfügungsbefugnis über das zur **Insolvenzmasse** gehörende Vermögen; sie geht auf den Insolvenzverwalter über, § 80 Abs. 1 InsO. Der Schuldner bleibt jedoch weiterhin Rechtsträger des vom Insolvenzbeschlag erfassten massezugehörigen Vermögens.

> Zur Pfändbarkeit und zum Insolvenzbeschlag von Vermögenswerten, die der Sicherung der Altersvorsorge von Selbstständigen dienen: *v. Gleichenstein*, ZVI 2004, 149 ff.
> Die §§ 851c und d ZPO sehen nunmehr einen Pfändungsschutz für Altersrenten selbstständig Tätiger vor (siehe Rn. 630).

Hiervon abzugrenzen ist das nicht vom Insolvenzbeschlag erfasste, freie Vermögen des Schuldners, wozu z. B. die nach der ZPO unpfändbaren Gegenstände gemäß § 36 zählen. **Insolvenzfreies Vermögen** kann auch durch *Freigabe* eines massezugehörigen Gegenstandes durch den Insolvenzverwalter herbeigeführt werden. Durch die Freigabe wird der Insolvenzbeschlag gelöst und der Schuldner erlangt die Verwaltungs- und Verfügungsbefugnis über diesen Gegenstand zurück; dieser gehört nunmehr zum massefreien (Privat-) Vermögen des Schuldners. Die materiell-rechtlichen Eigentumsverhältnisse werden durch die Freigabe nicht beeinflusst. 804

> BGH, Urt. v. 7.12.2006 – IX ZR 161/04, NZI 2007, 173;
> *Häsemeyer*, Rn. 13.14 ff.

a) Massefreie Gegenstände und Rechte

Der Insolvenzbeschlag bezieht sich nur auf solche Rechte des Schuldners, die einen Vermögenswert besitzen oder zumindest einen Vermögensbezug aufweisen. Das allgemeine Persönlichkeitsrecht wie auch das **Namensrecht** des Schuldners sind wegen ihres überwiegend personenrechtlichen Charakters nicht massezugehörig. 805

> HK-*Eickmann*, InsO, § 35 Rn. 31.

Ebenso ist die **Arbeitskraft des Schuldners** nicht Massebestandteil. Allein der Schuldner hat das Recht, über die Verwendung seiner Arbeitskraft zu entscheiden. Er kann deshalb im eröffneten Verfahren nicht vom Insolvenzverwalter gezwungen werden, seine Arbeitskraft zur Erhaltung oder Mehrung der Insolvenzmasse einzusetzen. 806

> BGH, Urt. v. 11.5.2006 – IX ZR 247/03, ZIP 2006, 1254;
> *Häsemeyer*, Rn. 9.07; HK-*Eickmann*, InsO, § 35 Rn. 31;
> ferner *Runkel*, in: Festschrift Uhlenbruck, S. 315, 329 f.

Strebt der Schuldner allerdings mit der Stellung des Insolvenzantrages die Restschuldbefreiung an, so ist er innerhalb der Abtretungsfrist von drei bis sechs Jahren während (§ 287b InsO) und nach Aufhebung des Insolvenzverfahrens (§ 295 Abs. 1 Nr. 1 InsO) verpflichtet, eine angemessene Erwerbstätigkeit auszuüben oder sich um eine solche zu bemühen. Hat der Schuldner 807 keine Möglichkeit, einer abhängigen Beschäftigung nachzugehen, kann er gezwungen sein, eine Tätigkeit als Selbstständiger, z. B. als Friseur, Spediteur oder Zahnarzt aufzunehmen oder fortzusetzen.

808 Die Obliegenheit, eine angemessene Erwerbstätigkeit auszuüben, trifft den Schuldner nach der gesetzlichen Neuregelung (§§ 287b, 290 Abs. 1 Nr. 7 InsO) nunmehr **bereits während des eröffneten Insolvenzverfahrens**; in Altverfahren (Antragstellung vor dem 1.7.2014) besteht diese Obliegenheit nicht.

b) Massezugehörigkeit des Unternehmens und der Firma

809 Die **Firma des Einzelkaufmanns** (oder einer Handelsgesellschaft) ist wegen ihrer Verwendung im Geschäftsverkehr kommerzialisiert und gehört deshalb zur Insolvenzmasse. Dies gilt auch, wenn die Firma den bürgerlichen Namen des Schuldners enthält oder mit diesem übereinstimmt. Der Insolvenzverwalter kann die Firma wegen ihres vermögensrechtlichen Charakters zusammen mit dem Geschäftsbetrieb veräußern, ohne auf die Zustimmung des Schuldners angewiesen zu sein. Die Interessen der Gläubiger an der Verwertung dieses Vermögenswertes haben Vorrang vor den Namensinteressen des insolventen Einzelkaufmanns; diesem steht es ohnehin nach § 18 Abs. 1 HGB frei, statt einer Personen- eine Sachfirma zu wählen.

A/G/R/*Ahrens*, InsO, § 35 Rn. 27;
Kübler/Prütting/Bork/*Holzer*, InsO, § 35 Rn. 71 a;
eingehend Uhlenbruck/*Uhlenbruck*, InsO, § 159 Rn. 14
und *ders.*, ZIP 2000, 401.

810 Das **Unternehmen** als Inbegriff von Vermögenswerten rechtlicher und tatsächlicher Art fällt in seiner Gesamtheit in die Insolvenzmasse. Dies ergibt sich bereits aus den §§ 160 Abs. 2 Nr. 1, 162 f. InsO. Insoweit kommt es auch nicht darauf an, ob das Unternehmen als Ganzes oder einzelne Gegenstände pfändbar sind oder nicht. Zum Unternehmen gehören nicht nur einzelne Aktiva, wie Forderungen, Anlagevermögen, Immaterialgüterrechte und dergleichen, sondern auch sämtliche Vermögenswerte tatsächlicher Art, wie Knowhow, Kundschaft, Geschäfts- oder Betriebsgeheimnisse.

HK/*Eickmann*, InsO, § 35 Rn. 25;
Uhlenbruck/*Uhlenbruck*, InsO, § 35 Rn. 46.

811 Ausnahmen können bestehen, wenn eine **öffentlich-rechtliche Gewerbeerlaubnis** an eine bestimmte Person gebunden ist; dagegen gehören betriebsbezogene (Sach-)Konzessionen, die an eine bestimmte Anlage gebunden sind, stets zur Insolvenzmasse eines Unternehmens.

Mohrbutter/Ringstmeier/*Ringstmeier*, § 6 Rn. 187.

812 Haben Mitarbeiter Rechte an **Erfindungen** des Unternehmens, so sind bei einer Insolvenz des Arbeitgebers die Sonderregelungen des Gesetzes über Arbeitnehmererfindungen (§ 27 ArbnErfG) zugunsten des Arbeitnehmerfinders zu beachten.

Dazu ausführlich FK-*Bartenbach-Volz*, InsO, Anhang I.

IV. Besonderheiten bei selbstständiger Tätigkeit des Schuldners

Eine Fortführung oder Veräußerung des Unternehmens durch den Insolvenzverwalter wäre nicht möglich, wenn es nicht mit allen seinen Vermögenswerten Massebestandteil wäre.   813

c) Praxis des Freiberuflers

Wie das Unternehmen fällt auch die Praxis eines Freiberuflers, z. B. eines   814
Arztes, Rechtsanwalts oder Steuerberaters bei dessen Insolvenz über den reinen Sachwert hinaus als Ganzes in die Masse. Die Massezugehörigkeit wird damit begründet, dass andernfalls die Praxis als solche nicht veräußerbar wäre. Der Praxiswert stellt vielfach den *wesentlichen Vermögenswert* des Freiberuflers dar, der deshalb den Gläubigern als Haftungsmasse nicht entzogen werden darf.

> HK-*Eickmann*, InsO, § 35 Rn. 464 u. 507;
> MünchKomm-InsO/*Lwowski*/*Peters*, InsO, § 35 Rn. 464 u. 507;
> Uhlenbruck/*Uhlenbruck*, InsO, § 35 Rn. 48;
> *Tetzlaff*, ZInsO 2005, 393–403.

Vom Insolvenzbeschlag werden die den Praxiswert bestimmenden immateriellen Wirtschaftsgüter erfasst, wie **Mandanten- bzw. Patientenstamm**.   815
Auch diesen „Good will" einer Praxis kann der Insolvenzverwalter im Interesse der Gläubigerbefriedigung durch Veräußerung an einen Dritten verwerten.

> BGH, Urt. v. 26.10.1972 – VII ZR 232/71, NJW 1973, 98.

Hierzu bedarf der Insolvenzverwalter nach herrschender Auffassung nicht   816
der Zustimmung des Schuldners, auch nicht im Hinblick auf eine bestehende besondere Vertrauensbeziehung zwischen Schuldner und seinen Patienten/Mandanten.

> Uhlenbruck/*Uhlenbruck*, InsO, § 35 Rn. 50;
> einschränkend *Häsemeyer* Rn. 9.9;
> HK-*Eickmann*, InsO, § 35 Rn. 20.

Die Verfügungsbefugnis kann jedoch nicht über die des Praxisinhabers hinaus-   817
gehen. Der Insolvenzverwalter darf deshalb **nicht** ohne Zustimmung der Betroffenen über deren persönliche Daten verfügen, die durch die Schweigepflicht nach § 203 Abs. 1 Nr. 1 StGB geschützt sind.

> BGH, Urt. v. 11.12.1991 – VIII ZR 4/91, NJW 1992, 737 f.

Ob die Veräußerung der Freiberuflerpraxis wirtschaftlich sinnvoll ist, muss   818
im konkreten Einzelfall vom Insolvenzverwalter beurteilt werden. Beim Verkauf der Praxis besteht für den Erwerber immer das Risiko, ob die Mandanten oder Patienten auch ihm Vertrauen schenken werden. Dieses spezielle Fortführungsrisiko eines Erwerbers fließt als wesentlicher Faktor in die Bewertung der Praxis ein und kann, wenn es sehr hoch zu veranschlagen ist, dazu führen, dass die Praxis aus tatsächlichen Gründen nicht veräußerbar ist.

> *Kluth*, NJW 2002, 186;
> Uhlenbruck/*Uhlenbruck*, InsO, § 35 Rn. 47.

819 Nicht zur Masse zählt die **Zulassung als Vertragsarzt** und der zugewiesene Vertragssitz. Diese sind unveräußerliche Rechtspositionen.

BSG, Urt. v. 10.5.2000 – B 6 KA 67/98R, NJW 2001, 2823.

820 Der Erlös aus der Weiterveräußerung eines Gesellschaftsanteils des Schuldners an einer ärztlichen Gemeinschaftspraxis, die wirtschaftlich dazu dient, den Vertragsarztsitz des Schuldners zu übertragen, gebührt jedoch der Insolvenzmasse. Eine dingliche Surrogation mit der Folge, dass der Erlös sachenrechtlich an die Stelle des – unveräußerlichen und nicht dem Insolvenzbeschlag unterliegenden – Vertragsarztsitzes tritt, findet im Insolvenzverfahren nicht statt.

AG Hamburg, Beschl. v. 11.9.2006 – 67g IN 525/02, n. v.

d) Honoraransprüche, insbesondere des Kassenarztes

821 Zur Insolvenzmasse gehören die **Honorar- und Gebührenforderungen** von Steuerberatern und Rechtsanwälten, weil sie nach § 851 Abs. 1 ZPO in vollem Umfang pfändbar sind. Hierüber hat deshalb der Schuldner dem Insolvenzverwalter unter Angabe von Name und Anschrift im Einzelnen Auskunft zu erteilen. Dieser Verpflichtung zur Auskunft gemäß § 97 Abs. 1 Satz 1 InsO stehen die Verschwiegenheitspflichten nach §§ 64 Abs. 2 StBerG, 43 a Abs. 2 BRAO, § 203 Abs. 1 Nr. 3 StGB nicht entgegen. Das Geheimhaltungsinteresse der betroffenen Mandanten tritt insoweit hinter dem Befriedigungsrecht der Insolvenzgläubiger zurück.

BFH, Beschl. v. 1.2.2005 – VII B 198/04, InVo 2005, 317;
BGH, Beschl. v. 16.10.2003 – IX ZB 133/03, NZI 2004, 29;
BGH, Beschl. v. 4.3.2004 – IX ZB 133/03, NZI 2004, 312.

822 Ist ein **Kanzleiabwickler** bestellt, sollen die Honorare zunächst dem Abwickler zustehen. Der Insolvenzverwalter sei verpflichtet, vereinnahmte Gelder aus laufenden und beendeten Mandaten an den Abwickler auszukehren (§§ 55 Abs. 3, 53 Abs. 10 Satz 1 BRAO); dieser könne mit seiner Vergütungsforderung gegen den Anspruch auf Herausgabe des aus der Abwicklung Erlangten aufrechnen. Erst nach Ende der Abwicklung stehe dem Insolvenzverwalter ein Herausgabeanspruch gegenüber dem Abwickler zu.

LG Aachen, Urt. v. 27.3.2009 – 8 O 480/08, n. v. (n. rkr.)
unter Berufung auf
BGH, Urt. v. 23.6.2005 – IX ZR 139/04, ZIP 2005, 1742.

823 Für **privatärztliche Honorarforderungen** gilt im Prinzip nichts anderes. Sie sind grundsätzlich pfändbar und damit Teil der Insolvenzmasse. Der insolvente Arzt ist verpflichtet, dem Insolvenzverwalter die für die Durchsetzung des Insolvenzbeschlags notwendigen Patientennamen und die Forderungshöhe mitzuteilen. Zwar fallen auch diese Daten unter das Arztgeheimnis. Ihre Preisgabe betrifft aber nicht die besonders geschützte Intimsphäre des Patienten. Die Insolvenzgläubiger haben daher ein vorrangiges Interesse daran,

IV. Besonderheiten bei selbstständiger Tätigkeit des Schuldners

dass die Einnahmen des Schuldners aus der Behandlung von Privatpatienten gegenüber dem Insolvenzverwalter offengelegt werden. Soweit dies für Zwecke des Insolvenzverfahrens erforderlich ist, muss also die ärztliche Schweigepflicht hinter dem Befriedigungsinteresse der Insolvenzgläubiger zurücktreten. Andernfalls könnte über das Vermögen einer reinen Privatarztpraxis überhaupt kein Insolvenzverfahren durchgeführt werden.

BGH, Beschl. v. 17.2.2005 – IX ZB 62/04, ZInsO 2005, 436;
MünchKomm-InsO/*Lwowski*/*Peters*, § 35 Rn. 386.

Auch die **kassenärztlichen Honoraransprüche** gegen die Kassenärztlichen Vereinigungen (KV bzw. KZV für Zahnärzte) sind nach der Rechtsprechung pfändbar und abtretbar. Sie werden deshalb überwiegend als Bestandteil der Insolvenzmasse angesehen. 824

BGH, Urt. v. 5.12.1985 – IX ZR 9/85, BGHZ 96, 324;
Mohrbutter/Ringstmeier/*Ringstmeier*, § 6 Rn. 190.

Viele Ärzte haben die ihnen gegen die KV zustehenden Honoraransprüche bei der Aufnahme von Krediten **sicherungshalber** an die finanzierenden Banken **im Voraus abgetreten**. Hier stellt sich die Frage, ob und ggf. in welchem Umfang die abgetretenen (künftigen) Vergütungsansprüche für ärztliche Leistungen, die erst nach Eröffnung des Insolvenzverfahrens erbracht werden, gemäß § 114 Abs. 1 InsO a. F. der Bank als Abtretungsempfängerin oder aber gemäß § 91 Abs. 1 InsO der Gesamtheit der ungesicherten Gläubiger zugutekommen. Bis zur Grundsatzentscheidung des BGH im Jahre 2006 wurden die kassenärztlichen Honoraransprüche gegen die KV teilweise als *„Bezüge aus einem Dienstverhältnis"* angesehen. Einer solchen (analogen) Anwendung von § 114 Abs. 1 InsO hat der BGH jedoch mit Recht widersprochen. 825

BGH, Urt. v. 11.5.2006 – IX ZR 247/03, ZIP 2006, 1254
= NZI 2006, 457;
a. A. OLG Düsseldorf (Vorinstanz), Urt. v. 31.10.2003 –
4 U 110/03, ZVI 2004, 32, 33 = ZInsO 2003, 1449
m. abl. Anm. von *Fliegner*, EWiR 2004, 121.

Die Vorschrift des § 114 Abs. 1 InsO a. F. räumt dem Inhaber einer sicherungshalber erfolgten Lohn- und Gehaltsabtretung eine – auf die Dauer von zwei Jahren nach Verfahrenseröffnung begrenzte – Vorzugsstellung ein. Sie privilegiert damit Vorausabtretungen der Bezüge aus einem Dienstverhältnis, die sonst **gemäß § 91 Abs. 1 InsO** nach Insolvenzeröffnung generell **unwirksam** wären. Der Anwendungsbereich des § 114 Abs. 1 InsO a. F. ist zu begrenzen auf im Voraus erfolgte Lohn- und Gehaltsabtretungen von Personen, die in einem Arbeits- oder Anstellungsverhältnis stehen, also abhängig tätig sind. Dieser Personenkreis verfügt nämlich in der Regel über kein sonstiges Vermögen, so dass für den Kreditgeber die Lohn- und Gehaltsabtretung das wesentliche Sicherungsmittel darstellt. Der in eigener Praxis tätige Kassenarzt erzielt seine Einnahmen zwar durch Verwertung seiner Arbeitskraft, jedoch auch aus dem Betrieb der Praxis, der mit Kosten für Personal, Praxismiete u. a. verbunden ist. Solche Ausgaben sind von der Insolvenzmasse zu 826 tragen. Daher kann die Erhaltung und Weiterführung der kassenärztlichen Praxis nicht gelingen, wenn einerseits die betrieblichen Kosten zulasten der Masse gehen, während die abgetretenen Honorareinnahmen der Bank als Sicherungsgläubigerin zufließen. Hat also ein Kassenarzt vor Eröffnung des Insolvenzverfahrens seine Honoraransprüche gegenüber der KV im Voraus an ein Kreditinstitut abgetreten, so ist diese Verfügung hinsichtlich der Honoraransprüche, die auf nach Eröffnung des Insolvenzverfahrens erbrachten ärztlichen Leistungen beruhen und damit erst nach Insolvenzeröffnung entstehen, gemäß § 91 InsO unwirksam. § 114 Abs. 1 InsO a. F. ist daher auch in sog. Altverfahren, die vor dem 1.7.2014 beantragt werden, auf Vergütungsansprüche eines Kassenarztes gegen die KV nicht anwendbar.

BGH, Urt. v. 11.5.2006 – IX ZR 247/03, ZIP 2006, 1254;
HK-*Kayser*, InsO, § 91 Rn. 16 und HK-*Linck*, InsO, § 114 Rn. 3;
Häsemeyer, Rn. 2.17; *Tetzlaff*, ZInsO 2005, 393, 400 f.;
Wegener/Köke, ZVI 2003, 382 f.; *Ries*, ZInsO 2003, 1079;
Sander, ZInsO 2003, 1129.

827 Die Abtretung ist nur hinsichtlich solcher Forderungen wirksam (insolvenzfest), die schon vor Eröffnung des Insolvenzverfahrens entstanden sind, weil die vergütungspflichtigen Arztleistungen *vor* Insolvenzeröffnung erbracht wurden.

828 **Anders** verhält es sich nur im Fall der **Freigabe** der selbstständigen Tätigkeit **gemäß § 35 Abs. 2 InsO**. Die Vorausabtretung künftiger, nach Verfahrenseröffnung entstehender Forderungen erlangt ihre Wirksamkeit zurück, wenn diese aus einer durch den Insolvenzverwalter freigegebenen selbstständigen Tätigkeit des Schuldners herrühren.

BGH, Urt. v. 18.4.2013 – IX ZR 165/12, ZVI 2013, 225 ff.
Rn. 15 ff., 23, 26.

829 Kein Bestandteil der Insolvenzmasse ist die **Kassenärztliche Zulassung**, da es sich hierbei um ein höchstpersönliches, nicht der Pfändung unterworfenes Recht handelt.

BVerfG, Beschl. v. 22.3.2013 – 1 BvR 797/12, 1028 f.

e) Unpfändbarkeit nach § 811 Abs. 1 Nr. 5 ZPO

830 Auch wenn der Geschäftsbetrieb oder die Praxis des Freiberuflers in die Insolvenzmasse fällt, sind die Grenzen der Beschlagnahmefähigkeit gemäß § 36 InsO zu beachten. Nach § 811 Abs. 1 Nr. 5 ZPO sind die Gegenstände unpfändbar und gehören somit nicht zur Insolvenzmasse, die der Schuldner **zur Fortsetzung seiner Erwerbstätigkeit benötigt**, wie z. B. Arbeitskleidung, Werkzeuge, Maschinen und Geräte, Hilfsmittel für den Weg zur Arbeit oder Kundenbesuche, Telefonanlage, Kopiergeräte oder EDV-Ausstattung. In den Schutzbereich der Vorschrift fallen z. B. Handwerker, Ärzte und andere Freiberufler, damit diese ihre selbstständige Erwerbstätigkeit trotz Vermögensverfalls fortsetzen können.

BGH, Urt. v. 5.11.1992 – III ZR 77/91, NJW 1993, 921.

IV. Besonderheiten bei selbstständiger Tätigkeit des Schuldners

Im Hinblick auf den klaren Wortlaut und die Systematik des § 36 InsO sowie den Charakters des Insolvenzverfahrens als Gesamtvollstreckungsverfahren ist § 811 Abs. 1 Nr. 5 ZPO auch im Insolvenzverfahren anwendbar, wenn die Tatbestandsvoraussetzungen der Norm erfüllt sind. Diese ist aber an dem Verfahrensziel der Insolvenzordnung in § 1 Satz 1 InsO orientiert **eng auszulegen**. Die uneingeschränkte Anwendung und weite Auslegung des Tatbestandes des § 811 Abs. 1 Nr. 5 ZPO im Insolvenzverfahren würde dazu führen, dass die Haftungsmasse zum Nachteil der Gläubiger – im Hinblick auf die Möglichkeit der Restschuldbefreiung für den Schuldner – in unverhältnismäßiger Weise geschmälert würde. Dies gilt insbesondere dann, wenn ein intakter Geschäftsbetrieb oder ein lastenfreier Gegenstand von besonders hohem Wert den einzigen Vermögenswert des Insolvenzschuldners darstellt.   831

Ausführlich: *Sinz/Hiebert*, ZInsO 2012, 63 ff.

Um den Konflikt zwischen den widerstreitenden Interessen von Gläubigergemeinschaft und Schuldner aufzulösen, gebietet der Sinn und Zweck des § 1 Satz 1 InsO den § 811 Abs. 1 Nr. 5 InsO dahingehend auszulegen, dass der Insolvenzverwalter **zwar** auch unter diese Norm fallende Gegenstände **verwerten darf**, zugleich **aber** sicherstellen muss, dass dem Schuldner diese Gegenstände auch künftig **zur** *Nutzung* überlassen werden. Hierzu kann der Gegenstand an eine Leasinggesellschaft (oder einen anderen zur Vermietung bereiten Dritten) mit der Abrede veräußert werden, dem Schuldner den Gegenstand künftig gegen Entgelt zur Nutzung zu überlassen. Der Substanzwert könnte so für die Gläubigergemeinschaft als Haftungsmasse realisiert werden, ohne dem Schuldner die Möglichkeit der Nutzung zu nehmen. Daneben sollte der Insolvenzverwalter stets die Möglichkeit prüfen, ob eine Austauschpfändung nach § 811a ZPO für die Masse vorteilhaft ist.   832

Sinz/Hiebert, ZInsO 2012, 63 ff.

§ 811 Abs. 1 Nr. 5 ZPO wird in der Praxis häufig insoweit missverstanden, als dass pauschal sämtliche Gegenstände, die der Schuldner zur Ausübung seiner selbstständigen Tätigkeit benötigt, als pfändungsfrei und damit nicht dem Insolvenzbeschlag unterworfen angesehen werden. Dabei wird übersehen, dass im konkreten Einzelfall zunächst einmal geprüft werden muss, ob die Vorschrift auf den Schuldner überhaupt anwendbar ist.   833

Zu prüfen ist: 834

- Unterfällt der Schuldner dem von § 811 Abs. 1 Nr. 5 ZPO geschützten Personenkreis?
- Ist der konkrete Gegenstand zur Ausübung der selbstständigen Tätigkeit erforderlich?
- Beabsichtigt der Schuldner, die Erwerbstätigkeit fortzusetzen?
- Hat der Schuldner – z. B. durch Sicherungsübereignung – auf sein Pfändungsschutzrecht verzichtet?

D. Eröffnetes Insolvenzverfahren

aa) Persönlicher Anwendungsbereich

835 Es ist erforderlich, die persönliche Tätigkeit des Schuldners von der reinen Kapitalnutzung zur Finanzierung von Sachwerten und der Arbeitsleistung anderer inklusive deren Organisation abzugrenzen. Selbstständig tätige Personen fallen in den Schutzbereich des § 811 Abs. 1 Nr. 5 ZPO, wenn die **persönliche Arbeitsleistung** die Ausnutzung von Sach- und Kapitalmitteln sowie der Einsatz fremder Arbeitskraft **überwiegt**.

> LG Frankfurt, Beschl. v. 7.6.1988 – 2/9T 210/88,
> NJW-RR 1988, 1471;
> Musielak/*Becker*, ZPO, 8. Aufl., 2011, § 811 Rn. 17;
> Zöller/*Stöber*, ZPO, § 811 Rn. 24.

836 Der Einsatz von Mitarbeitern und Betriebsmitteln durch den Schuldner schließt die Anwendung des § 811 Abs. 1 Nr. 5 ZPO nicht zwingend aus, solange die Arbeitsleistung des Schuldners dominiert.

> AG Göttingen, Beschl. v. 21.2.2011 – 71 IN 38/10,
> ZInsO 2011, 1659;
> AG Gießen, 18.6.1997 – 40 M 30711/97, DGVZ 1997, 189;
> MünchKomm/*Peters*, InsO, § 36 Rn. 21.

837 Der Schuldner kann zwar Gehilfen einsetzen, muss aber **selbst mitarbeiten**.

> *Mai* in: Kölner Schrift, 2009, S. 605 Rn. 25.

838 In der Praxis ist daher zu bestimmen, welche Aspekte im Einzelfall stärker zu gewichten sind. Naturgemäß führt dies zu differenzierten Einzelfallentscheidungen und damit letztlich zu Rechtsunsicherheit.

839 Soweit der Schuldner seine **selbstständige Erwerbstätigkeit nicht fortsetzen** kann oder will, bedarf er keines Schutzes nach § 811 Abs. 1 Nr. 5 ZPO; die zur Erwerbstätigkeit benötigten Gegenstände unterfallen dann dem Insolvenzbeschlag. Will der Schuldner jedoch seinen **Betrieb weiterführen**, um auf diese Weise z. B. in den Genuss der Restschuldbefreiung zu kommen, vgl. § 295 Abs. 2 InsO, so kann ihm der Insolvenzverwalter dies nicht untersagen. Da die Arbeitskraft nicht Bestandteil der Insolvenzmasse ist, muss dem Schuldner das Recht eingeräumt werden, sein Geschäft auch während der Dauer des Insolvenzverfahrens fortzuführen.

> Uhlenbruck/*Uhlenbruck*, InsO, § 35 Rn. 48;
> zu den Schwierigkeiten bei nicht kooperativen Schuldnern:
> *Vallender*, NZI 2003, 530;
> ferner auch *Tetzlaff*, ZVI 2002, 309 und ders., ZVI 2004, 2 ff.

bb) Sachlicher Anwendungsbereich

840 Es sind nur solche Gegenstände nach § 811 Abs. 1 Nr. 5 ZPO unpfändbar, die zur Fortsetzung der Erwerbstätigkeit erforderlich sind, wobei die Rechtsprechung eine enge Auslegung der Norm ablehnt.

> BGH, Urt. v. 5.11.1992 – III ZR 77/91, ZIP 1993, 128, 129.

IV. Besonderheiten bei selbstständiger Tätigkeit des Schuldners

Die Gegenstände müssen von dem Schuldner oder seinen Hilfskräften benötigt werden und zumindest mittelbar dem Betriebszweck dienen. In Anlehnung an die Entscheidung des BGH vom 5.11.1992 841

– BGH, Urt. v. 5.11.1992 – III ZR 77/91, ZIP 1993, 128, 129 –

wird auch dieses Tatbestandsmerkmal denkbar weit gefasst; es genügt, dass die Gegenstände **für den persönlichen Arbeitseinsatz erforderlich** sind. Die Abgrenzung kann nur einzelfallbezogen und mitunter schwierig sein.

So soll beispielsweise eine **Sonnenbank** pfändbar sein, weil hier nicht der Arbeitseinsatz, sondern die Sachleistung im Vordergrund stehe. 842

Weitere Beispiele:
Musielak/*Becker*, ZPO, § 811 Rn. 20;
Zöller/*Stöber*, ZPO, § 811 Rn. 28.

Als Gegenbeispiel kann die **Nähmaschine** einer Schneiderin angeführt werden, die als Hilfsmittel für die Arbeitsleistung der Schneiderin dient. Entscheidend ist, ob das Handwerkszeug branchen- oder berufsspezifisch zur Erbringung der persönlichen Arbeitsleistung oder als bloße Sachleistung anzusehen ist. So ist das **Fotokopiergerät** eines Architekten als Hilfsmittel anzusehen, die Vermietung von solchen Geräten demgegenüber als bloße Sachleistung. Eine genaue Einzelfallbetrachtung ist damit unentbehrlich. 843

Während man dem Gastwirt und einem Kleinkaufmann ein Warenangebot sowie einen gewissen **Vorrat** (z. B. an Getränken) und **Wechselgeld** wird zubilligen müssen, sind ein Warenlager und Barvermögen in größerem Umfang nicht von § 811 Abs. 1 Nr. 5 ZPO erfasst. 844

LG Lübeck, Beschl. v. 24.10.2002 – 7 T 531/02, DGVZ 2002, 185;
Musielak/*Becker*, ZPO, § 811 Rn. 20.

Letztlich ist der Umfang im jeweiligen Einzelfall unter Berücksichtigung von wirtschaftlichen und betrieblichen Erwägungen zu bestimmen. 845

Zöller/*Stöber*, ZPO, § 811 Rn. 28;
Mai in: Kölner Schrift, S. 605 Rn. 27.

Er soll branchenüblich sein und die Konkurrenzfähigkeit gewährleisten. 846

LG Frankfurt a. M., Beschl. v. 3.10.1989 – 2/9 T 884/89,
DGVZ 90, 58;
AG Köln, Beschl. v. 14.4.2003 – 71 IN 25/02, NZI 2003, 387;
Baumbach/Lauterbach/Albers/*Hartmann*, ZPO, § 811 Rn. 36;
Zöller/*Stöber*, ZPO, § 811 Rn. 27.

An das Kriterium der Konkurrenzfähigkeit knüpft auch die Frage an, in welchem **Umfang** und in welcher Zahl dem Schuldner Gegenstände zu überlassen sind. So kann man z. B. unter wirtschaftlichen Gesichtspunkten vertreten, dass dem Zahnarzt **mehrere Behandlungsstühle** überlassen werden müssen, damit er entweder selbst mehrere Behandlungen parallel oder neben ihm noch weitere angestellte Ärzte zur gleichen Zeit Behandlungen vornehmen können. Gleiches gilt für den Spediteur, der selbst mit einem **Lkw** Transporte 847

D. Eröffnetes Insolvenzverfahren

durchführt, zugleich aber auch Aufträge durch angestellte Kraftfahrer ausführen lassen möchte. Die Grenze ist auch in diesem Fall jedenfalls dort zu ziehen, wo nicht mehr die Arbeitsleistung des Schuldners dominiert, sondern der Einsatz von Kapital in den Vordergrund tritt.

cc) Fortführungswille

848 § 811 Abs. 1 Nr. 5 ZPO schützt **nur** eine **gegenwärtige** Erwerbstätigkeit, die als Haupt- oder Nebenberuf nicht aber bloße Freizeittätigkeit ohne Erwerbsabsicht ausgeübt wird.

> FG Köln, Urt. v. 18.10.1999 – 14 K 311/98, DGVZ 2001, 10.

849 Fraglich ist, wann das Merkmal der Gegenwärtigkeit erfüllt ist, mit anderen Worten, **wie konkret** die Absicht des Schuldners sein muss, eine bestimmte Tätigkeit auszuüben. Teilweise wird eine baldige Realisierung der erstrebten Ausübung verlangt.

> LG Hannover, Beschl. v. 23.4.1953 – 11 T 508/52,
> NJW 1953, 1717;
> Musielak/Becker, ZPO, 8. Aufl., 2011, § 811 Rn. 17.

850 Andere fordern, dass mit der Aufnahme der Ausübung der Tätigkeit alsbald und sicher gerechnet werden muss.

> MünchKomm/*Peters*, InsO, 2. Aufl., 2007, § 36 Rn. 21;
> Zöller/*Stöber*, ZPO, § 811 Rn. 26.

851 Die **zeitweilige Unterbrechung** der selbstständigen Tätigkeit wegen Krankheit oder Haft soll unschädlich sein.

> LG Wiesbaden, Beschl. v. 10.7.1996 – 4 R 404/96,
> DGVZ 1997, 59;
> Musielak/*Becker*, ZPO, 8. Aufl., 2011, § 811 Rn. 17.
> **a. A.**: FG Saarbrücken, Beschl. v. 9.11.1993 – 1 V 242/93,
> DGVZ 1995, 171.

852 Soweit der Schuldner die selbstständige Tätigkeit z. B. aufgrund des Wegfalls der öffentlich-rechtlichen Erlaubnis nicht mehr ausüben kann, entfällt der Pfändungsschutz. Die bis dahin unpfändbaren Gegenstände werden pfändbar. Im Insolvenzverfahren unterliegen sie als Neuerwerb gemäß § 35 Abs. 1 InsO dem Insolvenzbeschlag.

> *Mai* in: Kölner Schrift, S. 605 Rn. 28.

dd) Sicherungsübereignung

853 Hat der Schuldner allerdings Gegenstände, die er zur Fortführung seiner selbstständigen Tätigkeit benötigt, sicherungsübereignet, so liegt darin ein zulässiger **Verzicht** auf die Rechte aus § 811 Nr. 5 ZPO *gegenüber diesem Gläubiger*. Ein solcher Vermögensgegenstand fällt daher nicht in die Masse, da er *nicht für alle Gläubiger pfändbar* ist.

IV. Besonderheiten bei selbstständiger Tätigkeit des Schuldners

OLG Köln, Beschl. v. 12.6.2006 – 2 U 45/06, ZVI 2006, 591 f.;
Die Sicherungsübereignung ist nämlich nicht auf pfändbare
Gegenstände beschränkt (BGH, Urt. v. 28.11.1960 –
VIII ZR 211/59, WM 1961, 243, 244).

Beschließt die Gläubigerversammlung, z. B. **die Praxis** eines Kassenarztes **stillzulegen** oder lehnt der Insolvenzverwalter eine Weiterführung ab, da er die Praxis veräußern möchte, so muss der Schuldner dies zwar hinnehmen. Er ist nicht berechtigt, seine – sich in der Insolvenz befindende – Praxis entgegen der Entscheidung seiner Gläubiger bzw. des Insolvenzverwalters fortzuführen. 854

Smid/Wehdeking, InVo 2000, 293;
MünchKomm/*Peters*, InsO, § 36 Rn. 27.

Dem Schuldner ist es jedoch **erlaubt,** – außerhalb des Insolvenzverfahrens – **neu anzufangen.** Da er selbst entscheiden kann, wie er seine Arbeitskraft einsetzt, kann er sich deshalb auch als Psychiater, Spediteur, Fotograf oder dergleichen wieder selbstständig machen. Das liegt auch in der Regel im Interesse der Gläubiger, insbesondere wenn eine anderweitige vergleichbare unselbstständige Erwerbstätigkeit aufgrund der Situation am Arbeitsmarkt nicht in Betracht kommt. 855

Voraussetzung für die (Neu-)Aufnahme der selbstständigen Tätigkeit ist jeweils, dass der Schuldner die gemäß öffentlich-rechtlichen Vorschriften erforderliche **berufsrechtliche Qualifikation** weiterhin besitzt. Ein Rechtsanwalt kann z. B. keine Anwaltspraxis eröffnen, wenn ihm wegen des eingetretenen Vermögensverfalls nach § 14 Abs. 2 Nr. 7 BRAO die Zulassung zur Rechtsanwaltschaft entzogen worden ist. 856

Hess/Röpke, NZI 2003, 233, 234;
Kritisch zum Zulassungswiderruf bei Anwälten und zur Amtsenthebung von Notaren wegen Vermögensverfalls:
Beck, ZVI 2013, 81 ff.

In diesem Recht auf einen Neuanfang wird der Schuldner **nach § 811 Abs. 1 Nr. 5 ZPO geschützt.** Die Praxiseinrichtung und die sonstigen für die Ausübung seiner neuen selbstständigen Erwerbstätigkeit benötigten Gegenstände sind als unpfändbar anzusehen und vom Insolvenzbeschlag nicht erfasst. 857

MünchKomm/*Peters*, InsO, § 36 Rn. 28;
Uhlenbruck/*Uhlenbruck*, InsO, § 35 Rn. 48;
ablehnend *Tetzlaff*, EWiR 2003, 1151, da der Wert der Praxiseinrichtung nicht den Gläubigern zur Befriedigung zur Verfügung gestellt werde; den Interessen der Gläubiger gebühre im Insolvenzverfahren der Vorrang gegenüber den Belangen des Schuldners an der Erhaltung seiner selbstständigen Tätigkeit.

Welche konkreten Gegenstände dem Schuldner zur Weiterführung der selbstständigen Erwerbstätigkeit – außerhalb des Insolvenzverfahrens – konkret zu belassen sind, ist von den Einzelfallumständen abhängig, wie dem tatsäch- 858 lichen Zuschnitt der (neuen) Praxis, dem Umfang der beabsichtigten Tätigkeit und dergleichen. Wegen des entgegenstehenden Verwertungs- und Befriedigungsinteresses der Gläubiger sind **nur solche Gegenstände** der Praxis oder des Betriebs als unpfändbar und damit insolvenzfrei einzustufen, **die** *für einen Einzelbetrieb* mit der zwingend notwendigen Mitarbeiterzahl (z. B. Arzthelferin oder Rechtsanwaltsfachangestellte) **unverzichtbar** sind. Insoweit ist § 811 Abs. 1 Nr. 5 ZPO im Insolvenzverfahren nur eingeschränkt anwendbar (teleologische Reduktion).

MünchKomm/*Peters*, InsO, § 36 Rn. 25 u. 28.

859 Soll deshalb z. B. gemäß Beschluss der Gläubigerversammlung eine Freiberuflerpraxis liquidiert werden, so hat der Insolvenzverwalter diese, soweit sie dem Insolvenzbeschlag unterliegt, zu verwerten.

> **Beispiel:**
>
> Der Insolvenzverwalter hat auf Beschluss der Gläubigerversammlung die Praxis eines niedergelassenen Arztes geschlossen. Zum Zwecke der Verwertung hat er die Inbesitznahme der in den Praxisräumen vorhandenen medizinischen Geräte durch einen Gerichtsvollzieher veranlasst. Der Zeitwert betrug 4.200,00 €. Der Arzt wollte weiter praktizieren und legte gegen diese Zwangsvollstreckungsmaßnahme Erinnerung ein.
>
> Nach Auffassung des AG Köln könne § 811 Abs. 1 Nr. 5 ZPO im Insolvenzverfahren zwar nur eingeschränkt angewandt werden. Die gepfändeten medizinischen Geräte seien aber als unpfändbar und damit nicht massezugehörig einzustufen, da der Arzt zur Ausübung seiner Berufstätigkeit darauf angewiesen war (AG Köln, Beschl. v. 15.4.2003 – 71 IN 25/02, NZI 2003, 387 m. i. E. abl. Anm. *Tetzlaff*, EWiR 2003, 1151).

860 Dem Schuldner sind auf der anderen Seite die nach §§ 35, 36 i. V. m. § 811 Abs. 1 Nr. 5 ZPO unpfändbaren Inventargegenstände der Praxis zu belassen. Der in diesem – eingeschränkten – Umfang in der Insolvenz anerkannte Pfändungsschutz bezieht sich ausschließlich auf den Praxisbetrieb, der allein auf dem Einsatz der Arbeitskraft des Schuldners beruht. Dieser Praxisbetrieb hat keinen veräußerbaren Wert, weil sein entscheidender Träger der Schuldner selbst ist. Der Insolvenzmasse wird insoweit deshalb auch kein Vermögenswert entzogen.

OLG Köln, Beschl. v. 12.6.2006 – 2 U 45/06, ZVI 2006, 591 f.;
Voigt/Gerke, ZInsO 2002, 1054 f.;
abl. *Tetzlaff*, ZVI 2003, 309.

861 Ein Streit zwischen dem Insolvenzverwalter und dem Schuldner darüber, ob ein Vermögensgegenstand zur Masse gehört, ist vor dem **Prozessgericht** und nicht dem Insolvenzgericht auszutragen.

Vgl. BGH, Urt. v. 10.1.2008 – IX ZR 94/06, ZIP 2008, 418 für Forderung.

862 Der Streit zwischen Verwalter und Schuldner über das „Ob" der Massezugehörigkeit ist im Erkenntnisverfahren vor den Prozessgerichten auszutragen;

nur wenn es um den konkreten „Umfang" der Massebefangenheit geht, findet § 36 Abs. 3 Anwendung.

BGH, Beschl. v. 11.5.2010 – IX ZB 268/09, ZIP 2010, 1197.

2. Neuerwerb nach § 35 InsO

Die Konkursordnung hatte das von dem Schuldner nach Eröffnung des Verfahrens erlangte Vermögen („Neuerwerb") nicht dem Konkursbeschlag unterworfen; dem Schuldner sollte mit Hilfe des Neuerwerbs die Chance eines wirtschaftlichen Neubeginns eingeräumt werden. Der Gesetzgeber der Insolvenzordnung hat für den Fresh Start natürlicher Personen dagegen das Restschuldbefreiungsverfahren eingeführt und in § 35 Abs. 1 Alt. 2 InsO bestimmt, dass auch Vermögensgegenstände und Rechte, die der Schuldner während des Insolvenzverfahrens erlangt, in die Insolvenzmasse fallen. 863

Kübler/Prütting/Bork/*Holzer*, InsO, § 35 Rn. 33 f.

Es kommt also bei einem Erwerb des Schuldners nicht mehr darauf an, ob der Rechtsgrund hierfür zeitlich vor oder nach Insolvenzeröffnung liegt. Der Schuldner wird durch die Einbeziehung des pfändbaren Neuerwerbs in die Masse nicht unbillig belastet, da er im Gegenzug nunmehr die Möglichkeit hat, sich nach den Regeln über die Restschuldbefreiung (§§ 286 ff. InsO) endgültig von seinen Schulden zu befreien. Das Verfahren der Restschuldbefreiung erfordert aber gerade, dass der Schuldner auch sein neu erworbenes Vermögen für die Dauer der sog. Wohlverhaltensperiode zur Befriedigung der Altgläubiger einsetzt. 864

BGH, Beschl. v. 18.5.2004 – IX ZB 189/03, ZVI 2004, 518.

Zu dem in die Insolvenzmasse einbezogenen Neuvermögen i. S. d. § 35 Abs. 1 gehört alles, was der Schuldner, z. B. aufgrund eines abgeschlossenen Vertrages, nach Insolvenzeröffnung erlangt. Erwirbt der Schuldner z. B. den dritten Fernsehapparat, um ungestört von seiner Familie seine Lieblingsfernsehsendungen verfolgen zu können, wird dieser Massebestandteil, *auch wenn* er den Kaufpreis *aus* seinem *unpfändbaren Arbeitseinkommen* bestritten hat. Es gibt **keine Surrogation**. Hat deshalb der Schuldner eine unpfändbare und damit insolvenzfreie Sache verkauft und erwirbt er mit dem aus dem Verkauf erzielten Erlös einen Meißner Porzellanteller für seine Sammlung, so ist dieser pfändbar und fällt in die Insolvenzmasse. Nur wenn der neu erworbene Gegenstand selbst nach § 36 Abs. 1 InsO nicht der Pfändung unterliegt, wird er nicht Massebestandteil. 865

MünchKomm-*Lwowski/Peters*, InsO, § 35 Rn. 45;
Uhlenbruck/*Uhlenbruck*, InsO, § 35 Rn. 40.

Lohn- und Gehaltsansprüche des Schuldners entstehen mit der Leistungserbringung. Werden sie nach Verfahrenseröffnung begründet, stehen sie als Neuerwerb der Insolvenzmasse zu, soweit Pfändbarkeit besteht; sie können 866 daher gemäß § 80 Abs. 1 InsO allein vom Insolvenzverwalter geltend gemacht werden.

867 Die Einbeziehung des Neuerwerbs in die Insolvenzmasse führt zu schwierigen Fragen im Hinblick auf die Abgrenzung der Vermögenssphären von Insolvenzverwalter und Schuldner. Der **Schuldner verliert** durch die Eröffnung des Insolvenzverfahrens **nicht das Recht, sich neu zu verpflichten** und neue vermögensrechtliche Ansprüche zu begründen. Die Entscheidungskompetenz über Neuerwerb liegt bei ihm. Der **Erwerb** erfolgt **jedoch – dinglich –** mit Wirkung **für die Masse,** die dadurch einen Zuwachs bzw. eine Mehrung erfährt.

HK-*Eickmann*, InsO, § 35 Rn. 36;
Pape, ZInsO 2002, 917 f.;
kritisch *Häsemeyer*, Rn. 9.26.

868 Indes kann der der Insolvenzmasse – aufgedrängte – Neuerwerb mit Risiken und Gefahren verbunden sein, wie z. B. der Erwerb eines mit Altlasten kontaminierten Grundstücks durch den Schuldner. Um den die Masse nur belastenden Rechtserwerb zugunsten der Masse abzuwehren, muss der Insolvenzverwalter umgehend tätig werden, indem er diesen aus der Insolvenzmasse wieder freigibt oder – was teilweise befürwortet wird – den Erwerb mit Wirkung für die Masse entsprechend § 333 BGB von vornherein zurückweist.

MünchKomm/*Lwowski*, InsO, § 35 Rn. 53;
Häsemeyer, Rn. 9.26.

a) **Ansprüche der Neugläubiger gegenüber dem Schuldner**

869 Die Neugläubiger, die mit dem Schuldner Rechtsgeschäfte eingehen, können ihre Ansprüche **nicht gegenüber dem Insolvenzverwalter** bzw. der Insolvenzmasse geltend machen; diese sind keine Insolvenzforderungen und mangels einer Verwaltungsmaßnahme des Insolvenzverwalters grundsätzlich auch keine sonstigen Masseschulden i. S. d. § 55 InsO. Sie können ihre Forderungen daher nach herrschender Meinung nur gegen den Schuldner persönlich geltend machen und diesen ggf. auch klageweise in Anspruch nehmen. Ein Rechtsschutzbedürfnis für eine Klage gegen den Schuldner persönlich besteht auch während des laufenden Insolvenzverfahrens.

BFH, Urt. v. 7.4.2005 – V R 5/04, ZInsO 2005, 774;
dazu *Ganter/Brünink*, NZI 2006, 257, 261 f.;
OLG Celle, Urt. v. 7.1.2003 – 16 U 156/02, ZInsO 2003, 128;
dazu *Pape*, EWiR 2003, 237;
Mohrbutter/Ringstmeier/*Ringstmeier*, § 6 Rn. 191;
MünchKomm-*Lwowski/Peters*, InsO, § 35 Rn. 59 ff.;
Pape, ZInsO 2002, 917;
Berger, ZInsO 2008, 1101 ff.;
a. A. FK-*Schumacher*, InsO, § 55 Rn. 21, wonach durch den Neuerwerb begründete Verbindlichkeiten als Masseschulden (§ 55 Abs. 1 Nr. 1 InsO) zu behandeln sind.

IV. Besonderheiten bei selbstständiger Tätigkeit des Schuldners

Die (Neu-)Gläubiger können zudem versuchen, wegen ihrer Ansprüche in **das insolvenzfreie Vermögen** des Schuldners zu **vollstrecken**. Dies wird jedoch erfolglos sein. Etwaige vom Insolvenzverwalter aus der Masse freigegebene Gegenstände sind in aller Regel nicht werthaltig. Da der Neuerwerb nach § 35 Abs. 1 Alt. 2 in vollem Umfang in die Insolvenzmasse fällt, ist der Schuldner grundsätzlich nicht in der Lage, pfändbares Vermögen zu bilden. Neugläubiger, die für den Schuldner Leistungen erbracht haben, werden im Hinblick auf ihre Gegenansprüche **faktisch rechtlos** gestellt, da sie nach § 91 Abs. 1 InsO keinen Zugriff auf die Insolvenzmasse besitzen. Diese Rechtsfolgen sind vom Gesetzgeber ausdrücklich angeordnet worden, so dass auch keine anderen Lösungswege bestehen. 870

HK-*Eickmann*, InsO, § 35 Rn. 33 u. § 89 Rn. 14;
Voigt/Gerke, ZInsO 2002, 1054;
ferner *Tetzlaff*, ZVI 2003, 309 m. w. N.;
kritisch *Häsemeyer*, Rn. 9.27;
Kübler/Prütting/Bork/*Holzer*, InsO, § 35 Rn. 36;
Berger, ZInsO 2008, 1101.

Aus diesem Grund ist es auch nicht verwunderlich, wenn Finanzämter sich dagegen wenden, dass **Steueransprüche**, die durch eine neue selbstständige Erwerbstätigkeit des Schuldners nach Eröffnung des Insolvenzverfahrens begründet wurden, keine Masseschulden i. S. v. § 55 InsO sein sollen, sondern Neuforderungen, die sich ausschließlich gegen das insolvenzfreie Vermögen des Schuldners richten. Denn diese rechtliche Betrachtungsweise führt dazu, dass sie leer ausgehen können. 871

Dass nur der Schuldner persönlich für die Erfüllung von Verbindlichkeiten im Zusammenhang mit dem Neuerwerb haften soll, der ganze Neuerwerb jedoch allein den Insolvenzgläubigern zur Verfügung steht, ist v. a. aus Sicht der neuen Gläubiger unbefriedigend und auch für den Schuldner problematisch. Für die besonders wichtigen Fälle, in denen der Schuldner nach Insolvenzeröffnung eine selbstständige Erwerbstätigkeit aufnimmt oder fortsetzt und neue Verpflichtungen eingeht, ist der Schutz der Neugläubiger durch die in **§ 35 Abs. 2 und 3 InsO** mit Wirkung vom 1.7.2007 eingeführte „Pauschalfreigabe" des Neuerwerbs durch den Insolvenzverwalter gesetzlich geregelt und verbessert worden. Auch die Neuregelung hat in der Praxis bereits zu Streitfragen geführt, deren Klärung durch die Rechtsprechung noch aussteht (siehe dazu Rn. 914 ff.). 872

Wegen ihrer besonderen Schutzbedürftigkeit ist den („privilegierten") Neugläubigern von **Unterhalts- und Deliktsansprüchen**, die infolge der Einbeziehung des Neuerwerbs in die Insolvenzmasse keinen realistischen Vollstreckungszugriff auf insolvenzfreies Vermögen haben, nach § 89 Abs. 2 Satz 2 InsO die Vollstreckung in die nach §§ 850d, 850f Abs. 2 ZPO erweiterten pfändbaren Bezüge des Schuldners gestattet. 873

BGH, Beschl. v. 27.9.2007 – IX ZB 16/06, ZIP 2007, 2330.

D. Eröffnetes Insolvenzverfahren

874 Nach Freigabe des Vermögens aus der selbstständigen Tätigkeit gem. § 35 Abs. 2 InsO kann auf Antrag eines Neugläubigers ein auf dieses Vermögen beschränktes **zweites Insolvenzverfahren** eröffnet werden, wenn er das Vorhandensein neuen Vermögens darlegt und glaubhaft macht. Das Rechtsschutzinteresse für einen Insolvenzantrag besteht unabhängig davon, ob der Gläubiger in dem Verfahren eine Befriedigung erlangen kann. Auch Masseunzulänglichkeit berührt das Rechtsschutzinteresse für einen Eröffnungsantrag nicht.

BGH, Beschl. v. 9.6.2011 – IX ZB 175/10, ZIP 2011, 1326;
Uhlenbruck/*Hirte*, InsO, § 35 Rn. 107;
MünchKomm-*Lwowski/Peters*, § 35 Rn. 75;
Holzer in Kübler/Prütting/Bork, InsO, § 35 Rn. 116.

875 § 295 Abs. 2 InsO steht einem Zweitverfahren nicht entgegen. Die Abführungspflicht hat im Hinblick auf ein Zweitverfahren entweder zur Folge, dass der an den Insolvenzverwalter des eröffneten Verfahrens abzuführende Teil des Einkommens im Zweitverfahren nicht mehr zur Verfügung steht, also dessen Masse schmälert. Oder der Insolvenzverwalter des ersten Verfahrens muss den Anspruch auf Abführung des entsprechenden Betrages im Zweitverfahren anmelden. Ausgeschlossen ist ein Zweitverfahren damit nicht. Auch § 89 Abs. 1 InsO verbietet nicht die Anordnung eines weiteren Insolvenzverfahrens über das freigegebene Vermögen des Schuldners. Zwar stellt ein vom Insolvenzverwalter freigegebener Vermögensgegenstand „sonstiges Vermögen" im Sinne dieser Vorschrift dar.

BGH, Beschl. v. 12.2.2009 – IX ZB 112/06,
NZI 2009, 382 Rn. 8 ff.

876 Die Forderungen der Neugläubiger bestanden im Zeitpunkt der Eröffnung des ersten Insolvenzverfahrens aber noch nicht und sind in diesem Verfahren also keine Insolvenzgläubiger. Die Eröffnung eines Zweitverfahrens vor Aufhebung des eröffneten Insolvenzverfahrens könnte allenfalls dem Grundgedanken der Insolvenzordnung widersprechen, dass über das Vermögen einer Person nicht mehr als ein Insolvenzverfahren eröffnet werden darf. Dieser Grundsatz kennt jedoch Ausnahmen für Sonderinsolvenzverfahren über Vermögensmassen, die nicht allen Gläubigern gleichermaßen haften. Dies trifft auch auf den erzielten Neuerwerb zu, der während des eröffneten (Erst-)Verfahrens grundsätzlich nur den Neugläubigern haftet, nicht aber den Insolvenzgläubigern.

b) Abgrenzung zur Massesurrogation

877 Vom Neuerwerb nach § 35 InsO aufgrund von Rechtshandlungen des Schuldners abzugrenzen ist die Massesurrogation. Die Insolvenzordnung setzt die Massesurrogation entsprechend § 2041 BGB voraus, um so den Bestand der Insolvenzmasse zu erhalten. Danach gehören alle Rechte und Vermögenswerte als Verwertungssurrogate zur Masse, die der Insolvenzverwalter durch

IV. Besonderheiten bei selbstständiger Tätigkeit des Schuldners

Rechtsgeschäfte, Verwaltungs- und Verwertungsgeschäfte für sie **mit Mitteln der Insolvenzmasse** erwirbt.

HK-*Eickmann*, InsO, § 35 Rn. 41; *Häsemeyer* Rn. 9.28.

3. Weiterführung des Geschäftsbetriebes

Der Geschäftsbetrieb bildet im Allgemeinen die Existenzgrundlage des Schuldners. Aufgabe des Insolvenzverwalters ist es, wenn die betriebswirtschaftlichen Voraussetzungen gegeben sind, diesen im Rahmen der Insolvenzverwaltung (vorläufig) fortzuführen, §§ 157, 158 InsO. Die Weiterführung muss jedoch nicht wie eine Betriebsfortführung angelegt und durchgeführt werden, was angesichts der spärlichen Verwaltervergütung im Grunde auch ausgeschlossen ist. Meist besteht bei derartigen Kleininsolvenzen von vornherein keine Aussicht, dass die weitere selbstständige Tätigkeit des Schuldners zu (wesentlichen) Gewinnen und damit Massemehrungen führen wird. 878

a) Fortführbarkeit des Gewerbebetriebs und der Praxis des Freiberuflers

Handelt es sich um einen **Gewerbebetrieb**, so ist die Fortführung des Betriebes im Insolvenzverfahren ohne Weiteres zulässig. Der Schuldner bleibt mit den insolvenzrechtlichen Einschränkungen Gewerbetreibender. Er wird in der Regel auch daran interessiert sein, dass der Insolvenzverwalter unter seiner Mitarbeit den Geschäftsbetrieb im Insolvenzverfahren aufrecht erhält. § 97 Abs. 2 InsO verpflichtet den Schuldner ohnehin zur – unentgeltlichen – Mitwirkung bei einzelnen Abwicklungsmaßnahmen. Ist der Verwalter im Rahmen der Fortführung eines Unternehmens auf eine weitergehende ständige Mitarbeit des Schuldners angewiesen, wird er häufig zur Zahlung einer angemessenen Vergütung aus der Masse bereit sein, soweit der Schuldner seine Arbeitskraft über die gesetzlich geschuldete Unterstützung hinaus für die Insolvenzverwaltung einsetzt. 879

Uhlenbruck/*Uhlenbruck*, InsO, § 97 Rn. 16.

Der Insolvenzverwalter muss nicht selbst die für die Ausübung der gewerblichen oder handwerklichen Tätigkeit erforderliche Qualifikation besitzen; die Fortführung ist zulässig, wenn sie unter Mitwirkung des Schuldners, der über die Qualifikation oder Zulassung verfügt, erfolgt. 880

Hat der Schuldner Restschuldbefreiung beantragt, so kann er nach Aufhebung des Insolvenzverfahrens **während der Wohlverhaltensphase** seine Gläubiger auch aus den Einnahmen seiner gewerblichen oder freiberuflichen Erwerbstätigkeit befriedigen, **§ 295 Abs. 2 InsO**. Diese Möglichkeit ist vor allem für diejenigen Personen interessant, die z. B. aufgrund ihres Alters, ihrer Qualifikation oder seitheriger Tätigkeit nur geringe Chancen besitzen, eine Anstellung in einem anderen Betrieb zu finden. 881

Nach **§ 12 GewO** finden die Vorschriften, die die Untersagung eines Gewerbes oder die Rücknahme bzw. den Widerruf einer Zulassung des Ge- 882

D. Eröffnetes Insolvenzverfahren

werbetreibenden wegen ungeordneter Vermögensverhältnisse ermöglichen, für die Dauer eines Insolvenzverfahrens – und während der Überwachung der Erfüllung eines Insolvenzplans – keine Anwendung; das gilt aber nur in Bezug auf das Gewerbe, das der Schuldner zum Zeitpunkt des Insolvenzantrages ausgeübt hat. Zweck der Regelung ist es, durch einen (temporären) Ausschluss berufsbeendender Maßnahmen die Möglichkeit einer Sanierung insolventer Unternehmen offen zu halten. Die Sperrwirkung des § 12 GewO gilt nach seinem Wortlaut nicht für die **Wohlverhaltensphase**. Sie ist hierauf jedoch **analog** anzuwenden. Die dem Schuldner nach § 295 Abs. 2 InsO eingeräumte Möglichkeit, die zur Befriedigung der Gläubiger während der Restschuldbefreiungsphase erforderlichen Zahlungen an den Treuhänder durch selbstständige Tätigkeit aufzubringen, würde konterkariert, wenn ihm diese nach Beendigung des Insolvenzverfahrens wegen finanzieller Unzuverlässigkeit gewerberechtlich untersagt werden könnte.

HK-*Kayser*, InsO, § 80 Rn. 26; *Hattwig*, ZInsO 2003, 646.

883 Die Sperrwirkung des § 12 GewO findet trotz der Eröffnung eines Insolvenzverfahrens über das Vermögen eines Gewerbetreibenden nach Sinn und Zweck der Vorschrift aber **keine Anwendung auf** die Ausübung einer **nach § 35 Abs. 2 InsO freigegebenen selbstständigen gewerblichen Tätigkeit**. Allerdings kann die Prognose der gewerblichen Unzuverlässigkeit wegen ungeordneter Vermögensverhältnisse nicht auf Umstände gestützt werden, die zur Eröffnung des Insolvenzverfahrens geführt haben oder damit im engen Zusammenhang stehen, sondern nur auf solche, die erst *nach* der Freigabe der selbstständigen Tätigkeit eingetreten sind.

VG Neustadt a. d. Weinstraße, Beschl. v. 15.1.2013 –
4 L 1076/12. NW, ZVI 2013, 182 juris Rn. 9.

884 Die Fortführbarkeit der **Praxis eines Freiberuflers** verlangt zunächst, dass die erforderliche berufsrechtliche Qualifikation erfüllt wird. Da der Insolvenzverwalter in der Regel über die notwendige Qualifikation selber nicht verfügt, setzt die Fortführung der Praxis durch ihn die Mitarbeit des Schuldners voraus. Im Einzelfall wird der Verwalter dem Schuldner durch Herausgabe aller Praxisgegenstände die Möglichkeit einräumen, seine freiberufliche Praxis auf eigene Rechnung fortzuführen. Sind die (berufs-)rechtlichen Voraussetzungen (Betriebskonzession, Berufserlaubnis) entfallen, kann der Verwalter aber gezwungen sein, das Unternehmen des insolventen Schuldners stillzulegen und die weiteren Einnahmen im Rahmen des § 36 InsO zur Masse ziehen.

Uhlenbruck/*Uhlenbruck*, InsO, § 35 Rn. 51 u. § 97 Rn. 16;
Tetzlaff, ZInsO 2005, 393;
HK-*Flessner*, InsO, § 158 Rn. 1.

885 Der Schuldner ist indes nicht verpflichtet, seine Arbeitskraft zum Nutzen der Masse zu verwenden. Bereits aus wirtschaftlichem Eigeninteresse wird der

IV. Besonderheiten bei selbstständiger Tätigkeit des Schuldners

Schuldner im Allgemeinen bereit sein, an der Fortführung der Praxis durch den Insolvenzverwalter mitzuwirken. Das liegt auch im Interesse der Gläubiger. Der auf dem engen persönlichen Vertrauensverhältnis der Mandanten bzw. Patienten zum Inhaber/Schuldner basierende Praxiswert kann erhalten werden. Lehnt der Schuldner aber seine fortdauernde Mitwirkung ab, wird eine Weiterführung der Praxis im Rahmen der Insolvenzverwaltung regelmäßig scheitern. Die Weigerung zur Mitarbeit im Verlauf des Insolvenzverfahrens ist freilich kein Grund, dem Schuldner die Ankündigung der Restschuldbefreiung nach § 290 Abs. 1 Nr. 5 InsO zu versagen (vgl. Rn. 806).

Anders als im Gewerberecht (§ 12 GewO) kann bei bestimmten freien Berufen ein Vermögensverfall, der aufgrund der Eröffnung des Insolvenzverfahrens nunmehr gesetzlich vermutet wird, zwingend zum Ausschluss des Schuldners von der weiteren Berufstätigkeit führen. So ist die Zulassung zur **Rechtsanwaltschaft** gemäß § 14 Abs. 2 Nr. 7 BRAO grundsätzlich zu widerrufen. 886

> BGH, Beschl. v. 19.11.2012 – Anwz (Brfg) 41/12, zitiert nach beck-online.

Gleiches gilt für den Widerruf einer Bestellung zum **Steuerberater** (§ 46 Abs. 2 Nr. 4 StBerG). 887

Von **geordneten Vermögensverhältnissen** als Voraussetzung für eine Wiederzulassung kann **erst** wieder ausgegangen werden, **wenn** dem Schuldner mit der Aufhebung des Insolvenzverfahrens die **Restschuldbefreiung** gemäß § 291 Abs. 1 InsO **angekündigt** worden ist **oder** ein vom Insolvenzgericht **bestätigter Insolvenz-** oder **Schuldenbereinigungsplan** (§ 308 InsO) vorliegt, bei dessen Erfüllung der Schuldner von seinen Verbindlichkeiten befreit ist. Der Entwurf eines Plans genügt nicht. 888

> BGH, Beschl. v. 19.11.2012 – Anwz (Brfg) 41/12, zitiert nach beck-online.

Fraglich ist, was daraus folgt, wenn in den **ab dem 1.7.2014** beantragten Insolvenzverfahren die Restschuldbefreiung gemäß § 287a Abs. 1 InsO n. F. bereits **mit** dem **Eröffnungsbeschluss** angekündigt wird (siehe hierzu unter Rn. 1009 ff.). Sofern man die Vermögensverhältnisse des Zulassungswilligen bereits mit der Ankündigung der Restschuldbefreiung als geordnet ansieht, kann ein Widerruf der Zulassung künftig ebenso wenig auf die Eröffnung eines Insolvenzverfahrens mit entsprechendem Ankündigungsinhalt gestützt werden wie die Versagung der Zulassung. Dies wäre insoweit zu begrüßen, als dass den Angehörigen freier Berufe der Zugang zu einem Entschuldungsverfahren erheblich erleichtert würde. Sie müssten nicht länger fürchten, im Fall der Sanierung durch ein Insolvenzverfahren ihre berufliche Tätigkeit aufgeben zu müssen. 889

Bei **Ärzten** stellt ein Vermögensverfall als solcher noch keinen Grund für die Entziehung der Approbation dar; denn ungeordnete Vermögensverhältnisse bedeuten nicht notwendig, dass der insolvente Arzt für die Ausübung seines 890

D. Eröffnetes Insolvenzverfahren

Berufes unwürdig oder unzuverlässig ist und daher ein berufsrechtliches Verfahren gegen ihn einzuleiten wäre.

Vgl. Uhlenbruck/*Uhlenbruck*, InsO, § 80 Rn. 17.

b) Fortführung im Rahmen der Insolvenzverwaltung (§ 35 Abs. 2 Satz 1 Alt. 1 InsO)

891 Da der Geschäftsbetrieb in die Insolvenzmasse fällt (vgl. Rn. 809), kann nach Übergang der Verwaltungs- und Verfügungsbefugnis gemäß § 80 Abs. 1 InsO auf den Insolvenzverwalter dieser den Geschäftsbetrieb weiterführen.

892 **Zur Insolvenzmasse gehören sämtliche Einkünfte** des Geschäftsbetriebes. Auch wenn der Neuerwerb der Masse auf der Arbeitsleistung/Mitwirkung des Schuldners beruht, unterliegt er dem Insolvenzbeschlag, **nicht nur soweit die Pfändungsgrenzen reichen**, sondern in vollem Umfang.

BGH, Beschl. v. 20.3.2003 – IX ZB 388/02, NZI 2003, 392;
vgl. ferner *Grote*, ZInsO 2003, 416;
Hefermehl, WuB VI C. § 290 InsO 3.03.

893 Der durch die Fortführung des Geschäftsbetriebes erzielte Neuerwerb ist auch nicht auf das neu erworbene Nettovermögen, d. h. das Aktivvermögen nach Abzug der neuen Schulden begrenzt. Vielmehr gehören alle Einkünfte, die der Schuldner nach Insolvenzeröffnung aus selbstständiger Tätigkeit erzielt, insgesamt zur Insolvenzmasse und **nicht etwa nur in Höhe des Gewinns**, der nach Abzug der betrieblich veranlassten Ausgaben verbleibt. Die Gegenansicht, wonach nur der erwirtschaftete Überschuss in die Masse fallen soll, hat der BGH unter Hinweis auf den insoweit eindeutigen Wortlaut des § 35 abgelehnt.

BGH, Beschl. v. 1.2.2007 – IX ZR 178/05, NZI 2007, 407;
BGH, Beschl. v. 18.5.2004 – IX ZB 189/03, NZI 2004, 444;
BGH, Beschl. v. 20.3.2003 – IX ZB 388/02, NZI 2003, 389.

894 Bei Fortführung des Gewerbe- oder Praxisbetriebes durch den **Insolvenzverwalter** ist er **Vertragspartner der Neugläubiger**. Die Folgen aus den Verwaltungsgeschäften treffen daher nur die Insolvenzmasse. Die Ansprüche der Neugläubiger stellen sonstige Masseverbindlichkeiten nach § 55 Abs. 1 Nr. 1 InsO dar, die vom Verwalter aus der Masse beglichen werden müssen.

895 In der Insolvenzpraxis traten aber immer wieder Zweifel an einer Verwaltungshandlung und damit an der Entstehung von Masseverbindlichkeiten auf, solange der Insolvenzverwalter die unternehmerischen Tätigkeiten des Schuldners während des Verfahrens lediglich duldete. Die **Neuregelung in § 35 Abs. 2 Satz 1 InsO** bringt insoweit für die seit dem 1.7.2007 eröffneten Insolvenzverfahren rechtliche Klarheit. Danach hat der Verwalter nämlich bei der (beabsichtigten) Ausübung einer selbstständigen Tätigkeit des Schuldners in jedem Fall zu erklären, ob er Vermögen aus dieser Tätigkeit für die Masse in Anspruch nimmt oder nicht. Gibt er im Rahmen seiner **Äußerungspflicht**

IV. Besonderheiten bei selbstständiger Tätigkeit des Schuldners

eine positive Erklärung ab, stellt er hierdurch eindeutig klar, dass die im Zusammenhang mit der selbstständigen Tätigkeit des Schuldners begründeten Verbindlichkeiten Masseverbindlichkeiten darstellen. Der Geschäftsverkehr wird durch die öffentliche Bekanntmachung der Erklärung (§ 35 Abs. 3 InsO) informiert. Im Übrigen gibt die „**Positiverklärung**" nur den nach § 35 Abs. 1 InsO ohnehin geltenden Rechtszustand wieder, wonach ein Neuerwerb in die Masse fällt.

FK-*Schumacher*, InsO, § 35 Rn. 9;
Haarmeyer, ZInsO 2007, 696, 697.

Der Insolvenzverwalter tritt in die Pflichten des Schuldners ein (§ 80 InsO) **896**
und hat deshalb im Rahmen der Insolvenzverwaltung auch sämtliche sonst den Schuldner treffenden **steuerlichen Pflichten** zu erfüllen, wie die Abgabe von Steuererklärungen, Buchführungsarbeiten und dergleichen (zu Einzelheiten siehe Rn. 745 ff.).

Zugunsten des selbstständig Tätigen greifen die **Pfändungsschutzvorschrif-** **897**
ten der §§ 850a ff. ZPO, wie sie zugunsten abhängig Beschäftigter für „Arbeitseinkommen" i. S. d. § 850 ZPO bestehen, **nicht** ein. Einkünfte eines selbstständig oder freiberuflich tätigen Schuldners unterliegen daher in vollem Umfang dem Insolvenzbeschlag. Um die Altersvorsorge auch von Selbstständigen abzusichern, gewähren aber die seit 31.3.2007 geltenden §§ 851c und d ZPO Pfändungsschutz für Altersrenten aus (Kapital-)Lebensversicherungen und privaten Rentenversicherungen.

MünchKomm-*Peters*, InsO, § 36 Rn. 40 ff.

Die Einbeziehung des Neuerwerbs in die Insolvenzmasse (§ 35 InsO) kann **898**
für den Schuldner vermehrt Anlass sein, nach § 100 Abs. 1 InsO **Unterhalt** für sich und seine Familie aus der Masse zu beantragen, weil sein pfändungsfreies Einkommen (§ 36 i. V. m. §§ 850 ff. ZPO) zur Deckung eines angemessenen Unterhalts nicht ausreicht. Die Gläubigerversammlung wird die Bewilligung von Unterhalt v. a. dann in Erwägung ziehen, wenn der Verwalter auf eine echte Mitarbeit des Schuldners im Rahmen der Insolvenzverwaltung dauerhaft angewiesen ist. Erbringt der Schuldner z. B. bei der Fortführung eines Betriebes Arbeitsleistungen, die über seine gesetzlich (§ 97 Abs. 1 InsO) ohnehin geschuldete Mitwirkung hinausgehen, werden diese zwar häufig aus der Masse besonders vergütet. Hierdurch werden aber zusätzliche Unterhaltsleistungen nicht ausgeschlossen. Ein **Rechtsanspruch** auf eine solche Unterstützung **besteht** allerdings auch im Falle von Bedürftigkeit **nicht**. Tatsächlich sind die Insolvenzgläubiger in der Praxis eher selten dazu bereit, dem Schuldner mehr an Unterhalt zu bewilligen, als ihm nach den Pfändungsfreigrenzen verbleibt. Nimmt der Schuldner außerhalb des Insolvenzverfahrens eine neue Tätigkeit als Selbstständiger auf, kann eine zuvor beschlossene Unterhaltszahlung wieder eingestellt werden.

LG Hamburg, Beschl. v. 15.12.99 – 326 T 178/99,
ZInsO 2000, 108;

MünchKomm-*Passauer/Stephan*, InsO, § 100 Rn. 14;
HK-*Kayser*, InsO, § 100 Rn. 8, 10;
Keller, NZI 2007, 316.

899 Der während des Insolvenzverfahrens selbstständig Tätige besitzt zwar kein pfändungsfreies Einkommen. Er kann jedoch nach § **850i ZPO** beim Insolvenzgericht beantragen, ihm von den erwirtschafteten Einnahmen des Betriebes als Unterhaltsbedarf ebenso viel zu belassen, wie ihm zustehen würde, wenn sein Einkommen aus laufendem Arbeits- oder Dienstlohn bestünde. Bei der Bemessung des notwendigen Unterhalts sind Werbungskosten analog § 850a Nr. 3 ZPO zu berücksichtigen. Die entsprechende Anwendung des § 850i ZPO ist durch § 36 Abs. 1 Satz 2 InsO ausdrücklich zugelassen.

BGH, Beschl. v. 20.3.2003 – IX ZB 388/02, ZInsO 2003, 413 m. Anm. *Grote* = NZI 2003, 390 m. Anm. *Kothe.*

900 Der Antrag auf Einräumung eines Pfändungsschutzes zusammen mit einem Antrag auf Gewährung eines erhöhten Freibetrages wegen Mehrbedarfs aufgrund der selbstständigen Erwerbstätigkeit nach § 36 Abs. 2 i. V. m. § 850 f. Abs. 1 lit. b ZPO ist vom Schuldner *beim Insolvenzgericht* zu stellen. Zwecks Entlastung der Gerichte sollte der Insolvenzverwalter die Pfändungsschutzvorschriften aber von Amts wegen beachten und den entsprechenden Betrag dem Schuldner freigeben. Die Zuständigkeit des Insolvenzgerichtes für verbleibende Streitfälle ergibt sich aus § 36 Abs. 4 InsO. Der antragstellende Schuldner hat die Voraussetzungen für die Gewährung des geltend gemachten pfändungsfreien Anteils am Einkommen darzulegen. Kommt er dieser Darlegungslast nicht ausreichend nach, hat dies zur Folge, dass eine Verringerung der zur Insolvenzmasse gehörenden Einkünfte gemäß § 36 Abs. 1 Satz 2 InsO i. V. m. § 850i ZPO unterbleibt.

BGH, Beschl. v. 20.3.2003 – IX ZB 388/02, NZI 2003, 392 mit Anm. *Grote*, ZInsO 2003, 416.

Fall:
Der Schuldner erklärt nach Eröffnung des Insolvenzverfahrens, dass er nicht mehr bereit sei, unter der „Knute" des Treuhänders zu arbeiten. Er will seine Arbeitsstelle kündigen und sich ab 1.1.2014 als Autohändler wieder selbstständig machen. Die notwendigen Gegenstände (Schreibtisch, PC) dazu habe er noch im Keller. Seinen Pkw (mit Anhänger) benötige er, um sich Fahrzeuge anzusehen und ggf. zu transportieren. Er wolle seine selbstständige Tätigkeit daher außerhalb des Insolvenzverfahrens ausüben.

Kann dem Schuldner eine selbstständige Tätigkeit untersagt werden?
Die Arbeitskraft des Schuldners ist nicht Bestandteil der Insolvenzmasse. Er ist zwar gemäß § 97 InsO zur Mitwirkung und Auskunftserteilung verpflichtet, nicht jedoch zur wertschöpfenden Arbeit. Art. 2 und 12 GG gewährleisten die **berufliche Selbstbestimmung** des Schuldners. Art. 12 Abs. 2 GG verbietet darüber hinaus den Zwang zu einer bestimmten Tätigkeit. Dem Schuldner steht es somit frei, außerhalb des Insolvenzverfahrens eine selbstständige Tätigkeit auszuüben. Der **Pkw** (mit Anhänger) ist in diesem Falle unpfändbar (§ 36 Abs. 1 Satz 1 InsO i. V. m. § 811 Abs. 1 Nr. 5 ZPO).

IV. Besonderheiten bei selbstständiger Tätigkeit des Schuldners

> Der Schuldner fragt, ob und welchen Anteil seiner monatlichen Überschüsse er an die Masse abführen müsse?
>
> Nach der Rechtsprechung des BGH (ZVI 2003, 170) ist jeglicher Neuerwerb insolvenzbefangen, also **nicht nur** der sich aus der Verminderung der Einnahmen um die betrieblich veranlassten Ausgaben ergebende **Gewinn**. Der Treuhänder hat also grundsätzlich sämtliche Forderungen des Schuldners aus seiner selbstständigen Tätigkeit einzuziehen bzw. sich die Einnahmen in voller Höhe auszahlen zu lassen. Der Schuldner kann jedoch gemäß § 850i ZPO beim Insolvenzgericht beantragen, dass ihm aus den – pfändbaren – Einnahmen soviel belassen wird, wie ihm bei einem Einkommen aus unselbstständiger Arbeit zustehen würde.

Die Fortsetzung der selbstständigen Tätigkeit im Rahmen des Insolvenzverfahrens durch den Schuldner ist aus Sicht des Insolvenzverwalters in vielen Fällen problematisch. Eine **Kontrolle** des Betriebes, z. B. des Imbissstandes, des Kiosks oder einer Gaststätte ist auch wegen der meist unzureichenden Massemittel ausgeschlossen. Der Verwaltungsaufwand ist dagegen aufgrund zahlreicher Geschäftsvorfälle hoch; zudem ist die Geschäftstätigkeit risikobehaftet, da neben den laufenden betrieblichen Kosten regelmäßig Waren eingekauft oder auch Unteraufträge vergeben werden müssen. Ist die gewerbliche Tätigkeit im Einzelfall ertragreich, so rechtfertigt die hieraus herrührende Massemehrung den Arbeitsaufwand und die Risiken. Vielfach kann jedoch aus der selbstständigen Tätigkeit nur das Existenzminimum für den Schuldner und seine Familie erwirtschaftet werden. 901

Der Insolvenzverwalter gerät dadurch in ein Dilemma. Entscheidet er sich für eine Schließung des Geschäftes, so vernichtet er die Existenzgrundlage des Schuldners und beraubt ihn auch im Hinblick auf die Befriedigung der Insolvenzgläubiger im Restschuldbefreiungsverfahren möglicherweise seiner künftigen Erwerbsaussichten. Führt er mit dem Schuldner das Geschäft weiter, so sieht er sich dem **Haftungsrisiko** nach § 61 InsO ausgesetzt, dass Masseschulden begründet werden, die nicht mehr durch die vorhandenen oder zu erwirtschaftenden finanziellen Mittel beglichen werden können. Diese Haftungsgefahr kann der Insolvenzverwalter auch bei eigener Fortführung des Geschäftes meist nicht wirksam ausschalten. Der Verwalter wird in der Regel nicht in der Lage sein, jedes einzelne für den Geschäftsbetrieb einzugehende Rechtsgeschäft auf seine Vorteilhaftigkeit für die Masse zu prüfen und eine ständige Kontrolle der Geschäftstätigkeit vor Ort ist praktisch ausgeschlossen. Oftmals verfügt er auch nicht über die für eine sachgerechte Prüfung erforderlichen Fachkenntnisse; er ist insoweit auf den Schuldner angewiesen und muss sich auf ihn verlassen. Das „Fortführungsmodell" einer Weiterführung des Geschäfts durch den Insolvenzverwalter kann deshalb nur erfolgreich sein, wenn der Schuldner sich kooperativ verhält und konstruktiv mitarbeitet. 902

Zu den Risiken des Verwalters *Tetzlaff*, ZVI 2002, 309 ff.; Mohrbutter/Ringstmeier/*Ringstmeier*, § 6 Rn. 190.

Der Schuldner kann zwar grundsätzlich durch sein Handeln und Auftreten keine **Masseschulden** nach § 55 InsO begründen. Falls sich der Insolvenz- 903 verwalter im Rahmen seiner Erklärungspflicht nach § 35 Abs. 2 Satz 1 InsO aber dafür entscheidet, dass der Neuerwerb aus der selbstständigen Tätigkeit des Schuldners zur Masse gehört und dass die Ansprüche aus dieser Tätigkeit im Insolvenzverfahren geltend gemacht werden können, haftet die Masse für alle vom Schuldner aus der selbstständigen Tätigkeit begründeten Neuverbindlichkeiten. Denn mit der Positiverklärung dokumentiert der Verwalter sein ausdrückliches Einverständnis mit der selbstständigen Tätigkeit des Schuldners für die Masse. Auch wenn der Verwalter die Abgabe der nach § 35 Abs. 2 InsO geschuldeten Erklärung versäumt, obwohl er Kenntnis von der selbstständigen Tätigkeit des Schuldners hat, entstehen aus dessen Tätigkeit Masseverbindlichkeiten.

Dazu eingehend *Berger*, ZInsO 2008, 1101, 1105;
FK-*Schumacher*, InsO, § 55 Rn. 21 a.

904 Aus Privatgeschäften des Schuldners erwerben die Gläubiger hingegen keine Ansprüche gegen die Masse.

Nerlich/Römermann/*Andres*, InsO, § 35 Rn. 93 ff.

c) Vereinbarung zwischen Insolvenzverwalter und Schuldner

905 Jahrelang glaubte die Praxis eine praktikable Lösung in einer Vereinbarung des Insolvenzverwalters mit dem Schuldner gefunden zu haben, wonach dieser lediglich den **Überschuss** aus seiner selbstständigen Tätigkeit in Höhe des pfändbaren Anteils zur Masse abzuführen hat. Berechnungsgrundlage sollte, sofern vorhanden, die jeweilige BWA sein, andernfalls eine Einnahmen-Überschuss-Rechnung. Der so ermittelte Überschuss der Einnahmen über die Ausgaben entspricht dem Bruttolohn eines Arbeitnehmers, von dem noch die Einkommensteuer sowie die Beiträge für eine adäquate Altersversorgung und Krankenversicherung (mangels Arbeitgeberanteil in voller Höhe) in Abzug zu bringen sind. Der um diese Abzugsposten **bereinigte Überschuss** entspricht dann dem Nettolohn eines Arbeitnehmers, für den sich in der Pfändungstabelle der **pfändbare Anteil** unter Berücksichtigung der Unterhaltspflichten des Schuldners ermitteln lässt. Im Ergebnis wird damit vom Verwalter die Berechnung nach § 850i ZPO „umgesetzt" und das Insolvenzgericht entlastet.

Zur Zulässigkeit dieses „Praktikermodells":
BGH, Beschl. v. 20.3.2003 – IX ZB 388/02, NZI 2003, 392;
dazu *Hefermehl*, WuB VI C. § 290 InsO 3.03;
Uhlenbruck/*Uhlenbruck*, InsO, § 35 Rn. 47, 49;
Runkel, in: Festschrift Uhlenbruck, S. 315, 327;
Hess, InsO, § 80 Rn. 6;
eingehend auch *Tetzlaff*, ZInsO 2005, 393 f.

906 Diese Lösung birgt jedoch versteckte Risiken, die anlässlich eines vom BAG entschiedenen Falles zu Tage getreten sind; seitdem ist dieses Modell in der Praxis „tot". Denn mit der Begründung des BAG lassen sich – entgegen seinem harmlosen Leitsatz – auch in anderen Bereichen (z. B. Werbung oder

IV. Besonderheiten bei selbstständiger Tätigkeit des Schuldners

Begründung von Mietverhältnissen) Masseschulden „aus dem Hut zaubern". Ein solches **unkalkulierbares Risiko** ist für jeden Verwalter der Alptraum schlechthin, weil sie ohne seine Mitwirkung begründet werden können und er ggf. erst im Nachhinein Kenntnis davon erlangt, d. h. zu einem Zeitpunkt, zu dem er sie nicht mehr verhindern kann. Der Entscheidung des BAG lag folgender Sachverhalt zugrunde:

> **Fall (BAG, Urt. v. 10.4.2008 – 6 AZR 368/07, ZIP 2008, 1346):**
>
> Der Schuldner machte sich während des Antragsverfahrens (wieder) selbstständig und stellte (vereinfacht dargestellt) eine Arbeitnehmerin neu ein, wovon der Insolvenzverwalter erst nach Insolvenzeröffnung Kenntnis erlangte. Er gab daraufhin den Geschäftsbetrieb des Schuldners frei gegen die Verpflichtung, die die Pfändungsgrenzen des § 850c ZPO übersteigenden betrieblichen Gewinne an die Masse abzuführen. Der Schuldner zahlte für den Zeitraum nach Insolvenzeröffnung teilweise keinen Lohn mehr.
>
> **Kann die Arbeitnehmerin nunmehr vom Insolvenzverwalter die Zahlung des offenen Lohns als Masseverbindlichkeit verlangen?**
>
> Verlangt der Insolvenzverwalter nach Kenntniserlangung von einem solchen Vertragsschluss dennoch, dass die die Pfändungsgrenzen des § 850c ZPO übersteigenden betrieblichen Gewinne aus dieser Tätigkeit an die Insolvenzmasse abgeführt werden, nimmt er damit auch die vom Schuldner eingegangenen Arbeitsverhältnisse für die Mehrung der Insolvenzmasse in Anspruch mit der Folge, dass die Lohnansprüche aus den vom Schuldner neu abgeschlossenen Arbeitsverträgen zulasten der Masse als Masseverbindlichkeiten zu befriedigen sind. Diese Ansprüche seien wenn nicht durch eigene Handlung des Insolvenzverwalters jedenfalls „in anderer Weise" durch die Verwaltung der Insolvenzmasse entstanden (BAG, a. a. O. Rn. 18).

Zur „Freigabe"erklärung des Insolvenzverwalter nach § 35 Abs. 2 InsO hat 907
das BAG ausgeführt (Leitsatz):

> *"Werden vom Insolvenzverwalter nach Eröffnung des Insolvenzverfahrens über das Vermögen eines einzelkaufmännisch tätigen Schuldners die unmittelbar für die selbstständige Erwerbstätigkeit des Schuldners benötigten Betriebsmittel „freigegeben" und wird im Zusammenhang mit einer solchen Freigabe zwischen dem Schuldner und dem Insolvenzverwalter eine den Erfordernissen des § 295 Abs. 2 InsO entsprechende Vereinbarung über abzuführende Beträge geschlossen, haftet die Insolvenzmasse nicht mehr für Ansprüche der Arbeitnehmer auf Arbeitsvergütung aus danach vom Schuldner begründeten Arbeitsverhältnissen. Diese hat allein der Schuldner zu erfüllen."*

Obwohl sich dieser Leitsatz aus Sicht der Masse positiv anhört, so zeigen erst 908
die Entscheidungsgründe die Tücken auf, da der Leitsatz sich nur auf „danach",
also nach der Freigabe begründete Arbeitsverhältnisse bezieht. Demnach ist
wie folgt zu differenzieren:

Der Leitsatz der BAG-Entscheidung bezieht sich allein auf den Fall, dass der 909
Schuldner seine selbstständige Tätigkeit nur **mit** gemäß § 811 Abs. 1 Nr. 5
ZPO insolvenzbeschlagfreien oder vom Verwalter aus der Masse **freigegebenen Betriebsmitteln** ausübt **und** sich der Verwalter mit ihm darüber einigt,
dass er **nur noch die** § 295 Abs. 2 InsO entsprechenden Beträge abzufüh-

ren hat. Ab einer solchen Vereinbarung geht der Schuldner seiner selbstständigen Erwerbstätigkeit nicht mehr ausschließlich zugunsten der Insolvenzmasse nach, sondern führt seinen Betrieb in der Hoffnung auf ihm verbleibende Gewinne *auf eigene Rechnung.* Für Ansprüche von Arbeitnehmern aus danach mit dem Schuldner **neu begründeten Arbeitsverhältnissen** haftet nicht mehr die Insolvenzmasse. Diese Ansprüche hat dann allein der Schuldner zu erfüllen.

910 **Besteht ein Arbeitsvertrag** zulasten der Masse, kann der Insolvenzverwalter die Masse jedoch nicht mehr von den daraus resultierenden Verbindlichkeiten durch eine spätere Abrede i. S. v. § 295 Abs. 2 InsO mit dem Schuldner, die diesem wieder eine Betriebsführung auf eigene Rechnung ermöglicht, entlasten. Denn eine solche einseitige echte Freigabe kann sich nur auf Massegegenstände, nicht auf zweiseitig bindende Verträge beziehen.

> Anders aber BGH, Urt. v. 9.2.2012 – IX ZR 75/11, ZIP 2012, 533 Rn. 19 für Mietverhältnisse, allerdings ohne Auseinandersetzung mit der gegenteiligen BAG-Rechtsprechung.

911 Die Enthaftung der Masse bedarf deshalb der Zustimmung des Arbeitnehmers, es sei denn, dass eine „Einheit" i. S. d. zu § 613a BGB ergangenen Rechtsprechung vorliegt und sich das Arbeitsverhältnis dieser „Einheit" zuordnen lässt. In diesem Fall **findet** auf die „Freigabe" des Arbeitsverhältnisses nach Ansicht des BAG **§ 613a BGB entsprechende Anwendung**, d. h. das Arbeitsverhältnis geht auf den Schuldner im Zuge der Freigabe nicht über, wenn der Arbeitnehmer rechtzeitig gem. § 613a Abs. 6 BGB widerspricht.

> BAG, a. a. O. Rn. 23.

912 Insolvenzverwalter werden daher in diesen Fällen künftig darauf zu achten haben, dass sie die Arbeitnehmer über den Übergang des Arbeitsverhältnisses auf den „Schuldner außerhalb der Insolvenz", d. h. haftend allein mit seinem insolvenzbeschlagfreien Vermögen, belehren, da die Widerspruchsfrist erst mit einer ordnungsgemäßen Unterrichtung zu laufen beginnt (§ 613a Abs. 5 BGB).

Prüfungsschema:	
(1) Schuldner führt seine selbstständige **Erwerbstätigkeit nur mit insolvenzbeschlagfreien Betriebsmitteln** aus	für Neuerwerb gilt § 35 Abs. 2; bestehende Arbeitsverhältnisse fallen unter § 613a BGB, Löhne bleiben also bei Ausbleiben der Belehrung trotz Freigabe nach § 35 Abs. 2 Masseschuld; für neu begründete Arbeitsverhältnisse haftet nur der Schuldner, nicht die Masse; sonstige Verbindlichkeiten aus Betriebsfortführung sind keine Masseverbindlichkeiten

IV. Besonderheiten bei selbstständiger Tätigkeit des Schuldners

(2) wie (1); der **Schuldner muss** aber den **Gewinn an die Masse** ganz oder teilweise **abführen**	bestehende und neu begründete Arbeitsverhältnisse sind Masseschuld; Freigabe des Neuerwerbs ändert daran nichts, sondern erst die Belehrung nach § 613a BGB
(3) Schuldner führt seine selbstständige Erwerbstätigkeit mit Gegenständen der Masse aus; Abführungspflicht analog zu § 295 Abs. 2 vereinbart	bestehende und neu begründete Arbeitsverhältnisse sind stets Masseschuld; nach Freigabe der Gegenstände Rechtslage wie (1)
(4) wie (3); aber **Gewinn** ist an die Masse ganz oder teilweise **abzuführen**	Freigabe der Gegenstände allein genügt nicht; es muss auch Freigabe des Neuerwerbs und Belehrung nach § 613a BGB erfolgen

Die bloße **Duldung der Tätigkeit des Insolvenzschuldners** erfüllt noch nicht das Tatbestandsmerkmal des Verwaltens der Insolvenzmasse i. S. d. § 55 Abs. 1 Nr. 1 2. Halbsatz InsO, weil die Arbeitskraft des Schuldners nicht zur Insolvenzmasse gehört und der Insolvenzverwalter keine Möglichkeit hat, die Tätigkeit des Insolvenzschuldners zu unterbinden oder zu beeinflussen. Auch die (unberechtigte) **Nutzung eines zur Masse gehörenden Gegenstands** für seine nach Insolvenzeröffnung aufgenommene Erwerbstätigkeit begründet hinsichtlich der damit verbundenen Aufwendungen jedenfalls dann keine Masseverbindlichkeit, wenn die Umsätze im Wesentlichen auf dem Einsatz der persönlichen Arbeitskraft des Schuldners und nicht im Wesentlichen auf der Nutzung des Massegegenstandes beruhen.

BFH, Urt. v. 8.9.2011 – V R 38/10, BStBl. II 2012, 270 Rn. 17, 20 f.

d) Fortführung durch den Schuldner außerhalb des Insolvenzverfahrens (§ 35 Abs. 2 Satz 1 Alt. 2 InsO) – Freigabe der selbstständigen Tätigkeit

Auch wenn aus der Fortführung des schuldnerischen Betriebs keine ins Gewicht fallenden Beiträge zur Masse erzielt werden können, kann es wirtschaftlich sinnvoll sein, diesen im Interesse der Erhaltung der Erwerbstätigkeit des Schuldners aufrechtzuerhalten. Indes darf diese Geschäftstätigkeit nicht zulasten der Masse und der Insolvenzgläubiger gehen. Die Fortführung der selbstständigen Tätigkeit muss den Interessen der Insolvenzgläubiger entsprechen, was dann der Fall ist, wenn der Schuldner dadurch Mittel zu ihrer Befriedigung, ggf. auch später im Restschuldbefreiungsverfahren erwirtschaften kann. Auf der anderen Seite kann die Fortführung der selbstständigen Tätigkeit durch den Verwalter im Rahmen des Insolvenzverfahrens zu aufwendig, kostenintensiv und risikobehaftet sein.

Der mit Wirkung vom 1.7.2007 eingeführte § 35 Abs. 2 InsO hat durch die Möglichkeit einer „**Unternehmensfreigabe**" des Verwalters für alle Beteiligten (Neugläubiger, Schuldner und Masse) Verbesserungen und die erwünschte

Rechtsklarheit hinsichtlich der haftungsmäßigen Zuordnung des Neuerwerbs und der daraus resultierenden Verpflichtungen gebracht.

Kupka/Schmittmann, InsbürO 2007, 386 ff.;
Haarmeyer, ZInsO 2007, 696 ff.;
Mäusezahl, InsbürO 2007, 152 ff.

aa) „Freigabeerklärung" des Verwalters

916 Ist die Fortführung einer selbstständigen Tätigkeit des Schuldners innerhalb des Insolvenzverfahrens nach Einschätzung des Verwalters unrentabel oder gar masseschädlich, muss er dem Schuldner gegenüber erklären, dass Vermögen aus dessen Tätigkeit nicht zur Masse gehört und die Masse nicht für vom Schuldner eingegangene Verbindlichkeiten haftet. Aufgrund dieser „**Negativerklärung**" (§ 35 Abs. 2 Satz 1 Alt. 2 InsO) fließt der Neuerwerb – abweichend vom Grundsatz der Massezugehörigkeit in § 35 Abs. 1 InsO – insgesamt dem Insolvenzschuldner zu. Dieser wirtschaftet künftig in eigener Verantwortung und auf eigene Rechnung im insolvenzfreien Bereich, hat dann aber auch alleine für alle neuen Verpflichtungen gegenüber den Neugläubigern persönlich einzustehen. Der Insolvenzverwalter beendet also mit seiner **freigabeähnlichen** Erklärung alle rechtlichen Beziehungen der unternehmerischen Tätigkeit des Schuldners mit der Insolvenzmasse; auf diese Enthaftung der Masse kommt es in der Praxis vorrangig an. Zugleich wird dem Schuldner ein Weg eröffnet, außerhalb des Insolvenzverfahrens beruflich selbstständig tätig zu sein.

917 Das Gesetz sieht für die obligatorische Erklärung des Verwalters **keine Frist** vor. Auch wenn es keine zeitlichen Vorgaben gibt, wird der Verwalter die Entscheidung zwischen Freigabe und Nichtfreigabe nach Sinn und Zweck der Vorschrift doch **unverzüglich** treffen müssen, sobald er von der selbstständigen Tätigkeit des Schuldners erfährt. Die Erklärung gehört zu den insolvenzspezifischen Pflichten des Verwalters, deren Verletzung – etwa bei einer verspäteten Abgabe und Anzeige der Erklärung – Schadenersatzpflichten nach § 60 InsO auslösen kann. Denn die **Rechtsfolgen** treten **erst mit Zugang** der Erklärung ein; die in der Praxis oft anzutreffende Erklärung auf einen in der Vergangenheit liegenden Zeitpunkt (z. B. auf den Stichtag der Eröffnung) ist – wie bei allen anderen Gestaltungserklärungen auch – nicht möglich.

Uhlenbruck/Hirte, InsO, § 35 Rn. 99 „ex nunc";
ausführlich: *Berger*, ZinsO 2008, 1101, 1104.

918 Die Erklärung nach § 35 Abs. 2 InsO ist vom Insolvenzgericht nach Anzeige des Insolvenzverwalters **öffentlich bekannt zu machen**, § 35 Abs. 3. InsO Die Neugläubiger und der sonstige Geschäftsverkehr werden auf diesem Wege informiert (§ 9 Abs. 1 Satz 3), dass die Masse nicht für Verbindlichkeiten aus der selbstständigen Tätigkeit des Schuldners haftet; zugleich wird nach außen hin dokumentiert, dass der Verwalter hinsichtlich des Vermögens aus

IV. Besonderheiten bei selbstständiger Tätigkeit des Schuldners

der selbstständigen Tätigkeit endgültig und bedingt auf seine Verwaltungs- und Verfügungsbefugnis (§ 80 InsO) verzichtet hat.

Zwischen der Insolvenzmasse und dem vom Schuldner eigenverantwortlich fortgeführten Geschäft muss daher auch **nach außen** hin eine **klare Trennungslinie** gezogen und dokumentiert werden. Dazu ist es erforderlich, dass der Geschäftsbetrieb, der mit Insolvenzeröffnung massezugehörig wurde, durch den Insolvenzverwalter endgültig beendet wird. Dazu gehört u. a. die *Gewerbeabmeldung*; ferner sollte der Insolvenzverwalter die Geschäfts- und Vertragspartner entsprechend informieren. Dem Schuldner obliegt gleichzeitig die 919

- **neue Gewerbeanmeldung,**
- die Einholung einer **neuen Steuernummer** vom Finanzamt und
- Beantragung einer **eigenen Betriebsnummer** bei der Betriebsnummernstelle des Arbeitsamtes.

Nach außen hin muss vom Insolvenzverwalter wie auch Schuldner deutlich gemacht werden, dass der Betrieb vom Insolvenzverwalter aufgegeben/eingestellt wurde und ein neuer, von der Insolvenzmasse völlig unabhängiger Betrieb vom Schuldner geführt wird. 920

BGH, Beschl. v. 20.3.2003 – IX ZB 388/02, NZI 2003, 392; *Hess/Röpke*, NZI 2003, 233, 235.

Die gewerbliche oder freiberufliche Tätigkeit des Insolvenzschuldners erfolgt unter diesen Voraussetzungen *außerhalb des Insolvenzverfahrens* und damit **auf eigene Rechnung**. Für die eingegangenen Verbindlichkeiten gegenüber den Neugläubigern hat der Schuldner mit seinem *insolvenzfreien* Vermögen einzustehen. Da der Schuldner damit über die Einnahmen verfügt, ist er bei ordnungsgemäßer Geschäftsführung auch in der Lage, eingegangene Verbindlichkeiten mit diesen ihm überlassenen eigenen Mitteln zu begleichen. 921

LG Erfurt, Urt. v. 30.10.2002 – 3 O 2992/01, NZI 2003, 40; ferner *Hess/Weis*, InVo 1998, 273.

Deshalb kann auch das Finanzamt z. B. wegen **Steuerschulden**, die aus der selbstständigen Erwerbstätigkeit des Schuldners herrühren, nur diesen und nicht die Masse in Anspruch nehmen. 922

BFH, Urt. v. 7.4.2005 – V R 5/04, BStBl. II 2005, 848.

Fall:

Der Schuldner hat als selbstständiger Autohändler ohne Angestellte im 3. Quartal 2013 steuerpflichtige Umsätze in Höhe von 11.900 € brutto erwirtschaftet. Diese Tätigkeit hatte der Schuldner erst nach Insolvenzeröffnung neu aufgenommen.

Handelt es sich bei der durch die gewerbliche Tätigkeit des Schuldners entstandenen Umsatzsteuer um Masseverbindlichkeiten?

D. Eröffnetes Insolvenzverfahren

> Um eine Haftung der Masse für nicht erfüllte Steuerverbindlichkeiten des Schuldners zu vermeiden, erklärten Verwalter meist die Freigabe des Unternehmens. Die Finanzbehörden verlangten trotzdem Zahlung der Umsatzsteuer aus der Masse mit der Begründung, der Neuerwerb gehöre zur Masse und der Insolvenzverwalter sei Vermögensverwalter i. S. v. § 34 AO mit der sich daraus ergebenden Haftung nach § 69 AO. Mit dem Urteil des BFH v. 7.4.2005 (BStBl. II 2005, 848 = ZIP 2005, 1376) ist inzwischen klargestellt, dass die **Umsatzsteuer aus steuerpflichtigen Leistungen, die der Schuldner mittels unpfändbarer Gegenstände erbringt, nicht** zu den **Masseverbindlichkeiten** gehört. Im Urteil des BFH heißt es:
>
> *„Nach § 35 InsO erfasst das Insolvenzverfahren das gesamte Vermögen, das dem Schuldner zur Zeit der Eröffnung des Verfahrens gehört und das er während des Verfahrens erlangt (Insolvenzmasse). Nicht zur Insolvenzmasse gehören aber Gegenstände, die nicht der Zwangsvollstreckung unterliegen (§ 36 Abs. 1 Satz 1 InsO). Bei Personen, die aus ihrer körperlichen oder geistigen Arbeit oder sonstigen persönlichen Leistungen ihren Erwerb ziehen, unterliegen die zur Fortsetzung dieser Erwerbstätigkeit erforderlichen Gegenstände nicht der Zwangsvollstreckung (§ 811 Nr. 5 der Zivilprozessordnung – ZPO –); sie fallen deshalb auch nicht in die Insolvenzmasse. Die Umsatzsteuer aus der Erwerbstätigkeit von Personen, die durch ihre Arbeit und mit Hilfe von nach § 811 Nr. 5 ZPO unpfändbaren Gegenständen steuerpflichtige Leistungen erbringen, zählt deshalb nicht nach § 55 Abs. 1 Nr. 1 InsO zu den Masseschulden."*
>
> Selbst bei einer unternehmerischen Tätigkeit des Schuldners nach Eröffnung des Insolvenzverfahrens ist die Umsatzsteuer auf die erbrachten Leistungen **nicht schon deshalb** eine **Masseverbindlichkeit, weil die Entgelte** aus dieser Tätigkeit **in die Insolvenzmasse fallen.** Die bloße Duldung der Tätigkeit des Insolvenzschuldners erfüllt noch nicht das Tatbestandsmerkmal des Verwaltens der Insolvenzmasse i. S. d. § 55 Abs. 1 Nr. 1 2. Halbsatz InsO, weil die Arbeitskraft des Schuldners nicht zur Insolvenzmasse gehört und der Insolvenzverwalter keine Möglichkeit hat, die Tätigkeit des Insolvenzschuldners zu unterbinden oder zu beeinflussen. Auch die (unberechtigte) **Nutzung eines zur Masse gehörenden Gegenstands** für seine nach Insolvenzeröffnung aufgenommene Erwerbstätigkeit begründet jedenfalls dann keine Umsatzsteuer als Masseverbindlichkeit, wenn die Umsätze im Wesentlichen auf dem Einsatz der persönlichen Arbeitskraft des Schuldners und nicht im Wesentlichen auf der Nutzung des Massegegenstandes beruhen (BFH, Urt. v. 8.9.2011 – V R 38/10, BStBl. II 2012, 270 Rn. 17, 20 f.).

923 Für das Finanzamt ist es ebenso **nicht zulässig**, mit Steuerverbindlichkeiten, die gegenüber dem Schuldner aus dessen insolvenzfreier Tätigkeit nach Insolvenzeröffnung stammen, gegen Forderungen des Insolvenzverwalters **aufzurechnen**.

> LG Erfurt, Urt. v. 30.10.2002 – 3 O 2992/01, ZIP 2002, 2325 = NZI 2003, 40; dazu *Eckardt*, EWiR 2003, 69.

924 Entscheidet sich der Insolvenzverwalter gegen die Einbeziehung des Neuerwerbs zur Masse, muss der Schuldner zum Ausgleich eine angemessene Gegenleistung erbringen, § 35 Abs. 2 Satz 2 InsO ordnet deshalb an, dass der Schuldner – wie im Restschuldbefreiungsverfahren – schon im Insolvenzverfahren entsprechend § 295 Abs. 2 InsO an die Masse so viel abzuführen hat wie ein unselbstständiger Schuldner, der in einem angemessenen Dienstver-

IV. Besonderheiten bei selbstständiger Tätigkeit des Schuldners

hältnis beschäftigt ist. Durch diese **Abführungspflicht entsprechend § 295 Abs.** 2 InsO führt die Freigabe des Neuerwerbs im praktischen Ergebnis zu keiner Besserstellung des Selbstständigen gegenüber dem abhängig Beschäftigten, der im Rahmen der Pfändungsfreigrenzen Beträge an die Masse abführen muss. Die Neugläubiger des Schuldners erhalten immer die Chance, auf das – um die abgeführten Beträge reduzierte – Neuvermögen des Schuldners zuzugreifen.

Kübler/Prütting/Bork/*Holzer*, InsO, § 35 Rn. 120.

Kommt der Schuldner im eröffneten Verfahren seiner Zahlungsverpflichtung aus den §§ 35 Abs. 2, 295 Abs. 2 InsO nicht oder nur unzureichend nach, kann der Insolvenzverwalter allerdings **keine Zahlungsklage** erheben. 925

OLG Brandenburg, Urt. v. 17.4.2013 – 7 U 77/12,
ZInsO 2013, 1365;
ähnlich: OLG Düsseldorf, Urt. v. 2.3.2012 – I-17 U 8/11,
ZVI 2012, 198 f.

Bei mangelndem wirtschaftlichen Erfolg ist der Schuldner vor Aufhebung des Insolvenzverfahrens zumindest **in Altverfahren**, d. h. bei Antragstellung vor dem 1.7.2014, nicht verpflichtet, ein abhängiges Dienstverhältnis einzugehen und seine selbstständige Tätigkeit etwa aufzugeben. Liegt der Gewinn aus der selbstständigen Tätigkeit unterhalb des pfändbaren Betrages bei abhängiger Tätigkeit, besteht **keine Abführungspflicht**. Der Schuldner hat **aber** im Rahmen seiner **Auskunftspflicht** umfassend **über seine Einnahmen** Mitteilung zu geben. Insbesondere ist er gehalten, gegenüber dem Insolvenzverwalter und dem Insolvenzgericht überprüfbare Angaben zur Gewinnermittlung aus seiner selbstständigen Tätigkeit zu machen, damit festgestellt werden kann, ob der Schuldner tatsächlich nicht in der Lage ist, ganz oder teilweise hieraus abführungspflichtige Beträge nach § 295 Abs. 2 InsO aufzubringen. 926

BGH, Beschl. v. 13.6.2013 – IX ZB 38/10,
ZInsO 2013, 1612 Rn. 13, 21.

Mit Inkrafttreten des § 287b InsO, also für **Neuverfahren**, die aufgrund eines Antrages ab dem 1.7.2014 eröffnet werden, wird sich diese Rechtslage ändern, weil dann die systematischen Unterschiede zwischen eröffnetem Verfahren und Wohlverhaltensperiode im Hinblick auf die **Erwerbsobliegenheit** des Schuldners beseitigt sind. Er braucht seine selbstständige Tätigkeit zwar nicht sofort aufzugeben, wenn die Einnahmen aus seiner selbstständigen Tätigkeit hinter demjenigen zurückbleiben, was der Masse bei einer angemessenen abhängigen Beschäftigung aus der Abtretungserklärung zufließen würde; er muss sich aber künftig nachweisbar um ein Anstellungsverhältnis bemühen. Der Schuldner, der sich trotz mangelnden Erfolgs seiner selbstständigen Tätigkeit nicht bemüht, eine nach seiner Qualifikation und den Verhältnissen des Arbeitsmarkts mögliche Beschäftigung zu erlangen, kann sich – anders als in Altverfahren – künftig nicht mehr auf mangelnde Leistungsfähigkeit berufen. Vielmehr trifft ihn eine **Abführungspflicht** nach dem fiktiven Ver- 927 gleichseinkommen eines abhängig Beschäftigten. Kommt er dem nicht nach, liegt hierin eine Obliegenheitsverletzung nach § 290 Abs. 1 Nr. 7 InsO.

zu § 295 Abs. 2 InsO:
BGH, Beschl. v. 19.7.2012 – IX ZB 188/09,
ZVI 2012, 386 Rn. 16;
BGH, Beschl. v. 7.5.2009 – IX ZB 133/07,
ZVI 2009, 388 Rn. 5.

928 Nur wenn der Schuldner nachweisen kann, dass er – etwa aufgrund seines Alters oder seines gesundheitlichen Zustandes – **nicht in der Lage** ist, durch ein abhängiges Beschäftigungsverhältnis (höhere) pfändbare Bezüge zu erwirtschaften, obliegen ihm keine Zahlungen an den Verwalter gemäß § 295 Abs. 2 InsO, sofern die ausgeübte selbstständige Beschäftigung ebenfalls keine solchen Erträge hervorbringt.

zu § 295 Abs. 2 InsO:
BGH, Beschl. v. 19.5.2011 – IX ZB 224/09,
ZVI 2011, 305 Rn. 8.

929 Ergibt sich kein pfändbares Einkommen oder führt er den errechneten Betrag pflichtgemäß ab, besteht keine Auskunftspflicht über die Einnahmen aus der selbstständigen Tätigkeit.

BGH, Beschl. v. 13.6.2013 – IX ZB 38/10,
ZInsO 2013, 1612 Rn. 22;
BGH, Beschl. v. 26.2.2013 – IX ZB 165/11,
ZVI 2013, 286 Rn. 8.

Prüfungsschema:

1. Schritt:	
Ermittlung des fiktiven Vergleichseinkommens und der Höhe des pfändbaren Anteils	Der Schuldner ist insoweit uneingeschränkt auskunftspflichtig, insbesondere zu seiner Ausbildung und beruflichem Werdegang; Sanktion: § 290 Abs. 1 Nr. 5
2. Schritt:	
Schuldner erfüllt Abführungspflicht (kein pfändbares Einkommen oder pfändbarer Betrag wird gezahlt)	keine Auskunftspflicht zur Höhe des tatsächlichen Einkommens aus selbstständiger Tätigkeit; Mehrverdienst verbleibt Schuldner
3. Schritt:	
Schuldner zahlt weniger, als er nach dem Vergleichseinkommen eines abhängig Beschäftigten zahlen müsste	**Altverfahren:** Auskunftspflicht nur zur Höhe des tatsächlichen Einkommens aus selbstständiger Tätigkeit; keine Abführungspflicht

IV. Besonderheiten bei selbstständiger Tätigkeit des Schuldners

> **Neuverfahren:**
> Auskunftspflicht zur Höhe des tatsächlichen Einkommens *und* zu seinen Bemühungen, eine andere (ggf. abhängige) Beschäftigung zu erlangen; hätte er höheres Einkommen erzielen können, liegt Obliegenheitsverletzung vor; Sanktion: § 290 Abs. 1 Nr. 7; hätte er kein höheres Einkommen erzielen können, muss er nur den nach dem Gewinn aus der selbstständigen Tätigkeit errechneten Betrag abführen

Die **Rechtsfolgen der Freigabeerklärung** lassen sich wie folgt zusammenfassen: 930

- Der Schuldner erhält die Verwaltungs- und Verfügungsbefugnis über die selbstständige Tätigkeit, d. h. den Geschäftsbetrieb, zurück.

- Er kann über die Einnahmen aus dieser Tätigkeit frei verfügen, trägt aber auch die Ausgaben.

- Er wirtschaftet auf eigene Rechnung, trägt aber auch das wirtschaftliche Risiko.

- Er muss die Bücher führen und die Pflichten der internen und externen Rechnungslegung selbst erfüllen, insbesondere treffen ihn allein die Steuererklärungs- und Abführungspflichten.

- Er muss die Gläubigergemeinschaft so stellen wie diese stünde, wenn er eine seinem Alter und Ausbildungsstand entsprechende angestellte Tätigkeit ausüben würde, § 35 Abs. 2 Satz 2, § 295 Abs. 2 InsO.

- Der Insolvenzverwalter muss die Freigabe der selbstständigen Tätigkeit dem Insolvenzgericht gegenüber anzeigen (§ 35 Abs. 3 Satz 1 InsO).

- Das Insolvenzgericht muss die Erklärung öffentlich bekannt machen (§ 35 Abs. 3 Satz 2 InsO).

- Der Gläubigerausschuss oder die Gläubigerversammlung können die Unwirksamkeit der Freigabe mit der Folge beantragen, dass diese *ex nunc*, also ab dem Zeitpunkt der Veröffentlichung des Beschlusses, unwirksam ist (§ 35 Abs. 2 Satz 3, Abs. 3 Satz 2 InsO).

  Uhlenbruck/*Hirte*, InsO, § 35 Rn. 103,

- Mit Aufhebung des Insolvenzverfahrens endet das Erklärungsrecht des Insolvenzverwalters, weil eine Erklärung im Restschuldbefreiungsverfahren im Hinblick auf die Aufhebung des Insolvenzbeschlags gegenstandslos wäre,

BGH, Beschl. v. 13.6.2013 – IX ZB 38/10,
ZInsO 2013, 1612 Rn. 14;
A/G/R/*Ahrens*, InsO, § 35 Rn. 133.

- Auf Antrag eines Neugläubigers kann ein auf das freigegebene Vermögen beschränktes zweites Insolvenzverfahren eröffnet werden.

  BGH, Beschl. v. 9.6.2011 – IX ZB 175/10, ZIP 2011, 1326
  = ZInsO, 2011, 1349,
  dazu EWiR 2011, 751 *(Weiß/Rußwurm)*.

931 **Noch streitig** ist die Klärung folgender Fragen:

- Werden Gegenstände, die der Schuldner zur Ausübung seiner selbstständigen Tätigkeit benötigt (z. B. Behandlungsstuhl des Zahnarztes), von der Freigabeerklärung erfasst?

  Wischemeyer, ZInsO 2009, 2121;
  Berger, ZInsO 2008, 1101.

- Werden Vertragsverhältnisse wie Miet- oder Arbeitsverhältnisse, Verträge über die Lieferung von Waren und Dienstleistungen (z. B. Versorgungsverträge) von der Freigabe erfasst?

  Bejahend für das Mietverhältnis:
  BGH, Urt. v. 9.2.2012 – IX ZR 75/11, ZIP 2012, 533
  = NZI 2012, 409 = ZVI 2012, 261;
  dazu EWiR 2012, 287 *(Henkel)*;
  LG Krefeld, Urt. v. 24.2.2010 – 2 O 346/09, ZIP 2010, 1912;
  dazu EWiR 2010, 541 *(Henkel)*.
  Zum Arbeitsverhältnis verneinend:
  BAG, Urt. v. 10.4.2008 – 6 AZR 368/07, ZIP 2008, 1346;
  dazu EWiR 2008, 687 *(Henkel)*.
  Zum Streitstand insgesamt:
  Arens, DStR 2010, 446;
  Braun/*Bäuerle*, InsO, § 35 Rn. 84;
  Haarmeyer, ZInsO 2007, 696;
  Holzer, ZVI 2007, 289;
  Kahlert/Mordhorst, ZIP 2009, 2210;
  Küpper/Heinze, ZInsO 2009, 1785;
  Uhlenbruck/*Hirte*, InsO § 35 Rn. 34 ff.;
  Wischemeyer, ZInsO 2009, 2121;
  Wischemeyer/Schur, ZInsO 2007, 1240;
  Zipperer, ZVI 2007, 541.

- Sind die Verbindlichkeiten (z. B. Steuerforderungen, Ansprüche aus Arbeitsverhältnissen) aus der selbstständigen Tätigkeit Masseverbindlichkeiten oder Neuverbindlichkeiten des Schuldners?

  BFH, Urt. v. 18.5.2010 – X R 11/09, ZIP 2010, 2014;
  dazu EWiR 2010, 751 *(Kahlert)*;
  BFH, Urt. v. 17.3.2010 – XI R 30/08, ZIP 2010, 2211;
  BFH, Urt. v. 17.3.2010 – XI R 2/08, ZIP 2010, 1405;
  dazu EWiR 2010, 647 *(Kahlert)*;
  BAG, Urt. v. 5.2.2009 – 6 AZR 110/08, ZIP 2009, 984
  = NZA 2009, 1215;
  dazu EWiR 2009, 615 *(Hertzfeld/Höher)*;

IV. Besonderheiten bei selbstständiger Tätigkeit des Schuldners

BAG, Urt. v. 10.4.2008 – 6 AZR 368/07, ZIP 2008, 1346;
dazu EWiR 2008, 687 *(Henkel)*;
LAG Berlin-Brandenburg, Urt. v. 15.3.2007 – 5 Sa 1604/06,
AE 2007, 257;
FG Niedersachen, Urt. v. 1.10.2009, – 15 K 110/09,
DStRE 2010, 632;
Onusseit, ZInsO 2010, 1482;
Ries, NZI 2010, 498;
Sämisch, ZInsO 2010, 934;
Stiller, ZInsO 2010, 1374;
Wischemeyer/Schur, ZInsO 2007, 1240.

- Haftet die Masse für Verbindlichkeiten, die aus einer selbstständigen Tätigkeit des Schuldners herrühren, von dessen Ausübung der Insolvenzverwalter aber keine Kenntnis hatte?

    BFH, Urt. v. 18.5.2010 – X R 11/09, ZIP 2010, 2014;
    dazu EWiR 2010, 751 *(Kahlert)*;
    BAG, Urt. v. 10.4.2008 – 6 AZR 368/07, ZIP 2008, 1346;
    dazu EWiR 2008, 687 *(Henkel)*;
    VG Hannover, Urt. v. 20.1.2010 – 5 A 2615/08, ZIP 2010, 1095;
    dazu EWiR 2010, 397 *(Ries)*;
    FG Nürnberg, Urt. v. 11.12.2008 – 4 K 1394/07, ZIP 2009, 1176;
    Arens, DStR 2010, 446.

- Kann eine Gewerbeuntersagung in Bezug auf das freigegebene Gewerbe auf solche Tatsachen gestützt werden, die zum Insolvenzverfahren geführt haben?

    Verneinend:
    OVG Münster, Beschl. v. 19.5.2011 – 4 B 1707/10,
    ZInsO 2011, 1359;
    VG Darmstadt, Beschl. v. 7.2.2011 – 7 L 1768/10. DA,
    ZInsO 2011, 1362;
    bejahend:
    BayVGH, Urt. v. 5.5.2009 – 22 BV 07.2776, ZInsO 2009, 1588;
    VG Trier, Urt. v. 14.4.2010 – 5 K 11/10 TR, ZInsO 2010, 1744;
    VG Oldenburg, Beschl. v. 14.7.2008 – 12 B 1781/08,
    ZInsO 2009, 1354;
    VG München, Urt. 12.5.2009 – M 16 K 09.923,
    JurionRS 2009, 34739.

Die **Gläubigerversammlung kann** der **Freigabe** der selbstständigen Tätigkeit gemäß § 35 Abs. 2 Satz 3 InsO **widersprechen**. Der Widerspruch wird in dem Zeitpunkt wirksam, in dem das Gericht den Beschluss der Gläubigerversammlung veröffentlicht (§ 35 Abs. 3 Satz 2 InsO), also **ex nunc**. Der Insolvenzverwalter kann aber nicht gezwungen werden, entgegen den Interessen der Gläubigergemeinschaft den Geschäftsbetrieb zulasten der Masse fortzuführen und „sehenden Auges" in die Masseunzulänglichkeit zu laufen. Ein solcher Beschluss widerspricht regelmäßig dem gemeinsamen Interesse der Insolvenzgläubiger und ist auf Antrag daher gemäß § 78 **Abs. 1** InsO vom Rechtspfleger aufzuheben. Stellt der Insolvenzverwalter – vorzugsweise auf Basis eines Liquiditätsplans – fest, dass der Schuldner durch seine selbststän-

932

D. Eröffnetes Insolvenzverfahren

dige Tätigkeit einen Verlust erwirtschaftet, so muss es dem Insolvenzverwalter möglich sein, den (nun wieder auf Kosten der Masse geführten) **Betrieb einzustellen** und damit faktisch die selbstständige Tätigkeit des Schuldners zu beenden.

LG Duisburg, Beschl. v. 24.6.2010 – 7 T 109/10, ZIP 2010, 2113;
AG Duisburg, Beschl. v. 22.4.2010 – 60 IN 26/09, NZI 2010, 905.

933 Diese Rechtsprechung ist allerdings noch nicht gefestigt und im Hinblick auf Art. 12 GG auch nicht unproblematisch. Sie verdient aber Zustimmung und ist folgerichtig, da der Geschäftsbetrieb des Schuldners als wirtschaftliche Einheit dem Insolvenzbeschlag unterliegt.

BGH, Beschl. v. 18.2.2010 – IX ZR 61/09, ZIP 2010, 587;
BGH, Beschl. v. 5.2.2009 – IX ZB 85/08, ZIP 2009, 976
= NJW 2009, 1603;
dazu EWiR 2009, 391 *(Deckenbrock/Fleckner)*;
BGH, Beschl. v. 17.2.2005 – IX ZB 62/04, ZIP 2005, 722
= NZI 2005, 263 = ZVI 2005, 200;
dazu EWiR 2005, 571 *(Bork)*;
LG Duisburg, Beschl. v. 24.6.2010 – 7 T 109/10, ZIP 2010, 2113;
AG Duisburg, Beschl. v. 22.4.2010 – 60 IN 26/09, NZI 2010, 905.

934 Dem Schuldner wird auch nicht die Ausübung seines Berufes verboten oder in dessen Ausübung unverhältnismäßig eingegriffen. Es bleibt ihm grundsätzlich gestattet, beispielsweise als Arzt oder Rechtsanwalt zu arbeiten. Nur muss er dies eben in einer wirtschaftlich angemessenen Form machen.

935 Bei der Beendigung der selbstständigen wirtschaftlichen Tätigkeit des Schuldners ist der Insolvenzverwalter allerdings an die einschlägigen **Kündigungsfristen** für Dauerschuldverhältnisse (z. B. Miet- und Arbeitsverhältnisse) gebunden.

LG Duisburg, Beschl. v. 24.6.2010 – 7 T 109/10, ZIP 2010, 2113;
AG Duisburg, Beschl. v. 22.4.2010 – 60 IN 26/09, NZI 2010, 905.

936 Der Verwalter wird anhand der von ihm vorgefundenen Unterlagen sehr genau die Erwerbschancen eines vom Schuldner fortgeführten Gewerbebetriebes prüfen und diese bei seiner Prognose gegenüber den Haftungsrisiken für die Masse abwägen müssen. Maßgeblich für seine **Wahlentscheidung** nach § 35 Abs. 2 InsO ist letztlich allein, welche der beiden dort genannten Alternativen für die Masse wirtschaftlich günstiger ist. Die Positiverklärung wird eher die Ausnahme sein, weil dann alle Neuverbindlichkeiten als Masseschulden zu erfüllen sind. Ist ein Neuerwerb aber nach pflichtgemäßer Abwägung des Verwalters für die Masse von Nutzen, wird er diesen bei der Masse belassen und die dabei entstehenden Masseverbindlichkeiten in Kauf nehmen. Andernfalls wird er die Freigabe erklären. Von dieser Möglichkeit wird er insbesondere bei kleineren Praxen, bei denen nur geringe Überschüsse für die Masse zu erwarten sind, in der Regel Gebrauch machen, zumal die Masse über die entsprechende Anwendung des § 295 Abs. 2 InsO zumindest teilweise auch an einem Gewinn der vom Schuldner fortgeführten Praxis teilnimmt.

IV. Besonderheiten bei selbstständiger Tätigkeit des Schuldners

bb) Freigabe von Gegenständen

Gibt der Insolvenzverwalter eine Negativerklärung nach § 35 Abs. 2 Satz 1 Alt. 2 InsO ab, stellt zwar der Neuerwerb aus der selbstständigen Tätigkeit des Schuldners insolvenzfreies Vermögen dar. Im Übrigen gehören aber die bei Eröffnung des Insolvenzverfahrens vorhandenen Gegenstände – soweit sie nicht nach § 36 InsO i. V. m. § 811 Abs. 1 Nr. 5 ZPO unpfändbar sind (siehe Rn. 830 ff.) – weiter zur Masse, und zwar auch solche, die im Rahmen der bisherigen gewerblichen oder freiberuflichen Tätigkeit vom Schuldner genutzt wurden. Falls diese Gegenstände vom Schuldner zur Fortführung seiner Erwerbstätigkeit benötigt werden und eine Verwertung im Interesse der Befriedigung der Insolvenzgläubiger nicht vorgesehen ist, können sie vom Verwalter im Wege einer **echten Freigabe** aus dem Insolvenzbeschlag heraus dem Schuldner zur Verfügung gestellt werden. Dass dem Verwalter eine solche Freigabebefugnis zusteht, ergibt sich ohne Weiteres aus der Vorschrift des § 32 Abs. 3 InsO. Der Schuldner wird im Gegenzug ein vereinbartes Nutzungsentgelt zur Masse leisten. 937

> Zur Abgrenzung der Pauschalfreigabe nach § 35 Abs. 2
> Satz 1 InsO, die sich auf „Vermögen" aus der Erwerbstätigkeit
> des Schuldners bezieht, von der echten Freigabe bestimmter
> Einzelgegenstände vgl. HK-*Eickmann*, InsO,
> § 35 Rn. 42 und 52 f.;
> *Berger*, ZInsO 2008, 1103, 1106.

Soweit der Insolvenzverwalter Gegenstände freigibt, die nach § 36 InsO i. V. m. § 811 Abs. 1 Nr. 5 InsO ohnehin unpfändbar sind, handelt es sich um eine rein deklaratorische Erklärung (sog. **unechte Freigabe**), die jedoch der Klarstellung dienen kann. 938

4. Eigenverwaltung gem. § 270 ff. InsO

Die Eigenverwaltung kann vom Insolvenzgericht aufgrund eines Antrags des Schuldners nach den §§ 270 ff. InsO angeordnet werden, sofern nicht mit einer Verzögerung des Verfahrens oder mit sonstigen Nachteilen für die Gläubiger zu rechnen ist. Die Eigenverwaltung ist **im Verbraucherinsolvenzverfahren nicht zulässig**, (§ 270 Abs. 1 Satz 2 InsO n. F.; § 312 Abs. 3 InsO a. F.). Nachdem der Anwendungsbereich des Verbraucherinsolvenz- und sonstiger Kleinverfahren durch den mit InsOÄndG 2001 neugefassten § 304 Abs. 1 Satz 1 Alt. 1 InsO eingegrenzt wurde, fallen die bei Insolvenzantragstellung selbstständig Tätigen wie auch – unter weiteren Voraussetzungen – diejenigen, die ihre Selbstständigkeit aufgegeben haben, in das Regelinsolvenzverfahren. Damit wird diesem Personenkreis weitgehend die Durchführung eines Insolvenzverfahrens mittels Eigenverwaltung eröffnet. 939

> Uhlenbruck/*Uhlenbruck*, InsO, § 35 Rn. 48.

Jedoch stellt die Eigenverwaltung hohe Anforderungen an die Zuverlässigkeit und die Objektivität des Schuldners. Die Eigenverwaltung hat in der Praxis 940

D. Eröffnetes Insolvenzverfahren

wegen der immanenten besonderen Gefährdung der Gläubigerinteressen kaum Bedeutung und wird von den Insolvenzgerichten auch besonders kritisch betrachtet. Daran hat sich durch das ESUG nur wenig geändert; allenfalls in Großinsolvenzen wird diese zunehmend praktiziert.

Kübler/Prütting/Bork/*Pape*, InsO, § 270 Rn. 5;
Haarmeyer/Wutzke/Förster, Handbuch, § 10 Rn. 3.

941 Eine Anfechtung der Anordnung der Eigenverwaltung oder deren Ablehnung ist nicht vorgesehen.

BGH, Beschl. v. 11.1.2007 – IX ZB 85/05,
ZIP 2007, 394.

5. Insolvenzplan

942 Zum Zwecke der Restrukturierung eines Unternehmens und Sanierung seines Rechtsträgers hat der Insolvenzplan für Unternehmensinsolvenzen eine sehr große Bedeutung erlangt. Zwar sind auch Liquidationspläne möglich, in der Regel wird ein Insolvenzplan aber eingesetzt, **um den bisherigen Rechtsträger zu sanieren** und dessen Unternehmen zu erhalten. Die Restrukturierung erfolgt vor allem durch die klassischen leistungs- und finanzwirtschaftlichen Maßnahmen und wird durch einen Verzicht der Gläubiger und Anteilseigner begleitet, sodass „am Ende des Tages" ein weitestgehend entschuldeter Rechtsträger mit einem ertragreichen Unternehmen steht. Bekannte Insolvenzplanverfahren der jüngeren Zeit waren vor allem das Insolvenzverfahren über das Vermögen der Arcandor AG und ihrer Tochtergesellschaften („Karstadt"), der Märklin GmbH und der Herlitz AG. Dem Insolvenzplanverfahren liegen rechtsvergleichende Vorarbeiten zugrunde, die vor allem das US-amerikanische Reorganisationsverfahren nach **Chapter 11 des US-Bankruptcy Code** zum **Vorbild** hatten. In den USA wurden durch dieses Verfahren regelrecht ganze Branchen (z. B. Automobil oder Luftfahrt) saniert. Der Erhalt des Unternehmens bei Umsetzung eines Insolvenzplans führt in der Regel zu einer besseren Befriedigung der Gläubiger, da diese zusätzlich von der mittel- bis langfristigen Wiederherstellung der Ertragskraft des Unternehmens profitieren. Selbstredend muss das Unternehmen sanierungsfähig sein.

943 In Insolvenzverfahren über das Vermögen **natürlicher Personen** ist der Insolvenzplan vor allem bei Angehörigen freier Berufe (z. B. Ärzte, Rechtsanwälte) von einiger Bedeutung. Die Möglichkeit der Entschuldung über einen Insolvenzplan stand bisher nur in Regelinsolvenzverfahren zur Verfügung, nicht dagegen im Verbraucherinsolvenzverfahren, § 312 Abs. 3 InsO a. F. Mit der Streichung des § 312 Abs. 3 InsO a. F. kann künftig in Verfahren, die aufgrund eines **ab dem 1.7.2014** gestellten Antrages eröffnet werden, ein Insolvenzplan **auch in Verbraucherinsolvenzverfahren** vorgelegt und eine Entschuldung auf diese Weise erreicht werden. Bemerkenswert ist, dass der Gesetzgeber durch die bloße Streichung der Norm sämtliche Vorschriften des

IV. Besonderheiten bei selbstständiger Tätigkeit des Schuldners

Insolvenzplans auch im Verbraucherinsolvenzverfahren für anwendbar erklärt, ohne diese zu modifizieren.

Kritik: *Heyer*, ZVI 2012, 321 ff.

Die Regelungen müssen in der Praxis, nötigenfalls im Wege der teleologischen Reduktion auf die Bedürfnisse des Verbraucherinsolvenzverfahrens angepasst werden. Angesichts des obligatorischen außergerichtlichen Schuldenbereinigungsversuchs und der Möglichkeit des gerichtlichen Schuldenbereinigungsverfahrens dürfte der Insolvenzplan auch künftig für das Verbraucherinsolvenzverfahren von geringer Bedeutung sein. 944

Nach der *Systematik* der Insolvenzordnung kann ein Insolvenzplan nur während eines eröffneten und noch nicht aufgehobenen Insolvenzverfahrens vorgelegt und zur Abstimmung geführt werden. Das **Restschuldbefreiungsverfahren** enthält demgegenüber keine Regelungen für die Durchführung eines Insolvenzplanverfahrens. Zudem bestimmt § 218 Abs. 1 Satz 2 InsO, dass ein erst nach dem Schlusstermin bei dem Insolvenzgericht eingehender Insolvenzplan **nicht** berücksichtigt wird. 945

Die im Plan in der Regel enthaltenen Forderungsverzichte der Gläubiger führen steuerlich zu einer Erhöhung des Betriebsvermögens und damit zu einem Sanierungsgewinn. Nach § 3 Ziff. 66 EStG ist der **Sanierungsgewinn** in vollem Umfang steuerpflichtig. Diese steuerliche Regelung stand einem erfolgreichen Insolvenzplanverfahren oftmals im Wege, da die aus dem Sanierungsgewinn resultierenden Einkommensteuern vom schuldnerischen Unternehmen nicht aufzubringen waren bzw. zulasten der Befriedigungsquote der Insolvenzgläubiger gegangen wäre. Durch das **Schreiben des BMF vom 27. März 2003** ist dieses steuerliche Sanierungshindernis beseitigt. Soweit das schuldnerische Unternehmen sanierungsfähig und sanierungswürdig ist, sind die auf Antrag des Schuldners aus dem Sanierungsgewinn entstehenden Ertragsteuern vom Finanzamt zu stunden und nachfolgend zu erlassen, wobei das Betriebsstättenfinanzamt den Sanierungsgewinn ermittelt und diesen dem Wohnsitzfinanzamt mitteilt, das dann im Anschluss das Stundungs- und Erlassverfahren durchführt. 946

BMF-Schreiben v. 27.3.2003 – IV A 6-S 2140-8/03,
BStBl. I 2003, 240; *Linse*, ZInsO 2003, 934.

Diese „nachrichtliche" Mitteilung ist nur ein innerbehördlicher Vorgang und kein Verwaltungsakt. Der Steuerpflichtige kann mit einer Klage daher nur die Aufhebung dieser Mitteilung erstreiten, nicht aber die positive Feststellung einer bestimmten Höhe des Sanierungsgewinns. 947

FG Köln, Urt. v. 24.4.2008 – 6 K 2488/06, EFG 2008, 1555
= BB 2008, 2666.

Schließlich ist zu beachten, dass die Erlass- und Stundungsregeln **nur** die **unternehmensbezogene Sanierung begünstigt,** wenn sie also auf den Fortbestand des Unternehmens abzielt. Daran fehlt es, wenn das Unternehmen sei- 948

D. Eröffnetes Insolvenzverfahren

ne werbende Tätigkeit bereits vor dem Schuldenerlass eingestellt hat. Nicht begünstigt ist hingegen eine *unternehmer*bezogene Sanierung, wenn durch den Schuldenerlass nur der Aufbau einer anderen *neuen* Existenz ohne Belastung durch Schulden aus einer früheren unternehmerischen Tätigkeit ermöglicht werden soll.

BFH, Urt. v. 14.7.2010 – X R 34/08, ZIP 2010, 1807 Rn. 30 f.;
Verfassungsbeschwerde hiergegen wurde nicht zur Entscheidung angenommen: BVerfG, Beschl. v. 14.7.2011 – 2 BvR 2583/10;
BMF-Schreiben v. 27.3.2003, BStBl. I 2003, 240 Rn. 2 Satz 2.

949 Im Falle der *Liquidation* des Unternehmens ist die Einkommensteuer aus dem Sanierungsgewinn folglich vom Schuldner als Neuverbindlichkeit zu tragen (kein Fall des § 175 Abs. 1 Nr. 2 AO); der Insolvenzplan sollte daher eine Regelung dazu enthalten.

950 Die Regelungen des BMF-Schreibens vom 27. März 2003 finden **auch auf Gewinne aus** einer **Restschuldbefreiung und** aus einer **Verbraucherinsolvenz** entsprechende Anwendung; allerdings ist die dortige Tz. 2 Satz 2 (keine Begünstigung einer unternehmerbezogenen Sanierung) nicht anzuwenden.

BMF-Schreiben v. 22.12.2009 – IV C 6 -S 2140/07/10001-01,
BStBl. I 2010, 18.

E. Restschuldbefreiungsverfahren

Die Konkursordnung kannte eine den §§ 286–303 InsO vergleichbare Regelung nicht. Das **unbegrenzte Nachforderungsrecht** ist ein Grundsatz des deutschen Insolvenzrechtes (§ 201 Abs. 1 InsO) und war auch ein solcher des deutschen Konkursrechtes (§ 164 Abs. 1 KO). Obwohl das Nachforderungsrecht grundsätzlich gegenüber allen Schuldnern besteht, wird es nur bei natürlichen Personen virulent, da das Insolvenzverfahren bei juristischen Personen in der Regel zur Auflösung (§ 42 Abs. 1 Satz 1 BGB, § 262 Abs. 1 Nr. 3 AktG, § 60 Abs. 1 Nr. 4 GmbHG, § 101 GenG) und anschließend zur Löschung im Handelsregister führt. Eine Nachforderung kommt dann naturgemäß nicht mehr in Betracht. Die Beschränkung der Restschuldbefreiung auf natürliche Personen ist daher die Konsequenz daraus, dass die Wirkungen des freien Nachforderungsrechtes gemäß § 201 Abs. 1 InsO tatsächlich auch nur diesen Personenkreis treffen.

951

I. Konzeption des Restschuldbefreiungsverfahrens

Bei dem Restschuldbefreiungsverfahren handelt es sich um ein in der Insolvenzordnung geregeltes selbstständiges Verfahren, das zwar eng, aber nicht notwendig mit dem Insolvenzverfahren verbunden ist und sich in zwei Verfahrensteile aufgliedert:

952

Für Altverfahren, die aufgrund eines Insolvenzantrages **vor dem 1.7.2014** eröffnet werden, differenziert das Gesetz zwischen dem Zulassungs- und dem Hauptverfahren:

953

Das **Zulassungsverfahren** regelt den *Zugang* des Schuldners zum Schuldbefreiungsverfahren. Es **beginnt** mit der Antragstellung des Schuldners gemäß §§ 287 Abs. 1 Satz 1 InsO und **endet** mit der Entscheidung des Insolvenzgerichts nach §§ 289 Abs. 1 Satz 2 InsO a. F., 291 InsO a. F. (Versagung oder Ankündigung der Restschuldbefreiung) sowie der Aufhebung des Insolvenzverfahrens nach § 289 Abs. 2 Satz 2 InsO a. F. Zum Zulassungsverfahren gehören:

- Die Verfahrenseinleitung durch *Antrag des Schuldners*, der gleichzeitig mit dem Antrag auf Eröffnung des Insolvenzverfahrens gestellt werden soll und dem eine Abtretungserklärung nach § 287 Abs. 2 Satz 1 InsO beigefügt sein muss.

- Die *Ankündigung der Restschuldbefreiung*, falls keine Versagungsgründe gemäß § 290 InsO a. F. vorliegen.

Das **Hauptverfahren** als zweiter Verfahrensteil stellt das eigentliche Schuldbefreiungsverfahren dar. Der Schuldner wird hierzu mit der Ankündigung der Restschuldbefreiung zugelassen. Es besteht aus der als *Wohlverhaltensperiode* bezeichneten Treuhandphase. In dieser Periode treffen den Schuldner umfassende Obliegenheiten. Die Wirkungen des Insolvenzverfahrens bestehen

954

nicht mehr, da es zuvor bereits aufgehoben wurde. Das Hauptverfahren vollzieht sich somit in folgenden Schritten:

- Erfüllung bestimmter Obliegenheiten des Schuldners während der restlichen Laufzeit der Abtretungserklärung nach Ankündigung der Restschuldbefreiung.

- Beendigung des Restschuldbefreiungsverfahrens nach sechsjähriger Laufzeit der Abtretungserklärung und Entscheidung des Insolvenzgerichtes gemäß § 300 InsO.

- Erteilung der Restschuldbefreiung, falls der Schuldner seinen Obliegenheiten nachgekommen ist.

955 Der Weg zur Restschuldbefreiung wird durch ein abgestuftes System an Versagungs- und Widerrufsgründen begleitet. In jedem Verfahrensteil gibt es unterschiedliche Gründe zur Versagung der Restschuldbefreiung mit spezifischen Voraussetzungen. Die Anforderungen zur Versagung der Restschuldbefreiung werden von Verfahrensabschnitt zu Verfahrensabschnitt immer enger, bis schließlich nach Rechtskraft des Beschlusses gemäß § 300 Abs. 1 InsO nur noch der Widerruf der Restschuldbefreiung unter ganz eng begrenzten Voraussetzungen in Betracht kommt. Das System der Versagungs- und Widerrufsgründe stellt sich wie folgt dar:

- Im **Zulassungsverfahren** sind die Versagungsgründe des § 290 Abs. 1 InsO und § 314 Abs. 3 InsO maßgeblich. Die Entscheidung erfolgt auf Antrag im Schlusstermin des Insolvenzverfahrens.

- Im **Hauptverfahren** sind die Versagungsgründe der § 295 InsO i. V. m. § 296 Abs. 1, §§ 296 Abs. 2 Satz 2 und 3, 297 und 298 InsO maßgeblich. Eine Entscheidung hierüber erfolgt auf Antrag entweder während des laufenden Hauptverfahrens oder nach Ablauf der Laufzeit des sechsjährigen Abtretungszeitraumes.

- **Nach Rechtskraft** des Beschlusses, mit dem die Restschuldbefreiung erteilt wird, ist nur noch ein Widerruf der Restschuldbefreiung unter den Voraussetzungen des § 303 InsO möglich.

956 Die – ohnehin eher theoretische – **Unterteilung in Zulassungs- und Hauptverfahren** gilt für **ab dem 1.7.2014** beantragte Verfahren **nicht mehr**, da die Zulässigkeit des Restschuldbefreiungsantrages bereits in einer Eingangsentscheidung des Gerichtes, also noch vor Eröffnung des Insolvenzverfahrens erfolgt und zugleich über die Zulässigkeit des Restschuldbefreiungsantrages entschieden wird, § 287a InsO n. F. Ist der Antrag zulässig, so hat das Insolvenzgericht schon im Beschluss über die Eröffnung des Insolvenzverfahrens anzukündigen, dass der Schuldner die Restschuldbefreiung erlangt, wenn er den Obliegenheiten nach § 295 nachkommt und die Voraussetzungen für eine Versagung nach den §§ 290, 297 bis 298 InsO nicht vorliegen, § 287a Abs. 1 Satz 1 InsO n. F. Ferner ist zu beachten, dass zwar auch ein Insolvenzverfahren

eröffnet werden kann, ohne dass ein Restschuldbefreiungsverfahren durchgeführt wird; etwa wenn der Schuldner keinen Antrag stellt oder dieser unzulässig ist. Wenn aber ein **Restschuldbefreiungsverfahren** durchgeführt wird, dann **beginnt es zeitgleich mit der Eröffnung des Insolvenzverfahrens.**

Die §§ 286–306 InsO enthalten sowohl materiell-rechtliche Voraussetzungen für die Erteilung der Restschuldbefreiung als auch eigenständige Verfahrensregeln. Subsidiär muss auf die §§ 1–11 InsO oder nach Maßgabe des § 4 InsO auf die Regeln der ZPO zurückgegriffen werden.

957

Uhlenbruck/*Vallender*, InsO, Vor § 286 Rn. 44.

II. Anwendungsbereich und Zuständigkeit

Die Möglichkeit der **Restschuldbefreiung** besteht nicht nur im Verbraucherinsolvenzverfahren, sondern **auch im Regelinsolvenzverfahren** über das Vermögen einer natürlichen Person (§ 286 InsO). Die Erteilung der Restschuldbefreiung setzt die Durchführung eines Insolvenzverfahrens über das Vermögen der Person voraus, die Restschuldbefreiung beantragt hat.

958

OLG Köln, Beschl. v. 23.2.2000 – 2 W 21/00,
ZIP 2000, 548, 549;
dazu EWiR 2000, 501 *(Wenzel)*.

Daher kann z. B. der **Ehepartner** eines Schuldners, der eine Mithaftung für die Verbindlichkeiten des Schuldners übernommen hat oder der **persönlich haftende Gesellschafter** bei einem Insolvenzverfahren über das Vermögen der Gesellschaft nur dann Restschuldbefreiung und damit Befreiung von seiner Mithaftung erlangen, wenn *er selbst* ein Insolvenzverfahren über sein *eigenes* Vermögen nach Maßgabe der §§ 286 ff. InsO durchläuft. Kommt es nicht zur Eröffnung des Insolvenzverfahrens, kann auch keine Restschuldbefreiung erteilt werden. Ferner kann bei einer Einstellung des Verfahrens mangels Masse nach § 207 Abs. 1 InsO eine Restschuldbefreiung nicht stattfinden, wohl aber bei **Masseunzulänglichkeit** gemäß § 208 InsO (§ 289 Abs. 3 Satz 1 InsO).

959

> Praxistipp:
> Die Einstellung mangels Masse lässt sich in der Praxis durch einen (nachträglichen) Antrag des Schuldners an das Gericht verhindern, ihm die Verfahrenskosten zu stunden.

Zuständig ist das gleiche Amtsgericht als Insolvenzgericht, das auch das Insolvenzverfahren durchgeführt hat. Funktionell zuständig für die Durchführung des Restschuldbefreiungsverfahrens ist grundsätzlich der *Rechtspfleger*. Welche Entscheidungen dem Richter vorbehalten bleiben, regelt § 18 Abs. 1 Nr. 2 RpflG.

960

III. Verfahrensvoraussetzungen

1. Antrag auf Restschuldbefreiung

961 Die Restschuldbefreiung erfolgt **nur auf Antrag des Schuldners**. Die Neufassung des § 287 Abs. 1 Satz 1 InsO durch das InsOÄndG 2001 beendete die kontroverse Diskussion zu der Frage, ob ein dem Anwendungsbereich des § 304 InsO unterliegender Schuldner, der keinen eigenen Insolvenzantrag stellt, auf Grund eines Gläubigerantrages ohne Durchführung eines Schuldenbereinigungsverfahrens eine Restschuldbefreiung erlangen kann. Damit wollte der Gesetzgeber einer Entwertung des Schuldenbereinigungsverfahrens entgegentreten. Denn ein Schuldner könnte durch den Insolvenzantrag eines wohlgesonnenen Gläubigers sonst den außergerichtlichen und den gerichtlichen Einigungsversuch umgehen.

962 Bei einem **Fremdantrag** eines Gläubigers ist der Schuldner gemäß § 20 Abs. 2 InsO darauf **hinzuweisen**, dass er zur Erlangung der Restschuldbefreiung einen Eigenantrag stellen muss; das Insolvenzgericht hat ihm hierfür eine angemessene richterliche Frist zu setzen, die allerdings keine Ausschlussfrist ist; § 287 Abs. 1 Satz 2 InsO gilt nicht.

BGH, Beschl. v. 7.5.2009 – IX ZB 202/07 ZVI 2009, 1171 f.
= ZVI 2009, 386 f. Rn. 6.

963 Der Antrag kann auch nach Ablauf dieser Frist **bis zur Eröffnung** des Insolvenzverfahrens wirksam gestellt werden.

BGH, Beschl. v. 7.5.2009 – IX ZB 202/07, ZVI 2009, 1171 f.
= ZVI 2009, 386 f. Rn. 6;
BGH, Beschl. v. 3.7.2008 – IX ZB 182/07,
ZIP 2008, 1976 f. Rn. 14, 16.

964 Stellt der Schuldner die eigenen Anträge nicht rechtzeitig, also vor Eröffnung des Insolvenzverfahrens, kann er erst nach Ablauf einer **Sperrfrist** von **drei Jahren** (analog § 290 Abs. 1 Nr. 3 InsO) nach Insolvenzeröffnung einen neuen Insolvenz-, Verfahrenskostenstundungs-, oder Restschuldbefreiungsantrag stellen.

BGH, Beschl. v. 21.1.2010 – IX ZB 174/09,
ZInsO 2010, 344 ff. Rn. 8.

965 Umstritten ist, ob dies auch gilt, wenn das Insolvenzverfahren auf den Antrag des Gläubigers *nicht* eröffnet, sondern die Eröffnung mangels Masse abgelehnt wurde.

Dafür:
LG Düsseldorf, Beschl. v. 27.3.2013 – 25 T 122/13,
ZInsO 2013, 892 f.;
Dagegen:
AG Köln, Beschl. v. 1.7.2013 – 72 IN 224/13, ZVI 2013, 343 f.
mit guter Begründung;
Siebert, VIA 2013, 46.

III. Verfahrensvoraussetzungen

Die besseren Argumente sprechen gegen eine im Gesetz nicht vorgesehene **966**
Sperrfrist.

Der Antrag auf Eröffnung des Insolvenzverfahrens ist **bedingungsfeindlich**, **967**
sodass es dem Schuldner verwehrt ist, den Gläubigerantrag als unzulässig oder
unbegründet anzugreifen und einen Eigenantrag nur „hilfsweise" zu stellen.

> BGH, Beschl. v. 11.3.2010 – IX ZB 110/09, ZIP 2010, 888 f.
> = ZVI 2010, 300 ff. Rn. 7.

Das **zwingende Erfordernis eines Eigenantrages** auf Eröffnung eines Insol- **968**
venzverfahrens gilt gleichermaßen für das Regel- wie auch das Verbraucherinsolvenzverfahren. Ziel der Gesetzesänderung war es, die Verfahrensnormen
in der Regelinsolvenz und im Verbraucherinsolvenzverfahren aneinander anzu-
gleichen.

> LG Köln, Beschl. v- 31.7.2003 – 19 T 152/03, NZI 2004, 159, 160;
> Begr. RegE, BT-Drucks. 14/5680, S. 43.

Aus diesem Grunde wurde auch die zeitliche Differenzierung für den Rest- **969**
schuldbefreiungsantrag durch das InsOÄndG 2001 aufgehoben. Zuvor konnte
der Restschuldbefreiungsantrag im Regelinsolvenzverfahren noch *bis spätestens
zum Berichtstermin* gestellt werden. § 287 Abs. 1 gilt seitdem einheitlich für
beide Verfahrensarten: Der Antrag soll mit dem Antrag auf Eröffnung des
Insolvenzverfahrens verbunden werden. Stellt der Schuldner beide Anträge
nicht gemeinsam, ist er gemäß **§ 20 Abs. 2** InsO noch im Eröffnungsverfahren vom Gericht darauf hinzuweisen, dass nach Maßgabe der §§ 287–303
InsO Restschuldbefreiung erlangt werden kann. **Spätestens zwei Wochen
nach** dieser **Belehrung** hat der Schuldner den Antrag auf Restschuldbefreiung
zu stellen.

Trotzdem ist damit nur eine partielle Vereinheitlichung erreicht, da die **Kon-** **970**
sequenzen der Fristversäumnis für das Regelinsolvenzverfahren und das
Verbraucherinsolvenzverfahren **unterschiedlich** sind.

a) Insolvenzverfahren aufgrund Schuldnerantrages

Im **Regelinsolvenzverfahren** ist der Antrag auf Restschuldbefreiung *zwei* **971**
Wochen nach dem Hinweis des § 20 Abs. 2 InsO unzulässig.

> OLG Köln, Beschl. v. 24.5.2000 – 2 W 76/00,
> ZInsO 2000, 334.

Im Falle der Versäumung der Frist zur Stellung eines Restschuldbefreiungs- **972**
antrages kommt jedoch eine Wiedereinsetzung in den vorigen Stand analog
§§ 233 ff. ZPO in Betracht.

> LG Dresden, Urt. v. 2.1.2008 – 5 T 681/07,
> ZInsO 2008, 48–49.

Die Frist des **§ 287 Abs. 1 Satz 2** InsO zur Stellung eines Antrags auf Rest- **973**
schuldbefreiung wird allerdings nur dann in Gang gesetzt, wenn das Insolvenz-

gericht dem Schuldner einen eindeutigen und unmissverständlichen Hinweis erteilt, aus dem sich der Ausschluss der Restschuldbefreiungsmöglichkeit bei Fristversäumung ergibt. Die Formulierung, dass ansonsten „ein Rechtsverlust droht" reicht insoweit nicht.

> LG Bonn, Beschl. v. 20.1.2003 – 2 T 13/02, ZInsO 2003, 189;
> LG Berlin, Beschl. v. 17.6.2003 – 86 T 706/03,
> ZInsO 2003, 964 (LS).

974 Der Hinweis auf die Möglichkeit der Erlangung der Restschuldbefreiung nach § 20 Abs. 2 InsO ist allerdings entbehrlich, wenn der Schuldner anlässlich eines bereits anhängigen Insolvenzantrages eines Gläubigers schon ordnungsgemäß belehrt und der Antrag nicht zurückgenommen oder für erledigt erklärt wurde.

> LG Aachen, Beschl. v. 30.12.2011 – 6 T 132/11,
> ZVI 2012, 105, 106 Rn. 11.

975 Im **Verbraucherinsolvenzverfahren** gilt weiter die speziellere Regelung des § 305 Abs. 3 InsO. Gibt der Schuldner keine Erklärung gemäß § 305 Abs. 1 Nr. 2 InsO darüber ab, ob die Restschuldbefreiung beantragt werden soll oder nicht, hat ihn das Gericht nach § 305 Abs. 3 Satz 1 InsO zur Ergänzung seiner Unterlagen und Erklärungen aufzufordern. Dabei ist die Ergänzungsaufforderung gemäß **§ 305 Abs. 3 Satz 1** InsO mit dem Hinweis nach § 20 Abs. 2 InsO zu verbinden. Erst wenn der Schuldner dieser Aufforderung nicht binnen der *Monatsfrist* aus § 305 Abs. 3 Satz 2 InsO nachkommt, gilt sein Antrag auf Eröffnung eines Insolvenzverfahrens als zurückgenommen. Als speziellere Vorschrift für das Verbraucherinsolvenzverfahren verdrängt diese Regelung die abweichenden Wirkungen des § 287 Abs. 1 Satz 2 InsO.

> OLG Köln, Beschl. v. 24.5.2000 – 2 W 76/00, ZIP 2000, 1628;
> AG Düsseldorf, Beschl. v. 17.1.2000 – 504 IK 45/99,
> ZInsO 2000, 111, 112.

976 Die Rücknahmefiktion des § 305 Abs. 3 Satz 2 InsO greift allerdings nur dann ein, wenn der Schuldner auf eine Ergänzungsaufforderung des Gerichtes gar **nicht reagiert** hat. Im Fall einer **Reaktion** des Schuldners auf einen Hinweis nach § 305 Abs. 3 Satz 1 InsO kommt die Anwendung der Rücknahmefiktion *nicht* mehr in Betracht.

> OLG Frankfurt/M., Beschl. v. 20.3.2002 – 25 W 106/01,
> ZInsO 2003, 567;
> LG Aachen, Beschl. v. 2.5.2003 – 3 T 133/03, NZI 2003, 451.

977 Die Mitteilung des Insolvenzgerichtes, dass der Antrag des Schuldners auf Eröffnung eines Insolvenzverfahrens gemäß § 305 Abs. 3 Satz 2 InsO als zurückgenommen gilt, ist **nicht anfechtbar**. Wegen der Rücknahmefiktion bedarf es auch keiner Abweisung des Insolvenzantrages als unzulässig.

> BGH, Beschl. v. 7.4.2005 – IX ZB 195/03, ZInsO 2005, 484;
> BGH, Beschl. v. 16.10.2003 – IX ZB 599/02, ZInsO 2003, 1040;
> LG Düsseldorf, Beschl. v. 21.5.2002 – 25 T 128/02, 25 T 129/02,
> NZI 2002, 505.

III. Verfahrensvoraussetzungen

b) Insolvenzverfahren aufgrund Gläubigerantrages

Gläubiger können für den Schuldner *keinen* Antrag auf Restschuldbefreiung 978
stellen. Dem Schuldner alleine obliegt die Entscheidung, ob er die sechsjährige
Wohlverhaltensperiode auf sich nehmen möchte.

Stellt ein Gläubiger einen Insolvenzeröffnungsantrag, ohne dass bereits ein 979
Insolvenzantrag des Schuldners oder ein Restschuldbefreiungsantrag vorliegt, ist zu unterscheiden:

Im **Verbraucherinsolvenzverfahren** hat das Gericht nach § 306 Abs. 3 InsO 980
dem Schuldner Gelegenheit zu geben, einen eigenen Insolvenzeröffnungsantrag zu stellen. Hierbei ist der Schuldner auf das Recht hinzuweisen, einen
eigenen Insolvenzantrag stellen zu können. Zugleich ist er gemäß § 20 Abs. 2
InsO auf sein Recht hinzuweisen, Restschuldbefreiung beantragen zu können. Die zweiwöchige Antragsfrist aus § 287 Abs. 1 Satz 2 InsO wird durch
die speziellere *dreimonatige* Frist aus **§ 305 Abs. 3 Satz 3** InsO verdrängt.
Soweit der Schuldner den Antrag stellt, hat er zunächst eine außergerichtliche Einigung nach § 305 Abs. 1 Nr. 1 InsO zu versuchen.

Im **Regelinsolvenzverfahren** auf einen Gläubigerantrag wird zunächst nur 981
die Belehrungspflicht des § 20 Abs. 2 InsO ausgelöst. Nach einem Gläubigerantrag ist der Schuldner auf sein Recht, einen Insolvenzeröffnungsantrag und
einen Antrag auf Restschuldbefreiung stellen zu können, hinzuweisen. Die
zweiwöchige Antragsfrist aus § 287 Abs. 1 Satz 2 InsO läuft damit *noch
nicht* (!), da sie einen Eigenantrag des Schuldners voraussetzt.

BGH, Beschl. v. 25.9.2003 – IX ZB 24/03, ZVI 2003, 607;
MünchKomm-*Schmahl*, InsO, § 20 Rn. 98;
Kothe/Ahrens/Grote/Busch, § 287 Rn. 11 a;
a. A. Uhlenbruck/*Vallender*, InsO, § 287 Rn. 14.

Ein neun Monate nach Zustellung des Gläubigerantrags und Zugang des Hin- 982
weises auf die Möglichkeit eines eigenen Insolvenzantrags und Restschuldbefreiungsantrag gestellter Antrag auf Restschuldbefreiung ist aber unzulässig.

BGH, Beschl. v. 25.9.2003 – IX ZB 24/03, ZVI 2003, 606.

2. Abtretungserklärung

Dem Antrag auf Restschuldbefreiung ist eine Abtretungserklärung hinsicht- 983
lich des pfändbaren Arbeitseinkommens und der Lohnersatzleistungen auf
die Dauer von sechs Jahren nach der Eröffnung des Insolvenzverfahrens an
einen Treuhänder beizufügen (§ 287 Abs. 2 InsO).

a) Abgetretene Forderungen

Die Abtretung erfasst somit zwei Gruppen von Forderungen: Die *pfändba-* 984
ren Forderungen aus einem Dienstverhältnis und die pfändbaren Ansprüche
aus laufenden Bezügen, die an die Stelle der Dienstbezüge treten.

Uhlenbruck/*Vallender*, InsO, § 287 Rn. 28;
Kothe/Ahrens/Grote/Busch, § 287 Rn. 34.

985 Unter die **Bezüge aus dem Dienstverhältnis** fallen alle Arten von Arbeitseinkommen aus unselbstständiger Tätigkeit i. S. d. § 850 ZPO, also auch

- Lohn, Gehalt, Dienst- und Versorgungsbezüge der Beamten (§ 850 Abs. 2 ZPO),

- Dienstbezüge der Soldaten und Zivildienstleistenden (§ 30 SoldatenG, §§ 12a, 13, 13a USG),

- Honorare, Tantiemen, Provisionen, Deputate, Lohnfortzahlung im Krankheitsfall, Urlaubsentgelte,

    Uhlenbruck/*Vallender*, InsO, § 287 Rn. 28;
    Kothe/Ahrens/Grote/Busch, § 287 Rn. 47,

- Naturalleistungen, wie z. B. die Überlassung eines Dienstwagens.

    BGH, Beschl. v. 18.10.2012 – IX ZB 61/10, ZInsO 2012, 2342 = ZVI 2013, 74 f. Rn. 3.

986 Ansprüche auf **Erstattung** gezahlter **Lohn- und Einkommensteuer** werden aber wegen ihres öffentlich-rechtlichen Charakters nach ganz herrschender Auffassung von der Abtretungserklärung gemäß § 287 Abs. 2 Satz 1 InsO **nicht** erfasst; sie stehen daher nicht dem Treuhänder, sondern nach Aufhebung des Insolvenzverfahrens (§ 289 Abs. 2 InsO) dem Schuldner zu.

    BGH, Urt. v. 21.7.2005 – IX ZR 115/04, ZVI 2005, 437;
    BGH, Beschl. v. 12.1.2006 – IX ZB 239/04, ZInsO 2006, 139;
    BFH, Urt. v. 21.11.2006 – VII R 1/06, ZVI 2007, 137;
    FK-*Ahrens*, InsO, § 287 Rn. 44.

987 Der Insolvenzverwalter muss daher erreichen, dass das Insolvenzgericht die Erstattungsansprüche durch Beschluss einer **Nachtragsverteilung** vorbehält, sodass der Insolvenzbeschlag auch nach Aufhebung des Insolvenzverfahrens insoweit fortbesteht, § 203 InsO.

    Uhlenbruck/*Uhlenbruck*, InsO, § 203 Rn. 15.

Fall:

Nach Durchführung des Schlusstermins und Einreichung des Ausschüttungsberichtes wurde das Insolvenzverfahren durch Beschluss vom 15.3.2014 aufgehoben. Zum Treuhänder im Restschuldbefreiungsverfahren wird der bisherige Insolvenzverwalter bestimmt. Ende April geht dem Treuhänder ein Einkommensteuerbescheid zu, wonach S für das Jahr 2013 ein Einkommensteuererstattungsanspruch von 300,00 € zusteht. Der Treuhänder fordert das Finanzamt auf, den Erstattungsbetrag auf sein Insolvenzanderkonto zu überweisen. Das Finanzamt ist der Ansicht, dass nach Aufhebung des Insolvenzverfahrens der Erstattungsbetrag dem Schuldner zustehe.

Muss das Finanzamt die Einkommensteuererstattung an den Treuhänder auszahlen?

III. Verfahrensvoraussetzungen

> Die Einkommensteuererstattung ist an den Treuhänder auszuzahlen, **wenn** sie **von** der **Abtretung gemäß § 287 Abs. 2 Satz 1 InsO erfasst** ist. Nach der Rechtsprechung des BGH (Beschl. v. 12.1.2006 – IX ZB 239/04, ZIP 2006, 340 f. = ZVI 2006, 58 f. Rn. 9) ist der Anspruch auf Erstattung von Einkommensteuerzahlungen öffentlich-rechtlicher Natur und hat **nicht** den Charakter eines Einkommens, das dem Berechtigten **aufgrund des Arbeits- und Dienstverhältnisses** zusteht.
>
> Mit Aufhebung des Insolvenzverfahrens hat der Schuldner das Verwaltungs- und Verfügungsrecht über sein Vermögen zurück erlangt, soweit es nicht von der Abtretung gemäß § 287 Abs. 2 Satz 1 InsO erfasst wird. Die Einkommensteuererstattung unterliegt daher **nicht** mehr dem Insolvenzbeschlag.
>
> **Was kann der Treuhänder tun, um den Erstattungsbetrag doch noch zur Masse zu ziehen?**
>
> Er kann den Sachverhalt dem Insolvenzgericht zur Kenntnis bringen und anregen, die **Nachtragsverteilung gemäß § 203 Abs. 1 InsO** anzuordnen. Eine solche Anordnung ist auch im Verbraucherinsolvenzverfahren zulässig. Mit der Anordnung der Nachtragsverteilung tritt eine erneute Insolvenzbeschlagnahme ein, allerdings beschränkt auf den Gegenstand, für den sie angeordnet wurde. Fraglich kann nur sein, ob auch der Erstattungsanspruch vom Insolvenzbeschlag erfasst wird. Gemäß § 36 Abs. 1 Satz 1 InsO gehören Gegenstände, die nicht gepfändet werden können, nämlich nicht zur Insolvenzmasse. Ansprüche auf Erstattung von Einkommensteuer sind aber nach **§ 46 Abs. 1 AO** pfändbar.
>
> Der Anspruch **entstand** insolvenzrechtlich **mit der Abführung der Lohnsteuer.** Er stand lediglich **unter** der **aufschiebenden Bedingung,** dass am Jahresende die geschuldete Einkommensteuer geringer sein würde als die Summe der Anrechnungsbeträge, so dass sich gemäß § 36 Abs. 4 Satz 2 EStG, § 37 Abs. 2 AO ein Erstattungsbetrag ergab. Die Finanzbehörde ist bereits dann etwas zur Masse schuldig geworden, wenn der die Erstattungsforderung begründende Sachverhalt verwirklicht worden ist. Der Insolvenzschuldner hat mit der Vorauszahlung eine Anwartschaft auf den am Ende des Veranlagungszeitraumes entstehenden Erstattungsanspruch, so dass dieser **in die Masse fällt, wenn vor Eröffnung** des Insolvenzverfahrens **oder während** dessen Dauer **der ihn begründende Sachverhalt verwirklicht** ist (instruktiv: *Hackenberg*, InsbürO 2005, 444 ff.).

Zu beachten ist, dass eine **Anordnung** der Nachtragsverteilung erst mit ihrer öffentlichen Bekanntmachung wirksam wird (§ 9 Abs. 1 Satz 3 InsO); sie hat keine Rückwirkung. **988**

BFH, Urt. v. 4.9.2008 – VII B 239/07, BFH/NV 2009, 6 Rn. 8.

Dadurch entsteht zwischen Aufhebung des Insolvenzverfahrens und der Anordnung der Nachtragsverteilung hinsichtlich der Erstattungsforderung eine *Lücke im Insolvenzbeschlag*. Die Finanzämter versuchen daher gerne unter Berufung auf die Rechtsprechung des BFH, wonach aus § 294 Abs. 1 InsO kein Aufrechnungsverbot folge, in diesem Zeitraum mit ihren Insolvenzforderungen noch aufzurechnen. **989**

Die Zulässigkeit bejahend:
BFH, Beschl. v. 21.11.2006 – VII ZR 1/06, ZVI 2007, 137;

E. Restschuldbefreiungsverfahren

ablehnend:
Uhlenbruck/*Sinz*, § 96 Rn. 18 ff., 55 ff.

990 Dagegen führt der **Vorbehalt** der Nachtragsverteilung zu einem *Fortbestand des Insolvenzbeschlages*. Der Insolvenzverwalter sollte daher, sofern ihm solche Erstattungsansprüche bekannt sind oder er zumindest diese für möglich hält, bereits im Schlussbericht stets einen solchen Vorbehalt anregen.

BFH, Urt. v. 28.2.2012 – VII R 36/11,
BStBl. II 2012, 451 Rn. 13 ff.

991 Hinsichtlich der **Pfändbarkeit** sind die §§ 850a–i ZPO zu beachten. Gegenüber seinen Gläubigern muss sich der Schuldner so behandeln lassen, als hätte er die für ihn günstigere **Steuerklasse** gewählt. Es soll damit gewährleistet werden, dass der Schuldner durch Manipulationen sein Einkommen nicht reduziert und damit Befriedigungsaussichten seiner Gläubiger schmälert.

BGH, Beschl. v. 4.10.2005 – VII ZB 26/05, ZVI 2005, 587;
OLG Köln, Beschl. v. 3.1.2000 – 2 W 164/99, InVo 2000, 140;
OLG Schleswig, Beschl. v. 9.12.1999 – 16 W 251/99,
InVo 2000, 142.

Fall:

Der Schuldner unterhält bei der Cash-Bank ein neues Girokonto mit einer Kreditlinie i. H. v. 2.000 €, die jedoch inzwischen von der Bank gekündigt wurde, nachdem eine Pfändung des Finanzamts wegen rückständiger Umsatzsteuer eingegangen war. Das Konto steht derzeit mit 2.100 € im Soll. S arbeitet – nach erfolgloser Selbstständigkeit – wieder als angestellter Verkäufer und verdient nun 1.900 € netto. Die Ehefrau des Schuldners musste ihren Arbeitgeber wechseln und verdient im Rahmen einer geringfügigen Beschäftigung nur noch 400 €. Unterhaltszahlungen an die geschiedene Frau hat S schon seit einem halben Jahr nicht mehr geleistet. Ende April 2014 überwies der Arbeitgeber den pfändbaren Anteil des Lohns für den Monat April i. H. v. 7,03 € an den Treuhänder und den pfändungsfreien Anteil i. H. v. 1.892,97 € auf das Konto des Schuldners. Die Cash-Bank schrieb dem Schuldner daraufhin diesen Betrag gut; danach wies das Konto einen Sollsaldo von nur noch 207,03 € aus.

S ist der Meinung, die Verrechnung sei unzulässig, da ihm der unpfändbare Anteil seines Lohnes verbleiben müsse. Wie ist die Rechtslage?

Fraglich ist, ob die kontokorrentmäßige Verrechnung der Gutschrift des Arbeitseinkommens wirksam war. **Unpfändbare Forderungen** sind einer kontokorrentmäßigen Verrechnung nicht zugänglich. Arbeitseinkommen ist nur im Rahmen der § 811 Nr. 8, §§ 850 ff. ZPO pfändbar. Hier sind vom Arbeitseinkommen unter Berücksichtigung einer Unterhaltspflicht für zwei Personen (Ehefrau, Kind) 97,02 € pfändbar. Die Unterhaltspflicht gegenüber der geschiedenen Ehefrau bleibt gemäß § **850c Abs. 1 Satz 2 ZPO** unberücksichtigt, da S *tatsächlich* keinen Unterhalt „gewährt" (Zöller/*Stöber*, ZPO, § 850c Rn. 5). Der für das Arbeitseinkommen bestehende Pfändungsschutz geht jedoch mit der Überweisung auf das Konto unter. Mit der Gutschrift des Arbeitseinkommens auf das Girokonto erlischt der Lohn- und Gehaltsanspruch gemäß § 362 Abs. 1 BGB durch Erfüllung und mit ihm ein bis zu diesem Zeitpunkt bestehender Pfändungsschutz gemäß §§ 850 ff. ZPO.

III. Verfahrensvoraussetzungen

> Gegen die Bank ist mit der Kontokorrentgutschrift ein neuer, auf einem selbstständigen Rechtsgrund bestehender Anspruch entstanden, dessen Pfändungsschutz in § 850k ZPO eigenständig geregelt ist. **§ 850k ZPO wirkt im Rechtsverhältnis Bank – Kunde nicht** und steht daher einer kontokorrentmäßigen Verrechnung des Arbeitseinkommens nicht entgegen (BGH, Urt. v. 22.3.2005 – XI ZR 286/04, ZIP 2005, 941 ff. = ZVI 2005, 257 ff. Rn. 14 ff.). Mithin besteht kein Anspruch des Kunden auf Auszahlung des unpfändbaren Anteils seines Arbeitseinkommens bei debitorischem Kontostand. Dafür spreche der Wortlaut des § 850k ZPO, der Schutz ausdrücklich nur gegen eine Pfändung des Guthabens gewährt, um die es im Verhältnis Bank – Kunde nicht geht. Der Schutzgedanke aus § 394 BGB komme daher nicht zum Zuge. Ebenso wenig habe der Gesetzgeber für die Auszahlung von Arbeitseinkommen einen Schutz vorgesehen, wie er gemäß § 55 SGB I bei der Auszahlung von Sozialleitungen bestehe.
>
> Der Arbeitgeber muss noch 89,99 € an den Treuhänder nachzahlen, da er insoweit nicht mit befreiender Wirkung geleistet hat (§ 407 Abs. 1 BGB).

Bei den **laufenden Bezügen, die an Stelle der Dienstbezüge treten**, handelt es sich vornehmlich um Rentenansprüche des Schuldners und sonstige Geldleistungen der Träger der Sozialversicherung und der Bundesagentur für Arbeit im Falle des Ruhestandes, der Erwerbsunfähigkeit und der Arbeitslosigkeit.

992

Uhlenbruck/*Vallender*, InsO, § 287 Rn. 32.

b) Laufzeit der Abtretungserklärung

§ 287 Abs. 2 InsO wurde zunächst durch das InsOÄndG 2001 dahingehend neu gefasst, dass die Wohlverhaltenszeit in zweifacher Hinsicht verkürzt wurde; zum einen wurde der Abtretungszeitraum von sieben auf **sechs Jahre** verkürzt und zum anderen **beginnt** diese Frist bereits **ab Eröffnung** des Insolvenzverfahrens (jetzt in § 287 Abs. 2 InsO n. F. als „*Abtretungsfrist*" definiert), während vor der Änderung die Wohlverhaltenszeit erst mit Aufhebung des Insolvenzverfahrens begann. Mit Erteilung der Restschuldbefreiung **endet** gemäß § 300a Abs. 1 Satz 1 InsO n. F. auch die Laufzeit der Abtretungserklärung.

993

Unter der Bedingung, dass der Schuldner die Kosten des Verfahrens berichtigt hat, regelt § 300 InsO n. F. für Verfahren, die aufgrund eines **ab dem 1.7.2014** gestellten Insolvenzantrages eröffnet werden, dass nunmehr auf seinen Antrag vorzeitig Restschuldbefreiung erteilt werden kann. Über diesen Antrag entscheidet das Gericht

- **sofort**, wenn kein Insolvenzgläubiger eine Forderung angemeldet hat oder alle festgestellten Forderungen und Masseverbindlichkeiten befriedigt sind,

- sobald **drei Jahre** der Abtretungsfrist verstrichen sind, wenn mindestens eine Quote von 35 % ausgeschüttet werden kann,

- sobald **fünf Jahre** der Abtretungsfrist verstrichen sind, ohne dass weitere Voraussetzungen vorliegen müssen.

Zwar hat das Gericht von Amts wegen über die verkürzte Laufzeit zu entscheiden,

994

Uhlenbruck/*Vallender*, InsO, § 287 Rn. 51;
Kothe/Ahrens/Grote/Busch, § 287 Rn. 88,

eine Amtsermittlungspflicht des Gerichtes besteht insoweit jedoch nicht. Kommt der Schuldner seiner Darlegungslast nicht nach, hat das Gericht ihm gemäß § 4, § 139 ZPO Gelegenheit zum Sachvortrag zu geben. Kommt der Schuldner dieser Auflage nicht nach, gilt für ihn die normale Laufzeit.

Kübler/Prütting/Bork/*Wenzel*, InsO, § 287 Rn. 22.

Bereits bestehende **Lohnabtretungen** hat der Schuldner anzugeben (§ 287 Abs. 2 Satz InsO 2). Sie sind *noch zwei Jahre* nach Eröffnung des Verfahrens *wirksam* (§ 114 Abs. 1 InsO a. F.; für **ab dem 1.7.2014** beantragte Verfahren gilt diese Wirksamkeitsanordnung nicht mehr; siehe Rn. 690 ff.).

Abtretungsverbote für künftige Gehaltsforderungen, die einzelvertraglich oder kollektivrechtlich durch Tarifvertrag oder Betriebsvereinbarung vereinbart wurden, **sind gemäß § 287 Abs. 3 InsO relativ unwirksam** i. S. v. §§ 135, 136 BGB. Der Drittschuldner kann sich im Verhältnis zum Schuldner nicht auf ein Abtretungsverbot, einen Zustimmungsvorbehalt oder ähnliche Abreden berufen.

Kübler/Prütting/Bork/*Wenzel*, InsO, § 287 Rn. 15a;
Uhlenbruck/*Vallender*, InsO, § 287 Rn. 64.

Fall:

Nach dem Schlusstermin und Genehmigung der Schlussrechnung hatte der Treuhänder die erste Quotenausschüttung an die Insolvenzgläubiger vorgenommen, darunter 1.500 € aus den nach § 287 Abs. 2 InsO pfändbaren Bezügen des S. Während der Wohlverhaltensphase gehen weitere 400 € gemäß § 287 Abs. 2 InsO ein. Kurz vor der zweiten Ausschüttung meldet sich der Gläubiger Fix beim Treuhänder und legt eine (diesem bis dahin unbekannte) wirksame Lohnabtretung zur Sicherung einer Forderung über 3.000 € vor. Fix verlangt Auszahlung der vom Treuhänder vereinnahmten Pfändungsbeträge i. H. v. 1.900 €. Fix hatte es versäumt, seine titulierte Forderung in dem am 25.7.2013 eröffneten Verfahren zur Tabelle anzumelden und seine Sicherungsrechte geltend zu machen, obwohl er gemäß § 28 Abs. 2 InsO entsprechend aufgefordert worden war.

Kann Fix Zahlung verlangen (wenn ja, in welcher Höhe)?

Muss der Treuhänder die fehlerhaft ausgeschütteten Beträge von den Insolvenzgläubigern zurückfordern?

Für die Auskehrung der vereinnahmten Pfändungsbeträge kommt nur § 816 Abs. 2 BGB als Anspruchsgrundlage in Betracht. Der Treuhänder war „Nichtberechtigter" bezüglich der empfangenen Gelder, da die Abtretung (zur Wirksamkeit einer formularmäßigen Abtretung: BGH ZIP 1989, 968; BGH ZIP 1992, 168; Uhlenbruck/*Berscheid*, InsO, § 114 Rn. 14) gemäß § 114 Abs. 1 InsO noch bis zum 31.7.2015 wirkt. Die Versäumung der Geltendmachung seines Sicherungsrechtes (§ 28 Abs. 2 InsO) führt nicht zum Erlöschen der Abtretung. Die Auszahlung der pfändbaren Lohnanteile an den Treuhänder war auch „dem Berechtigten (Fix) gegenüber wirksam". Denn gemäß § 407 Abs. 1 BGB muss der neue Gläubiger (Fix) eine Leistung, die der Schuldner (Arbeitgeber) nach der Abtretung an den bisherigen Gläubiger (S bzw. Treuhänder) bewirkt, gegen sich gelten lassen, da der Arbeitgeber die Abtretung nicht kannte. Der Treuhänder ist daher zur Herausgabe des Erlangten verpflichtet. Soweit allerdings schon 1.500 € an die Insolvenzgläubiger ausgeschüttet worden sind, ist die

Bereicherung weggefallen (§ 818 Abs. 3 BGB). Fix kann daher nur Herausgabe der noch vorhandenen 400 € verlangen.

Die Insolvenzgläubiger sind nicht zur Rückgewähr der erhaltenen Quoten verpflichtet, da die Zuwendung nicht unentgeltlich erfolgte (§ 822 BGB). Ebenso wenig haftet der Treuhänder gemäß § 60 Abs. 1 InsO für die (objektiv fehlerhaft) ausgeschütteten 1.500 €, da ihn kein Verschulden trifft.

Darf der Treuhänder vor Auskehrung der 400 € seine Vergütung hieraus entnehmen?

Das Recht zur Entnahme von Vorschüssen auf die Vergütung „aus den eingehenden Beträgen" (§ 16 Abs. 2 InsVV) ist einschränkend dahingehend auszulegen, dass es sich um Beträge handeln muss, die „zur Befriedigung der Gläubiger des Schuldners eingehen" (§ 14 Abs. 1 InsVV), was hier aufgrund der Herausgabepflicht nicht der Fall ist.

Muss Fix den Restbetrag ausbuchen oder kann er nach Ablauf der Wohlverhaltensperiode aus dem Titel weiter vollstrecken, da er am Insolvenzverfahren nicht teilgenommen hat?

Soweit Beträge offenbleiben, die aus den bis zum 31.7.2015 pfändbaren Bezügen nicht befriedigt werden können, geht Fix leer aus. Da Fix nicht im Schlussverzeichnis steht, erhält er keine Quotenausschüttung (§§ 188, 292 Abs. 1 Satz 2 InsO). Einer Vollstreckung nach Ablauf der Wohlverhaltensperiode steht entgegen, dass die Erteilung der Restschuldbefreiung auch gegen Insolvenzgläubiger wirkt, die ihre Forderungen nicht angemeldet haben (§ 301 Abs. 1 Satz 2 InsO als Ausnahme zu § 201 Abs. 1 InsO).

IV. Der Treuhänder im Restschuldbefreiungsverfahren

Im Regelinsolvenzverfahren wird der Treuhänder gemäß § 291 Abs. 2 InsO erst bestimmt, wenn der Schlusstermin abgehalten und keine Versagung der Restschuldbefreiung nach § 290 InsO ausgesprochen wurde. In dem Beschluss des Insolvenzgerichtes, der die Restschuldbefreiung ankündigt (§ 291 InsO), wird der gegenwärtige Insolvenzverwalter zum Treuhänder bestellt (§§ 291 Abs. 2, 292 InsO). 995

Im Verbraucherinsolvenzverfahren wird der Treuhänder gemäß § 313 Abs. 1 InsO a. F. *bereits bei Eröffnung* des Insolvenzverfahrens durch den Eröffnungsbeschluss bestellt. Es erfolgt damit eine einheitliche Bestellung des Treuhänders für beide Verfahrensabschnitte. Nach Ansicht des BGH ergab sich aus dem Gesetz nicht, dass der Treuhänder für das vereinfachte Insolvenzverfahren und der Treuhänder im Restschuldbefreiungsverfahren gesondert bestellt werden müssten. 996

BGH, Beschl. v. 15.11.2007 – IX ZB 237/06, ZInsO 2007, 1348;
BGH, Beschl. v. 24.7.2003 – IX ZB 458/02, ZInsO 2003, 750.

Mit Einführung des § 288 Abs. 2 InsO n. F. wird für **ab dem 1.7.2014** beantragte Verfahren klargestellt, dass der Treuhänder im Restschuldbefreiungsverfahren mit der Aufhebung des Insolvenzverfahrens in einem einheitlichen Beschluss bestellt wird. 997

Frind, ZInsO 2013, 1448, 1449.

E. Restschuldbefreiungsverfahren

998 Funktionell zuständig für die Einsetzung ist in Altverfahren der *Richter* und nicht der Rechtspfleger (in **ab dem 1.7.2014** beantragten Verfahren hingegen: Rechtspfleger). Soll der Treuhänder des vereinfachten Verfahrens auch die Aufgaben des Treuhänders in der Wohlverhaltensperiode wahrnehmen, wird in dem Ankündigungsbeschluss der Restschuldbefreiung lediglich deklaratorisch festgestellt, dass er die Aufgaben kraft Gesetzes wahrnimmt (§§ 292 Abs. 2, 292 InsO).

999 Ein **Muster eines Beschlusses** über die Ankündigung der Restschuldbefreiung findet sich **im Anhang**.

1000 Die Aufgaben des Treuhänders im Restschuldbefreiungsverfahren ergeben sich aus § 292 InsO. Danach ist seine **Hauptaufgabe**, die Rechte aus der Lohnabtretung des Schuldners (§ 287 Abs. 2 Satz 1 InsO) durchzusetzen. Hierzu muss er die Zession gegenüber dem Arbeitgeber offenlegen (§ 292 Abs. 1 Satz 2 InsO) und diesen zur **Zahlung des pfändbaren Teils der Bezüge** an sich auffordern sowie die Zahlungen **überwachen**, auch wenn ihm diese Aufgabe durch die Gläubiger nicht gemäß § 292 Abs. 2 Satz 1 InsO zusätzlich übertragen wurde.

> LG Hannover, Teilurt. v. 27.6.2011 – 20 O 328/10,
> NZI 2011, 942 ff. Rn. 25.

1001 Verzichtet der Treuhänder auf die gesetzlich gebotene Offenlegung der Abtretungsanzeige gegenüber dem Arbeitgeber des Schuldners, so hat er die vom Schuldner abzuführenden Beträge eigenverantwortlich zu berechnen und monatlich einzuziehen.

> BGH, Beschl. v. 7.4.2011 – IX ZB 40/10, NZI 2011, 451 f.
> = ZVI 2011, 344 f. Rn. 8 f.

1002 Verletzt der Treuhänder eine Pflicht gegenüber dem Schuldner, kommt eine Haftung nach § **280 Abs. 1 BGB**, nicht aber nach § 60 InsO in Betracht. Denn es gehört nicht zum Pflichtenkreis eines Treuhänders, zulasten des Schuldners einen Antrag auf Herabsetzung des pfändungsfreien Betrages gemäß § 850c Abs. 4 ZPO i. V. m. § 36 Abs. 4 InsO zu stellen.

> LG Hannover, Teilurt. v. 27.6.2011 – 20 O 328/10, NZI 2011,
> 942 ff. Rn. 26; AG Köln, Urt. v. 21.3.2013 – 137 C 566/12, ZVI
> 2013, 314 ff. = juris Rn. 18 ff. (Berufung anhängig bei dem LG
> Köln unter Az. 6 S 100/13).

1003 Zur Erhebung einer sog. **Verteilungsabwehrklage** ist der Treuhänder kraft Amtes befugt; hierbei macht der Treuhänder das nachträgliche Erlöschen einer in das Schlussverzeichnis des Insolvenzverfahrens aufgenommenen Forderung eines Insolvenzgläubigers gegen diesen gerichtlich geltend.

> BGH, Urt. v. 29.3.2012 – IX ZR 116/11, ZIP 2012, 1087 ff.
> = ZVI 2012, 311 f. Rn. 6.

1004 Zur Geltendmachung von **Schadensersatz- oder Bereicherungsansprüchen gegen den Schuldner** ist der Treuhänder nur befugt, soweit ihm die Gläubiger-

IV. Der Treuhänder im Restschuldbefreiungsverfahren

versammlung diese Aufgabe nach § 292 Abs. 1 Satz 1 InsO übertragen hat; andernfalls fehlt im die Prozessführungsbefugnis.

OLG Düsseldorf, Urt. v. 2.3.2012 – I-17 U 8/11, ZInsO 2012, 1183 ff. = ZVI 2012, 198 f. Rn. 15.

Zur Kontrolle, ob das pfändbare Arbeitseinkommen auch in der richtigen Höhe abgeführt wurde, sollte der Treuhänder sich die Lohnabrechnungen lückenlos vorlegen lassen und die Beträge überwachen: **1005**

Beispiel:				
AG Köln – [...] IK [...]/2010				
Schuldner:			Klaus von Habenicht	
Eröffnung:			25.7.2010	
Laufzeit der Abtretung:			bis 25.7.2016	
Unterhaltspflichten:			Tim, geb. 15.11.1999	
			Jennifer, geb. 25.3.2002	
Monat	Netto-gehalt	Pfändungs-grenze	Soll (pfändb. Betrag)	Ist (abgeführt)
Sept. 2013	1.838,15 €	1.659,99 €	69,02 €	0,00 €
Okt. 2013	1.935,70 €	1.659,99 €	109,02 €	109,02 €
Nov. 2013	1.793,25 €	1.659,99 €	53,02 €	22,00 €

Von den Beträgen, die er durch die Abtretung erlangt, hat er an den Schuldner nach Ablauf von vier Jahren seit der Aufhebung des Insolvenzverfahrens 10 % und nach Ablauf von fünf Jahren 15 % abzuführen (§ 292 Abs. 2 Satz 3 InsO). Diese Regelung soll den Schuldner motivieren, die sechsjährige Wohlverhaltensperiode durchzustehen, § 292 Abs. 1 Satz 4 InsO. Dieser **Motivationsrabatt** wird nach Maßgabe des § 292 InsO n. F. für **ab dem 1.7.2014** beantragte Insolvenzverfahren **gestrichen**. **1006**

> In der Rechtspraxis erstattet der Treuhänder einmal jährlich dem Insolvenzgericht Bericht, inwieweit der Schuldner seinen Obliegenheiten nachkommt. Die **turnusmäßige Berichtsfrist** berechnet sich ab Aufhebung des Insolvenzverfahrens (und nicht ab dem Schlusstermin), was im ersten Abwicklungsbericht der Wohlverhaltensperiode es erforderlich macht, über den Zeitraum zwischen Schlusstermin und Ablauf des ersten Berichtsjahres „nachrichtlich" (da noch dem eröffneten Verfahren zugehörig) mit zu berichten, so dass dieser Berichtszeitraum einmalig mehr als 12 Monate beträgt. Andere Gerichte lassen diese (an sich systemwidrige) Vereinfachung nicht zu und verlangen, dass über diese Übergangszeit gesondert (z. B. im Rahmen eines Ausschüttungsbe

Im letzten Monat vor Fälligkeit des jährlichen Abwicklungsberichtes empfiehlt es sich, den Schuldner anzuschreiben und von ihm zur Vorbereitung des Berichtes die Ausfüllung eines Fragebogens zu verlangen.

> **Beispiel:**
>
> AG Köln – Az. [...] IK [...]/2010
>
> Schuldner: Klaus von Habenicht
>
> Wohlverhaltensperiode: 16.7.2012 – 15.7.2013
>
> **Fragebogen**
>
> **im Restschuldbefreiungsverfahren**
>
> 1. Welche Einnahmen haben Sie im letzten Jahr erzielt (bitte Belege vorlegen, soweit nicht bereits geschehen)?
> 2. Haben Sie sich um eine anderweitige, besser bezahlte Erwerbstätigkeit bemüht? Warum war eine solche nicht zu erlangen? (Bitte Nachweise vorlegen.)
> 3. Haben Sie aufgrund einer Erbschaft oder eines Vermächtnisses Vermögen hinzuerworben und wenn ja welches?
> 4. Hat sich ein Wechsel Ihres Wohnsitzes oder Ihrer Beschäftigungsstelle ergeben?
> 5. Welches Vermögen haben Sie seit der letzten Auskunftserteilung hinzuerworben?
> 6. Haben Sie an einen Ihrer Gläubiger Zuwendungen gemacht?
> 7. Verfügen Sie über sonstige Einnahmen (z. B. aus selbstständiger Tätigkeit, Zinseinkünfte oder Zuwendungen Dritter)?
>
> Köln, [...]
>
> Die Richtigkeit und Vollständigkeit der vorstehenden Angaben versichere ich an Eides statt.
>
> ———————————
>
> – Unterschrift –

1007 Der Abwicklungsbericht kann sich auf die wesentlichen Umstände beschränken, insbesondere ob sich die wirtschaftlichen Verhältnisse geändert haben, der Schuldner die pfändbaren Beträge gemäß Abtretungserklärung abgeführt hat oder sich Anhaltspunkte für eine vorzeitige Versagung der Restschuldbefreiung ergeben haben.

> **Beispiel:**
>
> In dem Restschuldbefreiungsverfahren [...]
>
> erstatte ich folgenden
>
> **1. Abwicklungsbericht:**
>
> **I. Verfahrensdaten**
>
> Schuldner: Klaus von Habenicht
>
> Verfahrensbevollmächtigte: keine
>
> Geburtsdatum, -ort: 28.12.1963, Suhl
>
> derzeitige Wohnanschrift: Ritterstr. 124, 50321 Brühl
>
> Familienstand: verheiratet

IV. Der Treuhänder im Restschuldbefreiungsverfahren

unterhaltsberechtigte Personen:	Sarah, geb. 14.5.1979
	Tim, geb. 15.11.1999
	Jennifer, geb. 25.3.2002
Insolvenzantrag:	9.7.2010
Verfahrenskosten:	keine Stundung
Insolvenzeröffnung:	25.7.2010
Prüfungstermin:	30.9.2010
Veröffentlichung nach § 188 InsO:	26.4.2012
Schlusstermin:	2.6.2012
Ankündigung Restschuldbefreiung:	2.6.2012
Aufhebung des Insolvenzverfahrens:	16.7.2012
Wohlverhaltensperiode:	6 Jahre (bis 25.7.2016)

II. Obliegenheiten des Schuldners

Die Einkommensverhältnisse des Schuldners seit dem Schlusstermin sind unbekannt. Während der Schuldner im eröffneten Verfahren durchschnittlich rd. 107 € monatlich abgeführt hat, wurden nach dem Schlusstermin nur noch 25,00 € überwiesen. Eine Nachfrage bei seinem früheren Arbeitgeber ergab, dass er selbst gekündigt hat, um eine besser bezahlte Stelle bei seinem Schwager anzutreten, dessen Adresse jedoch nicht bekannt ist. Diesseitige Aufforderungen vom 5.10.2012, 14.1.2013 und 31.5.2013, den neuen Arbeitgeber mitzuteilen und die Lohnabrechnungen vorzulegen, blieben unbeantwortet. Andererseits ist bekannt geworden, dass er sich ein neues Fahrzeug zugelegt hat, was darauf schließen lässt, dass er über auskömmliche Einnahmen verfügt.

Eine Kontrollanfrage bei der Agentur für Arbeit bzw. Arge ergab, dass der Schuldner dort nicht geführt wird.

III. Rechnungslegung, Massebestand

Für das erste Tätigkeitsjahr vom 25.3.2012 (Schlussbericht) bis zum 15.7.2013 ist wie folgt Rechnung zu legen:

1. Einnahmen
Massebestand lt. Ausschüttungsbericht v. 8.6.2012   0,00 €
aus Abtretung (§ 287 Abs. 2 InsO)   25,00 €
    25,00 €

2. Ausgaben
Vergütung Treuhänder (RSB)   0,00 €
Ausschüttung   0,00 €
    0,00 €

3. Massebestand: 25,00 €

IV. Versagungsgründe

Die Mindestvergütung des Treuhänders konnte nicht entnommen werden, da die zur Masse gelangten Abtretungsbeträge hierfür nicht ausreichen (§ 292 Abs. 1 Satz 4 InsO). Die Stellung eines Versagungsantrages bleibt vorbehalten.

E. Restschuldbefreiungsverfahren

> Außerdem hat der Schuldner seine Obliegenheiten aus § 295 Abs. 1 Nr. 1 und 3 InsO verletzt. Die Restschuldbefreiung ist auf entsprechenden Antrag eines Insolvenzgläubigers zu versagen (§ 296 Abs. 1 Satz 1 InsO).
>
> Köln, den 23.7.2013
>
> Dr. R.
> Rechtsanwalt
> als Treuhänder

1008 Die Beträge, die der Treuhänder durch die Abtretung erlangt und sonstige Leistungen des Schuldners oder Dritter hat er von seinem Vermögen getrennt zu halten und einmal *jährlich* aufgrund des Schlussverzeichnisses – abzüglich etwaiger gestundeter Verfahrenskosten – an die Insolvenzgläubiger eine **Ausschüttung** vorzunehmen (§ 292 Abs. 1 Satz 2 InsO). In Verfahren, die aufgrund eines **ab dem 1.7.2014** gestellten Insolvenzantrages eröffnet werden, kann er die Verteilung längstens bis zum Ende der Laufzeit der Abtretungserklärung aussetzen, wenn dies angesichts der Geringfügigkeit der zu verteilenden Beträge angemessen erscheint; dies hat er dann jedoch dem Gericht einmal jährlich unter Angabe der Höhe der erlangten Beträge mitzuteilen. Bevor der Treuhänder Ausschüttungen an die Insolvenzgläubiger vornimmt, hat er die gestundeten Verfahrenskosten (ohne die Kosten der Beiordnung eines Rechtsanwalts) zu berichtigen und auch etwaige im Insolvenzverfahren offengebliebene Masseverbindlichkeiten (§ 55 InsO) vorrangig zu befriedigen.

BGH, Beschl. v. 17.3.2005, IX ZB 214/04, NZI 2005, 399.

V. Entscheidung über die Ankündigung oder Versagung der Restschuldbefreiung vor Beginn der Wohlverhaltensperiode

1. Ankündigung der Restschuldbefreiung oder Versagung

1009 Liegt kein von einem Gläubiger geltend gemachter Versagungsgrund i. S. d. § 290 InsO vor, so spricht der Rechtspfleger regelmäßig die „Ankündigung der Restschuldbefreiung" durch Beschluss aus (§ 291 InsO a. F.). Ein entsprechendes Beispiel ist im Anhang abgedruckt. In Verfahren, die auf einen Antrag **ab dem 1.7.2014** eröffnet werden, wird die Restschuldbefreiung gemäß § 287a Abs. 1 Satz 1 InsO n. F. **als Eingangsentscheidung im Eröffnungsbeschluss** angekündigt. Ziel des Gesetzgebers ist es, bereits frühzeitig Rechtsklarheit dadurch herzustellen, dass das Insolvenzgericht im Rahmen dieser Eingangsentscheidung von Amts wegen prüft, ob dem Schuldner innerhalb von zehn Jahren vor dem Antrag auf Eröffnung des Insolvenzverfahrens oder nach diesem Antrag die Restschuldbefreiung erteilt oder ihm in den letzten fünf Jahren vor oder nach dem Antrag nach § 297 InsO n. F. wegen einer Insolvenzstraftat bzw. in den letzten drei Jahren vor oder nach dem Antrag gemäß § 290 Abs. 1 Nr. 5, 6 oder 7 InsO n. F. oder gemäß § 296 InsO versagt worden ist.

RegE BT-Drucks. 17/11268, zu Nr. 20 zur Einfügung von § 287a.

V. Entscheidung über die Ankündigung oder Versagung der Restschuldbefreiung

Hierdurch wird der bisherige Versagungsgrund des § 290 Abs. 1 Nr. 3 InsO a. F. in § 287a Abs. 2 InsO n. F. als **Zulässigkeitsvoraussetzung** für das Restschuldbefreiungs-, nicht aber für das Insolvenzverfahren ausgestaltet. Die Eröffnung des Insolvenzverfahrens bleibt möglich und der Schuldner kann – theoretisch – im Wege eines Insolvenzplans sogar noch die Entschuldung erreichen. Gemäß § 287a Abs. 2 Nr. 2 Satz 2 InsO n. F. hat das Gericht dem Schuldner aber die Gelegenheit zu geben, seinen Antrag auf Eröffnung des Insolvenzverfahrens zurückzunehmen. Die **Prüfung** der Zulässigkeitsvoraussetzungen **von Amts wegen** lässt Versagungsanträge der Gläubiger aber ausdrücklich unberührt.

1010

RegE BT-Drucks. 17/11268, zu Nr. 20 zur Einfügung von § 287a.

Die Zulässigkeitsprüfung kann in zwei Schritten erfolgen, wobei es zweckmäßig ist, erst den Tatbestand des § 287a Abs. 2 InsO n. F. und dann § 287a Abs. 1 InsO n. F. zu prüfen. Der Antrag des Schuldners auf Erteilung der Restschuldbefreiung (nicht aber auf Eröffnung des Insolvenzverfahrens) ist nach § 287a Abs. 2 InsO n. F. **unzulässig, wenn** die Restschuldbefreiung dem Schuldner

1011

- innerhalb der letzten zehn Jahre bereits **erteilt** wurde (für die Berechnung maßgeblich sind der Eingang des Antrages und die Rechtskraft des vorherigen Beschlusses)

oder

- innerhalb von fünf Jahren gemäß § 297 InsO n. F. *oder*
- innerhalb von drei Jahren gemäß § 290 Abs. 1 Nr. 5 bis 7 InsO n. F. *oder*
- innerhalb von drei Jahren nachträglich gemäß § 297a InsO n. F., gestützt auf die Versagungsgründe des § 290 Abs. 1 Nr. 5 bis 7 InsO n. F. **versagt** wurde.

Die Umsetzung der „Sperrfristrechtsprechung" des BGH

1012

– zuletzt BGH. Beschl. v. 7.5.2013 – IX ZB 51/12, MDR 2013, 1066 f. –

in § 287a Abs. 2 InsO n. F. führt dazu, dass Sperrfristen im Übrigen nicht mehr gelten sollen.

Frind, ZInsO 2013, 1448, 1450
unter Hinweis auf BT-Drucks. 17/11268, S. 25.

Als Erkenntnisquellen dienen dem Gericht

1013

- die vom Schuldner gem. § 287 Abs. 1 Satz 3 InsO n. F. abzugebende Erklärung,
- Eintragungen im Schuldnerverzeichnis.

Eintragungen im Schuldnerverzeichnis ab dem 1.1.2013 können im bundeseinheitlichen **elektronischen Schuldnerverzeichnis** abgerufen werden unter: http://www.vollstreckungsportal.de.

1014 Schwieriger als die Feststellung nach § 287a Abs. 2 InsO n. F. ist die **Vorprüfung** möglicher Versagungsgründe gemäß § 287a Abs. 1 InsO n. F. Das Gericht darf die Restschuldbefreiung im Rahmen des Eröffnungsbeschlusses nur ankündigen, wenn das Fehlen von Versagungsgründen nach den §§ 290, 295, 297 und 298 InsO n. F. festgestellt werden kann. Liegt ein Versagungsgrund vor, ist der Antrag auf Erteilung der Restschuldbefreiung als *unbegründet* abzuweisen, da der Begriff „Zulässigkeit" systematisch in Abs. 2, nicht aber in Abs. 1 verwendet wird. Auch stellt die Prüfung möglicher Versagungsgründe eine inhaltliche Sachprüfung dar. Fraglich ist, welchen **Umfang** die Prüfung haben kann und muss. Der Gesetzgeber hat sich hierzu nicht verhalten. Es spricht einiges dafür, nur zweifelsfrei vorliegende Versagungsgründe zu berücksichtigen und die Rechtsprechung zur Gewährung von Verfahrenskostenstundung hierbei heranzuziehen. Danach muss das Gericht keine Versagungsgründe ermitteln, sondern kann sich darauf beschränken, den Inhalt der Akte des Eröffnungsverfahrens zu prüfen.

Frind, ZInsO 2013, 1448, 1451.

1015 Mögliche Gründe für eine negative Entscheidung des Gerichts sind dann

- die fehlende Mitwirkung des Schuldners im Eröffnungsverfahren (§ 290 Abs. 1 Nr. 5 InsO n. F.),

- eine Änderung des Wohnsitzes ohne entsprechende Mitteilung (§§ 290 Abs. 1 Nr. 5 n. F., 295 Abs. 1 Nr. 3 InsO n. F.),

- offensichtlich falsche Angaben in den Antragsunterlagen (§ 290 Abs. 1 Nr. 5, Nr. 6 InsO n. F.)

- § 290 Abs. 1 Nr. 1, 2 und 4 InsO n. F.

1016 Das Gericht stellt dem Schuldner – derzeit im Rahmen der **Ankündigung** (durch den Rechtspfleger im Schlusstermin), künftig im Eröffnungsbeschluss (durch den Richter) – die Restschuldbefreiung in Aussicht für den Fall, dass er die in der Wohlverhaltensperiode zu beachtenden Obliegenheiten gemäß § 295 erfüllt und die Voraussetzungen für eine Versagung nach §§ 297, 298 InsO nicht vorliegen. Der Hinweis auf die Folgen eines Verstoßes gegen die §§ 295, 297, 298 InsO hat in diesem Verfahrensabschnitt nur klarstellende und mahnende Funktion. Dem Schuldner soll bereits vor Eintritt in die Wohlverhaltensperiode vor Augen geführt werden, welche Folgen eine nicht sorgfältige Erfüllung der Obliegenheiten hat. Soweit die Ankündigung künftig in der Eingangsentscheidung erfolgen wird, ist es systematisch richtig, wenn der Schuldner auch auf die Versagungsgründe des § 290 InsO hingewiesen wird.

V. Entscheidung über die Ankündigung oder Versagung der Restschuldbefreiung

Sind **in Altverfahren**, die auf einen vor dem 1.7.2014 gestellten Antrag eröffnet wurden, schon während des Insolvenzverfahrens alle Insolvenzgläubiger befriedigt worden oder sind überhaupt keine Insolvenzforderungen angemeldet worden, kann die Restschuldbefreiung ausnahmsweise sogleich im Schlusstermin erteilt werden, wenn die Masseverbindlichkeiten nachweislich getilgt sind. 1017

>Vgl. BGH, Beschl. v.17.3.2005 – IX ZB 214/04,
>NZI 2005, 399 u. später Rn. 671 f.;
>a. A. nur bezüglich Erfüllung der Masseverbindlichkeiten:
>AG Göttingen, Beschl. v. 27.5.2008 – 74 IK 282, 07, ZVI 2008, 370.

Da nach der überwiegenden obergerichtlichen Rechtsprechung sowohl für den Schuldenbereinigungsplan als auch für die gerichtliche Ersetzung der Gläubigerzustimmung nach § 309 InsO ein „Null-Plan" als Voraussetzung für eine Restschuldbefreiung ausreicht, 1018

>BayObLG, Beschl. v. 30.9.1999 – 4Z BR 4/99,
>NJW 2000, 220;
>OLG Celle, Beschl. v. 16.10.2000 – 2 W 99/00,
>ZInsO 2000, 601;
>OLG Köln, Beschl. v. 2.11.1999 – 2 W 137/99,
>ZIP 1999, 1929,

ist auch die Ankündigung der Restschuldbefreiung nicht dadurch ausgeschlossen, dass im Rahmen der von § 289 Abs. 3 Satz 1 InsO geforderten Schlussverteilung eine „Null-Verteilung" stattfindet. 1019

>OLG Stuttgart, Beschl. v. 28.3.2002 – 8 W 560/01,
>ZVI 2002, 380 f.

Ab Rechtskraft des Ankündigungsbeschlusses nach § 291 InsO a. F. spielen die *Versagungsgründe* des § 290 InsO keine Rolle mehr; sie sind *präkludiert*. Der Schuldner soll es in der Hand haben, durch die Erfüllung der Obliegenheiten nach §§ 295, 297, 298 InsO die Restschuldbefreiung zu erlangen, ohne dass es auf sein Verhalten in der Vergangenheit noch ankommt. Während der Laufzeit der Abtretungserklärung kann sich **nur noch** aus den §§ 295–298 InsO ein **Versagungsgrund** ergeben. 1020

>Nerlich/Römermann/*Römermann*, InsO, § 291 Rn. 2.

Nach Rechtskraft des Beschlusses über die Ankündigung der Restschuldbefreiung wird das **Insolvenzverfahren** nach § 289 Abs. 2 Satz 2 InsO **aufgehoben** bzw. im Falle der Feststellung der Masseunzulänglichkeit eingestellt (§ 289 Abs. 3 Satz 2 InsO). Es *beginnt* die *Wohlverhaltensperiode*. Der Schuldner erlangt mit Ausnahme der abgetretenen Bezüge seine Verwaltungs- und Verfügungsbefugnis zurück. Er darf nunmehr davon ausgehen, dass er am Ende der Wohlverhaltensphase die Schuldbefreiung erlangen wird, wenn er den Obliegenheiten nach § 295 InsO nachkommt und die Voraussetzungen einer Versagung nach den §§ 297, 298 InsO nicht vorliegen. Das freie Nach- 1021 forderungsrecht gemäß § 201 Abs. 1 InsO ist zunächst suspendiert und entfällt endgültig mit Erteilung der Restschuldbefreiung.

1022 Die **Versagung der Restschuldbefreiung** erfolgt ebenfalls durch Beschluss. In den Genuss der Restschuldbefreiung soll nur der redliche Schuldner kommen. Der Antrag des Schuldners auf Restschuldbefreiung ist daher ausnahmsweise zurückzuweisen, wenn dies im Schlusstermin von einem *Insolvenzgläubiger* beantragt wird (der Insolvenzverwalter bzw. Treuhänder sind nicht antragsbefugt) und außerdem einer der in § 290 Abs. 1 InsO abschließend aufgezählten Versagungsgründe glaubhaft gemacht wird (§ 290 Abs. 2 InsO). Über den **Versagung**santrag eines Gläubigers entscheidet – nach Anhörung des Schuldners – stets der *Richter*, während der **Ankündigungs**beschluss zur Zuständigkeit des *Rechtspflegers* gehört (§ 18 Abs. 1 Nr. 2 RPflG). Auch nach rechtskräftiger Versagung der Restschuldbefreiung wird das Insolvenzverfahren gemäß § 289 Abs. 2 Satz 2 InsO aufgehoben. Der Schuldner erhält seine Verwaltungs- und Verfügungsbefugnis hinsichtlich des zur Insolvenzmasse gehörenden Vermögens zurück. Insolvenzgläubiger, die nicht voll befriedigt wurden, können ihre Forderungen gemäß § 201 InsO wieder uneingeschränkt geltend machen.

Übersicht zur „Ankündigung der Restschuldbefreiung":

Antrag vor dem 1.7.2014:	Antrag ab dem 1.7.2014:
§ 291 InsO	§ 287a InsO
• Ankündigung	• Ankündigung
– im Schlusstermin	– im Eröffnungsbeschluss
– durch Rechtspfleger	– durch Richter
– Prüfungsmaßstab: §§ 290, 314 Abs. 3 Satz 2 InsO	– Prüfungsmaßstab: § 287a Abs. 2 InsO
– nach Rechtskraft: Präklusion der Versagungsgründe aus §§ 290, 314 InsO; Versagung nur noch gem. §§ 295, 297–298 InsO möglich	– nach Rechtskraft: Versagungsgründe sind §§ 295, 297, 298 InsO; aber auch § 290 InsO
– Rechtsmittel der Gläubiger: sofortige Beschwerde (§ 289 Abs. 2 Satz 1 InsO)	– Rechtsmittel der Gläubiger: keine (§ 6 Abs. 1 Satz 1 InsO)
• Versagung	• Versagung
– nur auf Antrag eines Insolvenzgläubigers im Schlusstermin	– von Amts wegen
– durch Richter	– durch Richter

V. Entscheidung über die Ankündigung oder Versagung der Restschuldbefreiung

– führt zur Aufhebung des Insolvenzverfahrens	– führt nur zur Beendigung des Restschuldbefreiungsverfahrens; steht aber Eröffnung des Insolvenzverfahrens nicht entgegen
• Rechtsmittel des Schuldners: sofortige Beschwerde (§ 289 Abs. 2 Satz 1 InsO)	• Rechtsmittel des Schuldners: sofortige Beschwerde (§ 287a Abs. 1 Satz 3 InsO, obwohl systematisch falsch, aber vom Gesetzgeber gewollt; RegE, BT-Drucks. 17/11268 zu § 287a a. E.)

2. Gründe zur Versagung der Restschuldbefreiung im eröffneten Verfahren (§ 290 InsO)

Verhaltensweisen des Schuldners, die im eröffneten Verfahren zu einer Versagung der Restschuldbefreiung führen können, sind in **§ 290 Abs. 1 InsO abschließend** aufgezählt; daneben kommt in Altverfahren auch noch § 314 Abs. 3 Satz 2 InsO in Betracht (§ 314 InsO wird mit Wirkung ab dem 1.7.2014 gestrichen). Das Gesetz kennt keine Generalklausel, die eine Erteilung der Restschuldbefreiung von der Redlichkeit des Schuldners abhängig macht. § 1 Satz 1 InsO wird durch die Versagungstatbestände konkretisiert. Andere Verhaltensweisen als die in § 290 Abs. 1 InsO aufgeführten bleiben auch dann sanktionslos, wenn sie unredlich sind. 1023

BGH, Beschl. v. 22.5.2003 – IX ZB 456/02, ZVI 2003, 421.

Sagt der Schuldner beispielsweise einem Gläubiger zu, er werde seine Forderung trotz des Insolvenzverfahrens bezahlen und hält er diese Zusage nicht ein, rechtfertigt dies nicht die Versagung der Restschuldbefreiung, weil es keinen Versagungsgrund gibt, der diese Zusage erfasst. 1024

AG Potsdam, Beschl. v. 20.12.2002 – 35 IK 138/01, DZWIR 2003, 87.

Ebenfalls führen andere Straftaten als die in § 290 Abs. 1 Nr. 1 InsO aufgeführten Bankrottdelikte nicht zu einer Versagung der Restschuldbefreiung. 1025

AG Potsdam, Beschl. v. 20.12.2002 – 35 IK 138/01, DZWIR 2003, 87.

Der *antragstellende Gläubiger muss* allerdings *nicht selbst* unmittelbar von dem unredlichen Verhalten des Schuldners *betroffen sein*, da die Frage der Redlichkeit, die letztlich Voraussetzung für die Erteilung der Restschuldbefreiung ist, nicht als teilbar angesehen werden kann. 1026

BayObLG, Beschl. v. 8.10.2001 – 4Z BR 28/01, NZI 2002, 110;
OLG Celle, Beschl. v. 7.6.2000 – 2 W 42/00, ZInsO 2000, 456, 457.

a) Insolvenzstraftat (§ 290 Abs. 1 Nr. 1 InsO)

1027 Eine Versagung der Restschuldbefreiung hat nach § 290 Abs. 1 Nr. 1 InsO a. F. auf einen Gläubigerantrag hin zu erfolgen, wenn der Schuldner bis zum Schlusstermin wegen einer Straftat nach den §§ 283–283c StGB *rechtskräftig* verurteilt wurde. Zögert der Schuldner die rechtskräftige Verurteilung durch geschicktes Taktieren bis nach dem Schlusstermin hinaus, um der Folge des § 290 Abs. 1 Nr. 1 InsO zu entgehen, kann eine Versagung im nächsten Verfahrensabschnitt nach § 297 InsO erfolgen (siehe Rn. 1217).

1028 Die Verurteilung **muss nicht in** einem **Zusammenhang mit dem Insolvenzverfahren stehen**, in welchem die Restschuldbefreiung beantragt wird.

> BGH, Beschl. v. 18.12.2002 – IX ZB 121/02, ZVI 2003, 34 ff.;
> dazu EWiR 2003, 287 *(Gundlach/Schirrmeister)*;
> OLG Celle, Beschl. v. 5.4.2001 – 2 W 8/01,
> ZInsO 2001, 414, 416;
> a. A. AG Göttingen, Beschl. v. 18.6.2002 – 74 IN 156/02,
> ZVI 2002, 290.

1029 Ebenso wenig muss der Gläubiger durch die Verurteilung wegen einer Insolvenzstraftat konkret geschädigt worden sein. *Jeder* Gläubiger kann den Versagungsgrund des § 290 Abs. 1 Nr. 1 InsO geltend machen.

> BGH, Beschl. v. 18.12.2002 – IX ZB 121/02,
> ZVI 2003, 34–36;
> OLG Celle, Beschl. v. 5.4.2001 – 2 W 8/01,
> ZInsO 2001, 414, 416.

1030 Eine **zeitliche Grenze** oder eine **Erheblichkeitsschwelle** für die Berücksichtigung der rechtskräftigen Verurteilung enthält das Gesetz **nicht**. Verurteilungen des Schuldners sind jedenfalls innerhalb der fünfjährigen Frist des § 46 Abs. 1 Nr. 1 BZRG zu berücksichtigen.

> AG Stuttgart, Beschl. v. 8.2.2005 – 5 IN 1261/04,
> NZI 2005, 641;
> BGH, Beschl. v. 18.12.2002 – IX ZB 121/02,
> ZVI 2003, 34 ff.;
> LG Düsseldorf, Beschl. v. 2.9.2002 – 25 T 324/02,
> NZI 2003, 41.

1031 Die Verurteilung wegen einer Insolvenzstraftat ist auch dann gegeben, wenn neben dem Schuldspruch eine Strafe nur vorbehalten wird.

> BGH, Beschl. v. 16.2.2012 – IX ZB 113/11, NZI 2012, 278 ff.
> = ZVI 2012, 202 ff. Rn. 11.

1032 Nach § 290 Abs. 1 Nr. 1 InsO **n. F.** ist die Restschuldbefreiung in den **ab dem 1.7.2014** beantragten Insolvenzverfahren zu versagen, wenn der Schuldner *in den letzten fünf Jahren* vor dem Antrag auf Eröffnung des Insolvenzverfahrens oder nach diesem Antrag wegen einer Straftat nach den §§ 283 bis 283c StGB rechtskräftig zu einer *Geldstrafe von mehr als 90 Tagessätzen* oder einer *Freiheitsstrafe von mehr als drei Monaten* verurteilt worden ist. Der Gesetzgeber hat

V. Entscheidung über die Ankündigung oder Versagung der Restschuldbefreiung

damit im Vergleich zu der bisherigen Regelung eine **Fünfjahresfrist** und eine **Erheblichkeitsgrenze** geschaffen.

RegE, BT-Drucks. 17/11268, Zu Buchstabe a) Doppelbuchstabe b).

b) Unrichtige oder unvollständige Angaben (§ 290 Abs. 1 Nr. 2 InsO)

Da nur dem redlichen Schuldner Restschuldbefreiung erteilt werden soll, liegt ein materieller Versagungsgrund vor, wenn der Schuldner in den *letzten drei Jahren* vor dem Antrag auf Eröffnung des Insolvenzverfahrens oder nach diesem Antrag vorsätzlich oder grob fahrlässig schriftlich unrichtige oder unvollständige Angaben über seine wirtschaftlichen Verhältnisse gemacht hat, um

- einen Kredit zu erhalten,
- Leistungen aus öffentlichen Mitteln zu beziehen oder
- Leistungen an öffentliche Kassen zu vermeiden.

§ 290 Abs. 1 Nr. 2 InsO verlangt also zwingend, dass der Schuldner **kumulativ**

- **vorsätzlich oder grob fahrlässig**
- **unrichtige oder unvollständige**
- **schriftliche** Angaben über seine wirtschaftlichen Verhältnisse
- **innerhalb der Dreijahresfrist**

gemacht hat, um Leistungen aus öffentlichen Mitteln zu beziehen. Eine Berichtigung vorsätzlich oder grob fahrlässig gemachter unrichtiger Angaben des Schuldners vor dem Schlusstermin schließt die Anwendung des § 290 Abs. 1 Nr. 2 InsO nicht aus.

BGH, Beschl. v. 20.12.2007 – IX ZB 189/06, ZVI 2008, 83;
BGH, Beschl. v. 22.5.2003 – IX ZB 456/02, NZI 2003, 449;
BGH, Beschl. v. 24.4.2008 – IX ZB 115/06, ZInsO 2008, 753.

Ein Versagungsgrund ist demnach bei *mündlichen* Falschangaben gegenüber einem Kreditvermittler nicht gegeben.

LG Göttingen, Beschl. v. 18.2.2002 – 10 T 10/02,
ZVI 2002, 219;
LG Hamburg, Beschl. v. 17.9.2002 – 326 T 88/02,
ZVI 2002, 382.

Verpflichtet sich der Schuldner in einem gerichtlichen Vergleich, eine Forderung in Raten zu zahlen, handelt es sich nicht um schriftliche Angaben i. S. d. § 290 Abs. 1 Nr. 2 InsO.

LG Göttingen, Beschl. v. 22.3.2010 – 10 T 15/10,
NZI 2010, 351 ff. = ZVI 2010, 433 ff. Rn. 17.

Die Versagung nach § 290 Abs. 1 Nr. 2 InsO kann auch erfolgen, wenn der Schuldner vorsätzlich oder grob fahrlässig in der Zeit **zwischen Eröffnung**

E. Restschuldbefreiungsverfahren

des Insolvenzverfahrens **und Schlusstermin** schriftlich unrichtige oder unvollständige Angaben über seine wirtschaftlichen Verhältnisse aus einen der o. g. drei Gründe macht.

BGH, Beschl. v. 1.12.2011 – IX ZB 260/10, NZI 2012, 145 ff.
= ZVI 2012, 78 ff. Rn. 11.

1038 Auch die **bloße Unterzeichnung eines Kreditvertrages**, in dem nach den wirtschaftlichen Verhältnissen des Schuldners gar nicht gefragt wird, begründet keinen Versagungsgrund nach § 290 Abs. 1 Nr. 2 InsO.

LG Göttingen, Beschl. v. 20.3.2001 – 10 T 5/01,
ZInsO 2001, 379.

1039 Ebenso wenig genügt es, dass der Schuldner es versäumt, innerhalb der Dreijahresfrist Angaben zu berichten oder zu vervollständigen, die er vor Beginn der Frist gemacht hat, um öffentliche Leistungen zu erschleichen. Dies gilt auch dann, wenn er gesetzlich zur Berichtigung verpflichtet ist.

BGH, Beschl. v. 22.5.2003 – IX ZB 456/02, NZI 2003, 449.

1040 Bei einer von einem Steuerberater gefertigten **BWA** handelt es sich nicht um Angaben i. S. d. § 290 Abs. 1 Nr. 2 InsO, da der Schuldner damit *nicht persönlich* Angaben über seine wirtschaftlichen Verhältnisse macht. Auf eine unrichtige BWA kann daher kein Versagungsantrag gestützt werden.

AG Göttingen, Beschl. v. 25.7.2002 – 74 IK 23/01,
ZVI 2002, 385 f.

1041 Allerdings müssen die unrichtigen schriftlichen Angaben vom Schuldner nicht eigenhändig gemacht worden sein. Es reicht aus, wenn sie von Dritten mit **Wissen und Billigung** des Schuldners abgegeben worden sind.

BGH, Beschl. v. 11.9.2003 – IX ZB 37/03, ZVI 2003, 538.

1042 Hat der Schuldner in einem Kreditantrag Vorschulden bzw. Kredite nicht angegeben und damit unrichtige Angaben gemacht, liegt ein Versagungsgrund i. S. d. § 290 Abs. 1 Nr. 2 InsO dennoch nicht vor, wenn der Kreditgeber dem Schuldner mit Wissen um dessen **Zwangslage** einen vorbereiteten und ausgefüllten Kreditantrag vorlegt und der Schuldner diesen unterzeichnet. In diesem Fall kann von einem vorsätzlichen oder grob fahrlässigen Verhalten nicht ausgegangen werden.

LG Hamburg, Beschl. v. 17.9.2002 – 326 T 88/02,
ZVI 2002, 382 f.

1043 Eine Versagung der Restschuldbefreiung kommt nach § 290 Abs. 1 Nr. 2 InsO auch nicht in Betracht, wenn der Schuldner seiner Pflicht zur Abgabe von **Steuererklärungen** in den letzten drei Jahren vor dem Insolvenzantrag nicht nachgekommen ist.

OLG Köln, Beschl. v. 14.2.2001 – 2 W 249/00, ZInsO 2001, 229;
a. A. LG Traunstein, Beschl. v. 25.10.2002 – 4 T 1320/02,
ZVI 2002, 473.

V. Entscheidung über die Ankündigung oder Versagung der Restschuldbefreiung

Die unrichtigen oder unvollständigen Angaben des Schuldners müssen für die Kredit- oder Leistungsgewährung bzw. für die Vermeidung von Leistungen an öffentliche Kassen **ursächlich** gewesen sein. **1044**

LG Stuttgart, Beschl. v. 9.1.2001 – 19 T 394/2000, 19 T 394/00, ZInsO 2001, 134;
Kothe/Ahrens/Grote/Busch, § 290 Rn. 4.

Nach anderer Ansicht reicht der bloße Zusammenhang. **1045**

Uhlenbruck/*Vallender*, InsO, § 290 Rn. 37;
Kübler/Prütting/Bork/*Wenzel*, InsO, § 290 Rn. 13.

Den Antrag auf Versagung der Restschuldbefreiung kann jeder Gläubiger stellen. Es ist **nicht erforderlich, dass der antragstellende Gläubiger** durch die unrichtigen oder unvollständigen Angaben auch **unmittelbar geschädigt** ist, da nur der redliche Schuldner in den Genuss der Restschuldbefreiung kommen soll. **1046**

Uhlenbruck/*Vallender*, InsO, § 290 Rn. 41;
a. A. Kothe/Ahrens/Grote/Busch, § 290 Rn. 27.

c) Wiederholter Restschuldbefreiungsantrag (§ 290 Abs. 1 Nr. 3 InsO a. F.)

Ein Versagungsgrund ist weiterhin gegeben, wenn dem Schuldner in den letzten zehn Jahren vor dem Antrag auf Eröffnung des Insolvenzverfahrens oder nach diesem Antrag Restschuldbefreiung erteilt oder nach § 296 InsO oder § 297 InsO versagt worden ist. Das Restschuldbefreiungsverfahren soll eine Hilfe für unverschuldet in Not geratene Personen, nicht aber ein Mittel zur wiederholten Reduzierung der Schuldenlast darstellen. **1047**

Die Rücknamefiktion des § 305 Abs. 3 Satz 2 InsO schließt die Möglichkeit eines erneuten Insolvenz- und Restschuldbefreiungsantrages nicht aus und löst auch **keine Sperrfrist** für einen erneuten Antrag von drei Jahren aus. **1048**

LG Düsseldorf, Beschl. v. 7.3.2013 – 25 T 130/13, ZVI 2013, 142 f.
= juris Rn. 4, 6 ff.;
LG Frankenthal, Beschl. v. 12.11.2012 – 1 T 139/12, ZInsO 2012, 2399 f. = ZVI 2012, 451 f. Rn. 5 ff.;
AG Essen, Beschl. v. 22.6.2012 – 166 IK 79/12, ZInsO 2012, 1730;
a. A. AG Hamburg, Beschl. v. 9.11.2011 – 68c IK 891/11, ZInsO 2012, 195 f. = ZVI 2012 62 Rn. 4.

Nach Versagung der Restschuldbefreiung gemäß § 298 InsO wegen der Nichtzahlung der Mindestvergütung des Treuhänders kann der Schuldner erneut einen Insolvenzantrag mit Restschuldbefreiungsantrag stellen; ein Antrag auf Verfahrenskostenstundung darf nicht zurückgewiesen werden. **1049**

AG Göttingen, Beschl. v. 19.4.2011 – 74 IK 88/11, NZI 2011, 545 f.
= ZVI 2011, 391 f. Rn. 3 f.;
LG Kiel, Beschl. v. 26.8.2010 – 13 T 109/10, ZInsO 2011, 494 f.
= ZVI 2011, 234 f.;

E. Restschuldbefreiungsverfahren

a. A. LG Lübeck, Beschl. v. 14.3.2010 – 7 T 595/10,
NZI 2011, 411 ff. = ZVI 2011, 213 ff. Rn. 1 ff.

1050 § 290 Abs. 1 Nr. 3 InsO a. F. ist auf **ab dem 1.7.2014** beantragte Insolvenzverfahren nicht mehr anwendbar. Der Gesetzgeber hat diese Norm gestrichen, da der Sachverhalt bereits in § 287a Abs. 2 InsO n. F. (siehe hierzu Rn. 1009 ff.) geregelt ist, wobei der Zeitraum für die Versagungsfälle auf fünf Jahre verkürzt wurde.

d) Verschwenderischer Lebensstil (§ 290 Abs. 1 Nr. 4 InsO)

1051 § 290 Abs. 1 Nr. 4 InsO a. F. konstituiert einen Versagungsgrund, wenn der Schuldner **im letzten Jahr** vor dem Antrag auf Eröffnung des Insolvenzverfahrens oder nach diesem Antrag vorsätzlich oder grob fahrlässig die Befriedigung der Insolvenzgläubiger dadurch beeinträchtigt hat, dass er unangemessene Verbindlichkeiten begründet oder Vermögen verschwendet oder ohne Aussicht auf eine Besserung seiner wirtschaftlichen Lage die Eröffnung des Insolvenzverfahrens verzögert hat. Die Vorschrift soll vor allem Schuldner erfassen, die rücksichtslos Verbindlichkeiten begründen oder ihre Verschuldung mutwillig mit dem Ziel der Restschuldbefreiung herbeiführen.

Uhlenbruck/*Vallender*, InsO, § 290 Rn. 50.

1052 Der Schuldner begründet **unangemessene Verbindlichkeiten** immer dann, wenn die Ausgaben in keinem vernünftigen Verhältnis zu seinem Einkommen stehen. Einen typischen Fall von Vermögensverschwendungen stellen z. B. Ausgaben für Luxusaufwendungen (Flugzeug, Yacht, teure Urlaubsreisen) dar.

AG Dresden, Beschl. v. 25.9.2009 – 5563 (532) IN 1995/03, JurBüro 2010, 665 f Rn. 13 ff.; in dem Fall hatte der Schuldner schon mehrere Monate vor dem Insolvenzantrag eine Urlaubsreise nach Afrika gebucht und angetreten.

1053 Sie liegen regelmäßig aber auch dann vor, wenn die getätigten Ausgaben im Verhältnis zum Gesamtvermögen und -einkommen des Schuldners als grob unangemessen erscheinen.

BR-Drucks. 1/92, S. 190, 191;
Uhlenbruck/*Vallender*, InsO, § 290 Rn. 53 f.;
AG Duisburg, Beschl. v. 16.4.2007 – 62 IK 391/06,
NZI 2007, 367.

1054 Eine **Verschwendung** liegt vor, wenn der Schuldner einen unangemessenen luxuriösen Lebensstil führt oder Werte außerhalb einer sinnvollen und nachvollziehbaren Verhaltensweise verbraucht werden oder Ausgaben im Verhältnis zum Gesamtvermögen und dem Einkommen des Schuldners als grob unangemessen und wirtschaftlich nicht nachvollziehbar erscheinen.

BGH Beschl. v. 9.7.2009 – IX ZB 199/08, ZInsO 2009, 1506
= ZVI 2009, 453 Rn. 3.

V. Entscheidung über die Ankündigung oder Versagung der Restschuldbefreiung

Belastet der Schuldner ein Grundstück mit einer Fremdgrundschuld, die keine Forderung sichert, stellt dies eine Vermögensverschwendung dar. **1055**

BGH, Beschl. v. 30.6.2011 – IX ZB 169/10, NZI 2011, 641 ff.
= ZVI 2011, 428 ff. Rn. 11.

Als Vermögensverschwendung ist auch ein Verhalten des Schuldners zu qualifizieren, bei dem der für den Geschäftsbetrieb vorgesehene Betrag von dem Schuldner in Spielcasinos und Nachtbars ausgegeben und nur wenige Tage später Insolvenzantrag gestellt wird. **1056**

AG Göttingen, Beschl. v. 6.5.2010 – 71 IN 14/04,
ZInsO 2010, 102 f. = ZVI 2010, 319 f. Rn. 9, im vorliegenden Fall waren es 19.200 €.

Der Ausbau und die Vernichtung einer zur Masse gehörenden Einbauküche mit einem Wert von 1.500,00 € kann ebenfalls eine Vermögensverschwendung sein. **1057**

BGH, Beschl. v. 9.7.2009 – IX ZB 199/08, ZInsO 2009, 1506
= ZVI 2009, 453 Rn. 3.

Eine Vermögensverschwendung ist immer dann **ausgeschlossen**, wenn die Weggabe von Gegenständen auf einer nachvollziehbaren Verhaltensweise des Schuldners beruht. **1058**

vgl. BGH, Beschl. v. 20.6.2013 – IX ZB 11/12,
ZVI 2013, 316 ff. Rn. 7.

Der **selbstständig tätige** Schuldner begründet nur dann unangemessene Verbindlichkeiten, wenn deren Nichterfüllbarkeit *schon bei Eingehung vorhersehbar* war oder ein Verstoß gegen die Maßstäbe eines verantwortungsbewusst und wirtschaftlich vernünftig handelnden Kaufmanns vorliegt, der etwa dadurch zum Ausdruck kommt, dass er kurzfristig Kredite für langfristige Verbindlichkeiten aufnimmt oder Aufträge über Kredite finanziert, die von vornherein kalkulatorisch keinen Gewinn abwerfen. **1059**

AG Oldenburg, Beschl. v. 16.4.2003 – 61 IN 25/99,
ZVI 2003, 367.

Der Schuldner begründet keine unangemessenen Verbindlichkeiten, wenn er in der Krise neue Arbeitnehmer einstellt und hierfür eine sachliche Rechtfertigung gegeben ist. **1060**

LG Berlin, Beschl. v. 22.4.2002 – 81 T 343/01, ZVI 2002, 288.

Hingegen kann die Aufnahme eines Kredites in Höhe von 7.500 € ein Indiz für die Begründung unangemessener Verbindlichkeiten darstellen. Handelt es sich jedoch um eine Umschuldungsmaßnahme für die eine sachliche Rechtfertigung bestand, ist die Indizwirkung regelmäßig widerlegt. **1061**

AG Hamburg, Beschl. v. 21.2.2002 – 68g IK 18/01,
ZVI 2002, 34.

E. Restschuldbefreiungsverfahren

1062 Allein die Nichtzahlung fälliger Verbindlichkeiten begründet keinen Versagungsgrund. Erheblich für die Versagung kann nur die Begründung *neuer* oder zusätzlicher Verbindlichkeiten sein, die er erkennbar nicht erfüllen kann und die zu einer Beeinträchtigung der übrigen Gläubiger führen müssten.

> OLG Oldenburg, Beschl. v. 26.5.2003 – 60 IN 24/01, ZVI 2003, 483.

1063 Die **Ausschlagung einer Erbschaft** durch den Schuldner stellt keine Vermögensverschwendung dar.

> LG Mainz, Beschl. v. 23.4.2003 – 8 T 79/03, ZInsO 2003, 525.

1064 Die **Verzögerung der Verfahrenseröffnung** als Versagungsgrund ist auf das Regelinsolvenzverfahren zugeschnitten und dürfte in der Verbraucherinsolvenz keine praktische Rolle spielen. Der Schuldner muss seine Gläubiger durch eine Täuschung über seine Vermögensverhältnisse oder in ähnlicher Weise davon abgehalten haben, einen Insolvenzantrag zu stellen.

1065 Durch die in Nr. 4 genannte Verhaltensweise des Schuldners muss es zu einer – wenn auch nicht erheblichen – Beeinträchtigung der Gläubigerbefriedigung gekommen sein. Es muss ein kausaler Zusammenhang bestehen.

> *Kothe/Ahrens/Grote/Busch*, § 290 Rn. 39;
> Kübler/Prütting/Bork/*Wenzel*, InsO, § 290 Rn. 19a.

1066 § 290 Abs. 1 Nr. 4 InsO n. F. sieht für **ab dem 1.7.2014** beantragte Insolvenzverfahren eine Ausweitung der bisherigen Jahresfrist auf **drei Jahre** vor.

e) Verletzung von Auskunfts- und Mitwirkungspflichten (§ 290 Abs. 1 Nr. 5 InsO)

1067 Der Versagungsgrund liegt gem. § 290 Abs. 1 Nr. 5 InsO a. F. vor, wenn der Schuldner während des Insolvenzverfahrens Auskunfts- oder Mitwirkungspflichten **nach diesem Gesetz** *vorsätzlich* oder *grob fahrlässig* verletzt hat. Es muss sich also um eine insolvenzrechtliche Auskunfts- oder Mitwirkungspflicht handeln. Die Vorschrift sanktioniert damit eine fehlende Kooperationsbereitschaft des Schuldners. Auskunftpflichten bestehen nach den §§ 97, 98, 101. Aus § 97 Abs. 3 Satz 1 InsO ergibt sich ein umfassendes Mitwirkungsgebot zur Unterstützung des Verwalters. Das Mitwirkungsgebot geht allerdings nicht so weit, dass der Schuldner verpflichtet wäre, seine Arbeitskraft in den Dienst der Masse zu stellen. Die Arbeitskraft des Schuldners unterliegt nicht dem Insolvenzbeschlag.

> Kübler/Prütting/Bork/*Lüke*, InsO, § 97 Rn. 11;
> HK-*Eickmann*, InsO, § 97 Rn. 6.

1068 Die Auskunftsverweigerung durch den Schuldners ist **in der Regel** als grob fahrlässig anzusehen, weil von einem Schuldner, der einen Antrag auf Restschuldbefreiung gestellt hat, verlangt werden kann, dass er seinen Auskunfts- und Mitwirkungspflichten peinlich genau nachkommt.

V. Entscheidung über die Ankündigung oder Versagung der Restschuldbefreiung

LG Mönchengladbach, Beschl. v. 10.7.2003 – 5 T 270/03, ZVI 2003, 675.

Ein Verstoß gegen Auskunftspflichten i. S. d. Vorschrift liegt z. B. vor, wenn der Schuldner 1069

- an ihn ausgezahlte pfändbare **Einkommensanteile** nicht an den Insolvenzverwalter abführt
(BGH, Beschl. v. 31.7.2013 – IX ZA 37/12, WM 2013, 1656);
der Insolvenzverwalter kann aus dem Eröffnungsbeschluss als Titel diese Beträge auch gem. § 148 Abs. 2 InsO im Wege der Zwangsvollstreckung beim Schuldner einfordern (BGH, Urt. v. 3.11.2011 – IX ZR 45/11, ZIP 2012, 95 Rn. 6), für eine Zahlungsklage gegen den Schuldner würde ihm daher das Rechtsschutzinteresse fehlen;

- die **Aufnahme einer weiteren selbstständigen Tätigkeit** nicht anzeigt (AG Oldenburg, Beschl. v. 28.11.2001 – 60 IK 21/99, ZInsO 2001, 1170),

- erzielte **Nebeneinkünfte** in Höhe von 300 € dem Treuhänder nicht angibt (LG Mönchengladbach, Beschl. v. 10.7.2003 – 5 T 270/03, ZVI 2003, 675),

- der Schuldner ohne Mitteilung seines gegenwärtigen Aufenthaltsortes seinen Wohnsitz ins Ausland verlegt
(AG Königstein, Beschl. v. 4.7.2003 – 9a IK 21/00, ZVI 2003, 365).

Den Schuldner trifft eine **aktive Auskunftspflicht**. Dies bedeutet, dass der Schuldner Tatsachen, die den Gläubigern ersichtlich nicht bekannt sein können, offenbaren muss. 1070

AG Hamburg, Beschl. v. 26.3.2012 – 67c IN 322/07, ZInsO 2012, 1585 f. Rn. 5.

Ein Schuldner muss alle Umstände, die für die Abwicklung des Insolvenzverfahrens in irgendeiner Weise von Bedeutung sein können, **von sich aus** auch ohne besondere Nachfrage **offenbaren**, soweit sie nicht klar zu Tage liegen. 1071

BGH, Beschl. v. 8.3.2012 – IX ZB 70/10, ZInsO 2012, 751 ff. Rn. 13;
BGH, Beschl. v. 7.10.2010 – IX ZA 29/10, NZI 2011, 66 f.
= ZVI 2011, 105 f. Rn. 4.

Eine Vermögensverheimlichung wird daher bereits durch **bloßes Schweigen** verwirklicht. 1072

LG Heilbronn, Beschl. v. 5.5.2009 – 1 T 8/09,
ZInsO 2009, 1217 ff. = JurBüro 2010, 52 f. Rn. 3;
AG Hamburg, Beschl. v. 26.3.2012 – 67c IN 322/07,
ZInsO 2012, 1585 f. Rn. 5.

Auch die Nichtangabe der Überlassung eines **Fahrzeugs zur privaten Nutzung**, die einen geldwerten Vorteil darstellt, ist geeignet, eine Versagung der Restschuldbefreiung zu begründen. 1073

BGH, Beschl. v. 5.2.2009 – IX ZB 185/08, ZInsO 2009, 481.

1074 Ein Versagungsgrund liegt weiterhin vor, wenn der Schuldner einen zulässigen Insolvenzantrag bei Gericht einreicht, dem Antrag aber nur eine unvollständige Liste seiner Gläubiger beifügt.

BGH, Beschl. v. 9.10.2008 – IX ZB 212/07, ZVI 2009, 38.

In § 290 Abs. 1 Nr. 5 InsO a. F. geht es zwar vom Wortlaut her nur um eine Verletzung der Auskunftspflichten „während des Insolvenzverfahrens". Es ist jedoch allgemein anerkannt, dass die Vorschrift entgegen ihrem Wortlaut auch bereits bei Verletzung der Auskunftspflichten ab Insolvenzantragstellung gilt. Die Restschuldbefreiung kann daher auch wegen längerer Nichterreichbarkeit des Schuldners im Zeitraum zwischen Antragstellung und Verfahrenseröffnung versagt werden.

BGH, Beschl. v. 15.11.2007 – IX ZB 159/06,
NJW-Spezial 2008, 214.

1075 Für **ab dem 1.7.2014** beantragte Insolvenzverfahren hat der Gesetzgeber eine entsprechende redaktionelle Änderung vorgenommen, indem er in § 290 Abs. 1 Nr. 5 InsO n. F. die Wörter „während des Insolvenzverfahrens" gestrichen hat.

1076 Die Verletzung der Auskunftspflicht setzt nicht voraus, dass es zu einer Schädigung der Gläubiger gekommen ist. Es **reicht** aus, dass eine **Gefährdung der Gläubigerrechte** eingetreten ist. Die Versagung ist nur dann unverhältnismäßig, wenn die Verletzung der Auskunftspflicht unter keinem denkbaren Gesichtspunkt zu einer Verschlechterung der Gläubigerpositionen geführt haben kann.

BGH, Beschl. v. 5.2.2009 – IX ZB 185/08, ZInsO 2009, 481;
LG Mönchengladbach, Beschl. v, 10.7.2003 – 5 T 270/03,
ZVI 2003, 675.

1077 Ein Verstoß gegen Mitwirkungspflichten soll auch vorliegen, wenn der Schuldner eine **selbstständige Tätigkeit** gegen die Weisung des Treuhänders fortsetzt;

LG Cottbus, Beschl. v. 24.5.2002 – 7 T 441/01, ZVI 2002, 218,

diese Fallgestaltung darf nicht verwechselt werden mit der – zulässigen – selbstständigen wirtschaftlichen Tätigkeit *außerhalb* des Insolvenzverfahrens.

Zu beachten ist, dass der Schuldner nur – wenn auch vollumfassend – über alle rechtlichen, wirtschaftlichen und tatsächlichen Verhältnisse Auskunft zu erteilen hat, die für das Verfahren von Bedeutung sein können.

HambKomm/*Wendler*, InsO, § 97 Rn. 3.

Auch in der grundlegenden Entscheidung des AG Köln

– Beschl. v. 5.11.2003 – 71 IN 25/02, ZVI 2004, 125 f. –

V. Entscheidung über die Ankündigung oder Versagung der Restschuldbefreiung

wird die Auskunftspflicht des Schuldners nach § 97 InsO an die *Massezugehörigkeit* der Honorarforderungen des Arztes geknüpft. Ebenso war in der Entscheidung des IX. Senats

– Beschl. v. 26.2.2013 – IX ZB 165/11, ZInsO 2013, 625 f.
= NZI 2013, 404 f. Rn. 6 –

maßgeblich, ob die Einnahmen aus der selbstständigen Tätigkeit von der Abtretungserklärung des § 287 Abs. 2 Satz 1 InsO erfasst, also an den Treuhänder abgetreten sind, mit anderen Worten in dessen „Zuständigkeitsbereich" fallen. Da dies bei Einnahmen aus einer selbstständigen Tätigkeit nach Auffassung des Senats nicht der Fall ist, besteht für den Schuldner auch keine Auskunftspflicht gemäß § 295 Abs. 1 Nr. 3 InsO für die vergleichbare Situation in der Wohlverhaltensperiode.

Übertragen auf das eröffnete Insolvenzverfahren und die Auskunftspflicht nach § 97 InsO bedeutet dies, dass eine Auskunftspflicht nur dann besteht, wenn die Insolvenzmasse betroffen ist. Einnahmen aus einer **freigegebenen selbstständigen Tätigkeit** unterliegen gerade nicht dem Insolvenzbeschlag. § 35 Abs. 2 Satz 2 InsO erklärt § 295 Abs. 2 InsO für entsprechend anwendbar. Gemäß § 295 Abs. 2 InsO ist der wirtschaftliche Erfolg des Schuldners für die Höhe der von ihm an die Masse zu entrichtenden Zahlungen völlig unerheblich. Daher besteht auch keine diesbezügliche Auskunftspflicht. 1078

BGH, Beschl. v. 5.4.2006 – IX ZB 50/05, ZInsO 2006, 547 f.
= ZVI 2006, 257 f. Rn. 13;
Braun/*Lang*, InsO, § 295 Rn. 18;
HambKomm/*Streck*, InsO, § 295 Rn. 23.

In Ermangelung einer gesetzlichen Ermächtigungsgrundlage sind im Übrigen weder Insolvenzgericht noch -verwalter befugt, die nach § 295 Abs. 2 InsO zu zahlenden Beträge rechtsverbindlich festzusetzen.

AG Charlottenburg, Beschl. v. 31.3.2009 – 109 IN 1419/04,
ZInsO 2009, 1219 f.;
A/G/R/Weinland, InsO, § 295 Rn. 16;
Braun/*Lang*, InsO, § 295 Rn. 18;
HambKomm/*Streck*, InsO, § 295 Rn. 25;
Uhlenbruck/*Vallender*, InsO, § 295 Rn. 70;
Grote, ZInsO 2004, 1105, 1108.

Der Gesetzgeber ging davon aus, dass der Schuldner *selbst* beurteilen muss, welche Mittel er abführen kann, ohne den Fortbestand seines Gewerbebetriebes zu gefährden. 1079

Grote, ZInsO 2004, 1105, 1108.

Weder Insolvenzgericht noch -verwalter sind in die Entscheidungsfindung eingebunden. Solange auf der Basis des Vergleichseinkommens eines abhängig Beschäftigten keine pfändbaren Beträge abzuführen sind oder der Schuldner seiner Abführungspflicht ordnungsgemäß nachkommt, gibt daher für beide 1080 auch kein Informationsbedürfnis. Im Übrigen gibt es auch kein Versagungsrecht von Amts wegen oder Antragsrecht des Insolvenzverwalters.

1081 Liegt der Gewinn aus der freigegebenen selbstständigen Tätigkeit unterhalb des pfändbaren Betrages bei abhängiger Tätigkeit, ist der Schuldner während des Insolvenzverfahrens in **Altverfahren** – mangels gesetzlicher Regelung – nicht verpflichtet, eine selbstständige Tätigkeit aufzugeben und sich um eine abhängige Beschäftigung zu bemühen. Aufgrund der Systematik der Versagungsgründe ist es nicht möglich, die Verpflichtung des Schuldners während der Wohlverhaltensperiode auf das Insolvenzverfahren vorzuverlagern. Es besteht **keine Abführungspflicht.** Der Schuldner hat **aber** im Rahmen seiner **Auskunftspflicht** umfassend **über seine Einnahmen** Mitteilung zu geben. Insbesondere ist er gehalten, gegenüber dem Insolvenzverwalter und dem Insolvenzgericht überprüfbare Angaben zur Gewinnermittlung aus seiner selbstständigen Tätigkeit zu machen, damit festgestellt werden kann, ob der Schuldner tatsächlich nicht in der Lage ist, ganz oder teilweise hieraus abführungspflichtige Beträge entsprechend § 295 Abs. 2 InsO aufzubringen.

BGH, Beschl. v. 13.6.2013 – IX ZB 38/10,
ZInsO 2013, 1612 Rn. 13, 21.

1082 Der Gesetzgeber hat mit dem Gesetz zur Verkürzung des Restschuldbefreiungsverfahrens und der Stärkung der Gläubigerrechte für **ab dem 1.7.2014** beantragte Insolvenzverfahren eine entsprechende Erwerbsobliegenheit in § 287b InsO normiert, deren Verletzung den Tatbestand des ebenfalls neu eingefügten Versagungsgrundes des § 290 Abs. 1 Nr. 7 InsO n. F. erfüllt (siehe hierzu Rn. 1092).

f) **Unrichtige oder unvollständige Verzeichnisse**
(§ 290 Abs. 1 Nr. 6 InsO a. F.)

1083 Die Restschuldbefreiung ist ferner zu versagen, wenn der Schuldner in den nach § 305 Abs. 1 Nr. 3 InsO vorzulegenden Verzeichnissen seines Vermögens und seines Einkommens, seiner Gläubiger und der gegen ihn gerichteten Forderungen vorsätzlich oder grob fahrlässig unrichtige oder unvollständige Angaben gemacht hat. In der Praxis erweist sich der Versagungsgrund vor allem für die Schuldner als problematisch, die den Überblick über ihre Vermögensverhältnisse verloren haben und versuchen, das Verbraucherinsolvenzverfahren ohne qualifizierte Hilfe durchzuführen.

1084 Unter **grober Fahrlässigkeit** versteht die Rechtsprechung ein Handeln, bei dem die im Verkehr erforderliche Sorgfalt in ungewöhnlich hohem Maße verletzt worden ist, ganz nahe liegende Überlegungen nicht angestellt oder beiseite geschoben worden sind und dasjenige unbeachtet geblieben ist, was im gegebenen Fall sich jedem aufgedrängt hätte. Bei der groben Fahrlässigkeit handelt es sich um eine subjektiv schlechthin unentschuldbare Pflichtverletzung.

BGH, Beschl. v. 27.9.2007 – IX ZB 243/06, NZI 2007, 733.

V. Entscheidung über die Ankündigung oder Versagung der Restschuldbefreiung

Das LG Stuttgart hielt es für grob fahrlässig, wenn ein Schuldner mit zwölf Gläubigern die Forderung eines Gläubigers deshalb nicht angibt, weil er aufgrund eines **Irrtums** davon ausgeht, diese Forderung sei in der Forderung eines anderen Gläubigers enthalten. 1085

> LG Stuttgart, Beschl. v. 22.3.2002 – 10 T 256/01,
> NZI 2003, 42.

Auch das LG Köln wendet einen strengen Sorgfaltsmaßstab an und hält es für kaum vorstellbar, dass ein Schuldner eine erhebliche Forderung bei insgesamt nur zehn Gläubigern **vergessen** kann.

> LG Köln, Beschl. v. 2.6.2010 – 1 T 130/10, juris Rn. 5 f.

Der wegen einer Straftat verurteilte Schuldner muss auch mögliche **Forderungen der Opfer** angeben; dies gilt auch, wenn diese ihre Forderungen noch nicht konkret eingefordert haben.

> LG Memmingen, Beschl. v. 28.1.2013 – 43 T 106/13,
> ZInsO 2013, 614 f. = ZVI 2013, 318 f.

Gibt der Schuldner in dem nach § 305 Abs. 1 Nr. 3 InsO vorzulegenden Vermögensverzeichnis eine **Lohnabtretung** grob fahrlässig nicht an, erfüllt dies ebenfalls den Versagungsgrund des Abs. 1 Nr. 6.

> LG Göttingen, Beschl. v. 4.6.2002 – 10 T 38/02, ZVI 2002, 383 f.

Ein vorsätzlicher oder grob fahrlässiger Verstoß gegen die Pflicht zur Angabe sämtlicher Forderungen im Gläubiger- und Forderungsverzeichnis liegt dagegen nicht vor, wenn der Schuldner aufgrund einer **falschen anwaltlichen Auskunft** davon ausging, dass eine Forderung verjährt war.

> AG Mönchengladbach, Urt. v. 10.5.2002 – 19 IK 53/99,
> NZI 2003, 221.

Einen Versagungsgrund schaffen nur unrichtige oder unvollständige Angaben. Eine allgemeine Billigkeitsprüfung findet nicht statt.

> LG Frankfurt/M., Beschl. v. 25.7.2002 – 2/9 T 283/02,
> 2-09 T 283/02, ZVI 2003, 136.

Die unrichtige Angabe muss ausdrücklich in einem Verzeichnis niedergelegt, also **schriftlich** erfolgt sein. Es genügt nicht, wenn die unrichtige Angabe außerhalb eines Verzeichnisses nach § 305 Abs. 1 Nr. 3 InsO oder mündlich erfolgt ist. Das Verhalten des Schuldners muss eine gewisse **Wesentlichkeitsgrenze** überschritten haben. Falsche Angaben bleiben als unwesentlich nur dann außer Betracht, wenn die richtige Angabe schon aus Rechtsgründen unerheblich wäre, nicht aber deshalb, weil der Schuldner selbst einen Vermögenswert für unerheblich oder uneinbringlich hält. Letztlich wird man davon ausgehen müssen, dass nur solche Abweichungen unbeachtlich sind, die sich im Cent-Bereich bewegen oder allenfalls nachrangige Forderungen betreffen. Darauf, ob Schuldner die Angaben für wesentlich hält, kommt es nicht an.

LG Frankfurt/M., Beschl. v. 25.7.2002 – 2/9 T 283/02, 2-09 T 283/02, ZVI 2003, 136.

So hat das LG Stuttgart beispielsweise entschieden, dass die Nichtangabe einer Forderung in Höhe von 10.000 DM bei Forderungen von über 1 Mio. DM erheblich ist.

LG Stuttgart, Beschl. v. 22.3.2002 – 10 T 256/01, NZI 2003, 42.

1086 Zu einer Versagung der Restschuldbefreiung führt weiterhin die Nichtangabe eines Geschäftsanteils von 500 DM, auch wenn der Schuldner selbst den Geschäftsanteil für uneinbringlich hält.

LG Frankfurt/M., Beschl. v. 25.7.2002 – 2/9 T 283/02, 2-09 T 283/02, ZVI 2003, 136.

1087 Wenn der Schuldner im Eröffnungsantrag und in seinem Vermögensverzeichnis angibt, er sei z. B. Bodenleger und sein Einkommen betrage 800 € netto, sich hinterher aber herausstellt, dass der Schuldner Geschäftsführer einer Fußbodentechnik GmbH ist und seiner angestellten Ehefrau ein monatliches Einkommen von 3.500 € zahlt, ist ihm die Restschuldbefreiung zu versagen.

LG Hamburg, Beschl. v. 16.9.2002 – 332 T 80/02, ZInsO 2003, 433.

1088 Ein Versagungsgrund liegt weiterhin vor, wenn der Schuldner ein **geleastes Fahrzeug**, mit dem ein Aushilfsfahrer Einnahmen erzielt, nicht angibt.

AG Göttingen, Beschl. v. 15.8.2002 – 74 IK 176/00, ZInsO 2002, 992.

Hat der Schuldner in dem nach § 305 Abs. 1 Nr. 3 InsO vorzulegendem Verzeichnis einen Gläubiger versehentlich nicht angegeben und beruht die Nichtangabe des Gläubigers auf einem Fehlverhalten des Verfahrensbevollmächtigten oder seiner Mitarbeiter, muss sich der Schuldner dieses Verhalten **zurechnen** lassen.

LG Hamburg, Beschl. v. 4.5.2011 – 326 T 24/11, ZInsO 2011, 1367 ff. Rn. 9.

Ändert der Verfahrensbevollmächtigte ein vom Schuldner vollständig ausgefülltes und unterzeichnetes Vermögensverzeichnis eigenmächtig, erfolgt keine Zurechnung des Verschuldens.

BGH 10.2.2011 – IX ZB 250/08, NZI 2011, 254 ff.
= ZVI 2011, 209 ff. Rn. 8 ff.

1089 Die Versagung **setzt nicht voraus, dass sich** durch die unrichtigen oder unvollständigen Angaben die **Befriedigungsmöglichkeiten** der Insolvenzgläubiger **verschlechtern.**

LG Frankfurt/M., Beschl. v. 25.7.2002 – 2/9 T 283/02, 2-09 T 283/02, ZVI 2003, 136.

V. Entscheidung über die Ankündigung oder Versagung der Restschuldbefreiung

Ebenso setzt die Versagung nach § 290 Abs. 1 Nr. 6 InsO a. F. nicht voraus, 1090 dass die falschen oder unvollständigen Angaben zu einer Gläubigerbenachteiligung geführt haben, wie der Bundesgerichtshof klargestellt hat. Maßgeblich und **ausreichend** ist, **dass** die Pflichtverletzung ihrer Art nach **geeignet** ist, die **Befriedigung der Gläubiger zu gefährden**, was immer dann der Fall ist, wenn der Gläubiger eine Insolvenzforderung nicht im Verzeichnis aufgeführt ist; denn dies stellt eine Teilnahme am Insolvenzverfahren in Frage. Ob es dem Gläubiger tatsächlich gelungen ist, seine Forderung noch rechtzeitig anzumelden, ist unerheblich.

BGH, Beschl. v. 28.6.2012 – IX ZB 259/11, ZInsO 2013, 99 Rn. 10;
BGH, Beschl. v. 24.3.2011 – IX ZB 80/09, ZInsO 2011, 835 Rn. 3.

Eine **Nachreichung der fehlenden Angaben** im laufenden Verfahren ist nicht möglich und beseitigt die Obliegenheitsverletzung nicht.

AG Göttingen, Beschl. v. 13.11.2002 – 74 IK 38/00,
ZVI 2003, 88 f.

§ 290 Abs. 1 Nr. 6 InsO n. F. stellt die Erklärung des Schuldners nach § 287 1091 Abs. 1 Satz 3 InsO n. F. den nach § 305 Abs. 1 Nr. 3 InsO vorzulegenden Verzeichnissen gleich und sanktioniert auch insoweit falsche Angaben.

g) Verstoß gegen die Erwerbsobliegenheit des § 287b InsO n. F. (§ 290 Abs. 1 Nr. 7 InsO n. F.)

Gemäß § 287b InsO n. F. obliegt es dem Schuldner ab dem Beginn der Abtre- 1092 tungsfrist des § 287 Abs. 2 InsO bis zur Beendigung des Insolvenzverfahrens, eine angemessene Erwerbstätigkeit auszuüben und, wenn er ohne Beschäftigung ist, sich um eine solche zu bemühen und keine zumutbare Tätigkeit abzulehnen. Der Gesetzgeber wollte mit dieser Vorschrift die nach Aufhebung des Insolvenzverfahrens gemäß § 295 Abs. 1 Nr. 1 InsO bestehende Erwerbsobliegenheit im Interesse systematischer Klarheit für das eröffnete Insolvenzverfahren eigenständig regeln und ausdrücken, dass mit den jeweiligen – im Kern inhaltsgleichen – Regelungen unterschiedliche Verfahrensabschnitte angesprochen werden.

BeschlE, BT-Drucks. 17/13535 zu Nr. 21 – neu –
(§ 287b InsO-E), S. 39.

Die Verletzung der Obliegenheit führt gemäß § **290 Abs. 1 Nr. 7 InsO n. F.** 1093 auf Antrag eines Gläubigers zur Versagung der Restschuldbefreiung. Gemäß § 290 Abs. 1 Nr. 7 Halbs. 2 InsO n. F. gilt dies nicht, wenn den Schuldner kein Verschulden trifft. Er muss also den *Entlastungsbeweis* führen; d. h. er trägt die Beweislast. Verfahrenstechnisch verweist die Vorschrift zudem auf § 296 Abs. 2 InsO (siehe hierzu Rn. 1168)

Es ist aufgrund der Systematik sowie der inhaltlichen Übereinstimmung von 1094 § 290 Abs. 1 Nr. 7 InsO und § 295 Abs. 1 Nr. 1 InsO sachgerecht, die bisherige Rechtsprechung zur Verletzung der Erwerbsobliegenheit während der

Wohlverhaltensperiode (siehe hierzu Rn. 1130 ff.) bei der Prüfung des Versagungsgrundes heranzuziehen.

h) Nichterfüllung der gerichtlichen Zahlungsauflage (§ 314 Abs. 3 Satz 2 InsO a. F.)

1095 Der Versagungsgrund nach § 314 Abs. 3 Satz 2 InsO a. F. liegt vor, wenn der Schuldner den nach § 314 Abs. 1 Satz 2 InsO zu zahlenden Betrag auch nach Ablauf einer weiteren Frist von zwei Wochen, die das Gericht unter Hinweis auf die Möglichkeit der Versagung der Restschuldbefreiung gesetzt hat, nicht zahlt. Erforderlich ist auch hier der *Antrag eines Insolvenzgläubigers*.

1096 Es handelt sich um einen *Sonderfall des § 290 Abs. 1 Nr. 5 InsO*. Die Zahlungsauflage stellt eine Mitwirkungspflicht des Schuldners im Verfahren dar.

Uhlenbruck/*Vallender*, InsO, § 314 Rn. 34.

1097 § 314 InsO ist auf Insolvenzverfahren, die **ab dem 1.7.2014** beantragt werden, nicht mehr anwendbar, da die §§ 311 bis 314 InsO **aufgehoben** werden.

3. Formelle Voraussetzungen

a) Gläubigerantrag

1098 Formelle Voraussetzung ist zunächst der Antrag eines antragsbefugten Gläubigers. Der Antrag auf Versagung der Restschuldbefreiung kann grundsätzlich nur von einem am Insolvenzverfahren **teilnehmenden Insolvenzgläubiger** gestellt werden.

BGH, Beschl. v. 22.2.2007 – IX ZB 120/05, NZI 2007, 357
= ZVI 2007, 327 f. Rn. 3;
HambKomm/*Streck*, InsO, § 290 Rn. 2 m. w. N.

1099 Eine Teilnahme an der Schlussverteilung – und damit auch die **Eintragung in das Schlussverzeichnis** – ist **nicht erforderlich**.

BGH, Beschl. v. 8.10.2009 – IX ZB 257/08, NZI 2009, 856 f.
= ZVI 2010, 30 f. Rn. 3.
anders bei einem Antrag nach § 296 InsO, hierzu unter Rn. 1187.

1100 Der Gesetzgeber hat dies in § 290 Abs. 1 **InsO n. F.** mit der Ergänzung klargestellt: *„Insolvenzgläubiger, der seine Forderung angemeldet hat"*. Der Antrag kann auch von einem Gläubiger gestellt werden, dem die Forderung erst während des Beschwerdeverfahrens abgetreten wurde, auch wenn dieser *nicht in den Verzeichnissen* aufgeführt ist.

LG Stuttgart, Beschl. v. 22.3.2002 – 10 T 256/01,
ZInsO 2002, 1097.

1101 Ist über die Restschuldbefreiung im Hinblick auf das Ende der Laufzeit der Abtretungserklärung bereits vor Aufhebung des Insolvenzverfahrens zu entscheiden, kann ein *absonderungsberechtigter* Gläubiger, dessen Forderung für

V. Entscheidung über die Ankündigung oder Versagung der Restschuldbefreiung

den Ausfall zur Tabelle festgestellt ist, einen Versagungsantrag stellen, wenn er seinen Ausfall glaubhaft macht.

BGH, Beschl. v. 11.10.2012 – IX ZB 230/09, ZVI 2012, 469 ff.
= NZI 2012, 892 ff. Rn. 11.

Gläubiger *bestrittener* Forderungen können nur dann einen Versagungsantrag **1102** stellen, wenn sie die Erhebung einer Feststellungsklage zur Beseitigung des Widerspruchs nachgewiesen haben.

LG Hamburg, Beschl. v. 7.10.2009 – 236 T 45/09, ZInsO 2009, 2163 f.

Das Rechtsschutzinteresse für einen Versagungsantrag besteht jedenfalls auch **1103** dann, wenn der Schuldner der angemeldeten Forderung des antragstellenden Gläubigers als *Deliktsforderung widersprochen* hat und der Widerspruch noch nicht beseitigt worden ist.

BGH, Beschl. v. 20.6.2013 – IX ZB 208/11, ZVI 2013, 278 f. Rn. 2.

In Altverfahren muss der Versagungsantrag von einem Insolvenzgläubiger **1104 zwingend im Schlusstermin mündlich gestellt werden** (§ 290 Abs. 1 InsO a. F.). Es ist somit erforderlich, dass der betreffende Gläubiger oder sein Vertreter im Schlusstermin anwesend ist. Ein mündlich oder schriftlich vor dem Schlusstermin gestellter Antrag stellt nur die unbeachtliche Ankündigung eines Versagungsantrages dar.

BGH, Beschl. v. 20.3.2003 – IX ZB 388/02, NZI 2003, 389;
LG Kleve, Beschl. v. 29.4.2003 – 4 T 104/03, ZInsO 2003, 577;
LG Nürnberg-Fürth, Beschl. v. 11.6.2001 – 11 T 4455/01, ZVI 2002, 287; Uhlenbruck/*Vallender*, InsO, § 290 Rn. 5.

Soweit einige Gerichte der Ansicht sind, der Versagungsantrag könne auch **1105** vor dem Schlusstermin gestellt werden,

LG Hannover, Beschl. v. 19.12.2002 – 20 T 54/02, ZInsO 2003, 382;
AG Kleve, Beschl. v. 21.3.2003 – 38 IK 2/02, ZInsO 2003, 338,

dürften solche Beschlüsse in der Rechtsmittelinstanz nach der Entscheidung **1106** des BGH keinen Bestand mehr haben. Bei einem **schriftlichen Schlusstermin** muss der Versagungsgrund bis zum Schlusstermin glaubhaft gemacht sein.

Nach dem Schlusstermin ist ein auf § 290 Abs. 1 InsO a. F. gestützter Versa- **1107** gungsantrag **nicht mehr zulässig**, auch wenn der Antragsteller erst im Nachhinein von einem Versagungsgrund Kenntnis erlangt hat. Im Beschwerdeverfahren können also keine Versagungsgründe des § 290 Abs. 1 Nr. 1 bis 6 InsO mehr nachgeschoben werden.

BGH, Beschl. v. 25.10.2007 – IX ZB 187/03, WM 2007, 2252;
BGH, Beschl. v. 18.5.2006 – IX ZB 103,/05, NZI 2006, 538.

Für Insolvenzverfahren, die **ab dem 1.7.2014** beantragt werden, ermöglicht **1108** § 290 Abs. 2 InsO n. F., dass der Versagungsantrag

E. Restschuldbefreiungsverfahren

- zu jedem Zeitpunkt während des Insolvenzverfahrens, spätestens jedoch „bis zum Schlusstermin oder bis zur Entscheidung nach § 211 Absatz 1 InsO",
- auch schriftlich

1109 gestellt werden kann. Beschieden wird der Antrag allerdings erst nach dem Schlusstermin oder der Einstellung gem. § 211 InsO (§ 290 Abs. 2 Satz 2 InsO).

1110 Grundsätzlich sind Insolvenzgläubiger somit auch in Zukunft mit den Versagungsgründen des § 290 Abs. 1 InsO nach Beendigung des Schlusstermins präkludiert. Eine Ausnahme sieht jedoch § **297a Abs.** 1 InsO für nachträglich – also erst nach dem Schlusstermin oder im Falle des § 211 InsO nach der Einstellung – bekannt gewordene Versagungsgründe des § 290 Abs. 1 InsO n. F. vor. Ein darauf gestützter Versagungsantrag kann noch während der gesamten Wohlverhaltensperiode gestellt werden; dies muss aber binnen sechs Monaten nach Kenntniserlangung geschehen. Der Versagungsgrund und die bis dahin fehlende Kenntnis sind glaubhaft zu machen.

b) Glaubhaftmachung

1111 Als weitere formelle Zulässigkeitsvoraussetzung für den schlüssig zu begründenden Antrag eines Gläubigers auf Versagung der Restschuldbefreiung verlangt § 290 Abs. 2 InsO die Glaubhaftmachung eines Versagungsgrundes. Zur Glaubhaftmachung darf der Insolvenzgläubiger gemäß § 4 InsO i. V. m. § 294 Abs. 1 ZPO auf **alle Beweismittel** zurückgreifen. Es reicht die Bezugnahme auf eine rechtskräftige gerichtliche Entscheidung (Strafbefehl) aus, die aufgrund einer Sachprüfung ergangen ist.

> BGH, Beschl. v. 11.9.2003 – IX ZB 37/03, ZVI 2003, 538.

1112 Die Glaubhaftmachung hat bei Antragstellung, spätestens **bis zum Ende des Schlusstermins** zu erfolgen. Eine spätere Nachholung der Glaubhaftmachung ist unzulässig.

> BGH, Beschl. v. 5.2.2009 – IX ZB 185/08, ZInsO 2009, 481;
> BGH, Beschl. v. 23.10.2008 – IX ZB 53/08, ZInsO 2008, 1272.

1113 Zur Glaubhaftmachung genügt die überwiegende Wahrscheinlichkeit, dass die Behauptung zutrifft. **Unstreitige Tatsachen** bedürfen keiner Glaubhaftmachung.

> BGH, Beschl. v. 29.9.2005 – IX ZB 178/02, ZVI 2005, 614.

1114 Unstreitig sind Tatsachen vor allem dann, wenn der Schuldner im Schlusstermin nicht erscheint und infolgedessen den Tatsachenvortrag des Gläubigers auch nicht bestreitet; das **Bestreiten** ist grundsätzlich **nicht nachholbar**.

> BGH, Beschl. v. 5.2.2009 – IX ZB 185/08. ZInsO 2009, 481 f.
> = ZVI 2009, 308 f. Rn. 8.

V. Entscheidung über die Ankündigung oder Versagung der Restschuldbefreiung

Nur wenn der Schuldner nicht rechtzeitig vor dem Termin in geeigneter Weise durch das Insolvenzgericht belehrt wurde, dass Versagungsanträge gestellt werden können und er *nur im Schlusstermin* Gelegenheit zur Stellungnahme hat, soll ein nach dem Schlusstermin erfolgter Vortrag des Schuldners beachtlich sein. 1115

> BGH, Beschl. v. 10.2.2011 – IX ZB 237/09, ZInsO 2011, 837 f.
> = MDR 2011, 695 f. Rn. 7.

Der Schuldner sollte daher am Schlusstermin teilnehmen oder sich zumindest vertreten lassen. Bestreitet der Schuldner in diesem die maßgeblichen Tatsachen, hat das Gericht gemäß § 5 InsO von Amts wegen zu prüfen, ob tatsächlich ein Versagungsgrund vorliegt. Der Schuldner hat die Möglichkeit der **Gegenglaubhaftmachung**. In diesem Fall muss das Gericht prüfen, welcher Sachvortrag überwiegend wahrscheinlich ist. 1116

> BayObLG, Beschl. v. 3.4.2000 – 4Z BR 6/00, NZI 2000, 320;
> Uhlenbruck/*Vallender*, InsO, § 290 Rn. 12;
> Kothe/Ahrens/Grote/Busch, § 290 Rn. 61.

Auch in Insolvenzverfahren, die aufgrund eines **ab dem 1.7.2014** gestellten Insolvenzantrages eröffnet werden, hat die Glaubhaftmachung bis zum Schlusstermin oder im Falle des § 211 InsO bis zum Einstellungsbeschluss zu erfolgen (§ 290 Abs. 2 Satz 1 Halbs. 2 InsO). Soweit ein Antrag nach § 297a InsO gestellt wird, müssen die nachträglich bekannt gewordenen Versagungsgründe i. S. v. § 290 Abs. 1 InsO mit dem Antrag, spätestens innerhalb der Frist des § 297a Abs. 1 Satz 2 InsO glaubhaft gemacht werden. 1117

4. Versagungsverfahren nach § 290 InsO

Das Versagungsverfahren ist als *Streitverfahren* ausgestaltet. Der antragstellende Gläubiger und der Schuldner sind Parteien dieses Streitverfahrens. Es gelten die Dispositionsmaxime und der Beibringungsgrundsatz. Antragstellung, Einbringung des Verhandlungsstoffes und die Beweisführung unterliegen der Parteiherrschaft. Das Gericht hat zunächst nur den konkreten vom Gläubiger glaubhaft gemachten Versagungsgrund zu überprüfen. Es darf die Versagung nicht von Amts wegen auf andere *tatsächliche Gründe* stützen, als die vom Antragsteller geltend gemachten. 1118

> BGH, Beschl. v. 23.10.2008 – IX ZB 53,/08, ZInsO 2008, 1272;
> BGH, Beschl. v. 5.2.2006 – IX ZB 227/04, ZVI 2006, 596.

Unschädlich ist, wenn der antragstellende Gläubiger die Tatsachen rechtlich falsch wertet, sich also etwa auf einen unzutreffenden Versagungstatbestand beruft; die *normative Einordnung* obliegt dem Insolvenzgericht gemäß dem Grundsatz iura novit curia. 1119

> AG Hamburg, Beschl. v. 27.8.2008 – 68g IK 295/03,
> ZInsO 2008, 983 f. = VuR 2009, 311 ff. Rn. 6;
> HambKomm/*Streck*, InsO, § 290 Rn. 4.

1120 Sobald die Voraussetzungen eines Versagungsgrundes glaubhaft gemacht sind, hat das Insolvenzgericht nach § 5 InsO von Amts wegen zu ermitteln (**Amtsermittlungspflicht**).

BGH, Beschl. v. 11.4.2013 – IX ZB 170/11, ZVI 2013, 282;
BGH, Beschl. v. 11.9.2003 – IX ZB 37/03, NZI 2003, 662.

1121 Ist dem Schuldner die Restschuldbefreiung versagt worden, kann er erst dann erneut einen Insolvenz- und Restschuldbefreiungsantrag stellen, wenn mindestens ein neuer Gläubiger hinzugekommen ist.

BGH, Beschl. v. 10.10.2007 – IX ZB 270/05, ZInsO 2007, 1223.

1122 Es kommt demnach auf das bloße Vorliegen eines Versagungsgrundes nicht an, wenn die formellen Voraussetzungen für eine Versagung nicht gegeben sind. In diesem Fall ist *selbst bei positiver Kenntnis des Gerichtes* vom Vorliegen eines Versagungsgrundes die Restschuldbefreiung in Altverfahren anzukündigen; in Insolvenzverfahren, die aufgrund eines ab dem 1.7.2014 gestellten Antrages eröffnet werden, muss in diesem Fall § 290 Abs. 1 InsO als Versagungsgrund unberücksichtigt bleiben. Im Übrigen darf das Insolvenzgericht die Restschuldbefreiung nur dann versagen, wenn es nach Ausschöpfung aller Ermittlungsmöglichkeiten davon überzeugt ist, dass ein Versagungsgrund vorliegt.

BGH, Beschl. v. 11.9.2003 – IX ZB 37/03, NZI 2003, 662.

Fall:

S beantragt im Schlusstermin, in dem nur der Rechtspfleger und Treuhänder (§ 313 Abs. 1 InsO a. F.) anwesend sind, die Restschuldbefreiung anzukündigen. Dem Insolvenzgericht liegt ein schriftlicher Antrag des Gläubigers G auf Versagung der Restschuldbefreiung vor, in dem dieser glaubhaft macht, dass S ein halbes Jahr vor Insolvenzantrag sich mit falschen Angaben Arbeitslosengeld erschlichen hat. Außerdem hat der Treuhänder in Erfahrung gebracht, dass S kurz vor Insolvenzantragstellung einen Bausparvertrag mit einem Guthaben i. H. v. 10.000 € aufgelöst und hiervon einen Südsee-Urlaub mit seiner Lebensgefährtin finanziert hatte. Er ist hierüber mehr als verärgert und stellt ebenfalls Versagungsantrag.

Wie wird das Insolvenzgericht entscheiden?

Gemäß § 290 Abs. 1 InsO kann ein Insolvenzgläubiger einen Antrag auf Versagung der Restschuldbefreiung nur „**im Schlusstermin**" stellen; d. h. er muss **persönlich anwesend** (oder vertreten) sein. Ein schriftlich vor dem Schlusstermin gestellter Antrag ist lediglich als Ankündigung zu sehen und daher unbeachtlich und nicht zu bescheiden (OLG Celle ZInsO 2001, 757, 759; Uhlenbruck/*Vallender*, InsO, § 290 Rn. 5). Der Antrag des **Treuhänders** ist ebenfalls unzulässig, da er **nicht antragsbefugt** ist. Die Versagungsgründe des § 290 Abs. 1 Nr. 2 und 4 InsO bleiben somit ohne Folgen. Das Insolvenzgericht muss daher – trotz objektiven Vorliegens von Versagungsgründen – die Restschuldbefreiung ankündigen.

VI. Obliegenheiten des Schuldners nach Aufhebung des Insolvenzverfahrens

> Ändert sich die Rechtslage, wenn G seinen Antrag erst ein Jahr nach dem Schlusstermin (während der Wohlverhaltensperiode) stellt?
>
> Ein nach Ende des Schlusstermins bei Gericht eingehender Antrag ist verspätet und damit als unzulässig zu verwerfen (OLG Celle ZVI 2002, 29, 31). Nach rechtskräftiger Ankündigung der Restschuldbefreiung gelten nur noch die Versagungsgründe der §§ 295–298 InsO; die Versagungsgründe des § 290 Abs. 1 InsO sind **präkludiert**.

VI. Obliegenheiten des Schuldners nach Aufhebung des Insolvenzverfahrens

In Insolvenzverfahren, die aufgrund eines **vor dem 1.7.**2014 gestellten Antrages eröffnet wurden, wird der Schuldner mit dem Beschluss über die Ankündigung der Restschuldbefreiung und der Aufhebung des Insolvenzverfahrens nach Vollzug der Schlussverteilung in die Wohlverhaltensperiode (auch Treuhandzeit oder Treuhandperiode genannt) entlassen. Die Treuhandperiode setzt mit Rechtskraft des Ankündigungsbeschlusses gemäß § 291 InsO a. F. ein. Nach rechtskräftiger Ankündigung der Restschuldbefreiung und Beendigung des Insolvenzverfahrens gelten **nur noch** die Versagungsgründe der §§ 295–298 InsO. Die Versagungsgründe des *§ 290 Abs. 1 InsO* sind *präkludiert*, auch wenn diese noch so gravierend und unstreitig gegeben sind. Mit dem Eintritt in die Wohlverhaltensperiode soll es nur noch auf das gegenwärtige Verhalten des Schuldners und nicht mehr auf frühere Umstände ankommen. Wird beispielsweise nach Ankündigung der Restschuldbefreiung und Aufhebung des Insolvenzverfahrens festgestellt, dass der Schuldner schon während des Insolvenzverfahrens eine Erbschaft gemacht hat, die er dem Treuhänder verschwiegen hat, kommt eine Versagung der Restschuldbefreiung analog § 290 Abs. 1 Nr. 5 InsO nicht in Betracht. 1123

LG Hof, Beschl. v. 11.9.2003 – 22 T 109/03, ZVI 2003, 545.

Diese Unterteilung in Zulassungs- und Hauptverfahren gilt für **ab dem 1.7.**2014 beantragte Verfahren nicht mehr, da die Zulässigkeit des Restschuldbefreiungsantrages bereits in einer Eingangsentscheidung des Gerichtes, also noch vor Eröffnung des Insolvenzverfahrens geprüft und zugleich über die Zulässigkeit des Restschuldbefreiungsantrages entschieden wird (§ 287a InsO n. F.). Ist der Antrag zulässig, **beginnt** das **Restschuldbefreiungsverfahren zeitgleich mit der Eröffnung des Insolvenzverfahrens.** Schon im Beschluss über die Eröffnung des Insolvenzverfahrens erfolgt die Ankündigung der Restschuldbefreiung, die der Schuldner erlangt, wenn er den Obliegenheiten nach § 295 InsO nachkommt und die Voraussetzungen für eine Versagung nach den §§ 290, 297 bis 298 InsO nicht vorliegen. Der Versagungsgrund des § 290 InsO kann auch hier grundsätzlich nur **bis zum Schlusstermin** (bzw. Einstellung gem. § 211 InsO) geltend gemacht werden; danach sind die Insolvenzgläubiger mit diesem Grund präkludiert (Ausnahme: § 297a InsO). Für den **Zeitraum zwischen Beendigung des Insolvenzverfahrens und dem Ende der Abtretungsfrist** gelten die Obliegenheiten der §§ 295 und 297 bis 298 InsO. 1124

1125 Eine **Regelungslücke** ergibt sich damit **für den Zeitraum zwischen** dem **Schlusstermin und** der **Aufhebung des Verfahrens.** Zwar kann bei einem Verstoß gegen die Erwerbsobliegenheit in § 287b InsO der Versagungsantrag noch auf § 297a InsO gestützt werden. Eine Verletzung der Obliegenheiten aus § 290 Abs. 1 Nr. 5 *InsO* (Auskunfts- oder Mitwirkungspflicht) während dieser Zeit könnte hingegen *nicht* (!) sanktioniert werden. Denn der Wortlaut des § 297a InsO setzt voraus, dass ein Versagungsgrund vor dem Schlusstermin *„vorgelegen hat"*, der Gläubiger aber erst danach Kenntnis erlangt. Die Obliegenheit einer eingeschränkten Auskunftserteilung nach § 295 Abs. 1 Nr. 3 InsO beginnt nach dem Wortlaut dieser Vorschrift erst *„ab dem Zeitraum zwischen Beendigung des Insolvenzverfahrens".* Angesichts der Tatsache, dass bei manchen Gerichten zwischen Schlusstermin und Aufhebung des Verfahrens auch schon mal über 12 Monate vergehen, handelt es sich um eine bemerkenswerte redaktionelle Fehlleistung des Gesetzgebers.

1126 Unverändert stellt § 295 InsO **verfahrensbezogene Verhaltensanforderungen** auf, die der Schuldner erfüllen muss, um Restschuldbefreiung zu erlangen. Die Restschuldbefreiung setzt als Kompensation eine Redlichkeitsprüfung und das Bemühen des Schuldners voraus, bestimmte Obliegenheiten im Interesse einer bestmöglichen Gläubigerbefriedigung zu erfüllen.

BGH, Beschl. v. 18.12.2008 – IX ZB 249/07, ZVI 2009, 170;
HK-*Landfermann*, InsO, § 295 Rn. 2.

1127 Bei den Obliegenheiten des § 295 InsO handelt es sich um höchstpersönliche Pflichten, die ein Erbe sinnvollerweise nicht erfüllen könnte. Daher endet die Wohlverhaltensperiode nach Ankündigung der Restschuldbefreiung und Aufhebung des Insolvenzverfahrens (§ 289 Abs. 2 Satz 2 InsO) entsprechend § 299 InsO auch durch den **Tod des Schuldners** (siehe Rn. 1309).

BGH, Beschl. v. 17.3.2005 – IX ZB 214/04, NZI 2005, 399, 400.

1128 Die Formulierung in § 295 InsO a. F., dass die Obliegenheiten *„während der Laufzeit der Abtretungserklärung"* zu beachten sind, stand im Widerspruch zu § 287 Abs. 2 Satz 1 InsO, wonach diese Laufzeit (seit der Neufassung im InsOÄndG 2001) bereits ab der Eröffnung des Insolvenzverfahrens beginnt. Dennoch bestand Einigkeit, dass die Obliegenheiten des § 295 InsO den Schuldner erst von der Aufhebung des Insolvenzverfahrens an treffen. In § 295 InsO n. F. (ebenso in den §§ 296 und 297 InsO) hat der Gesetzgeber dies durch die Ergänzung *„in dem Zeitraum zwischen Beendigung des Insolvenzverfahrens und dem Ende der Abtretungsfrist"* klargestellt.

1129 Die vom Schuldner nach Aufhebung des Insolvenzverfahrens zu beachtenden Obliegenheiten werden durch die **fünf Tatbestände des** § 295 InsO **abschließend** geregelt. Umfang und Erfüllung der Obliegenheiten sind trotz des vermeintlich klaren Wortlauts in der Praxis sehr umstritten und Gegenstand zahlreicher Gerichtsentscheidungen sowie einer lebhaften Diskussion im Schrifttum.

VI. Obliegenheiten des Schuldners nach Aufhebung des Insolvenzverfahrens

1. Unselbstständige Erwerbstätigkeit (§ 295 Abs. 1 Nr. 1 InsO)

a) Systematik der Vorschrift

§ 295 Abs. 1 Nr. 1 InsO regelt die Erwerbsobliegenheit des nicht selbstständig   1130
tätigen Schuldners in drei verschiedenen Tatbeständen:

- Dem Schuldner obliegt es zunächst, eine angemessene Erwerbstätigkeit auszuüben.

- Ist der Schuldner ohne Beschäftigung, muss er sich um eine angemessene Erwerbstätigkeit bemühen.

- Eine zumutbare Tätigkeit darf der beschäftigungslose Schuldner nicht ablehnen. Eine Rechtspflicht, irgendeine Berufstätigkeit aufzunehmen, trifft ihn jedoch nicht.

Wenn der Schuldner keine angemessene Erwerbstätigkeit ausübt und wenn   1131
er sich bei Arbeitslosigkeit nicht um eine Beschäftigung bemüht oder eine
zumutbare Tätigkeit ablehnt, kann das Gericht auch eine Stundung der Verfahrenskosten gemäß § 4c Nr. 4 Halbs. 1 Alt. 1 InsO aufheben.

> BGH, Beschl. v. 13.9.2012 – IX ZB 191/11, NZI 2012, 852 f.
> = ZVI 2012, 369 ff. Rn. 6.

Dies führt bei mittellosen Schuldnern faktisch zu einem „kleinen Versagungs-   1132
recht von Amts wegen".

Die Erwerbsobliegenheit des Schuldners aus § 295 Abs. 1 Nr. 1 InsO a. F.   1133
besteht *erst nach Ankündigung* der Restschuldbefreiung gemäß § 291 InsO.
Vor diesem Zeitpunkt steht es ihm frei, ob er seine Arbeitskraft zugunsten
der Gläubiger einsetzt.

> BGH, Beschl. v. 14.1.2010 – IX ZB 78/09, ZInsO 2010, 45 ff.
> = ZVI 2010, 203 f. Rn. 9
> *Sesemann*, ZVI 2011, 289 ff.

Mit Inkrafttreten des § 295 Abs. 1 InsO n. F. am 1.7.2014 ergibt sich schon   1134
aus dessen Wortlaut, dass diese Norm erst nach Beendigung des Insolvenzverfahrens gilt, während § 287b InsO n. F. künftig eine Erwerbsobliegenheit
für das eröffnete Verfahren neu schafft (siehe Rn. 1092).

b) Obliegenheiten des erwerbstätigen Schuldners

Der erwerbstätige Schuldner ist verpflichtet, einer angemessenen Erwerbstätig-   1135
keit nachzugehen. Im Rahmen seiner Erwerbsobliegenheit hat der Schuldner
auch auf die Wahl einer geeigneten **Steuerklasse** zu achten (siehe Rn. 693 ff.).
Wählt der verheiratete Schuldner ohne hinreichenden sachlichen Grund (um
seinem nicht insolventen Ehegatten die Vorteile der Steuerklasse III zukommen zu lassen) eine für die Gläubiger ungünstige Steuerklasse, kann darin ein
Verstoß gegen die Erwerbsobliegenheit liegen.

> BGH, Beschl. v. 5.3.2009 – IX ZB 2/07, NZI 2009, 326.

1136 Zweck der Vorschrift ist es, dass der Schuldner seine Gläubiger während der Wohlverhaltensperiode aus dem pfändbaren Teil seines Arbeitseinkommens so weit wie möglich befriedigt. Welche Anforderungen der Schuldner erfüllen muss, richtet sich nach den Umständen des Einzelfalls.

1137 Als **angemessene** Erwerbstätigkeit gilt grundsätzlich nur eine *Vollzeit*beschäftigung mit einer durchschnittlichen wöchentlichen Arbeitszeit von 35 bis 40 Stunden. Die Erwerbstätigkeit muss der Ausbildung des Schuldners, seinen Fähigkeiten, seinem Lebensalter, seinem Gesundheitszustand und seinen Lebensverhältnissen entsprechen. Ein Schuldner, der bislang nur eine Teilzeitbeschäftigung ausgeübt hat, ist nach Eintritt in die Wohlverhaltensperiode daher gehalten, eine zusätzliche Erwerbstätigkeit bzw. eine Vollzeitstelle zu übernehmen.

> AG Duisburg, Beschl. v. 6.4.2004 – 62 IK 27/02, NZI 2004, 516;
> AG Hamburg, Beschl. v. 20.11.2000 – 68e IK 15/99,
> ZInsO 2001, 278 = NZI 2001, 103.

1138 So hat das AG Hamburg beispielsweise entschieden, dass eine 25-Stunden-Stelle der Erwerbsobliegenheit eines 30-jährigen Schuldners nicht genügt.

> AG Hamburg, Beschl. v. 20.11.2000 – 68e IK 15/99,
> ZInsO 2001, 278.

1139 Eine angemessene Erwerbstätigkeit setzt neben einer gebührenden Arbeitsleistung auch eine angemessene Bezahlung voraus. Orientierungsmaßstab sind die tariflichen Mindestlöhne bzw. die übliche Vergütung.

> AG Dortmund, Beschl. v. 9.9.1999 – 259 IK 33/99,
> NZI 1999, 420, 421.

1140 Ein Verstoß gegen die Erwerbsobliegenheit des § 295 Abs. 1 Nr. 1 InsO liegt unzweifelhaft vor, wenn der Schuldner im Zusammenwirken mit dem Arbeitgeber sein **Einkommen verschleiert oder umleitet**.

> *Kothe/Ahrens/Grote/Busch*, § 295 Rn. 24;
> *Uhlenbruck/Vallender*, InsO, § 295 Rn. 12.

1141 Hat der Schuldner eine Anstellung, die seiner Ausbildung und seinen Fähigkeiten bei angemessener Bezahlung entspricht und behält er diese während der Wohlverhaltensperiode bei, hat er regelmäßig seiner Obliegenheit Genüge getan. Wenn die Befriedigung seiner Gläubiger dadurch nicht geschmälert wird, kann der Schuldner auch seine Arbeitsstelle wechseln und über den Inhalt seines Arbeitsvertrages ohne Zustimmung des Treuhänders verfügen.

> BAG, Urt. v. 20.6.2013 – 6 AZR 789/11,
> ZInsO 2013, 1806 Rn. 14, 27 ff.

c) Obliegenheiten des erwerbslosen Schuldners

1142 Wird der Schuldner arbeitslos, hat er weiterhin die Chance der Restschuldbefreiung. Er ist aber gehalten, sich nachweisbar um angemessene Arbeit zu bemühen und keine zumutbare Tätigkeit abzulehnen, § 295 Abs. 1 Nr. 1 InsO. Dieser Obliegenheit **genügt** der Schuldner **nicht**, wenn er nur dem Arbeits-

VI. Obliegenheiten des Schuldners nach Aufhebung des Insolvenzverfahrens

amt zur Verfügung steht und sich dort beraten lässt. Alleine das bloße Studium von Zeitungsannoncen ist ebenfalls nicht ausreichend.

BGH, Beschl. v. 7.5.2009 – IX ZB 133/07, NZI 2009, 482 f.
= ZVI 2009, 388 f.;
FK-*Ahrens*, InsO, § 295, Rn. 64;
LG Kiel, Beschl. v. 15.7.2002 – 13 T 178/01, ZVI 2002, 474.

Meldet sich ein Insolvenzschuldner beispielsweise in der Wohlverhaltensperiode erst nach 1 1/2 Jahren bei der Arbeitsagentur arbeitslos, hat er objektiv seine Obliegenheit nach § 295 Abs. 1 Nr. 1 InsO verletzt. 1143

AG Düsseldorf, Beschl. v. 26.4.2007 – 503 IK 72/02, ZVI 2007, 482, 483.

Der Schuldner **muss von sich aus aktiv werden** und sich durch Bewerbungen auf freie Stellen um eine angemessene Erwerbstätigkeit bemühen. Dem Schuldner ist es auch grundsätzlich zuzumuten, sich um Arbeiten für Ungelernte zu bewerben. 1144

LG Kiel, Beschl. v. 15.7.2002 – 13 T 178/01, ZVI 2002, 474 f.

Der Schuldner ist allerdings nicht gehalten, sich 20 bis 30 mal im Monat zu bewerben, wie dies die Familiengerichte teilweise von den Unterhaltspflichtigen minderjähriger unverheirateter und ihnen gleichgestellter volljähriger Kinder verlangen, da die Rechtsbegriffe der „angemessenen Erwerbstätigkeit" und „zumutbaren Tätigkeit"" nicht durch das Sozialrecht bestimmt werden. 1145

BGH, Beschl. v. 13.9.2012 – IX ZB 191/11, ZInsO 2012, 1958 ff.
= ZVI 2012, 369 ff. Rn. 7.

Als „Richtgröße" können vielmehr **zwei bis drei Bewerbungen in der Woche** gelten, sofern entsprechende Stellen angeboten werden. 1146

BGH, Beschl. v. 19.5.2011 – IX ZB 224/09, ZInsO 2011, 1301 ff.
= ZVI 2011, 305 ff. Rn. 18.

Insbesondere darf der Schuldner nicht auf bloß theoretische, tatsächlich aber unrealistische Möglichkeiten, einen angemessenen Arbeitsplatz zu erlangen, verwiesen werden. 1147

BGH, Beschl. v. 22.4.2010 – IX ZB 253/07, ZInsO 2010, 1153 ff.
= KTS 2010, 486 ff. Rn. 8 f.

Vom Schuldner ist zu verlangen, dass er nicht nur in seinem erlernten bzw. zuletzt ausgeübten Beruf tätig wird, sondern auch alle ähnlichen oder gleichwertigen Tätigkeiten übernimmt. Ist eine solche Arbeitsaufnahme nicht möglich, **muss** der Schuldner **auch eine geringer qualifizierte Arbeit annehmen**. Je länger die Arbeitslosigkeit dauert, um so eher ist geringer qualifizierte Arbeit zumutbar. 1148

Nur – dann aber zu Recht – wenn der Schuldner aufgrund seiner Ausbildung, seiner Fähigkeiten, einer früheren Erwerbstätigkeit, seines Lebensalters oder seines Gesundheitszustandes **nicht in der Lage** ist, eine Tätigkeit zu finden, 1149 mit der er einen Verdienst erzielt, der zu pfändbaren Einkünften führt, darf ihm die Stundung der Verfahrenskosten **nicht** entzogen werden.

BGH, Beschl. v. 2.12.2010 – IX ZB 160/10, ZInsO 2011, 147 f.
= ZVI 2011, 92 f.- Rn. 7.

2. Selbstständige Erwerbstätigkeit (§ 295 Abs. 2 InsO)

1150 Wie sich aus § 295 Abs. 2 InsO ergibt, ist es dem Schuldner grundsätzlich überlassen, sich während der Wohlverhaltensperiode zwischen einer selbstständigen und einer unselbstständigen Erwerbstätigkeit zu entscheiden. Diese Entscheidungsautonomie besteht unabhängig von der Beschäftigungsart, die der Schuldner vor Eröffnung des Insolvenzverfahrens ausgeübt hat. Dem Schuldner ist es demnach gestattet, während der Wohlverhaltensperiode eine selbstständige Tätigkeit aufzunehmen, auch wenn er vorher abhängig beschäftigt war und umgekehrt. Er ist also grundsätzlich **frei in der Wahl seiner Erwerbsform.**

Kothe/Ahrens/Grote/Busch, § 295 Rn. 12;
Trendelburg, ZInsO 2000, 437 ff.

1151 Übt der Schuldner während der Wohlverhaltensperiode eine selbstständige Tätigkeit aus, geht seine Abtretungserklärung nach § 287 Abs. 2 Satz 1 InsO grundsätzlich ins Leere. Er hat allerdings die Insolvenzgläubiger durch Zahlungen an den Treuhänder so zu stellen, wie wenn er ein angemessenes Dienstverhältnis eingegangen wäre (§ 295 Abs. 2 InsO). Auch den selbstständigen Schuldner trifft damit die Obliegenheit, sich um Arbeit zu bemühen und die Gewinne aus seiner selbstständigen Tätigkeit zur Befriedigung der Insolvenzgläubiger zur Verfügung zu stellen. Im Interesse seiner Gläubiger hat er v. a. die Erwerbschancen, die sein Beruf ihm bietet, möglichst voll auszuschöpfen. Der Schuldner hat **so viel** an den Treuhänder **abzuführen, wie** er an pfändbarem Arbeitseinkommen **aus** einem **Dienstverhältnis** erzielt hätte, das seiner Ausbildung und seinem beruflichen Werdegang entspricht. Die Höhe der abzuführenden Beträge wird unabhängig von den tatsächlichen Einnahmen des Schuldners berechnet. Ist dieser wirtschaftlich besonders erfolgreich, muss er gleichwohl nur das an den Treuhänder abführen, was den Gläubigern im Falle einer angemessenen Tätigkeit zugeflossen wäre; der Überschuss verbleibt ihm. Das danach maßgebliche fiktive Nettoeinkommen orientiert sich an einer angemessenen, dem Schuldner möglichen abhängigen Tätigkeit. Geht der Schuldner **neben** seiner **selbstständigen Erwerbstätigkeit zusätzlich** noch einer **abhängigen Beschäftigung** nach, hat er die dem Treuhänder aus dem Dienstverhältnis zufließenden Beträge um den Betrag aufzustocken, der den Gläubigern zugeflossen wäre, wenn er anstelle der selbstständigen Tätigkeit auch insoweit abhängig tätig gewesen wäre.

BGH, Beschl. v. 17.1.2013 – IX ZB 98/11, ZVI 2013, 162 ff. Rn. 10;
BGH, Beschl. v. 5.4.2006 – IX ZB 50/05, ZVI 2006, 257
= NZI 2006, 413;
HK-*Landfermann*, InsO, § 295 Rn. 7, 9 und 12;

VI. Obliegenheiten des Schuldners nach Aufhebung des Insolvenzverfahrens

FK-*Ahrens*, InsO, § 295 Rn. 62 f. ;
ausführlich zu den Obliegenheiten: *Harder*, NZI 2013, 521 ff.

Bestimmte Zahlungstermine sieht das Gesetz nicht vor. Der Schuldner muss spätestens am Ende der Wohlverhaltensphase alle ihm obliegenden Zahlungen erbracht haben. Gleichwohl nimmt der Bundesgerichtshof an, dass der Schuldner regelmäßige Zahlungen, zumindest **jährlich** an den Treuhänder zu erbringen hat, soweit er wirtschaftlich leistungsfähig ist. Maßgeblich sind daher stets die konkreten Umstände des Einzelfalls. 1152

BGH, Beschl. v. 19.7.2012 – IX ZB 188/09, ZInsO 2012, 1597 ff.
= ZVI 2012. 718 ff. Rn. 14;
Pape, Insbüro 2013, 299.

Die Wahl einer selbstständigen Tätigkeit kann für den Schuldner deshalb ein **Risiko** darstellen, weil die Höhe der von ihm zu leistenden Zahlungen im Vorfeld nicht verbindlich geklärt werden kann. Der Schuldner wird auch **nicht** dadurch **entlastet**, dass ihm Insolvenzgericht oder Treuhänder keinen abzuführenden Betrag genannt haben. 1153

BGH Beschl. v. 17.1.2013 – IX ZB 98/11, NZI 2013, 189 ff. Rn. 22.

Wenn es an einer Vereinbarung mit den Gläubigern fehlt, entscheidet er in eigener Verantwortung, welche Beträge er an den Treuhänder abführt. Erreicht der Schuldner am Ende der Wohlverhaltensperiode nicht die gleiche Befriedigungsquote wie im Fall der Wahl einer unselbstständigen Tätigkeit, kann dies bei **Verschulden** zu einer Versagung der Restschuldbefreiung führen. Der Schuldner würde sich z. B. schuldhaft verhalten, wenn er eine von ihm ausgeübte selbstständige Tätigkeit, aus der er keine ausreichenden Beträge erwirtschaftet, einfach fortsetzt, obwohl er – für ihn erkennbar – in eine angemessene abhängige Beschäftigung mit einem höheren pfändbaren Einkommen wechseln könnte. Die Höhe des Betrages, den der Schuldner an den Treuhänder hätte abführen müssen, legt das Gericht aber erst fest, wenn es über den Versagungsantrag entscheidet. 1154

3. Weitere Obliegenheiten (§ 295 Abs. 1 Nr. 2–4 InsO)

Ergänzend hat der Schuldner, gleich ob er selbstständig oder unselbstständig beschäftigt ist, folgende Obliegenheiten während der Wohlverhaltensperiode zu beachten: 1155

§ 295 Abs. 1 Nr. 2 InsO verpflichtet den Schuldner, die Hälfte eines von Todes wegen oder im Wege vorweggenommener Erbfolge erworbenen Vermögens zugunsten seiner Gläubiger an den Treuhänder herauszugeben. Weigert er sich trotz Aufforderung des Treuhänders, ist die Restschuldbefreiung zu versagen. 1156

AG Leipzig, Beschl. v. 21.3.2012 – 402 IN 3925/05,
ZInsO 2012, 897 Rn. 8.

Die Obliegenheit ist **durch Zahlung** des entsprechenden Geldbetrages zu erfüllen; die Übertragung des Anteils am Nachlass ist **auch** dann nicht ausrei- 1157 chend, **wenn** der Schuldner Mitglied einer **Erbengemeinschaft** geworden ist.

Kann der Schuldner seine Obliegenheit nur erfüllen, das heißt den hälftigen Betrag zahlen, nachdem er die Nachlassgegenstände liquidiert hat, ist ihm hierzu Gelegenheit zu geben und über seinen Antrag auf Erteilung der Restschuldbefreiung erst nach der Liquidierung zu entscheiden, solange der Schuldner ausreichende Bemühungen um die Verwertung des Nachlasses nachvollziehbar darlegt und nachweist.

> BGH, Beschl. v. 10.1.2013 – IX ZB 163/11, ZVI 2013, 114 Rn. 7, 19.

1158 Da ihm der halbe Wert der in der Wohlverhaltensphase angefallenen Erbschaft zusteht, wird der Schuldner regelmäßig davon absehen, diese auszuschlagen. Das höchstpersönliche **Recht zur Ausschlagung** bleibt ihm aber erhalten; ihn trifft also keine Mitwirkungsobliegenheit bei der Realisierung der Erbschaft, um sich die Möglichkeit der Restschuldbefreiung zu erhalten. Der Schuldner kann auch eine schon im eröffneten Verfahren angefallene Erbschaft persönlich ausschlagen (§ 83 Abs. 1 Satz 2 InsO) und so über deren Zugehörigkeit zur Masse entscheiden.

> HK-*Landfermann*, InsO, § 295 Rn. 14;
> FK-*Ahrens*, InsO, § 295 Rn. 42; *Häsemeyer* Rn. 26.37 und 9.24
> plädiert aber im Gläubigerinteresse dafür, die Annahme der Erbschaft durch den Schuldner im eröffneten Verfahren und in der Wohlverhaltensfrist zur Obliegenheit zu erheben.

1159 Eine Obliegenheitsverletzung dürfte auch bei einem **Verzicht** des Schuldners **auf den Pflichtteil** ausscheiden, zumal sich die Herausgabepflicht nach § 295 Abs. 1 Nr. 2 InsO auf das tatsächlich in der Wohlverhaltensphase erworbene Vermögen beschränkt.

> Uhlenbruck/*Vallender*, InsO, § 295 Rn. 35. Zum Erwerb eines
> Pflichtteilsanspruchs vor der Wohlverhaltenphase:
> BGH, Beschl. v. 18.12.2008 – IX ZB 249/07, ZVI 2009, 170.

1160 Sonstige Vermögenszuwächse während der Treuhandzeit (z. B. Schenkungen, Lotteriegewinn, Zugewinnausgleich gemäß § 1373 ff. BGB) kann der Schuldner dagegen behalten, ohne einen Anteil an den Treuhänder auskehren zu müssen.

1161 Nach **§ 295 Abs. 1 Nr. 3 InsO** hat der Schuldner auch während der Treuhandzeit die Pflicht, jeden **Wechsel des Wohnsitzes**

> – BGH, Beschl. v. 8.6.2010 – IX ZB 153/09, NZI 2010, 654 f.
> = ZVI 2010, 315 ff. Rn. 9 ff., 24 ff.;
> BGH, Beschl. v. 11.2.2010 – IX ZA 46/09, NZI 2010, 489 Rn. 4
> „Pflicht zur Angabe **binnen 2 Wochen**" –

oder der Beschäftigungsstelle unverzüglich dem Insolvenzgericht und dem Treuhänder anzuzeigen, keine von der Abtretungserklärung erfassten Bezüge und kein von Nr. 2 erfasstes Vermögen zu verheimlichen, ferner dem Gericht und dem Treuhänder auf Verlangen **Auskunft** über seine Erwerbstätigkeit oder

VI. Obliegenheiten des Schuldners nach Aufhebung des Insolvenzverfahrens

seine Bemühungen um eine solche sowie über seine Bezüge und sein Vermögen zu erteilen.

Falls der Schuldner der Pflicht zur Mitteilung einer neuen **Wohnanschrift** nicht nachkommt, ist das Gericht nicht verpflichtet, den Wohnsitz zu ermitteln, sondern kann von einem unbekannten Aufenthaltsort der Schuldners ausgehen und gemäß § 8 Abs. 2 InsO auf die Zustellung verzichten; die Veröffentlichung im Internet gilt im Verhältnis zu dem Schuldner gemäß § 9 Abs. 3 InsO als zugestellt. 1162

> BGH, Beschl. v. 16.5.2013 – IX ZB 272/11, ZInsO 2013, 1310.

Ein „Verheimlichen" erfordert nicht, dass der Schuldner erst auf Nachfrage unrichtige Angaben macht; für eine Obliegenheitsverletzung genügt schon bloßes Verschweigen. Der Schuldner hat also **unaufgefordert** Bezüge und Neuvermögen, das nicht an den Treuhänder geflossen ist, von sich aus zu offenbaren. Die unterlassene Mitteilung der Aufnahme einer Beschäftigung stellt daher eine Obliegenheitsverletzung gemäß § 295 Abs. 1 Nr. 3 InsO dar. Eine Heilung tritt nur ein, wenn der Schuldner den vorenthaltenen Betrag nachzahlt oder mit dem Treuhänder Ratenzahlung vereinbart, bevor Gläubiger Versagungsanträge stellen. 1163

> LG Göttingen, Beschl. v. 27.5.2010 – 10 T 48/10,
> ZInsO 2010, 1247 f. = ZVI 2011, 34 f. Rn. 7;
> AG Göttingen, Beschl. v. 3.7.2013 – 74 IN 259/09, ZVI 2013, 367;
> AG Hamburg, Beschl. v. 17.12.2007– 68c IK 910/07,
> ZInsO 2008, 51; HK-*Landfermann*, InsO, § 295 Rn. 18;
> Mohrbutter/Ringstmeier/*Pape*, § 17 Rn. 145;
> restriktiver: FK-*Ahrens*, § 295 Rn. 57.

Verlangt der Treuhänder Auskunft über die Einkommens- und Vermögensverhältnisse, hat der Schuldner die erbetenen Angaben – auch zu etwaigen Unterhaltsverpflichtungen – unverzüglich zu machen. 1164

> BGH, Beschl. v. 17.7.2008 – IX ZB 183/07, NZI 2008, 623,
> und zur Heilung durch Nachzahlung.

Der Schuldner hat Auskunft über solche Tatsachen zu erteilen, an Hand derer eine mögliche abhängige Tätigkeit und ein fiktives Nettoeinkommen bestimmt werden kann, **nicht** aber **Gewinne aus** einer etwaigen **selbstständigen Tätigkeit** zu benennen; diese sind nicht abgetreten, § 287 Abs. 2 InsO (vgl. Rn. 983 ff.). Daher stellt eine unvollständige oder verspätete Auskunft zu solchen Gewinnen keine Obliegenheitsverletzung i. S. d. § 295 Abs. 1 Nr. 3 oder § 296 Abs. 2 Satz 3 InsO dar; eine entsprechende Aufforderung des Gerichts ist nicht durch § 295 Abs. 1 Nr. 3 InsO gedeckt. 1165

> BGH, Beschl. v. 26.2.2013 – IX ZB 165/11, ZInsO 2013, 625 f.
> = MDR 2013, 489 Rn. 8.

Nach § **295 Abs. 1 Nr. 4 InsO** hat der Schuldner alle zur Befriedigung der Insolvenzgläubiger dienenden Zahlungen nur an den Treuhänder zu leisten und darf **keinem Insolvenzgläubiger** einen **Sondervorteil** verschaffen. Der 1166

E. Restschuldbefreiungsverfahren

Schuldner riskiert also die Versagung der Restschuldbefreiung, wenn er einzelnen Gläubigern Sonderleistungen gewährt und damit gegen den Grundsatz der Gleichbehandlung der Insolvenzgläubiger verstößt. Voraussetzung ist, dass die Befriedigung der Insolvenzgläubiger durch die Sonderleistung beeinträchtigt ist. Dies ist immer ausgeschlossen, wenn der Schuldner Leistungen **aus** seinem **pfändungsfreien** und damit nicht dem Insolvenzbeschlag unterliegenden **Vermögen** erbringt. Denn solches Vermögen steht der Gläubigergemeinschaft ohnehin **nicht** zur Verfügung, sodass deren Benachteiligung ausgeschlossen ist. Der Schuldner kann sein pfändungsfreies Vermögen insbesondere einsetzen, um durch die Zahlung einer Geldstrafe z. B. die Vollstreckung der Ersatzfreiheitsstrafe zu vermeiden. Leistet der Schuldner nur auf Druck eines Insolvenzgläubigers, wird ihn regelmäßig auch kein Verschulden treffen (§ 296 Abs. 1 InsO).

K. Schmidt/*Henning*, InsO, § 295 Rn. 34.

4. Konsequenzen einer Obliegenheitsverletzung – Verstoß gegen § 295 InsO

1167 Eine Obliegenheitsverletzung des Schuldners ist zunächst einmal folgenlos. Nur unter den Voraussetzungen des **§ 296 InsO** folgt der Obliegenheitsverletzung die Versagung der Restschuldbefreiung (siehe hierzu nachfolgend Rn. 1187 ff.) Der Antrag kann dabei *während* des laufenden Restschuldbefreiungsverfahrens erfolgen und hierüber entschieden werden (§ 299 InsO), was zugleich eine vorzeitige Beendigung des Verfahrens herbeiführt. Er kann aber auch erst *nach Ablauf* der Laufzeit der Abtretungserklärung, also am Ende des Restschuldbefreiungsverfahrens im Rahmen der Entscheidung des Insolvenzgerichtes nach § 300 InsO erfolgen. Daneben können einzelne Obliegenheitsverletzungen zu einer **Aufhebung der Verfahrenskostenstundung** nach § 4c Nr. 1, Nr. 4 InsO führen (siehe hierzu Rn. 211 ff.).

VII. Vorzeitige Versagung der Restschuldbefreiung vor Ablauf des Abtretungszeitraumes gem. §§ 296, 299 InsO

1168 Das Gericht versagt die Restschuldbefreiung gemäß **§ 296 Abs. 1 Satz 1 InsO** auf *Antrag eines Insolvenzgläubigers*, wenn der Schuldner während der Laufzeit der Abtretungserklärung eine seiner Obliegenheiten verletzt und dadurch die Befriedigung der Insolvenzgläubiger beeinträchtigt. Voraussetzung ist gemäß § 296 Abs. 1 Satz 1 a. E. ferner, dass den Schuldner ein Verschulden trifft. § 296 Abs. 1 Satz 2 InsO bestimmt, dass der Versagungsantrag nur *binnen eines Jahres nach Kenntniserlangung* des Gläubigers von der Obliegenheitsverletzung gestellt werden kann. Die Zulässigkeit des Antrages setzt gemäß § 296 Abs. 1 zudem (wie schon bei einem Antrag nach § 290) die *Glaubhaftmachung* sämtlicher Voraussetzungen des § 296 Abs. 1 Satz 1, 2 InsO voraus.

1169 Vor einer Entscheidung über den Versagungsantrag hat das Gericht gemäß § 296 Abs. 2 Satz 1 InsO Treuhänder, Schuldner und die Insolvenzgläubiger zu

VII. Versagung der Restschuldbefreiung vor Ablauf des Abtretungszeitraumes

hören. Der Schuldner ist gemäß § 296 Abs. 2 Satz 2 InsO verpflichtet, über die Erfüllung seiner Obliegenheiten Auskunft zu erteilen und muss auf Antrag eines Gläubigers die Richtigkeit der Auskunft an Eides Statt versichern. § 296 Abs. 2 Satz 3 InsO bestimmt, dass die Restschuldbefreiung zu versagen ist, wenn der Schuldner die Auskunft oder die eidesstattliche Versicherung ohne hinreichende Entschuldigung nicht innerhalb der ihm gesetzten Frist abgibt oder trotz ordnungsgemäßer Ladung ohne hinreichende Entschuldigung nicht zu einem Termin erscheint, den das Gericht für die Erteilung von Auskunft oder Versicherung anberaumt hat. Die Entscheidung des Gerichts kann von Schuldner und Antragsteller mit der *sofortigen Beschwerde* angegriffen werden, § 296 Abs. 3 Satz 1. Die Versagung der Restschuldbefreiung wird gemäß § 296 Abs. 3 Satz 2 InsO öffentlich bekannt gemacht.

1. Obliegenheitsverletzungen gemäß § 295 InsO

Auf Antrag eines Insolvenzgläubigers versagt das Insolvenzgericht die Restschuldbefreiung, wenn ein Gläubiger glaubhaft macht, dass der Schuldner während der Laufzeit der Abtretungserklärung schuldhaft seine Obliegenheiten verletzt und *dadurch* die Befriedigung der Insolvenzgläubiger beeinträchtigt hat (§ 296 Abs. 1 Satz 1 und 3). Diese Regelung ermöglicht es, die Restschuldbefreiung auf Antrag eines Gläubigers vorzeitig (vor Ablauf der sechsjährigen Laufzeit der Abtretungserklärung gemäß § 287 Abs. 2 Satz 1 InsO) zu versagen, wenn der Schuldner in der Zeit nach Aufhebung des Insolvenzverfahrens bis zum Ablauf der Abtretungsfrist (siehe Rn. 993) seine Obliegenheiten aus § 295 verletzt hat. 1170

Der Schuldner soll unter dem Druck der Versagung dazu angehalten werden, seine Obliegenheiten zu erfüllen und damit aktiv an der Gläubigerbefriedigung mitzuwirken. Ohne die Sanktion des § 296 Abs. 1 Satz 1 wäre nicht sichergestellt, dass der Schuldner seinen Obliegenheiten aus § 295 während der Wohlverhaltensperiode auch tatsächlich nachkommt. 1171

§ 296 gibt den Insolvenzgläubigern nicht nur einen besonderen Rechtsbehelf an die Hand, der als Sanktion für Obliegenheitsverletzungen nach § 295 ein Verfahren zur vorzeitigen Versagung der Restschuldbefreiung eröffnet, sondern normiert auch die weiteren materiellen Voraussetzungen, unter denen die Restschuldbefreiung wegen einer Obliegenheitsverletzung während der Wohlverhaltensperiode versagt werden kann; denn nicht jede Verletzung einer Obliegenheit nach § 295 führt zu einer vorzeitigen Versagung der Restschuldbefreiung. 1172

a) Versagungsgrund

In zeitlicher Hinsicht kommt es nur auf Obliegenheitsverletzungen **zwischen Aufhebung des Insolvenzverfahrens und dem Ende der Abtretungsfrist** an. 1173

BGH, Beschl. v. 21.1.2010 – IX ZB 67/09, ZInsO 2010, 391 ff. = DZWIR 2010, 382 f. Rn. 15.

1174 Obliegenheitsverletzungen während des Eröffnungs- oder des Insolvenzverfahrens unterfallen allenfalls § 290 und dürfen während der Wohlverhaltensperiode in Altverfahren gar nicht und in Verfahren, die aufgrund eines ab dem 1.7.2014 gestellten Antrages eröffnet werden, nur unter den engen Voraussetzungen des § 297a herangezogen werden (siehe Rn. 1009 ff.).

1175 Entscheidend ist nicht der Zeitpunkt der Beeinträchtigung, sondern der der *Verletzungshandlung*. Diese muss innerhalb des oben genannten Zeitraums liegen.

b) Beeinträchtigung der Befriedigung

1176 Voraussetzung für die Versagung der Restschuldbefreiung ist weiterhin, dass die Insolvenzgläubiger durch die Obliegenheitsverletzung beeinträchtigt worden sind. Zwischen der Obliegenheitsverletzung und der Gläubigerbeeinträchtigung muss ein **kausaler Zusammenhang** bestehen (§ 296 Abs. 1 Satz 1: „dadurch"). Dieser Zusammenhang ist gegeben, wenn die Insolvenzgläubiger ohne die Obliegenheitsverletzung eine bessere Befriedigung im Hinblick auf ihre Forderungen hätten erreichen können.

BGH, Beschl. v. 17.7.2008 – IX ZB 183/07, NZI 2008, 623
= ZVI 2009, 41 f. Rn. 12.

1177 Die mit der Obliegenheitsverletzung zusammenhängende Beeinträchtigung muss **konkret messbar** sein; eine **bloße Gefährdung reicht nicht.**

BGH, Beschl. v. 14.1.2010 – IX ZB 78/09, ZInsO 2010, 345 ff.
= ZVI 2010, 203 f. Rn. 14;
BGH, Beschl. v. 21.1.2010 – IX ZB 67/09, ZInsO 2010, 391 ff.
= DZWIR 2010, 382 f. Rn. 21;
BGH, Beschl. v. 17.7.2008 – IX ZB 183/07, NZI 2008, 623
= ZVI 2009, 41 f. Rn. 12.

1178 Eine Beeinträchtigung der Befriedigung i. S. d. § 296 Abs. 1 Satz 1 ist auch gegeben, wenn nicht die Ansprüche von Insolvenzgläubigern, sondern diejenigen der Massegläubiger verkürzt werden; hierzu zählt auch die Staatskasse als Gläubigerin der Verfahrenskosten.

BGH, Beschl. v. 21.6.2012 – IX ZB 265/11, ZVI 2013, 78 f. Rn. 8.

1179 Anders als bei einem Widerruf der Restschuldbefreiung (§ 303 Abs. 1) **muss** die Beeinträchtigung **nicht erheblich sein.**

BGH, Beschl. v. 17.7.2008 – IX ZB 183/07, NZI 2008, 623
= ZVI 2009, 41 f. Rn. 13;
BGH, Beschl. v. 5.4.2006 – IX ZB 50/05, NZI 2006, 413;
Uhlenbruck/*Vallender*, InsO, § 296 Rn. 18.

1180 Lehnt ein arbeitssuchender Schuldner eine Arbeitsstelle ab, bei der der Lohn unterhalb der Pfändungsfreigrenze liegt, fehlt es grundsätzlich an der Kausalität für eine Obliegenheitsverletzung. Anders verhält es sich jedoch, wenn sich ein Arbeitsloser erst gar nicht in ausreichendem Maße um eine neue Arbeits-

VII. Versagung der Restschuldbefreiung vor Ablauf des Abtretungszeitraumes

stelle bemüht, weil er möglicherweise seine eigenen Erwerbsaussichten geringschätzt. Für § 296 genügt insoweit die begründete Annahme, dass sich bei ausreichender Bewerbung die Aussichten, d. h. die Chancen der Gläubiger auf Befriedigung verbessern.

LG Kiel, Beschl. v. 15.7.2002 – 13 T 178/01, ZVI 2002, 474.

Fall:

Aufgrund des traumatischen Erlebnisses mit der Cash-Bank ist S psychisch schwer erkrankt und bis auf Weiteres am Arbeitsmarkt auch nicht vermittelbar. Sein Arbeitgeber hat das Arbeitsverhältnis gemäß § 622 Abs. 3 BGB zum 15.5.2013 gekündigt; S bezieht seitdem Arbeitslosengeld. Zu allem Unglück beantragen die nachgenannten Insolvenzgläubiger nun auch noch, die Restschuldbefreiung zu versagen und machen die Gründe jeweils glaubhaft:

A legt Nachweise vor, dass S ein halbes Jahr vor Insolvenzantragstellung sich mit falschen Angaben Wohngeld erschlichen hat.

B trägt vor, er habe S Mitte Mai einen zumutbaren Job angeboten, wonach er 1.500 € netto verdienen könne. S habe dies jedoch abgelehnt.

C weist nach, dass S Ende Mai 500.000 € im Lotto gewonnen, dies jedoch dem Treuhänder verschwiegen hat. S habe davon seine Freunde zu einer Weltreise eingeladen, 100.000 € im Spielcasino verzockt und den Rest an seine Geschwister verschenkt. Jetzt lebe er wieder vom Arbeitslosengeld.

Wie wird das Insolvenzgericht entscheiden?

Das Insolvenzgericht wird alle Versagungsanträge zurückweisen.

Der Versagungsgrund des § 290 Abs. 1 Nr. 2 InsO (**Erschleichen von Wohngeld**) ist nach Aufhebung des Insolvenzverfahrens präkludiert (in ab dem 1.7.2014 beantragten Verfahren wird § 297a zu beachten sein).

Aufgrund der **Ablehnung des Arbeitsangebotes** liegt zwar ein Verstoß gegen § 295 Abs. 1 Nr. 1 InsO vor. Die Obliegenheitsverletzung hat jedoch zu keiner Gläubigerbenachteiligung geführt; es fehlt an der in § 296 Abs. 1 Satz 1 InsO geforderten Kausalität („… und dadurch die Befriedigung der Insolvenzgläubiger beeinträchtigt"). Denn auch bei einem Einkommen von 1.500 € wäre kein pfändbares Einkommen zur Masse geflossen; die Pfändungsgrenze liegt gemäß § 850c Abs. 1 Satz 2 ZPO hier bei 1.659,99 €.

Der **Lottogewinn** ist nicht abzuführen (§ 295 Abs. 1 Nr. 2 InsO: nur Vermögen von Todes wegen) und fällt auch nicht unter die Abtretungserklärung des § 287 Abs. 2 InsO (nur Bezüge aus einem Dienstverhältnis). Daher bestand auch keine Offenbarungspflicht nach § 295 Abs. 1 Nr. 3 InsO. Das Verschwenden von Vermögen fällt ebenfalls nur unter (die präkludierte Vorschrift des) § 290 Abs. 1 Nr. 4 InsO und nicht unter § 295 InsO.

Abwandlung:

S hat von dem Lottogewinn (freiwillig) dem Treuhänder so viel Geld zur Verfügung gestellt, dass alle Insolvenzgläubiger eine Quote von 100 % erhalten. S **beantragt daraufhin beim Insolvenzgericht die vorzeitige Erteilung der Restschuldbefreiung; mit Erfolg?**

> Eine solche vorzeitige Erteilung ist **analog § 299 InsO** (in ab dem 1.7.2014 beantragten Verfahren: gemäß § 300 Abs. 1 Nr. 1) zulässig, wenn alle Verfahrenskosten und sonstigen Masseverbindlichkeiten sowie die Insolvenzgläubiger befriedigt sind. Das Ziel des Insolvenzverfahrens (§ 1 Satz 1 InsO) ist dann erreicht. Dass der Treuhänder über Jahre hinweg die Abtretungsbeträge des Schuldners für nicht vorhandene Insolvenzgläubiger sammelt, um sie dann am Ende dieser Phase an den Schuldner zurückzugeben, wäre sinnlos. Zweck des Insolvenzverfahrens ist es auch nicht, Insolvenzgläubigern, die nicht am Insolvenzverfahren teilnehmen, die Möglichkeit zu erhalten, Versagungsanträge nach §§ 296, 297 InsO zu stellen. Denn nicht am Verfahren teilnehmenden Gläubigern ist es verwehrt, Verfahrensrechte in der Wohlverhaltensphase wahrzunehmen. Im Übrigen könnte auch die gemäß § 296 InsO vorausgesetzte Beeinträchtigung der Befriedigung der Insolvenzgläubiger durch Obliegenheitsverletzungen des Schuldners nicht eintreten; denn gegenüber den am Verfahren nicht teilnehmenden Gläubigern treffen den Schuldner keine Obliegenheiten (BGH, Beschl. v. 17.3.2005 – IX ZB 214/04, NZI 2005, 399).

c) Heilung der Obliegenheitsverletzung

1181 Hat der Schuldner während der Treuhandperiode gegen eine Obliegenheit verstoßen, ist fraglich, ob er eine hierdurch verursachte Gläubigerbeeinträchtigung – etwa durch nachträgliche Zahlungen an den Treuhänder – kompensieren kann. Die Heilung der Obliegenheitsverletzung durch den Schuldner kommt nur **solange** in Betracht, wie diese **noch nicht aufgedeckt** ist.

> BGH, Beschl. v. 3.2.2011 – IX ZB 99/09, MDR 2011, 388
> = ZVI 2011, 190 f. Rn. 2.

1182 Im Fall einer rechtzeitigen Heilung des Verstoßes gegen die Obliegenheitsverletzung ist die **Versagung** der Restschuldbefreiung **nicht** gerechtfertigt.

> LG Göttingen, Beschl. v. 3.8.2011 – 10 T 63/11, NZI 2011, 643 f.
> = ZInsO 2012, 797 ff. Rn. 14.

d) Verschulden

1183 § 296 Abs. 1 Halbs. 2 InsO regelt, dass die Restschuldbefreiung dann nicht zu versagen ist, wenn den Schuldner kein Verschulden trifft. Mangelndes Verschulden hindert somit die Versagung. Das Gesetz ordnet eine **Beweislastumkehr** an. Der *Schuldner* hat mangelndes Verschulden der Obliegenheitsverletzung darzulegen und notfalls zu beweisen. Kann das Gericht nicht feststellen, ob den Schuldner ein Verschulden trifft, geht dies zu seinen Lasten.

> Begr. RegE, BR-Drucks. 1/92, S. 193.

1184 Der Schuldner hat sich von dem nach § 296 Abs. 1 Satz 1 **vermuteten Verschulden** zu entlasten und muss den Entlastungsbeweis ungeachtet einer vorherigen Glaubhaftmachung des Gläubigers führen, die insoweit entbehrlich ist.

> BGH, Beschl. v. 24.9.2009 – IX ZB 288/08, ZInsO 2009, 2069 f.
> = ZVI 2009, 509 f. Rn. 6.

VII. Versagung der Restschuldbefreiung vor Ablauf des Abtretungszeitraumes

Unter Verschulden i. S. d. § 296 Abs. 1 Satz 1 ist Vorsatz und Fahrlässigkeit i. S. d. § 276 BGB zu verstehen. Abzustellen ist daher auf einen objektiven Sorgfaltsmaßstab und nicht ein „Verschulden gegen sich selbst". Es genügt einfache Fahrlässigkeit. **1185**

> HambKomm/*Streck*, InsO, § 296 Rn. 12.

Weisen weder Insolvenzgericht noch Treuhänder den Schuldner in der Wohlverhaltensperiode darauf hin, dass die an den Treuhänder abgeführten Beträge nicht dem pfändbaren Betrag eines vergleichbar abhängig Beschäftigten entsprechen, entlastet dies den Schuldner nicht. **1186**

> BGH, Beschl. v. 17.1.2013, ZInsO 2013, 405 ff. = NZI 2013, 189 ff. Rn. 23.

e) Formelle Voraussetzungen

aa) Gläubigerantrag

Die Versagung der Restschuldbefreiung bedarf eines zulässigen Gläubigerantrags. **Antragsbefugt** sind die Insolvenzgläubiger, die sich durch einen Rechtsanwalt mit Prozessvollmacht, nicht aber durch ein Inkassounternehmen vertreten lassen können; nur soweit das Inkassounternehmen selbst – etwa im Wege des Forderungskaufs – Gläubiger ist, kann es einen wirksamen Versagungsantrag stellen. **1187**

> AG Köln, 14.11.2012 – 72 IN 336/06, NZI 2013, 149 f.;
> so schon unter Geltung des RBerG: LG Kiel, Beschl. v. 9.5.2006 –
> 13 T 22/06, ZInsO 2007, 222 ff. = ZVI 2008, 84 f. Rn. 4.

Allerdings haben **nur solche Gläubiger, die** bereits am Insolvenzverfahren teilgenommen haben und **im Schlussverzeichnis** des Insolvenzverfahrens aufgenommen worden sind, rechtlich die Möglichkeit, gemäß § 296 einen Antrag auf Versagung der Restschuldbefreiung zu stellen. **1188**

> Anders bei einem Versagungsantrag nach § 290 Abs. 1, bei dem schon die Anmeldung einer Forderung genügt, vgl. hierzu Rn. 1098.

Gläubiger, die **nicht** im **Schlussverzeichnis** eingetragen sind, können **keinen Versagungsantrag** stellen und auch keine Verfahrensrechte ausüben. **1189**

> HK/*Landfermann*, InsO, § 296 Rn. 6;
> FK/*Ahrens*, InsO, § 296 Rn. 16;
> MünchKomm/*Stephan*, InsO, § 296 Rn. 4;
> HambKomm/*Streck*, InsO, § 296 Rn. 3;
> K. Schmidt/*Henning*, InsO, § 296 Rn. 11;
> Uhlenbruck/*Vallender*, InsO, § 296 Rn. 3;
> A/G/R/*Weinland*, InsO, § 296 Rn. 2:
> unklar (spricht nur von „*anmelden*"):
> BGH, Beschl. v. 9.10.2008 – IX ZB 16/08, ZInsO 2009, 52 Rn. 2;
> a. A. [Stellung als Insolvenzgläubiger genügt]:
> AG Leipzig, Beschl. v. 16.2.2007 – 402 IK 2200/03, ZVI 2007, 138 ff. Rn. 17 ff.;

AG Köln, Beschl. v. 28.1.2002 – 71 IK 1/00, NZI 2002, 218 f.
= ZVI 2002, 223 f.
Anders auch **bei Antrag nach** § 290, für den bloße Anmeldung ausreicht, vgl. Rn. 1098.

1190 Die Beschränkung der Antragstellung auf die im Schlussverzeichnis eingetragenen Gläubiger folgt schon daraus, dass der Schuldner gegenüber den nicht am Verfahren teilnehmenden Gläubigern auch keine Obliegenheit gemäß §§ 296, 297 zu beachten hat. Nach § 292 Abs. 1 Satz 2 InsO ist das Schlussverzeichnis die Grundlage für die Verteilung der beim Treuhänder eingehenden Beträge, so dass nur die im Schlussverzeichnis genannten Insolvenzgläubiger berücksichtigt werden. Die Befriedigung der Gläubiger; die nicht im Schlussverzeichnis eingetragen sind, kann durch eine Obliegenheitsverletzung nach § 295 denknotwendig nicht beeinträchtigt werden. Vor diesem Hintergrund versteht es sich schon fast von selbst, dass auch **Massegläubiger** nicht antragsberechtigt sind.

1191 Ein erst in der Wohlverhaltensperiode gestellter Antrag auf Versagung der Restschuldbefreiung ist jedoch ausnahmsweise zulässig, wenn der Schuldner den Gläubiger **in seinem Vermögensverzeichnis nicht angegeben** hat. Denn sonst bliebe ein solches rechtswidriges Verhalten ohne Sanktion.

AG Leipzig, Beschl. v. 16.2.2007 – 402 IK 2200/03, ZVI 2007, 138 ff. Rn. 17 ff.:
AG Köln, Beschl. v. 28.1.2002 – 71 IK 1/00, NZI 2002, 218 f.
= ZVI 2002, 223 f.

1192 Wenn der Schuldner die Restschuldbefreiung durch eine vorsätzlich sittenwidrige Schädigung i. S. d. 826 BGB erlangt hat, weil er Forderungen bisher unbekannter Gläubiger bewusst verschwiegen hat, ist er den im Verteilungsverfahren (§ 292) nicht berücksichtigten Gläubigern zumindest auch zum Schadenersatz verpflichtet. Versucht ein solcher Gläubiger seine (nicht angemeldete) titulierte Forderung zu vollstrecken und beruft sich der Schuldner mit der Vollstreckungsgegenklage gemäß § 767 ZPO auf die ihm erteilte Restschuldbefreiung (dazu Rn. 693), wäre in diesem Verfahren ein etwaiges unredliches Verhalten des Schuldners bei Erwirkung der Restschuldbefreiung zu würdigen.

BGH, Beschl. v. 9.10.2008 – IX ZB 16/08, ZInsO 2009, 52;
Kübler/Prütting/Bork/*Wenzel*, InsO, § 292 Rn. 19;
FK/*Ahrens*, InsO, § 301 Rn. 37.

1193 Auch **Neugläubiger**, die erst nach Insolvenzeröffnung Forderungen gegen den Schuldner erwerben, sind *nicht* befugt, einen Versagungsantrag zu stellen.

AG Hannover, Beschl. v. 9.11.2006 – 906 IN 316/02,
ZVI 2007, 575 juris Rn. 9.

1194 Der Antrag ist an keine bestimmte Form gebunden. Er kann schriftlich oder zu Protokoll der Geschäftsstelle erfolgen; zur Begründung genügt z. B. die **Bezugnahme auf** den **Bericht des Treuhänders**, soweit dieser den entsprechenden Anforderungen genügt.

VII. Versagung der Restschuldbefreiung vor Ablauf des Abtretungszeitraumes

BGH, Beschl. v. 21.1.2010 – IX ZB 67/09, ZInsO 2010, 391 ff.
= DZWIR 2010, 382 f. Rn. 10;
LG Bochum, Beschl. v. 11.10.2010 – 7 T 17/10, juris Rn. 13.

Der Gläubiger sollte diejenigen Passagen des Treuhänderberichtes, die er in Bezug nehmen möchte, identifizierbar beschreiben, also auf einzelne Teile konkret Bezug nehmen, weil ein *Pauschalverweis* auf einen beigefügten Treuhänderbericht nach teilweise vertretener Auffassung einen der Glaubhaftmachung vorangehenden Sachvortrag *nicht* ersetzen könne. **1195**

LG Koblenz, Beschl. v. 5.3.2012 – 2 T 664/11, Rn. 10.

Der Gläubiger kann zur Darlegung eines Obliegenheitsverstoßes z. B. auf die in dem Bericht des Treuhänders dargestellten individuellen Verhältnisse des Schuldners und eine diese berücksichtigende Gehaltstabelle Bezug nehmen. **1196**

AG Göttingen, Beschl. v. 25.1.2013 – 74 IN 148/09,
ZInsO 2013, 682.

Der antragstellende Gläubiger muss zur Obliegenheitsverletzung konkret vortragen; wirft er dem Schuldner z. B. eine ungenügende Arbeitsleistung vor, hat er dem Insolvenzgericht darzulegen, wie viele Stunden der Schuldner tatsächlich arbeitet und welchen Verdienst er dabei erzielt. Der Versagungsantrag ist fristgebunden, nämlich **innerhalb eines Jahres nach Kenntnis** der Obliegenheitsverletzung zu stellen (§ 296 Abs. 1 Satz 2). Die Berechnung der Frist erfolgt nach Maßgabe der §§ 4 InsO, 222 Abs. 1 ZPO, 187 ff. BGB. Entscheidend ist die Kenntnis des antragstellenden Gläubigers, nicht diejenige des Treuhänders oder anderer Gläubiger. **1197**

A/G/R/*Weinland*, InsO, § 296 Rn. 8.

Nach Fristablauf wird der Gläubigerantrag unzulässig. **1198**

AG Göttingen, Beschl. v. 13.1.2006 – 74 IK 59/99,
ZVI 2006, 37.

Maßgeblich ist die Kenntnis der der Obliegenheitsverletzung zugrunde liegenden *Tatsachen*, nicht deren rechtlich zutreffende Einordnung. **1199**

LG Hannover, Beschl. v. 9.11.2012 – 11 T 46/12, juris. Rn. 17 f.

Bloßes Kennenmüssen setzt die Frist nicht in Gang; **1200**

AG Leipzig, Beschl. v. 16.2.2007 – 402 IK 2200/03,
ZVI 2007, 138 ff. Rn. 39;

Ebenso wenig grob fahrlässige Unkenntnis.

A/G/R/*Weinland*, InsO, § 296 Rn. 8.

Ausreichend ist aber, wenn der Gläubiger konkrete Tatsachen erfährt, die bei einem durchschnittlichen Insolvenzgläubiger zur Annahme eines Versagungsantrages Anlass geben. **1201**

AG Leipzig, Beschl. v. 16.2.2007 – 402 IK 2200/03,
ZVI 2007, 138 ff. Rn. 39;
A/G/R/*Weinland*, InsO, § 296 Rn. 8.

1202 Die Ausschlussfrist beginnt für jeden Versagungsgrund gesondert zu laufen.

AG Leipzig, Beschl. v. 16.2.2007 – 402 IK 2200/03,
ZVI 2007, 138 ff. Rn. 39.

Praxistipp:
Hat der die Versagung der Restschuldbefreiung begehrende Gläubiger die Antragsfrist versäumt, so kann er einen anderen, den Sachverhalt noch nicht kennenden Gläubiger in Kenntnis setzen und darum ersuchen, selbst einen Versagungsantrag zu stellen. Ob ein solches Vorgehen rechtsmissbräuchlich ist, wurde – soweit ersichtlich – bislang noch nicht entschieden.

A/G/R/*Weinland*, InsO, § 296 Rn. 8, zulässig;
HambKomm/*Streck*, InsO, § 296 Rn. 5, zulässig;
a. A. FK/*Ahrens*, InsO § 296 Rn. 28, rechtsmissbräuchlich.

bb) Glaubhaftmachung

1203 Der Gläubiger hat die Voraussetzungen des § 296 Abs. 1 Satz 1 und 2 InsO glaubhaft zu machen (§ 296 Abs. 1 Satz 3). Einer Glaubhaftmachung des Versagungsgrundes bedarf es ausnahmsweise *nicht, wenn* die Tatsachen, auf die der Gläubiger seinen Antrag stützt, *unstreitig* sind.

BGH, Beschl. v. 8.1.2009 – IX ZB 80/08, ZInsO 2009, 298;
st. Rspr.

1204 Der Antragsteller muss nicht nur die Obliegenheitsverletzung durch den Schuldner, sondern **auch** eine darauf beruhende **Beeinträchtigung** der Gläubigerbefriedigung **und** die Einhaltung der **Antragsfrist** von einem Jahr glaubhaft machen.

LG Koblenz, Beschl. v. 5.3.2012 – 2 T 664/11, juris Rn. 9 f.

1205 Die Glaubhaftmachung einer konkreten Gläubigerbenachteiligung ist allerdings dann entbehrlich, wenn diese durch die **fehlende Mitwirkung des Schuldners** den Gläubigern unmöglich gemacht wird, z. B. weil es ihnen aufgrund fehlender Angaben nicht möglich ist, Erkundigungen zu der Erwerbstätigkeit oder sonstigen Einkünften anzustellen und so eine Beeinträchtigung der Insolvenzgläubiger aufzudecken.

BGH, Beschl. v. 20.10.2011 – IX ZB 131/11, juris Rn. 2;
LG Frankenthal, Beschl. v. 30.3.2011 – 1 T 23/11, juris Rn. 20.

1206 Weigert sich der Schuldner, Lohnabrechnungen oder sonstige Einkommensnachweise beizubringen, oder vereitelt er schon den Zugang einer entsprechenden Aufforderung des Treuhänders durch einen nicht bekanntgegebenen Wohnsitzwechsel, soll es dieser Umstand als wahrscheinlich erscheinen lassen, dass der Schuldner den Gläubigern pfändbare Einkünfte vorenthält; in

VII. Versagung der Restschuldbefreiung vor Ablauf des Abtretungszeitraumes

diesen Fällen ist eine Glaubhaftmachung der Beeinträchtigung der Gläubigergemeinschaft *entbehrlich*.

> BGH, Beschl. v. 8.6.2010 – IX ZB 153/09, ZInsO 2010, 1291 f.
> = ZVI 2010, 315 ff. Rn. 25.

Das **Verschulden** des Schuldners muss **in keinem Fall** glaubhaft gemacht werden, weil insoweit der Schuldner darlegungs- und beweispflichtig ist. Dieser muss sich also von dem Vorwurf *entlasten*, seine Obliegenheitspflichten schuldhaft verletzt zu haben (§ 296 Abs. 1 Satz 1). 1207

> BGH, Beschl. v. 24.9.2009 – IX ZB 288/08, ZInsO 2009, 2069 f.
> = ZVI 2009, 509 f. Rn. 6.

Zur Glaubhaftmachung kann sich der Gläubiger aller Beweismittel gemäß § 4 i. V. m. § 294 Abs. 1 ZPO – z. B. auch der schriftlichen Erklärung eines Treuhänders – bedienen. Die Glaubhaftmachung hat bei Antragstellung zu erfolgen. Es genügt die überwiegende Wahrscheinlichkeit, dass die Behauptung zutrifft. 1208

> OLG Köln, Beschl. v. 29.2.1988 – 2 W 9/88, ZIP 1988, 664;
> dazu EWiR 1999, 603 (*Stürner/Stadler*).

Gelingt dem Gläubiger die Glaubhaftmachung, löst dies gemäß § 5 die **Amtsermittlungspflicht** des Gerichtes aus. Der Schuldner hat die Möglichkeit der Gegenglaubhaftmachung. In diesem Fall muss das Gericht prüfen, welcher Sachvortrag überwiegend wahrscheinlich ist. 1209

> BGH, Beschl. v. 12.6.2008 – IX ZB 91/06, VuR 2008, 434 Rn. 2;
> grundlegend: BGH, Beschl. v. 11.9.2003 – IX ZB 37/03, BGHZ 156, 139 ff. = ZVI 2003, 538 ff. Rn. 24.

Infolgedessen hat das das Gericht alle Umstände von Amts wegen zu ermitteln und kann sich insbesondere der Mittel der §§ 296 Abs. 2 Satz 2 und 3 InsO bedienen. Es ist hierbei aber auf den glaubhaft gemachten Lebenssachverhalt beschränkt und darf ohne Antrag des Gläubigers nicht andere Gründe für die Versagung der Restschuldbefreiung heranziehen. 1210

> BGH, Beschl. v. 8.2.2007 – IX ZB 88/06, NZI 2007, 297
> = ZInsO 2007, 323 f. Rn. 9.

Praxistipp:

Der Gläubiger bzw. sein Vertreter sollten einen Versagungsantrag entweder nach § 290 spätestens im Schlusstermin des Insolvenzverfahrens oder im Fall der Verletzung einer Obliegenheit nach §§ 295, 296 unverzüglich nach Bekanntwerden der zugrunde liegenden Tatsachen stellen. Zur Glaubhaftmachung von Versagungsgrund und Beeinträchtigung der Gläubigerbefriedigung sollte auf konkrete Passagen des Treuhänderberichtes Bezug genommen und diese nach Möglichkeit der Antragsschrift in Kopie beigefügt werden. Ergänzend können Schriftstücke und ggf. auch eidesstattliche Versicherung möglicher Zeugen beigebracht werden. Ist eine Versicherung an Eides Statt nicht zu erlangen, die Angabe eines Zeugen aber maßgeblich, so muss dieser im Termin erscheinen.

2. Obliegenheitsverletzung nach § 296 Abs. 2 Satz 2, 3 InsO

1211 Ist ein zulässiger Versagungsantrag eines Insolvenzgläubigers wegen einer Obliegenheitsverletzung nach § 295 gestellt, treffen den Schuldner **drei weitere** auf das Versagungsverfahren bezogene **Obliegenheiten**:

- Der Schuldner muss auf eine gerichtliche Ladung persönlich erscheinen (§ 296 Abs. 2 Satz 3 InsO).
- Der Schuldner hat Auskunft über die Erfüllung seiner Obliegenheiten zu erteilen (§ 296 Abs. 2 Satz 2 InsO), und
- falls ein Gläubiger es verlangt, die Richtigkeit dieser Auskunft an Eides statt zu versichern (§ 296 Abs. 2 Satz 2 InsO).

1212 Eine schuldhafte Verletzung der Mitwirkungsobliegenheiten gemäß § 296 Abs. 2 Satz 3 kommt insbesondere dann in Betracht, wenn der Schuldner im schriftlichen Verfahren oder im Anhörungstermin ernstlich und endgültig die Auskunft verweigert.

BGH, Beschl. v. 25.1.2007 – IX ZB 156/04, NZI 2007 534.

1213 Verletzt der Schuldner diese verfahrensbezogenen Obliegenheiten, ist die Restschuldbefreiung ebenfalls auch dann zu versagen, wenn der schuldhafte Verstoß nach § 296 Abs. 1 nicht beeinträchtigt. Mit dieser Regelung soll der Schuldner dazu bewegt werden, sich am Versagungsverfahren zu beteiligen und an der Aufklärung des Geschehens mitzuwirken.

BGH, Beschl. v. 5.3.2009 – IX ZB 162/08, ZVI 2009, 389.

1214 Die Versagung ist aber nicht von Amts wegen, sondern nur möglich, wenn dem Verfahren ein **statthafter**, nicht notwendigerweise zulässiger **Versagungsantrag** zugrunde liegt. Nach dem eindeutigen Wortlaut des § 296 Abs. 2 Satz 1 kann es eine Versagung der Restschuldbefreiung ohne den Antrag eines Gläubigers nicht geben.

BGH, Beschl. 19.5.2011 – IX ZB 274/10, ZInsO 2011, 1319 f. = ZVI 2011, 389 ff. Rn. 10, 13.

1215 Der Versagungsantrag des Gläubigers muss sich aber nicht auf die Verletzung der Auskunfts- und Mitwirkungspflicht des Schuldners beziehen, da entsprechende Verstöße für die Gläubiger in der Regel schwierig zu erkennen sind; es muss also nur irgend ein (anderer) Versagungsgrund geltend gemacht werden, damit die Versagung nach § 296 Abs. 2 Satz 1 InsO erfolgen kann.

BGH, Beschl. 19.5.2011 – IX ZB 274/10, ZInsO 2011, 1319 f. = ZVI 2011, 389 ff. Rn. 12.

1216 Zu beachten ist ferner, dass der Schuldner nur über die Erfüllung seiner Obliegenheiten Auskunft zu erteilen hat, § 296 Abs. 2 Satz 2 InsO. Er hat daher Auskunft über solche Tatsachen zu erteilen, an Hand derer eine mögliche abhängige Tätigkeit und ein fiktives Nettoeinkommen bestimmt werden

VII. Versagung der Restschuldbefreiung vor Ablauf des Abtretungszeitraumes

kann, nicht aber Gewinne über eine etwaige selbstständige Tätigkeit zu benennen; diese sind nicht abgetreten, § 287 Abs. 2 InsO (vgl. Rn. 983 ff.). Daher stellt eine unvollständige oder verspätete Auskunft zu solchen Gewinnen keine Obliegenheitsverletzung i. S. d. § 295 Abs. 1 Nr. 3 oder § 296 Abs. 2 Satz 3 InsO dar; eine entsprechende Aufforderung des Gerichts ist nicht durch § 295 Abs. 1 Nr. 3 gedeckt.

BGH, Beschl. v. 26.2.2013 – IX ZB 165/11, ZInsO 2013, 625 f.
= MDR 2013, 489 Rn. 8.

3. Insolvenzstraftaten (§ 297 InsO)

Dieser Versagungstatbestand gilt in sämtlichen Verfahrensabschnitten. § 297 Abs. 1 InsO a. F. soll verhindern, dass der Schuldner durch ein geschicktes Hinauszögern seiner Verurteilung wegen einer Insolvenzstraftat bis nach dem Schlusstermin den Rechtsfolgen des § 290 Abs. 1 Nr. 1 entgehen kann. Wird der Schuldner in dem Zeitraum zwischen Schlusstermin und Aufhebung des Insolvenzverfahrens oder anschließend bis zum Ende der Laufzeit der Abtretungserklärung wegen einer Straftat nach den §§ 283–283c StGB **rechtskräftig** 1217

– BGH, Beschl. v. 11.4.2013 – IX ZB 94/12, ZInsO 2013, 1093 ff.
= NZI 2013, 601 f. Rn. 7 f.;
BGH, Beschl. v. 16.2.2012 – IX ZB 113/11, NZI 2012, 278 ff.
= ZVI 2012, 202 ff. Rn. 21 –

verurteilt, wird die Restschuldbefreiung auf Antrag eines Insolvenzgläubigers versagt. Es ist **nicht** erforderlich, dass sich die Straftat auf das konkrete Insolvenzverfahren bezieht, das dem Restschuldbefreiungsverfahren vorangeht.

BGH, Beschl. v. 18.12.2002 – IX ZB 121/02, MDR 2003, 164 f.
= ZVI 2003, 125 ff. Rn. 10.

Andere Straftaten – wie z. B. eine Verurteilung wegen Insolvenzverschleppung 1218 nach §§ 64 Abs. 1. 84 GmbH a. F., § 15a InsO InsO n. F. – stellen keinen Versagungsgrund i. S. d. § 297 dar.

Die **Verurteilung mit Strafvorbehalt** gemäß den §§ 59 ff. StGB ist eine 1219 Verurteilung i. S. d. § 297 Abs. 1.

BGH, Beschl. v. 16.2.2012 – IX ZB 113/11, NZI 2012, 278 ff.
= ZVI 2012, 202 ff. Rn. 11;
LG Offenburg, Beschl. v. 14.2.2011 – 4 T 33/11, ZInsO 2011,
542 ff. = ZVI 2011, 265 ff. Rn. 7.

Eine spätere Tilgung der Verurteilung nach dem Antrag auf Eröffnung des 1220 Insolvenzverfahrens ist unbeachtlich.

BGH, Beschl. v. 16.2.2012 – IX ZB 113/11, NZI 2012, 278 ff.
= ZVI 2012, 202 ff. Rn. 18.

Da § 297 Abs. 2 InsO eine entsprechende Anwendung des § 296 Abs. 1 Satz 2 1221 und 3, Abs. 3 InsO anordnet, muss ein Insolvenzgläubiger den Versagungsantrag *innerhalb eines Jahres* nach Bekanntwerden der Verurteilung stellen und die Antragsvoraussetzungen glaubhaft machen. Das Antragsrecht ist auch hier auf die Gläubiger angemeldeter Forderungen beschränkt (siehe Rn. 1098).

1222 Die Entscheidung über den Versagungsantrag ergeht gemäß §§ 297, 296 Abs. 1 Satz 2, und 3, Abs. 3 durch Beschluss; **zuständig** ist gemäß § 18 Abs. 1 Nr. 2 RPflG der Richter. Obschon gesetzlich nicht angeordnet, gebietet es das Recht auf rechtliches Gehör, den Schuldner vor der Entscheidung anzuhören.

HambKomm/*Streck*, InsO, § 297 Rn. 5.

1223 Für Insolvenzverfahren, die aufgrund eines **ab dem 1.7.2014** gestellten Antrages eröffnet werden, hat der Gesetzgeber klargestellt, dass nur eine Verurteilung zu einer „Geldstrafe von mehr als 90 Tagessätzen" oder zu einer „Freiheitsstrafe von mehr als drei Monaten" der Erheblichkeitsschwelle des § 297 genügt.

1224 Für **Altverfahren** gibt es **keine Bagatellgrenze**. Die Höhe des verhängten Strafmaßes ist unerheblich; entscheidend ist allein die Rechtskraft der Verurteilung.

BGH, Beschl. v. 16.2.2012 – IX ZB 113/11, NZI 2012, 278
= ZVI 2012, 1215 Rn. 11 f.

1225 Die Verurteilung muss *nicht* auf einer Insolvenzstraftat beruhen, die im Zusammenhang mit dem konkreten Insolvenzverfahren steht, in dem die Restschuldbefreiung beantragt wird. Wenn aber für die isoliert betrachtete Insolvenzstraftat die nach § 46 BZRG maßgebliche Tilgungsfrist abgelaufen ist, darf die Versagung der Restschuldbefreiung auf diese Straftat nicht mehr gestützt werden.

BGH, Beschl. v. 18.2.2010 – IX ZB 180/09, ZInsO 2010, 629 ff.
= ZVI 2010, 280 f. Rn. 6, 8.

4. Mangelnde Deckung der Treuhändervergütung (§ 298)

1226 Das Gericht versagt die Restschuldbefreiung auf **Antrag des Treuhänders**, der das alleinige Recht zur Stellung des weder form- noch fristgebundenen

– Uhlenbruck/*Vallender*, InsO, § 298 Rn. 12;
Lissner, ZInsO 2013, 163, 164 –

1227 Antrages hat, wenn die Mindestvergütung von 100 € (§ 14 Abs. 3 InsVV) für das **vorangegangene Jahr** nicht gedeckt ist und der Schuldner den fehlenden Betrag nicht einzahlt, obwohl ihn der Treuhänder **schriftlich** und eindeutig unter Nennung des konkreten Betrages zur Zahlung binnen einer Frist von mindestens zwei Wochen (§ 298 Abs. 2 Satz 2 InsO) aufgefordert und ihn dabei auf die Möglichkeiten der **Versagung hingewiesen** hat; ohne diesen Hinweis kann die Restschuldbefreiung nicht versagt werden.

BGH, Beschl. v. 22.10.2009 – IX ZB 43/07, ZInsO 2009, 2310 f.
= ZVI 2010, 204 f.

VII. Versagung der Restschuldbefreiung vor Ablauf des Abtretungszeitraumes

Der Treuhänder sollte zudem auf die Möglichkeit der Verfahrenskostenstundung hinweisen, obschon dies nicht verpflichtend ist. 1228

HambKomm/*Streck*, InsO, § 298 Rn. 4.

Zu beachten ist auch, dass die **Aufforderung** des Treuhänders zur Zahlung **nicht vor Ablauf des Tätigkeitsjahres** erfolgt sein darf; sonst ist diese verfrüht mit der Folge, dass auf die Nichtzahlung kein Versagungsantrag gestützt werden kann. 1229

LG Göttingen, Beschl. v. 2.2.2010 – 10 T 6/10, NZI 2010, 232 f., Rn. 8 f.

Den **Zugang** des Aufforderungsschreibens hat der Treuhänder nur dann zu beweisen, wenn der Schuldner diesen bestreitet. In der Praxis ist die Frage des Zugangs häufig von Bedeutung, wenn der Schuldner verzogen ist. Hat er eine neue Anschrift mitgeteilt, wozu er gemäß § 295 Abs. 1 Nr. 3 verpflichtet ist, wurde das Aufforderungsschreiben aber an die vormalige Anschrift gesendet, so ist das Schreiben *nicht* zugegangen. Ist der Schuldner **unbekannt verzogen**, ist das Schreiben ebenfalls *nicht* zugegangen. Nach dem Wortlaut des § 298 Abs. 1 Satz 1 ist der Versagungsantrag des Treuhänders dann unbegründet. Soweit der Schuldner in diesen Fällen von dem Versagungsantrag keine Kenntnis hat, ist der fehlende Zugang unschädlich. Denn im Unterschied zu den vorstehend genannten Versagungsgründen ist eine Glaubhaftmachung der Antragsvoraussetzungen durch den Treuhänder bei einem Antrag nach § 298 nicht erforderlich. 1230

BGH, Beschl. v. 21.1.2010 – IX ZB 155/09, NZI 2010, 265 f. = ZVI 2010, 109 f. Rn. 5.

Der Treuhänder muss den Zugang des Aufforderungsschreibens daher weder glaubhaft machen noch beweisen. Mangels Kenntnis des Schuldners von dem Antrag wird er den Zugang auch nicht bestreiten. Erlangt der Schuldner nun doch Kenntnis von dem Antrag, wird er sich regelmäßig mit neuer Anschrift bei dem Gericht melden oder einen Zustellungsbevollmächtigten nennen. Der Treuhänder sollte dann die Zustellung an die neue Anschrift vornehmen. Problematisiert werden jedoch die Fälle, in denen der Schuldner unbekannt verzogen ist und das *Gericht* – z. B. aufgrund von nicht zustellbaren Beschlüssen oder des Anhörungsschreibens nach § 298 Abs. 2 Satz 1 InsO – im Rahmen des Versagungsverfahrens positive *Kenntnis hiervon* erlangt. Man könnte dann unterstellen, dass der Zugang der schriftlichen Aufforderung des Treuhänders nicht gewährleistet ist. Das Gericht hat dann Kenntnis davon, dass die Aufforderung als Tatbestandsvoraussetzung für eine Versagung nach § 298 Abs. 1 nicht gegeben ist. 1231

Lissner, ZInsO 2013, 163, 164.

Problematisch ist auch, dass eine **Anhörung** nach § 298 Abs. 2 Satz 1 InsO mangels Zustellung des Antrages und Aufforderung (schriftliche Anhörung) oder Ladung zum Termin (mündliche Anhörung) nicht möglich ist. Nach 1232 dem klaren Wortlaut des § 298 Abs. 2 Satz 1 InsO ist eine Anhörung i. S. d. § 10 InsO vor einer Entscheidung des Insolvenzgerichts zwingend erforderlich. Im Hinblick auf den Zweck der Anhörung, den Schuldner auf eine möglicherweise folgenschwere Entscheidung hinzuweisen und ihm hierzu rechtliches Gehör zu gewähren, ist ein Zustellungsnachweis erforderlich.

MünchKomm/*Ehricke*, InsO, § 298 Rn. 10.

1233 Die Anforderungen an die Anhörung und deren Umfang werden in § 10 konkretisiert. Eine Anhörung ist im Fall des unbekannten Aufenthalts des Schuldners nur ausnahmsweise entbehrlich und bei der Beurteilung der Maßstab für die öffentliche Zustellung nach § 185 ZPO heranzuziehen. Im Fall des unbekannten Aufenthalts des Schuldners muss das Gericht daher von Amts wegen (§ 5 Abs. 1 Satz 1) zumindest eine Auskunft bei der zuständigen Einwohnermeldebehörde einholen und weitere Nachforschungen, z. B. beim letzten bekannten Vermieter, anstellen. Je nach Akteninhalt ist auch eine telefonische Kontaktaufnahme oder der Versuch mittels E-Mail erforderlich.

A/G/R/*Ahrens*, InsO, § 10 Rn. 13, 14;
HambKomm/*Rüther*, § 10, Rn. 4, 6.

1234 Die Zustellung des Aufforderungsschreibens des Gerichts im Falle der schriftlichen Anhörung oder Ladung zu einer mündlichen Anhörung kann nicht ohne Weiteres durch eine öffentliche Bekanntmachung nach § 9 ersetzt werden.

A. A. *Lissner*, ZInsO 2013, 162,166.

1235 Wie Zustellungen zu erfolgen haben, wird in § 8 bestimmt. Die Zustellung unterbleibt gemäß § 8 Abs. 2 InsO nur, wenn der Aufenthaltsort des Zustellungsempfängers – trotz Nachforschungen des Gerichts – unbekannt ist.

HambKomm/*Rüther*, InsO, § 8 Rn. 10;
Braun/*Böhner*, InsO, § 8, Rn. 22.

1236 Erst wenn die Möglichkeiten der Nachforschung ausgeschöpft sind, kommt die Ersetzung der Zustellung an den Schuldner durch öffentliche Bekanntmachung in Betracht, §§ 8 Abs. 2 Satz 1; 9 Abs. 3 InsO.

Praxistipp:

Der Insolvenzverwalter und spätere Treuhänder sollte bereits beim ersten Termin mit dem Schuldner möglichst viele Kontaktdaten sammeln, um eine fortwährende Kommunikation und Erreichbarkeit des Schuldners sicherzustellen. Neben der Anschrift sind dies insbesondere Handynummern und E-Mailadressen; denn diese werden oft auch nach einem Umzug beibehalten. Ferner empfiehlt es sich, die Kontaktadresse des Ehepartners zu erfragen. Neben der Möglichkeit, eine etwaige Unterhaltspflicht zu verifizieren, bietet dies der Möglichkeit der Anhörung nach § 10 Abs. 1 Satz 2. Wird der Schuldner im Verfahren durch einen Bevollmächtigten vertreten, sind auch dessen Kontaktdaten hilfreich; anhand der Vollmacht des Vertreters kann auch geprüft werden, ob dieser zustellungsbevollmächtigt ist, was ebenfalls in den Berichten des Verwalters/Treuhänders, zumindest aber intern vermerkt werden sollte. Auch ist es sachgerecht, wenn der Treuhänder den Schuldner nach Ablauf der von

VII. Versagung der Restschuldbefreiung vor Ablauf des Abtretungszeitraumes

ihm gesetzten Frist durch telefonische Kontaktaufnahme zu einer Zahlung auffordert. So können überflüssige Versagungsanträge und eine Arbeitsbelastung des Insolvenzgerichtes vermieden werden.

Ältere **Rückstände** sollen einen Antrag des Treuhänders nicht begründen können. 1237

HambKomm/*Streck*, InsO, § 298 Rn. 3;
Uhlenbruck/*Vallender*, InsO, § 298 Rn. 12;
Lissner, ZInsO 2013, 163, 164.

Diese Ansicht überzeugt allerdings nicht, da der Antrag selbst nach dem Wortlaut des Gesetzes gerade nicht fristgebunden ist. Könnte der Treuhänder den Antrag stets nur auf einen Rückstand des vorangegangen Jahres stützen, würde dies im Ergebnis zu einer Jahresfrist führen, die das Gesetz gerade nicht vorsieht. 1238

Durch die Vorschrift soll die Mindestvergütung des Treuhänders gewährleistet werden. Auch § 298 ermöglicht keine Versagung der Restschuldbefreiung durch das Insolvenzgericht von Amts wegen; erforderlich ist auch hier ein Versagungsantrag, allerdings nicht eines Insolvenzgläubigers, sondern des Treuhänders persönlich. Der Treuhänder ist nicht verpflichtet einen Versagungsantrag zu stellen; es steht ihm frei, die Restschuldbefreiung abzuwarten und dann aus dem Vergütungsbeschluss später zu vollstrecken. 1239

Zahlt der Schuldner erst nach Ablauf der durch das Gericht gesetzten Frist, kann er die Versagung hierdurch **nicht** mehr abwenden. 1240

LG Göttingen, Beschl. v. 14.3.2011 – 10 T 20/11,
NZI 2011, 292 f. Rn. 7 f.

Die Versagung der Restschuldbefreiung nach § 298 ist erst möglich, wenn der Treuhänder **ein Jahr** lang ohne Mindestvergütung geblieben ist; diese Frist wird nicht nach dem Kalenderjahr, sondern mit dem Beginn des Amtes des Treuhänders berechnet, also für das mit der Aufhebung des Verfahrens (§ 200) beginnende Tätigkeitsjahr. 1241

LG Göttingen, Beschl. v. 2.2.2010 – 10 T 6/10,
NZI 2010, 232 f., Rn. 8 f.

Die Versagung ist **ausgeschlossen**, wenn dem Schuldner die Kosten des Verfahrens – auch noch in der Wohlverhaltensperiode – gemäß § 4a gestundet wurden (§ 298 Abs. 1 Satz 2). Denn die Kostenbelastung darf dem mittellosen Schuldner nicht den Zugang zur Restschuldbefreiung versperren. Der Treuhänder hat in diesem Fall einen **Sekundäranspruch** gegen die Staatskasse gemäß § 293 Abs. 2, falls die eingezogenen Beträge nicht ausreichen. 1242

LG Göttingen, Beschl. v. 2.2.2010 – 10 T 6/10,
NZI 2010, 232 f., Rn. 8;
Zum Versagungsantrag nach aufgehobener Stundung:
vgl. *Heinze*, ZVI 2011, 18 ff.

1243 Im Übrigen erfolgt die Berechnung der Vergütung des Treuhänders nach § 14 Abs. 2 InsVV nach dem Gesamtbetrag, den er während der gesamten Dauer des Restschuldbefreiungsverfahrens erlangt. Eine isolierte Berechnung nach Tätigkeitsjahren ist demgegenüber nicht angezeigt, da es sich bei § 14 Abs. 3 InsVV um einen Auffangtatbestand für den Fall handelt, dass die Gesamtvergütung einen Mindestbetrag unterschreitet.

> LG Mönchengladbach, Beschl. v. 7.8.2007 – 5 T 209/07, ZVI 2007, 483.

1244 Die Versagung der Restschuldbefreiung erfolgt durch einen **Beschluss**, für den der Rechtspfleger zuständig ist. Nach Versagung der Restschuldbefreiung gemäß § 298 bleibt es dem Schuldner unbenommen, einen erneuten Insolvenzantrag verbunden mit einem Restschuldbefreiungsantrag zu stellen; die Zurückweisung eines damit verbundenen Kostenstundungsantrages ist nicht zulässig.

> LG Kiel, Beschl. v. 26.8.2010 – 13 T 109/10, ZInsO 494 f. = ZVI 2011, 234 f. Rn. 5;
> AG Göttingen, Beschl. v. 19.4.2011 – 74 IK 88/11, NZI 2011, 545 f. = ZVI 2011, 391 f. Rn. 3 ff.;
> a. A. LG Lübeck, Beschl. v. 14.3.2010 – 7 T 595/10, NZI 2011, 411 ff. = ZVI 2011, 213 ff. Rn. 11 ff.: Sperrfrist 3 Jahre.

1245 Die Versagung nach § 298 führt aber zu einer **dreijährigen Sperrfrist** für einen neuen Antrag auf Restschuldbefreiung.

> BGH, Beschl. v. 7.5.2013 – IX ZB 51/12, WM 2013, 1516.

5. Wirkungen der vorzeitigen Versagung (§ 299 InsO)

1246 Die Wirkungen eines während der Wohlverhaltensperiode vorzeitig beendeten Schuldbefreiungsverfahrens sind in § 299 geregelt. Die Vorschrift normiert drei Rechtsfolgen, die sich kraft Gesetzes, also ohne gerichtliche Anordnung ergeben: Mit Rechtskraft des Versagungsbeschlusses **endet:**

- Die Laufzeit der Abtretungserklärung gem. § 287 Abs. 2 Satz 1 InsO.

Dem Schuldner stehen der pfändbare Teil seines Arbeitseinkommens oder an dessen Stelle tretende laufende Bezüge wieder zu.

- Das Amt des Treuhänders.

Den Treuhänder treffen die Verpflichtungen aus § 292 nicht mehr. Er hat Bericht zu erstatten und Rechnung zu legen (§ 292 Abs. 3 Satz 1). Der Treuhänder verliert die prozessuale Aktivlegitimation.

> LG Nürnberg-Fürth, Urt. v. 12.3.2013 – 12 O 3998/12, ZVI 2013, 275.

- Die Beschränkung der Gläubigerrechte aus § 294 InsO.

Die Insolvenzgläubiger dürfen wieder die Zwangsvollstreckung betreiben. Das freie Nachforderungsrecht gemäß § 201 Abs. 1 lebt wieder auf. Unwirksame Lohnabtretungen oder -verpfändungen leben jedoch trotz der Versagung **nicht** wieder auf.

§ 299 ist entsprechend anzuwenden, wenn eine Restschuldbefreiung vorzeitig scheitert, weil der Schuldner seinen Antrag zurücknimmt oder das Verfahren zur Restschuldbefreiung durch den Tod des Schuldners endet. **1247**

BGH, Beschl. v. 17.3.2005 – IX ZB 214/04, ZInsO 2005, 597.
NZI 2005, 399 m. Anm. *Ahrens*.

VIII. Entscheidung über die Erteilung der Restschuldbefreiung

Von der **Ankündigung** der Restschuldbefreiung (gemäß §§ 289, 291 InsO a. F. im Schlusstermin; in Insolvenzverfahren, die aufgrund eines ab dem 1.7.2014 gestellten Antrages eröffnet werden, gemäß § 287a Abs. 1 InsO n. F. mit dem Eröffnungsbeschluss) ist die Entscheidung über die endgültige **Erteilung** der Restschuldbefreiung zu unterscheiden. Diese erfolgt erst nach Beendigung der Wohlverhaltensperiode gemäß § 300 und ist erforderlich, weil die Restschuldbefreiung *nicht automatisch* nach Ablauf der Abtretungsfrist (§ 287 Abs. 2) eintritt. Das Gericht entscheidet nach Anhörung der Insolvenzgläubiger, des Treuhänders und des Schuldners durch Beschluss, wobei die Anhörung der Beteiligten und die Entscheidung auch im schriftlichen Verfahren erfolgen können. § 300 InsO n. F. hat diese Zweistufigkeit beibehalten und unterscheidet sich von der a. F. nur durch Regelungen zur Verkürzung der Wohlverhaltensperiode und redaktionellen Anpassungen zu den Versagungsgründen. **1248**

1. Versagung der Restschuldbefreiung

Die Insolvenzgläubiger, der Treuhänder und der Schuldner werden nach Ablauf der sechsjährigen Laufzeit der Abtretungserklärung durch das Insolvenzgericht schriftlich über die anstehende Bescheidung des Schuldnerantrags auf Erteilung der Restschuldbefreiung in Kenntnis gesetzt. Darüber hinaus wird ihnen eine Frist zur Stellungnahme gesetzt. Die **Anhörung** kann auch durch einen im Internet veröffentlichten Beschluss erfolgen, der eine Frist bestimmt, innerhalb derer die Gläubiger Anträge auf Versagung der Restschuldbefreiung stellen können. **1249**

BGH, Beschl. v. 18.10.2012 – IX ZB 131/10, WM 2012, 2250 f.
= VuR 2013, 145 Rn. 2.

Innerhalb dieser Anhörungsfrist besteht letztmalig Gelegenheit, die Versagung der Restschuldbefreiung zu beantragen, und zwar **1250**

- auf Antrag eines Insolvenzgläubigers gemäß:
  - § 296 Abs. 1,
  - § 296 Abs. 2 Satz 3 InsO oder

E. Restschuldbefreiungsverfahren

- § 297 InsO,
- mit Inkrafttreten des § 300 Abs. 3 **InsO n. F.** auch gem. §§ 290 Abs. 1, 297a InsO
- sowie **auf Antrag des Treuhänders** gemäß:
  - § 298.

1251 Versagungsanträge nach den §§ 296, 297 können allerdings nur Gläubiger stellen, die – als Folge eine zutreffenden Forderungsanmeldung – im Schlussverzeichnis eingetragen sind.

K. Schmidt/*Henning*, InsO § 296 Rn. 11.

1252 Von Amts wegen darf die Restschuldbefreiung nicht versagt werden, da das Verfahren der Gläubigerautonomie unterliegt. Nach Fristablauf sind etwaige Versagungsanträge präkludiert. Die Insolvenzgläubiger können dann nur noch unter den engen Voraussetzungen des § 303 einen Widerruf der Restschuldbefreiung beantragen.

1253 Da § 300 Abs. 2 InsO a. F. bzw. § 300 Abs. 3 InsO n. F. auf die §§ 296 Abs. 1, Abs. 2 Satz 3, 297, 298 InsO verweist, können Versagungsanträge nach Beendigung der Wohlverhaltensperiode unter den gleichen Voraussetzungen nur auf die Versagungsgründe gestützt werden, die während des Laufs der Wohlverhaltensperiode bei einem entsprechenden Antrag zu einer vorzeitigen Versagung der Restschuldbefreiung nach § 299 führen.

1254 Über den Versagungsantrag eines Insolvenzgläubigers entscheidet der **Richter** (§ 18 Abs. 1 Nr. 3 RPflG), über den des Treuhänders der **Rechtspfleger** durch Beschluss. Der Beschluss ist öffentlich bekannt zu machen (§ 300 Abs. 3 Satz 1 InsO a. F.; § 300 Abs. 4 Satz 1 InsO n. F.). Gegen den Versagungsbeschluss steht dem Schuldner die **sofortige Beschwerde** zu (§ 300 Abs. 3 Satz 2; § 300 Abs. 4 Satz 2 InsO n. F.), im Falle des § 298 die sofortige Erinnerung.

1255 Wird die Restschuldbefreiung versagt, kann das Gericht **nach § 4c Nr. 5** eine zuvor gewährte **Stundung der Verfahrenskosten** wieder **aufheben.** Die Aufhebung ist ausnahmsweise auch ohne einen vorherigen Versagungsbeschluss zulässig, wenn Gründe zur Versagung der Restschuldbefreiung schon während der Wohlverhaltensperiode „zweifelsfrei" vorliegen.

BGH, Beschl. v. 15.11.2007 – IX ZB 74/07, ZInsO 2008, 111;
LG Göttingen, Beschl. v. 26.9.2007 – 10 T 120/07,
NZI 2008, 54.

2. Erteilung der Restschuldbefreiung

1256 Liegt bis zum Ende der Anhörungsfrist kein zulässiger und begründeter Antrag nach § 300 Abs. 2 InsO a. F. bzw. § 300 Abs. 3 InsO n. F. vor, **hat** das Gericht die Restschuldbefreiung unabhängig davon zu erteilen, ob ein Versagungsgrund tatsächlich vorliegt. Die Entscheidung erfolgt durch Beschluss des **Rechtspflegers**. Dies gilt auch nach Zurückweisung eines Versagungsantrages durch den Richter. Der Beschluss ist öffentlich bekannt zu machen (§ 300 Abs. 3 Satz 1 a. F.; § 300 Abs. 4 Satz 1 InsO n. F.).

Gegen die Erteilung der Restschuldbefreiung kann nur ein Insolvenzgläubiger, der schon bei der Anhörung nach § 300 Abs. 1 die Versagung beantragt hatte, **sofortige Erinnerung** einlegen, andere Gläubiger hingegen nicht. Der Treuhänder ist nur im Falle des § 298 anfechtungsbefugt.

1257

IX. Vorzeitige Erteilung der Restschuldbefreiung vor Ablauf der Wohlverhaltensperiode gem. § 300 InsO n. F.

Die Insolvenzordnung hat **für Altverfahren** (bis zum Inkrafttreten des § 300 InsO n. F.) den Fall einer vorzeitigen *Erteilung* der Restschuldbefreiung vor Ablauf der Wohlverhaltensperiode **nicht geregelt**. Der Gesetzgeber ging offensichtlich davon aus, dass eine vorzeitige Beendigung des Restschuldbefreiungsverfahrens nur in den Fällen der §§ 296, 297, 298 in Betracht komme. Daher ist z. B. unklar, ob der Schuldner auch bei fehlenden Gläubigeranmeldungen oder nach Tilgung aller Verbindlichkeiten die ganze Wohlverhaltensperiode durchlaufen muss. Wie diese planwidrige Gesetzeslücke auszufüllen ist, war in Rechtsprechung und Schrifttum zunächst umstritten.

1258

Dazu eingehend *Pape*, NZI 2004, 1 ff.

Der BGH hat entschieden, dass auf Antrag des Schuldners eine **vorzeitige** Erteilung der Restschuldbefreiung vor Ablauf der Wohlverhaltensphase oder auch sogleich im **Schlusstermin** in Betracht kommt. Sie ist dann zulässig, wenn keine Insolvenzgläubiger Forderungen zur Tabelle angemeldet haben oder wenn sämtliche angemeldeten Forderungen beglichen sind und der Schuldner belegt, dass die Verfahrenskosten und auch die sonstigen Masseverbindlichkeiten vollständig erfüllt sind.

1259

BGH, Beschl. v. 17.3.2005 – IX ZB 214/04, NZI 2005, 399;
LG Berlin, Beschl. v. 19.1.2009 – 86 T 24/09, ZInsO 2009, 443;
so auch schon:
Sinz/Wegener/Hefermehl, Verbraucherinsolvenz, 1. Aufl., 2004, Rn. 612 f.

Gleiches gilt für den Fall, dass der Schuldner mit allen Insolvenzgläubigern einen Vergleich geschlossen hat und durch Teilzahlung und -erlass sämtliche Forderungen erloschen sind; wird der Ausgleich von Masseverbindlichkeiten und Verfahrenskosten belegt, ist auch hier die Wohlverhaltensphase vorzeitig zu beenden und die Restschuldbefreiung auszusprechen.

1260

BGH, Beschl. v. 29.9.2011 – IX ZB 219/10, NZI 2011, 947 f.
= ZVI 2011, 465 f. Rn. 7.

In diesen Fallgruppen gibt es keine Gläubigerinteressen, die einer vorzeitigen Beendigung des Restschuldbefreiungsverfahrens entgegenstehen. Insolvenzgläubiger, die nicht am Insolvenzverfahren teilnehmen, können in der Wohl-

1261

verhaltensphase keine Versagungsanträge nach §§ 296, 297 InsO mehr stellen; diesen Gläubigern gegenüber hat der Schuldner auch keine Obliegenheiten zu beachten. Die Wohlverhaltensphase unter diesen Umständen bis zum Fristablauf weiterzuführen, hat keinen Sinn; der Schuldner würde in dieser Zeit durch die Abtretung der pfändbaren Bezüge an den Treuhänder ohne sachlichen Grund seine wirtschaftliche Bewegungsfreiheit einbüßen. Ist das Ziel des Verfahrens, eine möglichst hohe – hier sogar vollständige – Befriedigung der Gläubiger zu erlangen (vgl. § 1 Satz 1 InsO), erreicht, so ist kein Grund ersichtlich, warum ein Schuldner aus reinem Formalismus noch Jahre auf die Restschuldbefreiung warten soll.

1262 Weist also der Schuldner vor Ablauf der Wohlverhaltensphase nach, dass alle vorhandenen Insolvenzgläubiger befriedigt wurden und auch keine Kosten oder sonstige Masseverbindlichkeiten mehr offen sind, kann ihm auf Antrag **in entsprechender Anwendung des § 299** vorzeitig die Restschuldbefreiung erteilt werden.

> **Praxistipp:**
> Ist eine Einigung zwischen Schuldner und Gläubigern gelungen, sollte diese schriftlich fixiert werden, wonach die Gläubiger sich bereit erklären, gegen eine Einmalzahlung auf ihre übrige Forderung zu verzichten und die angemeldete Forderung zurückzunehmen bzw. je nach Verfahrensstand auf die Rechte aus der festgestellten Forderung zu verzichten. Sind dann alle Forderungsanmeldungen „erledigt", kann der Schuldner mit dem Insolvenzverwalter die Höhe der Verfahrenskosten abstimmen, eine entsprechende Zahlung vornehmen und um Fertigung des Schlussberichtes ersuchen, um vorzeitige Erteilung der Restschuldbefreiung beantragen zu können.

1263 Hat der Schuldner sämtliche Insolvenzforderungen und Masseverbindlichkeiten einschließlich der Verfahrenskosten mit Hilfe einer **Kreditaufnahme** während der Wohlverhaltensphase vollständig beglichen, ist ebenfalls eine vorzeitige Erteilung der Restschuldbefreiung möglich. Dem Schuldner steht es frei, nach Aufhebung des Insolvenzverfahrens *neue* Verbindlichkeiten zu begründen. Erst recht muss es ihm daher möglich sein, die Kreditmittel zur vorzeitigen Befriedigung der Insolvenzgläubiger zu verwenden, z. B. um die jährlichen Kosten des Treuhänders einzusparen und seine Schufa-Auskunft zu bereinigen.

HK-*Landfermann*, InsO, § 299 Rn. 10;
FK-*Ahrens*, InsO, § 299 Rn. 9 b;
a. A. AG Köln, Beschl. v. 28.1.2002 – 71 IK 1/00,
NZI 2002, 218.

1264 Die vorzeitige Erteilung der Restschuldbefreiung erfolgt auf Antrag des Schuldners; dieser ist aber regelmäßig schon vom ursprünglichen Antrag nach § 287 Abs. 1 mit umfasst.

BGH, Beschl. v. 17.3.2005 – IX ZB 214/04, NZI 2005, 399.

IX. Erteilung der Restschuldbefreiung vor Ablauf der Wohlverhaltensperiode

Das Insolvenzgericht entscheidet über die vorzeitige Restschuldbefreiung entsprechend § 300 durch Beschluss. Die Wirkungen ergeben sich aus §§ 299, 301 analog. **1265**

Für **ab dem 1.7.2014** beantragte Insolvenzverfahren wird folgende Regelung gelten: **1266**

Das Insolvenzgericht entscheidet nach Anhörung der Insolvenzgläubiger, des Insolvenzverwalters oder Treuhänders und des Schuldners durch Beschluss über die Erteilung der Restschuldbefreiung, wenn

- die Abtretungsfrist von **sechs Jahren** ohne vorzeitige Beendigung verstrichen ist, § 300 Abs. 1 Nr. 1 InsO n. F. (Regelfall),

- der Schuldner die **Kosten des Verfahrens berichtigt** hat, auch schon vorzeitig auf seinen Antrag,

  - sofern entweder **drei Jahre** der Abtretungsfrist verstrichen sind *und* dem Insolvenzverwalter oder Treuhänder innerhalb dieses Zeitraums ein Betrag zugeflossen ist, der eine Befriedigung der Forderungen der Insolvenzgläubiger i. H. v. **mindestens 35 %** ermöglicht,

  - oder **fünf Jahre** der Abtretungsfrist verstrichen sind, ohne dass eine Mindestquote erreicht sein muss.

Ein Schuldner, der dafür Sorge trägt, dass die Verfahrenskosten gedeckt sind, kann damit bereits nach fünf Jahren die Restschuldbefreiung erlangen; Voraussetzung ist natürlich, dass kein Gläubiger einen zulässigen und begründeten Versagungsantrag stellt. Eine wirklich zügigere Entschuldung als bisher kann er aber nur erreichen, wenn neben den Verfahrenskosten zusätzlich den Gläubigern eine Quote i. H. v. 35 % angeboten werden kann. Ob dieser Betrag innerhalb von 3 Jahren nach Beginn der Abtretungsfrist (Insolvenzeröffnung) zur Verfügung stehen muss (und nicht etwa erst nach 3 ½ oder 4 Jahren), **1267**

so: *Grote*, InsBüro 2013, 207,

erscheint fraglich, da der Wortlaut des § 300 Abs. 1 Nr. 2 InsO n. f. auch eine andere Auslegung zulässt, nämlich dass „mindestens" drei Jahre verstrichen sein müssen. Denn „innerhalb dieses Zeitraums" wäre die Mindestquote auch dann erbracht, wenn mehr als drei Jahre verstrichen sind. § 300 Abs. 1 Nr. 2 InsO n. F. will nur vermeiden, dass bei Erreichen dieser Mindestquote schon vor Ablauf von drei Jahren Restschuldbefreiung erlangt wird. Ungeachtet dessen dürfte nach der Statistik dies eher ein seltener Ausnahmefall bleiben, da die allerwenigsten Schuldner die Verfahrenskosten *und* 35 % Quote aufbringen können; dies war schon unter Geltung der Vergleichsordnung in nur weniger als 1 % der Fälle erreicht worden. Angesichts dieser Erfahrung überrascht es, dass der Gesetzgeber die im Gesetzentwurf vorgesehene – und bereits als unerreichbar heftig kritisierte – Mindestquote von 25 % sogar noch heraufgesetzt hat. Durch **Evaluierung zum 30.6.2018** (Art. 107 Abs. 1 EGInsO) soll

E. Restschuldbefreiungsverfahren

festgestellt werden, in wie vielen Verfahren eine Restschuldbefreiung nach drei Jahren erteilt werden konnte und mit welchen Befriedigungsquoten.

1268 Mit der Rechtskraft des Beschlusses über die vorzeitige Erteilung der Restschuldbefreiung endet gemäß § 300 Abs. 4 Satz 3 InsO n. F. die Abtretungsfrist nach § 287. Die Rechtsfolgen der Restschuldbefreiung in Bezug auf die Insolvenzmasse hat der Gesetzgeber für ab dem 1.7.2014 beantragte Verfahren nunmehr in § **300a InsO n. F.** ausdrücklich geregelt. Gemäß § 300a Abs. 1 InsO n. F. gehört das **Vermögen, das der Schuldner nach Ende der Abtretungsfrist** oder nach Eintritt der Voraussetzungen des § 300 Abs. 1 Satz 2 InsO n. F. (vorzeitige Erteilung der Restschuldbefreiung) **erwirbt**, nicht zur Insolvenzmasse, wenn dem Schuldner die Restschuldbefreiung erteilt wird. Ausgenommen hiervon ist gemäß § 300a Abs. 1 Satz 2 InsO n. F. dasjenige, was aufgrund einer Anfechtung, eines vom Insolvenzverwalter geführten Rechtsstreits oder aufgrund von Verwertungshandlungen des Insolvenzverwalters zur Insolvenzmasse gelangt.

1269 *Bis zur Rechtskraft* der Entscheidung, mit der im laufenden Verfahren Restschuldbefreiung erteilt wird, hat der Insolvenzverwalter den pfändbaren Neuerwerb einzuziehen und für die Masse zu sichern. Wird Restschuldbefreiung erteilt, hat er den eingezogenen Neuerwerb, der danach nicht in die Masse gefallen ist, an den Schuldner auszukehren.

Für **Altverfahren**:
BGH, Beschl. v. 3.12.2009 – IX ZB 247/08, ZInsO 2010, 102 ff.
= ZVI 2010, 68 ff. Rn. 38 f.;
LG Hannover, Beschl. v. 12.12.2008 – 20 T 153/08, ZInsO 2009, 207 Rn. 22.
Für **Neuverfahren** aufgrund Antrages ab dem 1.7.2014 vom Gesetzgeber in § 300a übernommen; RegE, BT-Drucks. 17/11268 zur Einfügung von § 300a.

1270 Daneben besteht ab dem 1.7.2014 durch die Streichung von § 312 Abs. 2 InsO auch in Verbraucherinsolvenzverfahren, selbst wenn diese vor dem 1.7.2014 beantragt wurden (Art. 103h EGInsO), die Möglichkeit, durch Umsetzung eines **Insolvenzplans** die Restschuldbefreiung zu erlangen. Hierdurch kann auch mit einer geringeren Quote als 35 % eine Entschuldung vereinbart werden. Zu beachten ist allerdings, dass ein Insolvenzplan nur bis zum Schlusstermin des Insolvenzverfahrens vorgelegt werden kann, § 218 Abs. 1 Satz 2.

X. Wirkungen der Restschuldbefreiung (§ 301 InsO)

1271 Bevor die Auswirkungen der rechtskräftig erteilten Restschuldbefreiung auf die betroffenen Gläubiger und die Restschuld erörtert werden (§ 301 InsO), muss zunächst einmal geklärt werden, auf **welche Forderungen** sich die Restschuldbefreiung überhaupt erstreckt. Es ist keinesfalls – auch in anderen Rechtsordnungen nicht – selbstverständlich, dass Schuldner von sämtlichen Verbindlichkeiten befreit werden, also eine vollständige Entschuldung durchgeführt wird.

X. Wirkungen der Restschuldbefreiung (§ 301 InsO)

Zu anderen Rechtsordnungen vgl. Münchener Kommentar Insolvenzordnung, Band 3, I. Länderberichte S. 1401 ff.

1. Umfang der Restschuldbefreiung, § 302 InsO

Nach § 301 Abs. 1 InsO wird der Schuldner, der das Restschuldbefreiungsverfahren mit Erfolg durchlaufen hat, von den im Insolvenzverfahren nicht erfüllten Verbindlichkeiten **gegenüber allen Insolvenzgläubigern** befreit. Erfasst werden grundsätzlich (Ausnahmen nachfolgend) alle Forderungen, also **auch** solche, die der Schuldner im Gläubigerverzeichnis unvorsätzlich vergessen hatte oder **wenn** ein Gläubiger seine Forderung **nicht zur Tabelle angemeldet** hat (§ 301 Abs. 1 InsO). Dies gilt auch für *titulierte* Forderungen oder Forderungen aus einer vorsätzlich begangenen unerlaubten Handlung, die nicht mit dieser Delikteigenschaft zur Tabelle angemeldet wurden.

1272

Uhlenbruck/*Vallender*, InsO, § 302 Rn. 36 f.

Nicht erfasst von der Restschuldbefreiung werden dagegen Neugläubiger, Gläubiger i. S. v. § 302 InsO sowie die Staatskasse gemäß § 4b InsO. Auch Massegläubiger fallen nach dem klaren Wortlaut des § 301 Abs. 1 Satz 1 InsO nicht unter diese Vorschrift.

1273

FK-*Ahrens*, InsO, § 301, Rn. 7 u. h. M. im Schrifttum; offengelassen v. BGH, Urt. v. 28.6.2007 – IX ZR 73/06, NZI 2007, 670.

Nach **§ 302 Nr. 1 InsO** a. F. werden Verbindlichkeiten des Schuldners aus **vorsätzlich** begangenen **unerlaubten Handlungen** von der Restschuldbefreiung nicht berührt. Hierunter fallen neben den vorsätzlich verwirklichten Tatbeständen der §§ 823 ff. BGB auch Forderungen aus einer vorsätzlichen Verletzung von bestimmten Schutzgesetzen i. S. d. § 823 Abs. 2 BGB. Die Nachhaftung des Schuldners aus vorsätzlich begangenen unerlaubten Handlungen ist wegen ihres besonderen Unrechtsgehalts gerechtfertigt. Das Gesetz hält es für unbillig, dass ein Schuldner von Verbindlichkeiten gegenüber einem Gläubiger befreit wird, den er vorsätzlich geschädigt hat. Dabei muss der Schaden vom Vorsatz umfasst sein.

1274

BGH, Urt. v. 21.6.2007 – IX ZR 29/06, ZInsO 2007, 814; *Kothe/Ahrens/Grote/Busch*, § 302 Rn. 5.

In der Praxis sind vor allem folgende Schutzgesetze relevant, die eine Schadenstendenz zulasten des später zu Schaden Gekommenen aufweisen:

1275

- Nichtabführen von Arbeitnehmerbeiträgen zur Sozialversicherung, § 266a StGB.
- Verletzung der Insolvenzantragspflicht, § 15a Abs. 1 InsO.
- Betrug (Eingehungsbetrug), § 263 StGB.
- Verletzung der Unterhaltspflicht, § 170 StGB.

E. Restschuldbefreiungsverfahren

1276 Nicht nur Krankenkassen melden gerne den Arbeitnehmeranteil zur Sozialversicherung gesondert unter Hinweis auf § 266a StGB an. Auch Gläubigerforderungen aus dem Zeitraum kurz vor Insolvenzantragstellung werden immer häufiger gemäß § 823 Abs. 2 BGB i. V. m. § 263 StGB angemeldet, um den Wirkungen der Restschuldbefreiung zu entgehen.

1277 Die Finanzbehörden sind wegen ihrer Steuerforderungen nicht nach § 302 privilegiert. Steuerforderungen resultieren aus dem Steuerschuldverhältnis (§ 38 AO), nicht aus einer unerlaubten Handlung. Bei dem Tatbestand des § 370 AO (**Steuerhinterziehung**) handelt es sich **nicht** um ein Schutzgesetz i. S. v. § 823 Abs. 2 BGB.

> BFH, Urt. v. 19.8.2008 – VI0I R 6/07, NZI 2008, 764;
> AG Regensburg, Beschl. v. 16.8.2000 – 2 IK 345/99,
> ZInsO 2000, 516, 517; Uhlenbruck/*Sinz*, InsO, § 174 Rn. 39;
> FK-*Ahrens*, InsO, § 302 Rn. 7.

1278 Säumniszuschläge des Finanzamtes gehören ebenfalls nicht zu den ausgenommenen Forderungen.

1279 Wenn bei einer vorsätzlichen Trunkenheitsfahrt (§ 315c StGB) des Schuldners Menschen zu Schaden kommen, sind auch diese Schadenersatzverbindlichkeiten nicht von der dem Schuldner erteilten Restschuldbefreiung ausgenommen, denn der schädigende Erfolg (Körperverletzung) wird nur fahrlässig verursacht.

> BGH, Urt. v. 21.6.2007 – IX ZR 29/06, ZInsO 2007, 814.

Merke:

Grundsatz § 201 Abs. 1 InsO (unbeschränkte Nachhaftung)

Ausnahme § 301 Abs. 1 InsO (Erteilung der Restschuldbefreiung)

Gegenausnahme § 302 InsO (Anmeldung als unerlaubte Handlung;
   Folge: es gilt wieder § 201 InsO)

1280 Nach § **302 Nr. 1 InsO** n. F. sind auch Verbindlichkeiten des Schuldners aus rückständigem **gesetzlichen Unterhalt**, den der Schuldner *vorsätzlich pflichtwidrig nicht gewährt* hat, von der Restschuldbefreiung ausgenommen. Der Begriff der Pflichtwidrigkeit soll nach dem Willen des Gesetzgebers klarstellen, dass die Nichtleistung des Unterhalts nur dann einer unerlaubten Handlung gleichgestellt wird, wenn neben der gesetzlichen Unterhaltspflicht die Bedürftigkeit des Unterhaltsberechtigten und die *Leistungsfähigkeit* des Unterhaltsschuldners gegeben sind.

> RegE BT-Drucks. 17/11268 v. 31.10.2012 zu Nummer 30 (Änderung von § 302).

1281 Ferner fallen künftig Verbindlichkeiten aus einem Steuerschuldverhältnis unter § 302 Nr. 1 InsO n. F., sofern der Schuldner im Zusammenhang damit wegen einer **Steuerstraftat** nach den §§ 370, 373 oder 374 AO *rechtskräftig verurteilt* worden ist. Die Nachhaftung für hinterzogene Steuern im Fall einer rechts-

X. Wirkungen der Restschuldbefreiung (§ 301 InsO)

kräftigen Verurteilung hält der Gesetzgeber im Hinblick auf den Unrechtsgehalt der genannten Straftaten für gerechtfertigt.

RegE BT-Drucks. 17/11268 v. 31.10.2012 zu Nummer 30 (Änderung von § 302); deutliche Kritik an dieser Ausweitung des § 302 Nr. 1 zum Nachteil der Schuldner: *I. Pape/G. Pape*, ZInsO 2013, 265, 267.

Die Vermeidung einer Verurteilung im Steuerstrafverfahren wird damit für die Frage der Entschuldung des gescheiterten Unternehmers erheblich an Bedeutung gewinnen. Allerdings hat der Gesetzgeber davon abgesehen, auch eine Sanktionierung wegen leichtfertig verkürzter Steuern (§ 378 AO) zu sanktionieren. **1282**

Der Gläubiger hat die Forderung unter Angabe des Rechtsgrundes der vorsätzlich begangenen unerlaubten Handlung anzumelden (§ 302 Nr. 1 a. E. InsO n. F.), um sich auf den Ausnahmetatbestand berufen zu können. Gemäß **§ 174 Abs. 2 InsO** muss der Gläubiger dazu bei der Forderungsanmeldung die **Tatsachen angeben**, aus denen sich nach seiner Einschätzung ergibt, dass der Verbindlichkeit eine vorsätzlich begangene unerlaubte Handlung des Schuldners zugrunde liegt. Es sind keine Beweismittel erforderlich, sondern lediglich eine plausible Darstellung. Die nicht näher begründete Behauptung, es liege eine vorsätzlich begangene unerlaubte Handlung vor, genügt hingegen nicht. **1283**

Kothe/Ahrens/Grote/Busch, § 302 Rn. 10 c.

Weist der Gläubiger bei der Anmeldung seiner Forderung **nicht darauf hin**, dass sie nach seiner Einschätzung auf einer unerlaubten Handlung beruht, und holt er die qualifizierte Anmeldung auch nicht bis zum Schlusstermin nach oder meldet er die Forderung überhaupt nicht zur Tabelle an, wird die Forderung von der Restschuldbefreiung erfasst. **1284**

BT-Drucks. 14/5680, S. 27; Uhlenbruck/*Vallender*, InsO, § 302 Rn. 37.

Sobald ein Gläubiger eine Forderung aus einer vorsätzlich begangenen unerlaubten Handlung anmeldet, hat das Insolvenzgericht den Schuldner nach **§ 175 Abs. 2 InsO** auf die Rechtsfolgen des § 302 und die Möglichkeit eines Widerspruchs hinzuweisen. Insoweit reicht allerdings kein allgemeiner Hinweis auf die Widerspruchsmöglichkeit, vielmehr muss dieser *konkret* erfolgen. Eine mündliche Belehrung des im Prüfungstermin anwesenden Schuldners genügt und erfolgt in der Praxis durch den Rechtspfleger. Der Widerspruch des Schuldners kann, falls kein schriftliches Verfahren angeordnet ist, nur „im Prüfungstermin" (§ 184 InsO) erhoben werden und erfordert daher seine Anwesenheit (!) oder die eines ordnungsgemäß Bevollmächtigten; ein im Voraus an das Gericht gesandtes bloßes Widerspruchsschreiben genügt nicht, sofern nicht das schriftliche Verfahren angeordnet ist. Es kann dem Schuldner daher nur geraten werden, allen Prüfungs- und Schlussterminen beizuwohnen, da in diesen Terminen häufig – überraschend – bislang ungekannte Gläubiger erscheinen, eine Forderung anmelden, die auf einer vor- **1285** sätzlich begangenen unerlaubten Handlung beruhen soll, oder die Delikteigenschaft nachmelden.

1286 Der Insolvenzverwalter ist verpflichtet, auch für eine bereits zur Tabelle festgestellte Forderung noch **nachträglich angemeldete Tatsachen**, aus denen sich nach Einschätzung des Gläubigers ergibt, dass ihr eine vorsätzlich begangene **unerlaubte Handlung** des Schuldners zugrunde liegt, in die Tabelle (Spalte „Bemerkungen" der bereits geprüften Forderung) einzutragen und die Tabellenergänzung dem Insolvenzgericht zu übermitteln.

> BGH, Urt. v.17.1.2008 – IX ZR 220/06, NZI 2008, 250 ff.
> = ZVI 2008, 116 ff.;
> Uhlenbruck/*Sinz*, InsO, § 177 Rn. 16.

1287 Das Insolvenzgericht hat den Schuldner auch im Fall der nachträglich angemeldeten Tatsachen zu belehren (§ 175 Abs. 2) und einen besonderen Prüfungstermin anzusetzen oder das schriftliche Verfahren anzuordnen, in dem nur noch der Schuldgrund der unerlaubten Handlung geprüft wird. Die Rechtskraft der bereits zur Tabelle festgestellten Forderung (§ 178 Abs. 3) hat **keine Präklusion** bezüglich der nachträglich zu § 174 Abs. 2 InsO angemeldeten Tatsachen zur Folge.

> AG Hamburg, Beschl. v. 29.12.2004 – 68 b IK 31/02,
> ZInsO 2005, 107 f. = ZVI 2005, 41 f.

1288 Widerspricht der Schuldner, wird die Forderung als solche zwar trotzdem festgestellt (§ 178 Abs. 1 Satz 2 InsO) und in das Schlussverzeichnis aufgenommen, jedoch hindert der **Widerspruch** nach Aufhebung des Insolvenzverfahrens eine Vollstreckung aus der Tabelle gegen den Schuldner, solange er nicht durch entsprechendes Feststellungsurteil beseitigt worden ist (§§ 201 Abs. 2, 184 InsO). Der *Gläubiger* muss also aktiv werden und nach § 184 InsO auf Feststellung klagen, dass seine Forderung aus dem Rechtsgrund der vorsätzlich begangenen unerlaubten Handlung besteht (sog. Attributsklage). Es ist also in einem Feststellungsprozess zu klären, ob die Forderung besteht und wenn ja, ob die Voraussetzungen einer vorsätzlich begangenen unerlaubten Handlung vorliegen. Der Schuldner kann aber auch die angemeldete Forderung als solche anerkennen und seinen Widerspruch darauf **beschränken**, dass der (konkurrierende) Anspruch nicht als ein solcher aus vorsätzlicher unerlaubter Handlung einzuordnen ist.

> BGH, Beschl. v. 18.1.2007 – IX ZB 176/05, ZIP 2007, 541.

1289 Er ist im Rahmen des Feststellungsprozesses dann aber mit Einwendungen gegen den Bestand der Forderung selbst sowie gegen die Forderungszuständigkeit des Gläubigers ausgeschlossen.

> OLG Celle, Beschl. v. 11.3.2013 – 10 WF 67/13,
> ZInsO 2013, 610 ff.

1290 **Widerspricht der Schuldner** im Insolvenzverfahren **nicht** der Eintragung einer Forderung aus vorsätzlich begangener unerlaubter Handlung in die Tabelle, so

X. Wirkungen der Restschuldbefreiung (§ 301 InsO)

wird der Rechtsgrund der Forderung von der Rechtskraftwirkung der Tabelleneintragung gemäß § 178 Abs. 3 erfasst. Die Eintragung des Feststellungsergebnisses wirkt wie ein rechtskräftiges Urteil. Die Forderung ist dann von einer späteren Restschuldbefreiung ausgeschlossen und kann deshalb nach Ablauf der Wohlverhaltensperiode vollstreckt werden (§ 201 Abs. 2 InsO).

Von der Restschuldbefreiung ausgenommen sind weiterhin **Geldstrafen, Geldbußen, Ordnungsgelder und Zwangsgelder** (§§ 302 Nr. 2, § 39 Abs. 1 Nr. 3 InsO) sowie Forderungen **aus zinslosen Darlehen**, die dem Schuldner zur Begleichung der Kosten des Insolvenzverfahrens gewährt wurden (§ 302 Nr. 3 InsO). 1291

2. Auswirkungen der Restschuldbefreiung auf die betroffenen Gläubiger und die Restschuld

Mit der rechtskräftigen Entscheidung über die Gewährung der Restschuldbefreiung tritt eine **Entschuldung** des Schuldners ein. Er wird von den im Insolvenzverfahren nicht erfüllten Verbindlichkeiten befreit (§ 286 InsO), es sei denn, es handelt sich um eine ausgenommene Forderung nach § 302 InsO. Die Forderungen der Insolvenzgläubiger werden durch die Erteilung der Restschuldbefreiung zu *erfüllbaren, aber nicht mehr erzwingbaren* Verbindlichkeiten (sog. unvollkommene Verbindlichkeiten). Die Insolvenzforderungen bleiben demnach in ihrem Wesen unverändert, sind aber nicht mehr durchsetzbar. Wird ein Gläubiger trotz erteilter Restschuldbefreiung dennoch befriedigt, braucht er das Erlangte daher nicht zurückzugewähren (§ 301 Abs. 3 InsO). 1292

BGH, Beschl. v. 25.9.2008 – IX ZB 205/06, ZVI 2009, 40;
HK-*Landfermann*, InsO, § 301 Rn. 1;
Uhlenbruck/*Vallender*, InsO § 301 Rn. 10.

Versucht ein Gläubiger, seine vor Erteilung der Restschuldbefreiung titulierte Forderung zwangsweise durchzusetzen, kann der Schuldner den (materiellrechtlichen) Einwand, aufgrund der ihm erteilten Restschuldbefreiung könne aus dem Titel nicht mehr vollstreckt werden, nach herrschender Meinung nur im Wege der **Vollstreckungsgegenklage nach § 767 ZPO** verfolgen. Das Prozessgericht entscheidet also, ob die zu vollstreckende Forderung der Restschuldbefreiung unterliegt. 1293

BGH, Beschl. v. 25.9.2008 – IX ZB 205/06, ZVI 2009, 40.

Die Wirkungen der Restschuldbefreiung treten gegenüber allen Insolvenzgläubigern gemäß § 38 InsO ein (§ 301 Abs. 1 Satz 1 InsO), **unabhängig davon, ob** sie ihre Forderungen tatsächlich nach § 174 InsO **zur Tabelle angemeldet** haben oder nicht (§ 301 Abs. 1 Satz 2 InsO). Sie können sich nicht mit Erfolg darauf berufen, sie hätten von der Eröffnung des Insolvenzverfahrens über das Vermögen ihres Schuldners keine Kenntnis gehabt; denn es ist jedem Gläubiger grundsätzlich möglich und zumutbar, die im Gesetz vorgesehene öffentliche Bekanntmachung einer Verfahrenseröffnung zu verfolgen. 1294

BGH, Beschl. v. 13.7.2006 – IX ZB 288/03, ZVI 2006, 403;
HK-*Landfermann*, InsO, § 301 Rn. 6.

1295 Erfasst werden alle Ansprüche, die auf Geld gerichtet sind oder nach § 45 in einen Geldanspruch umgewandelt werden können, unabhängig davon, ob sie bedingt oder betagt sind (§ 41 InsO). Der Schuldner wird deshalb auch von Ansprüchen aus einer von ihm selbst übernommenen **Bürgschaft** befreit. Ebenso werden Rückgriffsansprüche gegen den Schuldner aus §§ 426 Abs. 2, 670, 774 Abs. 1 BGB gemäß § 301 Abs. 2 Satz 2 InsO von der Restschuldbefreiung erfasst. Die Rechte der aussonderungsberechtigten Gläubiger bleiben unberührt.

Kübler/Prütting/Bork/*Wenzel*, InsO, § 301 Rn. 2;
Kothe/Ahrens/Grote/*Busch*, § 301 Rn. 4.

1296 Unberührt von der Restschuldbefreiung bleiben auch Rechte der Gläubiger gegen **Mitschuldner und Bürgen**, die Rechte der Insolvenzgläubiger aus einer zu ihrer Sicherung eingetragenen Vormerkung sowie die Rechte der Insolvenzgläubiger aus einem Recht, das im Insolvenzverfahren zur abgesonderten Befriedigung berechtigt (§ 301 Abs. 2 Satz 1 InsO). Da die persönliche Mithaftung des Bürgen und Mitschuldners ebenso wie die dinglichen Sicherungsrechte gerade deshalb eingeräumt werden, um den Sicherungsnehmer im Falle einer Zahlungsunfähigkeit des Schuldners zu sichern, werden sie von der Restschuldbefreiung *nicht* erfasst. Ebenso sind die Absonderungsrechte von der Restschuldbefreiung ausgenommen. Die Rechte auf abgesonderte Befriedigung gemäß §§ 49–51 InsO sichern daher vor einer Restschuldbefreiung.

1297 Falls nach Erteilung der Restschuldbefreiung noch neues Schuldnervermögen (Gegenstände der Masse) auftaucht, findet gemäß § 203 Abs. 1 Nr. 3 eine **Nachtragsverteilung** statt.

BGH, Beschl. v. 10.7.2008 – IX ZB 172/07, ZInsO 2008, 921.

XI. Widerruf der Restschuldbefreiung

1298 Auf Antrag eines Insolvenzgläubigers widerruft das Gericht die Erteilung der Restschuldbefreiung, wenn sich *nachträglich* herausstellt, dass der Schuldner eine seiner Obliegenheiten vorsätzlich verletzt hat **und** dadurch (objektiv kausal) die Befriedigung der Insolvenzgläubiger erheblich beeinträchtigt hat (§ 303 Abs. 1 InsO a. F.). § 303 InsO a. F. ermöglicht es somit, die Rechtskraft des Beschlusses, mit dem die Restschuldbefreiung erteilt wurde, zu durchbrechen, wenn sich nachträglich besonders schwere Obliegenheitsverletzungen herausstellen. Aus anderen Gründen – wie z. B. der Verurteilung wegen einer Insolvenzstraftat – kommt ein Widerruf der Restschuldbefreiung in Altverfahren nicht in Betracht.

AG Göttingen, Beschl. v. 8.1.2010 – 74 IN 74 IN 247/02,
ZInsO 2010, 396 f. = ZVI 2010, 283 f. Rn. 5.

Allerdings hat der Gesetzgeber nunmehr für Verfahren, die aufgrund eines 1299
ab dem 1.7.2014 gestellten Antrages eröffnet werden, in § 303 Abs. 1 Nr. 2
InsO n. F. die Möglichkeit der Versagung vorgesehen, wenn sich nachträglich herausstellt, dass der Schuldner während der Abtretungsfrist oder nach Erteilung der Restschuldbefreiung wegen einer bis zum Ende der Abtretungsfrist begangenen Straftat nach Maßgabe des § 297 Abs. 1 verurteilt worden ist.

Der Schuldner muss zunächst eine Obliegenheit aus § 295 *vorsätzlich* verletzt 1300
haben. Bedingter Vorsatz genügt. Eine Obliegenheitsverletzung nach den
§§ 296 Abs. 2 Satz 2 und 3, 297 oder 298 InsO stellt nach § 303 InsO a. F.
keinen Widerrufsgrund dar. § 303 InsO n. F. konkretisiert in seinen Nr. 1 bis
Nr. 3 des ersten Absatzes die möglichen Widerrufsgründe.

Kothe/Ahrens/Grote/Busch, § 303 Rn. 8;
HambKomm/*Streck*, InsO, § 303 Rn. 3.

Durch die vorsätzliche Obliegenheitsverletzung nach § 295 muss die *Be-* 1301
friedigung der Insolvenzgläubiger erheblich beeinträchtigt worden sein. Erforderlich ist ein **Kausalzusammenhang**. Eine Beeinträchtigung der Befriedigung liegt vor, wenn die Quote der Insolvenzgläubiger durch die vorsätzliche Obliegenheitsverletzung geringer ausfällt als bei Durchführung des Schuldbefreiungsverfahrens ohne Obliegenheitsverletzung. Wann die Beeinträchtigung erheblich ist, regelt das Gesetz nicht. Letztlich muss es von den Umständen des Einzelfalles abhängen, wann von einer erheblichen Beeinträchtigung auszugehen ist.

Nerlich/Römermann/*Römermann*, InsO, § 303 Rn. 5
geht von 10 % aus;
Kübler/Prütting/Bork/*Wenzel*, InsO, § 303 Rn. 2
geht von 5 % aus.

Der antragstellende Gläubiger darf von der vorsätzlichen Obliegenheitsver- 1302
letzung erst *nach Rechtskraft* des Beschlusses gemäß § 300 Abs. 1 Kenntnis
erlangt haben.

In formeller Hinsicht sind die besonderen Zulässigkeitsvoraussetzungen des 1303
§ 303 Abs. 2 InsO zu beachten. Der Antrag auf Widerruf der Restschuldbefreiung muss **innerhalb einen Jahres** nach Rechtskraft des Beschlusses nach
§ 300 Abs. 1 InsO gestellt werden, in den Fällen des § 303 Abs. 1 Nr. 3 InsO
n. F. binnen sechs Monaten nach rechtskräftiger Aufhebung des Insolvenzverfahrens. Der Antragsteller hat die Voraussetzungen des Abs. 1 glaubhaft
zu machen.

Das Gericht entscheidet durch Beschluss. Funktionell zuständig ist der Richter 1304
gemäß § 18 Abs. 1 Nr. 3 RpflG.

XII. Schuldnerverzeichnis und Schufa

Zu Recht wird darauf hingewiesen, dass der wirtschaftliche Neuanfang des 1305
einmal gescheiterten Unternehmers auch nach Erteilung der Restschuldbefreiung noch nicht sichergestellt ist.

Beck, ZVI 2013, 250, 253.

1306 Der Gesetzgeber hat erfreulicherweise davon abgesehen, zu bestimmen, dass auch die Erteilung der Restschuldbefreiung in das **Schuldnerverzeichnis** eingetragen wird und sich auf die Eintragung der *Versagung* und des *Widerrufs* beschränkt (§ 303a InsO n. F.).

1307 Allerdings ist es Praxis der **Schufa** (Schutzgemeinschaft für allgemeine Kreditsicherung, genauer: Schufa Holding AG), die Erteilung der Restschuldbefreiung erst drei Jahre zum Jahresende nach Erteilung als sog. hartes Negativmerkmal zu speichern.

http://www.schufa.de/de/private/wissenswertes/faq/faq.jsp, unter Punkt 7.7.

1308 Die praktischen Auswirkungen einer Speicherung in dieser privatwirtschaftlichen Wirtschaftsauskunftsdatei sind nicht zu unterschätzen. Gemäß dem Jahresbericht der Schufa für das Jahr 2010 ist diese im Besitz von 479 Millionen Einzeldaten zu 66,2 Millionen natürlichen Personen in Deutschland. Für die Praxis der Kreditvergabe, aber auch den Abschluss von Verträgen für die Fernkommunikation besitzen die Auskünfte der Schufa geradezu amtlichen Charakter. Auch die private Auskunftsdatei **Creditreform**, organisiert in diversen Vereinen und Gesellschaften, hat eine erhebliche praktische Bedeutung. Die Speicherung von Daten über die Erteilung der Restschuldbefreiung hinaus führt im Ergebnis dazu, dass der Zeitraum zwischen Eintritt der Zahlungsunfähigkeit und dem wirtschaftlichen Neuanfang, also einer vollwertigen Teilhabe am Wirtschaftsleben, noch einmal verlängert wird.

F. Tod des Schuldners

Der Tod des Schuldners hat – abhängig vom Verfahrensabschnitt – unterschiedliche verfahrensrechtliche Konsequenzen. **1309**

Ein Ableben **während** eines laufenden **Insolvenzantragsverfahrens**, d. h. nach Eingang des Insolvenzantrages bei Gericht aber vor der Entscheidung über den Antrag, führt zu einer Fortsetzung des Verfahrens mit den Erben als neuen Schuldnern; der ursprüngliche Eröffnungsantrag bleibt für die Entscheidung über die Eröffnung des Insolvenzverfahrens als Nachlassinsolvenzverfahren maßgeblich. **1310**

BGH, Urt. v. 22.1.2004 – IX ZR 39/03, ZIP 2004, 513 ff.
= ZVI 2004, 188 ff. Rn. 13;
Kuleisa, ZVI 2013, 173, 176.

Es ist verfahrenstechnisch sinnvoll, wenn keine Verweisung an das zuständige Gericht erfolgt, sondern das Insolvenzgericht einen entsprechenden Überleitungsbeschluss mit deklaratorischer Wirkung erlässt. Das Nachlassgericht hat zwar einen Nachlasspfleger zu bestellen, soweit kein Erbe ermittelt werden kann. Das Insolvenzgericht muss aber im Hinblick auf die Eilbedürftigkeit des Insolvenzverfahrens weder eine Entscheidung des Erben noch des Nachlasspfleger über eine Aufnahme des Insolvenzverfahrens abwarten. **1311**

Kuleisa, ZVI 2013, 173, 176.

Verstirbt der Schuldner **während** des **eröffneten Insolvenzverfahrens**, so wird das Verfahren ohne Unterbrechung als allgemeines Nachlassinsolvenzverfahren fortgesetzt. Dies gilt auch, wenn das Verfahren zuvor als Verbraucherinsolvenzverfahren geführt wurde; in diesem Fall erhält das Verfahren ein neues IN-Aktenzeichen. **1312**

BGH, Beschl. v. 21.2.2008 – IX ZB 62/05, ZInsO 2008, 453 ff.
= ZVI 2008, 183 ff. Rn. 6, 12.

Auch hier erfolgt keine Verweisung an ein anderes Gericht. Die Eröffnungsentscheidung ist gemäß § 4 InsO i. V. m. 261 Abs. 2 ZPO bindend. **1313**

Der Tod des Schuldners **während** der **Wohlverhaltensperiode** führt gemäß § 299 InsO analog zur Beendigung des Verfahrens *ohne* Erteilung der Restschuldbefreiung. **1314**

BGH, Beschl. v. 17.3.2005 – IX ZB 214/04, ZInsO 2005, 597 ff.
= ZVI 2005, 322 ff. Rn. 11;
Kuleisa, ZVI 2013, 173, 177.

Eine etwa gewährte Verfahrenskostenstundung entfällt; für offene Gerichtskosten kann ein Erbe nicht in Anspruch genommen werden. **1315**

OLG Thüringen, Beschl. v. 17.10.2011 – 9 W 452/11,
NZI 2012, 197 f. = VuR 2012, 197 f.

F. Tod des Schuldners

1316 Umstritten ist, welche Rechtsfolge der Tod des Schuldners **nach Ablauf** der **Wohlverhaltensperiode, aber vor Erteilung der Restschuldbefreiung** hat.

> Eine ausführliche Darstellung des Meinungsstreits sowie weiterer Nachweise findet sich bei *Büttner*, ZInsO 2013, 588 ff.

1317 Nach Ansicht des AG Duisburg soll die Restschuldbefreiung mit der Maßgabe ausgesprochen werden, dass die Erben gegenüber den Gläubigern des Schuldners hinsichtlich der nicht erfüllten, im Zeitpunkt der Eröffnung des Insolvenzverfahrens bereits begründeten Verbindlichkeiten befreit werden.

> AG Duisburg, Beschl. v. 25.5.2009 – 62 IK 59/00, ZInsO 2009, 2353 f. = ZVI 2009, 390 Rn. 3,4.

1318 Demgegenüber lehnt das AG Leipzig mit Recht eine Restschuldbefreiung zugunsten des Nachlasses ab, da es sich bei dem Recht des Schuldners auf Erteilung der Restschuldbefreiung um ein höchstpersönliches und unvererbliches Recht handele. Eine Beschränkung der Erbenhaftung kann auch gemäß §§ 1975 ff. BGB erreicht werden.

> AG Leipzig, Beschl. v. 11.1.2013 – 402 IK 204/06, ZInsO 2013, 615 ff. Rn. 1, 14.

1319 Auch Gegenstände, die der **Testamentsvollstreckung** unterliegen, werden nach Eröffnung des Insolvenzverfahrens Teil der Insolvenzmasse.

> BGH, Urt. v. 11.5.2006 – IX ZR 42/05, BGHZ 167, 352 ff. = ZVI 2006, 452 ff.

1320 Insofern ist die Testamentsvollstreckung von der Zwangsverwaltung abzugrenzen, die als Maßnahme der Einzelzwangsvollstreckung von dem Insolvenzverfahren als Gesamtvollstreckungsverfahren nicht berührt wird.

1321 In der praktischen Abwicklung muss der Insolvenzverwalter beachten, dass der unter Testamentsvollstreckung stehende Nachlass bis zur Beendigung der Testamentsvollstreckung eine **Sondermasse** bildet, auf die zwar die Nachlassgläubiger, nicht aber die Erbengläubiger Zugriff nehmen können.

> BGH, Urt. v. 11.5.2006 – IX ZR 42/05, BGHZ 167, 352 ff. = ZVI 2006, 452 ff. mit weiteren Hinweisen zur praktischen Abwicklung.
> Zur Nachlassinsolvenz vgl.: *Roth/Pfeuffer*, Praxishandbuch für Nachlassinsolvenzverfahren.

Anhang
Typische Gerichtsbeschlüsse und Schreiben in einem IK-Verfahren

Verfügung: Schriftliche Anhörung des Schuldners bei zulässigem Gläubigerantrag

I.
Vermerk:
Der Eröffnungsantrag ist zulässig (§ 14 InsO).

II.
Schreiben
an Schuldner von Habenicht, Klaus (VermTr1) – gegen „ZU (AVR 40)" –
beifügen:
- eine Abschrift der Antragsschrift Blatt 1 ff.
- Anhörungsfragebogen „Regelinsolvenz" (29.012A) mit Anlagen – 2-fach –
- ein Merkblatt für Schuldner im Insolvenzeröffnungsverfahren nach Zustellung eines Gläubigerantrags (29.012C)
- Merkblatt Restschuldbefreiung (29.385)

(Briefrubrum)

als Anlage erhalten Sie die Abschrift eines hier eingegangenen Antrages auf Eröffnung des Insolvenzverfahrens über Ihr Vermögen.

1. Hinweise zum Gläubigerantrag

Sie haben Gelegenheit, **binnen einer Woche** ab Zustellung zu diesem Antrag **Stellung zu nehmen**. Benutzen Sie hierzu bitte den beiliegenden Anhörungsfragebogen. Füllen Sie ihn mit allen Anlagen sorgfältig und vollständig aus und senden Sie ihn innerhalb der Frist an das Gericht zurück.

Sollte es sich bei den im Antrag genannten Forderungen um **Steuern** oder **Sozialabgaben** handeln, ist zu beachten, dass das Amtsgericht im Regelfall nicht befugt ist, die zugrunde liegenden Bescheide des Finanzamts oder Sozialversicherungsträgers auf ihre Richtigkeit hin zu überprüfen. Für das Insolvenzeröffnungsverfahren genügt es grundsätzlich, dass eine vollstreckbare Festsetzung vorliegt, **auch wenn dieser lediglich Schätzungen zugrunde liegen**. Einwendungen gegen die Forderung oder ihre Höhe können meist nur durch Rechtsbehelf gegenüber dem Gläubiger geltend gemacht werden und haben in der Regel keine aufschiebende Wirkung, würden in diesem Fall also den Fortgang dieses Insolvenzeröffnungsverfahrens nicht verhindern.

Das Insolvenzgericht ist auch nicht befugt, Stundung oder Ratenzahlung zu bewilligen. Derartige Abreden können nur mit dem Gläubiger getroffen werden.

Nach Ablauf der genannten Frist ist damit zu rechnen, dass das Gericht einen Sachverständigen mit der Begutachtung Ihrer Vermögensverhältnisse beauftragt. Hierdurch würden erhebliche Zusatzkosten anfallen, die im Regelfall Sie zu tragen hätten.

Sollten Sie beabsichtigen, die aus dem anliegenden Gläubigerantrag ersichtliche Forderung zwecks Vermeidung weiterer Kosten zu begleichen, wird Ihnen empfohlen, dies umgehend zu erledigen und dem Gericht innerhalb der genannten Frist eine Ablichtung des Kontoauszuges oder des von der Bank bestätigten Überweisungsträgers zuzusenden. Hierdurch kann im Regelfall die kostspielige Bestellung eines Sachverständigen vermieden werden. Dies setzt jedoch voraus, dass die Forderung vollständig – und nicht nur zum Teil – erfüllt ist; insbesondere reichen Ratenzahlungen nicht aus, um den Fortgang des Verfahrens zu verhindern. Auch zwischenzeitlich angefallene weitere Rückstände – etwa Sozialabgaben oder Steuerzahlungen für den laufenden Monat – müssten in vollem Umfang bezahlt sein.

Die bisher entstandenen Verfahrenskosten müssten Ihnen allerdings – zumindest nach derzeitigem Stand – in jedem Fall auferlegt werden.

ACHTUNG:
Eine Verlängerung der Frist ist grundsätzlich nicht möglich!

Wenn das Gericht einen Sachverständigen beauftragt hat, hängt es vom Ergebnis der Ermittlungen ab, ob das Gericht entweder

a) das Insolvenzverfahren über Ihr Vermögen eröffnet oder

b) den Gläubigerantrag mangels einer die Kosten des Verfahrens deckenden Vermögensmasse abweist.

2. Wichtige Hinweise zur Erlangung der Restschuldbefreiung

Gemäß § 20 Abs. 2 InsO werden Sie des Weiteren darauf hingewiesen, dass Sie Restschuldbefreiung beantragen können, sodass Sie unter bestimmten Voraussetzungen von den im durchzuführenden Insolvenzverfahren nicht bezahlten Verbindlichkeiten gegenüber Ihren Insolvenzgläubigern befreit werden können. Hierzu sind im Wesentlichen zwei Voraussetzungen zu erfüllen:

a)

Sie müssten unabhängig von dem beigefügten Gläubigerantrag selbst die **Eröffnung** des Insolvenzverfahrens über Ihr Vermögen **beantragen** (§ 287 Abs. 1 InsO). Dieser **Eigenantrag** ist binnen **drei Wochen** ab Zustellung dieser Verfügung zu stellen. (*Achtung: Bitte nicht mit der unter 1. genannten Frist zur Stellungnahme verwechseln, die hiervon unabhängig ist!*).

Wenn Sie die Frist versäumen, können Ihnen erhebliche Rechtsnachteile entstehen. Hat das Gericht über den vorliegenden Gläubigerantrag entschieden, ohne dass Sie selbst die Eröffnung des Insolvenzverfahrens beantragt haben, können Sie diesen nach höchstrichterlicher Rechtsprechung nicht ohne weiteres nachholen. Es gilt eine Sperrfrist von drei Jahren ab Entscheidung über den Gläubigerantrag oder aber – wenn das Verfahren eröffnet worden ist – ab Aufhebung des Verfahrens.

b)
Zum Zweiten müssten Sie neben dem Antrag auf Eröffnung des Insolvenzverfahrens auch einen **Antrag auf Erteilung der Restschuldbefreiung** stellen. Dieser Antrag soll mit dem Antrag auf Eröffnung des Insolvenzverfahrens verbunden werden.

ACHTUNG!
Wird das Insolvenzverfahren auf einen Gläubigerantrag eröffnet, ohne dass Sie einen eigenen Antrag gestellt haben, kann dieser nicht mehr nachgeholt werden und es kann auch keine Restschuldbefreiung mehr beantragt werden.

c)
Hinweis für Verbraucher
Waren Sie

- entweder **niemals selbstständig** wirtschaftlich tätig oder
- **früher selbstständig** wirtschaftlich tätig, haben aber weniger als 20 Gläubiger und keine Verbindlichkeiten aus Arbeitsverhältnissen (d. h. Sie schulden weder Lohn oder Gehalt noch Sozialabgaben oder rückständige Lohnsteuer),

sollten Sie im Falle der Zahlungsunfähigkeit unverzüglich eine Schuldnerberatung, einen Rechtsanwalt, Steuerberater oder eine ähnliche geeignete Stelle aufsuchen, damit von dort aus ein Verbraucherinsolvenzverfahren vorbereitet werden kann. **Vermerken Sie dies bitte unbedingt im gerichtlichen Anhörungsbogen.** Das Gericht wird Ihnen in diesem Falle Gelegenheit geben, das Verbraucherinsolvenzverfahren vorzubereiten.

Weitere Einzelheiten ergeben sich aus den beigefügten Merkblättern.

III.
Es ist beizufügen
- dem Schreiben zu Ziffer 2.:
- eine Abschrift der Antragsschrift Blatt 1 ff.

- Anhörungsfragebogen „Regelinsolvenz" (29.012A)
  mit Anlagen – 2-fach –
- ein Merkblatt für Schuldner im Insolvenzeröffnungsverfahren nach Zustellung eines Gläubigerantrags(29.012C)
- Merkblatt Restschuldbefreiung (29.385)

IV.

Schreiben

an Gläubiger bzw. deren Verfahrensbevollmächtigten

(Briefrubrum)

Der Eröffnungsantrag vom 22.6.2010 ist hier eingegangen und wird dem Schuldner zugestellt. Er erhält Gelegenheit zur Stellungnahme.

V.

Schreiben

an das Amtsgericht Brühl – Verteilerstelle für Gerichtsvollzieheraufträge –

per Email

Der zuständige Gerichtsvollzieher wird um Mitteilung gebeten,

1. ob und wie häufig in letzter Zeit in das schuldnerische Vermögen fruchtlos gepfändet wurde,
2. ob seines Erachtens Zahlungsunfähigkeit vorliegt und eine kostendeckende Masse vorhanden ist
3. ob seines Wissens noch ein Büro oder eine sonstige Betriebsstätte unterhalten wird.

VI.

Schreiben

an das Amtsgericht Brühl – Grundbuchamt –

Es wird um Mitteilung gebeten, ob der Schuldner (geb. am …) als Eigentümer oder als Inhaber sonstiger Rechte eingetragen ist. Übersenden Sie bitte gegebenenfalls einen unbeglaubigten Grundbuchauszug, aus dem sich die Einzelheiten ergeben.

VII.

Schreiben

an die Stadt Brühl – Ordnungsamt, Gewerbemeldestelle –

Es wird um Mitteilung gebeten, ob der Schuldner dort gewerberechtlich gemeldet ist.

VIII.
Der Serviceeinheit zur weiteren Veranlassung.

IX.
Wiedervorlage: drei Wochen

Anhang

Anschreiben an Schuldner nach Eingang seines Eigenantrags

Nach Eingang des Insolvenzantrages prüft das Gericht zunächst anhand der Angaben des Schuldners, ob ein Eröffnungsgrund nach §§ 17, 18 InsO vorliegt und die in § 305 InsO a. F. genannten Unterlagen vollständig sind. Ist dies nicht der Fall, wird der Schuldner gemäß § 305 Abs. 3 Satz 1 InsO a. F. aufgefordert, die fehlenden Unterlagen unverzüglich zu ergänzen. Kommt der Schuldner dieser Aufforderung nicht innerhalb eines Monats nach, gilt sein Antrag gemäß § 305 Abs. 3 Satz 2 InsO als zurückgenommen.

Amtsgericht Köln
Luxemburger Str. 101
50939 Köln

Herrn
Klaus von Habenicht
Ritterstr. 124
50321 Brühl

Insolvenzeröffnungsverfahren Klaus von Habenicht
[…] IK […]

Sehr geehrter Herr von Habenicht,

der von Ihnen gestellte Eröffnungsantrag vom 9.7.2010 ist ordnungsgemäß.

Zunächst soll das Verfahren über den Schuldenbereinigungsplan durchgeführt werden. Zu diesem Zweck werden Sie aufgefordert, innerhalb von zwei Wochen ab Zustellung dieses Schreibens drei Abschriften des Schuldenbereinigungsplanes und der Vermögensübersicht nachzureichen.

Sollten Sie dieser Aufforderung nicht innerhalb der gesetzten Frist nachkommen, so gilt Ihr Eröffnungsantrag vom 9.7.2010 als zurückgenommen (§§ 306 Abs. 2 Satz 3, 305 Abs. 3 Satz 2 InsO).

Anhang

Schreiben an Schuldenbereinigungsplan-Gläubiger mit ZU (Durchführung eines gerichtlichen Schuldenbereinigungsplanverfahrens)

> Amtsgericht Köln
> Luxemburger Str. 101
> 50939 Köln
>
> **Hinweis:**
> Dieses Schreiben wird Ihnen hiermit förmlich zugestellt. Die Zustellung erfolgte durch Aufgabe per Post! Die Zustellung gilt mit Ablauf von drei Tagen nach der am 12.7.2010 erfolgten Aufgabe der Sendung zur Post als bewirkt. Das Datum der Aufgabe zur Post ist für etwaige Fristen maßgebend, deren Beginn von der Zustellung abhängt. Daher kommt es für den Beginn dieser Fristen und für sonstige Wirkungen der Zustellungen nicht auf den Zeitpunkt des Zugangs der Sendung bei Ihnen an. Soweit nach der Insolvenzordnung eine öffentliche Bekanntmachung des mitgeteilten Sachverhalts vorgeschrieben ist, gilt nach § 9 Abs. 3 der Insolvenzordnung zum Nachweis der Zustellung die öffentliche Bekanntmachung, auch wenn das Gesetz neben ihr eine besondere Zustellung vorschreibt.

Sehr geehrter Herr Krause,

am 9.7.2010 hat der Schuldner selbst die Eröffnung des Insolvenzverfahrens über sein Vermögen sowie die Erteilung der Restschuldbefreiung beantragt. Zunächst soll das Verfahren über den Schuldenbereinigungsplan durchgeführt werden (§§ 305 ff InsO). Beachten Sie hierzu auch das beiliegende Merkblatt. Als Gläubiger oder Vertreter eines Gläubigers erhalten Sie als Anlage den von dem Schuldner eingereichten Schuldenbereinigungsplan sowie die Vermögensübersicht. Das Verzeichnis des vorhandenen Vermögens und des Einkommens des Schuldners (Vermögensverzeichnis) sowie das Verzeichnis der Gläubiger und der gegen den Schuldner gerichteten Forderungen (Gläubiger- und Forderungsverzeichnis) sind beim Insolvenzgericht zur Einsicht niedergelegt.

1. Sie werden aufgefordert, binnen einer Notfrist von einem Monat ab Zustellung dieses Schreibens zu dem Plan und den Verzeichnissen Stellung zu nehmen. Formulieren Sie Ihre Äußerung bitte im eigenen Interesse so, dass eindeutig klar wird, ob Sie dem Schuldenbereinigungsplan zustimmen oder ihn ablehnen. Eine Zustimmung zum Plan unter einer Bedingung gilt als dessen Ablehnung (§ 150 Abs. 2 BGB).

Für den Fall der Beteiligung von Inkassounternehmen wird darauf hingewiesen, dass diese nur bei anwaltlicher Vertretung eine wirksame Stellungnahme zu dem Schuldenbereinigungsplan abgeben können.

Innerhalb der genannten Notfrist haben Sie insbesondere Gelegenheit, die Angaben (über Ihre Forderung in dem Forderungsverzeichnis zu überprüfen und die Forderung, falls erforderlich, durch Mitteilung an das Gericht zu ergänzen. In der Mitteilung sind alle bestehenden Forderungen zu berücksichtigen, die vor dem Ablauf der Notfrist entstanden sind. Jede Forderung ist einzeln nach Grund und Betrag anzugeben, Zinsen sind auszurechnen. Vorsorglich wird darauf hingewiesen, dass der Schuldner die Zinsen auf einen Stichtag hin berechnet hat. Naturgemäß entstehen nach diesem Stichtag weitere Zinsen, die im Plan nicht berücksichtigt werden können. Insoweit ist Ihrerseits eine Ergänzung des Plans nicht erforderlich.

Falls Sie die Ergänzung nicht vornehmen, erlischt die Forderung, soweit sie im Forderungsverzeichnis des Schuldners nicht aufgeführt ist (§ 308 Abs. 3 Satz 2, § 307 Abs. 1 Satz 2 InsO).

Geht innerhalb der Notfrist bei Gericht eine Stellungnahme von Ihnen nicht ein, so gilt dieses Schweigen als Einverständnis mit dem Schuldenbereinigungsplan (§ 307 Abs. 2 InsO). Ein angenommener Plan hat die Wirkung eines gerichtlichen Vergleichs nach § 794 Abs. 1 Nr. 1 ZPO (vgl. § 308 Abs. 1 Satz 2 InsO).

Die Notfrist kann nicht verlängert werden (§ 4 InsO, § 224 Abs. 2 ZPO).

2. Möglicherweise sind Ihre Forderungen ganz oder teilweise durch Bürgschaften, Pfandrechte, Eigentumsvorbehalte, Sicherungsabtretungen oder andere Sicherungsrechte gesichert, die in den vorgelegten Unterlagen des Schuldners nicht oder nur unvollständig angesprochen sind. Teilen Sie in einem solchen Fall bitte nähere Einzelheiten über Art, Umfang und Rechtsgrundlage der von Ihnen beanspruchten Sicherheiten mit.

3. Bis zur Entscheidung über den Schuldenbereinigungsplan ruhen alle anhängigen Verfahren über Eröffnungsanträge von Gläubigern (§ 306 Abs. 3 Satz 2 InsO). Bereits angeordnete Sicherungsmaßnahmen bleiben in Kraft.

4. Bitte fügen Sie Ihrer Rückäußerung eine Abschrift für den Schuldner bei.

Beschluss über Wiederaufnahme des Verfahrens (§ 311 InsO a. F.) (gescheiterter gerichtlicher Schuldenbereinigungsplan)

> AMTSGERICHT KÖLN
> BESCHLUSS
>
> In dem Insolvenzeröffnungsverfahren über das Vermögen des Herrn Klaus von Habenicht, [...]
>
> Verfahrensbevollmächtigter: [...]
>
> wird das Verfahren über den Eröffnungsantrag wieder aufgenommen (§ 311 InsO).
>
> 1. Es wird festgestellt, dass der Schuldenbereinigungsplan in der Fassung vom 9.7.2010 nicht angenommen worden ist. Die Frist zur Stellungnahme der Gläubiger zum Schuldenbereinigungsplan (§ 307 Abs. 1, Abs. 3 Satz 3 InsO) ist abgelaufen.
>
> Die Auswertung der eingegangenen Stellungnahmen hat folgendes Ergebnis erbracht:
>
> | | | |
> |---|---|---|
> | Gesamtzahl der benannten Gläubiger: | 16 = | 100 % |
> | Anzahl der zustimmenden Gläubiger: | 11 = | 68,75 % |
> | Anzahl der ablehnenden Gläubiger: | 5 = | 31,25 % |
> | | | |
> | Gesamtsumme der Forderungen: | 275.891,80 € = | 100 % |
> | Forderungssumme der Zustimmungen: | 37.486,93 € = | 13,59 % |
> | Forderungssumme der Ablehnungen: | 238.404,87 € = | 86,41 % |
>
> Stimmen dem Schuldenbereinigungsplan nicht alle benannten Gläubiger zu, so kann das Verfahren über den Plan nur fortgesetzt werden, wenn mehr als die Hälfte der benannten Gläubiger zugestimmt haben und die Summe der Ansprüche der zustimmenden Gläubiger mehr als die Hälfte der Summe der Ansprüche aller benannten Gläubiger beträgt (§ 309 Abs. 1 Satz 1 InsO). Nach dem vorliegenden Abstimmungsergebnis ist dies nicht der Fall.
>
> Über Anträge auf gerichtliche Ersetzung von Einwendungen einzelner Gläubiger durch eine Zustimmung ist demnach nicht zu entscheiden.
>
> 2. Die Verfahrensbeteiligten erhalten hiermit die Möglichkeit, innerhalb eines Monats ab Zugang dieses Schreibens zur Deckung der Verfahrenskosten einen Vorschuss in Höhe von € 1.000,00 bei der Gerichtszahlstelle Köln (Bankverbindung: Postbank Köln, Konto Nr. 123-456, BLZ 111 222 33), einzuzahlen. Die Anforderung des Vorschusses beruht auf § 26 Abs. 1, § 54 InsO.

> Aufgrund des Tatsachen, die bisher im Verfahren bekannt geworden sind, steht fest, dass der Schuldner zahlungsunfähig ist, das schuldnerische Vermögen aber voraussichtlich nicht ausreichen wird, um die Kosten des Insolvenzverfahrens zu decken.
> Wird keine Stundung bewilligt und geht in diesem Fall der Vorschuss nicht ein, so wird der Eröffnungsantrag mangels Masse abgewiesen (§ 26 Abs. 1 InsO). Eine etwa beantragte Restschuldbefreiung ist sodann kraft Gesetzes ausgeschlossen (§§ 286, 289 Abs. 3 InsO).

Zu Rechtsmitteln: Siehe Uhlenbruck/*Vallender*, InsO, § 311 Rn. 43.

Anhang

Beschluss nach § 306 Abs. 1 Satz 3 InsO

> AMTSGERICHT KÖLN
> BESCHLUSS
>
> In dem Insolvenzeröffnungsverfahren über das Vermögen des Klaus von Habenicht, [...]
>
> wird das Verfahren über den Eröffnungsantrag fortgesetzt (§ 306 Abs. 1 Satz 3 InsO).
> 1. Die Durchführung des gerichtlichen Schuldenbereinigungsplanverfahrens wird abgelehnt, weil der Schuldenbereinigungsplan nach der freien Überzeugung des Gerichts voraussichtlich nicht angenommen wird. Da der vorgerichtliche Schuldenbereinigungsplan abgelehnt wurde, erscheint die Durchführung eines Schuldenbereinigungsplanverfahrens aussichtslos.
> 2. Dem Schuldner werden für das Eröffnungsverfahren, Hauptverfahren und Restschuldbefreiungsverfahren die Verfahrenskosten gemäß § 4a Abs. 1, 3 InsO gestundet.
>
> Gründe:
>
> Der Schuldner beantragt die Eröffnung des Insolvenzverfahrens über sein Vermögen, die Erteilung von Restschuldbefreiung sowie die Stundung der Verfahrenskosten für das Eröffnungsverfahren, Hauptverfahren und Restschuldbefreiungsverfahren. Die Anträge sind zulässig. Der Antrag auf Stundung der Verfahrenskosten ist auch begründet.
> Denn der Schuldner ist nach seinen persönlichen und wirtschaftlichen Verhältnissen nicht in der Lage, die Kosten des Verfahrens aufzubringen. Dies ergibt sich aus den glaubhaften Angaben des Schuldners zu seinen persönlichen und wirtschaftlichen Verhältnissen.

Nicht beschwerdefähig: Siehe Uhlenbruck/*Vallender*, InsO, § 306 Rn. 23.

Verfahrenskostenstundung

AMTSGERICHT KÖLN
BESCHLUSS

In dem Insolvenzeröffnungsverfahren über das Vermögen des des Herrn Klaus von Habenicht, Ritterstr. 124, 50321 Brühl

weiterhin beteiligt: der Bezirksrevisor bei dem Landgericht Köln

werden dem Schuldner für das Eröffnungsverfahren und das Hauptverfahren die Verfahrenskosten gemäß § 4a Abs. 1, 3 InsO gestundet, soweit die Verfahrenskosten einen Betrag von 12,50 € (Eröffnungsverfahren) übersteigen.

Gründe:

Der Schuldner beantragt die Eröffnung des Insolvenzverfahrens über sein Vermögen, die Erteilung von Restschuldbefreiung sowie die Stundung der Verfahrenskosten für das Eröffnungsverfahren und das Hauptverfahren. Die Anträge sind zulässig. Der Antrag auf Stundung der Verfahrenskosten ist auch begründet. Denn der Schuldner ist nach seinen persönlichen und wirtschaftlichen Verhältnissen voraussichtlich nicht in der Lage, die Kosten des Verfahrens aufzubringen. Dies ergibt sich aus den glaubhaften Angaben des Schuldners in Vermögensübersicht und Vermögensverzeichnis (nebst Ergänzungsblättern) zu seinen persönlichen und wirtschaftlichen Verhältnissen, deren Richtigkeit und Vollständigkeit er versichert hat.

Eröffnungsbeschluss

AMTSGERICHT KÖLN
BESCHLUSS

Über das Vermögen
des Herrn Klaus von Habenicht, Ritterstr. 124, 50321 Brühl

wird wegen Zahlungsunfähigkeit am

25.7.2010, 9:30 Uhr,

das Insolvenzverfahren eröffnet.

Zum Treuhänder (§ 313 InsO) wird ernannt
Rechtsanwalt Dr. R., [...], Tel. [...], Fax [...]

Forderungen der Insolvenzgläubiger sind unter Beachtung des § 174 InsO bis zum 9.9.2010 bei dem Treuhänder anzumelden.

Die Gläubiger werden aufgefordert, dem Treuhänder unverzüglich mitzuteilen, welche Sicherungsrechte sie an beweglichen Sachen oder an Rechten des Schuldners in Anspruch nehmen. Der Gegenstand, an dem das Sicherungsrecht beansprucht wird, die Art und der Entstehungsgrund des Sicherungsrechts sowie die gesicherte Forderung sind zu bezeichnen. Wer diese Mitteilungen schuldhaft unterlässt oder verzögert, haftet für den daraus entstehenden Schaden (§ 28 Abs. 2 InsO).

Wer Verpflichtungen gegenüber dem Schuldner hat, wird aufgefordert, nicht mehr an diesen zu leisten, sondern nur noch an den Treuhänder.

Termin zur ersten Gläubigerversammlung, in der die angemeldeten Forderungen geprüft werden (Prüfungstermin), ist am

Donnerstag, 30.9.2010, 11:47 Uhr,

im Gebäude des Amtsgerichts Köln, Saal 142.

Der Termin dient zugleich zur Beschlussfassung der Gläubiger über die Person des Treuhänders, die Zahlung von Unterhalt aus der Insolvenzmasse (§ 100 InsO), die Verwertung der Masse (§§ 149, 159 bis 163, 314 Abs. 2 InsO), die Anfechtung von Rechtshandlungen (§ 313 Abs. 2 InsO).

Schriftliches Verfahren

AMTSGERICHT KÖLN
BESCHLUSS

Über das Vermögen

des Herrn Klaus von Habenicht, Ritterstr. 124, 50321 Brühl

wird wegen Zahlungsunfähigkeit am

<u>25.7.2010, 9:30 Uhr,</u>

das Insolvenzverfahren eröffnet. Die Eröffnung erfolgt aufgrund des am 9.7.2010 bei Gericht eingegangenen Antrags des Schuldners.

Zum Treuhänder (§ 313 InsO) wird ernannt
Rechtsanwalt Dr. R., [...], Tel. [...], Fax[...]

Forderungen der Insolvenzgläubiger sind unter Beachtung des § 174 InsO bis zum 9.9.2010 bei dem Treuhänder anzumelden.

Die Gläubiger werden aufgefordert, dem Treuhänder unverzüglich mitzuteilen, welche Sicherungsrechte sie an beweglichen Sachen oder an Rechten des Schuldners in Anspruch nehmen. Der Gegenstand, an dem das Sicherungsrecht beansprucht wird, die Art und der Entstehungsgrund des Sicherungsrechts sowie die gesicherte Forderung sind zu bezeichnen. Wer diese Mitteilungen schuldhaft unterlässt oder verzögert, haftet für den daraus entstehenden Schaden (§ 28 Abs. 2 InsO).

Wer Verpflichtungen gegenüber dem Schuldner hat, wird aufgefordert, nicht mehr an diesen zu leisten, sondern nur noch an den Treuhänder.

Eine Gläubigerversammlung wird vorerst nicht einberufen. Das Verfahren wird schriftlich durchgeführt (§ 5 InsO). Der Stichtag, der dem Prüfungstermin (§§ 29, 156, 176 InsO) entspricht, ist Donnerstag, 30.9.2010.

Haben Gläubiger vorgetragen, die Forderung stamme aus einer vorsätzlich begangenen unerlaubten Handlung des Schuldners, so hat der Schuldner im Widerspruch zusätzlich anzugeben, ob er diesen Vortrag bestreitet.

Der Schuldner hat Restschuldbefreiung beantragt.

Der Treuhänder wird beauftragt, die nach § 30 Abs. 2 InsO zu bewirkenden Zustellungen an die Schuldner des Schuldners (Drittschuldner) sowie an die Gläubiger durchzuführen (§ 8 Abs. 3 InsO).

Zu Rechtsmitteln: Siehe Uhlenbruck/*Uhlenbruck*, InsO, § 27 Rn. 18, § 34 Rn. 11 ff.

Anhang

Anschreiben an Treuhänder

> Amtsgericht Köln
> Luxemburger Str. 101
> 50939 Köln

Herrn Rechtsanwalt
Dr. R.
[...]

Insolvenzverfahren Klaus von Habenicht, [...]

Sehr geehrter Herr Rechtsanwalt,

Sie erhalten eine Ausfertigung des Eröffnungsbeschlusses und eine Bescheinigung über Ihre Ernennung zum Treuhänder.

Es wird Ihnen zur Auflage gemacht, Gelder, Wertpapiere und sonstige Kostbarkeiten auf ein für dieses Insolvenzverfahren gesondert einzurichtendes Anderkonto einzuzahlen bzw. dort zu hinterlegen.

Das Anderkonto ist einzurichten bei einer deutschen Großbank oder örtlichen Sparkasse Ihrer Wahl. Sie werden gebeten, dem Gericht unverzüglich mitzuteilen, bei welchem Institut Sie das Konto eingerichtet haben.

Bei diesem Institut kann, wenn schon eine ausreichende Masse vorhanden ist, gleichzeitig ein Festgeldkonto eingerichtet werden.

Das Gericht bittet um **fristgerechte** Vorlage folgender Unterlagen bzw. um folgende Mitteilungen:

- Gläubigerverzeichnis unter Beachtung des § 152 InsO
- Schuldnerverzeichnis unter Angabe der Anschriften
- Verzeichnis der einzelnen Gegenstande der Insolvenzmasse gemäß § 151 InsO
- Vermögensübersicht gemäß § 153 InsO
- Insolvenztabelle mit den Anmeldungen und Urkunden nach § 174 Abs. 1 InsO

Soweit Forderungen aus einer vorsätzlich begangenen unerlaubten Handlung der Schuldnerin angemeldet sind (§ 174 Abs. 2 InsO) und unabhängig davon, ob Ihr DV-System in der Lage ist, diese Tatsache über die Schnittstelle für die Datenübernahme in gerichtliche Systeme in elektronischer Form zu liefern, werden Sie gebeten, innerhalb der vorgenannten Frist, eine Auflistung dieser als Deliktforderungen angemeldeten Ansprüche einzureichen (vgl. § 175 Abs. 2 InsO).

Für den Fall, dass solche Forderungen nicht angemeldet sein sollten, werden Sie um eine ausdrückliche Negativerklärung gebeten. Bitte versichern Sie die Richtigkeit der Negativerklärung bzw. die Richtigkeit und Vollständigkeit der Auflistung.

Die Vorlage der Unterlagen nach den §§ 151–153 InsO ist nur dann entbehrlich, wenn Sie dem Gericht vor dem Termin schriftlich bestätigen, dass nach Ihren Feststellungen die bisher von dem Schuldner eingereichten Verzeichnisse nach § 305 Abs. 1 Nr. 3 InsO vollständig und richtig sind.

Für den Fall, dass Sie im späteren Verfahren zur Restschuldbefreiung mit der Überwachung des Schuldners beauftragt werden und Sie einen Überwachungsvorschuss für erforderlich halten (§ 292 Abs. 2 Satz 3 InsO), teilen Sie Ihre Einschätzung und die Höhe des Vorschusses für ein Jahr bitte rechtzeitig vor der Anhörung und Beschlussfassung der Gläubiger mit.

Gemäß § 8 InsO werden Sie beauftragt, die Zustellungen des Eröffnungsbeschlusses an die Gläubiger und an die Schuldner des Schuldners durchzuführen. Ein entsprechender Erledigungsnachweis hierfür wird erbeten. Dem Beschluss sind jeweils die gerichtlichen Merkblätter „Verfahren zur Restschuldbefreiung" und „Forderungsanmeldung im Insolvenzverfahren" sowie zwei Anmeldeformulare beizufügen.

Sollten ausländische Gläubiger aus anderen EU-Mitgliedstaaten (außer Dänemark) am Verfahren beteiligt sein, werden Sie unter Hinweis auf Artikel 40 und 42 der EUInsVO aufgefordert, diesen Gläubigern zusätzlich zu den bereits oben bezeichneten Formularen auch das EU-Formblatt „Gläubiger EU-Mitgliedsstaaten" zuzustellen und dies in Ihrer Zustellungsbescheinigung zu versichern. Sollten Sie zur Insolvenzmasse gehörige Grundstücke, Rechte an Grundstücken oder Rechte an eingetragenen Rechten feststellen, bittet das Gericht um Mitteilung.

Einreichung Schuldner- und Gläubigerverzeichnis (unverzüglich)

> In dem Verbraucherinsolvenzverfahren
> über das Vermögen des Herrn Klaus von Habenicht
> – [...] IK [...] –
>
> überreiche ich anliegend:
>
> 1. Gläubigerverzeichnis gemäß § 152 InsO
> 2. Debitorenverzeichnis
> 3. Nachweis über die bewirkten Zustellungen des Eröffnungsbeschlusses an Gläubiger und Drittschuldner
>
> Das Insolvenz-Anderkonto wurde eingerichtet bei der [...] Bank, Konto-Nr. [...] (BLZ [...]).
>
> Dr. R.
> Treuhänder

Anhang

Aufforderung des Treuhänders zur Forderungsanmeldung

Sehr geehrte Damen und Herren,

durch Beschluss des AG Köln vom 25.7.2010 – [...] IK [...] – ist das Insolvenzverfahren eröffnet und der Unterzeichner zum Treuhänder bestellt worden. Die vom Gericht anberaumten Termine bzw. Fristen entnehmen Sie bitte dem in Kopie beigefügten Beschluss. Ich bin vom Insolvenzgericht beauftragt, die Zustellung des Eröffnungsbeschlusses durchzuführen, welche mit der Aufgabe dieses Schreibens zur Post als bewirkt gilt (§§ 175 Abs. 1 Satz 3, 213 ZPO).

Gemäß § 174 InsO erfolgt die Forderungsanmeldung schriftlich beim Treuhänder – und nicht beim Gericht (!). Der Grund und der Betrag der Forderung sind anzugeben. Bitte benutzen Sie das beigefügte Formular und weisen Ihre Forderung durch Kopien geeigneter Unterlagen nach. Schuldtitel, insbesondere vollstreckbare Ausfertigungen von Urteilen, Vollstreckungsbescheiden, notarielle Urkunden, Wechseln etc. sollen im Original beigefügt werden, damit vom Urkundsbeamten der Geschäftsstelle die Feststellung zur Insolvenztabelle auf den Urkunden vermerkt werden kann (§ 178 Abs. 2 Satz 3 InsO); ansonsten müssten diese Schuldurkunden später von Ihnen nochmals nachgereicht werden. Die Frist zur Anmeldung läuft ab am: 9.9.2010.

Erhalten Sie nach Abhaltung des Prüfungstermins keine Mitteilung vom Insolvenzgericht, können Sie davon ausgehen, dass Ihre angemeldete Forderung vom Insolvenzverwalter festgestellt wurde (§ 179 Abs. 3 Satz 3 InsO).

Ob und gegebenenfalls in welcher Höhe eine Zahlung auf festgestellte Forderungen erfolgt, steht erst bei Abschluss des Verfahrens fest, bitte sehen Sie daher von Sachstandsanfragen ab, da diese bei der Vielzahl der Gläubiger die Verfahrensabwicklung nur verzögern. Über eine Verteilung werden Sie zu gegebener Zeit automatisch benachrichtigt.

Forderungen nachrangiger Gläubiger gemäß § 39 InsO (seit Eröffnung des Verfahrens laufende Zinsen; Kosten im Zusammenhang mit der Teilnahme am Insolvenzverfahren; Geldstrafen, Geldbußen, Ordnungs- und Zwangsgelder) sind nur dann anzumelden, wenn das Insolvenzgericht hierzu besonders aufgefordert hat. Von der Anmeldung solcher Forderungen ohne ausdrückliche Aufforderung des Gerichts ist abzusehen.

Mit freundlichen Grüßen

Dr. R.
Treuhänder

Einreichung Tabelle

> In dem Verbraucherinsolvenzverfahren
> über das Vermögen des Herrn Klaus von Habenicht
> – [...] IK [...] –
>
> überreiche ich anliegend
> - den 1. Treuhänderbericht zur Gläubigerversammlung am 30.9.2010
> - 1 Ordner mit Forderungsanmeldungen u. Tabellenblättern (lfd. Nr. 0/1 bis 0/16)
> - Tabellenblätter einzeln
> - Tabelle gemäß § 175 InsO (nach lfd. Nr.)
> - Tabelle in alphabetischer Reihenfolge
> - Diskette mit Tabelle.
>
> Als **vorsätzliche unerlaubte Handlung** wurden angemeldet:
>
> lfd. Nr. 0/5 und 0/14
> (lfd. Nr. 0/5 wurde jedoch nicht als vorsätzlich begangene unerlaubte Handlung aufgenommen, da der Tatsachenvortrag dazu auch nach entsprechendem Hinweis nicht nachgeholt wurde und weiterhin fehlt).
>
> **Rechtskräftig tituliert** sind die Forderungen zu
>
> lfd. Nr. 1, 2, 3, 8, 9, 11 und 15
> (Titel zu lfd. Nr. 3 liegt nicht im Original vor und wird nachgereicht)
>
> Dr. R.
> Treuhänder

Protokoll Prüfungstermin

AMTSGERICHT KÖLN

Gegenwärtig: [...], Rechtspflegerin
ohne
Urkundsbeamter/in der Geschäftsstelle

Niederschrift über den Prüfungstermin (Verbraucher)

In dem Insolvenzverfahren über das Vermögen
des Klaus von Habenicht, [...]
Verfahrensbevollmächtigter: keiner

erschienen nach Aufruf zur heutigen Gläubigerversammlung:
der Treuhänder: Rechtsanwalt Dr. R.,
der Schuldner: Klaus von Habenicht,
die Gläubiger: keine

Es wurde festgestellt, dass der Termin ordnungsgemäß bekannt gemacht wurde im Internet am 29.7.2010 sowie in der Ausgabe 4711 des Bundesanzeigers.

Die Tagesordnung wurde bekannt gegeben.

I. Tätigkeitsbericht des Treuhänders

Der Treuhänder berichtete über seine bisherige Tätigkeit sowie über die Möglichkeit einer Verwertung der Insolvenzmasse.

Er erklärte:

Die Insolvenzgläubiger können nur mit einer voraussichtlichen Quote von rd. 1,6 % rechnen.

Der Treuhänder gibt die voraussichtliche Dauer des Verfahrens mit 3 Monaten an.

Der Treuhänder beantragte,

gemäß § 314 InsO von einer Verwertung des Pkws des Schuldners abzusehen und stattdessen dem Schuldner

aufzugeben, einen dem Wert dieses Gegenstandes entsprechenden Betrag i. H. v. 700 € in die Masse zu zahlen.

Hierbei wird auf den zur Akte gereichten Antrag vom 9.7.2010 vollinhaltlich Bezug genommen.

II. Beschlüsse der Gläubigerversammlung
- Wahl des Treuhänders, §§ 313, 57 InsO
  Eine Beschlussfassung entfiel, weil keine Gläubiger anwesend waren.
- Hinterlegungsstelle, § 149 InsO
  Es wurde festgestellt: Die bereits bestehende Hinterlegungsstelle bei der
  [...] Bank, Konto-Nr. [...], BLZ [...] wird beibehalten.
- Unterhalt aus der Insolvenzmasse, § 100 InsO
  Eine Beschlussfassung entfiel, weil keine Gläubiger anwesend waren.

III. Gerichtliche Auflagen an den Treuhänder

Das Gericht gab dem Treuhänder auf, in Abständen von 3 Monaten schriftlich zu den Insolvenzakten
über den Sachstand und die Geschäftsführung zu berichten bzw. innerhalb der nächsten 3 Monate
Schlussbericht zu erstatten.

IV. Forderungsprüfung

Nach Belehrung über das Recht zum Widerspruch und die Folgen eines solchen (§§ 178, 179 InsO) fand die Prüfung der Forderungen Rang 0 / lfd. Nr. 1 bis 16 statt.

Gegen die gleichzeitige Mitprüfung der erst nach Ablauf der Anmeldefrist angemeldeten Forderungen wurde kein Widerspruch erhoben.

Die einzelnen Forderungen wurden ihrem Betrag und ihrem Rang nach geprüft. Die bestrittenen Forderungen wurden einzeln erörtert. Das Ergebnis der Prüfung wurde in die Insolvenztabelle eingetragen.

Der Schuldner hat – auch nach Belehrung durch das Gericht – gegen die Anmeldung der lfd. Nr. 0/14 als vorsätzlich begangene unerlaubte Handlung keinen Widerspruch erhoben.

Einreichung Schlussbericht

Die Schlussverteilung bedarf nach § 196 Abs. 2 der Zustimmung des Insolvenzgerichtes. In der Praxis ist es daher üblich, dass der Treuhänder die Genehmigung der Schlussverteilung zusammen mit der Einreichung des Schlussberichtes und der Schlussrechnung beantragt.

In dem Verbraucherinsolvenzverfahren
Klaus von Habenicht
– [...] IK [...] –

überreiche ich anliegend
- meinen Schlussbericht mit Schlussrechnung
- das Kassenbuch nebst Kontoauszügen im Original
- meinen Vergütungsantrag vom heutigen Tage

Dr. R.
Treuhänder

Anhang

Bestimmung Schlusstermin (§ 197 InsO)
(als Gläubigerversammlung)

AMTSGERICHT KÖLN
BESCHLUSS

In dem Insolvenzverfahren über das Vermögen
des Klaus von Habenicht, [...]

wird der Schlussverteilung zugestimmt.

Termin für eine abschließende Gläubigerversammlung (Schlusstermin) zur Erörterung der Schlussrechnungslegung des Treuhänders, zur Erhebung von Einwendungen gegen das Schlussverzeichnis, zur Entscheidung der Insolvenzgläubiger über die nicht verwertbaren Gegenstande der Insolvenzmasse, zur Anhörung der Gläubigerversammlung und des Treuhänders zu dem Antrag des Schuldners auf Erteilung von Restschuldbefreiung, und ggf. zur Beschlussfassung der Gläubigerversammlung, ob der Treuhänder beauftragt werden soll, die Obliegenheiten des Schuldners zu überwachen sowie zur Prüfung nachträglich angemeldeter Forderungen wird bestimmt auf

Mittwoch, 2.6.2012, 08:46 Uhr

im Gebäude des Amtsgerichts Köln, Saal 142.

Das Schlussverzeichnis sowie die Schlussrechnung des Treuhänders liegen nebst dem gerichtlichen Prüfungsvermerk zur Einsicht der Beteiligten auf der Geschäftsstelle des Insolvenzgerichts, Zimmer Nr. 1300 aus.

(im schriftlichen Verfahren)

> AMTSGERICHT KÖLN
> BESCHLUSS
>
> In dem Insolvenzverfahren über das Vermögen des Klaus von Habenicht, [...]
>
> wird der Schlussverteilung zugestimmt.
>
> Die Durchführung des Schlusstermins wird im schriftlichen Verfahren angeordnet (§§ 196, 197, 5 Abs. 2 InsO).
> Die Beteiligten erhalten Gelegenheit, bis zum 2.6.2012 im schriftlichen Verfahren zu folgenden Punkten Stellung zu nehmen:
> a) Schlussrechnung des Treuhänders sowie Schlussverzeichnis der bei der Verteilung zu berücksichtigen Forderungen;
> b) Antrag des Schuldners auf Restschuldbefreiung, falls deren Versagung beantragt wird, sind innerhalb der Frist die Versagungsgründe glaubhaft zu machen (§§ 289, 290 InsO);
> c) Beauftragung des Treuhänders mit der Überwachung des Schuldners im Verfahren zur Restschuldbefreiung (§ 292 Abs. 2 InsO).
>
> Das Schlussverzeichnis sowie die Schlussrechnung des Treuhänders liegen nebst dem gerichtlichen Prüfungsvermerk zur Einsicht der Beteiligten auf der Geschäftsstelle des Amtsgerichtes Köln, Zimmer Nr. 36 aus.

Anhang

Aufforderung an Treuhänder zur Ladung der Gläubiger zum Schlusstermin und Veröffentlichung nach § 188 InsO

Amtsgericht Köln
Luxemburger Str. 101
50939 Köln

Sehr geehrter Herr Rechtsanwalt,

anliegend erhalten Sie eine Abschrift des gerichtlichen Prüfungsvermerks zu Ihrer Schlussrechnung, eine Ausfertigung des Beschlusses über Ihre festgesetzte Vergütung sowie eine Ausfertigung des Beschlusses über die Genehmigung der Schlussverteilung mit der Terminsbestimmung.

Gemäß § 8 Abs. 3 InsO werden Sie beauftragt, je eine Abschrift des Beschlusses über die Genehmigung der Schlussverteilung mit der Terminsbestimmung an alle Insolvenzgläubiger zuzustellen.

Die Zustellung kann und sollte durch Aufgabe zur Post erfolgen (§ 8 Abs. 1 InsO, §§ 213, 175 ZPO). Sie wird bewirkt, indem Sie das zuzustellende Schriftstück in einfacher Ablichtung unter der Anschrift des Empfängers nach seinem Wohnort oder seiner Niederlassung zur Post geben. Einer Beglaubigung des zuzustellenden Schriftstuckes bedarf es nicht (§ 8 Abs. 1 Satz 3 InsO).

Bei der Zustellung treten Sie an die Stelle des nach den allgemeinen Vorschriften zuständigen Urkundsbeamten der Geschäftsstelle (§§ 209, 213, 175 ZPO). Über die Aufgabe zur Post ist von Ihnen eine Bescheinigung zu erstellen, aus der das Postamt, der Zeitpunkt der Aufgabe, das Schriftstück sowie der Empfänger und die auf der Sendung angegebene Anschrift hervorgehen; dabei kann auf eine beigefügte Liste der Empfänger mit deren Anschriften Bezug genommen werden. Die vollständige Zustellungsbescheinigung ist zu den Gerichtsakten zu reichen.

Sie werden gebeten, unverzüglich die nach § 188 InsO notwendige Veröffentlichung zu veranlassen. Hierzu wird auf folgendes hingewiesen:

Sämtliche Veröffentlichungen im vorliegenden Verfahren erfolgen ausnahmslos im Internet auf der Seite „http://www.insolvenzen.nrw.de". Da die Texte nur über das Intranet des Landes NRW auf dieser Seite eingestellt werden können und Sie keine Zugriffsmöglichkeit auf das Intranet haben, wird das Insolvenzgericht die Veröffentlichung vermitteln. Hierzu werden Sie gebeten, den vollständigen Veröffentlichungstext zu übermitteln. Die Übermittlung sollte in elektronischer Form unter der E-Mail Adresse

[…] @ […].de

erfolgen. Damit Ihr Veröffentlichungsersuchen zugeordnet werden kann, werden Sie gebeten, in der Betreffzeile das Aktenzeichen des Verfahrens sowie Ihren Namen bzw. den Namen des eingesetzten Treuhänders aufzuführen. Nach der erfolgten Veröffentlichung werden Sie einen Veröffentlichungsnachweis vom Insolvenzgericht erhalten.

Anhang

Protokoll über Schusstermin (§ 197, 292 Abs. 3 InsO)

AMTSGERICHT KÖLN

Niederschrift über den Schlusstermin
In dem Insolvenzverfahren über das Vermögen
des Herrn Klaus von Habenicht, [...]

erschienen nach Aufruf zur heutigen Gläubigerversammlung:

der Treuhänder: Rechtsanwalt Dr. R.
der Schuldner: Klaus von Habenicht
die Gläubiger: Herr Hoffmann (lfd. Nr. 0/17)

Es wurde festgestellt, dass der Termin ordnungsgemäß bekannt gemacht wurde im Internet am 30.4.2012.

Die Tagesordnung wurde bekannt gegeben.

Schlussbericht des Treuhänders

Der Treuhänder hatte bereits einen schriftlichen Schlussbericht zu den Akten gereicht.

Danach sind verwertbare Vermögensgegenstande der Insolvenzmasse nicht mehr vorhanden.

Der Treuhänder erklärte:

Die Insolvenzgläubiger des § 38 InsO können voraussichtlich mit einer Quote von 1,6 % rechnen.

Der Treuhänder erklärte, dass die Schlussverteilung voraussichtlich in 1 Woche vollzogen sein wird.

Erörterung der Schlussrechnung

Es wurde festgestellt, dass die Schlussrechnung des Treuhänders nebst den Belegen seit mindestens einer Woche vor dem Termin zur Einsicht durch die Beteiligten ausgelegen hat.

Die Rechnung wurde erörtert.

Einwendungen gegen die Rechnung wurden nicht erhoben. Die Unterlagen zur Schussrechnung wurden dem Treuhänder zurückgegeben.

Schlussverzeichnis

Es wurde festgestellt, dass die öffentliche Bekanntmachung nach § 188 Satz 3 InsO am 30.4.2012 (Blatt 217 d. A.) erfolgt ist. Der Nachweis der öffentlichen Bekanntmachung befindet sich bei den Akten (Bl. 301 GA).

Anhang

Die Bekanntmachung sowie die Niederlegung des Schlussverzeichnisses auf der Geschäftsstelle (§§ 188, 189, 194, 197 Abs. 2 InsO) sind rechtzeitig vor dem Anhörungsstichtag erfolgt. Die Fristen der §§ 189, 190 und 193 InsO sind abgelaufen.

Einwendungen gegen das Schlussverzeichnis wurden nicht erhoben.

Forderungsprüfung

Es fand die Prüfung der Forderung Rang 0, lfd. Nummer 17 statt.

Die Forderung wurde ihrem Rang und ihrem Betrag nach geprüft. Das Ergebnis der Prüfung wurde in die Insolvenztabelle eingetragen.

Anhörung zum Antrag des Schuldners auf Restschuldbefreiung

Der Treuhänder und die Insolvenzgläubiger wurden zu dem Antrag auf Restschuldbefreiung gehört. Ein Versagungsantrag ist nicht gestellt worden.

Der Treuhänder erklärte sich bereit, das Amt des Treuhänders im Verfahren zur Restschuldbefreiung zu übernehmen. Ein Auftrag zur Überwachung des Schuldners erfolgte nicht.

Das Gericht verkündete den als Anlage zu diesem Protokoll genommenen Beschluss über die Ankündigung des Restschuldbefreiungsverfahrens.

Anm.: Eine erst im Schlusstermin festgestellte Forderung wird nicht mehr in das Schlussverzeichnis aufgenommen und nimmt daher auch nicht an der Schlussverteilung teil.

Anhang

Ankündigung der Restschuldbefreiung (§ 291 InsO a. F.)

AMTSGERICHT KÖLN
BESCHLUSS

In dem Insolvenzverfahren über das Vermögen des Herrn Klaus von Habenicht, [...]

wird dem Schuldner die Restschuldbefreiung angekündigt (§ 291 InsO):

Der Schuldner erlangt Restschuldbefreiung, wenn er in der Laufzeit seiner Abtretungserklärung vom 9.7.2010 den Obliegenheiten nach § 295 InsO nachkommt und die Voraussetzungen für eine Versagung nach § 297 oder § 298 InsO nicht vorliegen.

Der bisherige Treuhänder, Rechtsanwalt Dr. R., [...], nimmt kraft Gesetzes die Aufgaben des Treuhänders nach § 291 Abs. 2, § 292 InsO wahr (§ 313 Abs. 1 Satz 2 InsO).*

Auf den Treuhänder gehen die pfändbaren Forderungen des Schuldners auf Bezüge aus einem Dienstverhältnis oder an deren Stelle tretende laufende Bezüge nach Maßgabe der Abtretungserklärung vom 9.7.2010 für die Dauer ihrer Laufzeit über. Die Laufzeit der Abtretung hat mit der Eröffnung des Insolvenzverfahrens am 25.7.2010 begonnen und beträgt sechs Jahre.

Dieser Beschluss kann von dem Schuldner innerhalb von zwei Wochen ab Zustellung mit der sofortigen Beschwerde angefochten werden.

* In IN-Verfahren: Der gegenwärtige Insolvenzverwalter, Rechtsanwalt Dr. R., [...], wird zum Treuhänder bestellt (§ 291 Abs. 2 InsO a. F., § 292 InsO InsO a. F.).

Anhang

Aufforderung an Treuhänder zur Berichterstattung

> Amtsgericht Köln
> Luxemburger Str. 101
> 50939 Köln
>
> Sehr geehrter Herr Rechtsanwalt,
>
> als Anlage erhalten Sie den Beschluss über die Ankündigung der Restschuldbefreiung, mit dem Sie zum Treuhänder bestimmt worden sind. Die Laufzeit der Abtretungserklärung hat mit der Eröffnung des Insolvenzverfahrens am 25.7.2010 begonnen (§ 287 Abs. 2 InsO).
>
> Ihnen wird aufgegeben, während der Laufzeit der Abtretungserklärung jeweils einen Monat nach Ablauf eines Tätigkeitsjahres dem Gericht über Ihre Tätigkeit Bericht zu erstatten. Dabei ist insbesondere durch eine Aufstellung und durch Vorlage der Belege über Eingang und Verwendung der verwalteten Gelder Rechnung zu legen (§ 292 Abs. 3, § 58 InsO).
>
> Bitte benachrichtigen Sie das Gericht auch, wenn Umstande bekannt werden, die als Versagungsgrund nach den §§ 296, 297 InsO in Betracht kommen.

Anhang

Aufhebung des Insolvenzverfahrens
(§§ 289 Abs. 2 Satz 2 InsO a. F., 200 InsO)
(bei verteilungsfähiger Masse)

AMTSGERICHT KÖLN
BESCHLUSS

16.7.2012

In dem Insolvenzverfahren über das Vermögen
des Herrn Klaus von Habenicht, [...]

Treuhänder: Dr. R., [...]

wird das Verfahren aufgehoben, weil die Schlussverteilung vollzogen ist
(§ 200 InsO).

(in masselosen Verfahren)

AMTSGERICHT KÖLN
BESCHLUSS

16.7.2012

In dem Insolvenzverfahren über das Vermögen
des Herrn Klaus von Habenicht, [...]

Treuhänder: Dr. R., [...]

wird das Verfahren mangels zu verteilender Masse ohne Schlussverteilung
aufgehoben (§ 200 InsO).

Anhang

Versagung der Restschuldbefreiung gemäß § 298 InsO
(Versagungsantrag des Treuhänders)

Amtsgericht Köln Luxemburger Str. 101 50939 Köln Verfahren zur Restschuldbefreiung des Klaus von Habenicht Sehr geehrter Herr Rechtspfleger Schlau, der Schuldner ist meiner Aufforderung vom 27.8.2013 zur Zahlung der Mindestvergütung binnen zwei Wochen trotz Belehrung über die Möglichkeit der Versagung der Restschuldbefreiung bis heute nicht nachgekommen. Ich stelle daher Versagungsantrag gemäß § 298 Abs. 1 InsO.

Amtsgericht Köln Luxemburger Str. 101 50939 Köln Sehr geehrter Herr Rechtsanwalt, das Gericht hat die Zustellung Ihres Versagungsantrages und der beiliegenden gerichtlichen Zahlungsaufforderung an den Schuldner veranlasst (§ 298 Abs. 2 InsO). Falls der Schuldner in den nächsten Wochen den geforderten Betrag einzahlt, teilen Sie dies bitte unverzüglich unter Angabe des Zahlungsdatums und des Betrages mit. Geben Sie dabei auch an, ob Sie wegen der erfolgten Zahlung des Versagungsantrags für erledigt erklären oder zurücknehmen.

Anhang

(Anhörung des Schuldners gemäß § 298 Abs. 2 InsO)

Amtsgericht Köln
Luxemburger Str. 101
50939 Köln

Sehr geehrter Herr von Habenicht,

der beiliegende Antrag des Treuhänders auf Versagung der Restschuldbefreiung ist bei Gericht eingegangen. Der Antrag stützt sich auf § 298 InsO. Nach dieser Vorschrift hat das Gericht auf Antrag des Treuhänders die Restschuldbefreiung zu versagen, wenn die Geldbeträge, die für das vorangegangene Tätigkeitsjahr des Treuhänders an ihn abgeführt worden sind, seine Mindestvergütung nicht decken und der Schuldner den fehlenden Betrag trotz einer Zahlungsaufforderung des Treuhänders und einer weiteren Aufforderung des Gerichts nicht einzahlt. Die jährliche Mindestvergütung eines Treuhänders beträgt 119,00 € (§ 14 Abs. 3 InsVV).

Sie werden hiermit aufgefordert, innerhalb von zwei Wochen ab Zustellung dieses Schreibens den fehlenden Betrag in Höhe von 119,00 € an den Treuhänder zu zahlen. Die Frist kann nicht verlängert werden. Falls der Betrag nicht pünktlich eingezahlt wird, müssen Sie mit der Versagung der Restschuldbefreiung rechnen. Der von Ihnen angestrebte Schuldenerlass ist dann gescheitert.

Anhang

Entscheidung des Gerichtes

> AMTSGERICHT KÖLN
> BESCHLUSS
>
> In dem Restschuldbefreiungsverfahren über das Vermögen des Herrn Klaus von Habenicht, [...]
>
> Treuhänder.: Dr. R., [...]
>
> wird dem Schuldner die Restschuldbefreiung versagt.
>
> Die durch den Versagungsantrag verursachten Kosten des Verfahrens trägt der Schuldner.
>
> Gründe:
>
> Dem Schuldner ist durch Beschluss des Gerichts vom 2.6.2012 die Restschuldbefreiung angekündigt worden. Die Laufzeit seiner Abtretungserklärung (§ 287 Abs. 2. InsO) hat mit Eröffnung des Insolvenzverfahrens am 25.7.2010 begonnen.
>
> Mit Schreiben vom 30.9.2013 hat der Treuhänder beantragt, dem Schuldner wegen fehlender Deckung der Mindestvergütung die Restschuldbefreiung zu versagen. Der Versagungsantrag des Treuhänders. ist begründet. Nach § 298 InsO hat das Gericht auf Antrag des Treuhänders die Restschuldbefreiung zu versagen, wenn die Geldbeträge, die für das vorangegangene Tätigkeitsjahr des Treuhänders an ihn abgeführt worden sind, seine Mindestvergütung nicht decken und der Schuldner den fehlenden Betrag trotz einer Zahlungsaufforderung des Treuhänders und einer weiteren Aufforderung des Gerichts innerhalb von zwei Wochen nicht einzahlt.
>
> Diese Voraussetzungen sind erfüllt. Wie sich aus den Antragsunterlagen des Treuhänders ergibt, sind in dem vorangegangenen, am 15.7.2013 abgelaufenen Tätigkeitsjahr insgesamt nur 25,00 € an ihn abgeführt worden. Hierdurch war seine jährliche Mindestvergütung in Höhe von 119,00 € (§ 14 Abs. 3 InsVV) nicht gedeckt.
>
> Der Schuldner ist mit Schreiben des Treuhänders vom 27.8.2013 und nochmals mit Schreiben des Gerichts vom 6.9.2013 ordnungsgemäß mit Fristsetzung und unter Hinweis auf die drohende Versagung der Restschuldbefreiung zur Zahlung des erforderlichen Betrages aufgefordert worden.

Die letzte Zahlungsfrist endete am 23.9.2013. Bis zu diesem Tag ist der Betrag beim Treuhänder nicht eingegangen.

Die Kostenentscheidung beruht auf § 4 InsO, § 91 ZPO.

Dieser Beschluss kann von dem Schuldner innerhalb von zwei Wochen ab Zustellung mit der sofortigen Beschwerde angefochten werden.

Anhang

Versagung der Restschuldbefreiung gemäß § 296 InsO a. F.
(Anhörung des Treuhänders gemäß § 296 Abs. 2 InsO)

Amtsgericht Köln Luxemburger Str. 101 50939 Köln Sehr geehrter Herr Rechtsanwalt, als Treuhänder erhalten Sie den beiliegenden Versagungsantrag einschließlich des gerichtlichen Begleitschreibens an den Schuldner zur Stellungnahme binnen zwei Wochen (§ 296 Abs. 2 InsO).

(Anhörung des Schuldners gemäß § 296 Abs. 2 InsO)

Amtsgericht Köln Luxemburger Str. 101 50939 Köln Sehr geehrter Herr von Habenicht, der beiliegende Antrag auf Versagung der Restschuldbefreiung ist bei Gericht eingegangen. Sie erhalten hiermit Gelegenheit zur schriftlichen Stellungnahme. Hierfür wird Ihnen eine Frist binnen zwei Wochen ab Zustellung dieses Schreibens gesetzt. Als betroffener Schuldner sind Sie verpflichtet, über die Erfüllung Ihrer Obliegenheiten richtig, also vollständig und wahrheitsgemäß, Auskunft zu erteilen (§ 296 Abs. 2, § 98 Abs. 1 InsO). Das Gericht hat Ihnen bereits bei der Ankündigung der Restschuldbefreiung das Merkblatt über das Verfahren übersandt. In dem Merkblatt sind die Obliegenheiten, d. h. die gesetzlichen Pflichten des Schuldners in der Wohlverhaltenszeit, im Einzelnen beschrieben. Bei Ihrer schriftlichen Auskunft ist Folgendes zu beachten: Einwände gegen die Darstellung der Gegenseite sind zu begründen. Sollen Behauptungen bestritten, richtig gestellt oder ergänzt werden, so ist der wahre Sachverhalt im Einzelnen genau und vollständig zu schildern. Schriftliche Unterlagen, auf die verwiesen wird, sind möglichst im Original vorzulegen. Zeugen sind mit Namen und vollständiger Adresse zu benennen. Sie müssen damit rechnen, dass das Gericht Angaben der Gegenseite, die nicht ausreichend bestritten werden, als zugstanden behandelt. Wenn Sie geltend machen wollen, dass Sie bei der Verletzung der Obliegenheit ohne Verschulden gehandelt haben, müssen Sie das beweisen (§ 296 Abs. 1 Satz 1 InsO). Auf zusätzlichen Antrag des Gläubigers müssen Sie die Richtigkeit der Auskunft an Eides statt versichern (§ 296 Abs. 2, § 98 Abs. 1 InsO). Ein solcher

Antrag liegt zurzeit nicht vor. Sie sollten jedoch schon jetzt darauf achten, dass Ihre Stellungnahme der Wahrheit entspricht und vollständig ist. Der Antrag des Gläubigers kann nämlich auch später gestellt werden. Eine vorsätzliche oder fahrlässige falsche eidesstattliche Versicherung ist mit Strafe bedroht (§§ 156, 163 StGB). Wenn Sie die Auskunft oder die eidesstattliche Versicherung ohne hinreichende Entschuldigung nicht innerhalb der oben gesetzten Frist abgeben, hat das Gericht die Restschuldbefreiung zu versagen (§ 296 Abs. 2 InsO). Der von Ihnen angestrebte Schuldenerlass ist dann gescheitert.

(Entscheidung des Gerichts)

AMTSGERICHT KÖLN
BESCHLUSS

In dem Verfahren zur Erteilung der Restschuldbefreiung
des Herrn Klaus von Habenicht, [...]

zusätzlich beteiligt: Herr Ernst Sonicht
– Versagungsantragsteller –

wird dem Schuldner die Restschuldbefreiung versagt.

Die durch den Versagungsantrag verursachten Kosten des Verfahrens trägt der Schuldner; für die Gerichtskosten haftet jedoch im Verhältnis zur Staatskasse vorrangig der Versagungsantragsteller.

Gründe:

I.

Dem Schuldner ist durch Beschluss des Gerichts vom 2.6.2012 die Restschuldbefreiung angekündigt worden. Die Laufzeit seiner Abtretungserklärung (§ 287 Abs. 2. InsO) hat mit Eröffnung des Insolvenzverfahrens am 25.7.2010 begonnen. Mit Schreiben vom 25.8.2013 hat der Versagungsantragsteller beantragt, dem Schuldner die Restschuldbefreiung wegen Verletzung seiner Erwerbsobliegenheit zu versagen. Er behauptet, der Schuldner sei zudem seinen Mitteilungs- und Auskunftsobliegenheiten nicht nachgekommen. Zur Glaubhaftmachung beruft sich der Versagungsantragsteller auf den Bericht des Treuhänders vom 23.7.2013. Das Gericht hat dem Schuldner für die schriftliche Auskunft über die Erfüllung der Obliegenheiten und für die Abgabe der eidesstattlichen Versicherung über ihre Richtigkeit eine Frist binnen zwei Wochen gesetzt. Der Schuldner hat innerhalb der Frist hierauf nicht reagiert.

II.

Der Versagungsantrag ist in zulässiger Weise gestellt (§ 296 Abs. 1 Satz 2, 3 InsO). Er ist auch begründet. Die Restschuldbefreiung ist dem Schuldner zu versagen, weil ein gesetzlicher Versagungsgrund vorliegt (§ 296 Abs. 1 InsO). Der Schuldner hat während der Laufzeit der Abtretungserklärung (sog. Wohlverhaltenszeit, § 287 Abs. 2 InsO) eine seiner Obliegenheiten verletzt. Er hat entgegen § 295 Abs. 1 Nr. 1 InsO keine angemessene Erwerbstätigkeit ausgeübt und sich auch nicht hinreichend um eine solche bemüht. Durch dieses Verhalten hat er die Befriedigung der Insolvenzgläubiger beeinträchtigt. Dass den Schuldner an der festgestellten Obliegenheitsverletzung kein Verschulden trifft (§ 295 Abs. 1 Satz 1 InsO), ist von ihm weder dargelegt noch erwiesen.

Die Kostenentscheidung beruht auf § 4 InsO, § 91 ZPO sowie § 23 Abs. 2 GKG.

Rechtsmittel: sofortige Beschwerde (§ 300 Abs. 3 Satz 2 InsO a. F.)

Anhang

Anhörung der Insolvenzgläubiger, des Treuhänders und des Schuldners vor Erteilung der Restschuldbefreiung

Amtsgericht Köln
Luxemburger Str. 101
50939 Köln

Sehr geehrter Herr Rechtsanwalt,

nachdem die Laufzeit der Abtretungserklärung des Schuldners abgelaufen ist, steht nunmehr die gerichtliche Entscheidung über die Erteilung der Restschuldbefreiung an (§ 300 InsO).
Als Treuhänder erhalten Sie Gelegenheit zur Stellungnahme binnen zwei Wochen.

Falls Sie die Versagung der Restschuldbefreiung nach § 298 InsO beantragen wollen, muss der Antrag einschließlich der notwendigen Anlagen dem Gericht fristgerecht vorliegen.

Da Ihr Amt mit der Laufzeit der Abtretungserklärung zu Ende gegangen ist, werden Sie gebeten, dem Gericht innerhalb der obigen Frist über Ihre Tätigkeit zusammenfassend abschließend Bericht zu erstatten; dabei ist insbesondere durch eine Aufstellung und durch Vorlage der Belege über Eingang und Verwendung der von Ihnen verwalteten Gelder Rechnung zu legen (§ 292 Abs. 3, § 58 InsO). Weiterhin werden Sie gebeten, Ihren Vergütungsantrag zu stellen.

Amtsgericht Köln
Luxemburger Str. 101
50939 Köln

Sehr geehrter Gläubiger,

die Laufzeit der Abtretungserklärung des Schuldners, die sog. Wohlverhaltenszeit, ist am 25.7.2016 abgelaufen. Nunmehr steht die gerichtliche Entscheidung über die Erteilung der Restschuldbefreiung an (§ 300 InsO).
Sie erhalten Gelegenheit zur Stellungnahme binnen zwei Wochen.

Falls Sie die Versagung der Restschuldbefreiung beantragen wollen, muss der Antrag einschließlich der vollständigen Unterlagen zur Glaubhaftmachung der Zulässigkeitsvoraussetzungen dem Gericht fristgerecht vorliegen. Für den Versagungsantrag gelten die gleichen Voraussetzungen, Fristen und Verfahrensregeln wie für einen Antrag während der Wohlverhaltenszeit (§ 300 Abs. 2, §§ 296 bis 298 InsO).

Außerdem erhalten Sie Gelegenheit, sich zu dem beiliegenden Antrag des Treuhänders auf endgültige Festsetzung seiner Vergütung zu äußern.

Amtsgericht Köln
Luxemburger Str. 101
50939 Köln

Sehr geehrter Herr von Habenicht,

die Laufzeit der Abtretungserklärung, die sog. Wohlverhaltenszeit, ist am 25.7.2016 abgelaufen. Nunmehr steht die gerichtliche Entscheidung über die Erteilung der Restschuldbefreiung an (§ 300 InsO).

Das Gericht hat vor seiner Entscheidung den Insolvenzgläubigern, dem Treuhänder und dem Schuldner Gelegenheit zur Äußerung zu geben. Gläubiger und Treuhänder können auch jetzt noch die Versagung der Restschuldbefreiung beantragen. Hierfür gelten die gleichen Voraussetzungen, Fristen und Verfahrensregeln wie während der Wohlverhaltenszeit (§ 300 Abs. 2, §§ 296 bis 298 InsO).

Wenn ein Versagungsantrag eingeht, erhalten Sie Gelegenheit zur Stellungnahme.

Beschluss über die endgültige Erteilung der Restschuldbefreiung (§ 300 InsO a. F.)

AMTSGERICHT KÖLN
BESCHLUSS

In dem Restschuldbefreiungsverfahren über das Vermögen des Herrn Klaus von Habenicht, [...]

wird dem Schuldner die Restschuldbefreiung erteilt. Sie wirkt gegen alle Insolvenzgläubiger, auch solche, die ihre Forderungen nicht angemeldet haben (§§ 301, 38 InsO). Von der Restschuldbefreiung nicht erfasst werden die ausgenommenen Forderungen gem. § 302 InsO.

Gründe:

Die Dauer der Laufzeit der Abtretungserklärung ist am 25.7.2016 verstrichen. Anträge auf Versagung der Restschuldbefreiung wurden nicht gestellt. Dem Schuldner war daher die Restschuldbefreiung antragsgemäß zu erteilen.

Anhang

Aufforderung an Treuhänder zur Schlussrechnungslegung

> Amtsgericht Köln
> Luxemburger Str. 101
> 50939 Köln
>
> Sehr geehrter Herr Rechtsanwalt,
>
> der Beschluss über die Erteilung der Restschuldbefreiung ist rechtskräftig geworden.
> Damit ist Ihr Amt als Treuhänder beendet.
>
> Sie werden gebeten, dem Gericht binnen eines Monats über Ihre Tätigkeit abschließend Bericht zu erstatten; dabei ist insbesondere durch eine Aufstellung und durch Vorlage der Belege über Eingang und Verwendung der von Ihnen verwalteten Gelder Schlussrechnung zu legen (§ 292 Abs. 3, § 58 InsO).
>
> Abgesehen von der öffentlichen Bekanntmachung (§ 300 Abs. 3 InsO) wird das Gericht die Gläubiger und Drittschuldner nicht besonders von der Erteilung der Restschuldbefreiung benachrichtigen. Es steht Ihnen frei, dies von sich aus zu veranlassen.

Anhang

Aufforderung an Schuldner zur Rückzahlung der gestundeten Verfahrenskosten

>
> Amtsgericht Köln
> Luxemburger Str. 101
> 50939 Köln
>
> Sehr geehrter Herr von Habenicht,
>
> mit Beschluss vom 15.8.2016 wurde Ihnen die Restschuldbefreiung erteilt. Gemäß § 4a Abs. 1 InsO wurden Ihnen die Kosten für das Eröffnungsverfahren und das Hauptverfahren gestundet. Mit Erteilung der Restschuldbefreiung sind nunmehr die entstandenen Verfahrenskosten fällig. Sie werden daher hiermit aufgefordert, den sich aus der anliegenden Gerichtskostenrechnung vom 12.8.2016 ergebenden Betrag auf das Konto der Gerichtskasse Köln, [...], BLZ [...], Konto-Nr. [...] unter Angabe des Aktenzeichens binnen vier Wochen ab Erhalt dieses Schreibens einzuzahlen.
>
> Falls Sie den fälligen Betrag nicht aus dem Einkommen oder Vermögen insgesamt zahlen können, besteht gemäß § 4b Abs. 1 InsO die Möglichkeit der Verlängerung der Verfahrenskostenstundung. Hierbei kann das Insolvenzgericht auch entsprechende monatliche Raten festsetzen. Die Vorschriften für die Gewährung von Prozesskostenhilfe finden hier entsprechende Anwendung.
>
> Sollten Sie aufgrund Ihrer aktuellen Vermögensverhältnisse nicht in der Lage sein, den fälligen Betrag aufzubringen, liegen die Voraussetzungen für eine Verlängerung der Verfahrenskostenstundung vor. Für diesen Fall erhalten Sie hiermit Gelegenheit, binnen vier Wochen einen Antrag auf Verlängerung der Verfahrenskostenstundung zu stellen. Zur Antragstellung sind das beiliegende Antragsformular sowie eine Erklärung über die persönlichen und wirtschaftlichen Verhältnisse ausgefüllt und mit den zur Glaubhaftmachung maßgeblichen Belege hier einzureichen.
>
> Werden die Verfahrenskosten binnen der gesetzten Frist nicht gezahlt bzw. wird ein Stundungsantrag durch Sie nicht gestellt, wird die Gerichtskasse mit der Einziehung des offenen Rechnungsbetrages beauftragt.

Anhang

Antrag auf Verlängerung der Verfahrenskostenstundung

Antrag auf Verlängerung der Verfahrenskostenstundung	Aktenzeichen des Gerichts

Antragsteller/in:

Name:

Vorname:

Straße:

PLZ und Ort:

Ich beantrage die Verlängerung der Verfahrenskostenstundung gem. § 4 b InsO.

Mir ist bekannt, dass die Verlängerung der Verfahrenskostenstundung nur dann bewilligt werden kann, wenn die fälligen Verfahrenskosten weder aus meinem Vermögen gezahlt werden können noch ein Dritter zur Übernahme der fälligen Verfahrenskosten bereit ist.

Ich erkläre:

☐ Die Verfahrenskosten können aus meinem Vermögen nicht erbracht werden.

Meine Vermögensverhältnisse ergeben sich aus der beigefügten Erklärung zu meinen persönlichen und wirtschaftlichen Verhältnissen. Die erforderlichen Belege habe ich beigefügt.

☐ Die Verfahrenskosten können aus meinem Vermögen nicht durch eine Einmalzahlung erbracht werden.

Meine Vermögensverhältnisse ergeben sich aus der beigefügten Erklärung zu meinen persönlichen und wirtschaftlichen Verhältnissen.

Ich biete eine monatliche Ratenzahlung in Höhe von _____ EUR ab _____ an.

☐ Die Verfahrenskosten können von einer dritten Person (Stelle) übernommen werden.

☐ nein   ☐ ja   ☐ ja, aber nur in Höhe von _____ EUR

Ich versichere hiermit, dass meine Angaben vollständig und wahr sind. Mir ist bekannt, dass vorsätzliche Falschangaben strafbar sein können.

_____   _____

Ort, Datum   Unterschrift

Anhang

Erklärung über die persönlichen und wirtschaftlichen Verhältnisse
- Anlage zum Antrag auf Verfahrenskostenstundung; die notwendigen Belege sind beizufügen

Aktenzeichen des Gerichts (soweit bekannt)

1. Antragsteller/in:

Name, Vorname, ggf. Geburtsname	Beruf, Erwerbstätigkeit	Geburtsdatum	Familienstand
Anschrift (Straße, Hausnummer, Postleitzahl, Wohnort)		Tagsüber telefonisch erreichbar unter Nr.	

2. Verfahrensbevollmächtigte(r)

Name, Vorname	
Anschrift (Straße, Hausnummer, Postleitzahl, Wohnort)	Telefon

3. Können die Verfahrenskosten von einer dritten Person (Stelle) übernommen werden?

☐ nein ☐ ja von (Name, Anschrift) _____ in Höhe von EUR _____

4. Beziehen Sie Unterhaltsleistungen? (z.B. Unterhaltszahlungen; Versorgung im elterlichen Haushalt; Leistungen des Partners einer eheähnlichen Lebensgemeinschaft oder einer eingetragenen Lebenspartnerschaft)?

☐ nein ☐ ja von (Name, Anschrift) _____ in Höhe von EUR _____ monatlich

5. Angehörige, denen Sie Unterhalt gewähren (auch Personen einer eingetragenen Lebenspartnerschaft)

	Name, Vorname (Anschrift nur, wenn sie von Ihrer Anschrift abweicht)	Geburtsdatum	Familienverhältnis (z.B. Ehegatte, eingetr. Lebenspartner, Kind, Schwiegermutter)	Wenn Sie den Unterhalt ausschließlich durch Zahlung gewähren: Monatsbetrag in EUR	Haben die Angehörigen eigene Einnahmen?
1					nein ☐ Ja, EUR monatl. netto
2					nein ☐ Ja, EUR monatl. netto
3					nein ☐ Ja, EUR monatl. netto
4					nein ☐ Ja, EUR monatl. netto
5					nein ☐ Ja, EUR monatl. netto

6. Bruttoeinnahmen

	Haben Sie Einnahmen aus			Hat Ihr Ehegatte / Lebenspartner Einnahmen aus		
	nichtselbstständiger Arbeit?	nein ☐	Ja, EUR monatl. brutto	nichtselbstständiger Arbeit?	nein ☐	Ja, EUR monatl. brutto
	selbstständiger Arbeit/Gewerbebetrieb/ Land-, Forstwirtschaft?	nein ☐	Ja, EUR monatl. brutto	selbstständiger Arbeit/Gewerbebetrieb/ Land-, Forstwirtschaft?	nein ☐	Ja, EUR monatl. brutto
Bitte unbedingt beachten:			Ja, EUR monatl. brutto			Ja, EUR monatl. brutto
Die notwendigen Belege (z.B. Lohnbescheinigungen der Arbeitsstelle) müssen beigefügt werden!	Vermietung und Verpachtung?	nein ☐		Vermietung und Verpachtung?	nein ☐	
	Kapitalvermögen?	nein ☐	Ja, EUR monatl. brutto	Kapitalvermögen?	nein ☐	Ja, EUR monatl. brutto
	Kindergeld?	nein ☐	Ja, EUR monatl. brutto	Kindergeld?	nein ☐	Ja, EUR monatl. brutto
	Wohngeld?	nein ☐	Ja, EUR monatl. brutto	Wohngeld?	nein ☐	Ja, EUR monatl. brutto
	andere Einnahmen (auch einmalige oder unregelmäßige)?	nein ☐	Ja ☐ und zwar	andere Einnahmen (auch einmalige oder unregelmäßige)?	nein ☐	Ja, EUR monatl. brutto
Bitte Art und Bezugszeitraum angeben; z.B. Unterhaltsrente mtl., Altersrente mtl., Weihnachts-/ Urlaubsgeld jährlich, Arbeitslosengeld mtl., Arbeitslosenhilfe mtl., Ausbildungsfördg. mtl., Krankengeld mtl. usw.	EUR brutto			EUR brutto		
	EUR brutto			EUR brutto		
	EUR brutto			EUR brutto		

367

Anhang

7. Abzüge

Bitte kurz bezeichnen z.B. - Lohnsteuer - Pflichtbeiträge - Lebensversicherung - Fahrt zur Arbeit,... km einfache Entfernung	Welche Abzüge haben Sie ?		Welche Abzüge hat Ihr Ehegatte / eingetragener Lebenspartner	
	Steuern	EUR mtl.	Steuern	EUR mtl.
	Sozialversicherungsbeiträge	EUR mtl.	Sozialversicherungsbeiträge	EUR mtl.
	Sonstige Versicherung	EUR mtl.	Sonstige Versicherung	EUR mtl.
Die notwendigen Belege müssen beigefügt werden.	Werbungskosten, Betriebsausgaben	EUR mtl.	Werbungskosten, Betriebsausgaben	EUR mtl.

8. Vermögen

Ist Vermögen vorhanden?	A B C ?	In dieser Spalte mit Großbuchstaben bitte jeweils angeben, wem der Gegenstand gehört: A = mir allein, B = meinem Ehegatten/Lebenspartner und mir gemeinsam, C = Meinem Ehegatten/Lebenspartner allein	Verkehrswert, Guthabenhöhe, Betrag in EUR
Grundvermögen ? (z.B. Grundstück, Familienheim, Wohnungseigentum, Erbbaurecht) ☐ nein ☐ ja		Nutzungsart, Lage, Größe, Grundbuchbezeichnung, Jahr der Bezugsfertigkeit, Einheits-, Brandversicherungswert:	
Bausparkonten ? ☐ nein ☐ ja		Bausparkasse, voraussichtlicher oder feststehender Auszahlungstermin, Verwendungszweck:	
Bank-, Giro-, Sparkonten und dergl. ? ☐ nein ☐ ja		Kreditinstitut, Guthabenart:	
Kraftfahrzeuge ? ☐ nein ☐ ja		Fahrzeugart, Marke, Typ, Bau-, Anschaffungsjahr:	
Sonstige Vermögenswerte, Lebensversicherung, Wertpapiere, Bargeld, Wertgegenstände, Forderungen, Außenstände ? ☐ nein ☐ ja			

9. Wohnkosten (Angaben sind zu belegen!)

Größe des Wohnraums, den Sie mit den oben genannten Angehörigen bewohnen	Größe in m²	Art der Heizung (z.B. Zentrale Ölheizung)				
Wenn Sie den Raum als Mieter oder in einem ähnlichen Nutzungsverhältnis bewohnen	Miete ohne Mietnebenkosten EUR mtl.	Heizungskosten EUR mtl.	Übrige Nebenkosten EUR mtl.	Gesamtbetrag EUR mtl.	Ich zahle darauf EUR mtl.	Ehegatte / Partner zahlt EUR mtl.
Wenn Sie den Raum als Eigentümer, Miteigentümer, Erbbauberechtigter o. dgl. bewohnen	Belastung aus Fremdmitteln EUR mtl.	Heizungskosten EUR mtl.	Übrige Nebenkosten EUR mtl.	Gesamtbetrag EUR mtl.	Ich zahle darauf EUR mtl.	Ehegatte / Partner zahlt EUR mtl.
Genaue Einzelangaben zu der Belastung aus Fremdmitteln (z.B. "...% Zinsen, ...% Tilgung aus Darlehen der Sparkasse .... für Kauf des Eigentums, Zahlungen laufen bis ..."):				Restschuld EUR mtl.	Ich zahle darauf EUR mtl.	Ehegatte / Partner zahlt EUR mtl.

10. Sonstige Zahlungsverpflichtungen

Bitte angeben, an wen, wofür, seit wann die Zahlungen geleistet werden und bis wann sie laufen (z.B. Ratenkredit der .... Bank vom .. für Kauf eines PKW; Raten laufen bis ...")	Restschuld EUR mtl.	Ich zahle darauf EUR mtl.	Ehegatte / Partner zahlt EUR mtl.

11. Als besondere Belastung mache ich geltend:

Besondere Belastung (z.B. Mehrausgaben für körperbehinderte Angehörige) bitte begründen. Die Angaben sind zu belegen.	Ich bringe dafür auf EUR mtl.	Ehegatte / Partner bringt dafür auf EUR mtl.

Ich versichere hiermit, dass meine Angaben vollständig und wahr sind.
Die notwendigen Belege füge ich bei.

_____   _____
(Ort, Datum)   (Unterschrift)

Anhang

Ausfüllhinweise

Füllen Sie den Vordruck bitte in allen Teilen vollständig aus. Wenn Fragen zu verneinen sind, kreuzen Sie bitte das dafür vorgesehene Kästchen an. Wenn ein solches nicht vorgesehen ist, tragen Sie bitte das Wort "nein" oder einen waagerechten Strich ein. Soweit der vorgesehene Platz nicht ausreicht, benutzen Sie bitte die Rückseite und verweisen auf die zugehörige Stelle im Fragebogen. Bedenken Sie, dass unrichtige Angaben zur Ablehnung der Stundung und zur Versagung der Restschuldbefreiung führen können. Füllen Sie das Formular sehr sorgfältig aus.

Verfahrenskostenstundung kann nur gewährt werden, wenn Sie nicht in der Lage sind, die Kosten des Verfahrens aus Ihrem Vermögen zu bestreiten. Das Insolvenzgericht muss dies überprüfen. Aus diesem Grund werden von Ihnen die Angaben aus dem Fragebogen sowie die zugehörigen Belege benötigt. Ihre Angaben werden ausschließlich zur Durchführung des Insolvenzverfahrens genutzt.

Belastungen können nur berücksichtigt werden, wenn Sie angemessen sind.

1	Bitte bezeichnen Sie auch die Erwerbstätigkeit, aus der Sie Einnahmen beziehen. Die Höhe der Einnahme wird unter 4. Bruttoeinnahmen" erfragt. Ihren Familienstand können Sie abkürzen: (l = ledig; vh = verheiratet; gtrl = getrennt lebend; gesch = geschieden; verw = verwitwet).
2	Tragen Sie bitte Ihre(n) Verfahrensbevollmächtigte(n) ein.
3	Geben Sie hier bitte an, ob die Kosten durch eine andere Person übernommen werden. Dazu gehören auch gemeinnützige Institutionen, die eine Entschuldung über ein Insolvenzverfahren finanziell unterstützen (auch in Form von unverzinslichen Darlehen).
4	An dieser Stelle tragen Sie bitte Unterhaltszahlungen ein, die Sie in Geld erhalten. Soweit Sie eine jährliche Zuwendung erhalten, teilen Sie diesen Betrag bitte durch zwölf und tragen den auf einen Monat entfallenden Betrag ein.
5	Wenn Sie Angehörigen Unterhalt gewähren, wird dies bei der Bewilligung der Verfahrenskostenstundung berücksichtigt. Deshalb liegt es in Ihrem Interesse, wenn Sie angeben, welchen Personen Sie Unterhalt leisten, ob Sie den Unterhalt ausschließlich durch Geldzahlungen erbringen und ob die Personen eigene Einnahmen haben. Zu den eigenen Einnahmen einer Person, der Sie Unterhalt gewähren, gehören z.B. auch Unterhaltszahlungen eines Dritten, insbesondere diejenigen des anderen Elternteils für das gemeinsame Kind, oder eine Ausbildungsvergütung, die ein unterhaltsberechtigtes Kind bezieht. Schließlich sind auch Sozialleistungen, z.b. BAFöG-Leistungen anzugeben.
7	Als Abzüge können Sie geltend machen: • die auf das Einkommen entrichteten Steuern (auch Kirchen-, Gewerbesteuer, nicht Umsatzsteuer) • Pflichtbeiträge zur Sozialversicherung (Renten-, Kranken-, Invaliden-, Arbeitslosenversicherung) • Beiträge zu öffentlichen oder privaten Versicherungen oder ähnlichen Einrichtungen, soweit diese Beiträge gesetzlich vorgeschrieben oder nach Grund und Höhe angemessen sind; bitte erläutern Sie Art und Umfang der Versicherung auf einem besonderen Blatt, falls dies nicht eindeutig aus den beizufügenden Belegen (z.B. Versicherungsschein, Beitragsrechnung) hervorgeht. • Werbungskosten, d.h. die notwendigen Aufwendungen zur Erwerbung, Sicherung und Erhaltung der Einnahmen (z.B. auch Berufskleidung, Gewerkschaftsbeitrag). Wenn die Kosten der Fahrt zur Arbeit geltend gemacht werden, ist die einfache Entfernung in km anzugeben, bei Benutzung eines PKW auch der Grund, warum kein öffentliches Verkehrsmittel benutzt wird. Bei Einnahmen aus selbständiger Arbeit hier bitte die Betriebsausgaben angeben. Soweit diese Ausgaben zugleich an anderer Stelle des Abschnitts 6 angegeben werden, dürfen sie jedoch nur einmal abgesetzt werden.
9	Wohnkosten werden in der tatsächlichen Höhe berücksichtigt, wenn sie angemessen sind und in keinem Missverhältnis zu Ihren Lebensverhältnissen stehen. Zu Kosten gehören Miete, Mietnebenkosten und Umlagen für Betriebskosten (Grundsteuer, Entwässerung, Straßenreinigung, Aufzug, Hausreinigung, Gemeinschaftsantenne usw.). Leben noch andere Personen in Ihrem Haushalt und gewähren Sie diesen Personen freie Unterkunft als Teil Ihrer Unterhaltsverpflichtungen, können Sie die Wohnkosten ohne Abzug angeben. Haben Ihre Mitbewohner eigenes Einkommen, etwa wenn Ihre Ehefrau selbst berufstätig ist, müssen Sie die Wohnkosten aufteilen und zwar auch dann, wenn Sie tatsächlich die kompletten Wohnkosten tragen. Haben Sie die Wohnung oder das Haus als Eigentümer erworben, geben Sie bitte Ihre Belastungen an, die durch die Finanzierung entstanden sind, also die Zahlungen, die Sie auf Grund eines Kredites an den Kreditgeber leisten müssen. Auch hier müssen Sie ggf. wieder Ihre Mitbewohner berücksichtigen. Die notwendigen Belege (z.B. Mietvertrag, Darlehnsurkunden, Nebenkostenabrechnungen) müssen beigefügt werden.
10	Im Abschnitt "sonstige Zahlungsverpflichtungen" können Sie alle noch nicht berücksichtigten, regelmäßigen Zahlungsverpflichtungen angeben, die nicht unter die Abschnitte 1 - 9 fallen. Angaben hierzu sind zum Beispiel die Kreditraten aus dem Kauf Ihres PKW, wenn Sie auf das Fahrzeug angewiesen sind. Begründen Sie Ihre Angaben ggf. auf einem besonderen Blatt.
11	Der Begriff "besondere Belastung" bezieht sich auf Sachverhalte, bei deren Vorliegen das Sozialamt Ihnen über den Sozialhilfesätzen liegende Zahlungen zubilligt.

Stichwortverzeichnis

Hauptfundstellen sind fett wiedergegeben.

Abgrenzung Verbraucher-/Regelinsolvenzverfahren 41 ff.
Abgrenzungszeitpunkt 61 ff.
Abmeldung Kfz 738
Absonderungsrechte 442 ff.
– Ersatzabsonderung 494 ff.
– Kostenpauschalen **471 f.**, 761,
– Verwertungsrecht des Insolvenzverwalters und Treuhänders 442 ff.
  siehe auch Lohnabtretung
Abwickler 822
Abwicklungsbericht 789, **1006 f.**
Alleingesellschafter
  siehe Gesellschafter
Altersvorsorge und -renten 630 ff.
Amtsermittlung 994, **1209 f.**
Anfechtung 498 ff.
– Bargeschäft 519, **535 ff.**
– Druckzahlung 549, 559, **579**
– Fristberechnung 612 ff.
– Gläubigerbenachteiligung 517 ff.
– inkongruente Deckung 548 ff.
– kongruente Deckung 522 ff.
– Lebensversicherung
  – Pfändungsschutz 638 ff.
– Umwandlung **575**, 609
– nahestehende Person 594, **533 ff.**
– Rechtsfolgen 600 ff.
– Rechtshandlung 511 ff.
– Rechtsweg 508 ff.
– unentgeltliche Leistung 595 ff.
– Vorsatzanfechtung 578 ff.
– Vermutung 529
– Verjährung 611 ff.
– Verrechnung 523, **562 ff.**
– Zwangsvollstreckung 579, **554 ff.**
Anpassungsklausel 98, 201

Antrag auf Restschuldbefreiung
– bei Gläubigerantrag 967, **978 ff.**
– Belehrung 981, **981 ff.**
– Frist 969
Anwendungsbereich
– Kleinunternehmer 47 ff.
– Verbraucher 44 ff.
Arbeitseinkommen
– Pfändbarkeit 620 ff., 647 ff.
– Steuererstattung 302 ff.
– Urlaubsentgelt 503
– Versorgungsbezüge 503
Arbeitsverhältnis
  siehe Forderungen aus Arbeitsverhältnissen
Aufhebung des Insolvenzverfahrens 418, 758, 881, 888, 926
Auskunfts- und Mitwirkungspflichten des Schuldners
– Verletzung 1067 ff.
  siehe auch Mitwirkungspflicht
Aussonderung 125, 1295
Außergerichtlicher Schuldenbereinigungsversuch
– Anforderungen, inhaltliche 93 ff.
– Mitwirkung der Gläubiger 101 ff.
– Scheitern 113 ff.
– Vollstreckungsschutz 110 ff.
– Wirkung des Planes 109 ff.
– Zustimmung 101 ff.
  siehe auch Schuldenbereinigungsplan

Bankvertrag
  siehe Bargeldloser Zahlungsverkehr
Bargeldloser Zahlungsverkehr 407 ff.

Beiordnung eines Rechtsanwalts 240 ff.
Belehrung, fehlende 981
Beratungshilfe
- außergerichtlicher Schuldenbereinigungsversuch 115 ff.
Berichtswesen 782 ff.
Beschwerde, sofortige 386 f., 1022, 1254
Besserungsklausel 203
Betriebsnummer, neue **438**
Betrug 339, 1275
Bürgschaft
- des Schuldners 1295
- eines Dritten 52, 154 f., 523

COMI 17

Druckantrag 129

Eidesstattliche Versicherung 130, 1169
Eigenantrag 69, 119 ff., 137 ff.
Eigenverwaltung 255, **939** f.
Eingangsentscheidung 1009 ff.
Entschuldung 943, 1267
siehe auch Restschuldbefreiung
Erbschaft 1063, 1123, **1158**
Ergänzungsaufforderung 975 f.
Eröffnungsbeschluss 263 ff., **1009 ff.**
Erwerbsobliegenheit 927

Fahrzeug 726 ff.
Feststellungsklage, titelergänzende 343 ff.
Forderungen aus Arbeitsverhältnissen 931, **55 ff.**
Forderungen, titulierte 327, 680
Forderungsanmeldung **305 ff.**
- Angabe des Forderungsgrundes 321 ff.
- Ausschlussfrist 320
- Bezeichnung der Gläubiger 316
- durch ein Inkassounternehmen 319
- durch einen Rechtsanwalt 318
- Handlung, vorsätzliche unerlaubte 316
- Hemmung der Verjährung 322
- nachträgliche Erhöhung/Reduzierung 324
- Originaltitel 323
- vorsätzliche unerlaubte Handlung **329 ff.**
Forderungsverzeichnis 100, 172, 209
Formularzwang 120, 139, 215
Forum-Shopping 18
Freigabe
- Gegenstände 937
- Geschäftsbetrieb 914 ff.
- Rechtsfolgen 930 ff.
- selbstständige Tätigkeit 914 ff.
- Unternehmen 914 ff.
- von Kfz 739
Fremdantrag **124 f.**, 926

Geeignete Person 416
Genossenschaftsanteile 403
Gerichtliches Schuldenbereinigungsverfahren **153 ff.**
Geschäftsführer 50 ff.
Gesellschafter 51 ff.
Gesetz zur Verkürzung des Restschuldbefreiungsverfahrens und zur Stärkung der Gläubigerrechte 71 ff., 795, 1082
Gewerbeabmeldung 919
Gewerbetrieb 879
Girovertrag
siehe Bargeldloser Zahlungsverkehr
GIS 783
Glaubhaftmachung 111 ff.
Gläubigergleichbehandlung 433, 504, 555, 709, 796
Gläubigerschutz
siehe Vollstreckungsschutz

Gläubigerversammlung 439 f., 458, 459, 480, 787, 854, 859, 898, 930 f.
Gläubigerverzeichnis 95, 122, **299 ff.**
Globalzession 447, 483, 541, 568
Grundschuld 519, 523, 1055

Haftung
- des Verwalters/Treuhänders **368 ff.**, 650, 756 f.
Honorar 821 ff.

Insolvenzanfechtung
siehe Anfechtung
Insolvenzantrag
siehe Eigenantrag und Fremdantrag
Insolvenzantragsverfahren
siehe Insolvenzeröffnungsverfahren
Insolvenzeröffnungsverfahren 119 ff.
Insolvenzfreies Vermögen 392, 804, 873, 937
siehe auch Pfändbarer Anteil
Insolvenzmasse
- Verwertung 439 ff.
Insolvenzplan 942 f.
Insolvenzsperrvermerk 296
Insolvenzstraftat 1027 ff.
Insolvenztabelle 305 ff.
Insolvenztourismus 17 f.
Insolvenzverfahren
- Aufhebung 418, 699, 728, 797 f.
- weiteres 874, 930
Insolvenzverwalter
- Bestellung 265 ff.
- Eröffnetes Verfahren 265 ff.
- Haftung siehe Haftung
- Rechte und Pflichten 286 ff.
- Rechtsstellung 283 ff.
- vorläufiger 254 ff.

Kfz-Steuer 733 ff.

Kleinunternehmer
siehe Selbstständige
Kopf- und Summenmehrheit 180, 185
Krankenversicherung
- private 391 ff.

Lastschriftenwiderspruch 421 ff.
Leasing 468, **732**, 832
Lebensversicherung 575, 609, **630 ff.**, 897
Lohnabtretung
- Abtretungserklärung 983 ff.
Lohnansprüche
siehe Arbeitseinkommen
Lohnersatzleistung 983
Lohnsteuerklasse siehe Steuern

Masse siehe Insolvenzmasse
Masseunzulänglichkeit 874, 932, 959, 1021
Mietverhältnis 402 ff.
Mindestquote 28 f., 97, **1266 ff.**
Mithaftung 959, 1296
Mitwirkungspflicht
siehe Auskunfts- und Mitwirkungspflichten des Schuldners

Nachforderungsrecht 25, 399, **951**, 1021, 1246
Nachlassinsolvenz 1310 ff.
Neuerwerb 863 ff.
Neugläubiger 869 ff.
Null–Plan 203, 1018,

Obliegenheiten
- Verletzung 1170 ff.
- während Wohlverhaltensperiode 954 ff., 1016 ff., **1123 ff.**

Pfändbarer Anteil
- bereinigtes Nettoarbeitseinkommen 653 ff.
- Ermittlung 655 ff.

- mehrere Arbeitseinkommen 661
- Naturalleistungen 659
- Sozialleistungen 661 f., 711
- unterhaltsberechtige Personen 665 ff.
- verschleiertes Arbeitskommen 625, 708 ff.

Pfändungsschutz 151 ff., **195 ff.**
Pfändungsschutzkonto 411 ff.
- Monatsanfangsproblematik 412
- Sockelfreibetrag 416
P-Konto
siehe Pfändungsschutzkonto
Planergänzung 175
Private Krankenversicherung
siehe Krankenversicherung
Prozessgericht 356, 365, 721, 725, 861 f.
Prüfung des Gerichtes
- Amtsermittlungsgrundsatz 226
Prüfungstermin
siehe Forderungsanmeldung

Rechnungslegung 1007
Restschuldbefreiung (RSB) **951 ff.**
- Abtretungserklärung 983 ff.
- Ankündigung 1009
  siehe auch Eingangsentscheidung
- endgültige Erteilung 1256 ff.
- Konzeption 952 ff.
- Mindestquote 1266
- Rechtskraft 955, 1011, 1298 ff.
- Rechtsmittel 1022, 1106,
- Sperrfrist 84, 147 f., 964 ff., 1012, 1245
- Treuhänder 995 ff.
- Umfang 1272 ff.
- Versagung 1023 ff., 1168 ff.
- Widerruf 1298 ff.
- Wirkung 1271 ff.
Riester-Rente
siehe Altersvorsorge und -renten

Rücknahmefiktion 83 f., 145 ff., **967 f.**
Rückschlagsperre 500 ff.
Rürup-Rente
siehe Altersvorsorge und -renten

Sanierungsgewinn 946 ff.
Sachwalter
- vorläufiger 254
Säumniszuschläge 754, 1278
Schlussbericht 785 ff.
Schlusstermin 785 ff.
Schlussverteilung 785 ff.
Schlussverzeichnis 787 ff.
Schriftliches Verfahren 339, 1285
Schuldenbereinigungsverfahren
siehe Außergerichtlicher Schuldenbereinigungsversuch
Schuldenbereinigungsversuch
siehe Außergerichtlicher Schuldenbereinigungsversuch und Gerichtliches Schuldenbereinigungsverfahren
Schuldenbereinigungsplan
siehe Außergerichtlicher Schuldenbereinigungsversuch und Gerichtliches Schuldenbereinigungsverfahren
Schuldnerverzeichnis 1013, 1305
Schufa 1305
Schweigen eines Gläubigers 101, 171 f.
Sekundärer Vergütungsanspruch 230 f., 1242
Selbstständige Tätigkeit **878 ff.**
- Abführungspflicht 881, **1150 ff.**
- Abgrenzung 47 f.
- Arzt 819 ff.
- ehemalige 55 ff.
- Firma 809
- Fortführung durch Verwalter 773, 883, 879 ff.
- Freiberufler 814 ff.
- Freigabe 874, 828, 909 f., **916 ff.**

Stichwortverzeichnis

- Honoraransprüche 821 ff.
- Kanzleiabwickler 822
- Kassenärztliche Zulassung 829
- Mandantenstamm 815 f., 885
- Namensrecht 805
- Patientenstamm 815 f., 885
- Pfändungsschutz 830 ff.
- Praxis 814 ff.
- Unpfändbarkeit 195
- Unternehmen 879 f.
- steuerliche Fragen 768, 773
- Verfahrensart 41 ff.
- Zulassung
  - Arzt 819
  - Rechtsanwalt 856, 886 ff.

Sicherungsgrundschuld
siehe Grundschuld
Sicherungshypothek 501
Sofortige Beschwerde
siehe Beschwerde, sofortige
Sozialleistungen 711 ff.
Sozialversicherungsbeiträge, rückständige 56
Steueransprüche siehe Steuern
Steuerberatungskosten
siehe Steuern
Steuern 745 ff.
- Abführungspflichten 760 ff.
- Anwendungserlass AEAO 746
- Aufrechnung 923
- Bekanntgabe 765 ff., 778 ff.
- Einkommensteuer 760 ff., 777
- Erklärungspflichten 747 ff., 769
- Festsetzung 765 ff., 770 ff.
- Freigabe 739
- Grunderwerbsteuer 451
- Haftung des Verwalters 756 ff.
- Kosten 289, 752 ff.
- Kraftfahrzeugsteuer 733 ff.
- Lohnsteuerklasse, Wahl 693 ff.
- Umsatzsteuer 922, 449 ff., 475, 492
- Steuerberater
  siehe Steuern – Kosten
- Steuerhinterziehung 1277

- Steuernummer, neue 919
- Zurückbehaltungsrecht des Steuerberaters 289
- Zwangsmaßnahmen gegen Verwalter 754 f.

Struktur, des Verfahrens zur Entschuldung natürlicher Personen 35 ff.
Stundung der Verfahrenskosten 211 ff.
Surrogation 820, 865, 877,

Tabelle
siehe Forderungsanmeldung
Tätigkeit, selbstständige
siehe Selbstständige Tätigkeit
Teilerlassklausel 200
Teilleistung 399
Titelergänzende Feststellungsklage
siehe Feststellungsklage, titelergänzende
Tituliertе Forderungen
siehe Forderungen, tituliertе
Tod des Schuldners 1309 ff.
Treuhänder 225 ff., 455 ff.
- im Restschuldbefreiungsverfahren 995 ff.
- im Verbraucherinsolvenzverfahren 30, 264

Überschaubare Vermögensverhältnisse siehe Abgrenzung Verbraucher-/Regelinsolvenzverfahren
Unerlaubte Handlung 1274 ff.
- Forderungsanmeldung 1283 ff.
- Widerspruch des Schuldners 1290 ff.
Unpfändbarkeit
siehe Arbeitseinkommen
Unterhalt 655 ff.

Verbraucher 44 ff.
Verbraucherinsolvenzverfahren 41 ff.

Stichwortverzeichnis

Verfahren, schriftliches
siehe Schriftliches Verfahren
Verfahrensart
siehe Abgrenzung Verbraucher-/
Regelinsolvenzverfahren
Verfallklausel 104
Vergleich 150, 207, 362
Vergütung
– Insolvenzverwalter/Treuhänder 375 ff.
– Treuhänder im Restschuldbefreiungsverfahren 1049
– vorläufiger Insolvenzverwalter 254
Vergütungsanspruch, sekundärer
siehe Sekundärer Vergütungsanspruch
Verjährung
– Hemmung durch Anmeldung 322
Vermögen, insolvenzfreies
siehe Insolvenzfreies Vermögen und Arbeitseinkommen und Pfändbarer Anteil
Vermögensauskunft
siehe Eidesstattliche Versicherung
Vermögensübersicht 302 ff.
Vermögensverzeichnis 302 ff.
Veröffentlichung
– Freigabe der selbstständigen Tätigkeit 930
– öffentliche Bekanntmachung 387, 895, 1162, 1234 ff., 1294
– Schlusstermin 788 ff.
Versagung der Restschuldbefreiung
– Antrag 1098 ff.
– Erbschaft 1156 ff.
– Erwerbsobliegenheit 1092 ff., 1135 ff.
– Glaubhaftmachung 1111 ff.
– Gründe im eröffneten Verfahren 1023 ff.
– Gründe nach Aufhebung des Insolvenzverfahrens (Verstoß gegen Obliegenheiten) 1123 ff.

– Insolvenzstraftat 1027 ff.
– Nichterfüllung einer gerichtlichen Zahlungsauflage 1095 ff.
– Obliegenheiten, weitere 1155 ff.
– selbstständige Erwerbstätigkeit 1150
– Sondervorteil 1166
– unrichtige oder unvollständige Angaben 1033 ff.
– unrichtige oder unvollständige Verzeichnisse 1083 ff.
– unselbstständige Erwerbstätigkeit 1130 ff.
– Verfahren 1098 ff., 1118 ff.
– Verletzung von Auskunfts- und Mitwirkungspflichten 1067 ff.
– Vermögensverschwendung 1051 ff.
– Versagungsrecht, kleines 16
– Verschulden 1154, 1166 ff.
– verschwenderischer Lebensstil 1051 ff.
– Verstoß gegen die Erwerbsobliegenheit 1092 ff.
– Vorprüfung des Gerichtes 1014
– wiederholter Restschuldbefreiungsantrag 1047 ff.
– Wohnsitz 1161 ff.
– Zahlung an Gläubiger 1166
Verspätungszuschlag
siehe Säumniszuschläge
Verteilungsverfahren 1192
siehe Schlussverteilung
Verträge 388 ff.
Verwertung
– Absonderungsrechte
siehe dort
– Altersvorsorge und -renten
siehe dort
– Arbeitseinkommen siehe Arbeitseinkommen – Pfändbarkeit und Pfändbarer Anteil

376

Stichwortverzeichnis

- betriebliche Altersvorsorge siehe Altersvorsorge und -renten
- Fahrzeug siehe dort
- Forderungen 483, 821, 984
- Gegenstände, bewegliche 460 ff.
- Gegenstände, unbewegliche 449 ff.
- freihändige Veräußerung 449 ff.
- Lebensversicherung siehe dort
- öffentliche Versteigerung 449 ff.
- Pfändungsfreigrenze 620 ff.
- Pkw siehe Fahrzeug
- Riester-Rente siehe dort
- Rürup-Rente siehe dort
- sonstige Einkünfte 152
- Umfang des Insolvenzbeschlages 439 ff.

Vorrecht 796

Vollstreckungsschutz 790 ff.
- eidesstattliche Versicherung 793
- Neugläubiger 791
- öffentlich-rechtliche Verstrickung 792

Wahlrecht des Verwalters/Treuhänders siehe Verträge

Widerruf der Zulassung siehe Zulassung

Wohnungsgenossenschaft siehe Genossenschaftsanteile

Wohnsitz 1161 ff.

Zahlungsunfähigkeit 5, 67, 131 ff., 526 ff., 1308
siehe auch Anfechtung

Zulässigkeit
- Eigenantrag siehe dort
- Fremdantrag siehe dort
- Verbraucherinsolvenzverfahren siehe dort

Zulassung
- Ärzte 890
- gewerberechtliche 882 ff.
- kassenärztliche 829
- Rechtsanwalt 856, **886 ff.**
- Steuerberater 887

Zustellung 139, 185, 1162, 1231 ff.

Zustimmungsersetzung 102, 157, 162 ff.

Zwangsversteigerung 445, 449 ff.

Zwangsverwaltung 445, 449 ff.